Vorwort

Der im vorliegenden Lehrbuch behandelte Inhalt entspricht dem neuen Lehrplan „Bankkaufmann / Bankkauffrau“ für Baden-Württemberg. Berücksichtigt werden die Inhalte des neuen Faches „Rechnungswesen“ sowie die rechnerischen Inhalte des Faches „Spezielle Betriebswirtschaftslehre“.

Die Besonderheit des Lehrplans in Baden-Württemberg besteht darin, dass die Auszubildenden sowohl eine Einführung in die allgemeine Buchführung erhalten, als sie auch die spezielle Bankbuchführung erlernen werden. Dies ist für angehende Bankkaufleute heute wichtiger denn je, da sie in der Lage sein müssen, kundenbezogen denken und argumentieren zu können.

Die Aufgaben dieses Buches orientieren sich an den Anforderungen des neuen Lehrplans, unter Berücksichtigung des neuen Umfeldes, in dem sich die Branche der Kreditinstitute ab dem Jahr 1999 befindet.

Das Buch ist in vier Bausteine gegliedert:

- Modul I: Allgemeine Buchführung
- Modul II: Buchführung der Kreditinstitute
- Modul III: Kosten- und Erlösrechnung und Controlling bei Kreditinstituten
- Modul IV: Kundenabrechnungen

Der ständige Umbruch im Bereich der deutschen und europäischen gesetzlichen Rahmenbedingungen ist bis zum Juli 1998 berücksichtigt.

Für Anregungen zur Verbesserung des vorliegenden Werkes bedanken sich Verfasser und Verlag im Voraus.

Stuttgart, im September 1998,

Verfasser und Verlag

Vorwort zur 15. Auflage

Das Buch wurde im Interesse einer besseren Lesbarkeit durch sinnvollen Farbeinsatz deutlich in die vier Module gegliedert. Die aktuellen Auswirkungen der EZB-Politik sind berücksichtigt. Über die Mitarbeit und die Anregungen vieler Kolleginnen und Kollegen, die Einfluss nehmen wollen auf „ihr“ Buch, freuen wir uns auch weiterhin. Die ständigen gesetzlichen Änderungen sind bis zum Februar 2019 mit berücksichtigt. Inhalte, die über die Anforderungen des Lehrplans für „Bankkaufmann/Bankkauffrau“ hinausgehen, sind eindeutig als “Exkurs” gekennzeichnet. Sie sind ein sinnvolles Angebot für die Assistentenklassen.

Stuttgart/Freiburg, im März 2019,

Dieter Strobel
Thomas Barnert

Inhaltsverzeichnis

Modul I: Allgemeine Buchführung

Einführung in die Systematik des Rechnungswesens

Das System der Umsatzsteuer

Möglichkeiten des Zahlungsverkehrs

Personalaufwendungen

Modul II: Buchführung der Kreditinstitute

Grundlagen der Buchführung der Kreditinstitute

Der Jahresabschluss der Kreditinstitute

Modul III: Kosten- und Erlösrechnung und Controlling bei Kreditinstituten

Modul I: Allgemeine Buchführung

1 Einführung in die Systematik des Rechnungswesens

Unter Rechnungswesen versteht man die Erfassung der wirtschaftlichen Vorgänge eines Unternehmens mit der Aussenwelt (Dokumentation) und die Auswertung dieser Vorgänge für innerbetriebliche Zwecke.

Damit hat das Rechnungswesen die Aufgabe, Informationen bereit zu stellen, die aufgrund gesetzlicher Vorschriften oder aber auch freiwillig einer interessierten Öffentlichkeit dargeboten werden.

Innerhalb des Unternehmens bietet das Rechnungswesen die Grundlage für unternehmerische Entscheidungsprozesse (Planungsfunktion), da mit seiner Hilfe eine ständige Überwachung des Unternehmensgeschehens im mengen- und wertmäßigen Bereich durchgeführt werden kann.

Aus dem Vergleich verschiedener Geschäftsperioden erkennt die Geschäftsführung, in welchem Umfang die tatsächlichen Daten (Ist-Daten) mit den geplanten Daten (Soll-Daten) übereinstimmen und kann dementsprechend eingreifen, um das Unternehmen in die gewünschte Richtung zu lenken (Kontrollfunktion).

1.1 Gliederung der Bereiche des Rechnungswesens

Um alle gestellten Informationsansprüche befriedigen zu können, wird das Rechnungswesen – in Abhängigkeit der Unternehmensgröße – traditionell in die folgenden vier Teilbereiche gegliedert:

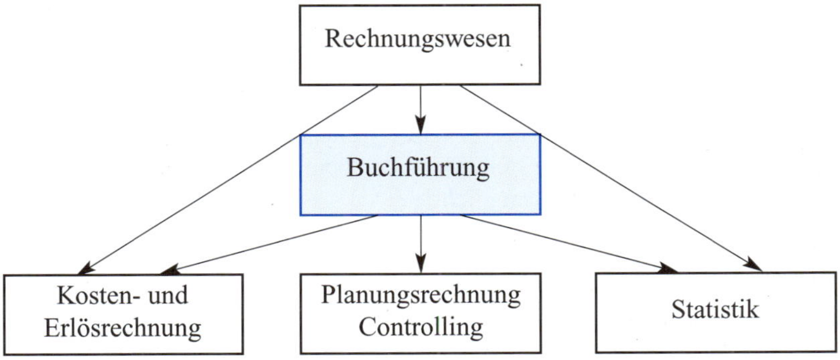

Die Teilbereiche nehmen zwar unterschiedliche Aufgaben wahr, sind aber für die Unternehmensleitung je nach Problemstellung miteinander verzahnt.

Darstellung der Teilbereiche des Rechnungswesens:

- Buchführung

  Die Buchführung (Geschäftsbuchführung, Finanzbuchhaltung) hat die grundlegende Aufgabe zu erfüllen, für alle nachgeordneten Bereiche des Rechnungswesens die Daten zu liefern. Dazu muss sie alle Geschäftsfälle eines Unternehmens, die in einer Geschäftsperiode anfallen,
  - planmäßig,
  - sachlich geordnet und
  - lückenlos erfassen.

Um diese Aufgabe zu erfüllen, muss sie alle Geschäftsfälle mit Hilfe von Buchungsbelegen dokumentieren. Dabei wird in der **Bestandsrechnung** festgehalten, wie sich die Vermögenswerte, wie z.B. die flüssigen Mittel, und wie sich die Schulden verändern.
In der **Ergebnisrechnung** wird das Ergebnis der unternehmerischen Tätigkeit und dessen Auswirkung auf das Kapital des Unternehmens festgestellt.

- Kosten- und Erlösrechnung
  Die Kosten- und Erlösrechnung (Betriebsbuchführung) dient der Ermittlung des Betriebserfolges. Dazu ist es erforderlich, die entstandenen Kosten (verbrauchte Produktionsfaktoren) den einzelnen Leistungsträgern verursachungsgerecht zuzuordnen. Wenn der Unternehmer diesen Kosten die Erlöse aus der Verwertung seiner Leistungen gegenüberstellt, ist er in der Lage, die Wirtschaftlichkeit der betrieblichen Leistungserstellung zu beurteilen.

- Statistik
  Die Statistik bereitet die Zahlenwerte der Buchführung und der Kosten- und Erlösrechnung auf. Dazu bedient sie sich der im Unternehmen schon vorhandenen Daten früherer Geschäftsperioden, um einen **Zeitvergleich** (innerbetrieblicher Vergleich) durchzuführen. Benötigt die Unternehmensleitung dagegen eine Information, wie das eigene Unternehmen im Wettbewerb positioniert ist, sind Daten vergleichbarer Unternehmen oder zumindest Durchschnittswerte des gleichen Geschäftszweiges erforderlich. In diesem Fall wird ein **Branchenvergleich** (zwischenbetrieblicher Vergleich) durchgeführt.

- Planungsrechnung
  Die Geschäftsentwicklung eines Unternehmens hängt nicht nur von den Daten zurückliegender Geschäftsperioden ab, sondern ganz wesentlich von der Einschätzung künftiger Marktmöglichkeiten. Die Planungsrechnung ist daher eine rechnerische Vorschau der erwarteten Unternehmensdaten. Die Gesamtplanung wird für eine zweckmäßige Umsetzung in Teilpläne gegliedert, sodass für jeden Teilbereich des Unternehmens die erforderlichen Vorgaben gegeben sind (z.B. Absatzplan, Beschaffungsplan, Finanzplan).

- Controlling ist die Beschaffung und Auswertung aller erforderlichen Informationen für Entscheidungen der Unternehmensleitung. Dazu gehört insbesondere die Überwachung der im Rechnungswesen vorliegenden Daten, sowie ihre Weiterverarbeitung im Hinblick auf künftige Entwicklungen. Das Controlling stellt Methoden bereit, die eine Steuerung des Unternehmens in erfolgsorientierter Weise ermöglicht

⇒

- Das Rechnungswesen umfasst vier Teilbereiche:
  - Buchführung
  - Kosten- und Erlösrechnung
  - Statistik
  - Planungsrechnung Controlling
- Die Buchführung beinhaltet die lückenlose Erfassung aller Geschäftsfälle.
- Die Kosten- und Erlösrechnung überwacht die Wirtschaftlichkeit betrieblicher Tätigkeiten.
- Die Statistik liefert durch Vergleichszahlen Grundlagen für die unternehmerischen Entscheidungen.
- Planungsrechnung und Controlling liefern Zukunftsdaten mit Hilfe der Informationen aus der Gegenwart.

Arbeitsaufträge:

1.1.1 Gliedern Sie die Bereiche des betrieblichen Rechnungswesens.
1.1.2 Begründen Sie, welcher Teilbereich des Rechnungswesens der wichtigste ist.
1.1.3 Erläutern Sie die Aufgaben der Buchführung.

1.2 Bedeutung und Notwendigkeit der Buchführung

Das Rechnungswesen liefert der Unternehmensleitung wesentlichen Informationen für die Entscheidungen in allen Bereichen. Daher ist in jedem Unternehmen großer Wert auf eine ordnungsgemäße Buchführung zu legen.

Darüber hinaus hat der Unternehmer kein Wahlrecht, ob er Buchführung betreibt oder ob er darauf verzichtet. Es gibt viele Interessenten, die wissen wollen, wie erfolgreich das Unternehmen seine Geschäfte betreibt:
- Der **Unternehmer** selbst möchte feststellen, ob es sich „gelohnt" hat, das wirtschaftliche Risiko zu tragen. Das Gleiche gilt für die **Eigentümer** der Unternehmung;
- **Außen Stehende**, die ihm zum Beispiel einen Kredit geben sollen (Banken), wollen überprüfen, ob er wirtschaftlich in der Lage ist, Zins- und Tilgungsleistungen zu erbringen;
- der **Staat** (Finanzverwaltung) benötigt Unterlagen für die Erhebung der Steuern, die er zur Finanzierung seiner vielfältigen Aufgaben veranlagt.

Daher ist gesetzlich geregelt, **wer** Buchführung zu betreiben und in **welchem Umfang** dies zu erfolgen hat.

Maßgeblich für die **Buchführungspflicht** sind zunächst die Bestimmungen des Handelsgesetzbuches (HGB):

§ 238 HGB

Buchführungspflicht
(1) Jeder Kaufmann ist verpflichtet, Bücher zu führen und in diesen seine Handelsgeschäfte und die Lage seines Vermögens nach den Grundsätzen ordnungsmäßiger Buchführung ersichtlich zu machen. Die Buchführung muss so beschaffen sein, dass sie einem sachverständigen Dritten innerhalb angemessener Zeit einen Überblick über die Geschäftsvorfälle und die Lage des Unternehmens vermitteln kann. Die Geschäftsvorfälle müssen sich in ihrer Entstehung und Abwicklung verfolgen lassen. ...

Die **handelsrechtliche** Buchführungspflicht gilt nach dieser Regelung für Gewerbetreibende mit Ausnahme der Kleingewerbetreibenden, deren Unternehmen nach Art und Umfang einen in kaufmännischer Weise eingerichteten Geschäftsbetrieb nicht erfordert (§ 1 HGB). Darüber hinaus wird nach § 2 HGB jedes andere gewerbliche Unternehmen buchführungspflichtig, wenn die Firma des Unternehmens im Handelsregister eingetragen wird (z. B. „eingetragener Kaufmann", „eingetragene Kauffrau" bzw. allgemein verständliche Abkürzungen dieser Bezeichnungen wie e. Kfm., e. Kfr. oder e. K., wenn es geschlechtsneutral sein soll).

Seit 2009 wird diese Pflicht für bestimmte Einzelkaufleute durch das Gesetz zur Modernisierung des Bilanzrechts (BilMoG) abgemildert.

§241a HGB

Befreiung von der Pflicht zur Buchführung und Erstellung eines Inventars
Einzelkaufleute, die an den Abschlussstichtagen von zwei aufeinander folgenden Geschäftsjahren nicht mehr als 600.000 Euro Umsatzerlöse und 60.000 Euro Jahresüberschuss aufweisen, brauchen die §§ 238 bis 241 nicht anzuwenden. Im Fall der Neugründung treten die Rechtsfolgen schon ein, wenn die Werte des Satzes 1 am ersten Abschlussstichtag nach der Neugründung nicht überschritten werden.

Neben der handelsrechtlichen Buchführungspflicht besteht die **steuerrechtliche** Buchführungspflicht, die in der Abgabenordnung (AO) geregelt ist.

§ 140 AO

Buchführungs- und Aufzeichnungspflichten nach anderen Gesetzen
Wer nach anderen Gesetzen als den Steuergesetzen Bücher und Aufzeichnungen zu führen hat, die für die Besteuerung von Bedeutung sind, hat die Verpflichtungen, die ihm nach den anderen Gesetzen obliegen, auch für die Besteuerung zu erfüllen.

Diese Regelung bezieht sich auf die Gewerbetreibenden nach §§ 1 und 2 HGB. Außer diesen können weitere Steuerpflichtige buchführungspflichtig werden:

§ 141 AO

Buchführungspflicht bestimmter Steuerpflichtiger

(1) Gewerbliche Unternehmer ..., die nach den Feststellungen der Finanzbehörde für den einzelnen Betrieb

1. Umsätze ... von mehr als 600.000 Euro im Kalenderjahr oder

4. einen Gewinn aus Gewerbebetrieb von mehr als 60.000 Euro im Wirtschaftsjahr ...

gehabt haben, sind auch dann verpflichtet, für diesen Betrieb Bücher zu führen und auf Grund jährlicher Bestandsaufnahmen Abschlüsse zu machen, wenn sich eine Buchführungspflicht nicht aus § 140 ergibt. Die §§ 238, 240, 241, 242 Abs.1 und die §§ 243 bis 256 des Handelsgesetzbuches gelten sinngemäß, sofern sich nicht aus den Steuergesetzen etwas anderes ergibt.

Die Bedeutung der Buchführung im Außenverhältnis zu Eigentümern und Gläubigern der Unternehmung sowie zum Staat, hat dazu geführt, dass im HGB ein eigener Teilbereich „Handelsbücher“ eingegliedert wurde, der sich nur mit den Vorschriften für die Gestaltung der Buchführung und des Jahresabschlusses der Gewerbetreibenden auseinandersetzt (3. Buch HGB). Die Handelsbücher sind wie folgt gegliedert:

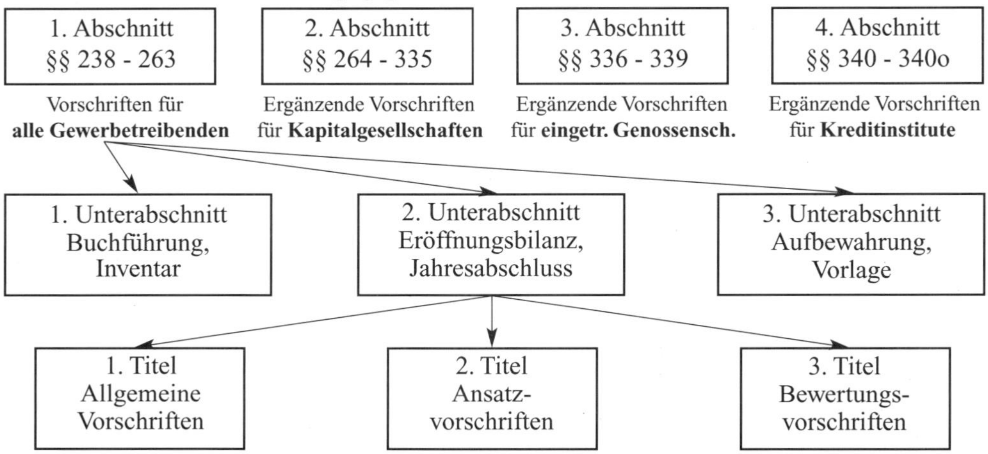

Im 1. Abschnitt des dritten Buches des HGB werden die Regelungen getroffen, die jeden Gewerbetreibenden betreffen. Dazu gehören die Bestimmungen, die „**Grundsätze ordnungsmäßiger Buchführung**“ (**GoB**) festlegen, parallel im HGB (§§ 239 ff.) und in der AO (§§ 145 ff.):

§ 239 HGB

Führung der Handelsbücher

(1) Bei der Führung der Handelsbücher und bei den sonst erforderlichen Aufzeichnungen hat sich der Kaufmann einer lebenden Sprache zu bedienen. ...

(2) Die Eintragungen in Büchern und die sonst erforderlichen Aufzeichnungen müssen vollständig, richtig, zeitgerecht und geordnet vorgenommen werden.

(3) Eine Eintragung oder eine Aufzeichnung darf nicht in einer Weise verändert werden, dass der ursprüngliche Inhalt nicht mehr feststellbar ist. ...

(4) Die Handelsbücher ... können auch in der geordneten Ablage von Belegen bestehen oder auf Datenträgern geführt werden, ...

§ 257 HGB

Aufbewahrung von Unterlagen. Aufbewahrungsfristen

(1) Jeder Kaufmann ist verpflichtet, die folgenden Unterlagen geordnet aufzubewahren:

1. Handelsbücher, Inventare, ... Jahresabschlüsse, Lageberichte, ... sowie die zu ihrem Verständnis erforderlichen Arbeitsanweisungen und sonstigen Organisationsunterlagen,

2. die empfangenen Handelsbriefe,

3. Wiedergaben der abgesandten Handelsbriefe,

4. Belege für Buchungen in den von ihm nach §238 Abs. 1 zu führenden Büchern (Buchungsbelege) .

...

(4) Die in Absatz 1 Nr. 1 und 4 aufgeführten Unterlagen sind zehn Jahre, die sonstigen in Absatz 1 aufgeführten Unterlagen sechs Jahre aufzubewahren.

(5) Die Aufbewahrungsfrist beginnt mit dem Schluss des Kalenderjahrs, in dem die letzte Eintragung in das Handelsbuch gemacht, das Inventar aufgestellt, die Eröffnungsbilanz oder der Jahresabschluss festgestellt, ... , der Handelsbrief empfangen oder abgesandt worden oder der Buchungsbeleg entstanden ist.

- **Alle** im Handelsregister **eingetragenen Gewerbetreibende sind buchführungspflichtig,** mit **Ausnahme** der Kaufleute, die **§ 241a HGB** in Anspruch nehmen.
- Weitere Gewerbetreibende können aufgrund der Bestimmungen der **Abgabenordnung (AO)** buchführungspflichtig sein.
- Die Buchführung muss so gestaltet sein, dass sich ein sachverständiger Dritter innerhalb einer angemessenen Zeit einen Überblick über die Lage des Unternehmens verschaffen kann. Die Buchungen sind in einer lebenden Sprache vorzunehmen, der Jahresabschluss muss in deutscher Sprache erfolgen.
- Keine Buchung ohne Beleg!
- Buchungen sind vollständig, richtig, zeitgerecht und geordnet vorzunehmen.
- Bilanzen und Belege sind zehn Jahre, alle übrigen Unterlagen 6 Jahre aufzubewahren.

⇐

Arbeitsaufträge:

1.2.1 Erläutern Sie die Notwendigkeit der Buchführung für einen im Handelsregister eingetragenen Gewerbetreibenden, der nicht § 241a HGB in Anspruch nimmt.

1.2.2 Erstellen Sie eine Tabelle, aus der heraus Sie ableiten können, welcher Gewerbetreibende nach den handelsrechtlichen und welcher nach steuerrechtlichen Gesichtspunkten buchführungspflichtig ist.

1.2.3 Begründen Sie, ob „Huberta Glücklich e. Kfr." nach den Bestimmungen des HGB buchführungspflichtig ist. Sie erzielt einen Jahresumsatz von 612.000,00 Euro und einen Gewinn von 62.000,00 Euro.

1.2.4 Der Unternehmer Helmut Kahl erwirtschaftet in einem Geschäftsjahr folgende Zahlen:
Umsatz: 440.000,00 Euro; Gewinn: 63.000,00 Euro.
Begründen Sie, ob Herr Kahl buchführungspflichtig ist.

1.2.5 Bis zu welchem Zeitpunkt ist eine Rechnung aufzubewahren, die am 30.09.16 von einem Gewerbetreibenden an einen Kunden versandt wurde? Bis wann muss die zugehörige Bilanz aufbewahrt werden?

1.2.6 Der Kaufmann Uwe Madex betreibt seine Finanzbuchhaltung ohne Steuerberater selbst. Dazu bedient er sich eines Finanzbuchhaltungsprogramms „Easy-Fibu". Dieses Programm wird auch für die Bilanzerstellung herangezogen. Bis zu welchem Zeitpunkt muss er Programm und Programmhandbücher aufbewahren, wenn Sie §§ 239 Abs. 4 sowie 257 Abs. 1 und Abs. 4 HGB zur Beantwortung heranziehen?

1.3 Vermögen und Schulden der Unternehmung erfassen und darstellen

Die Buchführungspflicht entsteht mit der Aufnahme der Geschäftstätigkeit.
Der Gewerbetreibende hat laut HGB und AO festzuhalten, welche Werte er in die neugegründete Unternehmung einbringt.

§ 240 HGB

Inventar
(1) Jeder Kaufmann hat zu Beginn seines Handelsgewerbes seine Grundstücke, seine Forderungen und Schulden, den Betrag seines baren Geldes sowie seine sonstigen Vermögensgegenstände genau zu verzeichnen und dabei den Wert der einzelnen Vermögensgegenstände und Schulden anzugeben.
(2) Er hat demnächst für den Schluss eines jeden Geschäftsjahrs ein solches Inventar aufzustellen. Die Dauer des Geschäftsjahres darf zwölf Monate nicht überschreiten. ...

Um die gesetzlichen Vorschriften zu erfüllen, hat der Gewerbetreibende eine **Inventur** durchzuführen. Darunter versteht man die **mengen-** und **wertmäßige Bestandsaufnahme**, mit der alle Vermögenswerte und alle Schulden zu einem bestimmten Stichtag erfasst werden.

Die Erfassung der Bestände kann durch **körperliche** (durch Zählen, Messen, Wiegen, in Ausnahmefällen auch Schätzen) oder durch **buchmäßige** Bestandsaufnahme erfolgen (Forderungen und Schulden, die z.B. durch Rechnungen und Kontoauszüge ermittelt werden).

Im Hinblick auf den **Zeitpunkt der Inventur** sind verschiedene Verfahren zu unterscheiden:
- **Stichtagsinventur**: Sie findet für einen bestimmten Stichtag statt (z.B. Ende des Geschäftsjahres). Hierbei muss die Bestandsaufnahme innerhalb einer Frist von 10 Tagen vor bzw. nach dem Stichtag erfolgen (§ 240 HGB).
- **Stichprobeninventur**: Der Bestand an Vermögensgegenständen darf mit Hilfe anerkannter mathematisch-statistischer Methoden anhand von Stichproben ermittelt werden (§ 241 Abs. 1 HGB).
- **Permanente Inventur**: Beständige Bestandsermittlung z.B. durch Fortschreibung der Lagerbestände (§ 241 Abs. 2 HGB).
- **Verlegte Inventur**: Die Inventur findet zwischen drei Monaten vor und zwei Monaten nach dem Abschlussstichtag statt. Durch wertmäßige Fort- bzw. Rückschreibung wird der Stichtagswert berechnet (§ 241Abs. 3 HGB).

Die Ergebnisse der Inventur werden in einem Verzeichnis nach **Art, Menge und Wert** zusammengestellt, dem **Inventar**. Die Gliederung des Inventars ist gesetzlich nicht geregelt; da es jedoch für die Bilanz solche Vorschriften gibt, ist es üblich, deren Gliederungsvorschriften auch für die Aufstellung des Inventars zu übernehmen.

Das **Vermögen** wird nach seiner zeitlichen Bindung an das Unternehmen in zwei Bereiche unterteilt, die bei einem Industrie- oder Handelsbetrieb immer nach der steigenden „Flüssigkeit" (Liquidität) geordnet werden:

Güter des **Anlagevermögens** haben die Aufgabe, **langfristig** dem Unternehmen zur Verfügung zu stehen. Es sind die Vermögenswerte, mit denen das Unternehmen seine Leistung erbringt.
Beispiele: Grundstücke und Gebäude, Maschinen, Fuhrpark,
Betriebs- und Geschäftsausstattung.

Güter des **Umlaufvermögens** stehen dem Unternehmen nur **kurzfristig** zur Verfügung; sie haben die Aufgabe, dem Unternehmen durch stetige Zu- und Abgänge den gewünschten Erfolg am Markt zu verschaffen.
Beispiele: Fertigerzeugnisse, Waren, Forderungen aus Lieferungen und Leistungen
(Ford. a. L. u. L.), Bankguthaben, Kasse.

Die gleiche Gliederungsfolge wird für die **Schulden** übernommen:

Langfristige Schulden werden als erste ausgewiesen, da sie meist zur Finanzierung des Anlagevermögens dienen.
Beispiele: Hypothekenschulden, Bankdarlehen.

Kurzfristige Schulden werden nachgeordnet ausgewiesen. Sie haben ihre Ursache z.B. in Schulden aus Lieferungen und Leistungen von Lieferanten, sowie in der Inanspruchnahme von Bankkrediten auf dem laufenden Konto. Gliederungsmerkmal ist hier die abnehmende Fristigkeit.
Beispiele: Verbindlichkeiten (Verb. a. L. u. L.),
kurzfristige Bankschulden (z. B. Kredite auf Kontokorrentkonten).

Aus den Daten des Inventars lässt sich berechnen, wie hoch der Betrag ist, den der Unternehmer als **Eigenkapital** (**Reinvermögen**) in sein Unternehmen investiert hat (**Inventargleichung**):

⇒

Inventur = Körperliche und buchmäßige **Bestandsaufnahme** von Vermögens- und Schuldenwerten
Inventar = Ausführliches **Verzeichnis** der Inventurergebnisse
Vermögen – Schulden = Eigenkapital (Anteil der Eigenfinanzierung durch den Unternehmer)
Vermögen = Eigenkapital + Schulden (Wie ist das Vermögen finanziert?)

Gliederung des Inventars:	**A. Vermögen** **I. Anlagevermögen** **II. Umlaufvermögen**	steigende Liquidität
	B. Schulden **I. Langfristige Schulden** **II. Kurzfristige Schulden**	abnehmende Fristigkeit
	C. Eigenkapital (Reinvermögen)	

⇐

Beispiel:

Aus der Inventur des Unternehmens Werner Beit e. K., Computerhandel, Stuttgart, liegen folgende Daten vor: Grundstücke und Gebäude 300.000,00 €; Geschäftsausstattung lt. Anlagenverzeichnis 1: 20.000,00 €; Waren 90.000,00 € (davon: Computer mit Monitor 50.000,00 €; Drucker 10.000,00 €; Textverarbeitungsprogramme 5.000,00 €; Kalkulationsprogramme 7.000,00 €; Datenbanksysteme 18.000,00 €); Forderungen an Schneider 12.000,00 € und an Gärtner 8.000,00 €; Bankguthaben (Sparkasse) 21.000,00 €; Kasse 10.100,00 €; Darlehensverbindlichkeiten 220.000,00 €; Verbindlichkeiten gegen Lieferer Löwe 25.000,00 € und gegen Krähe 35.100,00 €; Bankverbindlichkeiten (Volksbank) 3.000,00 €.
Erstellen Sie aus diesen Daten ein formgerechtes Inventar zum 31.12.17.

Inventar
Werner Beit e. K., Computerhandel, Stuttgart, zum 31.12.17

	Vorspalte €	Hauptspalte €
A. VERMÖGEN		
I. Anlagevermögen		
1. Grundstücke und Gebäude		300.000,00
2. Geschäftsausstattung (Anlagenverz. 1)		20.000,00
II. Umlaufvermögen		
1. Waren		
Computer mit Monitor	50.000,00	
Drucker	10.000,00	
Textverarbeitungsprogramme	5.000,00	
Kalkulationsprogramme	7.000,00	
Datenbanksysteme	18.000,00	90.000,00
2. Forderungen a. L. u. L.		
Schneider	12.000,00	
Gärtner	8.000,00	20.000,00
3. Bankguthaben (Sparkasse)		21.000,00
4. Kasse		10.100,00
Summe des Vermögens		**461.100,00**
B. SCHULDEN (Fremdkapital)		
I. Langfristige Schulden		
1. Darlehensverbindlichkeiten		220.000,00
II. Kurzfristige Schulden		
1. Verbindlichkeiten a. L. u. L.		
Löwe	25.000,00	
Krähe	35.100,00	60.100,00
2. Bankverbindlichkeiten (Volksbank)		3.000,00
Summe der Schulden		**283.100,00**
C. ERMITTLUNG DES EIGENKAPITALS		
Summe des Vermögens		461.100,00
Summe der Schulden		283.100,00
Eigenkapital (Reinvermögen)		**178.000,00**

Wenn bei einer Inventarposition (z.B. Waren) mehrere Einzelposten zu erfassen sind, müssen diese in der Vorspalte, ihre Gesamtsumme in der Hauptspalte ausgewiesen werden.

Arbeitsaufträge:

1.3.1 Berechnen Sie die jeweils fehlende Größe:

	Anlagevermögen	Umlaufvermögen	Eigenkapital	Fremdkapital
1.	55.000,00 €	70.800,00 €	30.710,00 €	?
2.	?	180.150,00 €	40.500,00 €	207.300,00 €
3.	92.830,00 €	136.170,00 €	?	144.250,00 €
4.	38.250,00 €	?	36.450,00 €	78.900,00 €

1.3.2 Die Unternehmerin Martina Daun, eingetragene Kauffrau, betreibt in Freudenstadt einen Einzelhandel für Textilien. Zum 31.12. stellt sie in der Inventur folgende Werte fest:
Forderungen: Kundin Maier 350,00 €; Kunde Schüler 690,00 €; Kunde Schreiber 1.710,00 €; Geschäftsausstattung (Anlagenverzeichnis 1) 10.800,00 €; Bankguthaben 8.250,00 €; Kasse 4.210,00 €; Verbindlichkeiten gegen Deutex 10.115,00 €; gegen Textilan 8.540,00 €; Warenbestände 25.920,00 € (davon: Damenbekleidung 14.780,00 €; Herrenbekleidung 8.200,00 €; Kinderbekleidung 2.940,00 €).
Erstellen Sie ein formgerechtes Inventar und ermitteln Sie das Eigenkapital.

1.3.3 Inventurergebnisse von Hubert Nagel e. K., Schraubengroßhandel, Reutlingen, zum 31.12.:
Fuhrpark 25.000,00 €; Darlehensverbindlichkeit 12.000,00 €; Verbindlichkeiten insgesamt 48.750,00 € (davon Lieferant L 22.310,00 €; M 18.920,00 €; N 7.520,00 €); Kasse 5.815,00 €; Geschäftsausstattung (Anlagenverzeichnis 1) 20.930,00 €; Bankverbindlichkeiten 7.290,00 €; Forderungen an F 9.350,00 €, an G 965,00 €, an H 11.670,00 €;
Warenbestände: Holzschrauben 23.725,00 €; Metallschrauben 41.630,00 €.
Erstellen Sie ein formgerechtes Inventar und berechnen Sie das Eigenkapital.

1.3.4 Erläutern Sie die Aufgabe der Inventur und den Unterschied von körperlicher und buchmäßiger Inventur. Nennen Sie jeweils ein Beispiel, an dem gezeigt wird, wann welche Art von Bestandsaufnahme zwingend ist.

1.3.5 Erklären Sie, warum der Gesetzgeber dem Gewerbetreibenden vorschreibt, zu Beginn der Geschäftstätigkeit und längstens zwölf Monate später jeweils ein Inventar zu erstellen.

1.3.6 Nennen Sie ein wesentliches Merkmal für die Zuordnung der Vermögenswerte zu Anlage- oder Umlaufvermögen.

1.4 Bilanz aus dem Inventar ableiten

Da das Inventar in der Praxis ein sehr umfangreiches Verzeichnis aller Vermögens- und Schuldenwerte ist, leidet die Übersichtlichkeit unter der Fülle der Daten. Das HGB schreibt daher allen eingetragenen Gewerbetreibenden vor, zu Beginn der Geschäftstätigkeit und jeweils am Ende eines Geschäftsjahres zusätzlich zum Inventar eine **Bilanz** zu erstellen.

§ 242 HGB

Pflicht zur Aufstellung
(1) Der Kaufmann hat zu Beginn seines Handelsgewerbes und für den Schluss eines jeden Geschäftsjahrs einen das Verhältnis seines Vermögens und seiner Schulden darstellenden Abschluss (Eröffnungsbilanz, Bilanz) aufzustellen. ...
(2) Er hat für den Schluss eines jeden Geschäftsjahrs eine Gegenüberstellung der Aufwendungen und Erträge des Geschäftsjahrs (Gewinn- und Verlustrechnung) aufzustellen.
(3) Die Bilanz und die Gewinn- und Verlustrechnung bilden den Jahresabschluss.
(4) Die Absätze 1 bis 3 sind auf Einzelkaufleute im Sinn des § 241a nicht anzuwenden. ...

§ 243 HGB

Aufstellungsgrundsatz
(1) Der Jahresabschluss ist nach den Grundsätzen ordnungsmäßiger Buchführung aufzustellen.
(2) Er muss klar und übersichtlich sein.
(3) Der Jahresabschluss ist innerhalb der einem ordnungsmäßigen Geschäftsgang entsprechenden Zeit aufzustellen.

§ 245 HGB

Unterzeichnung
Der Jahresabschluss ist vom Kaufmann unter Angabe des Datums zu unterzeichnen. Sind mehrere persönlich haftende Gesellschafter vorhanden, so haben sie alle zu unterzeichnen.

Für **Kapitalgesellschaften** (z.B. Aktiengesellschaften) wird die Bilanzgliederung und -auffächerung durch die **Größe** der Gesellschaft bestimmt. Außerdem haben diese Gesellschaften den Jahresabschluss um einen Anhang zu erweitern sowie einen Lagebericht aufzustellen (§ 264 HGB); dies gilt nicht für „kleine“ Kapitalgesellschaften gemäß § 267 Absatz 1 HGB.

§ 266 HGB

Gliederung der Bilanz
(1) Die Bilanz ist in Kontoform aufzustellen. ...

(2) Aktivseite
A. Anlagevermögen:
I. Immaterielle Vermögensgegenstände: ...
II. Sachanlagen:
1. Grundstücke, grundstücksgleiche Rechte und Bauten ...;
2. technische Anlagen und Maschinen;
3. andere Anlagen, Betriebs- und Geschäftsausstattung; ...
III. Finanzanlagen: ...
3. Beteiligungen; ...
5. Wertpapiere des Anlagevermögens; ...
B. Umlaufvermögen:
I. Vorräte:
1. Roh-, Hilfs- und Betriebsstoffe;
2. unfertige Erzeugnisse, unfertige Leistungen;
3. fertige Erzeugnisse und Waren; ...
II. Forderungen und sonstige Vermögensgegenstände:
1. Forderungen aus Lieferungen und Leistungen; ...
4. sonstige Vermögensgegenstände;
III. Wertpapiere: ...
IV. Kassenbestand, Bundesbankguthaben, Guthaben bei Kreditinstituten und Schecks.
C. Rechnungsabgrenzungsposten.
D. Aktive latente Steuern.
E. Aktiver Unterschiedsbetrag aus der Vermögensverrechnug.

(3) Passivseite
A. Eigenkapital:
I. Gezeichnetes Kapital;
II. Kapitalrücklage;
III. Gewinnrücklagen: ...
IV. Gewinnvortrag / Verlustvortrag;
V. Jahresüberschuss / Jahresfehlbetrag.
B. Rückstellungen:
1. Rückstellungen für Pensionen und ähnliche Verpflichtungen;
2. Steuerrückstellungen;
3. sonstige Rückstellungen.
C. Verbindlichkeiten:
1. Anleihen, ...
2. Verbindlichkeiten gegenüber Kreditinstituten; ...
4. Verbindlichkeiten aus Lieferungen und Leistungen; ...
8. sonstige Verbindlichkeiten, ...
D. Rechnungsabgrenzungsposten.
E. Passive latente Steuern.

Der wesentliche **Unterschied zwischen Inventar und Bilanz** ist, dass in der Bilanz eine **Gegenüberstellung** (in Kontoform) der Vermögenswerte und der Kapitalwerte erfolgt, während diese Werte im Inventar als **Liste** (in Staffelform) dargestellt werden. Festgelegt ist, dass die Werte des Anlage- und Umlaufvermögens (**Mittelverwendung**) auf der linken Bilanzseite angeordnet sind (**Aktiva**), während das Eigen- und das Fremdkapital (**Mittelherkunft**) auf der rechten Seite der Bilanz aufgeführt werden (**Passiva**).

In der Bilanz werden die Angaben aus dem Inventar verdichtet, um so die wesentlichen Informationen für einen interessierten Leser schneller zu vermitteln.

Die Bilanz muss den **Grundsätzen ordnungsmäßiger Buchführung** entsprechen, **klar und übersichtlich** und in **deutscher Sprache** aufgestellt sein (§§ 243, 244 HGB).

Für die Besteuerung hat die Finanzverwaltung zur Durchführung von § 5b EStG festgelegt, dass ab 2013 für alle bilanzierenden Unternehmen eine E-Bilanz mit Gewinn- und Verlustrechnung zu erstellen und durch Datenfernübertragung zu übermitteln ist. Dazu hat sie Taxonomien (Klassifikationsmerkmale) erstellt, nach denen die Unternehmen vorzugehen haben.

⇒ **Gliederung der Bilanz:**

Aktiva	**Passiva**
Vermögen	Kapital
I. Anlagevermögen	I. Eigenkapital
1 Grundstücke u. Gebäude	1 Eigenkapital
2 Fuhrpark	II. Fremdkapital (Verbindlichkeiten)
3 Betriebs- u. Geschäftsausstattung	1 Langfristige Verbindlichkeiten
II. Umlaufvermögen	1.1 Darlehen
1 Waren	2 Kurzfristige Verbindlichkeiten
2 Forderungen a. L.u.L.	2.1 Verbindlichkeiten a. L.u.L.
3 Bankguthaben	2.2 Bankverbindlichkeiten
4 Kasse	
↓	↓
Mittelverwendung (Investierung)	**Mittelherkunft (Finanzierung)**
↓	↓
steigende Liquidität	**abnehmende Fristigkeit**

Beispiel:
Das Inventar des Unternehmens Werner Beit e. K., Computerhandel, (Seite 13) soll in eine Bilanz zum Abschlusstag 31.12.17 umgeformt werden.

BILANZ
Werner Beit e. K. Computerhandel, Stuttgart, zum 31.12.17

Aktiva	€	**Passiva**	€
I. Anlagevermögen		**I. Eigenkapital**	178.000,00
1. Grundstücke und Gebäude	300.000,00	**II. Fremdkapital**	
2. Betriebs- u. Geschäftsausstattung	20.000,00	1. Darlehensverbindlichkeiten	220.000,00
II. Umlaufvermögen		2. Verbindlichkeiten a. L. u. L.	60.100,00
1. Waren	90.000,00	3. Bankverbindlichkeiten	3.000,00
2. Forderungen a. L. u. L.	20.000,00		
3. Bankguthaben	21.000,00		
4. Kasse	10.100,00		
	461.100,00		**461.100,00**

Stuttgart, 20.02.18 *Unterschrift Werner Beit*

- Die Bilanz ist eine kurzgefasste, wertmäßige Gegenüberstellung des Vermögens und des Kapitals in Kontoform.
- Durch die Gegenüberstellung von Mittelverwendung und Mittelherkunft gewinnt der Bilanzleser schnell einen Einblick in die Lage des Unternehmens zum Bilanzstichtag.
- Da sich das Kapital in jedem Fall in irgendeiner Form von Vermögen niederschlägt, lässt sich daraus die **Bilanzgleichung** ableiten:

  Summe der Aktiva = Summe der Passiva

  oder: **Anlagevermögen + Umlaufvermögen = Eigenkapital + Fremdkapital**
- Der Jahresabschluss ist von allen Gewerbetreibenden unter Angabe des Erstellungsdatums persönlich zu unterschreiben.
- Inventar und Bilanz sind 10 Jahre lang aufzubewahren.

⇐

Arbeitsaufträge:

1.4.1 Erstellen Sie eine Bilanz aus dem Inventar von Martina Daun e. Kfr. (Aufgabe 1.3.2, Seite 14). Berücksichtigen Sie dabei die Gliederungsvorschriften des § 266 HGB.

1.4.2 Für Hubert Nagel e. K., (Aufgabe 1.3.3, Seite 14) ist eine Bilanz zu erstellen, die den Gliederungsvorschriften des § 266 HGB entspricht.

1.4.3 Das Unternehmen Alfred Märk e. K., Göppingen, weist in der Hauptspalte der Inventare zu Beginn seiner Geschäftstätigkeit und am Ende des ersten Geschäftsjahres folgende Bestände auf:

	Beginn (in €)	Ende (in €)
Fuhrpark		30.000,00
Geschäftsausstattung	10.000,00	15.000,00
Waren		23.000,00
Forderungen		8.000,00
Bankguthaben	20.000,00	6.800,00
Kasse	5.000,00	4.300,00
Darlehensverbindlichkeiten		25.000,00
Verbindlichkeiten aus Lieferungen und Leistungen		16.000,00

Beurteilen Sie den wirtschaftlichen Erfolg von Herrn Märk, indem Sie das Eigenkapital zu Beginn seiner Geschäftstätigkeit mit dem Eigenkapital am Ende des ersten Geschäftsjahres vergleichen.

1.4.4 Was versteht man unter einem Inventar?
Was ist bei einer Bilanz anders dargestellt als bei einem Inventar?

1.4.5 Führen Sie die Grundsätze ordnungsmäßiger Buchführung nach § 239 HGB auf.

1.4.6 Was können Sie jeweils aus der Aktivseite und was aus der Passivseite der Bilanz ablesen?

1.4.7 Begründen Sie an vier Beispielen, warum die von Ihnen ausgewählten Vermögenswerte zum Umlaufvermögen gehören.

1.4.8 Erläutern Sie, welche Gesichtspunkte die Reihenfolge der Vermögens- und Schuldenwerte in der Bilanz bestimmen.

1.4.9 Ein Bekannter von Ihnen behauptet: „Die Höhe des Eigenkapitals verändert sich in gleichem Umfang, wie die Höhe des Vermögens."
Klären Sie den Wahrheitsgehalt dieser Aussage.

1.4.10 Begründen Sie, warum die Inventur im Verhältnis zur Buchführung eine bestimmende Kontrollfunktion hat. Bedenken Sie bei Ihren Überlegungen das Problem des Kassenbestandes bei der Abstimmung zwischen dem tatsächlich vorhandenem Bestand (Ist-Bestand) und dem Bestand, der sich aufgrund der gebuchten Belege ergeben sollte (Soll-Bestand).

1.4.11 Ermitteln Sie im Internet, wie der Bilanzaufbau bei einer „Kleinstkapitalgesellschaft" gestaltet sein muss.

1.5 Wertveränderungen in der Bilanz durch Geschäftsfälle

Da eine Bilanz auf den Ergebnissen der Inventur aufgebaut ist, können die Werte nur solange gültig sein, wie der Gewerbetreibende keine weitere Geschäftstätigkeit betreibt. Die Bilanz ist daher nur eine Zeitpunkterhebung, die durch jeden neuen Geschäftsfall verändert wird.

Aufgrund des Bilanzgleichgewichtes ergibt sich, dass jeder Geschäftsfall zwangsläufig eine Veränderung von mindestens zwei Bilanzpositionen nach sich zieht. Dabei kann sich die Bilanzsumme verändern, sie muss dies aber nicht. Entscheidend ist, dass die Summe der Aktivseite, auch nach Berücksichtigung der Geschäftsfälle, betraglich immer mit der Summe der Passivseite übereinstimmen muss.

Ein Geschäftsfall kann grundsätzlich jede Position der Bilanz verändern; hier sollen zunächst nur die Fälle angesprochen werden, die das Eigenkapital durch die betriebliche Tätigkeit nicht verändern. Diese Bestandsveränderungen werden als **erfolgsneutral** bezeichnet.

Ausgehend von der folgenden Beispielbilanz sollen die **Möglichkeiten der Wertänderungen in der Bilanz** dargestellt werden:

Ausgangsbilanz:

ERÖFFNUNGSBILANZ
Günther Altkorn e. K., Schopfheim, zum 01.01.

Aktiva		Passiva	
Grundstücke und Gebäude	150.000,00	Eigenkapital	45.400,00
Betriebs- und Geschäftsausstattung	10.000,00	Darlehensverbindlichkeiten	120.000,00
Waren	30.000,00	Verbindlichkeiten a. L. u. L.	61.550,00
Forderungen a. L. u. L.	15.000,00		
Bankguthaben	11.000,00		
Kasse	10.950,00		
	226.950,00		226.950,00

Wertveränderungen in der Bilanz:

Beispiel 1:
Verkauf von Waren im Wert von 5.000,00 € gegen Banküberweisung.

Auswirkung: Das Bankguthaben nimmt um 5.000,00 € zu, der Warenbestand um den gleichen Betrag ab. Beide Bilanzpositionen sind Vermögenswerte und sind daher auf der Aktivseite der Bilanz aufgeführt. Damit findet durch diesen Geschäftsvorfall ein **Aktivtausch** statt; die **Bilanzsumme bleibt unverändert.**

Darstellung der Bilanz **nach Berücksichtigung** des ersten Geschäftsfalles:

BILANZ
Günther Altkorn e. K., Schopfheim

Aktiva		Passiva	
Grundstücke und Gebäude	150.000,00	Eigenkapital	45.400,00
Betriebs- und Geschäftsausstattung	10.000,00	Darlehensverbindlichkeiten	120.000,00
Waren	25.000,00	Verbindlichkeiten a. L. u. L.	61.550,00
Forderungen a. L. u. L.	15.000,00		
Bankguthaben	16.000,00		
Kasse	10.950,00		
	226.950,00		226.950,00

Beispiel 2:

Um Verbindlichkeiten a. L. u. L. über 30.000,00 € bezahlen zu können, wird das Bankdarlehen um diesen Betrag aufgestockt.

Auswirkung: Das Bankdarlehen nimmt um 30.000,00 € zu, die Verbindlichkeiten a. L. u. L. um den gleichen Betrag ab.
Beide Bilanzpositionen sind Schuldenwerte und daher auf der Passivseite der Bilanz aufgeführt.
Damit findet durch diesen Geschäftsvorfall ein **Passivtausch** statt; die **Bilanzsumme bleibt unverändert.**

Darstellung der Bilanz **nach Berücksichtigung** des zweiten Geschäftsfalles:

BILANZ
Günther Altkorn e. K., Schopfheim

Aktiva			Passiva
Grundstücke und Gebäude	150.000,00	Eigenkapital	45.400,00
Betriebs- und Geschäftsausstattung	10.000,00	Darlehensverbindlichkeiten	150.000,00
Waren	25.000,00	Verbindlichkeiten a. L. u. L.	31.550,00
Forderungen a. L. u. L.	15.000,00		
Bankguthaben	16.000,00		
Kasse	10.950,00		
	226.950,00		226.950,00

Beispiel 3:

Fällige Rechnungen unserer Lieferanten (aus unserer Sicht handelt es sich um Verbindlichkeiten a. L. u. L.) über 5.500,00 € werden durch Banküberweisung bezahlt.

Auswirkung: Das Bankguthaben nimmt um 5.500,00 € ab; die Verbindlichkeiten a. L. u. L. nehmen ebenfalls um diesen Betrag ab.
Das Bankguthaben ist auf der Aktivseite und die Verbindlichkeiten sind auf der Passivseite der Bilanz aufgeführt; da beide Bestände kleiner werden, **nimmt** auch die **Bilanzsumme ab**: Es handelt sich hierbei um eine **Aktiv-Passiv-Minderung** oder **Bilanzverkürzung.**
Die **Bilanzgleichung bleibt** auch in diesem Fall **erhalten**.

Darstellung der Bilanz **nach Berücksichtigung** des dritten Geschäftsfalles:

BILANZ
Günther Altkorn e. K., Schopfheim

Aktiva			Passiva
Grundstücke und Gebäude	150.000,00	Eigenkapital	45.400,00
Betriebs- und Geschäftsausstattung	10.000,00	Darlehensverbindlichkeiten	150.000,00
Waren	25.000,00	Verbindlichkeiten a. L. u. L.	26.050,00
Forderungen a. L. u. L.	15.000,00		
Bankguthaben	10.500,00		
Kasse	10.950,00		
	221.450,00		221.450,00

Beispiel 4:

Kauf von Waren im Wert von 9.000,00 € auf Ziel (d.h. die Zahlung erfolgt nach Vereinbarung mit dem Lieferanten zu einem späteren Zeitpunkt).

Auswirkung: Der Warenbestand nimmt um 9.000,00 € zu; die Verbindlichkeiten a. L. u. L. nehmen ebenfalls um diesen Betrag zu.

Der Warenbestand befindet sich auf der Aktivseite und die Verbindlichkeiten sind auf der Passivseite der Bilanz aufgeführt. Da beide Bestände zunehmen, **nimmt** auch die **Bilanzsumme zu**: Es liegt eine **Aktiv-Passiv-Mehrung** oder **Bilanzverlängerung** vor.

Darstellung der Bilanz **nach Berücksichtigung** des vierten Geschäftsfalles:

BILANZ
Günther Altkorn e. K., Schopfheim

Aktiva			**Passiva**
Grundstücke und Gebäude	150.000,00	Eigenkapital	45.400,00
Betriebs- und Geschäftsausstattung	10.000,00	Darlehensverbindlichkeiten	150.000,00
Waren	34.000,00	Verbindlichkeiten a. L. u. L.	35.050,00
Forderungen a. L. u. L.	15.000,00		
Bankguthaben	10.500,00		
Kasse	10.950,00		
	230.450,00		230.450,00

In den aufgeführten Beispielen wurden jeweils zwei Bilanzpositionen verändert; grundsätzlich besteht aber auch die Möglichkeit, dass ein Geschäftsfall **mehr als zwei** Bilanzpositionen beeinflusst.

Beispiel 5:
Kauf von Waren im Wert von 10.000,00 €. Anzahlung über 3.000,00 € in bar, der Rest wird auf Ziel geliefert.

Auswirkung: Der Warenbestand nimmt um 10.000,00 € zu; der Kassenbestand nimmt um 3.000,00 € ab und die Verbindlichkeiten nehmen um 7.000,00 € zu.
Die Aktivseite der Bilanz nimmt um 10.000,00 € zu (Waren) und gleichzeitig um 3.000,00 € ab (Kasse); die Passivseite nimmt um 7.000,00 € zu (Verbindlichkeiten a. L. u. L.), sodass die Bilanzsumme insgesamt um 7.000,00 € zunimmt. Das Bilanzgleichgewicht bleibt auch hier erhalten.

Darstellung der Bilanz **nach Berücksichtigung** des fünften Geschäftsfalles:

BILANZ
Günther Altkorn e. K., Schopfheim

Aktiva			**Passiva**
Grundstücke und Gebäude	150.000,00	Eigenkapital	45.400,00
Betriebs- und Geschäftsausstattung	10.000,00	Darlehensverbindlichkeiten	150.000,00
Waren	44.000,00	Verbindlichkeiten a. L. u. L.	42.050,00
Forderungen a. L. u. L.	15.000,00		
Bankguthaben	10.500,00		
Kasse	7.950,00		
	237.450,00		237.450,00

⇒

- Jeder Geschäftsfall verändert die Bilanz in mindestens zwei Positionen.
- Es gibt vier Möglichkeiten der Bilanzveränderung:
  - Aktivtausch } In beiden Fällen bleibt die Bilanzsumme unverändert.
  - Passivtausch
  - Aktiv-Passiv-Mehrung
  - Aktiv-Passiv-Minderung
- Auch nach den Wertveränderungen in der Bilanz gilt immer:

  Summe der Aktiva = Summe der Passiva

Arbeitsaufträge:

1.5.1 Beurteilen Sie, welche Art von Änderung der betroffenen Bilanzpositionen durch die folgenden Geschäftsfälle bewirkt wird.
Geben Sie jeweils die Auswirkung auf die Bilanzsumme an.

1. Wir kaufen Waren auf Ziel.
2. Ein Kunde zahlt uns eine fällige Rechnung durch Banküberweisung.
3. Kauf eines bebauten Grundstückes; die Bezahlung erfolgt durch ein neu aufgenommenes Darlehen.
4. Warenverkauf gegen bar.
5. Zur Auffrischung des Kassenbestandes heben wir den benötigten Betrag bei der Bank ab.
6. Wir bezahlen eine fällige Rechnung durch Banküberweisung.
7. Tilgung eines Teilbetrages des Darlehens durch Bareinzahlung.
8. Warenverkauf auf Ziel.
9. Wir begleichen eine fällige Verbindlichkeit mit einem Bankscheck (das Konto hat ein ausreichendes Guthaben).
10. Zur Zahlung von kurzfristigen Verbindlichkeiten nehmen wir ein Bankdarlehen auf.
11. Kauf einer Schreibmaschine gegen bar.
12. Übertrag von einem Bankkonto auf ein anderes Bankkonto, das zur Zeit Schulden ausweist.
13. Eine Forderung wird mit einer Verbindlichkeit aufgerechnet.
14. Ein Lieferant, der gegen uns erhebliche Forderungen hat, wird in Höhe seiner Forderungen bei uns Teilhaber. Beurteilen Sie den Vorgang aus unserer Sicht.
    Was verändert sich durch diesen Vorgang in der Bilanz unseres neuen Geschäftspartners?

1.5.2 Wie verändert sich die Bilanzsumme eines Unternehmens nach folgenden Geschäftsfällen?

1. Kauf von Waren im Wert von 12.000,00 €; Anzahlung durch Bankscheck mit 3.000,00 € (Guthaben ist vorhanden); der Rest wird auf Ziel geliefert.
2. Eine fällige Rechnung über 20.000,00 € wird mit 3.000,00 € bar, einem Bankscheck über 5.000,00 € und für den Rest mit einem neu aufgenommenen Darlehen bezahlt.

1.5.3 Die Unternehmerin Claudia Dreher e. Kfr., hat zum 31.12. folgende Bilanz erstellt:

BILANZ
Claudia Dreher e. Kfr., Heilbronn, zum 31.12.

Aktiva			**Passiva**
Betriebs- und Geschäftsausstattung	10.000,00	Eigenkapital	20.000,00
Waren	44.500,00	Verbindlichkeiten a. L. u. L.	61.500,00
Forderungen a. L. u. L.	15.000,00		
Kasse	12.000,00		
	81.500,00		81.500,00

Buchen Sie die folgenden Geschäftsfälle, indem Sie nach der Erfassung der geänderten Bilanzpositionen jeweils eine neue Bilanz erstellen.

1. Verkauf von Waren für 3.000,00 € gegen Bankscheck. Für die Einlösung des Schecks lässt Frau Dreher ein neues Bankkonto eröffnen.
2. Verbindlichkeiten über 7.250,00 € werden von Frau Dreher bar aus der Firmenkasse bezahlt.
3. Kauf von Waren für 1.900,00 € auf Ziel.
4. Um eine fällige Rechnung über 20.000,00 € bezahlen zu können, nimmt Frau Dreher ein neues Darlehen über diesen Betrag auf. Die Auszahlung erfolgt direkt an den Lieferanten.

1.5.4 Beschreiben Sie an einem Beispiel, was ein Aktivtausch ist.
Welche Auswirkung hat dieser Vorgang auf die Bilanzsumme?

1.5.5 Erläutern Sie ein Beispiel für eine Aktiv-Passiv-Mehrung mit Auswirkung auf die Bilanzsumme.

1.5.6 Warum bewirkt jeder einzelne Geschäftsfall eine Veränderung von mindestens zwei Bilanzpositionen?

1.5.7 Begründen Sie, warum ein Aktivtausch das Eigenkapital nicht verändert.

1.5.8 Erläutern Sie den Zusammenhang von Inventur, Inventar und Bilanz.

1.6 Bestandskonten

1.6.1 Bestandskonten eröffnen

Da sich die Daten der Eröffnungsbilanz eines Gewerbetreibenden durch jeden Geschäftsfall mindestens in zwei Bilanzpositionen verändern, ist es in der Praxis nicht möglich, eine laufende Anpassung der Bilanz an neue Gegebenheiten durchzuführen.

Um die Bestandsveränderungen aber dennoch erfassen zu können, wird die Bilanz in einzelne, übersichtliche Teilbereiche „zerlegt“, die spätestens zum Jahresende wieder zusammengefügt werden. Die Bestände werden dabei zu Beginn des Geschäftsjahres von den Bilanzpositionen auf einzelne **Bestandskonten** übertragen; die Wertveränderungen durch Geschäftsfälle werden dann nur noch auf diesen Konten gebucht. Vereinfachend gesagt, werden aus der Eröffnungsbilanz viele **Teilbilanzen** angelegt.

Unter einem Konto (aus ital. conto = Rechnung) versteht man eine zweiseitige Rechnung, die für schulische Zwecke in **T-Form** dargestellt wird. In der Praxis wird die Buchführung mit entsprechenden Programmen über die EDV durchgeführt; deren Ergebnisse schlagen sich in ausgedruckten **Listen** nieder.

BILANZ

Aktiva			**Passiva**
Betriebs- und Geschäftsausstattung	21.000,00	Eigenkapital	31.850,00
Waren	36.100,00	Verbindlichkeiten a. L. u. L.	48.800,00
Forderungen a. L. u. L.	12.900,00		
Kasse	10.650,00		
	80.650,00		80.650,00

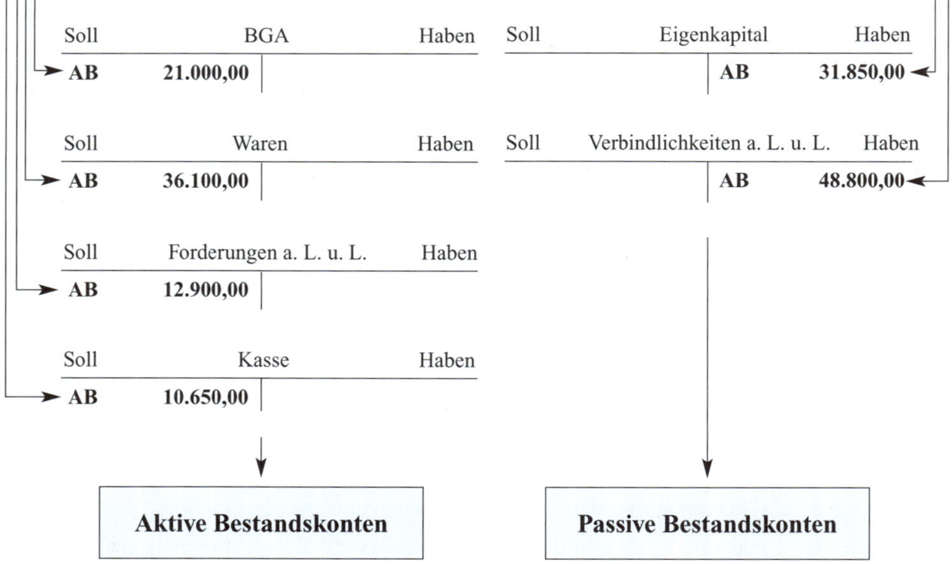

- Steht eine Bilanzposition auf der **Aktivseite** der Bilanz, wird ein **aktives Bestandskonto** (Aktivkonto) angelegt. Entsprechendes gilt für passive Bilanzpositionen (Passivkonten).
- Die linke Kontoseite heißt „**Soll**”, die rechte „**Haben**”.

Für **jede aktive Bilanzposition** wird **mindestens ein aktives Bestandskonto** eröffnet. Da die Bilanz aus Gründen der Übersichtlichkeit nur verdichtete Zahlen ausweist, stehen hinter einer Bilanzposition häufig mehrere Bestandskonten. Für **jede passive Bilanzposition** wird dementsprechend **mindestens ein passives Bestandskonto** angelegt.

1.6.2 Geschäftsfälle buchen

Wird ein Konto im Soll angesprochen, spricht man von „belasten", bei einer Haben-Buchung spricht man dagegen von „erkennen".

Für die Erfassung von Geschäftsfällen gilt der Grundsatz:

Keine Buchung ohne Beleg!

Die Erfassung **eines** Geschäftsfalles führt immer zu mindestens **zwei Veränderungen** bei den Bilanzpositionen. Dies wird noch deutlicher bei der Buchung auf den Bestandskonten, weil dann die Veränderungen übersichtlicher dargestellt sind.

Das System der Buchung eines Geschäftsfalles mit Buchung auf einem Konto und Gegenbuchung auf einem anderen Konto wird als „**Doppelte Buchführung**" oder **System der Doppik** bezeichnet.

Buchungsregeln für das Buchen auf Bestandskonten

- Die **Anfangsbestände** auf den Bestandskonten stehen auf der gleichen Seite wie in der Bilanz.
- **Zunahmen** auf den Bestandskonten werden immer auf der gleichen Seite gebucht wie der Anfangsbestand.
- **Minderungen** des Anfangsbestandes werden dementsprechend auf der entgegengesetzten Seite des Abfangsbestandes gebucht.
- Das Ergebnis der Veränderungen des Anfangsbestandes auf einem Bestandskonto führt zum **Schlussbestand**; dieser ist die rechnerische Ausgleichsgröße für das Bestandskonto und sorgt dafür, dass die **Kontensummen** im Soll und im Haben den gleichen Betrag aufweisen.
  Der Betrag des Schlussbestandes auf jedem Bestandskonto sollte mit dem Inventurbestand übereinstimmen.
- Bei Bestandskonten steht der **Schlussbestand entgegengesetzt zum Anfangsbestand**.

Beispiel 1:

Ein Unternehmer kauft Waren im Wert von 5.000,00 € auf Ziel, d.h. er zahlt erst zu einem späteren mit dem Lieferanten vereinbarten Zeitpunkt.

Wie verändern sich die Bestände der betroffenen Konten, wenn das Konto „Waren" bisher einen Bestand von 3.000,00 € und das Konto „Verbindlichkeiten a. L. u. L." einen Bestand von 2.000,00 € ausweisen?

Soll	Waren		Haben
AB	3.000,00	**SB**	**8.000,00**
	5.000,00		
	8.000,00		8.000,00

(1)

Soll	Verbindlichkeiten a. L. u. L.		Haben
SB	**7.000,00**	AB	2.000,00
			5.000,00
	7.000,00		7.000,00

(2)

Erläuterung

(1) Das Konto „Waren“ ist ein **aktives Bestandskonto**. Sein Anfangsbestand steht daher auf der Sollseite. Wenn der Bestand zunimmt, muss die **Zunahme** auf der gleichen Seite gebucht werden, auf der auch der Anfangsbestand steht, hier also ebenfalls **im Soll**. Um das Konto abzuschließen, wird die Sollseite summiert. Der ermittelte Betrag wird als Kontensumme auf die Habenseite des Kontos übernommen: Wegen des Bilanzgleichgewichts müssen auch die einzelnen Bestandskonten im Soll und im Haben die gleiche Kontensumme ausweisen. **Der im Haben fehlende Betrag ist der Schlussbestand**, der nach seiner Buchung das Konto ausgleicht.

(2) Das Konto „Verbindlichkeiten a. L. u. L.“ ist ein **passives Bestandkonto**, dessen Anfangsbestand daher auf der Habenseite steht. Nimmt der Bestand wie im Beispiel zu, muss die **Zunahme** auf der gleichen Seite gebucht werden, in diesem Fall also **im Haben**. Um das Konto abzuschließen, wird die Habenseite summiert. Der ermittelte Betrag wird als Kontensumme auf die Sollseite des Kontos übernommen.
Der im Soll fehlende Betrag ist der Schlussbestand, der nach seiner Buchung das Konto ausgleicht.

Das Ergebnis dieses Geschäftsfalles ist eine **Aktiv-Passiv-Mehrung**, da jeweils der Bestand eines aktiven und eines passiven Bestandskontos zunimmt.

Die Technik der Ermittlung des Schlussbestandes wird als „**Saldieren**“ bezeichnet:
Zuerst wird die **Differenz** zwischen der größeren und der kleineren Kontoseite berechnet, die dann zum Kontoausgleich auf der **kleineren** Seite eingesetzt wird. Der Saldo eines aktiven Bestandskontos ist immer ein Soll-Saldo, der auf der Haben-Seite als Ausgleichsgröße gebucht wird; der Saldo eines passiven Bestandskontos ist dementsprechend immer ein Haben-Saldo, der zum Ausgleich des Kontos auf der Soll-Seite gebucht wird. Eine Buchung auf der **Sollseite** wird in der Praxis auch als **Lastschrift**, eine Buchung auf der **Habenseite** auch als **Gutschrift** bezeichnet.

Beispiel 2:

Ein Unternehmer verkauft Waren im Wert von 1.000,00 € auf Ziel, d.h. der Käufer wird erst bei Fälligkeit der Rechnung bezahlen.
Wie verändern sich die Bestände der betroffenen Konten, wenn das Konto „Waren“ bisher einen Bestand von 8.000,00 € und das Konto „Forderungen a. L. u. L.“ einen Bestand von 4.000,00 € ausweisen?

Soll	Waren		Haben
AB	8.000,00		1.000,00
		SB	**7.000,00**
	8.000,00		8.000,00

(1)

Soll	Forderungen a.L.u.L		Haben
AB	4.000,00	**SB**	**5.000,00**
	1.000,00		
	5.000,00		5.000,00

(2)

Erläuterung

(1) Das Konto „Waren“ ist ein **aktives Bestandskonto**. Da sein Anfangsbestand auf der Sollseite steht, wird eine **Bestandsminderung im Haben** gebucht werden. Der verringerte Schlussbestand steht auf der Habenseite.

(2) Das Konto „Forderungen a. L. u. L.“ ist ebenfalls ein **aktives Bestandskonto**. Da sein Anfangsbestand auf der Sollseite steht, wird eine **Bestandsmehrung im Soll** gebucht werden. Der erhöhte Schlussbestand steht wie bei allen Aktivkonten im Haben.

Die Auswirkung dieses Geschäftsfalles stellt einen **Aktivtausch** dar, da ein aktives Bestandskonto wertmäßig zugenommen und ein anderes aktives Bestandskonto abgenommen hat.

Das folgende Beispiel unterscheidet sich dadurch von den vorhergehenden, dass mehr als zwei Konten mit ihren Anfangsbeständen verändert werden. Dabei zeigt sich, dass die Bilanzsumme nach erfolgter Buchung auch in diesem Fall im Gleichgewicht bleibt. Der Summe der Veränderungen im Soll steht ein gleich hoher Betrag an Veränderungen im Haben gegenüber.

Beispiel 3:

Eine fällige Rechnung über 11.350,00 € wird mit 1.350,00 € bar und mit einem Scheck in Höhe von 10.000,00 € bezahlt.

Wie verändern sich die Bestände, wenn das Konto „Verbindlichkeiten a. L. u. L.“ bisher 25.650,00 €, das Konto „Bank“ ein Guthaben von 12.960,00 € und das Konto „Kasse“ 3.810,00 € ausweisen?

Soll	Kasse		Haben
AB	3.810,00		1.350,00
		SB	**2.460,00**
	3.810,00		3.810,00

(1)

Soll	Bank		Haben
AB	12.960,00		10.000,00
		SB	**2.960,00**
	12.960,00		12.960,00

(2)

Soll	Verbindlichkeiten a.L.u.L.		Haben
	11.350,00	AB	25.650,00
SB	**14.300,00**		
	25.650,00		25.650,00

(3)

Erläuterung

(1) Das Konto „Kasse“ ist ein **aktives Bestandskonto** mit dem Anfangsbestand im Soll. Die **Minderung** ist daher **im Haben** zu buchen.

(2) Auch das Konto „Bank“ ist **ein aktives Bestandskonto**, da es die Forderung des Kontoinhabers gegen die Bank enthält. Wenn der Scheck eingelöst wird, nimmt die Forderung ab. Die Bestandsminderung ist daher im Haben zu buchen.

Anmerkung: Das Konto „Bank“ kann auch Verbindlichkeiten enthalten; in diesem Fall ist es ein Passivkonto.

(3) Das Konto „Verbindlichkeiten a. L. u. L.“ weist Schulden des Unternehmens aus. Es ist ein **passives Bestandskonto**, bei dem die **Abnahme** der Schulden im **Soll** gebucht wird.

Dieser Geschäftsfall führt zu einer **Aktiv-Passiv-Minderung**, da auf der Aktivseite zwei Konten um insgesamt 11.350,00 € abnehmen und gleichzeitig ein passives Bestandskonto um diese Summe abnimmt.

Konten, die je nach Charakter auf der Aktiv- oder der Passivseite der Bilanz ausgewiesen werden, werden als **Wechselkonten** bezeichnet.

Hinweis: Nur wenige Konten können zum Bilanzstichtag alternativ als Aktiv- oder Passivposition in der Bilanz ausgewiesen werden, wie z. B. Bankforderungen oder Bankverbindlichkeiten sowie USt-Verrechnung, abhängig von der Art des Bestandes.

Beispiel 4:

Um kurzfristige Verbindlichkeiten über 22.000,00 € bezahlen zu können, läßt ein Unternehmer ein bestehendes Darlehenskonto bei seiner Bank um diesen Betrag aufstocken.

Wie verändern sich die Bestände, wenn bisher die „Verbindlichkeiten a. L. u. L.“ einen Bestand von 73.500,00 € und die „Darlehensverbindlichkeiten“ von 19.000,00 € ausweisen?

Soll	Verbindlichkeiten a.L.u.L.		Haben
	22.000,00	AB	73.500,00
SB	**51.500,00**		
	73.500,00		73.500,00

(1)

Soll	Darlehensverbindl.		Haben
SB	**41.000,00**	AB	19.000,00
			22.000,00
	41.000,00		41.000,00

(2)

Erläuterung

(1) Das Konto „Verbindlichkeiten a. L. u. L." ist ein **passives Bestandskonto**. Da sein Anfangsbestand auf der Habenseite steht, sind **Minderungen** im **Soll** zu buchen.

(2) Auch das Konto „Darlehensverbindlichkeiten" ist ein **passives Bestandskonto**. Weil der **Bestand zunimmt**, ist die Mehrung im **Haben** zu buchen. Da beide betroffenen Konten Passivkonten sind, liegt ein **Passivtausch** vor; die Bilanzsumme bleibt unverändert.

1.6.3 Abschluss der Bestandskonten

Zum Ende eines Geschäftsjahres ist eine **Abschlussbilanz** zu erstellen. Sie berücksichtigt die Ausgangssituation des alten Jahres und die durch die Geschäftsfälle hervorgerufenen Bestandsveränderungen. Die Schlussbilanz des Vorjahres und die Eröffnungsbilanz des laufenden Geschäftsjahres stimmen überein, weil in der Zwischenzeit keine Geschäftsfälle anfallen konnten (**Grundsatz der Bilanzidentität**).

Beispiel:

Zu Beginn eines Geschäftsjahres hat Andrea Reichle e. Kfr. folgende Vermögens- und Schuldenwerte: Kasse 6.000,00 €; Waren 20.000,00 €; Verbindlichkeiten a. L. u. L. 15.000,00 €; Forderungen a. L. u. L. 10.000,00 €. Erstellen Sie eine formgerechte Eröffnungsbilanz. (Fortsetzung der Aufgabe auf der nächsten Seite).

ERÖFFNUNGSBILANZ
Andrea Reichle e. Kfr. zum 01.01.

Aktiva			**Passiva**
Waren	20.000,00	Eigenkapital	21.000,00
Forderungen a. L. u. L.	10.000,00	Verbindlichkeiten a. L. u. L.	15.000,00
Kasse	6.000,00		
	36.000,00		36.000,00

Waren

Soll			Haben
AB	**20.000,00**	(2)	5.000,00
(1)	3.000,00	(3)	10.000,00
		SB	**8.000,00**
	23.000,00		23.000,00

Eigenkapital

Soll			Haben
SB	**21.000,00**	**AB**	**21.000,00**

Forderungen a. L. u. L.

Soll			Haben
AB	**10.000,00**	(4)	4.000,00
(3)	10.000,00	**SB**	**16.000,00**
	20.000,00		20.000,00

Verbindlichkeiten a. L. u. L.

Soll			Haben
(5)	7.000,00	**AB**	**15.000,00**
SB	**11.000,00**	(1)	3.000,00
	18.000,00		18.000,00

Kasse

Soll			Haben
AB	**6.000,00**	(5)	7.000,00
(2)	5.000,00	**SB**	**8.000,00**
(4)	4.000,00		
	15.000,00		15.000,00

SCHLUSSBILANZKONTO
Andrea Reichle e. Kfr. zum 31.12.

Soll			**Haben**
Waren	8.000,00	Eigenkapital	21.000,00
Forderungen a. L. u. L.	16.000,00	Verbindlichkeiten a. L. u. L.	11.000,00
Kasse	8.000,00		
	32.000,00		32.000,00

Buchen Sie auf den Bestandskonten die folgenden Geschäftsfälle:

1.	*Kauf von Waren auf Ziel*	*3.000,00 €.*
2.	*Verkauf von Waren gegen bar*	*5.000,00 €.*
3.	*Verkauf von Waren auf Ziel*	*10.000,00 €.*
4.	*Ein Kunde zahlt eine fällige Rechnung bar*	*4.000,00 €.*
5.	*Die Unternehmerin bezahlt eine fällige Lieferantenrechnung bar*	*7.000,00 €.*

Schließen Sie die Konten zum Jahresende ab und erstellen Sie dazu das Schlussbilanzkonto.

Erläuterung

(1) **Aktive Bestandskonten** übernehmen ihren Bestand von der Aktivseite der Bilanz, also auf die **Soll**seite.
Passive Bestandskonten haben ihren Anfangsbestand dementsprechend im **Haben**.

(2) Jeder Geschäftsfall löst mindestens eine Buchung im Soll und eine im Haben aus. Daher ist es zweckmäßig, für eine spätere Kontrolle der Buchungen die **Ziffer** des zugehörigen Geschäftsfalles auf den Konten vor den gebuchten Betrag zu schreiben. Bei entstandenen Buchungsfehlern sind diese dann leichter aufzufinden. Diese Technik wurde im vorstehenden Beispiel zum ersten Mal angewendet.
Eine weitere Möglichkeit der Kennzeichnung zusammengehörender Buchungsbeträge besteht darin, das entsprechende Gegenkonto (evtl. abgekürzt) zu benennen.

(3) Anmerkungen zu den Geschäftsfällen:
1. **Aktiv-Passiv-Mehrung**, da ein aktives Bestandskonto (Waren) zunimmt und ein passives Bestandskonto (Verbindlichkeiten a. L. u. L.) ebenfalls zunimmt.
2. **Aktivtausch**, da ein Aktivkonto (Kasse) zunimmt und gleichzeitig ein anderes Aktivkonto (Waren) abnimmt.
3. **Aktivtausch**: Das Konto „Forderungen a. L. u. L." nimmt zu, das Konto „Waren" nimmt ab.
4. **Aktivtausch**: Das Konto „Kasse" nimmt zu, das Konto „Forder. a. L. u. L." nimmt ab.
5. **Aktiv-Passiv-Minderung**, da das aktive Bestandskonto „Kasse" abnimmt und das passive Bestandskonto „Verbindlichkeiten a. L. u. L." ebenfalls abnimmt.

(4) Die auf den Konten ermittelten Schlussbestände werden auf dem Schlussbilanzkonto gegengebucht. Dadurch erscheinen die Bestände der Aktivkonten auf der Sollseite, die der Passivkonten auf der Habenseite des Kontos und werden so in die Schlussbilanz übernommen.

Der Weg von der Eröffnungsbilanz bis zur Schlussbilanz wird als **geschlossener Buchungskreislauf** bezeichnet, da in ihm alle angefallenen Geschäftsfälle berücksichtigt werden.

Anmerkung: Da die Ergebnisse der Buchführung zunächst innerhalb der Unternehmung ausgewertet werden, bevor sie über die veröffentlichte Bilanz (**externe Bilanz**) außerhalb der Unternehmung vorgestellt werden, steht in diesem Buch von nun an der interne Abschluss im Mittelpunkt:
Zu diesem Zweck wird ein Abschlusskonto „**Schlussbilanzkonto**" (**SBK**) eingeführt, das alle Schlussbestände aus den Bestandskonten aufnimmt.

Dementsprechend wird die Übernahme der Bestände aus der Eröffnungsbilanz in die Bestandskonten über das „**Eröffnungsbilanzkonto**" (**EBK**) gegengebucht, so dass auch hier für jede Buchung eine Gegenbuchung erfolgt. Das EBK ist nach der Anlage der Bestandskonten betraglich ausgeglichen und wird für die weitere Buchungsarbeit nicht mehr benötigt.
Das Konto „EBK" ist inhaltlich ein **Spiegelkonto** zur Eröffnungsbilanz, da die einzelnen Bilanzpositionen auf der „falschen" Seite gegengebucht sind.

Vereinfachendes Beispiel:

Aktiva	Eröffnungsbilanz		Passiva
Waren	20.000,00	Eigenkapital	18.000,00
Kasse	10.000,00	Verbindlichkeiten a. L.u.L.	12.000,00
	30.000,00		30.000,00

Soll	Waren		Haben
(1) **AB**	**20.000,00**		

Soll	Eigenkapital		Haben
		(3) **AB**	**18.000,00**

Soll	Kasse		Haben
(2) **AB**	**10.000,00**		

Soll	Verbindlichkeiten a. L.u.L.		Haben
		(4) **AB**	**12.000,00**

Soll	**Eröffnungsbilanzkonto**		**Haben**
(3) Eigenkapital	18.000,00	(1) Waren	20.000,00
(4) Verbindlichkeiten a. L.u.L.	12.000,00	(2) Kasse	10.000,00
	30.000,00		30.000,00

Erläuterung

(1) + (2) Da „Waren“ und „Kasse“ aktive Bestandskonten sind, wird der Anfangsbestand im Soll gebucht; die Gegenbuchung auf dem „Eröffnungsbilanzkonto“ muss daher im Haben erfolgen.

(3) + (4) Die Konten „Eigenkapital“ und „Verbindlichkeiten a. L. u. L.“ sind passive Bestandskonten, bei denen der Anfangsbestand im Haben gebucht wird; die Gegenbuchung muss dann auf EBK im Soll durchgeführt werden.

⇒

- Der geschlossene Buchungskreislauf stellt die Wertveränderungen durch die Geschäftsfälle dar.
- Der erste Schritt besteht in der Erstellung der Eröffnungsbilanz; dabei muss das Eigenkapital berechnet werden.
- Die Anfangsbestände werden auf die aktiven und passiven Bestandskonten übertragen bzw. über das „Eröffnungsbilanzkonto“ umgebucht.
- Alle innerhalb der Abrechnungsperiode anfallenden Geschäftsfälle sind auf den Konten zu buchen.
- Die neuen Schlussbestände werden in den Konten berechnet, gebucht und über das „Schlussbilanzkonto“ gegengebucht.

Arbeitsaufträge:

1.6.1 Das Konto „Kasse“ hat einen Anfangsbestand von 7.468,00 €. Ermitteln Sie auf dem T-Konto den Schlussbestand, wenn folgende Geschäftsfälle den Anfangsbestand verändern:

1. Verkauf von Waren gegen bar 1.210,00 €;
2. Wir bezahlen eine fällige Rechnung bar 3.378,00 €;
3. Ein Kunde zahlt an uns eine fällige Rechnung bar 2.820,00 €;
4. Wir zahlen eine Darlehensrate bar 650,00 €.

1.6.2 Das Konto „Darlehensverbindlichkeiten“ hat einen Anfangsbestand von 23.950,00 €. Ermitteln Sie auf dem T-Konto den Schlussbestand, wenn folgende Geschäftsfälle zu berücksichtigen sind:

1. Banküberweisung für eine fällige Rate 930,00 €;
2. Aufstockung des Darlehens 10.700,00 €;
3. Wir zahlen eine fällige Rate bar 930,00 €.

1.6.3 Die Unternehmerin Karin Schumacher e. Kfr., Einzelhandel für Textilien, Mannheim, stellt zum 31.12. des alten Jahres in der Inventur folgende Vermögens- und Schuldenwerte fest:
Forderungen a. L. u. L. 2.750,00 €; Geschäftsausstattung 10.800,00 €; Bankguthaben 8.250,00 €; Kasse 4.210,00 €; Verbindlichkeiten a. L. u. L. 18.655,00 €; Waren 25.920,00 €.

1. Erstellen Sie eine formgerechte Eröffnungsbilanz für das neue Jahr und ermitteln Sie dabei das Eigenkapital.

2. Eröffnen Sie die Bestandskonten und buchen Sie auf diesen folgende Geschäftsfälle:

1. Kauf eines neuen Computers, bar	2.000,00 €;
2. Ein Kunde begleicht eine fällige Forderung durch Banküberweisung	1.310,00 €;
3. Die Unternehmerin überweist eine fällige Rechnung	7.480,00 €;
4. Verkauf von Waren im Wert von	5.000,00 €;
- davon werden bar gezahlt	1.000,00 €;
- der Rest wird auf Ziel geliefert	4.000,00 €.

3. Ermitteln Sie die geänderten Schlussbestände und übertragen Sie diese auf das Schlussbilanzkonto; die buchmäßigen Bestände stimmen mit den durch Inventur ermittelten Beständen überein.

1.6.4 Ottfried Keller e. K., Schraubengroßhandel, Freiburg, hatte zum 31.12. des Vorjahres folgende Vermögens- und Schuldenwerte:
Fuhrpark 25.000,00 €; Darlehensverbindlichkeiten 12.000,00 €; Verbindlichkeiten a. L. u. L. 48.750,00 €; Kasse 2.750,00 €; Geschäftsausstattung 20.930,00 €; Bankverbindlichkeiten 7.290,00 €; Forderungen a. L. u. L. 21.985,00 €; Waren 65.355,00 €.

1. Erstellen Sie die formgerechte Eröffnungsbilanz für das aktuelle Jahr und ermitteln Sie das Eigenkapital.

2. Eröffnen Sie die Bestandskonten und buchen Sie auf diesen folgende Geschäftsfälle:

1. Ein Schuldner zahlt eine fällige Rechnung durch Bankscheck	9.220,00 €;
2. Tilgung einer Darlehensrate, bar	1.050,00 €;
3. Verkauf von Waren auf Ziel	7.390,00 €;
4. Aufnahme eines Lieferanten als neuen Gesellschafter; dabei erfolgt eine Umwandlung von Verbindlichkeiten in Eigenkapital mit einem Betrag von	28.600,00 €;
5. Kauf eines Fahrzeuges; die Bezahlung erfolgt durch Darlehensaufstockung	25.870,00 €;
6. Verkauf von gebrauchter Geschäftsaustattung zum Buchwert, bar	865,00 €.

3. Ermitteln Sie die geänderten Schlussbestände und übertragen Sie diese auf das Schlussbilanzkonto; die buchmäßigen Bestände stimmen mit den durch Inventur ermittelten Beständen überein.

1.6.5 Anfangsbestände eines Handelsunternehmens:
Bebaute Grundstücke 778.000,00 €; Geschäftsausstattung 55.000,00 €;
Verbindlichkeiten a. L.u.L. 15.700,00 €; Bankguthaben 19.300,00 €; Forderungen a.L.u.L. 24.800,00 €; Waren 67.500,00 €; Kasse 6.900,00 €; Darlehensverbindlichkeiten 122.000,00 €.

1. Erstellen Sie eine formgerechte Eröffnungsbilanz und ermitteln Sie dabei das Eigenkapital.

2. Eröffnen Sie die Bestandskonten und buchen Sie auf diesen folgende Geschäftsfälle:

1. Wareneinkauf auf Ziel	26.000,00 €;
2. Banküberweisung an einen Lieferer	8.700,00 €;
3. Bareinzahlung auf unser Bankkonto	1.000,00 €;
4. Wareneinkauf mit sofortiger Zahlung durch Banküberweisung	6.000,00 €;
5. Ein Kunde überweist auf unser Bankkonto	9.500,00 €;
6. Warenverkauf auf Ziel	41.450,00 €;
7. Banküberweisung für Darlehenstilgung	500,00 €;
8. Kauf einer betrieblichen DV-Anlage mit Maestro-Karte (Geschäftskonto)	3.330,00 €;
9. Barabhebung vom Bankkonto	765,00 €.

3. Ermitteln Sie die neuen Schlussbestände und übertragen Sie diese auf das Schlussbilanzkonto; die buchmäßigen Bestände stimmen mit den durch Inventur ermittelten Beständen überein.

1.6.6 Wo steht der Anfangs- und wo der Schlussbestand auf einem aktiven Bestandskonto (mit Begründung)?

1.6.7 Welche Art von Wertveränderungen werden auf einem passiven Bestandskonto im Haben gebucht?

1.6.8 Auf welchen Kontenseiten werden bei Bestandskonten die Minderung der Anfangsbestände gebucht?

1.6.9 Erläutern Sie den Unterschied von Schlussbilanzkonto und Schlussbilanz.

1.6.10 Begründen Sie, warum der buchmäßige Schlussbestand aus den Konten vom Inventurbestand abweichen kann.

1.6.4 Der Buchungssatz

Die Darstellung von Geschäftsfällen erfolgt in der Praxis durch Buchungssätze. In diesen werden die Konten der Soll- und der Haben-Buchung durch das Wort „**an**" sprachlich verknüpft. Hierbei gilt die Festlegung, dass der Buchungssatz **zuerst** immer das Konto und den Betrag der **Sollbuchung** nennt.

⇒ → **Soll (Betrag) an Haben (Betrag)**

Um fehlerfrei zu buchen, erteilt ein Buchhalter bei allen Belegen mit einem Buchungsstempel die Anweisung, welches Konto im Soll und welches im Haben anzusprechen ist (Vorkontieren). Wenn alle Belege bearbeitet sind, kann die eigentliche Buchungstätigkeit beginnen.

Beispiel 1:

Barabhebung vom Bankkonto, 800,00 €.

Soll	Kasse	Haben
800,00		

Soll	Bank	Haben
		800,00

Buchungssatz:

→ Kasse	800,00	**an**	Bank	800,00

Statt der Abgrenzung von Soll- und Habenbuchung durch das geschriebene Wort „an" lässt sich eine optische Trennung der beiden Buchungsseiten auch durch einen Strich „ / " vornehmen. Diese Darstellungsform entstammt Buchungslisten, in denen nicht nur ein einziger Geschäftsfall erfasst wird, sondern alle an einem bestimmten Tag und an einer bestimmten Buchungsstelle vorkommenden Buchungen.

Wenn in einem Geschäftsfall jeweils nur **ein** Konto im Soll und eines im Haben anzusprechen sind, liegt ein **einfacher Buchungssatz** vor (Beispiel 1). Sind dagegen durch einen Geschäftsfall **mehr als zwei** Konten betroffen, liegt ein **zusammengesetzter Buchungssatz** vor, wie im Beispiel 2.

Beispiel 2:

Verkauf von Waren im Wert von 3.500,00 €. Davon werden 500,00 € bar angezahlt, der Rest wird auf Ziel geliefert.

Soll	Kasse	Haben
500,00		

Soll	Waren	Haben
		3.500,00

Soll	Forderungen a. L. u. L.	Haben
3.000,00		

Buchungssatz:

(1) →	Kasse	500,00			
	Forderungen a. L. u. L.	3.000,00	**an**	Waren	3.500,00

Erläuterung

(1) Der zusammengesetzte Buchungssatz wird gesprochen:

Kasse	500,00	**und**			
Forderungen	3.000,00		**an**	Waren	3.500,00

Für die Erstellung von Buchungssätzen ist die Vier-Schritte-Methode eine sinnvolle Denkhilfe:

1. Welche Konten sind von dem Geschäftsfall betroffen?
2. Welchen Charakter haben diese Konten? (Aktiv- oder Passivkonten)
3. Liegt auf dem Konto ein Zugang oder eine Minderung vor?
4. Auf welcher Kontenseite ist dann zu buchen?

⇐

Arbeitsaufträge:

1.6.11 Bilden Sie die Buchungssätze zu den folgenden Geschäftsfällen; wenden Sie dabei bewusst die Vier-Schritte-Methode an:

1. Ein Kunde zahlt eine fällige Rechnung durch Banküberweisung	1.000,00 €
2. Kauf eines Geschäftsfahrzeuges auf Ziel	30.900,00 €
3. Warenverkauf gegen bar	3.210,00 €
4. Rückgabe von noch nicht bezahlter Ware an den Lieferanten	875,00 €
5. Ein gebrauchter Computer (Geschäftsausstattung) wird bar verkauft	730,00 €
6. Kunden zahlen fällige Rechnungen in Höhe von	7.429,00 €
durch Barzahlung	1.000,00 €
und mit Überweisung auf das Bankkonto	6.429,00 €
7. Wir beziehen Ware auf Ziel	15.356,00 €
8. Wir kaufen Ware gegen sofortige Barzahlung	2.520,00 €
9. Tilgung des Bankdarlehens durch Überweisung vom Bankkonto	560,00 €

1.6.12 Bilden Sie die Buchungssätze zu den folgenden Geschäftsfällen und erläutern Sie, wie sich diese auf die Bilanz auswirken:

1. Ein neuer Gesellschafter wird gegen Sacheinlage (Waren) aufgenommen	10.000,00 €
2. Ein Lieferant wandelt seine Forderung an uns gegen ein Darlehen um	24.500,00 €
3. Verkauf von Waren auf Ziel	3.810,00 €
4. Übertrag von einem Bankkonto (Guthaben) auf ein anderes Bankkonto (neu eröffnet)	6.720,00 €
5. Wir zahlen eine Lieferantenrechnung durch Banküberweisung (Bankkonto im „Soll“)	1.390,00 €
6. Ein Kunde gibt uns mangelhafte, noch nicht bezahlte Ware zurück	400,00 €
7. Kauf eines neuen Hochleistungs-Computers auf Ziel	3.210,00 €
8. Verkauf eines gebrauchten Drehstuhls gegen Bank-Scheck	20,00 €

1.6.13 Erläutern Sie, welche Geschäftsfälle zu den folgenden Buchungssätzen geführt haben:

1. Waren	an	Verbindlichkeiten a. L. u. L.
2. Forderungen a. L. u. L.	an	Waren
3. Darlehensverbindlichkeiten	an	Bank
4. Bank	an	Bank
5. Kasse		
Forderungen a. L. u. L.	an	Waren
6. Waren	an	Eigenkapital
7. Verbindlichkeiten a. L. u. L.	an	Waren
8. Geschäftsausstattung	an	Bank
9. Kasse	an	Fuhrpark

1.6.14 In welchem Punkt müssen einfache und zusammengesetzte Buchungssätze übereinstimmen, damit das System der Doppik nicht verletzt wird?

1.6.15 Bilden Sie den Buchungssatz für den Abschluss des Kontos „Verbindlichkeiten a. L. u. L.“.

1.6.16 Welche Bedeutung hat das „Eröffnungsbilanzkonto“?

1.6.17 Erläutern Sie, wie man vom Geschäftsfall zum Buchungssatz kommt.

1.6.18 Zu welchem Zweck werden Buchungssätze gebildet?

1.6.5 Grundbuch und Hauptbuch

Die Erfassung der Geschäftsfälle in der **zeitlichen Reihenfolge** ihres Anfallens wird als **Grundbuch** (Journal, Primanota) bezeichnet. Ihre Darstellung erfolgt in **Buchungssätzen**. In der Praxis werden zur besseren Kontrollmöglichkeit (auch für die Finanzverwaltung) außer Konto und Betrag weitere Informationen EDV-mäßig erfasst: Buchungsdatum, Datum von Ausgangs- und Eingangsrechnungen sowie Belegnummer und Buchungstext. Da im Grundbuch eine lückenlose Erfassung aller Geschäftsfälle erfolgt, bildet es die Grundlage für die Buchung auf den Bestandskonten.

Das Grundbuch kann keine Anfangsbestände der Konten berücksichtigen, es vermittelt daher auch keinen Überblick über die Bestandsveränderungen. Alle Geschäftsfälle werden deshalb zusätzlich nach **sachlichen Gesichtspunkten** auf den Bestandskonten im **Hauptbuch** gebucht. Dort wird der Anfangsbestand mit den Zugängen und den Minderungen verrechnet und so der neue Schlussbestand ermittelt. Die Darstellung erfolgt auf T-Konten.

⇒

- Das **Grundbuch** enthält die Geschäftsfälle als **Buchungssatz** mit Buchung im Soll mit Betrag und Buchung im Haben mit Betrag. Dabei können auf beiden Seiten mehrere Konten betroffen sein. Gliederungsmerkmal ist die **zeitliche Reihenfolge**.
- Im **Hauptbuch** werden die Anfangsbestände der Bestandskonten mit den Umsätzen im Soll und im Haben aufgerechnet, sodass jederzeit die aktuellen Bestände feststellbar sind. Die Darstellung erfolgt auf **T-Konten**. Gliederungsmerkmal ist die **sachliche Zuordnung**.

Arbeitsaufträge:

1.6.19 Buchen Sie folgende Geschäftsfälle im Grundbuch und erläutern Sie, wie sich dadurch die Bilanz verändert:

1. Wir bezahlen eine Verbindlichkeit durch Abtretung einer Forderung	9.800,00 €
2. Ein Kunde kauft Waren gegen bar	1.350,00 €
und gegen Scheckzahlung	4.750,00 €
3. Bareinzahlung bei der Bank (Nachttresor)	2.988,00 €
4. Kauf eines neuen Geschäftsgebäudes gegen bar	85.000,00 €
und durch Aufnahme eines Darlehens	315.000,00 €
5. Die erste Tilgungsrate wird auf dem Bankkonto belastet (zur Zeit Verbindlichkeit)	2.625,00 €
6. Ein Kunde zahlt eine fällige Rechnung durch Bareinzahlung auf unser Bankkonto	3.110,00 €
7. Verkauf von gebrauchter Geschäftsausstattung gegen bar	425,00 €
8. Wir zahlen eine fällige Rechnung über das Bankkonto	531,00 €

1.6.20 Anfangsbestände des Handelsunternehmens Andrea Werner e. Kfr.:
Bebaute Grundstücke 690.400,00 €; Fuhrpark 42.500,00 €; Verbindlichkeiten a. L. u. L. 100.800,00 €; Forderungen a. L. u. L. 44.800,00 €; Waren 127.300,00 €; Kasse 22.400,00 €; Darlehensverbindlichkeiten 253.000,00 €.

a) Ermitteln Sie das vorhandene Eigenkapital.

b) Buchen Sie die folgenden Geschäftsfälle im Grund- und im Hauptbuch.

1. Barzahlung an einen Lieferer für eine fällige Rechnung	3.500,00 €
2. Eröffnung eines Bankkontos bar	2.500,00 €
3. Wareneinkauf gegen Banküberweisung	15.000,00 €
4. Wareneinkauf auf Ziel	57.500,00 €
5. Ein Kunde überweist auf Bankkonto	6.800,00 €
6. Wareneinkauf auf Ziel	29.000,00 €
7. Banküberweisung zur Darlehenstilgung	1.300,00 €
8. Kauf eines Pkw gegen Bankscheck	24.000,00 €

c) Schließen Sie die Konten ab.

1.6.21 Erläutern Sie den Unterschied von Grundbuch und Hauptbuch.
Begründen Sie, warum beide Bücher in der Buchhaltung erforderlich sind.

1.7 Ergebniskonten

1.7.1 Geschäftsfälle auf Ergebniskonten buchen

Bei der Buchung der bisherigen Geschäftsfälle auf den Bestandskonten wurde eine Bilanzposition nur in besonderen Ausnahmefällen verändert: Das Eigenkapital. Die Ursache dafür ist schnell gefunden, denn Geschäftsfälle in denen der Unternehmer das **Ergebnis** seiner geschäftlichen Tätigkeit ablesen konnte, traten bisher nicht auf. Dennoch ist leicht nachvollziehbar, dass neben diesen **ergebnisneutralen** Geschäftsfällen, die das Eigenkapital nicht verändern, weitere Geschäftsfälle vorkommen, die das Ziel der unternehmerischen Tätigkeit erfassen, nämlich die Gewinnerzielung. Diese Geschäftsfälle werden dann als **erfolgswirksam** bezeichnet, wenn die Veränderung des Eigenkapitals nicht durch den Unternehmer selbst veranlasst wurde, indem er eine private Entnahme aus dem Unternehmen oder eine private Einlage in das Unternehmen vornahm.

Anhand von wenigen Beispielen soll gezeigt werden, dass das Eigenkapital durch **Erfolgsvorgänge** tatsächlich häufig verändert wird:
- Waren werden teurer verkauft als sie eingekauft wurden.
- Um seine Leistungen anbieten zu können, benötigt der Unternehmer Mitarbeiter und Räume.
- Zur Finanzierung der Geschäftstätigkeit können Darlehen nötig sein; für sie sind Zinsen zu bezahlen.
- Der Staat verlangt von jedermann Steuern, also auch von Unternehmen.

Da das Konto „**Eigenkapital**" ein passives Bestandskonto ist (eine der beiden Kapitalquellen), wirken sich Geschäftsfälle, die das Ergebnis des Unternehmens betreffen, folgendermaßen aus:
- **Aufwendungen,** wie z.B. zu zahlende Zinsen, Mieten und Personalaufwendungen **mindern das Eigenkapital**; sie sind folglich auf dem Kapitalkonto im Soll zu buchen.
- **Erträge**, wie z.B. erhaltene Zinsen, Provisionen und Mieten **erhöhen das Eigenkapital**; sie sind daher auf dem Kapitalkonto im **Haben** zu buchen.

Soll	Eigenkapital Haben
Aufwendungen	Anfangsbestand
Schlussbestand	**Erträge**

Ist nach der Buchung der Aufwendungen und der Erträge der Schlussbestand des Kontos „Eigenkapital" höher als der Anfangsbestand, liegt ein **Gewinn** vor; ist der Schlussbestand niedriger, hat das Unternehmen einen **Verlust** erwirtschaftet.

Summe der Erträge – Summe der Aufwendungen = Gewinn
(bei negativem Ergebnis: **Verlust**)

Die meisten in einer Unternehmung anfallenden Geschäftsfälle beeinflussen das Ergebnis, sie bestimmen den Gewinn oder Verlust in einer Geschäftsperiode.
Würden alle diese Umsätze über das Konto „Eigenkapital" gebucht werden, hätte man schon bald keinen Überblick mehr über dieses wichtige Konto. Aus diesem Grund werden in der Buchführung die schon bestehenden aktiven und passiven Bestandskonten um eine **neue Kontoart** ergänzt: die **Ergebniskonten**.

Die **Ergebniskonten** (auch **Erfolgskonten** genannt) werden in zwei Gruppen unterteilt, je nachdem, wie sie das Eigenkapital verändern:

- **Aufwendungen** vermindern das Eigenkapital und werden auf **Aufwandskonten** erfasst;
- **Erträge** erhöhen das Eigenkapital und werden auf **Ertragskonten** gebucht.

Durch die getrennte Erfassung auf den entsprechenden Ergebniskonten erkennt der Unternehmer eindeutig die Höhe und die Ursachen der Veränderungen des Anfangsbestandes des Kontos „Eigenkapital“.

Verwendete Ergebniskonten	
Aufwandskonten	**Ertragskonten**
Personalaufwendungen	
Mietaufwendungen	Mieterträge
Provisionsaufwendungen (PA)	Provisionserträge (PE)
Zinsaufwendungen (ZA)	Zinserträge (ZE)
Allgemeine Verwaltungskosten (AVK)	
Büromaterialaufwendungen	
Reparaturaufwendungen	
Hausaufwendungen	
Energieaufwendungen	
Kommunikationsaufwendungen	
Steueraufwendungen	
Versicherungsaufwendungen	
Werbeaufwendungen	
Abschreibungen auf Anlagen	
Abschreibungen auf Gebäude	
Sonstige betriebliche Aufwendungen	Sonstige betriebliche Erträge

Die Ergebniskonten sind Unterkonten des Kontos Eigenkapital. Für sie gelten die gleichen Buchungsregeln wie für das passive Bestandskonto „Eigenkapital” selbst:

- **Aufwendungen** sind als Minderung des Eigenkapitals im **Soll** zu buchen.
- **Erträge** sind als Erhöhung des Eigenkapitals im **Haben** zu buchen.

Beispiel:

Buchen Sie im Grundbuch folgende Geschäftsfälle:
1. *Die Bank zahlt uns 590,00 € Zinsen.*
2. *Wir bezahlen 1.200,00 € Miete durch Banküberweisung.*

Buchungssätze:

(1) ➤ Bank	590,00	/	Zinserträge	590,00
(2) ➤ Mietaufwendungen	1.200,00	/	Bank	1.200,00

Buchen Sie diese Geschäftsfälle im Hauptbuch und ermitteln Sie das neue Eigenkapital, wenn der Anfangsbestand 25.670,00 € betragen hat. Berücksichtigen Sie für den Abschluss nur die erfolgswirksamen Vorgänge.

Soll	Bank		Haben
(1)	590,00	(2)	1.200,00

Soll	Mietaufwendungen		Haben
(2)	1.200,00	(4)	1.200,00

Soll	Zinserträge		Haben
(3)	590,00	(1)	590,00

Soll	Eigenkapital		Haben
(4)	1.200,00	AB	25.670,00
SB	**25.060,00**	(3)	590,00
	26.260,00		26.260,00

Buchen Sie den Abschluss der beiden Ergebniskonten auch im Grundbuch.

Buchungssätze:

(3) → Zinserträge	590,00	/	Eigenkapital	590,00
(4) → Eigenkapital	1.200,00	/	Mietaufwendungen	1.200,00

Erläuterung

(1) Da Zinserträge das Eigenkapital erhöhen, erfolgt die Buchung auf dem Ertragskonto im Haben.

(2) Mietaufwendungen verringern das Eigenkapital, daher ist das Aufwandskonto im Soll anzusprechen.

(3) Zum Abschluss des Ertragskontos erfolgt eine Ausgleichsbuchung im Soll; da keine Buchung ohne Gegenbuchung erfolgen darf, kann das aufnehmende Konto „Eigenkapital" nur im Haben angesprochen werden.

(4) Das Konto „Mietaufwendungen" wird im Haben ausgeglichen; die Gegenbuchung auf „Eigenkapital" erfolgt daher im Soll.
Da in diesem Beispiel die Aufwendungen größer sind als die Erträge, ist der Schlussbestand des Kontos „Eigenkapital" niedriger als der Anfangsbestand:
Es ist ein **Verlust** aufgetreten, dessen Betrag bei dieser Buchungstechnik gesondert berechnet werden muss (Anfangsbestand – Schlussbestand).

Arbeitsaufträge:

1.7.1 Ermitteln Sie den Schlussbestand des Eigenkapitals, wenn der Anfangsbestand 12.500,00 € betragen hat. Zu berücksichtigen sind Aufwendungen in Höhe von 75.850,00 € sowie Erträge mit einem Betrag von 86.110,00 €.
Was für eine Art von Ergebnis liegt hier vor?

1.7.2 Beurteilen Sie folgende Eigenkapitaldaten:
Anfangsbestand 57.900,00 €; Schlussbestand 55.300,00 €.

1.7.3 Wie hoch waren die Aufwendungen einer Unternehmerin, wenn Erträge über 101.500,00 € vorlagen und der Anfangsbestand des Eigenkapitals 45.000,00 € sowie der Schlussbestand 78.250,00 € betrugen?

1.7.4 Buchen Sie im Grundbuch folgende Geschäftsfälle:

1. Einnahme für eine vermietete Garage, bar	80,00 €.
2. Wir erhalten für eine Geschäftsvermittlung Provision gutgeschrieben (Bank)	2.610,00 €.
3. Gehaltszahlung, bar	1.985,00 €.
4. Für eine Werbeanzeige überweisen wir über unser Bankkonto	127,00 €.
5. Lastschrift auf unserem Bankkonto wegen Gewerbesteuer	532,00 €.
6. Für gemietete Lagerräume überweisen wir über unser Bankkonto	2.250,00 €.
7. Die Telefonrechnung wird auf unserem Bankkonto belastet	181,00 €.
8. Die Bank belastet uns wegen Darlehenszinsen	1.445,00 €.

1.7.5 Ermitteln Sie den Schlussbestand des Kontos „Eigenkapital" (Anfangsbestand 24.850,00 €), nachdem Sie folgende Geschäftsfälle im Grundbuch gebucht haben:

1. Reparaturkosten für ein Fahrzeug werden mit Bankscheck beglichen	925,00 €.
2. Mieteingang für vermietete Geschäftsräume in bar	1.290,00 €.
3. Wir zahlen die Rechnung für Heizöl durch Banküberweisung	26.517,00 €.
4. Für eine erfolgreiche Vermittlung erhalten wir auf unserem Bankkonto eine Provision	32.720,00 €.

1.7.6 Begründen Sie, warum auf Ergebniskonten anfallende Erträge im Haben gebucht werden.
Benennen Sie einen Fall, bei dem Sie auf einem Ertragskonto im Soll buchen müssen.

1.7.7 Erläutern Sie, warum es zweckmäßig ist, das Konto „Eigenkapital" in Ergebniskonten aufzugliedern.

1.7.8 Buchen Sie die folgenden Geschäftsfälle im Journal:

1. Wareneinkauf für 15.600,00 €; davon werden bar bezahlt	5.600,00 €,
auf Ziel bezogen	10.000,00 €.
2. Einem Kunden wurden irrtümlich Waren belastet für	3.210,00 €.
Stornieren Sie die Buchung (rückgängig machen), da er die Waren nicht erhielt.	
3. Kauf von Büromaterial mit Maestro-Karte (Geschäftskonto)	510,00 €.
4. Lohnzahlung für geringfügig Beschäftigte, bar	620,00 €.
5. Ein Lieferant erhält mangelhafte Waren zurück (noch nicht bezahlt)	870,00 €.
6. Da der Kassenbestand zu hoch ist, zahlen wir auf unser Bankkonto ein	2.500,00 €.
7. Aufnahme eines neuen Gesellschafters, der auf unser Bankkonto bar einzahlt	25.000,00 €.
8. Wir erhalten eine Vermittlungsprovision durch einen Bankscheck	10.790,00 €.
9. Belastung des Bankkontos wegen eines Darlehens mit	3.220,00 €,
davon sind 500,00 € für Tilgung, der Restbetrag betrifft Zinsen.	

1.7.2 Abschluss der Ergebniskonten

Wenn ein Gewerbetreibender bei seiner betrieblichen Tätigkeit einen Geschäftsumfang erreicht, der eine größere Zahl von Ergebniskonten erfordert, ist es nicht mehr sinnvoll, die Ergebniskonten direkt über „Eigenkapital“ abzuschließen. Der Überblick über den betrieblichen Erfolg wird bei dieser Methode sehr erschwert.
Stattdessen ist es zweckmäßig, dem Konto „Eigenkapital“ ein weiteres Unterkonto vorzuschalten, das **„Gewinn- und Verlustkonto“** (abgekürzt GuV-Konto); über dieses Konto werden alle Ergebniskonten abgeschlossen, sodass aus der Abstimmung des „GuV-Konto“ der Gewinn oder Verlust berechnet werden kann; der Ausgleichsbetrag wird auf dem Eigenkapitalkonto gegengebucht. (Diese Aussage gilt für Einzelunternehmer und Personenhandelsgesellschaften).

Beispiel:

Auf Ergebniskonten liegen folgende Zahlen vor:

Zinserträge	*1.000,00 €;*	*Mieterträge*	*5.000,00 €;*
Personalaufwendungen	*2.000,00 €;*	*Allgemeine Verwaltungskosten (AVK)*	*1.500,00 €.*

Ermitteln Sie das Ergebnis der Geschäftstätigkeit auf dem Gewinn- und Verlustkonto.

Soll	Personalaufwendungen		Haben
	2.000,00	(1)	2.000,00

Soll	AVK		Haben
	1.500,00	(2)	1.500,00

Soll	Zinserträge		Haben
(3)	1.000,00		1.000,00

Soll	Mieterträge		Haben
(4)	5.000,00		5.000,00

Soll		GuV-Konto		Haben
	Personalaufw.	2.000,00	Zinserträge	1.000,00
	AVK	1.500,00	Mieterträge	5.000,00
(5)	**Gewinn**	**2.500,00**		
		6.000,00		6.000,00

Erläuterung

(1) Wie alle Aufwendungen werden Personalaufwendungen im Soll gebucht. Wenn das Konto abgeschlossen wird, ist eine Ausgleichsbuchung im Haben vorzunehmen. Um das Bilanzgleichgewicht zu erhalten, muss für diese Buchung eine Gegenbuchung im Soll erfolgen: Dies geschieht auf dem Abschlusskonto „Gewinn- und Verlustkonto“.

(2) Das Konto „AVK“ ist als Aufwandskonto genauso abzuschließen.
Da bei beiden Aufwandskonten die Gegenbuchung im Soll vorgenommen wurde, kann man daraus ableiten, dass **Aufwendungen auf dem „GuV-Konto“ immer im Soll** gegenzubuchen sind, dies entspricht einer Minderung des Eigenkapitals.

(3) Wie bei allen Ertragskonten wurde auch auf dem Konto „Zinserträge“ die Mehrung im Haben gebucht. Zum Ausgleich dieses Ertragskontos ist die Zinssumme daher im Soll zu buchen. Die Gegenbuchung erfolgt auf dem Abschlusskonto „GuV-Konto“ im Haben.

(4) Das Konto „Mieterträge“ ist als Ertragskonto genauso abzuschließen.
Es zeigt sich, dass **Erträge auf dem „GuV-Konto“ immer im Haben** zu buchen sind, da sie eine Erhöhung des Eigenkapitals bewirken.

(5) Der rechnerische Abschluss des Kontos „GuV“ lässt erkennen, dass die Summe der Erträ-

Abschluss der Ergebniskonten:

Alle Ergebniskonten werden über das „GuV-Konto“ abgeschlossen und haben daher auch keine Anfangsbestände.

Buchungssätze:

→ **Ertragskonto**	/	**GuV-Konto**
→ **GuV-Konto**	/	**Aufwandskonto**

⇐

Arbeitsauftrag:

1.7.9 Mario Schulte ist selbständiger Programmierer, der maßgeschneiderte Lösungen für den Maschinenbau entwickelt und vertreibt. Hierfür beschäftigt er eine Mitarbeiterin und kauft fallweise von anderen Programmierern Entwicklungen hinzu. Seine Geschäftstätigkeit übt er in einem eigenen Bürogebäude aus, das er teilweise vermietet hat.

Aus der Inventur liegen die folgenden **Anfangsbestände** von Mario Schulte e. K., vor:
Bebaute Grundstücke 372.800,00 €; Fuhrpark 20.900,00 €; Verbindlichkeiten 80.250,00 €;
Bankguthaben 31.825,00 €; Forderungen 68.400,00 €; Kasse 8.210,00 €;
Hypothek (langfristiges Bankdarlehen) 199.200,00 €.

Geschäftsfälle:

1.	Überweisung für eine fällige Rechnung an einen externen Programmierer	4.000,00 €.
2.	Eingangsrechnung eines Programmierers, sofortige Zahlung durch Banküberweisung (Konto: Software-Aufwendungen)	8.500,00 €.
3.	Ein Kunde überweist für eine fällige Rechnung	6.800,00 €.
4.	Rechnungen an Kunden für Programmnutzung (Konto: Lizenzerträge)	39.000,00 €.
5.	Lastschrift auf unserem Bankkonto wegen betrieblicher Versicherung	1.600,00 €.
6.	Banküberweisung für Darlehenstilgung	1.300,00 €,
	und Zinszahlung	11.550,00 €.
7.	Kauf eines Schreibtisches mit Bankscheck	2.310,00 €.
8.	Mieter zahlen auf unser Bankkonto bar ein	3.870,00 €.
9.	Zahlung für eine Werbeanzeige, bar	350,00 €.
10.	Gehaltszahlung durch Banküberweisung	2.420,00 €.
11.	Wir erhalten einen Scheck als Provision (Einreichung bei der Bank)	12.000,00 €.

Führen Sie im **Hauptbuch** einen vollständigen Buchungskreislauf von der Eröffnungsbilanz bis zum Schlussbilanzkonto durch.

1.7.3 Die geteilten Warenkonten

Bei der Überlegung, wie der Unternehmer Gewinne erwirtschaften kann, wurde bisher ein wesentlicher Gesichtspunkt außer Betracht gelassen:
Die Waren werden nicht zum Einkaufspreis verkauft, sondern zu einem deutlich höheren Preis. Der Kaufmann muss aus der Spanne zwischen Ein- und Verkaufspreis zunächst seine laufenden Kosten abdecken und er wird zusätzlich versuchen, einen angemessenen Gewinn zu erwirtschaften.

Das Konto „Waren“ wird in der Praxis in **zwei Konten** aufgeteilt, die jeweils getrennt das Verhältnis zu Lieferanten und zu den Kunden darstellen:
- Das Konto „**Wareneinkauf**“ (WEK) enthält Bestände, Käufe und Rückgaben an den Lieferanten, jeweils bewertet zum **Einkaufspreis**.
- Das Konto „**Warenverkauf**“ (WVK) enthält Verkäufe und deren Korrekturen aufgrund von Warenrückgaben durch unsere Kunden, jeweils bewertet zum **Verkaufspreis** (unabhängig von dessen Höhe).

Aus dem Inhalt der Konten sieht man, dass beide einen völlig unterschiedlichen Charakter haben. Während das Konto **WVK** die **Erträge** aus dem Verkauf aufnimmt und damit eine **reines Ertragskonto** ist, enthält das Konto **WEK** sowohl **Bestände** als auch **Aufwendungen**.

Ein Konto wie das **WEK**, das Bestände und gleichzeitig auch Erfolge enthält, wird als „**gemischtes Konto**“ bezeichnet; es stellt eine weitere eigenständige Kontenart dar.

Aufteilung des bisherigen Kontos „Waren“ in „WEK“ und „WVK“

Beispiel:

Auf dem Konto „Waren“ liegen folgende Zahlen vor:

Anfangsbestand	*200 Stück*	*zu 140,00 € /Stück*	*28.000,00 €;*
Einkauf	*300 Stück*	*zu 135,00 € /Stück*	*40.500,00 €;*
Verkauf	*400 Stück*	*zu 180,00 € /Stück*	*72.000,00 €;*
Inventurbestand	*100 Stück*	*zu 135,00 € /Stück*	*13.500,00 €.*

Übertragen Sie die Bestände und die Umsätze vom Konto „Waren“ auf die Konten „WEK“ und „WVK“.

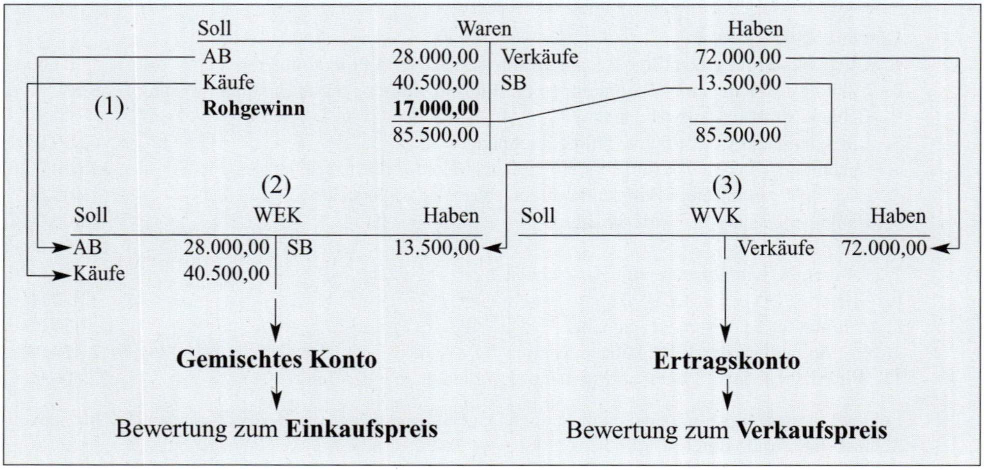

Erläuterung

(1) Das bisherige Konto „Waren“ wird als aktives Bestandskonto behandelt, da es Vermögenswerte enthält. Der Anfangsbestand steht daher im Soll, ebenso die Bestandsmehrungen.

Die Bestandsminderungen werden auf der Gegenseite gebucht. Jetzt wird zum ersten Mal der **Schlussbestand als Inventurbestand** berücksichtigt, wie es das HGB vorschreibt. Die Folge ist, dass das Konto noch nicht ausgeglichen ist, weil die verkauften Waren zu einem höheren Preis als dem Einkaufspreis veräußert werden.

Der Mehrerlös aus dem Verkauf der Waren wird als „**Rohgewinn**" bezeichnet, da in ihm die übrigen Aufwendungen der unternehmerischen Tätigkeit noch nicht berücksichtigt sind.

(2) Das „Wareneinkaufskonto" übernimmt alle Daten, die zum **Einkaufspreis** bewertet werden, d. h. den Anfangsbestand, Zugänge an Waren und damit verknüpft auch Warenrückgaben an den Lieferanten sowie als wichtige Größe den Schlussbestand der Waren laut Inventur, der nach § 253 HGB nach dem **Niederstwertprinzip** (s. S. 61) bewertet wird (hier vorgegeben mit 135,00 €/St.).

(3) Das „Warenverkaufskonto" enthält alle Umsätze mit Abnehmern der Ware, **bewertet zum** vereinbarten **Verkaufspreis**. Dies betrifft auch Warenrückgaben, die z.B. aufgrund gesetzlicher Gewährleistungsverpflichtungen vorgenommen werden müssen. Die Höhe des vereinbarten Preises ist unerheblich für die Zuordnung zum WVK.

Um den **Rohgewinn** aus dem Warenhandel zu ermitteln, ist der Abschluss der beiden Warenkonten erforderlich. Da beide Konten Erfolgsbestandteile enthalten, ist das Abschlusskonto hierfür das Gewinn- und Verlustkonto. Darüber hinaus enthält das WEK den Schlussbestand laut Inventur, der über SBK abgeschlossen wird.

Für den **Abschluss der Warenkonten** gibt es zwei Alternativen: Das Brutto- und das Nettoprinzip.

Das **Bruttoprinzip** besteht darin, dass der Gewinn aus dem Warengeschäft über das GuV-Konto ermittelt wird. Dadurch läßt sich das Verhältnis zwischen dem Aufwand für die verkauften Waren (**Wareneinsatz)** und dem Verkaufserlös dieser Waren auf einen Blick feststellen.

Beim **Nettoprinzip** ist dies nicht der Fall: Hierbei wird das Konto WEK über das Konto WVK abgeschlossen, sodass der Rohgewinn auf dem Konto WVK als Differenz übrigbleibt, die dann auf das GuV-Konto übertragen wird. Da diese Methode in der Praxis nicht üblich ist, wird sie hier nicht weiter gezeigt.

Fortführung des Beispiels:

Schließen Sie die Konten „WEK" und „WVK" nach dem Bruttoprinzip ab.

	Soll	WEK		Haben
(1)	AB	28.000,00	**SBK**	13.500,00
(2)	Käufe	40.500,00	**GuV**	55.000,00
		68.500,00		68.500,00

Soll	WVK		Haben
GuV	72.000,00	Verkäufe	72.000,00

(3)

Soll	SBK		Haben
SB Waren	13.500,00		

Soll	GuV-Konto		Haben
WEK	55.000,00	WVK	72.000,00

(4)

Abschluss der Warenkonten:

Buchungssätze:

→ SBK	13.500,00	/	WEK	13.500,00
→ GuV-Konto	55.000,00	/	WEK	55.000,00
→ WVK	72.000,00	/	GuV-Konto	72.000,00

Erläuterung

(1) Um das Konto „WEK“ abschließen zu können, ist zunächst der nach dem Niederstwertprinzip bewertete Inventurbestand der Waren erforderlich. Er wird als vorbereitende Abschlussbuchung auf dem gemischten Konto WEK im Haben gebucht, die Gegenbuchung erfolgt im Soll des Kontos SBK , da es sich um einen Vermögenswert handelt.

(2) Als Abschlussbuchung für „WEK“ wird der Saldo des Kontos über das GuV-Konto gebucht. Dieser Betrag ist der **Aufwand für die verkauften Waren**, **bewertet zum Einkaufspreis**.

(3) Der Saldo der verkauften Waren stellt für den Unternehmer einen **Ertrag** dar, der mit allen anderen Erträgen auf der Habenseite des GuV-Kontos ausgewiesen wird.

(4) Der **Rohgewinn** ergibt sich aus der Aufrechnung von Erträgen und Aufwendungen aus dem Warengeschäft: 72.000,00 – 55.000,00 = **17.000,00 €**

⇒ **Rohgewinn = Verkaufserlöse – Wareneinsatz**

Reingewinn = Rohgewinn + übrige Erträge – übrige Aufwendungen

Arbeitsauftrag:

1.7.10 Berechnen Sie den **Rohgewinn**, wenn für ein Unternehmen folgende Daten vorliegen:

Anfangsbestand der Waren	90.000,00 €;	Inventurbestand	40.000,00 €;
Wareneinkäufe	50.000,00 €;	Warenverkäufe	160.000,00 €.

Erstellen Sie auch die erforderliche **vorbereitende Abschlussbuchung** sowie die **Abschlussbuchungen** für die Warenkonten.

1.7.4 Zusammenhang von Gewinn- und Verlustkonto und Eigenkapitalkonto

Beispiel 1:

Auf dem GuV-Konto sind Aufwendungen mit 54.300,00 € und Erträge mit 71.800,00 € gebucht. Ermitteln Sie das neue Eigenkapital, wenn der Anfangsbestand 24.110,00 € betragen hat.

	Soll	GuV-Konto		Haben	Soll	Eigenkapital		Haben
	Aufwend.	54.300,00	Erträge	71.800,00	**SB**	**41.610,00**	AB	24.110,00
(1)	**EK**	**17.500,00**					GuV	17.500,00
		71.800,00		71.800,00		41.610,00		41.610,00

Erläuterung

(1) Da die Erträge höher sind als die Aufwendungen, muss der Saldo des GuV-Kontos zum Ausgleich des Kontos im Soll gebucht werden. Die Gegenbuchung auf dem Konto „Eigenkapital“ muss dann im Haben erfolgen. Dadurch ist der Schlussbestand jetzt größer als der Anfangsbestand: Es ist ein **Gewinn** erzielt worden.

Beispiel 2:

Auf dem GuV-Konto sind Aufwendungen mit 75.800,00 € und Erträge mit 63.200,00 € gebucht. Ermitteln Sie das neue Eigenkapital, wenn der Anfangsbestand 24.110,00 € betragen hat.

	Soll	GuV-Konto		Haben	Soll	Eigenkapital		Haben
	Aufwend.	75.800,00	Erträge	63.200,00	GuV	12.600,00	AB	24.110,00
(1)			**EK**	**12.600,00**	**SB**	**11.510,00**		
		75.800,00		75.800,00		24.110,00		24.110,00

Erläuterung

(1) Da die Aufwendungen höher sind als die Erträge, wird der Saldo des GuV-Kontos im Haben gebucht. Die Gegenbuchung auf dem Eigenkapitalkonto im Soll zeigt:
Der Schlussbestand ist geringer als der Anfangsbestand, es ist ein **Verlust** entstanden.

Abschluss des „GuV-Kontos“:

Buchungssätze:

Gewinn: →	**GuV-Konto**	/	**Eigenkapital**
Verlust: →	**Eigenkapital**	/	**GuV-Konto**

⇐

Für den Jahresabschluss schreibt § 275 Abs. 1 HGB vor, dass für die Gewinn- und Verlustrechnung die **Staffelmethode** anzuwenden ist. Dabei werden die einzelnen Ergebnisbestandteile untereinander aufgeführt. Diese Regelung gilt aber nur für Kapitalgesellschaften, die keine Kreditinstitute sind; aus diesem Grund wird sie hier nicht berücksichtigt.

Zusammenhang von Bestands- und Ergebniskonten beim Abschluss:

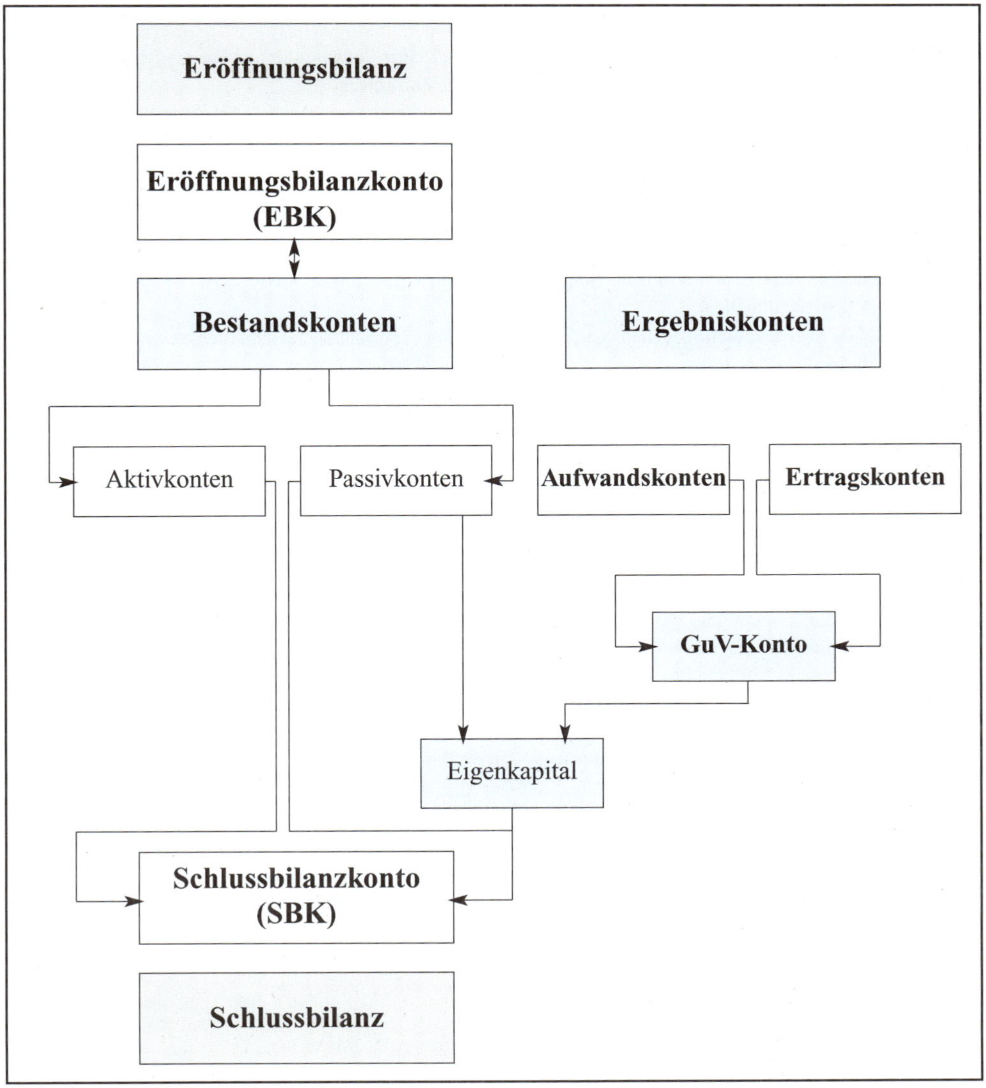

Arbeitsaufträge:

1.7.11 Geben Sie an, welcher der folgenden Geschäftsfälle das Konto „Eigenkapital" verändert und welcher nicht. Bilden Sie auch die entsprechenden Buchungssätze.

1. Wir kaufen Waren auf Ziel	3.400,00 €.
2. Zahlung einer fälligen Rechnung durch Banküberweisung	11.450,00 €.
3. Die Bank erteilt uns eine Zinsgutschrift	30,00 €.
4. Wir kaufen Büromaterial bar	480,00 €.
5. Ein Kunde zahlt eine fällige Rechnung durch Banküberweisung	2.680,00 €.

1.7.12 Buchen Sie die folgenden Geschäftsfälle im Grundbuch:

1. Wir erhalten Miete bar	950,00 €.
2. Lastschrift für Telefongebühren auf Bankkonto	312,00 €.
3. Lohnzahlung bar	15.960,00 €.
4. Bankbelastung wegen Darlehenszinsen	730,00 €.
5. Banküberweisung für eine Zeitungsanzeige wegen neuer Mitarbeiter	425,00 €.
6. Für erfolgreiche Vermittlungen erhalten wir einen Bankscheck	4.219,00 €.

1.7.13
1. Führen Sie für die Geschäftsfälle aus Aufgabe 1.7.12 einen Teilabschluss im Hauptbuch durch; berücksichtigen Sie dabei nur die Buchungen auf den Ergebniskonten.
2. Schließen Sie die Ergebniskonten über das GuV-Konto ab und ermitteln Sie das neue Eigenkapital, wenn der Anfangsbestand 48.332,00 € betragen hat.
3. Buchen Sie den Abschluss der Ergebniskonten und des GuV-Kontos auch im Grundbuch.

1.7.14 Erstellen Sie die Eröffnungsbilanz aus folgenden Inventurangaben:
Bebaute Grundstücke 778.000,00 €; Fuhrpark 55.000,00 €; Verbindlichkeiten 15.700,00 €; Bank 19.300,00 €; Forderungen 24.800,00 €; Waren 67.500,00 €; Kasse 6.900,00 €; Darlehen 122.000,00 €.

Buchen Sie die Geschäftsfälle zunächst im **Grundbuch**. Anschließend sind die Buchungen im **Hauptbuch** durchzuführen.

1. Wareneinkauf auf Ziel	26.000,00 €.
2. Banküberweisung an einen Lieferer	8.700,00 €.
3. Kauf von Büromaterial, bar	850,00 €.
4. Wareneinkauf gegen Banküberweisung	6.000,00 €.
5. Banküberweisung für betriebliche Steuern	690,00 €.
6. Warenverkauf auf Ziel	51.450,00 €.
7. Ein Kunde zahlt eine fällige Rechnung auf unser Bankkonto ein	10.500,00 €.
8. Banküberweisung für Darlehenstilgung	500,00 €,
und für Zinszahlung	1.250,00 €.
9. Zahlungseingang auf unserem Bankkonto für Provision	8.150,00 €.
10. Kauf eines betrieblichen Pkw gegen Bankscheck	25.000,00 €.
11. Kauf von Büroausstattung auf Ziel	6.000,00 €.
12. Warenendbestand laut Inventur	58.050,00 €.

Schließen Sie die Konten über „SBK" bzw. „GuV-Konto" ab; bilden Sie dabei auch alle erforderlichen **Abschlussbuchungssätze**. Überprüfen Sie beim Abschluss das Bilanzgleichgewicht.

1.7.15 Beschreiben Sie je einen Sachverhalt, der zu den folgenden Ergebnisbuchungen geführt hat:

1. Kasse	an	Mieterträge;
2. Personalaufwendungen	an	Bank;
3. AVK	an	Kasse;
4. Kasse	an	Provisionserträge;
5. Bank	an	Zinserträge;
6. Versicherungsaufwendungen	an	Bank;
7. Zinsaufwendungen	an	Bank;
8. Mietaufwendungen	an	Kasse.

1.7.16 Was bedeuten die folgenden Buchungssätze?

⟶	Eigenkapital	50.000,00	/	GuV-Konto	50.000,00
⟶	Eigenkapital	160.000,00	/	SBK	160.000,00

1.7.17 Am Ende eines Geschäftsjahres liegen unter anderem folgende Daten vor:
Vermögen 625.500,00 €; Fremdkapital 438.700,00 €;
Summe der Aufwendungen im Geschäftsjahr 2.455.640,00 €; Summe der Erträge 2.376.440,00 €.
1. Berechnen Sie das Eigenkapital am Ende des Geschäftsjahres.
2. Ermitteln und beurteilen Sie das betriebliche Ergebnis.
3. Wie hoch war das Eigenkapital zu Beginn des Geschäftsjahres?

1.7.18 Kann das „GuV-Konto" durch Ergebnisse aus der Inventur beeinflusst werden?

1.7.19 Erklären Sie, warum die beiden Seiten einer Bilanz ausgeglichen sein müssen, wenn das um Gewinn oder Verlust korrigierte Eigenkapital als „Ausgleichsgröße" auf der Passivseite gebucht wurde.

1.7.20 Zeigen Sie am grundsätzlichen Aufbau von aktiven und passiven Bestandskonten den wesentlichen Unterschied zu Aufwands- und Ertragskonten.

1.7.21 Erläutern Sie den Unterschied von erfolgswirksamen und erfolgsneutralen Geschäftsfällen.

1.7.22 Erläutern Sie den Begriff „Wareneinsatz" bei aufgeteilten Warenkonten.

1.7.23 Nehmen Sie zu folgender Aussage Stellung:
„Weil bei der Aufnahme des Warenbestandes ein Posten über 4.000,00 € vergessen wurde, steigt der Gewinn um diesen Betrag".

1.7.24 Aus der Eröffnungsbilanz liegen folgende Bestände vor:
Forderungen a. L. u. L. 30.000,00 €; Waren 10.000,00 €; Verbindlichkeiten a. L. u. L. 20.000,00 €; Kasse 25.000,00 €; Darlehensverbindlichkeiten 5.000,00 €; **Eigenkapital ???**.

Buchen Sie die Geschäftsfälle zunächst im **Grundbuch**. Anschließend sind die Buchungen im **Hauptbuch** durchzuführen (**mit den geteilten Warenkonten**).

1.	Kauf von Waren, bar	23.110,00 €.
2.	Verkauf von Waren auf Ziel	18.825,00 €.
3.	Kauf von Waren auf Ziel	32.070,00 €.
4.	Warenverkauf gegen Banküberweisung (das Bankkonto wurde neu eröffnet)	27.336,00 €.
5.	Rückgabe von mangelhafter Ware an den Lieferer (noch nicht bezahlt)	2.900,00 €.
6.	Rückgabe von mangelhafter Ware durch Kunden (noch nicht bezahlt)	650,00 €.
7.	Kauf von Waren auf Ziel	10.900,00 €.
8.	Ein Kunde kauft Waren gegen spätere Zahlung	16.210,00 €.
9.	Warenendbestand laut Inventur	41.440,00 €.

Bilden Sie auch die Buchungssätze für den Abschluss der Warenkonten und des GuV-Kontos.

1.8 Das Privatkonto

Der Bestand des Kontos „Eigenkapital" wurde bisher auf zweierlei Art verändert:

- **Veränderung der Gesellschafterverhältnisse** durch Aufnahme neuer Gesellschafter gegen Bar- oder Sacheinlage; dies ist ein Vorgang, der relativ selten vorkommt.
- **Betrieblich bedingte Veränderung des Eigenkapitals** durch Gewinn oder Verlust. Die Höhe des Ergebnisses ergab sich aus dem Saldo des GuV-Kontos, einem Unterkonto von „Eigenkapital".

Der selbstständige Gewerbetreibende bezieht kein Gehalt „von sich selbst". Um seinen Lebensunterhalt bestreiten zu können, nimmt er deshalb immer wieder **Entnahmen für private Zwecke** vor. Sie stellen eine vorweggenommene Gewinnentnahme dar und mindern das Eigenkapital ohne betriebliche Notwendigkeit.

Umgekehrt erhöhen **private Einlagen** (Verlagerung von Privatvermögen in das betriebliche Vermögen) das Eigenkapital, ohne dass ein Gewinn entstanden ist.

Eigenkapitalveränderungen, die durch private Entnahmen oder Einlagen verursacht werden, **dürfen nicht in die betriebliche Ergebnisrechnung** einbezogen werden, weil sie den betrieblichen Erfolg verfälschen würden. Diese Eigenkapitalveränderungen werden auf einem weiteren Unterkonto des Kontos „Eigenkapital" gebucht, dem „**Privatkonto**". Für dieses Konto gelten die gleichen Buchungsregeln wie für das Konto „Eigenkapital":

- **Private Entnahmen** sind im **Soll** zu buchen, da sie das Eigenkapital mindern.
- **Private Einlagen** sind im **Haben** zu buchen, da sie das Eigenkapital erhöhen.

Für einen besseren Überblick könnte man das Konto „Privat" aufgliedern in ein Konto „Privateinlagen" und ein Konto „Privatentnahmen". Da private Einlagen die Ausnahme sind, wird hier auf eine Aufteilung verzichtet.
Bei Personenhandelsgesellschaften werden für jeden Vollhafter eigene „Privatkonten" angelegt, um bei der Gewinnverteilung bessere Informationen über bereits vorgenommene Entnahmen zu haben.

Beispiel:

1. *Für private Zwecke entnimmt ein Unternehmer Waren im Wert von 1.200,00 € aus dem betrieblichen Bestand.*
2. *Bareinlage einer Erbschaft über 25.000,00 € in das Unternehmen.*
3. *Schließen Sie das „Privatkonto" über „Eigenkapital" ab und ermitteln Sie das neue Eigenkapital, wenn der Anfangsbestand 56.900,00 € betragen hat und nur die privaten Veränderungen berücksichtigt werden sollen.*

Soll	Privatkonto		Haben
(1)	1.200,00	(2)	25.000,00
(3)	23.800,00		
	25.000,00		25.000,00

Soll	Waren (WVK)		Haben
		(1)	1.200,00

Soll	Kasse		Haben
(2)	25.000,00		

Soll	Eigenkapital		Haben
SB	**80.700,00**	AB	56.900,00
		(3)	23.800,00
	80.700,00		80.700,00

Buchungssätze:

→	Privatkonto	1.200,00	/	Waren (WVK)	1.200,00
→	Kasse	25.000,00	/	Privatkonto	25.000,00
→	Privatkonto	23.800,00	/	Eigenkapital	23.800,00

Erläuterung

(1) Die **Privatentnahme** stellt eine Minderung des Eigenkapitals dar und muss deshalb auf dem „Privatkonto" im **Soll** gebucht werden. Bei geteilten Warenkonten erfolgt die Gegenbuchung über das „WVK", da der Unternehmer hier Endverbraucher ist.

(2) Die **Privateinlage** erhöht das Eigenkapital und wird daher auf dem „Privatkonto" im **Haben** gebucht.

(3) Da die private Einlage höher als die private Entnahme war, nimmt das Eigenkapital zu.

⇒

Buchungen auf dem „Privatkonto":

- Private Entnahmen mindern das Eigenkapital, die Buchung erfolgt daher im Soll.
- Private Einlagen erhöhen das Eigenkapital, die Buchung erfolgt daher im Haben.
- Das „Privatkonto" wird über das Konto „Eigenkapital" abgeschlossen.

Einbindung des Privatkontos in den Buchungszusammenhang:

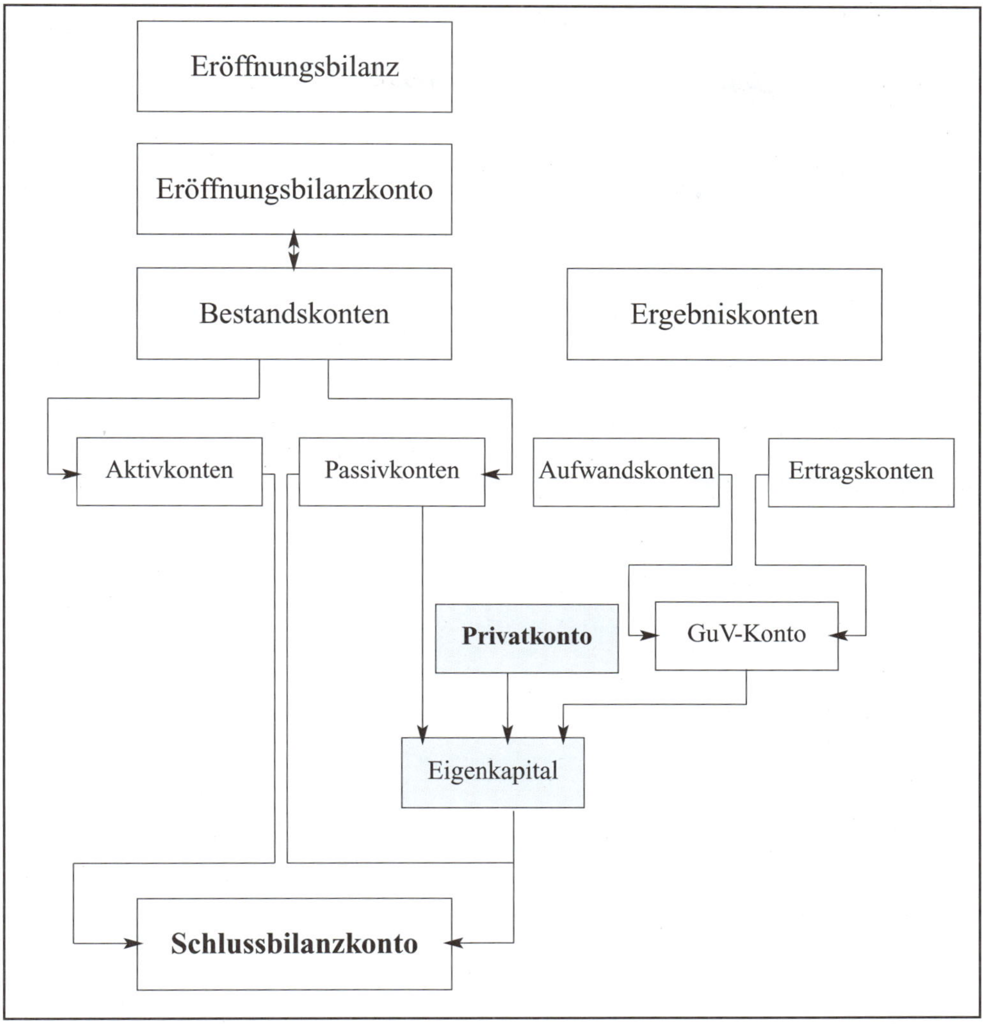

Arbeitsaufträge:

1.8.1 Buchen Sie folgende Geschäftsfälle im Grundbuch:

1. Lastschrift für Miete der Privatwohnung auf dem Geschäftskonto (Bank)	1.200,00 €.
2. Der Unternehmer erbringt eine Sacheinlage (Waren) im Wert von	27.800,00 €.
3. Warenentnahme zum Einstandspreis	290,00 €.
4. Überweisung über das Bankkonto an das Finanzamt	3.626,00 €,
davon ist Kfz-Steuer für den Geschäftswagen	626,00 €;
der Rest betrifft die Einkommensteuer-Vorauszahlung des Unternehmers.	
5. Die private Krankenversicherung leistet eine Beitragsrückvergütung auf Bankkonto	220,00 €.

1.8.2 Schließen Sie das „Privatkonto" im Hauptbuch ab, nachdem Sie die Fälle von 1.8.1 gebucht haben. Wie hoch ist das neue Eigenkapital bei einem Anfangsbestand von 81.235,00 € ohne Berücksichtigung des Ergebnisses des „GuV-Kontos"?

1.8.3 Beschreiben Sie die Auswirkung davon, dass ein Unternehmer irrtümlich eine größeren Posten Briefpapier, den seine Frau für private Zwecke benötigt, über das Sachkonto „AVK" gebucht hat.

1.8.4 Begründen Sie, warum das „Privatkonto" nicht über das „GuV-Konto" abgeschlossen werden darf.

1.9 Werkzeug: Kaufmännische Aufgaben mit Hilfe der Prozentrechnung lösen

Jeder Gewerbetreibende muss im Rahmen des Rechnungswesens in der Lage sein, aktuelle Daten mit anderen zu vergleichen, um Erkenntnisse über Entwicklungen zu gewinnen. Im Rahmen der Kalkulation muss er mit Hilfe von Zuschlagssätzen vom Einkaufspreis zum Verkaufspreis gelangen.

Zahlen, die für sich stehen, haben häufig keine ausreichende Aussagekraft. Sie werden anschaulicher, wenn man sie zu anderen Rechengrößen in Beziehung setzen kann, die mit ihnen in einem Zusammenhang stehen. Um diese Beziehung zu schaffen, wird in der Prozentrechnung die Vergleichszahl 100 (pro centum = im Verhältnis zu Hundert) und dementsprechend in der Promillerechnung die Vergleichszahl 1000 verwendet.

Beispiel 1:

Herr Hoss zahlt für die Abwicklung eines Effektenkaufauftrages im Börsenwert von 14.500,00 € bei seiner Bank Gebühren in Höhe von 150,80 €.
Frau Bäss lässt am gleichen Tag Effekten mit einem Börsenwert von 27.925,95 € durch ihre Direktbank verkaufen. Dafür werden ihr Gebühren über ebenfalls 150,80 € in Rechnung gestellt.
Wer von den beiden zahlt verhältnismäßig weniger Provision?

Herr Hoss:		Frau Bäss:
14.500,00 € Börsenwert - 150,80 € Gebühren	(1)	27.925,95 € Börsenwert - 150,80 € Gebühren
100,00 € Börsenwert - x € Gebühren	(2)	100,00 € Börsenwert - x € Gebühren
$x = \frac{100 * 150{,}80}{14.500} = 1{,}04$ €		$x = \frac{100 * 150{,}80}{27.925{,}95} = 0{,}54$ €
das sind 1,04 € für 100,00 € oder **1,04 %**		das sind 0,54 € für 100,00 € oder **0,54 %**

Ergebnis: Beide zahlen zwar **absolut** den gleichen Betrag, aber Frau Bäss zahlt **relativ** weniger Gebühren.

Erläuterung

(1) Die Lösung der Vergleichsrechnung erfolgt über den Dreisatz. Dabei ist die Ausgangslage der „Bedingungssatz“.
(2) Die nächste Überlegung bringt den Bezug zur Basis 100 und enthält den „Fragesatz“.
(3) Im „Lösungssatz“ wird das Ergebnis durch Multiplikation „über Kreuz“ ermittelt, da es sich bei der Mehrzahl der kaufmännischen Fragestellungen immer um Dreisätze mit geradem Verhältnis handelt.

Anmerkung: Dreisätze mit geradem Verhältnis sind gekennzeichnet durch die Schlussfolgerung „je mehr - desto mehr“ bzw. „je weniger - desto weniger“.
Bei Dreisätzen mit ungeradem Verhältnis lautet die Schlussfolgerung „je mehr - desto weniger“ bzw. „je weniger - desto mehr“. Bei dieser Art von Dreisätzen findet man die Lösung durch zeilenweise Multiplikation und Auflösung nach der gesuchten Größe.

1.9.1 Rechnen vom reinen Grundwert (Prozentrechnen vom Hundert)

In der Prozentrechnung vom Hundert gibt es immer drei veränderliche Größen:
- Grundwert, der gleich der Bezugszahl 100 gesetzt wird. Er entspricht daher immer 100 %.
- Prozentsatz, der angibt, wie viele Teile vom Grundwert zu berechnen sind.
- Prozentwert, der den berechneten absoluten Anteil vom Grundwert darstellt.

Um eine dieser drei Größen berechnen zu können, müssen die beiden anderen immer gegeben sein.

(1) Berechnen des Prozentwertes

Um den **Prozentwert** ermitteln zu können, müssen Grundwert und Prozentsatz gegeben sein.

Beispiel 2:

Von den 1.680 Kunden, die bei einer Zweigstelle eines Kreditinstitutes ein Konto unterhalten, verwenden 5 % ihr Konto nur zur Gutschrift ihres Lohnes, der sofort nach der Gutschrift wieder bar abgehoben wird. Für wie viel Kunden wäre eine Darstellung der Vorteile des bargeldlosen Zahlungsverkehrs noch sinnvoll?

Lösung über den Dreisatz:

100 % - 1.680 Kunden (1)
5 % - x Kunden (2)

$$x = \frac{1.680 * 5}{100} = \textbf{84 Kunden} \qquad (3)$$

Lösung über eine Formel (aus dem Beispiel abgeleitet):

$$\text{Prozentwert} = \frac{\text{Grundwert} * \text{Prozentsatz}}{100}$$

$$\text{Hier:} \quad x = \frac{1.680 * 5}{100} = \textbf{84 Kunden}$$

Erläuterung

(1) Die Gesamtmenge aller Kunden ist der Grundwert, der 100 % entspricht.
(2) Die gesuchte Kundenmenge entspricht einem Anteil von 5 %.
(3) Die Auflösung des Dreisatzes (gerades Verhältnis) ergibt das gesuchte Ergebnis und damit den Prozentwert.

Bei der Bearbeitung von Aufgaben zur Prozentrechnung vom Hundert mit dem Taschenrechner ist es empfehlenswert, den Grundwert mit einer Kommaverschiebung um zwei Stellen nach links einzugeben, sodass damit die Division durch 100 als eigenständiger Rechenschritt schon abgeschlossen ist.

Besonderheiten bei der Berechnung des Prozentwertes:
Gelegentlich kommen Prozentsätze vor, die keine ganzen Zahlen sind. Handelt es sich dabei um endliche Dezimalbrüche, tauchen beim Einsatz des Taschenrechners noch keine Probleme auf; anders ist es, wenn Prozentsätze in Bruchform gegeben sind, die sich in keine endlichen Dezimalbrüche umrechnen lassen. Um dennoch zu einem rechnerisch genauen Ergebnis zu kommen, werden diese Prozentsätze entweder zerlegt oder auf einen einheitlichen Nenner gebracht. Der so ermittelte „Bruch-Prozentsatz" wird in die Formel eingesetzt, die dann so aussieht:

$$\textbf{Prozentwert} = \frac{\textbf{Grundwert * Prozentsatz (Zähler)}}{\textbf{100 * Prozentsatz (Nenner)}}$$ ⇐

Beispiel 3:

5 1/4 % = 5,25 % (endlicher Dezimalbruch)
5 4/5 % = 5,80 % (endlicher Dezimalbruch)
5 1/3 % = $5,\overline{3}$ % (unendlicher Dezimalbruch)

Der unendliche Dezimalbruch wird in einen einheitlichen Bruch verwandelt:
5 = 15/3 (Erweiterung mit 3)
5 1/3 = 15/3 + 1/3 = 16/3
Der Zähler 16 wird in den Zähler der Prozentformel eingesetzt, der Nenner 3 in den Nenner.

Der Prozentwert lässt sich auch berechnen durch Zerlegen des Prozentsatzes in 5 % und 1/3 %.

Beispiel 4:

Welchem Betrag entsprechen 5 1/3 % von 7.500,00 €?

Lösung über den Dreisatz:

100 % - 7.500 €
16/3 % - x €

$$x = \frac{7.500 * 16}{100 * 3} = \mathbf{400{,}00\ €}$$

Lösung durch Zerfällen des Prozentsatzes:

100 % - 7.500 €
1 % - 7.500 : 100 = 75,00 €

5 % - 75 * 5 = 375,00 €
1/3 % - 75 : 3 = 25,00 €
5 1/3 % - **400,00 €**

Arbeitsaufträge:

1.9.1 Ermitteln Sie den Prozentwert für folgende Aufgaben:

1. 3 % von: 59,00 €; 170,00 €; 48.348,00 €; 5.200 Konten.
2. 125,75 % von: 6.280,00 €; 18.460,00 €; 283,50 €.
3. 1/3 %; 5 5/7 %; 4 5/6 %; 6 2/3 %; 3 3/4 %; 11 3/8 %, jeweils von:
4.650,00 €; 285,00 €; 11.790,00 €; 7.240,00 €; 984,50 €.

1.9.2 Berechnen Sie den Schalterverkaufspreis für folgende Platinbarren bzw. Goldmünzen durch Zuschlag von 19 % bzw. 7 % auf den Nettoverkaufspreis (Beträge in €):

1.	100 g Barren	3.910,00;		**2.**	50 g Barren	1.975,00;	
3.	10 g Barren	398,00;		**4.**	1 Unze (31,1 g)	1.240,00;	
5.	20,- Mark	149,00;	*	**6.**	1 Noble (Platin)	1.200,00;	
7.	20,- CHF	103,00;	*	**8.**	20,- FRF	102,00;	*
9.	20,- österr. Kronen	106,00;	*	**10.**	4,- österr. Dukaten	250,00;	*
11.	1 Unze Koala (Platin)	1.260,00;		**12.**	500,- Pesos	185,00.	*

* 7 % USt, sonst 19 %.

1.9.3 Ermitteln Sie das Mindestreserve-Soll eines Kreditinstitutes, das im Schnitt folgende mindestreservepflichtigen Bestände innerhalb einer Erfüllungsperiode hatte (24. des Monats bis 23. des Folgemonats):

Sichtverbindlichkeiten (MR-Satz 2 %)	69.741.228,00 €,
Befristete Verbindlichkeiten bis zu 2 Jahren (MR-Satz 2 %)	149.595.043,00 €,
Geldmarktpapiere mit bis zu 2 Jahren vereinbarter Laufzeit (MR-Satz 2 %)	137.428.000,00 €.

1.9.4 Von den durchschnittlich 420 Kundengesprächen am Schalter einer Zweigstelle entfallen 65 % auf den Zahlungsverkehr, 15 % auf den Kreditbereich, 18 % auf die Anlageberatung und 2 % auf den Außenhandel.
Von den Geschäftsfällen, die den Zahlungsverkehr betreffen, waren 30 % Kassen-, 38,5 % Überweisungs- und der Rest Scheckgeschäfte.
Ermitteln Sie die absolute Anzahl der jeweiligen Geschäftsfälle.

1.9.5 Ein Gewerbetreibender ermittelt aus seiner Finanzbuchhaltung betriebliche Aufwendungen in Höhe von 926.850,00 €.
Wie hoch müssen seine Umsatzerlöse mindestens sein, wenn er mit einem Gewinnzuschlag von 5 % kalkuliert?

1.9.6 Wie hoch war der Rechnungsbetrag für ein neues Codiergerät, wenn vom Verkaufspreis in Höhe von 14.600,00 € zunächst 10 % Rabatt, dann 3 % Barzahlungsskonto abzuziehen und auf den neuen Grundpreis anschließend 19 % Umsatzsteuer hinzuzuschlagen waren?

1.9.7 Ein Kunde kaufte festverzinsliche Effekten im Nennwert von 60.000,00 € zu einem Kurs von 95 % des Nennwertes. Zwei Jahre später verkaufte er diese Papiere zu 99 %.
Wie hoch war sein Kursgewinn in €?

1.9.8 Eine am 30.06. eröffnete Zweigstelle erbringt bis zum Jahresende einen Umsatz von 6.280.500,00 €. Wie hoch muss der Umsatz im Folgejahr sein, wenn der Vorstand für das Gesamtjahr eine Steigerungsrate von 8 1/3 % erwartet?

1.9.9 Ein gut verdienender Mitarbeiter eines Kreditinstitutes ist bei einer privaten Krankenkasse versichert. Er zahlt monatlich einen Beitrag von 450,00 €. Da er im Vorjahr keine Versicherungsleistung beansprucht hat, erhält er eine Beitragsrückerstattung von 12,5 % des Jahresbeitrages, die mit den Beiträgen der Folgemonate verrechnet wird.
Ab welchem Monat des neuen Jahres und in welcher Höhe muss er wieder Beitrag zahlen?

1.9.10 Wie hoch ist der Gewinn den eine Kreditgenossenschaft erwirtschaften muss, wenn sie auf die Geschäftsguthaben der Mitglieder in Höhe von 11.967.212,00 € eine Dividende von 5,76 % ausschütten will?

1.9.11 Vor anstehenden Tarifverhandlungen überlegen sich die Verantwortlichen einer Gewerkschaft, welche Forderungen sie den Arbeitgebern zur Anhebung der Ausbildungsvergütungen vorlegen sollen.
Zur Auswahl stehen zwei Modelle:

1. Erhöhung um 6 % zuzüglich 15,00 €;
2. Erhöhung um 4 % zuzüglich 32,50 €.

Beurteilen Sie mit rechnerischem Nachweis, welcher Vorschlag im Interesse aller Auszubildenden der bessere ist, wenn die augenblickliche Ausbildungsvergütung bei 964,00 € liegt.

(2) Berechnen des Prozentsatzes

Um den **Prozentsatz** berechnen zu können, müssen Grundwert und Prozentwert gegeben sein.

Beispiel 5:

Auf Grund einer neuen Tarifvereinbarung wird die Vergütung für Auszubildende in Höhe von bisher 881,00 € um 26,43 € erhöht.
Wie viel % betrug die Erhöhung?

Lösung über den Dreisatz:

881,00 € - 100 %
26,43 € - x %

$$x = \frac{26{,}43 * 100}{881{,}00} = \mathbf{3{,}0\ \%}$$

Anwendung der Formel:

$$\text{Prozentwert} = \frac{\text{Grundwert} * \text{Prozentsatz}}{100} \quad | * 100$$

$$\text{Prozentwert} * 100 = \text{Grundwert} * \text{Prozentsatz} \quad | : \text{Grundwert}$$

$$\text{Prozentsatz} = \frac{\text{Prozentwert} * 100}{\text{Grundwert}}$$

$$\text{Hier:} \quad x = \frac{26{,}43 * 100}{881{,}00} = \mathbf{3{,}0\ \%}$$

Arbeitsaufträge:

1.9.12 Die Kosten für die Haltung eines eigenen Kraftfahrzeuges stiegen innerhalb eines Jahres von durchschnittlich 6.230,00 € auf 6.510,35 €. Berechnen Sie die prozentuale Steigerung.

1.9.13 Eine Goldmünze von 20 francs hat ein Feingewicht (reines Goldgewicht) von 5,81 g und kostet im Verkauf 206,74 €. Um wieviel Prozent teurer ist der Goldpreis bei der Münze als beim Barren, wenn dieser 35.238,48 € für 1 kg kostet?

1.9.14 Um wie viel Prozent nahm die Zahl der Sparkonten bei einer Bank zu, wenn im Vorjahr 125.350 Konten und im laufenden Jahr 132.871 Konten geführt wurden?

1.9.15 Um wie viel Prozent war die Zahl der Sparkonten bei einer Bank im Vorjahr niedriger, wenn im laufenden Jahr 132.871 Konten und im Vorjahr 125.350 Konten geführt wurden?

1.9.16 Bei einem Aktienverkauf erhält ein Anleger nicht den Kurswert von 25.600,00 € gutgeschrieben, sondern nur 25.333,76 €. Wie hoch ist der Gebührensatz in Prozent?

1.9.17 Durch die rechtzeitige Zahlung einer Rechnung über 7.800,00 € innerhalb von 14 Tagen nach Rechnungserhalt spart der Schuldner 195,00 €. Wie hoch war der vereinbarte Skontosatz?

1.9.18 Für einen Aktienkauf mit einem Kurswert von 24.500,00 € zahlt der Käufer zusätzlich 196,00 € Bankprovision und 9,80 € Abwicklungsgebühr.
Wie hoch sind der Provisionssatz in Prozent und der Satz der Abwicklungsgebühr in Promille?

(3) Berechnen des Grundwertes

Um den **Grundwert** berechnen zu können, müssen Prozentwert und Prozentsatz gegeben sein.

Beispiel 6:

Ein Bankmitarbeiter erhält für die Vermittlung von Bausparverträgen eine Provision in Höhe von 0,5 %, das sind in seinem Fall 1.975,00 €.
Auf welche Gesamtsumme lauten die vermittelten Bausparverträge?

Lösung über den Dreisatz:

$$0{,}5\,\% \;-\; 1.975{,}00\,€$$
$$100\,\% \;-\; x\,€$$
$$x = \frac{1.975 * 100}{0{,}5} = \mathbf{395.000{,}00\,€}$$

Anwendung der Formel:

$$\text{Grundwert} = \frac{\text{Prozentwert} * 100}{\text{Prozentsatz}}$$

$$\text{Hier:} \quad x = \frac{1.975 * 100}{0{,}5} = \mathbf{395.000{,}00\,€}$$

Arbeitsaufträge:

1.9.19 Die Kosten für die Ausführung eines Effektenkaufes beliefen sich auf 143,52 €. Berechnen Sie den Kurswert der Effekten, wenn die Bank 1,04 % Provision aus dem Kurswert in Rechnung stellt.

1.9.20 Ein Bankkunde erhielt bei der Auszahlung eines langfristigen Darlehens auf eigenen Wunsch (steuerliche Gründe) ein Disagio in Höhe von 9.750,00 € abgezogen.
Ermitteln Sie den Darlehensbetrag, wenn der Abzug 5 % betrug.

1.9.21 Der Käufer einer festverzinslichen Anleihe bekommt für ein Jahr 1.125,00 € Zinsen gutgeschrieben. Wie hoch ist der Nennwert der Anleihe, wenn auf diesen Betrag 2,25 % Zins gezahlt werden?

1.9.22 Für Renovierungsarbeiten in der Schalterhalle einer Bank wurden die veranschlagten Kosten um 7,25 % unterschritten.
1. Auf welchen Betrag lautete der Kostenvoranschlag, wenn die Minderung 1.131,00 € betragen hat?
2. Welchen Betrag musste die Bank bei Fälligkeit der Rechnung tatsächlich bezahlen?

1.9.23 Weisen Sie rechnerisch nach, bis zu welchem Betrag die Bargeld-Beschaffung über Geldausgabeautomaten mit Maestro-Karte besonders teuer ist, wenn 1,25 % Gebühren, mindestens aber 4,00 € erhoben werden.

1.9.2 Rechnen vom veränderten Grundwert (Prozentrechnen auf / im Hundert)

Liegt der ursprüngliche Grundwert nicht mehr vor, weil er um einen bestimmten Prozentwert erhöht oder verringert worden ist, spricht man von der Prozentrechnung auf Hundert, wenn der ursprüngliche **Grundwert erhöht** wurde, bzw. von der Prozentrechnung im Hundert, wenn der ursprüngliche **Grundwert verringert** wurde.

Beispiel 1:

Nach einer Werbeaktion nahm die Zahl der Mitglieder einer Volksbank um 5,6 % auf 13.464 Mitglieder zu.

1. Wie viele Mitglieder hatte die Volksbank zuvor?

2. Wie viele Mitglieder wurden neu geworben?

1. Zahl der ursprünglichen Mitglieder

Lösung über den Dreisatz:

105,6 % - 13.464 Mitglieder (1)

100 % - x Mitglieder

$$x = \frac{13.464 * 100}{105,6} = \textbf{12.750 Mitglieder} \quad (2)$$

Anwendung einer Formel:

$$\text{Grundwert} = \frac{\text{Vermehrter Grundwert} * 100}{100 + \text{Prozentsatz der Erhöhung}}$$

$$\text{Hier:} \quad x = \frac{13.464 * 100}{105,6} = \textbf{12.750 Mitglieder}$$

2. Zahl der neu geworbenen Mitglieder

Lösung über den Dreisatz:

105,6 % - 13.464 Mitglieder

5,6 % - x Mitglieder

$$x = \frac{13.464 * 5,6}{105,6} = \textbf{714 Mitglieder}$$

Erläuterung

(1) Da die ursprüngliche Mitgliederzahl 100 Prozent entspricht, muss die erhöhte Mitgliederzahl (100 % + 5,6 % Erhöhung) entsprechen.

(2) Hinweis zur rechnerischen Kontrolle: Da von 105,6 % auf 100 % zurückgerechnet wird, muss das Ergebnis betragsmäßig niedriger sein als der vermehrte Grundwert.

Beispiel 2:

Nach Abzug eines Disagios von 4 % wurde ein langfristiges Darlehen mit 254.400,00 € auf dem Kundenkonto gutgeschrieben.

1. Wie hoch ist die Darlehensforderung des Kreditinstitutes?

2. Welcher Betrag wurde als Disagio einbehalten?

1. Darlehensforderung

Lösung über den Dreisatz:

96 % - 254.400,00 € (1)

100 % - x €

$$x = \frac{254.400 * 100}{96} = \textbf{265.000,00 €} \quad (2)$$

Anwendung einer Formel:

$$\text{Grundwert} = \frac{\text{Verminderter Grundwert} * 100}{100 - \text{Prozentsatz der Minderung}}$$

$$\text{Hier:} \quad x = \frac{254.400 * 100}{96} = \textbf{265.000,00 €}$$

2. Höhe des Disagios

Lösung über den Dreisatz:

96 % - 254.400,00 €
4 % - x €

$$x = \frac{254.400 * 4}{96} = \mathbf{10.600,00\ €}$$

Erläuterung

(1) Da die Darlehensforderung 100 % entspricht, muss der ausgezahlte Betrag (100 % – 4 % Minderung = 96 %) entsprechen.

(2) Hinweis zur rechnerischen Kontrolle: Da der verminderte Grundwert immer unter 100 % beträgt, muss das gesuchte Ergebnis betragsmäßig größer sein.

⇒

- Bei der Prozentrechnung **vom Hundert** wird eine der drei Größen Grundwert, Prozentwert und Prozentsatz gesucht, die beiden übrigen müssen gegeben sein.

$$\text{Grundwert} = \frac{\text{Prozentwert} * 100}{\text{Prozentsatz}}$$

$$\text{Prozentsatz} = \frac{\text{Prozentwert} * 100}{\text{Grundwert}}$$

$$\text{Prozentwert} = \frac{\text{Grundwert} * \text{Prozentsatz}}{100}$$

- Bei der Prozentrechnung **auf Hundert** (vom vermehrten Grundwert) gilt:

Vermehrter Grundwert = Grundwert + Prozentwert

Da der Prozentsatz der **Erhöhung** bekannt sein muss, kann der Grundwert berechnet werden:

$$\text{Grundwert} = \frac{\text{Vermehrter Grundwert} * 100}{100 + \text{Prozentsatz der Erhöhung}}$$

- Bei der Prozentrechnung **im Hundert** (vom verminderten Grundwert) gilt:

Verminderter Grundwert = Grundwert – Prozentwert

Da der Prozentsatz der **Minderung** bekannt sein muss, kann der Grundwert berechnet werden:

$$\text{Grundwert} = \frac{\text{Verminderter Grundwert} * 100}{100 - \text{Prozentsatz der Minderung}}$$

Arbeitsaufträge:

1.9.24 Die Geschäftsguthaben der Mitglieder einer Kreditgenossenschaft betrugen am Jahresende 11,85 % mehr als ein Jahr zuvor; sie beliefen sich insgesamt auf 12.328.107,00 €.
Wieviel € betrugen die Geschäftsguthaben im Vorjahr und wie hoch war die absolute Steigerung in €?

1.9.25 Innerhalb kurzer Zeit verschlechterte sich der Kurs des japanischen Yen bezogen auf den Euro um 10 % auf 133,6500 (d. h. es werden mehr Yen benötigt für einen Euro).
Berechnen Sie die Höhe des vorherigen Kurses.

1.9.26 Ein Anleger erhielt nach Abzug von 26,375 % Steuern für seine 490 Aktien 541,14 € Dividende gutgeschrieben. Wie hoch war der Betrag, den die Hauptversammlung der AG als Ausschüttung für eine Aktie beschlossen hatte?

1.9.27 Die Bilanzsumme einer Bank beträgt 723.227.400,00 € und ist um 11,3 % höher als im Vorjahr.
Wie hoch ist die Bilanzsumme des Vorjahres und um wie viel € hat sie zugenommen?

1.9.28 Da sich der Wert der Sicherheiten für einen Kredit laufend verschlechterte, wurde die Kreditlinie für den Firmenkunden zunächst um 12,5 % und dann noch einmal um 8 % auf 54.740,00 € gesenkt.
Ermitteln Sie den Betrag der ursprünglichen Kreditlinie.

Vermischte Aufgaben:

1.9.29 Ermitteln Sie den Nettoankaufskurs für die Silbermünze „Germanisches Museum" (Nennwert 5,00 DM), wenn der Nettoverkaufskurs 18 % darüber liegt und ein Kunde dafür einen Betrag von 1.073,21 € einschl. 7 % Mehrwertsteuer bezahlen muss.

1.9.30 Für befristete Einlagen mit einer Laufzeit von weniger als drei Monaten musste ein KI 1.547.904,00 € Zinsen bezahlen, das waren 7 2/3 % weniger als im Vorjahr.
1. Wie hoch waren die Zinskosten im Vorjahr?
2. Ermitteln Sie die Einlagenhöhe des Vorjahres, wenn durchschnittlich 0,9 % Zins vergütet wurden.

1.9.31 Beim Verkauf einer nicht mehr benötigten Zweigstelle sind an den Makler 24.126,06 € zu bezahlen. Berechnen Sie den vereinbarten Verkaufspreis, wenn der Makler 3 % Provision zzgl. 19 % USt auf die Provision in Rechnung stellte?

1.9.32 Ein Camcorder, der in der Ausbildungsabteilung für Video-Training eingesetzt werden soll, wurde im Frühjahr zunächst um 12,5 % und nach der Messe „Photokina" noch einmal um 5 % auf einen Verkaufspreis von 665,00 € abgesenkt.
1. Wie hoch war der ursprüngliche Preis?
2. Um wie viel % wurde der Camcorder in diesem Jahr insgesamt ermäßigt? (Vergleichen Sie dazu den ursprünglichen Preis mit dem augenblicklichen Preis).

1.9.33 Die Personalkosten einer Bank haben sich gegenüber dem Vorjahr um 3,8 % auf 9.174.882,00 € erhöht. Ermitteln Sie die Höhe der Personalkosten im Vorjahr.

1.9.34 Beim Kauf von festverzinslichen Wertpapieren im Nennwert von 48.500,00 € zahlt ein Anleger einen Preis von 47.530,00 €.
Ermitteln Sie den Preis für jeweils 100,00 € Nennwert.

1.9.35 Für ein Verbraucherdarlehen zahlt ein Kunde drei Jahre lang jeweils 4,8 % Zins pro Jahr und einmalig 2 % Bearbeitungsgebühr aus dem Darlehensbetrag. Seine Gesamtkosten belaufen sich auf 1.394,00 €.
1. Wie hoch ist der Darlehensbetrag?
2. Welchen Betrag kann er von seinem KI zurückfordern, wenn der BGH das Erheben einer Bearbeitungsgebühr für unzulässig erklärt hat?

1.9.36 Eine OHG hat einen Gesellschafter A mit einer Einlage von 12.800,00 € und einen Gesellschafter B mit einer Einlage von 93.200,00 €. Der Jahresgewinn in Höhe von 12.720,00 € ist nach § 121 HGB zu verteilen (maßgeblich sind hier Absatz 1 und 3).
1. Welchen Betrag weisen die Kapitalkonten von A und B nach Gewinnverteilung auf?
2. Berechnen Sie, um wie viel % die einzelnen Einlagen gestiegen sind.

1.9.37 Ein 50 g-Barren Platin wird mit 20 % Gewinn für 1.813,56 € verkauft.
Wie hoch sind Gewinn oder Verlust in € und in %, wenn Barren dieser Art aufgrund eines Absackens der Weltmarktpreise nur noch für 1.589,25 € verkauft werden können?

1.9.38 Ein Kreditinstitut hatte über sechs Jahre hinweg folgenden Bestand an Sichteinlagen:

1. Jahr	69,7 Mio	2. Jahr	72,8 Mio	3. Jahr	74,0 Mio
4. Jahr	76,9 Mio	5. Jahr	78,3 Mio	6. Jahr	81,9 Mio

1. Setzen Sie den Bestand des ersten Jahres als Grundwert an und vergleichen Sie die Folgejahre prozentual mit diesem Jahr.
2. Setzen Sie das dritte Jahr als Grundwert an und beziehen Sie die anderen Jahre darauf.

1.9.39 Eine Bank wickelte im Jahr 2014 für Kunden 4.704 Effektenaufträge an der Börse ab. Vom Jahr 2015 zum Jahr 2016 nahmen die Kundenaufträge um 4,5 % ab; dafür gab es vom Jahr 2016 zum Jahr 2017 wieder eine Steigerung um 100 Aufträge.
1. Wie viele Kundenaufträge lagen 2015 vor, wenn die Anzahl von 2016 auf 2017 um 2,1 % zugenommen hat (Ergebnisse kaufmännisch auf ganze Zahlen runden)?
2. Um wie viel Prozent hat sich die Zahl der Aufträge von 2014 auf 2015 verändert?
3. Im Jahr 2014 wurden zusätzlich 3.120 Eigengeschäfte an der Börse ausgeführt. Welchem Prozentsatz entspricht das Eigengeschäft in diesem Jahr am Gesamtgeschäft?

1.9.40 Bei einem außergerichtlichen Vergleich mit einem Kreditnehmer verzichtete ein Kreditinstitut auf 38 % seiner Forderungen und bekam 9.686,80 € ausgezahlt.
Berechnen Sie die Höhe der ursprünglichen Forderung.

1.10 Bedeutung der Abschreibung; Buchen der Abschreibung

1.10.1 Bedeutung der Abschreibung

Güter des Anlagevermögens sind dafür bestimmt, einem Unternehmen langfristig zu dienen. Dennoch ist ihre Nutzungsdauer in der Mehrzahl der Fälle zeitlich beschränkt. Selbst bei Grundstücken kann man nicht mehr in jedem Fall davon ausgehen, dass ihr Wert erhalten bleibt oder gar durch ständig steigende Bodenverknappung zunimmt: Es gibt genügend Beispiele für Wertminderungen, die durch Bodenverschmutzung entstanden sind.

Unter „**Abschreibung**" versteht man den Wertverlust, den ein einzelner Vermögensgegenstand (Wirtschaftsgut) in einem Jahr erleidet. Er muss buchhalterisch erfasst werden.
In steuerrechtlichem Sinn spricht man von der „**Absetzung für Abnutzung**" (**AfA**), einem Begriff, der zeigt, dass der Unternehmer die Wertminderung bei seinen Wirtschaftsgütern absetzen darf und dadurch seine zu versteuernden Gewinn verringert.

Abschreibungsgründe

Abnutzbare Güter des Anlagevermögens unterliegen aus verschiedenen Gründen einem Werteverzehr:

- Technische Ursachen: Gebrauch oder auch Nichtgebrauch (Rost)
  Außergewöhnlicher Verschleiß (Naturkatastrophen)
- Wirtschaftliche Ursachen: Technischer Fortschritt
  Verändertes Konsumentenverhalten (Mode, Qualität, Preis)
  Abbau von natürlichen Ressourcen
- Zeitliche Ursachen: Ablauf von nur für eine bestimmte Zeit geschützten Rechten

Vom Wertverlust an Vermögensgegenständen betroffene Konten des Anlagevermögens:
Gebäude, Maschinen, Fuhrpark, Betriebs- und Geschäftsausstattung (BGA)

Auswirkungen der Abschreibung

Bei der Erfassung der Wertminderung müssen zwei Gesichtspunkte unterschieden werden:

1. Die **Wertminderung ist vorhersehbar**, dann muss der Unternehmer **planmäßig abschreiben.**

   Beispiel: Kauf eines Fahrzeuges für betriebliche Zwecke. Die übliche Nutzungsdauer beträgt sechs Jahre; daher wird jedes Jahr 1/6 abgeschrieben.

   In diesem Fall weiß der Unternehmer, wie er seine Preise gestalten muss, damit der Wertverlust am Fahrzeug nach sechs Jahren abgedeckt ist. Die Abschreibung findet hier ihren Niederschlag in der **Kalkulation**, in der der Unternehmer seine Verkaufspreise berechnet.

2. Die **Wertminderung ist unvorhersehbar**, dann kann der Unternehmer nur **außerplanmäßig abschreiben.**

   Beispiel: Kauf eines Fahrzeuges für betriebliche Zwecke. Die übliche Nutzungsdauer beträgt sechs Jahre; im ersten Nutzungsjahr erleidet das Fahrzeug durch Unfall einen Totalschaden.

   Der Unternehmer konnte mit dem Unfall nicht rechnen, daher bestand auch keine Möglichkeit, diesen Sachverhalt in die Kalkulation einzubeziehen.

Da Abschreibungen in jedem Fall **betriebliche Aufwendungen** sind, mindern sie den Gewinn. Damit sinkt gleichzeitig die Steuerlast des Unternehmens. Daneben führt die Wertminderung zu einer **Abnahme der Bestandswerte**, so dass die Bilanzsumme sinkt, wenn nicht neu investiert wird.

Für den Ausweis von Vermögensgegenständen in der Bilanz sind die Regelungen des HGB zu berücksichtigen:

Allgemeine Bewertungsgrundsätze

(1) Bei der Bewertung der im Jahresabschluss ausgewiesenen Vermögensgegenstände und Schulden gilt insbesondere folgendes: ...

4. Es ist vorsichtig zu bewerten, namentlich sind alle vorhersehbaren Risiken und Verluste, die bis zum Abschlussstichtag entstanden sind, zu berücksichtigen, selbst wenn diese erst zwischen dem Abschlussstichtag und dem Tag der Aufstellung des Jahresabschlusses bekanntgeworden sind; Gewinne sind nur zu berücksichtigen, wenn sie am Abschlussstichtag realisiert sind.

HGB § 252

Zugangs- und Folgebewertung

(1) Vermögensgegenstände sind höchstens mit den Anschaffungs- oder Herstellungskosten, vermindert um die Abschreibungen nach den Absätzen 3 bis 5, anzusetzen. ...

(3) Bei Vermögensgegenständen des Anlagevermögens, deren Nutzung zeitlich begrenzt ist, sind die Anschaffungs- oder Herstellungskosten um planmäßige Abschreibungen zu vermindern. Der Plan muss die Anschaffungs- oder Herstellungskosten auf die Geschäftsjahre verteilen, in denen der Vermögensgegenstand voraussichtlich genutzt werden kann. ... Ohne Rücksicht darauf, ob ihre Nutzung zeitlich begrenzt ist, sind bei Vermögensgegenständen des Anlagevermögens bei voraussichtlich dauernder Wertminderung außerplanmäßige Abschreibungen vorzunehmen, um diese mit dem niedrigeren Wert anzusetzen, der ihnen am Abschlussstichtag beizulegen ist. Bei Finanzanlagen können außerplanmäßige Abschreibungen auch bei voraussichtlich nicht dauernder Wertminderung vorgenommen werden.

(4) Bei Vermögensgegenständen des Umlaufvermögens sind Abschreibungen vorzunehmen, um diese mit einem niedrigeren Wert anzusetzen, der sich aus einem Börsen- oder Marktpreis am Abschlussstichtag ergibt. ...

(5) Ein niedrigerer Wertansatz nach Absatz 3 Satz 5 oder 6 und Absatz 4 darf nicht beibehalten werden, wenn die Gründe dafür nicht mehr bestehen. ...

HGB § 253

Weil Abschreibungen den steuerpflichtigen Gewinn mindern, hat der Staat ein Interesse daran, dass die Bewertung nicht willkürlich, sondern im Rahmen einheitlicher Regelungen vorgenommen wird. Daher finden sich in § 6 (Bewertung) und § 7 (Absetzung für Abnutzung) des **Einkommensteuergesetzes** (EStG) genauere Bestimmungen zur steuerlichen Zulässigkeit von Abschreibungen. In der praktischen Auswirkung führen diese Bestimmungen zu **AfA-Tabellen**, in denen festgelegt ist, welches Anlagegut in welcher Zeit **steuerlich abgeschrieben** werden darf.

Damit die Rechtmäßigkeit der Abschreibungen nachprüfbar ist, muss der Unternehmer für jeden Vermögensgegenstand des Anlagevermögens einen **Abschreibungsplan** erstellen (**Anlagespiegel**), aus dem das Anschaffungsdatum, die Anschaffungskosten, die voraussichtliche Nutzungsdauer und die jährlichen Abschreibungsbeträge hervorgehen. Der **Endwert nach Plan** ist immer „**0**“.

Die planmäßige Abschreibung wird üblicherweise zum Jahresende vorgenommen. Da das Ergebnis der Abschreibung unter anderem darin besteht, den vorhandenen Wert des Anlagegutes um den Jahresanteil an der Wertminderung zu verringern, gehören die Abschreibungsbuchungen zu den **vorbereitenden Abschlussbuchungen**.

Abschreibungen sind:

- **Aufwand** in der Gewinn- und Verlustrechnung;
- **Kosten**, die bei der Kalkulation berücksichtigt werden müssen;
- **Finanzierungsmittel** für Ersatzinvestitionen durch zurückfließende Liquidität.

⇐

1.10.2 Berechnen der Abschreibungsbeträge

Bei der planmäßigen Abschreibung kann der Abschreibungsbetrag mit Hilfe unterschiedlicher Methoden berechnet werden.
Die wichtigste wird hier vorgestellt:

- Die lineare Abschreibung ist eine Abschreibung mit jährlich gleichbleibenden Beträgen, verteilt auf die erwartete Nutzungsdauer.

Berechnung des Abschreibungsbetrages:	Berechnung des Abschreibungssatzes:
$\textbf{Abschreibungsbetrag} = \dfrac{\textbf{Anschaffungskosten}}{\textbf{Nutzungsdauer}}$	$\textbf{Abschreibungssatz} = \dfrac{\textbf{100 \%}}{\textbf{Nutzungsdauer}}$

Oder: **Abschreibungsbetrag = Anschaffungskosten * linearer Abschreibungssatz**

Grundlage für die Abschreibung ist immer der Nettoanschaffungswert, d. h. ohne die Umsatzsteuer, die hier noch nicht eingeführt ist.

Besonderheiten bei der Berechnung des Abschreibungsbetrages

- **Anlagegüter** werden grundsätzlich nur **zeitanteilig** abgeschrieben. Im Anschaffungsjahr wird die Abschreibungsdauer auf **volle Nutzungsmonate** aufgerundet.
- Im letzten Nutzungsjahr wird für im Betrieb verbleibende Wirtschaftsgüter nicht der volle Restbetrag abgeschrieben, sondern es verbleibt noch ein **Erinnerungswert** von **1,00 €**.

Beispiel 1:

*Kauf eines Fahrzeuges für 32.130,00 € am **30.12.** Im Kaufpreis sind 5.130,00 € Umsatzsteuer enthalten. Die Nutzungsdauer beträgt laut AfA-Tabelle 6 Jahre.*
Erstellen Sie eine Übersicht über den Abschreibungsverlauf.

Abschreibungsbetrag:	27.000 : 6 = 4.500,00 € pro Jahr; im 1. Jahr für **1 Monat**: 375,00 €.			(1)
Abschreibungsverlauf:	1. Jahr	**375,00 €**	(für den Monat Dezember)	
	2. Jahr	4.500,00 €	(für ein ganzes Jahr)	
	3. Jahr	4.500,00 €		
	4. Jahr	4.500,00 €		
	5. Jahr	4.500,00 €		
	6. Jahr	4.500,00 €		
	7. Jahr	**4.125,00 €**	(für **11 Monate**; wenn das Fahrzeug im Betrieb verbleibt, wird 1,00 € als „Erinnerungswert" belassen.)	(2)

Erläuterung

(1) Die Grundlage für die Berechnung des Abschreibungsbetrages ist der Nettoanschaffungswert von 27.000,00 €. Dieser wird gleichmäßig auf die sechs Jahre der Nutzung verteilt. Im Anschaffungsjahr wird das Fahrzeug nur einen (aufgerundeten) Monat genutzt, daher kann auch nur ein Zwölftel der Jahresabschreibung vorgenommen werden.

(2) Im letzten Nutzungsjahr werden die an der Nutzungsdauer fehlenden 11 Monate nachgeholt.

- Bei **Immobilien** wird nur der **reine Gebäudewert** zuzüglich anteiliger Nebenkosten (z. B. Grunderwerbsteuer und Notarkosten) ohne den Grundstückswert abgeschrieben.

Beispiel 2:

Am 15.05. kauft ein Unternehmer für 800.000,00 € ein Bürogebäude. Im Kaufpreis enthalten ist ein Anteil von 240.000,00 € für den Grundstückswert. Beim Kauf sind 5 % Grunderwerbsteuer auf den Gesamtpreis zu bezahlen.
Der lineare Abschreibungssatz beträgt 3 %.
Berechnen Sie den Abschreibungsbetrag für das erste Nutzungsjahr.

Kaufpreis einschließlich der Grunderwerbsteuer:		800.000,00 * 105 %	=	840.000,00 €;	(1)
Abschreibungsbetrag:	Reiner Gebäudewert:	840.000,00 – 240.000,00	=	600.000,00 €;	(2)
	davon 3 % als Jahresabschreibung:	600.000,00 * 3 %	=	18.000,00 €;	
	anteilig für 8 Monate:	18.000,00 * 8 : 12	=	**12.000,00 €**.	

Erläuterung
(1) Der Anschaffungswert ist der Kaufpreis zuzüglich der Grunderwerbsteuer.
(2) Die Abschreibungsgrundlage sind die Anschaffungskosten ohne den Grundstücksanteil.

- Geringwertige, selbstständig nutzungsfähige Wirtschaftsgüter („**GWG**") im Anschaffungswert von bis zu **250,00 €** können sofort als Aufwand (Betriebsausgaben) gebucht werden.

Beispiel 3:
Am 28.08.2018 kaufen wir für 244,90 € netto ein Aktienregal auf Ziel. Erwartete Nutzungsdauer 5 Jahre.

Betrieblicher Aufwand: **244,90 €**

- Alle beweglichen Anlagegüter im Anschaffungswert von **250,01 €** bis **1.000,00 €** können für jedes Kalenderjahr in einen Sammelposten **GWG** eingestellt werden, dessen Summe über fünf Jahre mit jeweils 20 % des Sammelpostens abgeschrieben wird.
- Alternativ dürfen **GWG** im Anschaffungswert von bis zu **800,00 €** sofort abgeschrieben werden; dann besteht allerdings eine Aufzeichnungspflicht für diese Wirtschaftsgüter.
- Diese beweglichen geringwertigen Wirtschaftsgüter dürfen aber auch wie andere Wirtschaftsgüter nach ihrer individuellen Nutzungsdauer abgeschrieben werden.

Beispiel 4:
Kauf eines Schreibtisches für einen neuen Mitarbeiter für 650,00 € am 27.04.2018. (AfA-Nutzungsdauer 13 Jahre).
Darstellung der rechnerischen Auswirkung der verschiedenen Abschreibungsmethoden:

1. Einstellung in den Sammelposten „GWG 2018" (aktives Bestandskonto) mit 650,00 €
Abschreibungsbetrag: 650 : 5 = **130,00 €** pro Jahr (nur für diesen Teilposten, unabhängig vom Anschaffungszeitpunkt)

2. Sofortige Abschreibung (mit Aufzeichnungspflicht)
Abschreibungsbetrag: **650,00 €** (unabhängig vom Anschaffungszeitpunkt)

3. „Normale" zeitanteilige Abschreibung (mit Aufzeichnungspflicht)
Abschreibungsbetrag: 650 : 13 = 50,00 € pro Jahr (im Anschaffungsjahr für 9 Monate: 50 * 9 : 12 = **37,50 €**)

1.10.3 Buchen der Abschreibung

Die Buchung erfasst im Soll den Aufwand auf dem entsprechenden Abschreibungskonto und die Wertminderung **direkt** auf den betroffenen aktiven Bestandskonten. Somit werden in der Bilanz die Vermögensgegenstände nicht zum Anschaffungswert, sondern zum ermittelten Zeitwert ausgewiesen.

Erforderliche Konten:

Abschreibungen auf Anlagen,	Aufwandskonto, das die verschleißbedingte planmäßige Wertminderung bei mobilen Anlagegütern ausweist.
Abschreibungen auf Gebäude,	Aufwandskonto für die Erfassung der planmäßigen Wertminderung bei Immobilien (reiner Gebäudewert). ⇐
Abschreibungen auf GWG,	Aufwandskonto für die „Geringwertigen Wirtschaftsgüter".
Sonstige betriebliche Aufwendungen,	Aufwandskonto für außerplanmäßige Wertminderungen.
Sonstige betriebliche Erträge,	Ertragskonto, das außerplanmäßige Erträge ausweist.

Beispiel 1:
Am 19.06. kauft eine Unternehmerin einen Kleintransporter für 36.000,00 €. Die Bezahlung erfolgt mit einem Bankscheck. Buchen Sie den Kauf im Hauptbuch und im Grundbuch.

Soll	Fuhrpark		Haben
(1)	36.000,00		

Soll	Bank		Haben
		(1)	36.000,00

Buchungssatz:

➞ Fuhrpark 36.000,00 / Bank 36.000,00

Am Jahresende ist die Abschreibung mit 20 % linear vorzunehmen; danach sind die Konten „Fuhrpark" und „Abschreibungen auf Anlagen" abzuschließen. Buchen Sie im Hauptbuch und im Grundbuch.

Soll	Fuhrpark		Haben
	36.000,00	(2)	4.200,00
		(3)	31.800,00
	36.000,00		36.000,00

Soll	Abschreibungen a. A.		Haben
(2)	4.200,00	(4)	4.200,00

Soll	SBK		Haben
(3)	31.800,00		

Soll	GuV-Konto		Haben
(4)	4.200,00		

Buchungssätze:

➞ Abschreibungen a. A. 4.200,00 / Fuhrpark 4.200,00

➞ SBK 31.800,00 / Fuhrpark 31.800,00

➞ GuV-Konto 4.200,00 / Abschreibungen a. A. 4.200,00

Erläuterung

(1) Der Kauf stellt einen Aktivtausch dar: Das Konto „Fuhrpark" nimmt zu, das Bankguthaben nimmt ab.

(2) Das Fahrzeug wurde im Juni gekauft, daher kann zum Jahresende nur ein Anteil für 7 Monate abgeschrieben werden.

(3) Der Buchwert des Fahrzeuges ist um die planmäßige Abschreibung gesunken. Auf dem SBK erscheint nur noch der Restwert nach der Abschreibung.

(4) „Abschreibungen" sind betrieblicher Aufwand, daher erfolgt der Abschluss des Kontos über das „GuV-Konto".

Fortführung des Beispiels im zweiten Jahr:
Buchen Sie die lineare Abschreibung mit 20 % am Ende des zweiten Nutzungsjahres sowie den Abschluss der Konten im Hauptbuch und im Grundbuch.

Soll	Fuhrpark		Haben
(1)	31.800,00	(2)	7.200,00
		(3)	24.600,00
	31.800,00		31.800,00

Soll	Abschreibungen a. A.		Haben
(2)	7.200,00	(4)	7.200,00

Soll	SBK		Haben
(3)	24.600,00		

Soll	GuV-Konto		Haben
(4)	7.200,00		

Buchungssätze:

➞ Abschreibungen a. A. 7.200,00 / Fuhrpark 7.200,00

➞ SBK 24.600,00 / Fuhrpark 24.600,00

➞ GuV-Konto 7.200,00 / Abschreibungen a. A. 7.200,00

Erläuterung

(1) Der Restwert (Buchwert) des Fahrzeuges ist um die Abschreibung des Vorjahres auf den Betrag von 31.800,00 € gesunken.

(2) Die Abschreibung am Ende des zweiten Jahres wird wie im Vorjahr gebucht; der zu buchende Betrag wird dem Abschreibungsplan entnommen. Bei der linearen Abschreibung entspricht er dem Betrag, der für ein ganzes Jahr anzusetzen ist (7.200,00 €).

(3) Der zu bilanzierende Betrag ist wieder um den Abschreibungsbetrag gesunken.

(4) In die GuV-Rechnung des zweiten Jahres geht die volle Jahresabschreibung ein.

Fortführung des Beispiels im siebten Jahr:

Nach sechsmaliger anteiliger Abschreibung steht das Fahrzeug noch mit dem Erinnerungswert von 1,00 € „zu Buche", da ein Verbleiben im Unternehmen geplant ist.
Die Unternehmerin verkauft das Fahrzeug ein Jahr später für 2.000,00 € gegen bar.

Soll	Kasse		Haben
(1)	2.000,00		

Soll	Fuhrpark		Haben
AB	1,00	(1)	1,00

Soll	sonstige betriebl. Erträge		Haben
		(1)	1.999,00

Buchungssatz:

→ Kasse	2.000,00	/	Fuhrpark	1,00
			sonstige betriebl. Erträge	1.999,00

Erläuterung

(1) Der Restwert des Fahrzeuges beträgt noch 1,00 €. Wenn der Marktwert des Fahrzeuges höher ist als dieser Wert, entsteht bei der Veräußerung ein Ertrag, der mit der laufenden Geschäftstätigkeit nichts zu tun hat. Er ist daher auf dem Konto „sonstige betriebliche Erträge" zu buchen. Der Restwert des Fahrzeuges ist bei dessen Abgang aus dem Betrieb auszubuchen. Sollte ein gebrauchtes Anlagegut **unterhalb des Restwertes (Buchwertes)** verkauft werden, ist dementsprechend das Konto „**sonstige betriebliche Aufwendungen**" anzusprechen.

Beispiel 2:

Am 18.09.18 kaufte ein Unternehmer ein Kopiergerät für 950,00 €, das er in den Sammelposten einstellte. Zum Jahresende befinden sich auf dem Sammelkonto „GWG 2018" insgesamt 3.450,00 €.
Buchen Sie die Abschreibung am Ende dieses Jahres im Grundbuch.

Buchungssatz:

→ Abschreibungen a. GWG	690,00	/	GWG 2018	690,00

Erläuterung

Maßgeblich für den Abschreibungsbetrag ist die Gesamthöhe der GWG dieses Jahres, unabhängig vom Anschaffungszeitpunkt. Die Abschreibung erfolgt verteilt auf fünf Jahre.

- Planmäßige Abschreibungen dienen der Erfassung der Wertminderung der Anlagegüter durch Abnutzung.
- Mit Hilfe der Abschreibungen werden die Anschaffungskosten (einschl. der Anschaffungsnebenkosten) anteilig auf die Nutzungsjahre verteilt.
- Abschreibungen sind betrieblicher Aufwand und mindern den Gewinn.
- Die Höhe der jährlichen Abschreibung wird bestimmt durch die Nutzungsdauer eines Gutes (AfA-Tabellen) und die Wahl der Abschreibungsmethode. ⇐
- Die planmäßige Abschreibung wird berechnet:
  Abschreibungsgrundlage * Abschreibungssatz
- Grundsätzlich sind auch außerplanmäßige Abschreibungen zulässig.

Arbeitsaufträge:

1.10.1 Berechnen Sie den linearen Abschreibungssatz bei einer Nutzungsdauer von:

1. 3 Jahren	**2.** 4 Jahren	**3.** 6 Jahren
4. 8 Jahren	**5.** 10 Jahren	**6.** 20 Jahren

1.10.2 Berechnen Sie den Abschreibungsbetrag und buchen Sie die Abschreibung im Grundbuch:
1. Kauf eines Buchungsterminals am 07.08.18, Anschaffungswert 20.000,00 €; erwartete Nutzungsdauer 5 Jahre; Abschreibung zum 31.12.18.
2. Kauf eines Fahrzeuges am 26.10.17, Anschaffungswert 36.000,00 €; erwartete Nutzungsdauer 6 Jahre; Abschreibung im zweiten Jahr mit dem höchstzulässigen Abschreibungsbetrag.
3. Anschaffung von Büromöbeln am 30.06.10, Anschaffungswert 65.000,00 €; Nutzungsdauer laut AfA-Tabelle 13 Jahre; Abschreibung im 1. Jahr linear.
4. Am 30.03.2017 wird das neue Geschäftsgebäude fertiggestellt. Die Herstellungskosten betragen inkl. Grundstückskosten von 260.000,00 € insgesamt 2.210.000,00 €.
Buchen Sie die Abschreibung zum Ende des ersten Nutzungsjahres mit 3 %.

1.10.3 Erstellen Sie einen Abschreibungsplan für eine am 15.01. gekaufte Maschine im Anschaffungswert von 90.000,00 €; die betriebsgewöhnliche Nutzungsdauer beträgt 8 Jahre, die Abschreibung erfolgt linear. Die Maschine wird über die steuerliche Nutzungsdauer hinaus weiter genutzt werden.

1.10.4 Der Unternehmer Frieder Bretzle kauft am 12.12.2016 eine DV-Anlage im Wert von 63.000,00 €, die er mit Bankscheck bezahlt. Die Geschäftsfälle sind im Grundbuch zu erfassen.
1. Buchen Sie den Kauf der DV-Anlage.
2. Zum 31.12.2016 ist die erste Abschreibung vorzunehmen.
Die erwartete Nutzungsdauer beträgt sieben Jahre, die Abschreibung soll linear erfolgen.
3. Nach zweimaliger Abschreibung wird der Computer wegen einer Neuanschaffung für 25.000,00 € bar verkauft. Buchen Sie den Ausgang des Computers zum 05.03.2018.
4. Wie wirkt sich der Verkauf auf den Gewinn aus, wenn Sie zum Verkaufszeitpunkt keine Abschreibung durchgeführt hätten?

1.10.5 Am 19.04.17 kauft der Spediteur Werner Tragmit eine Lagerhalle für 850.000,00 €. In diesem Betrag ist der Bodenwert mit 50.000,00 € enthalten (Industriegelände).
1. Buchen Sie im Grundbuch die Abschreibung zum 31.12.17, wenn Herr Tragmit mit einem Abschreibungssatz von 3 % linear rechnet.
2. Erstellen Sie die Abschlussbuchungen für die Sachkonten „Grundstücke und Gebäude“ und „Abschreibungen auf Gebäude“ zu diesem Zeitpunkt.
3. Nehmen Sie die erforderlichen Eröffnungsbuchungen zum 01.01.18 vor.
Erläutern Sie, warum Sie diese Buchung(en) durchführen.
4. Wie lautet die Abschreibungsbuchung zum 31.12.18 für das Sachkonto “Grundstücke und Gebäude”?

1.10.6 Die Unternehmerin Katja Baustil hat auf einem ihr gehörenden Grundstück im Wert von 150.000,00 € ein neues Geschäftsgebäude für 400.000,00 € errichten lassen. Beginn der Baumaßnahmen am 18.12.2017, Fertigstellung am 28.09.2018.
Buchen Sie die Abschreibung zum 31.12.2018 bei einer erwarteten Nutzungsdauer von 33,34 Jahren.

1.10.7 Ein Fahrzeug hat zu Beginn des letzten geplanten Nutzungsjahres einen Buchwert von 14.406,00 €.
Da das Fahrzeug noch weiter genutzt werden kann, wird es im Betrieb verbleiben.
Buchen Sie die Abschreibung am Ende des letzten Nutzungsjahres.

1.10.8 Ein Fahrzeug mit einem Anschaffungswert von 30.000,00 €, Nutzungsdauer 6 Jahre, wird linear abgeschrieben.
Buchen Sie die jährliche Abschreibung und die Korrektur des Abschreibungsbetrages, wenn das Fahrzeug zu 40 % privat genutzt wird.

1.10.9 Am 28.09. erhalten wir mit der Ware eine Eingangsrechnung über folgende Positionen:

1 Computer Taiwanek, Desktop mit 2 x 1 TB Festplatte, Bildschirm, Maus und Tastatur	920,00 €,
1 Laser-Drucker, schwarzweiß mit Erstausstattung (Druckpatrone, Kabel)	250,00 €,
2 Ersatzdruckpatronen à 80,00 €/Stück	160,00 €.

1. Buchen Sie nur die Eingangsrechnung.
2. Erstellen Sie die erforderliche Abschreibungsbuchung zum Jahresende (Nutzungsdauer 3 Jahre).

1.10.10 Erläutern Sie je einen Vorteil und einen Nachteil der linearen Berechnung von Abschreibungsbeträgen.

1.10.11 Zeigen Sie an einem Beispiel, was unter dem Begriff „Geringwertige Wirtschaftsgüter“ zu verstehen ist. Welche Abschreibungsmöglichkeiten hat der Gewerbetreibende im gewählten Beispiel?

1.11 Der Jahresabschluss

Nach den Bestimmungen des HGB ist am Ende des Geschäftsjahres der Jahresabschluss zu erstellen. Dieser besteht bei Einzelunternehmen und Personenhandelsgesellschaften aus der Bilanz und der Gewinn- und Verlustrechnung.

Dabei ist die Bewertung der Vermögenswerte und der Schulden von großer Bedeutung, weil durch die Bewertung der Gewinn (Jahresüberschuss) oder der Verlust (Jahresfehlbetrag) eines Unternehmens in einem Geschäftsjahr beeinflusst wird.

Falsche Bewertungen (z.B. überhöhte oder unterlassene Abschreibungen) führen zu einem falschen Unternehmensbild. Da der Gesetzgeber Gläubiger und Eigentümer eines Unternehmens gleichzeitig schützen möchte, hat er einheitliche Bewertungsvorschriften erlassen, die unterschiedliche Überlegungen enthalten:

- **Handelsrechtliche Bewertungsvorschriften** enthalten das kaufmännische Vorsichtsprinzip; sie gelten für alle Rechtsformen der Unternehmung. Die nach ihren Grundsätzen aufgestellte Bilanz ist die „Handelsbilanz" (§§ 252 - 256a HGB).
- **Steuerrechtliche Bewertungsvorschriften** haben die „gerechte Besteuerung" im Sinn; deshalb wird in ihnen versucht sicherzustellen, dass jedes Unternehmen bei der Gewinnermittlung nach gleichen Prinzipien vorgeht (§§ 5 - 7 EStG). Die nach diesen Grundsätzen erstellte Bilanz ist die „Steuerbilanz".
- Durch das Gesetz zur Modernisierung des Bilanzrechts (BilMoG) ist das Betriebsvermögen nach den Grundsätzen ordnungsmäßiger Buchführung auszuweisen, wenn nicht ein anderer Ansatz zur Ausübung eines steuerlichen Wahlrechtes gewählt wurde. Dies erfordert aber zusätzliche Dokumentationspflichten für die Wirtschaftsgüter, bei denen diese Wahlrechte in Anspruch genommen werden.
  Aktivierungsgebote und Aktivierungswahlrechte führen zu Aktivierungsgeboten in der Steuerbilanz. Bewertungswahlrechte in der Handelsbilanz ohne eigenständige steuerliche Regelung wirken auch auf den Wertansatz in der Steuerbilanz.
  Die **Maßgeblichkeit der Handelsbilanz** wird durch steuerliche Aktivierungs- und Passivierungsverbote **für die Steuerbilanz durchbrochen**. Dies führt zur Notwendigkeit, sowohl eine Handels- als auch eine Steuerbilanz erstellen zu müssen, wenn in der Handelsbilanz ein Aktivierungswahlrecht genutzt wird. Generell gilt, dass Wahlrechte, die sowohl handelsrechtlich als auch steuerrechtlich bestehen, unterschiedlich ausgeübt werden können.

Das kaufmännische Vorsichtsprinzip des HGB führt in der praktischen Anwendung zu zwei weiteren Prinzipien:

- **Niederstwertprinzip für Vermögenswerte:**
  Liegen am Bilanzstichtag zwei verschiedene Wertansätze vor, der Anschaffungswert und der Wert vom Bilanzstichtag, ist grundsätzlich der niedrigere für die Aktivierung zu wählen. Dabei ist der **Anschaffungswert immer die Obergrenze für die Bewertung**.

- **Höchstwertprinzip für Schuldenwerte:**
  Schulden sind zum jeweiligen Höchstwert zu passivieren. Dies gilt z.B. bei abgezinsten Sparbriefen und Verbindlichkeiten in Fremdwährung.

Von entscheidender Bedeutung ist für jedes Unternehmen das **Ergebnis der Inventur**:
Wenn die Buchungsergebnisse (Soll-Bestand) mit den tatsächlichen Ergebnissen (Ist-Bestand) nicht übereinstimmen, muss der Fehl- oder Mehrbetrag außerhalb der betrieblichen Buchführung erfasst werden. Hierbei ist der Soll-Bestand buchungsmäßig an den Inventurbestand anzupassen.

Das Ergebnis der geschäftlichen Tätigkeit lässt sich auf zwei verschiedene Arten ermitteln:

- Vergleich des Eigenkapitals zu Beginn der Geschäftsperiode mit dem Kapital am Ende der Geschäftsperiode. Die Differenz stimmt mit dem Gewinn oder Verlust überein, wenn **keine privat bedingten Eigenkapitalveränderungen stattgefunden haben**. Das Eigenkapital ist auf dem Schlussbilanzkonto immer die Ausgleichsgröße, die zum Bilanzgleichgewicht führt.
- Vergleich des Saldos auf dem Konto „Eigenkapital", auf dem das Ergebnis der geschäftlichen Tätigkeit aus dem GuV-Konto und der Saldo des Privatkontos zusammenfließen, mit dem Saldo des Schlussbilanzkontos. Beide Beträge müssen wegen des Systems der doppelten Buchführung übereinstimmen.

Beispiel:

Aus der Inventur zum Ende des Geschäftsjahres (Vorjahr) liegen folgende Bestände vor: Geschäftsausstattung 20.000,00 €; Verbindlichkeiten a. L. u. L. 18.700,00 €; Waren 35.000,00 €; Bankguthaben 15.300,00 €; Forderungen a. L. u. L. 12.800,00 €.

1. Erstellen Sie die Eröffnungsbilanz und buchen Sie auf den von Ihnen eröffneten Sachkonten:

1. *Verkauf von Waren auf Ziel*	*18.260,00 €;*
2. *Kunden zahlen fällige Rechnungen durch Bankscheck*	*6.300,00 €;*
3. *Wareneinkauf auf Ziel*	*11.410,00 €;*
4. *Banküberweisung an einen Lieferer*	*8.920,00 €;*
5. *Privatentnahme von Waren*	*490,00 €;*
6. *Zinsbelastung durch die Bank*	*825,00 €;*
7. *Gutschrift auf unserem Bankkonto für vermietete Räume*	*8.430,00 €.*

2. Erstellen Sie das Schlussbilanzkonto unter Berücksichtigung folgender Angaben:

8. *Abschreibungen auf Geschäftsausstattung 20 % linear, Anschaffungswert 25.000,00 €;*
9. *Inventurbestand der Waren 37.610,00 €.*

Eröffnungsbilanz zum 01.01.

Aktiva			**Passiva**
Geschäftsausstattung	20.000,00	Eigenkapital	64.400,00
Waren	35.000,00	Verbindlichkeiten a. L. u. L.	18.700,00
Forderungen a. L. u. L.	12.800,00		
Bank	15.300,00		
	83.100,00		83.100,00

(1)

Soll	EBK		Haben
EK	64.400,00	BGA	20.000,00
Verb.	18.700,00	Waren	35.000,00
		Forder.	12.800,00
		Bank	15.300,00
	83.100,00		83.100,00

Soll	BGA		Haben
EBK	20.000,00	(8)	5.000,00
		SB	15.000,00
	20.000,00		20.000,00

(2)

Soll	WEK		Haben
EBK	35.000,00	(9) SB	37.610,00
(3)	11.410,00	GuV	8.800,00
	46.410,00		46.410,00

Soll	WVK		Haben
GuV	18.750,00	(1)	18.260,00
		(5)	490,00
	18.750,00		18.750,00

Soll	Forderungen a. L.u.L.		Haben
EBK	12.800,00	(2)	6.300,00
(1)	18.260,00	SB	24.760,00
	31.060,00		31.060,00

Soll	Eigenkapital		Haben
Priv.	490,00	EBK	64.400,00
SB	76.465,00	**GuV**	12.555,00
	76.955,00		76.955,00

Soll	Privatkonto		Haben
(5)	490,00	EK	490,00

Soll	Verbindlichkeiten a.L.u.L.		Haben
(4)	8.920,00	EBK	18.700,00
SB	21.190,00	(3)	11.410,00
	30.110,00		30.110,00

Soll	Bank		Haben
EBK	15.300,00	(4)	8.920,00
(2)	6.300,00	(6)	825,00
(7)	8.430,00	SB	20.285,00
	30.030,00		30.030,00

Soll	Mieterträge		Haben
GuV	8.430,00	(7)	8.430,00

Soll	Zinsaufwendungen		Haben
(6)	825,00	GuV	825,00

Soll	Abschreibungen a. A.		Haben
(8)	5.000,00	GuV	5.000,00

Soll	GuV-Konto		Haben
WEK	8.800,00	WVK	18.750,00
Zinsaufw.	825,00	Mietertr.	8.430,00
Abschr.	5.000,00		
Gewinn	12.555,00		
	27.180,00		27.180,00

Soll	**Schlussbilanzkonto zum 31.12.**		**Haben**
Geschäftsausstattung	15.000,00	Eigenkapital	76.465,00
Waren	37.610,00	Verbindlichkeiten a. L. u. L.	21.190,00
Forderungen a. L. u. L.	24.760,00		
Bank	20.285,00		
	97.655,00		97.655,00

Erläuterung

(1) Das Eröffnungsbilanzkonto wird nur für die Eröffnungsbuchungen benötigt; da es nach der Neuanlage aller Bestandkonten ausgeglichen ist, erscheint es nicht mehr in der Buchhaltung.

(2) Das Konto „WEK" benötigt als gemischtes Konto zum Abschluss zwei Buchungen: Zunächst muss der Schlussbestand laut Inventur gebucht werden, danach ergibt sich zum Kontenausgleich der Wareneinsatz, der allerdings auch durch Diebstahl verursachte Verluste enthält.

Auf Seite 41 finden Sie eine Darstellung des Gesamtzusammenhangs beim Kontenabschluss.

Tätigkeiten zum Jahresabschluss:

- Aufstellen der Eröffnungsbilanz.
- Eröffnen der Bestandskonten im Hauptbuch durch Eröffnungsbuchungen im Grundbuch.
- Buchung der Geschäftsfälle im Grundbuch und parallel dazu auch im Hauptbuch.
- Durchführung der **vorbereitenden Abschlussbuchungen** (bisher: Abschreibungen und Inventurdifferenzen; Abschluss des Privatkontos).
- Abschlussbuchungen zum Jahresende:
  1. Abschluss der aktiven Bestandskonten auf „SBK" (damit liegt die Bilanzsumme fest).
  2. Abschluss aller passiven Bestandskonten (außer „EK") auf „SBK".
  Rechnerische Feststellung der Höhe des Eigenkapitals durch Saldierung. ⇐
  3. Abschluss aller Aufwandskonten über das „GuV-Konto".
  4. Abschluss aller Ertragskonten über das „GuV-Konto".
  5. Abschluss des GuV-Kontos über das Konto „Eigenkapital".
  6. Abschluss des Kontos „Eigenkapital" über das „SBK".
- **Kontrolle des Eigenkapitals durch Vergleich des Saldos des Kontos „Eigenkapital" mit dem auf „SBK" berechneten Betrag.**
  Mit dieser Technik haben Sie eine doppelte Ergebniskontrolle:
  1. Über die GuV-Rechnung und
  2. über die Bilanzabstimmung (die Höhe des Eigenkapitals ist eine Restgröße).

Arbeitsaufträge:

1.11.1 Nach den Daten aus der Buchhaltung (Soll-Bestand) beträgt der Warenbestand 124.860,00 €. Die Inventur ergibt einen tatsächlichen Bestand von 124.630,00 €.
Entscheiden Sie, wie die Differenz buchhalterisch zu erfassen ist, und mit welchem Anfangsbestand das neue Geschäftsjahr beginnen wird.

1.11.2 Buchen Sie im Hauptbuch den Weg vom Eröffnungsbilanzkonto zum Schlussbilanzkonto:
Anfangsbestände eines Handelsunternehmens (aus der Inventur des Vorjahres):
Fuhrpark 90.000,00 €; Verbindlichkeiten a. L. u. L. 240.700,00 €; Bankschulden (Volksbank) 900,00 €; Forderungen a. L. u. L. 345.900,00 €; Waren 128.500,00 €; Kasse 9.900,00 €; Darlehensverbindlichkeiten 212.000,00 €; Bankguthaben (Sparkasse) 58.950,00 €.

a) Bilden Sie die Buchungsssätze für die Geschäftsfälle:

1. Wir zahlen Miete, bar	1.200,00 €;
2. Die Volksbank belastet uns für Zinsen	450,00 €;
3. Wir kaufen eine Lagerhalle für und nehmen dafür ein langfristiges Darlehen auf.	110.000,00 €,
4. Wareneinkauf gegen Banküberweisung (Volksbank)	60.000,00 €;
5. Kunden zahlen für fällige Rechnungen bei der Volksbank bar ein	87.480,00 €;
6. Überweisung für laufende Gehälter über die Sparkasse	7.690,00 €;
7. Warenverkauf auf Ziel	70.850,00 €;
8. (Volks-)Banküberweisung an einen Lieferer	68.500,00 €;
9. Teiltilgung des Darlehens über Onlinebanking (Volksbank)	5.000,00 €;
10. Belastung auf unserem Sparkassenkonto wegen Stromverbrauchs	150,00 €;
11. Warenverkauf gegen bar	18.000,00 €.

Vorbereitende Abschlussangaben:

12. Abschreibung auf Fuhrpark 20 % linear; der Anschaffungswert betrug 120.000,00 €.
13. Abschreibung auf Gebäude 3 % linear vom Anschaffungswert; der Kauf erfolgte am 07.01. (dieses Jahr) für 110.000,00 € (Grundstücksanteil 60.000,00 €).
14. Der Warenbestand beträgt laut Inventur 115.550,00 €.

b) Ermitteln Sie das neue Eigenkapital über den Abschluss aller Bestands- und Ergebniskonten.

1.11.3 Erstellen Sie einen Abschluss im **Hauptbuch** unter Berücksichtigung folgender Umsätze (einschließlich der Anfangsbestände) auf den Sachkonten:

	Soll	Haben		Soll	Haben
Gebäude	450.000,00 €		Eigenkapital		609.600,00 €
Ford. a. L.u.L.	281.000,00 €	4.420,00 €	Darlehensverbindl.		140.000,00 €
Bank	84.730,00 €	2.470,00 €	Verbindl. a. L.u.L.	1.600,00 €	135.000,00 €
Fuhrpark	70.000,00 €		Privatkonto	1.400,00 €	
Kasse	22.000,00 €	350,00 €	Rep.-Aufwend.	1.820,00 €	
Wareneinkauf	126.070,00 €	3.600,00 €	Zinsaufwend.	650,00 €	
Warenverkauf		132.000,00 €	Provisionserträge		5.630,00 €
Mieterträge		6.200,00 €			

Vorbereitende Abschlussangaben:

1. Warenendbestand laut Inventur: 22.470,00 €.
2. Abschreibungen auf Gebäude 3 % linear; (Anschaffungswert 450.000,00 €, darin enthaltener Grundstücksanteil 130.000,00 €; Anschaffung am 12.03. dieses Jahres).
3. Abschreibungen auf Fuhrpark 12,5 % linear (Kaufpreis 100.000,00 € am 15.01. des Vorjahres).
4. Die übrigen Buchbestände stimmen mit den Inventurergebnissen überein.

Ermitteln Sie das neue Eigenkapital durch Vergleich von Vermögens- und Schuldenwerten sowie über das GuV-Konto.

1.11.4 Erläutern Sie die Anlässe für folgende Buchungen:

1. Forderungen a. L. u. L.	5.000,00 €	an	WVK	5.000,00 €.
2. Verbindlichkeiten a. L. u. L.	12.000,00 €	an	Darlehensverbindlichkeiten	12.000,00 €.
3. Bank	2.000,00 €			
Forderungen a. L. u. L.	500,00 €	an	WVK	2.500,00 €.
4. BGA	8.000,00 €	an	Eigenkapital	8.000,00 €.
5. Eigenkapital	9.500,00 €	an	Privatkonto	9.500,00 €.
6. Sonstige betr. Aufwendungen	200,00 €	an	WEK	200,00 €.
7. Abschr. a. GWG	3.450,00 €	an	GWG 2015	3.450,00 €.

1.11.5 Anfangsbestände eines Einzelhändlers:
Verbindlichkeiten a. L. u. L. 124.410,00 €; Bank 15.990,00 €; Forderungen a. L. u. L. 144.800,00 €; Waren 245.300,00 €; Kasse 1.300,00 €; Darlehensverbindlichkeiten 89.000,00 €; Geschäftsausstattung 40.000,00 €.

a) Erstellen Sie die Eröffnungsbilanz und berechnen Sie das Eigenkapital.
b) Eröffnen Sie die Bestandskonten im Grundbuch und im Hauptbuch.
c) Buchen Sie die Geschäftsfälle zunächst im Grundbuch; übertragen Sie diese dann ins Hauptbuch.

1.	Kauf eines gebrauchten Kleinlieferwagens am 12.03. des Jahres, bar	400,00 €.
2.	Belastung auf Bankkonto für betriebliche Versicherung	5.000,00 €.
3.	Warenverkauf auf Ziel	159.800,00 €.
4.	Ein Kunde zahlt eine fällige Rechnung durch Überweisung auf Bankkonto	18.500,00 €.
5.	Überweisung für Einkommensteuer	1.200,00 €.
6.	Wareneinkauf auf Ziel	29.000,00 €.
7.	Banküberweisung für betriebliche Steuern	2.600,00 €.
8.	Überweisung an unsere Bank wegen des Darlehens (davon sind 6.900,00 € Zins und 300,00 € Tilgung).	7.200,00 €,
9.	Kauf einer Halle für das Warenlager gegen Bankscheck	125.000,00 €.
10.	Eine Dachreparatur wird durch Banküberweisung bezahlt	4.090,00 €.
11.	Lastschrift für Hundesteuer auf dem Bankkonto (kein Wachhund)	210,00 €.
12.	Der Händler zahlt fällige Rechnungen durch Datenträger-Austausch (Bank)	11.150,00 €.

Vorbereitende Abschlussangaben:

13. Abschreibung auf Fuhrpark, 16,67 % vom Anschaffungswert (s. Nr. 1) oder sinnvollere Alternative.
14. Abschreibung auf Gebäude, 3 % vom Anschaffungswert (s. Nr. 9); der Kauf erfolgte am 30.06. dieses Jahres, der Grundstückswert beträgt 20.000,00 €.
15. Der Warenendbestand laut Inventur beträgt 133.300,00 €.

d) Ermitteln Sie das Eigenkapital durch den Abschluss der Konten zum Jahresende.

1.11.6 **a)** Buchen Sie im Hauptbuch folgende Anfangsbestände eines Gewerbetreibenden:
Verbindlichkeiten a. L.u.L. 180.000,00 €; Bank 30.000,00 €; Forderungen a. L.u.L. 120.000,00 €; Waren 130.000,00 €; Kasse 10.000,00 €; Darlehensverbindlichkeiten 20.000,00 €; Fuhrpark 200.000,00 €; Grundstücke und Gebäude 300.000,00 € (darin enthaltener Grundstückswert 100.000,00 €).

b) Buchen Sie die Geschäftsfälle im Grund- und im Hauptbuch:

1.	Verkauf von Waren auf Ziel	125.000,00 €.
2.	Rückgabe noch nicht bezahlter mangelhafter Ware an den Lieferer	2.000,00 €.
3.	Banklastschrift für Darlehenszinsen	100,00 €.
4.	Zieleinkauf von Waren	90.000,00 €.
5.	Ein Kunde überweist auf Bankkonto	60.900,00 €.
6.	Zinsgutschrift der Bank	412,00 €.
7.	Scheckzahlung für eine Lkw-Reparatur	2.000,00 €.
8.	Ein Kunde gibt uns falsch gelieferte Ware zurück (noch nicht bezahlt)	560,00 €.
9.	Kapitalerhöhung durch Einbringung von Waren (Übernahme eines Konkurrenten)	12.500,00 €
10.	Ein Mieter zahlt uns bar	1.480,00 €.
11.	Bareinzahlung auf ein neu angelegtes Konto bei der Kreissparkasse	1.300,00 €.
12.	Überweisung vom Bankkonto für betriebliche Steuern	2.340,00 €.
13.	Auf dem Bankkonto gehen Provisionen für uns ein	38.760,00 €.

Vorbereitende Abschlussangaben:

14. Abschreibung auf Fuhrpark, 20 % vom Anschaffungswert 250.000,00 €.
15. Abschreibung auf Gebäude, 2 % vom Gebäudeanschaffungswert.
16. Der Inventurbestand der Waren beläuft sich auf 130.800,00 €.
Die übrigen Buchwerte stimmen mit den Inventurwerten überein.

c) Ermitteln Sie das Eigenkapital über den Abschluss der Konten zum Jahresende.

1.11.7 Erläutern Sie an zwei verschiedenartigen Beispielen die jeweilige Ursache für den Abschreibungsbedarf.

1.11.8 Unterscheiden Sie anhand je eines Beispieles zwischen erfolgswirksamen und erfolgsunwirksamen (erfolgsneutralen) Geschäftsfällen.

2 Das System der Umsatzsteuer

Wenn ein Gewerbetreibender Leistungen bezieht, hat er neben dem vereinbarten Entgelt zusätzlich **Umsatzsteuer zu bezahlen**. Bei der Leistungsabgabe ist er verpflichtet, **Umsatzsteuer zu erheben**. Die erhaltene Umsatzsteuer muss er an die Finanzverwaltung abführen, allerdings darf er sie um die von ihm schon bezahlte Umsatzsteuer (**Vorsteuer**) kürzen. Der zu zahlende Betrag wird als **Zahllast** bezeichnet.

⇒ **Umsatzsteuer – Vorsteuer = Zahllast**

Wegen der Aufrechnungsmöglichkeit der vom Unternehmer schon gezahlten Umsatzsteuer mit der vom Kunden an ihn entrichteten Umsatzsteuer, zahlt der Unternehmer nur den Umsatzsteuer-Anteil, der auf den von ihm geschaffenen **Mehrwert** (Wertschöpfung) entfällt. Die Umsatzsteuer wird daher häufig auch als **Mehrwertsteuer** (MwSt) bezeichnet. Sie ist eine **indirekte Steuer**, da der Unternehmer der Steuerschuldner und der Endverbraucher der Steuerträger ist.

Die Rechtsgrundlagen für die Erhebung der Umsatzsteuer sind im **Umsatzsteuergesetz** (UStG), in der **Umsatzsteuer-Durchführungsverordnung** (UStDV) und in den **Umsatzsteuer-Richtlinien** (UStR) zu finden.

§ 1 UStG

Steuerbare Umsätze

(1) Der Umsatzsteuer unterliegen die folgenden Umsätze:

1. die Lieferungen und sonstigen Leistungen, die ein Unternehmer im Inland gegen Entgelt im Rahmen seines Unternehmens ausführt. ...

4. die Einfuhr von Gegenständen im Inland ... (Einfuhrumsatzsteuer);

5. der innergemeinschaftliche Erwerb im Inland gegen Entgelt.

§ 3 UStG

Lieferung, sonstige Leistung

(1b) Einer Lieferung gegen Entgelt wird gleichgestellt

1. die Entnahme eines Gegenstandes durch einen Unternehmer aus seinem Unternehmen für Zwecke, die außerhalb des Unternehmens liegen; ...

§ 10 UStG

Bemessungsgrundlage für Lieferungen, sonstige Leistungen und innergemeinschaftliche Erwerbe

(1) Der Umsatz wird bei Lieferungen und sonstigen Leistungen ... und bei dem innergemeinschaftlichen Erwerb... nach dem Entgelt bemessen. Entgelt ist alles was der Leistungsempfänger aufwendet, um die Leistung zu erhalten, jedoch abzüglich der Umsatzsteuer. ...

§ 12 UStG

Steuersätze

(1) Die Steuer beträgt für jeden steuerpflichtigen Umsatz 19 Prozent der Bemessungsgrundlage (...).

(2) Die Steuer ermäßigt sich auf 7 Prozent für die folgenden Umsätze:

1. Die Lieferungen, die Einfuhr und den innergemeinschaftlichen Erwerb der in der Anlage 2 bezeichneten Gegenstände; ... (Im Wesentlichen Lebensmittel, Bücher, Sammlungsstücke und kulturelle Aufführungen).

§ 15 UStG

Vorsteuerabzug

(1) Der Unternehmer kann die folgenden Vorsteuerbeträge abziehen:

1. die gesetzlich geschuldete Steuer für Lieferungen und sonstige Leistungen, die von einem anderen Unternehmer für sein Unternehmen ausgeführt worden sind. ...

§ 18 UStG

Besteuerungsverfahren

(1) Der Unternehmer hat bis zum 10. Tag nach Ablauf jedes Voranmeldungszeitraums eine Voranmeldung nach amtlich vorgeschriebenem Datensatz durch Datenfernübertragung ... zu übermitteln, in der er die Steuer für den Voranmeldungszeitraum (Vorauszahlung) selbst zu berechnen hat; ... Die Vorauszahlung ist am 10. Tag nach Ablauf des Voranmeldungszeitraumes fällig.

(2) Voranmeldungszeitraum ist das Kalendervierteljahr. Beträgt die Steuer für das vorangegangene Kalenderjahr mehr als 7.500 Euro, ist der Kalendermonat Voranmeldungszeitraum. ... Nimmt der Unternehmer seine berufliche oder gewerbliche Tätigkeit auf, ist im laufenden und folgenden Kalenderjahr Voranmeldungszeitraum der Kalendermonat.

Am Jahresende wird die Zahllast des letzten Voranmeldungszeitraumes auf der Passivseite der Bilanz unter „Sonstige Verbindlichkeiten“ ausgewiesen; sollte aus der Aufrechnung von Vor- und Umsatzsteuer ein Vorsteuerüberhang entstehen, ist er unter „Sonstige Forderungen“ zu aktivieren.

2.1 Geschäftsfälle unter Berücksichtigung der Umsatzsteuer buchen

Erforderliche Konten:

Sonstige Forderungen (Vorsteuer), + Steuersatz	**aktives Bestandskonto**; enthält die **vom Unternehmer gezahlte** Umsatzsteuer; Rückerstattungsanspruch gegen die Finanzverwaltung.
Sonstige Verbindlichkeiten (USt), + Steuersatz	**passives Bestandkonto**; enthält die **an den Unternehmer gezahlte** Umsatzsteuer; Verbindlichkeit gegenüber der Finanzverwaltung, aber aufrechenbar mit der schon gezahlten Vorsteuer.

⇐

Beispiel:

1. Kauf von Waren auf Ziel für 20.000,00 € zzgl. 19 % USt.
2. Verkauf von Waren für 30.000,00 € zzgl. 19 % USt gegen bar.

Soll	Waren (WEK)	Haben
(1)	20.000,00	

Soll	Verbindlichkeiten a. L.u.L.	Haben
	(1)	23.800,00

Soll	SoFo (Vorsteuer) 19 %	Haben
(1)	3.800,00	

Soll	Kasse	Haben
(2)	35.700,00	

Soll	Waren (WVK)	Haben
	(2)	30.000,00

Soll	SoVerb (USt) 19%	Haben
	(2)	5.700,00

Buchungssätze:

(1) ➤	Waren (WEK)	20.000,00			
	SoFo (Vorsteuer) 19 %	3.800,00	/	Verbindlichkeiten a. L. u. L.	23.800,00
(2) ➤	Kasse	35.700,00	/	Waren (WVK)	30.000,00
				SoVerb (USt) 19 %	5.700,00

Erläuterung

(1) Beim Einkauf hat der Unternehmer die Umsatzsteuer zu bezahlen. Sie stellt eine Vorauszahlung dar und wird dem Unternehmer auf die zu entrichtende Umsatzsteuer angerechnet.

(2) Gibt der Unternehmer Leistungen ab (Verkauf), hat er vom Käufer Umsatzsteuer zu erheben. Diese vom Käufer gezahlte Umsatzsteuer ist an das Finanzamt weiterzuleiten.

- Die **vom** Gewerbetreibenden **gezahlte Umsatzsteuer** ist eine **verrechenbare Vorsteuer**. Bis zur Verrechnung stellt sie eine **Forderung** gegen das Finanzamt dar.
- Die **an** den Gewerbetreibenden **gezahlte Umsatzsteuer** stellt bis zur Weiterleitung an das Finanzamt eine **Verbindlichkeit** dar.
- Da der **Kunde** die Umsatzsteuer an den Unternehmer **bezahlt,** ist sie für diesen ein **durchlaufender Posten**, der damit auch keinen Aufwandscharakter hat.

⇐

Arbeitsaufträge:

2.1.1 Erstellen Sie die Buchungen für die folgenden Geschäftsfälle im Grundbuch:

1. Kauf von Büromaterial bar	1.850,00 € + 19 % USt.
2. Wareneinkauf gegen Banküberweisung	7.000,00 € + 19 % USt.
3. Privatentnahme von Waren	1.200,00 € + 19 % USt.

2.1.2 Buchen Sie die Geschäftsfälle im Grundbuch:

1. Wareneinkauf auf Ziel — 26.500,00 € + 19 % USt.
2. Banküberweisung an einen Lieferer (Rechnung vor 6 Wochen erhalten, USt-Anteil 1.453,50 €) — 9.103,50 €.
3. Privatentnahme von Lebensmitteln — 290,00 € netto.
4. Warenverkauf gegen Bankscheck — 21.800,00 € + 19 % USt.
5. Kauf von Büromaterial gegen bar (ausgewiesener Steuersatz 19 %) — 95,20 €.
6. Kauf eines Pkw gegen Bankscheck — 35.000,00 € + 19 % USt.
7. Buchen Sie die Abschreibung auf diesen Pkw zum Jahresende mit dem höchstzulässigen Betrag (erwartete Nutzungsdauer 6 Jahre), wenn der Kauf am 22.08. erfolgte.

2.1.3 Ein Fahrzeug war von uns für 40.000,00 € zzgl. 19 % USt am 30.03.2016 beschafft worden. Nach zweimaliger linearer Abschreibung mit jeweils 20 % erleidet das Fahrzeug am 14.05.2018 einen Totalschaden. Buchen Sie den Ausgang des Fahrzeuges aus dem Firmenvermögen, wenn wir vom Schrotthändler noch einen Restwert von 800,00 € zzgl. 19 % USt in bar erhalten.

2.1.4 Eine Buchungsanlage im Wert von 16.000,00 € zzgl. 19 % USt war drei Jahre lang linear mit 25 % abgeschrieben worden. Beim Kauf einer leistungsfähigeren Anlage im Wert von 21.420,00 € einschl. 19 % USt nimmt der Händler die alte Anlage mit 5.000,00 € zzgl. 19 % USt in Zahlung.
Buchen Sie den Verkauf und den Zugang der Buchungsanlage mit Aufrechnung über Bank.

2.2 Ermittlung und Buchung der Zahllast

⇒

Erforderliches Konto:

USt-Verrechnung, **Wechselkonto**, da es am Monats- und am Jahresende entweder Forderungen oder Verbindlichkeiten gegenüber der Finanzverwaltung enthält. Es dient der Aufrechnung von Vorsteuer und Umsatzsteuer und der Überwachung von eingehenden und ausgehenden Zahlungen für die Voranmeldungszeiträume.

Beispiel:

Aus Ausgangsrechnungen (an Kunden verschickte Rechnungen) liegen für einen Veranlagungszeitraum (s. Kap. 2.1) 4.800,00 € Umsatzsteuerverbindlichkeiten vor, die an das Finanzamt zu leisten sind.
Gleichzeitig hat der Unternehmer selbst bei der Beschaffung seiner Waren schon 3.200,00 € Umsatzsteuer an seine Lieferanten gezahlt (nachgewiesen durch die Eingangsrechnungen).
Ermitteln Sie buchungstechnisch die Zahllast und leiten Sie diese am 10. des Folgemonats über „Bank“ weiter.

Soll — SoFo (Vorsteuer) 19 % — Haben

Soll		Haben	
	3.200,00	(1)	3.200,00

Soll — SoVerb (USt) 19% — Haben

Soll		Haben	
(2)	4.800,00		4.800,00

Soll — USt-Verrechnung — Haben

Soll		Haben	
(1)	3.200,00	(2)	4.800,00
(3)	1.600,00		
	4.800,00		4.800,00

Soll — Bank — Haben

Soll		Haben	
		(3)	1.600,00

Buchungssätze:

(1) →	USt-Verrechnung	3.200,00	/	SoFo (Vorsteuer) 19 %	3.200,00
(2) →	SoVerb (USt) 19 %	4.800,00	/	USt-Verrechnung	4.800,00
(3) →	USt-Verrechnung	1.600,00	/	Bank	1.600,00

Erläuterung

(1) Das Konto „SoFo (Vorsteuer)“ wird mit dem in einem Voranmeldungszeitraum aufgelaufenen vom Unternehmer schon gezahlten Umsatzsteuerbetrag über „USt-Verrechnung“ ausgeglichen.

(2) Auf die gleiche Art wird das Konto „SoVerb (USt)“ abgeschlossen. Die Verbindlichkeiten des Gewerbetreibenden gegenüber der Finanzverwaltung stehen nun auf dem Konto „USt-Verrechnung“ seinen Forderungen gegenüber.
Durch diese Buchungstechnik bleibt ein besserer Überblick über Vorsteuer- und Umsatzsteuerkonten erhalten: Da es nicht nur einen Umsatzsteuersatz gibt, muss für jeden Steuersatz ein eigenes Konto angelegt werden. Auf diesen Konten werden auch in dem Zeitraum vom Ende des Voranmeldungszeitraumes bis zur Zahlungsfälligkeit zum 10. des Folgemonats weitere Steuerbeträge gebucht.

(3) Da im aufgeführten Fall eine echte Zahllast angefallen ist, muss der Unternehmer den Ausgleichsbetrag bei Fälligkeit bezahlen. Die Umsatzsteuerforderung gegenüber dem Finanzamt ist eine Ausnahme; sie wird durch Rückvergütung des Finanzamtes ausgeglichen.

Anmerkung: Grundsätzlich kann man die Ermittlung der Zahllast auch durch den Abschluss des Vorsteuer-Kontos über das Umsatzsteuer-Konto durchführen. Dies ist aber aus Gründen der Übersichtlichkeit nicht zweckmäßig und wird in der Praxis (EDV-Fibu) so auch nicht durchgeführt.

Schema für die Ermittlung der Zahllast:

	Kauf	„Mehrwert“		Verkauf
	20.000,00 €	**10.000,00 €**		30.000,00 €
+ 19 % USt	3.800,00 €	19 %	+ 19 % USt	5.700,00 €
	23.800,00 €	↓		35.700,00 €
	Vorsteuer	**Zahllast**		**Umsatzsteuer**
	3.800,00 € →	**1.900,00 €**		← 5.700,00 €

Buchungsmäßige Ermittlung der Zahllast:

- Abschluss des Kontos „SoFo (Vorsteuer)“ über das Konto „USt-Verrechnung“.
- Abschluss des Kontos „SoVerb (USt)“ über das Konto „USt-Verrechnung“.
- Ausgleich durch Zahlung der Zahllast oder durch Rücküberweisung vom Finanzamt bei Vorsteuerüberhang.

Arbeitsaufträge:

2.2.1 Das Konto „SoFo (Vorsteuer) 19 %“ weist einen Bestand von 8.400,00 €, das Konto „SoVerb (USt) 19 %“ einen Bestand von 11.250,00 € auf.
Schließen Sie die Konten ab und überweisen Sie die Zahllast über das Bankkonto.

2.2.2 Schließen Sie die Umsatzsteuerkonten aus Aufgabe 2.1.1 ab.
Warum entsteht beim Abschluss keine Zahllast?
Buchen Sie den Ausgleichsbetrag über Bank.

2.2.3 Erläutern Sie den Begriff „Zahllast“.

2.2.4 Begründen Sie, warum in Rechnungen üblicherweise der Begriff „Mehrwertsteuer” ausgewiesen ist.

2.2.5 Warum darf der Unternehmer die von ihm gezahlte Vorsteuer in vollem Umfang von der erhaltenen Umsatzsteuer abziehen?

2.2.6 Welche Geschäftsfälle auf dem Bankkonto haben zu den genannten Buchungen geführt?

Soll	Bank Haben
1. WVK und SoVerb (USt)	**2.** Fuhrpark und SoFo (Vorsteuer)
3. WEK und SoFo (Vorsteuer)	**4.** Zinsaufwendungen
5. Mieterträge	**6.** USt-Verrechnung
7. Forderungen a. L. u. L.	**8.** Darlehensverbindlichkeiten
9. Verbindlichkeiten a. L. u. L.	**10.** Privatkonto

2.2.7 Beim Tanken eines Geschäftsfahrzeuges erhält der Geschäftsinhaber an der Kasse einen Beleg mit folgenden Informationen:
60 l Diesel; Total 83,54 €; 19 % USt 13,34 €; Nettobetrag 70,20 €.
Buchen Sie den Aufwand auf dem Konto „Fuhrparkaufwendungen"; die Zahlung erfolgte
a) mit privater Maestrokarte;
b) mit der Firmenkreditkarte.

2.2.8 Der Einzelhändler Rolf-Dieter Schüle e. K., Karlsruhe, hat zum 31.12. des Vorjahres folgende Inventurbestände ermittelt:
Darlehensverbindlichkeiten 38.000,00 €; Geschäftsausstattung 10.000,00 €; Waren 225.500,00 €; Forderungen a. L. u. L. 28.900,00 €; Verbindlichkeiten a. L. u. L. 121.451,50 €; Fuhrpark 60.000,00 €; Kasse 13.700,00 €; SoVerb (USt-Verrechnung) 4.798,50 €; Bank 10.600,00 € (Guthaben).
a) Erstellen Sie die Eröffnungsbilanz für das neue Jahr.
b) Buchen Sie die Geschäftsfälle im Grundbuch:

1. Kauf von Geschäftsausstattung bar	390,00 € + 19 % USt.
2. Banküberweisung für Gehälter	8.600,00 €.
3. Verkauf von Waren auf Ziel	113.800,00 € + 19 % USt.
4. Überweisung der Zahllast aus dem letzten Voranmeldungszeitraum	4.798,50 €.
5. Darlehenstilgung durch Abbuchung auf Bankkonto	1.230,00 €.
6. Für private Zwecke entnimmt Herr Schüle der Kasse	3.650,00 €.
7. Verkauf von Waren gegen Bankscheck	95.700,00 € + 19 % USt.
8. Herr Schüle entnimmt Ware für den privaten Haushalt	170,00 € + 7 % USt.
9. Banküberweisung an einen Lieferanten (19 % USt-Anteil 15.607,14 €)	97.750,00 €.
10. Kunden überweisen für fällige Rechnungen	82.950,00 €.
11. Zinsbelastung auf Bankkonto wegen des Darlehens	3.800,00 €.
12. Kauf von Waren auf Ziel	84.200,00 € + 19 % USt.
13. Verkauf eines gebrauchten Fahrzeugs (Buchwert 10.000,00 €) gegen Bankscheck	8.000,00 € + 19 % USt.
14. Abschreibung auf Fuhrpark, 20 % linear (Anschaffungswert 50.000,00 € netto, Restwert der noch vorhandenen Fahrzeuge 20.000,00 €).	
15. Abschreibung auf „Geringwertige Wirtschaftsgüter", wenn erforderlich.	
16. Abschreibung auf Geschäftsausstattung 10 % linear (letztes Nutzungsjahr, Anschaffungswert 100.000,00 €; eine weitere Nutzung ist vorgesehen).	
17. Der Inventurbestand der Waren beträgt	150.030,00 €.

Die Buchbestände stimmen mit den Inventurbeständen überein.
c) Buchen Sie die Anfangsbestände auf den Sachkonten (vergessen Sie dabei nicht das „EBK").
d) Übertragen Sie die Buchungen aus dem Grundbuch in das Hauptbuch.
e) Erstellen Sie das „Schlussbilanzkonto".

2.2.9 Der Vorsteuerbetrag ist zum 31.12. betraglich höher als der Umsatzsteuerbetrag.
Wie lautet in diesem Fall die Abschlussbuchung für das Konto „USt-Verrechnung"?

2.2.10 Begründen Sie, warum die Umsatzsteuer für einen Unternehmer einen „durchlaufenden Posten" darstellt.

2.2.11 Beschreiben Sie die Auswirkung einer Privatentnahme des Unternehmers im Hinblick auf die Umsatzsteuer.

2.2.12 Definieren Sie den Begriff des „Wechselkontos" anhand der Ihnen schon bekannten Beispiele „Bank" und „USt-Verrechnung".

2.2.13 Auf dem Konto „SoFo (Vorsteuer) 19 %" steht vor dem Abschluss ein Betrag von 4.864,00 €.
Berechnen Sie die Bruttosumme aller Eingangsrechnungen sowie deren Nettowert.

3 Möglichkeiten des Zahlungsverkehrs

In Abhängigkeit der Größe eines Unternehmens werden die Zahlungsmöglichkeiten bei Zahlungseingängen und bei Zahlungsausgängen unterschiedlich eingesetzt.

- Barzahlungen sind bei kleinen Beträgen üblich.
- Um das Verlust- und das Diebstahlrisiko bei den Geldeigentümern zu verringern, gibt es immer mehr Alternativen der Kartenzahlung:
  - die **BankCard bzw. girocard** (Maestro-Karte), } meistens kombiniert in einer Karte
  - die **GeldKarte**,
  - die **Kreditkarte** (z. B. Mastercard).

  Für alle Kartenarten ist die Voraussetzung für die Nutzung, dass der Karteninhaber mindestens ein Bankkonto hat. Die Karten können mit einer persönlichen Geheimzahl (PIN) ausgestattet sein, dann eröffnen sie eine Fülle von Geldbeschaffungs- und Zahlungsmöglichkeiten im In- und Ausland. Der klassischen Bargeldzahlung am nächsten kommt die GeldKarte, die auch als „elektronische Geldbörse" bezeichnet werden kann: Auf ihr befindet sich ein Chip, der bei Banken und an Automaten mit einem Betrag aufgeladen werden kann, der individuell mit der Bank vereinbar ist. Dieser Betrag kann nach und nach für die Zahlung kleinerer Beträge wieder ausgegeben werden. Einige Kreditinstitute haben das Verfahren wegen Erfolgslosigkeit inzwischen wieder eingestellt.
  Die Kartenzahlungen ersetzen die Bargeldzahlung und teilweise auch die Bargeldhaltung.
- Bargeldlose Zahlungen stehen in der Wirtschaft im Mittelpunkt. Dabei gibt es im Hinblick auf die Abwicklung zwei Alternativen zu unterscheiden:
  a) Die Zahlung wird veranlasst durch den **Zahlungspflichtigen**, der der Bezieher einer Leistung war. Ihm stehen verschiedene Möglichkeiten offen:
     - papiergebundener **Überweisungsauftrag** an seine Bank,
     - **elektronische Überweisung** als Datensatz im Onlinebanking vom Computer aus,
     - Aushändigung eines **Schecks** an den Zahlungsempfänger.

  b) Die Zahlung wird durch den **Zahlungsempfänger** veranlasst, der vom Zahlungspflichtigen ein SEPA-Lastschriftmandat erteilt bekommen hat und dadurch berechtigt ist, fällige Forderungen mit einer **Lastschrift** einzuziehen.

3.1 Buchungen im Zahlungsverkehr

Umsätze im **baren** Zahlungsverkehr müssen **taggleich** auf dem Konto „Kasse" gebucht werden.

Überweisungen und **Lastschriften** werden gebucht, wenn die Bank das Konto des Unternehmers belastet hat; dies bedeutet, dass die Abstimmung des Kontos „Bank" über den entsprechenden Kontoauszug erfolgt.

Beispiel 1:
Zum Ausgleich einer fälligen Zahlung aus einem Wareneinkauf überweisen wir den Rechnungsbetrag in Höhe von 8.400,00 € an den Lieferanten. Buchen Sie den Zahlungsausgang.

Buchungssatz:

⟶ Verbindlichkeiten a. L. u. L.	8.400,00	/	Bank	8.400,00

Erläuterung
Die Zahlung führt zu einer Aktiv-Passiv-Minderung. Das passive Bestandskonto „Verbindlichkeiten a. L. u. L." nimmt durch den Überweisungsausgang in gleichem Umfang ab wie das aktive Bestandskonto „Bank".

Beispiel 2:
Von einem Kunden erhalten wir für eine erbrachte Dienstleistung das vereinbarte Entgelt von 5.000,00 € auf unser Bankkonto überwiesen. Buchen Sie den Zahlungseingang.

Buchungssatz:

→ Bank	5.000,00	/	Forderungen a. L. u. L.	5.000,00

Erläuterung
Die Zahlung führt zu einem Aktivtausch. Das aktive Bestandskonto „Bank" nimmt durch den Überweisungseingang in gleichem Umfang zu wie das aktive Bestandskonto „Forderungen a. L. u. L." abnimmt.

Bei **Schecks** ist zu unterscheiden, ob der Unternehmer Aussteller des Schecks ist (eigene Schecks) oder ob er Schecknehmer ist (Kundenschecks). Bei eigenen Schecks wird grundsätzlich erst dann gebucht, wenn das Firmenkonto belastet wird.

Beispiel 3:
Am 10.05. hatten wir einem Lieferanten einen Scheck über 2.600,00 € zugeschickt. Dieser wird uns von der Bank am 17.05. belastet. Buchen Sie die Belastung zu diesem Tag.

Buchungssatz:

→ Verbindlichkeiten a. L. u. L.	2.600,00	/	Bank	2.600,00

Erläuterung
Die Einlösung des von uns ausgestellten Schecks führt zu einer Minderung des Bankguthabens.

Für die Buchung von Scheckzahlungen durch unsere Kunden besteht die Möglichkeit, ein eigenständiges Konto zur Erfassung der Schecks und zur Kontrolle für die Einlösung anzulegen.

⇒ **Erforderliches Konto:**

Schecks,	**Durchgangskonto** mit aktivem Charakter, da Zugänge im Soll und Ausgänge im Haben gebucht werden.

Beispiel 4:
Ein Kunde zahlt uns eine fällige Rechnung über 11.250,00 € mit einem Scheck.
Buchen Sie den Eingang des Schecks.

Buchungssatz:

→ Schecks	11.250,00	/	Forderungen a. L. u. L.	11.250,00

Wir reichen diesen Scheck unserer Bank zur Gutschrift ein.

Buchungssatz:

(1) → Bank	11.250,00	/	Schecks	11.250,00

Erläuterung
(1) Sobald der Scheck nicht mehr im Bestand ist (Weitergabe als Zahlungsmittel oder Einzug über die Bank), ist das Konto „Schecks" ausgeglichen. Sollten am Bilanzstichtag noch Schecks im Bestand sein, sind diese über die Bilanzposition „Sonstige Vermögensgegenstände" zu aktivieren.

Arbeitsaufträge:

3.1.1 Damit der Kassenbestand nicht zu hoch wird, erfolgt eine Einzahlung auf das Bankkonto 4.876,00 €.

3.1.2 Zum Quartalsabschluss des Bankkontos belastet uns die Bank mit 421,63 €; davon sind 315,63 € Sollzinsen und der Rest „Kosten des Geldverkehrs“ (Aufwandskonto).

3.1.3 Der Kunde Späth zahlt für eine Rechnung über 24.500,00 € mit einem Scheck über 24.622,50 €; der Mehrbetrag betrifft Verzugszinsen.
1. Buchen Sie den Scheck-Eingang.
2. Wir reichen den Scheck bei unserer Bank zur Gutschrift ein.
Buchen Sie die mit dem nächsten Kontoauszug festgestellte Einlösung.

3.1.4 Wir bezahlen die fällige Rechnung eines Lieferers (der Eingang wurde bereits gebucht) mit einem Scheck über 7.616,00 €; in dem Betrag ist ein USt-Anteil von 1.216,00 € enthalten.

3.1.5 Die Unternehmerin Bianca Sonnenschein lässt ihr Privatfahrzeug für einen Wochenendausflug voll tanken; die Zahlung erfolgt mit einem Scheck über das Firmenkonto.
Sie erhält hierfür einen Kassenbeleg über 82,20 € einschl. der gesetzlichen USt.

3.1.6 Durch eine Lastschrift werden wir am Fälligkeitstag auf unserem Bankkonto mit 293,93 € einschl. 19 % USt für Telefon- und Internet-Gebühren belastet (rein betrieblich).

3.1.7 Ein Mieter überweist für drei Monate Garagennutzung einen Betrag von 210,00 € zzgl. 19 % USt auf unser Bankkonto.

3.1.8 Im Großhandel kauft der Gewerbetreibende Schlaule Büromaterial für 350,00 € zzgl. 19 % USt. Der fällige Betrag wird mit der privaten Bankcard von Herrn Schlaule bezahlt.

3.2 Werkzeug: Zinsrechnung

Jeder Unternehmer muss sein Vermögen durch Kapital finanzieren. Unabhängig davon, ob er nur mit Eigenkapital arbeitet oder ob er auf Fremdkapital angewiesen ist, wird jeder Kapitalgeber eine Belohnung für die Bereitstellung des Kapitals erwarten: Zinsen sind der Preis, der dafür zu bezahlen ist.

Da dieser Preis mit Hilfe des Zinssatzes für jeweils 100,00 € Kapital berechnet wird, ist die Zinsrechnung lediglich eine erweiterte Anwendungsform der Prozentrechnung: Der Faktor „Zeit“, für den ein gegebener Zinssatz anzuwenden ist, kommt als vierte veränderliche Größe zu den schon vorhandenen hinzu.

Gegenüberstellung der veränderlichen Größen von Prozent- und Zinsrechnung

Prozentrechnung	**Zinsrechnung**	
Grundwert	Kapital	**(K)**
Prozentsatz	Zinssatz	**(p %)**
Prozentwert	Zinsen	**(Z)**
------	Zeit	**(j, m, t)**

Der Faktor Zeit wird je nach Verzinsungsdauer eingeteilt in **j** (Jahre), **m** (Monate) oder **t** (Tage).

Die Zeitdauer der Verzinsung wird durch die Wertstellung von Kapitalhingabe und -rückzahlung bestimmt.

§ 187 BGB

Fristbeginn

(1) Ist für den Beginn einer Frist ein Ereignis oder ein in den Lauf eines Tages fallender Zeitpunkt maßgebend, so wird bei der Berechnung der Frist der Tag nicht mitgerechnet, in welchen das Ereignis oder der Zeitpunkt fällt.

§ 188 BGB

Fristende

(1) Eine nach Tagen bestimmte Frist endigt mit dem Ablauf des letzten Tages der Frist.

Diese gesetzliche Bestimmungen besagen, dass der erste Tag eines Zinslaufes nicht mitverzinst wird, zum Ausgleich dafür aber immer der letzte Tag.

Beispiel:

Berechnen Sie 6 % Zins aus 10.000,00 € für die Zeit vom 10.05. bis zum 31.05. im gleichen Jahr.

6 %	aus	10.000,00 €	ergeben für 1 Jahr	600,00 €
Zinssatz (p %)		Kapital (K)		Zinsen (Z)

Lösung der Aufgabe über den Dreisatz:

	360 Tage	-	600,00 €
(1)	20 Tage	-	x €

$$x = \frac{600 * 20}{360} = \mathbf{33{,}33\ €}$$

Erläuterung

(1) Rechnerisch ist der Abstand (Ende der Verzinsung – Beginn der Verzinsung):
30 – 10 = 20 Tage (der 31. ist kein Zinstag). Wichtig ist dabei, dass der **10.**05. nicht verzinst wird, dafür aber der letzte Zinstag, der **30.**05.

3.2.1 Berechnung der Zinstage

Für die Ermittlung der Zinstage ist maßgeblich, wer von wem Zinsen zu verlangen hat, bzw. wer an wen Zinsen zu zahlen hat.

Für Privatpersonen gilt die **bürgerliche Zinsrechnung** nach BGB, in der die Zinstage kalendermäßig genau (**taggenau**) berechnet werden. Dies bedeutet, dass der Januar mit 31 und der Februar mit 28 oder 29 Zinstagen abgerechnet wird. Das Zinsjahr hat dementsprechend 365 oder 366 Zinstage.
Diese Methode der Berechnung von Zinstagen ist identisch mit der **englischen Zinsrechnung**; sie wird auch für die Berechnung von **Stückzinsen** angewendet (s. Kap. 10.2).

Zur Berechnung von Zinsen zwischen Gewerbetreibenden und von diesen zu Privatpersonen wird die **deutsche kaufmännische Zinsrechnung** angewendet. Ihr Kennzeichen sind folgende Vereinfachungen:

- Jeder **Monat** hat **30 Zinstage**.
- Das **Kalenderjahr** hat dementsprechend **360 Zinstage**.
- Maßgeblich für den Zinslauf (Dauer der Zinsberechnung) sind die **Wertstellungstage**, nie die Buchungstage.

Anmerkung: Die kaufmännische Zinsrechnung steht wegen ihrer allgemeinen Verbreitung in diesem Buch im Mittelpunkt. Sollte eine andere Methode der Zinsrechnung erforderlich sein, wird dies ausdrücklich erwähnt.

Für Kreditinstitute ist zusätzlich die **Euro-Zins-Methode** (französische Zinsrechnung) von Bedeutung, die von der Deutschen Bundesbank, im Geldmarkt (Markt für kurzfristige Gelder) sowie für Anleihen mit variabler Verzinsung (Floating-Rate Notes = FRN) angewendet wird: Die **Zinstage** werden **kalendermäßig** genau, das **Jahr** aber nur **mit 360 Tagen** berechnet.

Beispiel 1:

Berechnen Sie die Zinstage für folgende Zinsläufe nach der kaufmännischen Zinsrechnung:

30.01.01 bis 28.02.01 = 28 Tage (Januar 0 Tage, Februar 28 Tage)
30.01.01 bis 01.03.01 = 31 Tage (Januar 0 Tage, Februar 30 Tage, März 1 Tag)
30.01.01 bis 08.04.01 = 68 Tage (Januar 0 Tage, Februar 30 Tage, März 30 Tage, April 8 Tage)

Beispiel 2:

Berechnen Sie die Zinstage für folgende Zinsläufe nach der Euro-Zins-Methode in einem Nicht-Schaltjahr (NJ):

30.01.01 bis 28.02.01 = 29 Tage (Januar 1 Tag, Februar 28 Tage)
30.01.01 bis 01.03.01 = 30 Tage (Januar 1 Tag, Februar 28 Tage, März 1 Tag)
30.01.01 bis 08.04.01 = 68 Tage (Januar 1 Tag, Februar 28 Tage, März 31 Tage, April 8 Tage)

- Bei der deutschen **kaufmännischen Zinsrechnung** wird jeder Monat mit 30 Zinstagen, das Jahr mit 360 Zinstagen gerechnet.
- Bei der deutschen **bürgerlichen Zinsrechnung** werden jeder Monat und das Kalenderjahr taggenau gerechnet (Anwendung im Kapitalmarkt bei der Stückzinsberechnung).
- Bei der **Euro-Zins-Methode** wird jeder Monat kalendermäßig genau abgerechnet, das Jahr aber mit 360 Zinstagen. ⇐
- Unabhängig davon, wie die Zinstage berechnet werden, wird der Zinslauf (Dauer der Verzinsung) durch **Wertstellungen** festgelegt. Dabei wird der erste Tag nicht verzinst, dafür aber immer der letzte.

Arbeitsaufträge:

3.2.1 Stellen Sie fest, wie viel Zinstage jeweils zu berechnen sind:

1. Deutsche kaufmännische Zinsrechnung: Anlagezeitraum (NJ):	**2.** Euro-Zins-Methode: Anlagezeitraum (NJ):
24.03.17 bis 28.08.17	24.03.17 bis 28.08.17
13.03.17 bis 03.04.17	13.03.17 bis 03.04.17
29.05.17 bis 02.06.17	29.05.17 bis 02.06.17
26.05.17 bis 06.06.17	26.05.17 bis 06.06.17
28.07.17 bis 01.09.17	28.07.17 bis 01.09.17
02.10.17 bis 02.01.18	02.10.17 bis 02.01.18

3.2.2 Wie viele Zinstage fallen für eine variabel verzinsliche Anleihe (FRN - Floating-Rate Note) in der Zeit vom 22.06.2018 bis zum 14.09.2018 an?

3.2.2 Anwendung der allgemeinen Zinsformel (Zinsrechnung vom Hundert)

(1) Berechnung der Zinsen

Da in der Zinsrechnung vier veränderliche Größen vorkommen, müssen drei gegeben sein, um die vierte berechnen zu können; wenn also der Zins (Z) gesucht ist, müssen das Kapital (K), der Zinssatz (p %) und die Anlagedauer (j, m, t) gegeben sein.

Berechnung der Jahreszinsen

Beispiel 1:

Ein Darlehen über 40.000,00 € ist zu 6,5 % ausgegeben. Wie viel Zinsen sind für ein Jahr zu zahlen?

a) Lösung über den Dreisatz:

100,00 €	-	6,50 €	(1)
40.000,00 €	-	x €	

$$x = \frac{40.000 * 6,5}{100} = \mathbf{2.600,00\ €}$$

b) Anwendung einer Formel (abgeleitet aus dem Ergebnis des Dreisatzes):

$$\text{Jahreszinsen} = \frac{\text{Kapital} * \text{Zinssatz} * \text{Zahl der Jahre}}{100} \quad (2)$$

$$\text{oder} \quad Z = \frac{K * p * j}{100} \quad (3)$$

$$\text{Hier:} \quad Z = \frac{40.000 * 6,5 * 1}{100} = \mathbf{2.600,00\ €}$$

Erläuterung

(1) Der Zinssatz drückt aus, wieviel € Zinsen für 100,00 € Kapital zu zahlen sind. Im Beispiel muss der Schuldner 6,50 € für jeweils 100,00 € Darlehen zahlen.

(2) Damit die Jahreszinsen berechnet werden können, müssen die übrigen Größen gegeben sein: Kapital: K = 40.000,00 €; Zinssatz: p = 6,5 %; Zeit: j = 1 Jahr; Zinsen: Z = ?. Insbesondere bei Textaufgaben ist es sinnvoll, sich die Daten herauszuschreiben, sodass man sofort einen Überblick darüber hat, was gegeben ist und was gesucht wird.

(3) Da der Zinssatz genau auf den Zeitraum eines Jahres bezogen ist, stimmt die Zinsrechnung in diesem Fall mit der Prozentrechnung überein. Sind die Zinsen (ohne Zinseszinsen) für mehrere Jahre zu berechnen, wird der Jahreszins mit der Zahl der Jahre multipliziert.

Bei der Angabe des Zinssatzes fehlt üblicherweise eine Angabe über den Zeitraum, auf den er bezogen ist. Wenn dies der Fall ist, liegt immer ein **Jahreszinssatz** vor. Trotz dieser Regelung wird der Zinssatz gelegentlich noch mit dem Zusatz „p. a." (= pro anno) ergänzt. Soll ein Zinssatz für einen anderen Zeitraum angewendet werden, muss dies ausdrücklich gekennzeichnet sein (z. B. durch den Zusatz „p. m." = pro Monat).

Berechnung der Monatszinsen

Wenn man die Jahreszinsen durch 12 dividiert, erhält man den Zinsanteil je Monat. Mit diesem Wert lassen sich dann auch die Zinsanteile für mehrere Monate berechnen.

Beispiel 2:

Ein Darlehen über 40.000,00 € ist zu 6,5 % ausgegeben. Berechnen Sie die Zinsen für drei Monate.

a) Lösung über den Dreisatz:

$$\begin{array}{lcll} \text{12 Monate} & - & \dfrac{40.000 * 6{,}5}{100} & € \quad (1) \\ \text{3 Monate} & - & x & € \\ \hline x & = & \dfrac{40.000 * 6{,}5 * 3}{100 * 12} & = \mathbf{650{,}00\ €} \end{array}$$

b) Anwendung einer Formel (abgeleitet aus dem Ergebnis des Dreisatzes):

$$\text{Monatszinsen} = \frac{\text{Kapital} * \text{Zinssatz} * \text{Zahl der Monate}}{100 * 12}$$

oder $$Z = \frac{K * p * m}{100 * 12} \quad (2)$$

Hier: $$Z = \frac{40.000 * 6{,}5 * 3}{100 * 12} = \mathbf{650{,}00\ €}$$

Erläuterung

(1) Der Quotient, der den Jahreszins ergeben hat, wird gleich der Zahl der Monate je Jahr gesetzt. Das Ergebnis erhält man durch Umrechnung auf die tatsächliche Zahl der Monate.

(2) Setzt man in der Monatszinsformel die Zahl der Monate mit m = 12, ergibt sich wieder die Jahreszinsformel. Dies zeigt, dass hier keine eigenständige Formel vorliegt, sondern lediglich eine Abwandlung der Jahreszinsformel und damit wiederum auch der Prozentrechnung.

Berechnung der Tageszinsen

Wenn man die Jahreszinsen durch 360 teilt (Zahl der Zinstage im Jahr bei der kaufmännischen Zinsrechnung), erhält man den Zinsanteil je Zinstag. Die Zinsen für mehrere Zinstage lassen sich berechnen, indem man den Tageszins mit der Zahl der Zinstage multipliziert.

Beispiel 3:

Ein Darlehen über 40.000,00 € ist zu 6,5 % ausgegeben. Wie viel Zinsen sind für den Zeitraum vom 15.02. bis zum 03.06. (gleiches Jahr) zu bezahlen?

Zahl der Zinstage: 15 + 30 + 30 + 30 + 3 = 108 Tage

a) Lösung über den Dreisatz:

$$\begin{array}{lcll} \text{360 Tage} & - & \dfrac{40.000 * 6{,}5}{100} & € \quad (1) \\ \text{108 Tage} & - & x & € \\ \hline x & = & \dfrac{40.000 * 6{,}5 * 108}{100 * 360} & = \mathbf{780{,}00\ €} \end{array}$$

b) Anwendung einer Formel (abgeleitet aus dem Ergebnis des Dreisatzes):

$$\text{Tageszinsen} = \frac{\text{Kapital} * \text{Zinssatz} * \text{Zahl der Zinstage}}{100 * 360}$$

oder $$Z = \frac{K * p * t}{100 * 360} \quad (2)$$

Hier: $$Z = \frac{40.000 * 6{,}5 * 108}{100 * 360} = \mathbf{780{,}00\ €}$$

Erläuterung

(1) Der Quotient, der den Jahreszins ergeben hat, wird gleich der Zahl der Zinstage im Jahr gesetzt.
Das Ergebnis erhält man durch Umrechnung auf die tatsächliche Zahl der Zinstage.

(2) Wenn man in der Tageszinsformel die Zahl der Tage mit t = 360 setzt, ergibt sich wieder die Jahreszinsformel. Dies zeigt, dass auch die Tageszinsformel, die auch als **allgemeine Zinsformel** bezeichnet wird, lediglich eine Abwandlung der Jahreszinsformel ist.
Die allgemeine Zinsformel ist wegen ihres Tagesbezuges **die wichtigste Formel** für die Anwendung beim Zinsrechnen in Kreditinstituten.

⇒

- Für die Berechnung der Zinsen wird das Kapital einschließlich der Cent berücksichtigt; das Ergebnis wird kaufmännisch gerundet (bis einschl. 0,49 abrunden, ab 0,5 aufrunden).
- Die sinnvollste Methode der Zinsberechnung erfolgt über **die allgemeine Zinsformel**:

$$Z = \frac{K * p * t}{100 * 360}$$ (Tageszinsformel)

Arbeitsaufträge:

3.2.3 Ein Bankkunde erhält am 12.06. ein Darlehen über 15.000,00 €.
Welchen Betrag muss er bei der Tilgung in einer Summe einschließlich 8,5 % Zins am 31.10. im gleichen Jahr zurückzahlen?

3.2.4 Welchen Betrag bekommt ein Kontoinhaber bei einem Scheckrückgriff belastet, wenn Gebühren in Höhe von 8,50 €, sowie 6 % Zins für den Zeitraum vom 26.02.18 bis zum 02.03.18 aus der Schecksumme in Höhe von 5.300,00 € zu berücksichtigen sind?

3.2.5 Ein Festgeld über 180.000,00 € wurde am 16.09. für drei Monate hereingenommen.
Welchen Betrag muss die Bank bei Fälligkeit an den Anleger zahlen, wenn 3,25 % Zins vereinbart waren?

3.2.6 Ein Bankkunde besitzt Schuldverschreibungen im Nennwert von 25.000,00 €, bei denen 6,5 % Zinsen gezahlt werden (hier aus Vereinfachungsgründen die kaufmännische Zinsrechnung anwenden).
Wie hoch ist die Kontogutschrift für den Anleger zum 01.06., wenn der Schuldner die Zinsen jeweils zum 01.06. und 01.12. zahlt?

3.2.7 Ein Kaufmann hat eine Rechnung über 27.000,00 € zu bezahlen. Wenn er innerhalb von 7 Tagen zahlt, gewährt ihm der Lieferer 2 % Skonto; zahlt er dagegen erst in 30 Tagen, muss er den vollen Rechnungsbetrag bezahlen.
Welche Zahlungsweise ist für den Kunden günstiger, wenn er bei vorzeitiger Zahlung einen Kontokorrentkredit benötigt, der mit 9 % zu verzinsen ist?
Berechnen Sie den durch die günstigere Zahlungsweise ersparten Betrag.

3.2.8 Ein Festdarlehen über 8.500,00 € war vom 16.01. bis zum 01.06. im gleichen Jahr ausgegeben worden.
Wie viel Zins ist zu bezahlen, wenn der Zinssatz für die ersten 45 Tage 8 % und für den Rest der Laufzeit 8,5 % betragen hat?

3.2.9 Ein Kaufmann zahlt eine Rechnung über 31.562,85 €, die am 28.02.18 fällig war, erst am 31.05.18. Bei Verzug war ein Zinssatz von 5 % vereinbart worden.
1. Auf welchen Betrag muss die Überweisung an den Gläubiger lauten, wenn er zumindest diesen Bestandteil des Vertrages erfüllen will?
2. Buchen Sie die Zahlung beim Schuldner und beim Gläubiger.

3.2.10 Der Auszubildende Ludwig Bleifuss erhält von seiner Großmutter ein mit 4 % verzinsliches Darlehen über 4.000,00 €. Zweck des am 29.05.18 ausgezahlten Darlehens ist die Motorsanierung seines Pkw.
Welchen Betrag muss Ludwig Bleifuss am 30.10.18 zurückzahlen (**bürgerliche Zinsrechnung**)?

3.2.11 Ein Kreditinstitut hat vom 20.03.18 bis zum 03.04.18 ein Geldmarktdarlehen über 480.000,00 € bei einem anderen KI aufgenommen.
Welcher Betrag ist bei der Rückzahlung zu leisten, wenn ein Zinssatz von 5 % vereinbart war (Anwendung der **Euro-Zins-Methode**)?

(2) Berechnung des Kapitals, des Zinssatzes und der Laufzeit

Die allgemeine Zinsformel ist zunächst für die Berechnung der Zinsen vorgesehen. Sollten die Zinsen aber gegeben sein, lässt sich die Formel nach Umstellung auch für die Berechnung einer anderen fehlenden Größe einsetzen.

(a) Berechnung des Kapitals

Beispiel 4:

Bei einem Zinssatz von 8,5 % sind für ein Darlehen in der Zeit vom 08.08. bis zum 23.09. des gleichen Jahres Zinsen in Höhe von 595,00 € zu bezahlen.
Berechnen Sie die Höhe des Darlehens.

In der allgemeinen Zinsformel ist der gesuchte Faktor „Kapital“ enthalten.
Durch Umformung ergibt sich: (1)

$$K = \frac{Z * 100 * 360}{p * t}$$

Hier: $$K = \frac{595 * 100 * 360}{8{,}5 * 45} = \mathbf{56.000{,}00\ €}$$ (2)

Erläuterung

(1) Die Umformung erfolgt in zwei Schritten:

- Zunächst wird die allgemeine Zinsformel mit dem Nenner (100 ∗ 360) erweitert, dies ergibt:

$$Z * 100 * 360 = K * p * t$$

- Danach wird die Gleichung durch (p ∗ t) dividiert, sodass das Kapital isoliert auf einer Seite der Gleichung stehen bleibt.

(2) Die Umstellung nach der gesuchten Größe führt hier zu folgenden Daten:
Z = 595,00 €; p = 8,5 %; t = (18 + 27) = 45; K = ?

(b) Berechnung des Zinssatzes

Beispiel 5:

Zu welchem Zinssatz müssen 245.000,00 € bei einem Kreditinstitut angelegt werden, wenn nach 120 Tagen 3.062,50 € Zinsen erzielt werden sollen?

In der allgemeinen Zinsformel ist der gesuchte Faktor „Zinssatz“ enthalten.
Durch Umformung ergibt sich:

$$p = \frac{Z * 100 * 360}{K * t}$$

Hier: $$p = \frac{3.062{,}50 * 100 * 360}{245.000 * 120} = \mathbf{3{,}75\ \%}$$

(c) Berechnung der Laufzeit

Beispiel 6:

Für ein am 16.04.18 aufgenommenes Darlehen in Höhe von 25.000,00 € sind bei einem Zinssatz von 9 % 312,50 € Zinsen zu bezahlen.
Wann ist das Darlehen fällig?

In der allgemeinen Zinsformel ist der gesuchte Faktor „Tage“ enthalten (hier: wie viele Zinstage später). Durch Umformung ergibt sich:

$$t = \frac{Z * 100 * 360}{K * p}$$

Hier: $$t = \frac{312{,}5 * 100 * 360}{25.000 * 9} = 50 \text{ Tage}$$

Fälligkeit: 16.04.18 + 50 Tage = **06.06.18** (1)

Erläuterung

(1) Da die Zinsen mit der kaufmännischen Zinsrechnung berechnet werden, verteilen sich die (kaufmännischen) Zinstage wie folgt:
14 Tage im April; 30 Tage im Mai; 6 Tage im Juni.

⇒

Aus der Tageszinsformel lässt sich durch Umformung jede andere in der Zinsrechnung gesuchte Größe berechnen:

- Berechnen des Kapitals: $$K = \frac{Z * 100 * 360}{p * t}$$
- Berechnen des Zinssatzes: $$p = \frac{Z * 100 * 360}{K * t}$$
- Berechnen der Zinstage: $$t = \frac{Z * 100 * 360}{K * p}$$
- Im Zähler der umgeformten Formel steht **immer** die Größe Z * 100 * 360, während im Nenner das Produkt der beiden anderen gegebenen Größen steht.

Arbeitsaufträge:

3.2.12 Für ein Darlehen über 25.000,00 €, das am 22.01. aufgenommen wurde, sollen bei der Rückzahlung am 12.11. im gleichen Jahr 1.006,94 € Zinsen gezahlt werden.
Berechnen Sie den Zinssatz, der hier angewandt wurde.

3.2.13 Der Zinssatz für ein einjähriges Darlehen betrug im ersten Halbjahr 8 %, im zweiten 1 % mehr.
Stellen Sie die Höhe des Darlehens fest, wenn dafür insgesamt 714,00 € Zinsen zu bezahlen waren.

3.2.14 Ein Bankkunde hatte für ein Darlehen über 90.000,00 € bisher 7,5 % Zins zu bezahlen. Nach einer Heraufsetzung des Zinssatzes erhöhte sich der Zinsaufwand pro Halbjahr um 225,00 €.
Ermitteln Sie den neuen Zinssatz.

3.2.15 Für Spareinlagen mit vereinbarter Kündigungsfrist von drei Monaten zahlt ein Kreditinstitut 0,5 % Zinsen. Berechnen Sie den Betrag, der eingezahlt werden muss, damit der Sparer monatlich 100,00 € Zinsen aus dem Anlagebetrag zur Verfügung hat (ohne Zinseszinseffekt!).

3.2.16 Ein Anleger erhält für seine Schuldverschreibungen, die zu 5,25 % verzinst werden, 1.181,25 € Zinsen halbjährlich. Welchen Nennwert haben diese Effekten?

3.2.17 Am 19.02. legte ein Kunde bei seiner Bank 75.000,00 € als Festgeld an.
Stellen Sie fest, wann er wieder darüber verfügen kann, wenn er bei einem Zinssatz von 0,5 % (ohne Zinseszinsen) 500,00 € Zinsen erzielen möchte.

3.2.18 Ein Kunde hat eine Rechnung über 12.600,00 € zu begleichen. Zur Zahlung nimmt er für 20 Tage Kredit in Anspruch.

1. Wie hoch ist der Kreditzinssatz, wenn das Ausnutzen von 3 % Skonto dem Schuldner einen Vorteil von 316,89 € bringt?
2. Welchem Jahreszinssatz entsprechen die 3 % Skonto?

3.2.19 Ein Darlehen über 7.580,00 € wurde einschließlich Zinsen am 16.07. mit 7.655,80 € zurückgezahlt. Wann wurde es ausgezahlt, wenn der vereinbarte Zinssatz 8 % betrug?

3.2.20 Bei einem Aktienkauf wurde ein Kunde am 21.03. mit 45.230,00 € belastet. Nach der Hauptversammlung der AG erhielt er 937,50 € Dividende gutgeschrieben. Der Verkauf der Aktien am 06.10. des gleichen Jahres erbrachte eine Gutschrift über 46.465,80 €.
Mit wie viel Prozent hat sich der Kaufpreis verzinst, wenn der Ertrag auf ein Jahr bezogen wird?

3.2.21 Ein Kreditnehmer erhält von seiner Bank zwei langfristige Darlehen im Gesamtbetrag von 37.000,00 €. Für beide Darlehen zusammen zahlt er vierteljährlich 500,00 € Zinsen. Eines der beiden Darlehen, mit einem Betrag von 12.000,00 €, wird zu 6,25 % verzinst.
Berechnen Sie den Zinssatz für das andere Darlehen.

3.2.22 Eine Mitauszubildende teilt Ihnen in einem Fachgespräch mit, dass der Unterschied zwischen einer Verzinsung von 3 1/3 % und 3,3 % genau 3,00 € erbringt.
Stellen Sie fest, bei welchem Kapital dies der Fall ist.

3.2.23 Die Vermietung eines Einfamilienhauses erbringt monatlich 1.450,00 €. Die jährlichen Kosten liegen bei 1.702,50 €. Welchen Preis darf das Haus nicht überschreiten, wenn der Käufer einen Nettoertrag von 3,5 % für sein eingesetztes Kapital erwartet?

3.2.24 Ein Bankkunde erhält ein Darlehen über 12.500,00 € zu 6,75 %. Drei Monate später wird es um weitere 4.500,00 € zu gleichen Bedingungen aufgestockt. Das Gesamtdarlehen wird am 31.10. mit einer Überweisung von 17.689,06 € einschließlich Zinsen zurückgezahlt.
Mit welchen Wertstellungen wurden die beiden Teile des Darlehens dem Kreditnehmer gutgeschrieben?

3.2.25 Um auf einer Messe eine Maschine zu kaufen, die kurze Zeit später, nach einer Preiserhöhung um 7,5 %, 62.350,00 € kosten sollte, nahm der Käufer einen Kredit zu 8,75 % für 60 Tage in Anspruch.
Ermitteln Sie den Vorteil in €, den der Käufer durch seinen raschen Entschluss erzielte.

3.2.3 Zinsrechnen vom veränderten Kapital

Wird das ursprüngliche Kapital durch Zinsen vermehrt oder vermindert, kann die allgemeine Zinsformel nicht mehr so angewendet werden, wie in der Zinsrechnung vom Hundert. Es ist vielmehr erforderlich, den Jahreszinssatz, der über den Faktor „Zeit" das ursprüngliche Kapital erhöht oder vermindert hat, auf die Dauer seiner Anwendung zu beziehen. So kann festgestellt werden, um wieviel Prozent das ursprüngliche Kapital relativ verändert wurde. Aus dem Jahreszinssatz wird so der **Zeitzinssatz** (auch Zeitprozentsatz, angepasster Zinssatz).

Beispiel 1:

Um wie viel Prozent steigt ein Kapital effektiv, das vom 15.04. bis zum 31.05. im gleichen Jahr zu 6 % angelegt wird?

Die Anlagedauer beträgt 45 Tage; es gilt: 360 Tage - 6 %
45 Tage - x %

$$x = \frac{6 * 45}{360} = \mathbf{0{,}75\ \%}$$

Da das Kapital nicht für 360 Tage, sondern nur für 45 Tage angelegt wird, steigt es nicht um 6 %, sondern effektiv nur um 0,75 %.

⇒ **Berechnung des Zeitzinssatzes:**

$$p = \frac{p * t}{360}$$

(1) Berechnen von Kapital und Zins aus dem vermehrten Kapital
(Zinsrechnung auf Hundert)

Bei der Zinsrechnung auf Hundert ist ein um die Zinsen vermehrtes Kapital gegeben. Wenn man einen der beiden Bestandteile Zins oder Kapital berechnet, indem man vom erhöhten Wert z. B. auf den Grundwert (ursprüngliches Kapital) zurückrechnet, lässt sich der andere als Differenz ermitteln:

Ursprüngliches Kapital = vermehrtes Kapital – Zinsen
Zinsen = vermehrtes Kapital – ursprüngliches Kapital

Beispiel 2:
Ein Festgeld, das für die Zeit vom 09.06. bis zum 09.09. im gleichen Jahr zu 5 % angelegt war, wird einschließlich Zinsen mit 35.437,50 € zurückgezahlt.
Wie hoch waren der angelegte Betrag und der Ertrag in €?

a) Lösung über den Dreisatz:

Kapital	**100,00 %**	-	**x €**	(1)
+ 5 % Zins für 90 Tage	1,25 %		↑	(2)
vermehrtes Kapital	**101,25 %**	-	**35.437,50 €**	(3)

Angelegtes Kapital: $x = \frac{35.437,5 * 100}{101,25} = \mathbf{35.000,00\ €}$

Ertrag (Zinsen): $Z = 35.437,50 - 35.000,00 = \mathbf{437,50\ €}$

b) Anwendung einer Formel (abgeleitet aus dem Ergebnis des Dreisatzes):

$$\text{Kapital} = \frac{\text{vermehrtes Kapital} * 100}{100 + \text{Zeitzinssatz}}$$

$$\text{Hier: } K = \frac{35.437,5 * 100}{100 + 1,25} = \mathbf{35.000,00\ €}$$

$$\text{Zins} = \frac{\text{vermehrtes Kapital} * \text{Zeitzinssatz}}{100 + \text{Zeitzinssatz}}$$

$$\text{Hier: } Z = \frac{35.437,5 * 1,25}{100 + 1,25} = \mathbf{437,50\ €}$$

Erläuterung

(1) Das ursprüngliche Kapital entspricht dem Grundwert in der Prozentrechnung und wird daher gleich 100 Prozent gesetzt.

(2) Der Jahreszins wird umgewandelt in einen an die Dauer seiner Anwendung angepassten Prozentsatz:

$$p = \frac{5 * 90}{360} = 1,25\ \%$$

(3) Das vermehrte Kapital entspricht der Summe von 100 % Grundwert und 1,25 % Erhöhung. Dieser Wert ist bei der Prozentrechnung auf Hundert **immer höher als 100 %.**

(2) Berechnen von Kapital und Zins aus dem verminderten Kapital
(Zinsrechnung im Hundert)

Bei der Zinsrechnung im Hundert ist ein um die Zinsen verringertes Kapital gegeben. Das ursprüngliche Kapital ist daher die Summe von vermindertem Kapital und Zinsen.

Ursprüngliches Kapital = vermindertes Kapital + Zinsen

Zinsen = ursprüngliches Kapital – vermindertes Kapital

Beispiel 3:

Ein Darlehen wird nach sofortigem Abzug von 9 % Zins für den Zeitraum vom 23.02. bis zum 13.05. im gleichen Jahr mit einem Betrag von 8.330,00 € dem Konto des Darlehensnehmers gutgeschrieben.
Wie hoch ist das Darlehen?

a) Lösung über den Dreisatz:

Darlehen	**100,00 %**	-	x €	(1)
– 9 % Zins für 80 Tage	2,00 %			(2)
vermindertes Darlehen	**98,00 %**	-	**8.330,00 €**	(3)

$$p = \frac{9 * 80}{360} = 2{,}00\ \%$$

Darlehen: $x = \frac{8.330 * 100}{98} =$ **8.500,00 €**

b) Anwendung einer Formel (abgeleitet aus dem Ergebnis des Dreisatzes):

$$\text{Kapital} = \frac{\text{vermindertes Kapital} * 100}{100 - \text{Zeitzinssatz}}$$

Hier: $K = \frac{8.330 * 100}{100 - 2} =$ **8.500,00 €**

Erläuterung

(1) Das ursprüngliche Darlehen entspricht wieder 100 %.

(2) Aus einem Jahreszinssatz von 9 % entsteht für einen Zeitraum von 80 Tagen ein Prozentsatz von 2 %, der auf das Ursprungsdarlehen anzuwenden ist.

(3) Das verminderte Kapital ist die Differenz von Ursprungsdarlehen und Zinsen; es entspricht daher 100 % – 2 % = 98 %.
Der verminderte Wert ist bei der Prozentrechnung im Hundert **immer weniger als 100 %**.

- Wenn das Kapital einschließlich Zinsen gegeben ist, liegt immer eine Aufgabe der Zinsrechnung **auf** Hundert vor.

$$\text{Kapital} = \frac{\text{vermehrtes Kapital} * 100}{100 + \text{Zeitzinssatz}}$$

$$\text{Zins} = \frac{\text{vermehrtes Kapital} * \text{Zeitzinssatz}}{100 + \text{Zeitzinssatz}}$$

- Ist das um die Zinsen verminderte Kapital gegeben, liegt immer eine Aufgabe der Zinsrechnung **im** Hundert vor. (Formulierung: „Nach Abzug von Zinsen für den Zeitraum ...“) ⇐

$$\text{Kapital} = \frac{\text{vermindertes Kapital} * 100}{100 - \text{Zeitzinssatz}}$$

$$\text{Zins} = \frac{\text{vermindertes Kapital} * \text{Zeitzinssatz}}{100 - \text{Zeitzinssatz}}$$

Arbeitsaufträge:

3.2.26 Zwei Bankkunden wurde für 6 Monate je ein Darlehen im Verhältnis der Darlehenssummen von 2:3 gewährt. Vor der Auszahlung wurden 7,5 % Zinsen abgezogen, ausgezahlt wurden 72.187,50 €. Berechnen Sie die Höhe der einzelnen Darlehen.

3.2.27 Die Zinsen für ein Kapital wurden nach fünf Monaten am Jahresende dem Kapital hinzugeschlagen. Das neue erhöhte Kapital war noch weitere sechs Monate festgelegt und wuchs auf insgesamt 12.792,00 € an. Der Zinssatz für die letzten sechs Monate wurde um 2 % auf 8 % erhöht.
Wie hoch war das ursprüngliche Kapital?

3.2.28 Der Käufer einer Maschine muss die zweite Hälfte des Kaufpreises nach 120 Tagen bezahlen. Er überweist bei Fälligkeit, einschließlich der vereinbarten 7,5 % Zins für die Krediteinräumung 4.202,50 €. Ermitteln Sie den Barverkaufspreis der Maschine.

3.2.29 Von zwei Kapitalien war das erste zu 6 % für 42 Tage und das zweite zu 9 % für 75 Tage vergeben. Die Kapitalgeber erhielten zusammen 1.102,50 € Zinsen.
Wie groß ist jedes Kapital, wenn das erste doppelt so viel Zinsen erbrachte wie das zweite?

3.2.30 Nach Abzug von 6,5 % Zinsen und von 18,50 € Gebühren erhielt ein Darlehensnehmer am 28.02. einen Betrag von 21.250,00 € ausgezahlt.
Welchen Betrag muss er am 23.05. des gleichen Jahres einschließlich Zinsen zurückzahlen?

3.2.31 Welcher Zinsbetrag wurde einem Kunden bei der Auszahlung eines Darlehens belastet, wenn er bei einem Zinssatz von 7,25 % und einer Laufzeit vom 30.04. bis zum 31.08. des gleichen Jahres nur noch einen Betrag in Höhe von 46.547,25 € ausgezahlt erhielt?

3.2.32 Ein Darlehen wurde mit einem variablen Zinssatz ausgegeben (die Daten sind Wertstellungen):
Vom 30.12.16 bis 12.03.17 wurden 8,5 %, vom 12.03.17 bis 06.08.17 wurden 8 %, vom 06.08.17 bis 30.12.17 wurden nur noch 7,75 % Zins verlangt.
Berechnen Sie die Darlehenshöhe, wenn einschließlich Zins zum 30.12.17 ein Betrag von 16.200,00 € zurückzuzahlen war.

3.2.4 Anwendung der kaufmännischen Zinsformel (Summarische Zinsrechnung)

Immer dann, wenn mehrere unterschiedliche Kapitalien mit unterschiedlicher Laufzeit aber gleichem Zinssatz abzurechnen sind, verwendet man in der Praxis eine abgewandelte Form der allgemeinen Zinsformel, die kaufmännische Zinsformel. Dies ist im Bereich der Kreditinstitute hauptsächlich bei den Kontoabrechnungen der Fall.

Die allgemeine Zinsformel wird dabei in zwei Bestandteile aufgeteilt:

$$Z = \frac{K * p * t}{100 * 360} = \underbrace{\frac{K * t}{100}}_{\#} * \frac{p}{360}$$

Der Teilausdruck $\frac{K * t}{100}$ enthält die veränderlichen Größen und wird als **Zinszahl** (#) bezeichnet.

Statt mit dem Ausdruck $\frac{p}{360}$ zu multiplizieren, um die Zinsen zu erhalten, kann man auch mit dem Kehrwert dividieren: Division der Zinszahl durch $\left(\frac{360}{p}\right)$; dies ist der **Zinsteiler**, der hier aber nicht berücksichtigt wird: Wegen des starken Wettbewerbes bei Kreditinstituten werden die Zinssätze immer „krummer“, sodass der Zinsteiler in der Mehrzahl der Fälle zu keiner endlichen Zahl führt; dies hat zur Folge, dass Ergebnisse rundungsbedingt nicht stimmen.

Beispiel 1:

Wie viel Zinsen erhält ein Anleger am 15.11., wenn er am 21.02. des gleichen Jahres 4.532,90 € zu 3 % angelegt hat?

Berechnung der Zinszahlen: $\# = \frac{K * t}{100} = \frac{4.532,9 * 264}{100} = \mathbf{11.967}$ (1)

Berechnung des Zinsteilers: $d = \frac{360}{p} = \frac{360}{3} = \mathbf{120}$ (2)

Berechnung der Zinsen: $Z = \frac{\#}{d} = \frac{11.967}{120} = \mathbf{99{,}73\ €}$

Erläuterung

(1) Wie bei der allgemeinen Zinsformel werden auch in der kaufmännischen Zinsformel Centbeträge mitberücksichtigt. Die errechnete Zinszahl ist kaufmännisch auf- oder abzurunden.

(2) Wenn ein Zinsteiler keine endliche Zahl ergibt, ist es zweckmäßig, entweder die ermittelte Zahl in den Speicher des Taschenrechners zu übernehmen und von dort zur Division wieder abzurufen oder die Zinsformel aus der Ableitung von der allgemeinen Zinsformel zu übernehmen:

$$Z = \frac{\# * p}{360}$$

Der wichtigste Anwendungsbereich für die kaufmännische Zinsformel ist die **summarische Zinsrechnung**. Sie wird insbesondere im Bereich der Kontokorrentabrechnung angewendet. Hierbei wird für jeden Betrag die Zinszahl mit Hilfe seiner Anlagedauer berechnet; erst am Ende einer Abrechnung werden zusammengehörende Zinszahlen addiert, ihre Summe wird über den zugehörigen Zinssatz in Zins umgerechnet.

Beispiel 2:

Ein Darlehen wird jeweils im gleichen Jahr in drei Stufen ausgezahlt:
20.000,00 € am 02.07.; 45.000,00 € am 28.07.; 15.000,00 € am 30.08.
Ermitteln Sie die erste Zinsbelastung am 30.09. bei einem Zinssatz von 6,25 %.

Darlehen	Zeitraum	Zinstage	Zinszahlen	
20.000,00 €	02.07. bis 30.09.	88	17.600	(1)
45.000,00 €	28.07. bis 30.09.	62	27.900	
15.000,00 €	30.08. bis 30.09.	30	4.500	
			50.000	(2)

$$Z = \frac{\text{Summe der Zinszahlen}}{\text{Zinsteiler}} = \frac{50.000}{57{,}6} = \mathbf{868{,}06\ €}$$

oder: $$Z = \frac{\text{Summe der Zinszahlen} * p}{360} = \frac{50.000 * 6{,}25}{360} = \mathbf{868{,}06\ €} \quad (3)$$

Erläuterung

(1) Jeder Teilbetrag des Darlehens wird bis zur Fälligkeit der Zinsen abgerechnet; dabei wird zunächst nur die Zinszahl entsprechend der Laufzeit ermittelt.

(2) Die Zinsen werden aus der Summe aller Zinszahlen berechnet.

(3) Der Zinsbetrag lässt sich durch die „klassische" kaufmännische Zinsrechnung feststellen, aber besser noch mit der hier vorgestellten Abwandlung.

- Berechnen der Zinszahl:

$$\# = \frac{K * t}{100}$$

- Berechnen des Zinsteilers:

$$d = \frac{360}{p}$$

⇒

- Berechnen der Zinsen:

$$Z = \frac{\text{Zinszahl}}{\text{Zinsteiler}}$$

- Berechnen der Zinsen:

$$Z = \frac{\text{Summe der Zinszahlen}}{\text{Zinsteiler}}$$

- Centbeträge des Kapitals werden bei der Berechnung der Zinszahl mitberücksichtigt.
- **Zinszahlen sind ganze Zahlen**; sie werden kaufmännisch gerundet.

Arbeitsaufträge:

3.2.33 Welches Kapital erbringt vom 12.02. bis zum 18.05. im gleichen Jahr 2.184 Zinszahlen?

3.2.34 Auf ein Konto werden im gleichen Jahr folgende Einzahlungen geleistet (summarische Zinsrechnung):

12.10.	2.875,65 €;
31.10.	424,35 €;
19.11.	7.700,00 €;
30.12.	2.000,00 €.

Welchen Zinsbetrag erhält der Einzahler bei einem Zinssatz von 3,75 % zum 31.12. gut geschrieben?

3.2.35 Ermitteln Sie mithilfe der Zinszahlen die Summe der Zinsen, wenn die aufgeführten Beträge mit 2,5 % zu verzinsen sind:

4.228,00 €	vom	31.12.16	bis	27.03.17;
5.300,00 €	vom	27.03.17	bis	12.08.17;
7.250,00 €	vom	12.08.17	bis	30.10.17;
4.100,00 €	vom	30.10.17	bis	31.12.17.

3.2.36 Auf einem debitorischen Konto sind folgende Bestände zu 9,75 % abzurechnen:

11.248,50 €	vom	31.12. (Vorjahr)	bis zum	11.01.;
6.390,50 €	vom	11.01.	bis zum	01.02.;
4.920,85 €	vom	01.02.	bis zum	25.02.;
7.147,90 €	vom	25.02.	bis zum	01.03.;
2.416,20 €	vom	01.03.	bis zum	11.03.;
290,70 €	vom	11.03.	bis zum	31.03.

Geben Sie den Kontostand zum 31.03. einschließlich der aufgelaufenen Zinsen an.

3.2.37 Berechnen Sie die Zinssumme bei einem Zinssatz von 4,75 % mit der kaufmännischen Zinsformel:

Kapital	Zeitraum (alles im gleichen Jahr)		
8.972,50 €	03.01.	bis	18.02.;
3.420,70 €	28.02.	bis	02.04.;
19.235,00 €	12.03.	bis	04.11.;
4.646,15 €	30.08.	bis	23.12.

3.2.38 Am 30.04. nahm ein Kunde ein kurzfristiges Darlehen über 48.500,00 € auf. Bis zur Rückzahlung in einer Summe berechnete die Bank 30.070 Zinszahlen.
Ermitteln Sie rechnerisch den Zeitpunkt der Tilgung.

3.2.39 Zu welchem Zinssatz war ein Kapital angelegt, wenn 46.890 Zinszahlen 521,00 € Zinsen erbrachten?

3.2.40 Für ein Darlehen in Höhe von 80.700,00 € wurden bis zum 18.06. im gleichen Jahr 58.104 Zinszahlen errechnet.
Stellen Sie fest, mit welcher Wertstellung das Darlehen ausgezahlt wurde.

3.2.41 Beim Abschluss einer Zinsstaffel ergibt sich bei einem Zinssatz von 8,25 % für einen Kunden eine Belastung von 1.051,60 €.
Wie viele Zinszahlen hat die Bank berechnet?

Exkurs 1: Zinseszinsrechnung

Zinseszinsen
(1) Eine im Voraus getroffene Vereinbarung, dass fällige Zinsen wieder Zinsen tragen sollen, ist nichtig.
(2) Sparkassen, Kreditanstalten und Inhaber von Bankgeschäften können im Voraus vereinbaren, dass nicht erhobene Zinsen von Einlagen als neue verzinsliche Einlagen gelten sollen. Kreditanstalten, die berechtigt sind, für den Betrag der von ihnen gewährten Darlehen verzinsliche Schuldverschreibungen auf den Inhaber auszugeben, können sich bei solchen Darlehen die Verzinsung rückständiger Zinsen im Voraus versprechen lassen.

§ 248 BGB

Zinseszinsen entstehen, wenn Zinsen nach Ablauf einer Zinsperiode dem Kapital zugeschlagen und mit diesem gemeinsam neu verzinst werden. Dies ist zwar grundsätzlich nach § 248 Abs. 1 BGB verboten; Kreditinstitute haben aber nach Abs. 2 ausdrücklich das Recht, nach vorheriger Vereinbarung mit dem Kunden, Zinseszinsen zu berechnen. Auch andere eingetragene Kaufleute haben nach § 355 HGB das Recht, Zinseszinsen in Rechnung zu stellen, wenn sie in gegenseitiger laufender Verrechnung stehen.

In der Zinseszinsrechnung sind im Verhältnis zwischen Bank und Kunden zwei grundsätzliche Fragestellungen von Bedeutung:

- Welches Endkapital erhält der Einleger eines Einmal-Betrages nach einer festgelegten Zeit bei einem festgelegten Zinssatz einschließlich Zins und Zinseszins ausgezahlt?
- Welches Anfangskapital muss ein Anleger heute einzahlen, um nach einer festgelegten Zeit bei einem festen Zinssatz ein bestimmtes Kapital einschließlich Zins und Zinseszins zu erhalten?

Beispiel 1:

Auf welchen Betrag wachsen 10.000,00 € in 4 Jahren bei 5 % Zinsen einschließlich Zinseszinsen an?

a) Anwendung der Zinsrechnung:

Kapital 1. Jahr	10.000,00 €
+ Zinsen 1. Jahr	500,00 €
Kapital 2. Jahr	10.500,00 €
+ Zinsen 2. Jahr	525,00 €
Kapital 3. Jahr	11.025,00 €
+ Zinsen 3. Jahr	551,25 €
Kapital 4. Jahr	11.576,25 €
+ Zinsen 4. Jahr	578,81 €
Kapital nach 4 Jahren	12.155,06 €

b) Anwendung einer Formel:

Für das ursprüngliche Kapital (Anfangskapital) K_0 gilt am Ende des ersten Jahres:

$$K_1 = K_0 + \frac{K_0 * p}{100} = K_0 * \left(1 + \frac{p}{100}\right)$$

Für die Verzinsung des erhöhten Kapitals im zweiten Jahr gilt:

$$K_2 = K_1 + \frac{K_1 * p}{100} = K_1 * \left(1 + \frac{p}{100}\right)$$

da $K_1 = K_0 * \left(1 + \frac{p}{100}\right)$, gilt für K_2:

$$K_2 = K_0 * \left(1 + \frac{p}{100}\right) * \left(1 + \frac{p}{100}\right) = K_0 * \left(1 + \frac{p}{100}\right)^2$$

Für die Verzinsung im n-ten Jahr gilt dann:

$$\boxed{K_n = K_0 * \left(1 + \frac{p}{100}\right)^n}$$

K_0 = Anfangskapital einer Einmal-Anlage
K_n = Endkapital nach n Jahren
n = Anlagedauer in Jahren
p = Zinssatz, für jedes Anlagejahr fest

Die Größe $\left(1 + \frac{p}{100}\right)^n$ wird in der Zinseszinsformel häufig ersetzt durch die Größe $\mathbf{q^n}$, den **Aufzinsungsfaktor.** Dieser Faktor ist in der Praxis in den EDV-Programmen der Kreditinstitute integriert, er kann aber auch aus Tabellenwerken entnommen oder mit dem Taschenrechner berechnet werden.

Beispiel 2:

Zu welchem Preis kann ein abgezinster Sparbrief im Nennwert von 1.000,00 € verkauft werden, wenn für fünf Jahre Laufzeit 4 % Zinsen und Zinseszinsen gezahlt werden?

Lösung mit der Zinseszins-Formel:

$$K_n = K_0 * q^n; \text{ dann ist } K_0 = \frac{K_n}{q^n} \quad \text{oder} \quad K_0 = K_n * \frac{1}{q^n} \qquad (1)$$

$$q^n = 1{,}04 * 1{,}04 * 1{,}04 * 1{,}04 * 1{,}04 = 1{,}2166529$$

Verkaufspreis des Sparbriefes: $K_0 = \frac{1.000}{1{,}2166529} = $ **821,93 €**

Erläuterung

(1) Aus der Zinseszinsformel für das Endkapital (K_n) erhält man durch Umstellung die Zinseszinsformel, mit der sich das Anfangskapital (K_0) berechnen lässt. Für die Größe $\frac{1}{q^n}$ wird auch der Begriff **Abzinsungsfaktor** verwendet. Auch für Abzinsungsfaktoren gibt es eigene Tabellenwerke.

Anmerkung: Die Berechnung der Aufzinsungsfaktoren und damit auch der Abzinsungsfaktoren (Kehrwertfunktion) ist auf Taschenrechnern, die die Taste „x^y“ haben, besonders leicht nachvollziehbar. Mit logarithmischen Rechnern kann in der Zinseszinsrechnung auch die Frage nach der Höhe eines Zinssatzes, sowie einer taggenauen Anlagedauerberechnung beantwortet werden.

⟹ Die Zinseszinsrechnung löst zwei grundsätzliche Fragestellungen:

- Berechnung eines Endkapitals: $K_n = K_0 * q^n$
- Berechnung eines Anfangskapitals: $K_0 = \frac{K_n}{q^n}$

Arbeitsaufträge:

3.2.42 Ein Bausparer zahlt einmalig 20.000,00 € auf sein Bausparkonto ein, um eine schnellere Zuteilung zu bewirken.
Wie hoch ist sein Guthaben nach drei Jahren einschließlich Zins und Zinseszins, wenn der Bauspartarif einen Zinssatz von 2 % auf die Einlagen vorsieht?

3.2.43 Zu welchem Preis wird ein abgezinster Sparbrief im Nennwert von 5.000,00 € verkauft, wenn 1,75 % Zins und Zinseszins vereinbart werden? Die Laufzeit beträgt vier Jahre.

3.2.44 Ein Kunde tätigte eine einmalige Anlage, die ihm einschließlich Zins und Zinseszins eine Auszahlung von 38.363,71 € erbrachte.
Berechnen Sie den Anlagebetrag, wenn sein Kapital die ersten vier Jahre zu 5 % und die folgenden vier Jahre zu 6 % verzinst wurde.

3.2.45 Welchen Betrag erhält die Käuferin eines aufgezinsten Sparbriefes im Nennwert von 80.000,00 € bei Fälligkeit einschließlich Zins und Zinseszins, wenn die folgenden Zinssätze anzuwenden sind?

1. Jahr 1,50 %	2. Jahr 1,75 %	3. Jahr 2,00 %	
4. Jahr 2,25 %	5. Jahr 2,50 %	6. Jahr 2,75 %	7. Jahr 3,00 %

3.2.46 Ein Sparkassenbrief im Nennwert von 4.000,00 € wird mit 2,25 % für 5 Jahre verzinst.
Berechnen Sie den Rückzahlungsbetrag, wenn aufgelaufene Zinsen einbehalten und zum vereinbarten Zinssatz mitverzinst werden.

3.2.47 Ein Darlehen von 60.000,00 € soll in zwei Raten zurückgezahlt werden: 20.000,00 € sind in 4 Jahren fällig, der Rest soll nach weiteren 3 Jahren bezahlt werden.
Ermitteln Sie den gesamten Liquiditätsbedarf des Darlehensnehmers, wenn ein Zinssatz von 5 % für die Gesamtlaufzeit vereinbart wurde. Die Zinsen sind jeweils am Ende eines Jahres fällig und werden mitverzinst.

4 Personalaufwendungen

Jeder **Arbeitnehmer (An)** erhält entweder als Angestellter Gehalt oder als Arbeiter Lohn, wobei die Unterschiede zwischen beiden Bereichen auf Grund gesetzlicher Regelungen immer kleiner werden. Die Beträge, die die Arbeitnehmer auf ihren laufenden Konten gutgeschrieben bekommen, entsprechen aber bei weitem nicht den in den Lohn- und Gehaltstarifverträgen festgelegten Beträgen, da der Arbeitgeber im Auftrag des Staates vom Gehalt zahlreiche **Abzüge** vorzunehmen hat. Auszubildende im kaufmännischen und im gewerblichen Bereich beziehen eine Vergütung. Die aufgeführten Werte ändern sich teilweise jährlich und gelten für das Jahr 2019.

Für den **Arbeitgeber (Ag)** ist es bei der Zahlung von Personalaufwendungen mit dem Bruttobetrag aber noch nicht getan: Er hat die Unfallversicherung und darüber hinaus noch Personalzusatzkosten zu tragen, die z. B. bei Kreditinstituten ungefähr die Höhe eines Direktentgeltes betragen.

Die Zusammensetzung der Zusatzkosten ergibt folgende unterschiedlich große Bereiche:

• **Gesetzliche** Personalzusatzkosten:	Sozialversicherungsbeiträge (Arbeitgeber-Anteil); Bezahlte Feiertage und sonstige Ausfallzeiten; Entgeltfortzahlung im Krankheitsfall; sonstige Personalzusatzkosten (aufgrund Mutterschutzgesetz u.a.).
• **Tarifliche** Personalzusatzkosten:	Bezahlte Urlaubstage einschl. Urlaubsgeld; Sonderzahlungen (13. Monatsgehalt, Gratifikationen); Beiträge zur betrieblichen Altersversorgung; Vermögensbildung; sonstige tarifliche Personalkosten.
• **Freiwillige** Personalzusatzkosten:	Z. B. freiwillig gezahlte Fahrtkostenzuschüsse, Essensgeld.

Erhebung der Lohnsteuer **§ 38 EStG**

(1) Bei Einkünften aus nichtselbständiger Arbeit wird die Einkommensteuer durch Abzug vom Arbeitslohn erhoben (Lohnsteuer), ...

(3) Der Arbeitgeber hat die Lohnsteuer für Rechnung des Arbeitnehmers bei jeder Lohnzahlung vom Arbeitslohn einzubehalten. ...

Neben der Lohnsteuer (LSt) muss der Arbeitgeber den Solidaritätszuschlag von 5,5 % und - soweit erforderlich - die Kirchensteuer an das Finanzamt abführen. Dazu sind die Arbeitnehmeranteile zur Sozialversicherung einzubehalten und an die zuständige Krankenkasse zu zahlen.

Die Höhe der Abzugsbeträge ist bei jedem Arbeitnehmer unterschiedlich:

- Die Lohnsteuer richtet sich nach dem steuerpflichtigen Monatsgehalt und der Steuerklasse.
- Der Solidaritätszuschlag wird aus der Lohnsteuer berechnet; er hängt ab von der Zahl der Kinderfreibeträge und beträgt 5,5 % der LSt. Bruchteile von Cent bleiben dabei außer Betracht.
- Die Höhe der Kirchensteuer richtet sich nach der Zahl der Kinderfreibeträge und dem Bundesland, in dem der Steuerpflichtige seinen Wohnsitz hat. In Baden-Württemberg und Bayern sind es 8 %, in den übrigen Bundesländern 9 % der LSt. Die Kirchensteuer wird abgerundet.
- Die Sozialversicherungsbeiträge werden von **Ag und An je zur Hälfte** getragen. Abgelesen werden die Beiträge aus Tabellen, Höchstbeiträge aber aus den sich jährlich ändernden Beitragsbemessungsgrenzen berechnet. Die gesetzliche Unfallversicherung zahlt der Ag allein.
- Die gesetzliche Krankenversicherung (GKV) hat seit dem 01.01.2015 einen allgemeinen Beitragssatz von14,6 % aus höchstens 4.537,50 €. Notwendige **Zusatzbeiträge** werden von **Ag und An** gemeinsam getragen.
- Die Pflegeversicherung beläuft sich auf 3,05 %, ebenfalls aus höchstens 4.537,50 €. **Kinderlose Arbeitnehmer über 23 Jahren** zahlen einen **Beitragszuschlag von 0,25 %**.
- Die Rentenversicherung erhebt z. Zt. Beiträge in Höhe von 18,6 % aus höchstens 6.700,00 €.
- Die Arbeitslosenversicherung hat einen Beitragssatz von 2,5 % aus höchstens 6.700,00 €.

4.1 Berechnung des Arbeitsentgeltes

Grundsätzliches Schema der Lohn- und Gehaltsabrechnung:

	Grundgehalt	
+	Vermögenswirksame Leistung (vL) (Ag-Beitrag)	
=	**Bruttogehalt** (= Sozialversicherungs-Brutto und Steuer-Brutto, evtl. gekürzt um Steuerfreibeträge)	
–	Lohnsteuer	Abzuführen an das Finanzamt bis zum 10. des Folgemonats
–	Solidaritätszuschlag	
–	Kirchensteuer	
–	An-Anteile zur Sozialversicherung	
⇒	• Krankenversicherung	Abzuführen an die Krankenkasse bis zum drittletzten Bankarbeitstag des laufenden Monats
	• Pflegeversicherung	
	• Rentenversicherung	
	• Arbeitslosenversicherung	
=	**Nettogehalt**	
–	Vermögenswirksame Leistung (Anlagebetrag)	
–	Pfändungen	
=	**Auszahlungs- / Überweisungsbetrag**	

Berechnung der Lohnsteuer

Maßgeblich für den vom Arbeitgeber durchzuführenden Lohnsteuer-Abzug sind die persönlichen Verhältnisse des Arbeitnehmers. Diese sind von der Finanzverwaltung in Form unterschiedlicher Steuerklassen in der elektronischen Lohnsteuerkarte dokumentiert. Die Personalabteilung des Arbeitgebers kann auf diese **Elektronischen Lohnsteuer-Abzugsmerkmale (ELStAM)** zugreifen und so die Lohnsteuer ermitteln und auch abführen.

Steuerklassen: (verkürzt)

Steuerklasse I: Ledige, verwitwete oder geschiedene Arbeitnehmer, die nicht nach Steuerklasse III oder IV besteuert werden.

Steuerklasse II: Alleinerziehende Arbeitnehmer mit Anspruch auf den Entlastungsbetrag für Alleinerziehende, bei denen die Voraussetzungen der Steuerklasse I vorliegen.

Steuerklasse III: Verheiratete Arbeitnehmer, die nicht dauernd getrennt leben; der Ehegatte darf keinen Arbeitslohn beziehen oder wird auf gemeinsamen Antrag nach Steuerklasse V besteuert.

Steuerklasse IV: Verheiratete Arbeitnehmer, die beide Arbeitslohn beziehen und nicht dauernd getrennt leben.

Steuerklasse IV mit Faktor: Für verheiratete Arbeitnehmer unter Berücksichtigung der jeweils zustehenden persönlichen Entlastungsbeträge (d. h. dass die Steuerabzüge „gerechter" verteilt werden).

Steuerklasse V: Arbeitnehmer der Steuerklasse IV, wenn der Ehegatte nach Steuerklasse III besteuert wird.

Steuerklasse VI: Für lohnsteuerpflichtige Arbeitnehmer, die weitere Arbeitsverhältnisse haben.

Auszug aus der „Allgemeinen Monats-Lohnsteuertabelle" für das Jahr 2019 mit 8 % KiSt:

Gehalt bis	Steuer-klasse	Lohnsteuer	Ohne Kinderfreibeträge		Mit 2,0 Kinderfreibeträgen	
			SolZ	Kirchensteuer 8 %	*SolZ*	Kirchensteuer 8 %
2.430,00	I	279,91	*15,39*	22,39	----	----
	II	236,16	----	----	----	----
	III	64,66	----	5,17	----	----
	IV	279,91	*15,39*	22,39	*6,20*	9,02
	V	546,83	*30,07*	43,74	----	----
	VI	580,16	*31,90*	46,41	----	----
2.433,00	I	280,66	*15,43*	22,45	----	----
	II	236,83	----	----	----	----
	III	65,16	----	5,21	----	----
	IV	280,66	*15,43*	22,45	*6,24*	9,08
	V	547,83	*30,13*	43,82	----	----
	VI	581,00	*31,95*	46,48	----	----

Cent-Bruchteile bleiben bei der Steuerberechnung unberücksichtigt (**immer abrunden**).

In den Steuerklassen V und VI sind keine Kinderfreibeträge zulässig.

Hinweis: Für die genaue Steuerberechnung wird ein stufenloser Steuertarif angewendet; dieser kann nur noch mit Hilfe eines Programmes elektronisch berechnet werden. Die hier angebotenen Tabellenauszüge geben daher nur Näherungswerte an. Sie stimmen genau für das genannte steuerpflichtige Gehalt.

Beispiel 1:

Gehaltsabrechnung für den Mitarbeiter Rudi Schroff, 22 Jahre, Steuerklasse I, 0, für den Monat Februar. Herr Schroff ist kirchensteuerpflichtig; die GKV erhebt 0,9 % Zuschlag. Sein Gehalt beträgt laut Tarif 2.429,89 €.

(1)	**Grundgehalt**		**2.429,89 €**
(2)	– Lohnsteuer	279,91 €	
	– Solidaritätszuschlag (5,5 % der LSt)	15,39 €	
	– Kirchensteuer (8 % der LSt)	22,39 €	**317,69 €**
(3)	– Krankenversicherung (7,3 % An-Anteil + 0,45 %)	188,32 €	
	– Pflegeversicherung (1,525 % An-Anteil)	37,06 €	
	– Rentenversicherung (9,3 % An-Anteil)	225,98 €	
	– Arbeitslosenversicherung (1,25 % An-Anteil)	30,37 €	**481,73 €**
(4)	**Nettogehalt**		**1.630,47 €**

Erläuterung

(1) Ausgangspunkt für die Ermittlung des Nettogehaltes ist immer das **Grundgehalt**, das dem tariflichen (oder vertraglichen) Gehalt entspricht. Dieses Gehalt ist mit dem **Bruttogehalt (Gehalt vor Abzug von Steuern und Sozialversicherungsbeiträgen)** identisch, wenn keine vermögenswirksame Leistungen des Arbeitgebers anfallen und keine steuerpflichtigen freiwilligen Leistungen gezahlt werden.

(2) Die einbehaltenen Steuern sind vom Arbeitgeber bis zum 10. des Folgemonats an das Finanzamt am Sitz der Betriebsstätte abzuführen.

(3) Die Sozialversicherungsbeiträge (in der Gehaltsabrechnung ist nur der An-Beitrag aufgeführt) sind an die Krankenkasse weiterzuleiten; die Zahlung hat bis zum drittletzten Bankarbeitstag des laufenden Monats zu erfolgen. Die gesetzliche Unfallversicherung ist an die Berufsgenossenschaft zu leisten; sie bleibt hier unberücksichtigt.
Sollten der GKV die vorhandenen Mittel nicht ausreichen, darf sie **Zusatzbeiträge** erheben. Diese werden gemeinsam von Arbeitgeber und Arbeitnehmer getragen.

(4) Das **Nettogehalt** ist das Gehalt, über das der Arbeitnehmer verfügen kann:
- Sofort, in Höhe des ausgezahlten oder überwiesenen Betrages;
- Später, soweit es vermögenswirksame Leistungen (vL) betrifft.

Hinweis: Die **Beiträge für die Sozialversicherung** werden **kaufmännisch gerundet**.
(§1 Beitragsverfahrensverordnung - BVV)

Beispiel 2:

Gehaltsabrechnung für die Angestellte Mira Rajic, Steuerklasse III, 2, für den Monat März. Frau Rajic lässt monatlich 33,33 € auf einen vL-Vertrag anlegen, von denen der Arbeitgeber 25,00 € übernimmt. Ihr Grundgehalt beläuft sich auf 2.407,90 € monatlich. Die GKV erhebt zum allgemeinen Beitragssatz einen Zusatzbeitrag von 1,1 %.

	Grundgehalt		**2.407,90 €**
(1)	+ Vermögenswirksame Leistung (Ag-Beitrag)		25,00 €
(2)	**Bruttogehalt**		**2.432,90 €**
	– Lohnsteuer	65,16 €	
	– Solidaritätszuschlag (lt. Tabelle)	0,00 €	
	– Kirchensteuer (lt. Tabelle)	0,00 €	**65,16 €**
	– Krankenversicherung (7,3 % An-Anteil + 0,55 %)	190,98 €	
	– Pflegeversicherung (1,525 % An-Anteil)	37,10 €	
	– Rentenversicherung (9,3 % An-Anteil)	226,26 €	
	– Arbeitslosenversicherung (1,25 % An-Anteil)	30,41 €	**484,75 €**
(3)	**Nettogehalt**		**1.882,99 €**
	– Vermögenswirksame Leistung		33,33 €
(4)	**Auszahlungs- / Überweisungsbetrag**		**1.849,66 €**

Erläuterung

(1) Die vermögenswirksame Leistung, die auf Antrag der Mitarbeiterin durch den Arbeitgeber geleistet wird, unterliegt in vollem Umfang der Steuerpflicht; sie wird außerdem bei der Erhebung der Sozialversicherungsbeiträge mitberücksichtigt. Die Höhe der Zahlung von vL durch den Arbeitgeber ist branchenabhängig und ergibt sich aus dem Tarif- bzw. Arbeitsvertrag.

(2) Das Bruttogehalt wird auch als „Steuerbrutto" und „SV-Brutto" bezeichnet, weil es die Grundlage für die Berechnung der jeweiligen Abzugsbeträge ist.

(3) Das Nettogehalt ist der Betrag, der nach Abzug von Steuern und SV-Beiträgen übrigbleibt.

(4) Im Beispiel wird die Auszahlung um den Anlagebetrag der vermögenswirksamen Leistung verringert; über diese kann die Mitarbeiterin erst nach Ablauf der Festlegungsfrist verfügen.

Hinweis: Die Förderung der **Vermögensbildung für Arbeitnehmer** ist wie folgt geregelt:

Beim **Bausparen** werden die vL in Höhe von bis zu 470,00 € mit einer Sparzulage von 9 % (bis zu 42,30 €) gefördert. Dabei betragen die **Einkommensgrenzen** für die Arbeitnehmer-Sparzulage 17.900,00 € (Alleinstehende) bzw. 35.800,00 € (zusammen veranlagte Ehegatten). Maßgeblich ist das zu versteuernde Einkommen (zvE).

Zusätzlich gibt es bei einer **Beteiligung an Produktivvermögen** für bis zu 400,00 € eine (weitere) Sparzulage von 20 % (bis zu 80,00 €). Die **Einkommensgrenzen** belaufen sich hier auf 20.000,00 € bzw. 40.000,00 € zu versteuerndes Einkommen.

Die Arbeitnehmer-Sparzulage ist weder steuer- noch sozialversicherungspflichtig.

Beispiel 3:

Gehaltsabrechnung für den Mitarbeiter Hubert Fleiß, Steuerklasse III, 2, für den Monat Juni. In diesem Monat zahlt der Arbeitgeber 150,00 € Urlaubsgeld. Herr Fleiß lässt monatlich 39,17 € vL auf einen Bausparvertrag anlegen, von denen der Arbeitgeber 30,00 € übernimmt. Sein monatliches Grundgehalt beläuft sich auf 2.457,80 €.
Gemäß ELStAM hat Herr Fleiß einen monatlichen Steuerfreibetrag von 205,00 €.
Die Krankenkasse von Herrn Fleiß erhebt nur den allgemeinen Beitrag und keinen Zusatzbeitrag.

	Grundgehalt		**2.457,80 €**
(1)	+ Urlaubsgeld		150,00 €
	+ Vermögenswirksame Leistung (Ag-Beitrag)		30,00 €
	Bruttogehalt		**2.637,80 €**
(2)	– Lohnsteuer (aus 2.637,80 – 205,00 Freibetrag)	65,16 €	
	– Solidaritätszuschlag (lt. Tabelle)	0,00 €	
	– Kirchensteuer (lt. Tabelle)	0,00 €	**65,16 €**
(3)	– Krankenversicherung (7,3 % An-Anteil aus 2.637,80)	192,56 €	
	– Pflegeversicherung (1,525 % An-Anteil aus 2.637,80)	40,23 €	
	– Rentenversicherung (9,3 % An-Anteil aus 2.637,80)	245,32 €	
	– Arbeitslosenversicherung (1,25 % An-Anteil aus 2.637,80)	32,97 €	**511,08 €**
	Nettogehalt		**2.061,56 €**
	– Vermögenswirksame Leistung		39,17 €
	Auszahlungs- / Überweisungsbetrag		**2.022,39 €**

Erläuterung

(1) Das Urlaubsgeld gehört zu den „sonstigen Bezügen" und ist steuer- und sozialversicherungspflichtig.

(2) Der monatliche Steuerfreibetrag von 205,00 € senkt die Berechnungsgrundlage für die Besteuerung (nicht aber für die Sozialversicherungsbeiträge).

(3) Die SV-Beiträge werden aus dem Bruttogehalt gerechnet. In diesem Fall weicht der Betrag von „Steuerbrutto" von dem Betrag des „SV-Brutto" ab.

4.2 Personalaufwendungen buchen

Erforderliche Konten:

Personalaufwendungen,	**Aufwandskonto**, enthält das Bruttogehalt (Grundgehalt + vL + sonstige Bezüge).
Gesetzliche Sozialaufwendungen,	**Aufwandskonto**, erfasst den Ag-Anteil zur Sozialversicherung einschließlich des Unfallversicherungsbeitrags.
Freiwillige Sozialaufwendungen,	**Aufwandskonto**, enthält Aufwendungen, die der Arbeitgeber zusätzlich zu seinen tariflichen Verpflichtungen trägt.
Sonstige Verbindlichkeiten (LSt), = SoVerb (LSt)	**Passivkonto**, das die abzuführende Lohnsteuer, den Solidaritätszuschlag und die Kirchensteuer bis zur Weiterleitung erfasst.
Soz.Vers.-Verrechnungskonto, = SV-Verrechnung	**Durchgangskonto**, für die abgeführten und mit dem Gehalt verrechneten Sozialversicherungsbeiträge von Arbeitnehmer und Arbeitgeber.
Sonstige Verbindlichkeiten (vL), = SoVerb (vL)	**Passivkonto**, auf dem die einbehaltenen vermögenswirksamen Leistungen bis zur Weiterleitung erfasst sind.
Sonstige Forderungen (Vorschüsse), = SoFo (Vorschüsse)	**Aktivkonto**, das die Ansprüche des Arbeitgebers aus ausgezahlten Vorauszahlungen für noch zu erbringende Arbeitsleistung enthält; das Konto dient auch der späteren Verrechnung der Vorschüsse (Tilgung).

Beispiel:

Buchen Sie für das Unternehmen Werner Meister e. K., Stuttgart, folgende Endsummen aus der Gehaltsliste: Grundgehälter 34.400,00 €; Ag-Anteil zur vL 600,00 €; einbehaltene Abgaben an die Finanzverwaltung 4.876,60 €; An-Anteil zur SV 7.245,00 €; zusätzlich ausgezahlter Vorschuss 300,00 €; einbehaltene vL 800,00 €; die Nettogehälter werden über das Bankkonto überwiesen.
Der Ag-Anteil zur Sozialversicherung beträgt 7.210,00 €. Die Gehaltszahlungen erfolgen zum 15. des Monats.

Soll	Personalaufwendungen	Haben
(1)	35.000,00	

Soll	Bank	Haben
		22.378,40

Soll	SoFo (Vorschüsse)	Haben
(2)	300,00	

Soll	SoVerb (LSt)	Haben
		4.876,60 (3)

Soll	Gesetzl. Sozialaufwend.	Haben
(4)	7.210,00	

Soll	SV-Verrechnung	Haben
		7.245,00 (5)
		7.210,00

Soll	SoVerb (vL)	Haben
		800,00 (6)

Buchungssatz:

	Soll	Betrag		Haben	Betrag
(7) →	Personalaufwendungen	35.000,00			
	SoFo (Vorschüsse)	300,00	/	Bank	22.378,40
				SoVerb (LSt)	4.876,60
				SV-Verrechnung	7.245,00
				SoVerb (vL)	800,00
(8) →	Gesetzl. Sozialaufwend.	7.210,00	/	SV-Verrechnung	7.210,00

Erläuterung

(1) Auf dem Konto „Personalaufwendungen" wird die Summe von Grundgehältern und vermögenswirksamen Leistungen gebucht, die der Arbeitgeber laut Tarif- oder Arbeitsvertrag zu zahlen hat.

(2) Bei der Auszahlung der Vorschüsse nimmt das Aktivkonto „SoFo (Vorschüsse)" im Soll zu; bei der Verrechnung mit dem nächsten Gehalt wird es im Haben wieder ausgeglichen.

(3) Die einbehaltenen Lohn- und Kirchensteuern sowie der SolZ werden bis zur Weiterleitung bei Fälligkeit an das Finanzamt in **einer** Summe als Verbindlichkeit erfasst.

(4) Der Ag-Anteil zur Sozialversicherung stellt ebenfalls einen Aufwand dar. Dieser Anteil wird zusammen mit dem An-Anteil an die Krankenkassen weitergeleitet.
(5) Daher sind auf dem Konto „SV-Verrechnung" die Ag- und An-Anteile zur Sozialversicherung zusammengefasst.
(6) Die Beiträge zu den vL, die die Arbeitnehmer ansparen wollen, werden als kurzfristige Verbindlichkeiten gebucht; die Abführung erfolgt meist am Monatsende.
(7) Bei den aufwendigen zusammengesetzten Buchungssätzen sollte besonders darauf geachtet werden, dass die Summe der Soll- mit der Summe der Haben-Buchungen übereinstimmt.
(8) Der Ag-Anteil zur SV wurde hier getrennt vom An-Anteil gebucht.

Fortführung des Beispiels:
(1) Die Weiterleitung der Sozialversicherungsbeiträge (Ag- und An-Anteil) erfolgt durch Banküberweisung am drittletzten Bankarbeitstag des laufenden Monats.
(2) Am Monatsende werden die vL für die Mitarbeiter an die Bausparkassen überwiesen.
(3) Bei Fälligkeit (10. des Folgemonats) werden die einbehaltenen Steuern an die Finanzverwaltung überwiesen.

Bank

Soll		Haben
	(1)	14.455,00
	(2)	800,00
	(3)	4.876,60

SV-Verrechnung

Soll		Haben
(1)	14.455,00	(14.455,00)

SoVerb (vL)

Soll		Haben
(2)	800,00	(800,00)

SoVerb (LSt)

Soll		Haben
(3)	4.876,60	(4.876,60)

Buchungssätze:

→ SV-Verrechnung	14.455,00	/	Bank	14.455,00
→ SoVerb (vL)	800,00	/	Bank	800,00
→ SoVerb (LSt)	4.876,60	/	Bank	4.876,60

Fortführung des Beispiels im nächsten Monat:
Bei unveränderten Bruttolohnsummen wird der Vorschuss aufgerechnet.

Personalaufwendungen

Soll	Haben
35.000,00	

SoFo (Vorschüsse)

	Soll	Haben
(2)	(300,00)	300,00

Gesetzl. Sozialaufwend.

Soll	Haben
7.210,00	

Bank

Soll	Haben	
	21.778,40	(1)

SoVerb (LSt)

Soll	Haben
	4.876,60

SV-Verrechnung

Soll	Haben
	7.245,00
	7.210,00

SoVerb (vL)

Soll	Haben
	800,00

Buchungssatz:

→ Personalaufwendungen	35.000,00	/	Bank	21.778,40
			SoVerb (LSt)	4.876,60
			SV-Verrechnung	7.245,00
			SoVerb (vL)	800,00
			SoFo (Vorschüsse)	300,00
→ Gesetzl. Sozialaufwend.	7.210,00	/	SV-Verrechnung	7.210,00

Erläuterung
(1) Im Folgemonat ist die Summe des Überweisungsbetrages um insgesamt 600,00 € niedriger als im Vormonat, da sie im Vormonat gegenüber der „Normalsumme" um 300,00 € überhöht war. Dieser Betrag ist im laufenden Monat zurückzuzahlen.
(2) Durch die Aufrechnung im laufenden Monat wird das Vorschuss-Konto ausgeglichen.

- Das **Bruttogehalt** ist üblicherweise die Grundlage für die Berechnung der abzuführenden Steuern und Sozialversicherungbeiträge des Arbeitnehmers.
- Der Arbeitgeber hat sämtliche zu leistenden Steuern und die anteiligen Sozialversicherungsbeiträge des Arbeitnehmers einzubehalten und fristgerecht weiterzuleiten.
  Die Abzüge werden in der Praxis anhand von EDV-Steuertabellen berechnet. Für den Arbeitgeber sind diese Abzüge **durchlaufende Posten**. ⇐
- Neben der Zahlung der Bruttogehälter hat der Arbeitgeber weitere Leistungen zu erbringen, wie z. B. beinahe die Hälfte der insgesamt zu zahlenden Sozialversicherungsbeiträge.
- Für jeden Arbeitnehmer führt der Arbeitgeber ein eigenes Lohnkonto, auf dem die Abrechnungsdaten für den Mitarbeiter festgehalten werden.

Arbeitsaufträge:

4.2.1 Buchen Sie bei der Holzspan GmbH im Grundbuch:

1. Buchen Sie die Weiterleitung der Sozialversicherungsbeiträge für den Mitarbeiter Albert Baumfäller, Steuerklasse I, 0, zum 28.07. durch Banküberweisung: An-Anteil 389,34 €; Ag-Anteil 389,34 €.
Der Ag-Anteil zur Sozialversicherung wurde schon vorab als Aufwand erfasst.

2. Buchen Sie die Gehaltszahlung für ihn zum 31.07. durch Banküberweisung:
Bruttogehalt 2.009,50 €; einbehaltene Steuern einschließlich SolZ 207,22 €.

3. Die Holzspan GmbH überweist am 10.08. die einbehaltenen Steuern über das Bankkonto.

4.2.2 **1.** Am 28.03. überweist die Treppenbau GmbH, Offenburg, an die betroffenen Krankenkassen die Beiträge zur SV: An-Anteil und Ag-Anteil jeweils 4.165,60 €.

2. Wert 31.03. bucht sie die Endsummen der Gehaltsliste und überweist die Nettogehälter über das Bankkonto:
Grundgehälter 21.500,00 €; Ag-Anteil zur vL 255,00 €; einbehaltene Steuern einschließlich SolZ 1.129,70 €; An-Anteil zur SV s.o.; abzuführende vL 340,00 €; einzubehaltende Miete für Geschäftswohnung 330,00 €.

4.2.3 Buchen Sie die Barauszahlung der Gehälter (Vorauszahlung am **15.** des laufenden Monats):
Grundgehälter 34.400,00 €; Steuern und Abgaben 5.325,00 €; An-Anteil zur Sozialversicherung 7.120,80 €; einbehaltene vL 600,00 € (wird voll vom Arbeitgeber getragen), noch auszuzahlender Vorschuss 300,00 €. Der Ag-Anteil zur Sozialversicherung beträgt 7.117,05 €.

4.2.4 Der Mitarbeiter Hajo Mayer verdient in der Steuerklasse III, 2, brutto 2.679,00 €.

1. Erstellen Sie die Gehaltsabrechnung, wenn folgende Daten zu berücksichtigen sind:
Lohnsteuer 111,00 €; SolZ und Kirchensteuer entfallen; einbehaltene vL (aus eigenen Mitteln von Mayer) 25,50 €; der An-Anteil zur Sozialversicherung in Höhe von 519,06 € und der gleich hohe Ag-Anteil sind fristgerecht zu überweisen (hier vor der Gehaltszahlung).

2. Buchen Sie die Gehaltszahlung und leiten Sie das Nettogehalt durch Banküberweisung weiter.

4.2.5 Buchen Sie die Gehaltszahlung und die Vorauszahlung zur Sozialversicherung jeweils über Bank aufgrund folgender Gehaltsliste:

Grundgehälter	Ag-Anteil zur vL	Einbeh. LSt	Einbeh. SolZ	Einbeh. KirchenSt
47.760,00 €	408,00 €	4.394,56 €	205,60 €	351,56 €
SV-An-Anteil	**SV-Ag-Anteil**	**Vorschüsse**	**Einbeh. vL**	**Einbeh. Vorschüsse**
9.253,50 €	9.198,22 €	800,00 €	544,00 €	250,00 €

Entscheiden Sie für die Aufgaben **4.2.6 - 4.2.8** auf der folgenden Seite, welche steuerliche Belastung zu berücksichtigen ist, wenn aus einer Lohnsteuertabelle diese Daten vorliegen:

Gehalt bis	Steuer-klasse	Lohnsteuer	Ohne Kinderfreibeträge		Mit 1,0 Kinderfreibeträgen		Mit 2,0 Kinderfreibeträgen	
			SolZ	Kirchensteuer 8 %	*SolZ*	Kirchensteuer 8 %	*SolZ*	Kirchensteuer 8 %
2.145,00	I	214,50	*11,79*	17,16	----	4,50	----	----
	II	172,66	----	----	----	2,01	----	----
	III	19,33	----	1,54	----	----	----	----
2.148,00	I	215,16	*11,83*	17,21	----	4,55	----	----
	II	173,33	----	----	----	2,04	----	----
	III	19,83	----	1,58	----	----	----	----
2.151,00	I	215,83	*11,87*	17,26	----	4,59	----	----
	II	174,00	----	----	----	2,08	----	----
	III	20,33	----	1,62	----	----	----	----
2.154,00	I	216,50	*11,90*	17,32	----	4,63	----	----
	II	174,66	----	----	----	2,12	----	----
	III	20,66	----	1,65	----	----	----	----
5.331,00	I	1.143,83	*62,91*	91,50	*49,17*	71,53	*36,60*	53,24
	II	1.079,41	----	----	*45,92*	66,80	*33,63*	48,92
	III	717,83	*39,48*	57,42	*29,50*	42,92	*20,10*	29,24
5.370,00	I	1.158,75	*63,73*	92,70	*49,93*	72,62	*37,28*	54,23
	II	1.093,91	----	----	*46,65*	67,86	*34,30*	49,89
	III	728,50	*40,06*	58,28	*30,05*	43,72	*20,62*	30,00
6.132,00	I	1.455,41	*80,04*	116,43	*65,39*	95,11	*51,46*	74,85
	II	1.388,66	----	----	*61,79*	89,88	*48,15*	70,04
	III	943,66	*51,90*	75,49	*41,25*	60,00	*31,17*	45,34
6.171,00	I	1.470,66	*80,88*	117,65	*66,22*	96,32	*52,22*	75,96
	II	1.403,91	----	----	*62,60*	91,06	*48,90*	71,13
	III	955,00	*52,52*	76,40	*41,84*	60,86	*31,83*	48,16

4.2.6 Andrea Jung, zwei Kinderfreibeträge, ist mit einem Studenten verheiratet, der keine eigenen Einkünfte hat. Sie erhält ein Grundgehalt von 2.111,68 €; ihr Arbeitgeber zahlt darüber hinaus die in ihrer Branche üblichen vL in Höhe von 39,17 €. Sie ist mit 8 % kirchensteuerpflichtig. Die Krankenkasse erhebt einen Zusatzbeitrag von 0,9 %.

- Erstellen Sie die Gehaltsabrechnung mit den Sozialversicherungs-Beitragssätzen aus Seite 89 und verwenden Sie den abgedruckten Ausschnitt aus der Lohnsteuertabelle.
- Buchen Sie den Ag-Anteil zur Sozialversicherung in Höhe von 426,41 €.
- Buchen Sie die Abführung der Sozialversicherungsbeiträge über „Bank" am 25.02.
- Buchen Sie am 28.02. die Zahlung des Gehaltes über „Bank".

4.2.7 Der Mitarbeiter Werner Schwarz, 30 Jahre, ist ledig und hat laut ELStAM (Elektronische Lohnsteuer-Abzugsmerkmale) keine Kinderfreibeträge. Sein monatliches Bruttogehalt beträgt 2.150,90 € einschließlich einer vL in Höhe von 30,00 €. Herr Schwarz hat seinen Wohnsitz in Baden-Württemberg und ist kirchensteuerpflichtig. Bei einer Bausparkasse werden 39,17 € vL angelegt.
Die Krankenversicherung erhebt den allgemeinen Beitragssatz zuzüglich 0,5 %.

1. Erstellen Sie die Gehaltsabrechnung mit den Sozialversicherungs-Beitragssätzen (S. 89); verwenden Sie zur Ermittlung der Steuerabzüge den abgedruckten Ausschnitt aus der Lohnsteuertabelle.
2. Berechnen Sie den Arbeitgeberanteil zur Sozialversicherung.
3. Buchen Sie die Überweisung der Gehaltszahlung für den laufenden Monat.

4.2.8 Malte Schubert ist Leiter der Controlling-Abteilung eines Unternehmens; laut ELStAM ist er in Steuerklasse III und hat einen Kinderfreibetrag. Auf seinen Antrag hin hat ihm die Finanzverwaltung darüber hinaus einen monatlichen Steuerfreibetrag in Höhe von 800,00 € bewilligt und erfasst.
Sein monatliches Grundgehalt beläuft sich auf 6.130,73 €; außerdem zahlt der Arbeitgeber vL in Höhe von 39,17 €. Er ist mit 8 % kirchensteuerpflichtig. Die Krankenversicherung verrechnet den allgemeinen Beitragssatz ohne Zusatzbeitrag; der Ag-Anteil zur Sozialversicherung beträgt 1.051,30 €.

1. Erstellen Sie die Gehaltsabrechnung mit den Sozialversicherungs-Beitragssätzen von Seite 89 und verwenden Sie den abgedruckten Ausschnitt aus der Lohnsteuertabelle.
2. Buchen Sie die Gehaltszahlung über „Bank" einschließlich des Ag-Anteils zur Sozialversicherung.

Modul II: Buchführung der Kreditinstitute

5 Grundlagen der Buchführung der Kreditinstitute

Kreditinstitute sind Kaufleute im Sinne des § 1 HGB, da ihr Gewerbe einen in kaufmännischer Weise eingerichteten Geschäftsbetrieb erfordert.
Dies bedeutet, dass die Bestimmungen des HGB zur Buchführungspflicht (3. Buch HGB, Handelsbücher, §§ 238 - 261) und die ergänzenden Vorschriften für Kapitalgesellschaften und eingetragene Genossenschaften auch für Kreditinstitute maßgeblich sind. Bei betroffenen Kreditinstituten sind auch Regelungen des Aktiengesetzes, GmbH-Gesetzes und Genossenschaftsgesetzes zur Rechnungslegung und Gewinnverwendung zu berücksichtigen. Gleichzeitig gelten für alle Kreditinstitute auch die Bestimmungen der Abgabenordnung (AO) zur steuerlichen Leistungspflicht.

Neben diesen allgemein gültigen Regelungen gibt es noch besondere Vorschriften und Gesetze, die ausschließlich für Kreditinstitute gelten. Diese wurden zu einem großen Teil durch die Harmonisierung des europäischen Bankbilanzrechtes bewirkt und haben z. B. zu einer Erweiterung des HGB (§§ 340 - 340o) und zur „Verordnung über die Rechnungslegung der Kreditinstitute“ (RechKredV) geführt.

5.1 Erstellen einer Bankbilanz

Für Kreditinstitute ist eine wichtige Sonderregelung im Verhältnis zu anderen eingetragenen Kaufleuten bei der Gliederung der Bilanz gegeben:

Während für „normale“ Kapitalgesellschaften die Bilanz nach § 266 HGB (s. S. 15) zu erstellen ist, gilt für Kreditinstitute die RechKredV, die vom Justizministerium herausgegeben wurde. Danach gibt es für alle Kreditinstitute gleichartige Formblätter für die veröffentlichte Bilanz (externe Bilanz), soweit für bestimmte Arten von Kreditinstituten keine andere Regelung getroffen wurde (z. B. Zweigstellen von KI, deren Zentrale in einem anderen EU-Staat liegt). Ein Beispiel für eine Formblattbilanz ist im Anhang zu finden, ebenso wie Formblätter zur Gewinn- und Verlustrechnung (S. 316 ff.).

Der Weg zur Bilanz führt auch bei Kreditinstituten über die Inventur. Von besonderer Bedeutung ist dabei die **buchmäßige Bestandsaufnahme**, da Kreditinstitute in großem Umfang nichtkörperliche Werte sowohl im Vermögens- als auch im Schuldenbereich zu erfassen haben. Die Bestandsaufnahme erfolgt hierbei mittels EDV. Diese ermöglicht, zu jedem beliebigen Stichtag Listen zu erstellen, die die Unterlagen zum Inventar ergeben.

Nach § 11 Kreditwesengesetz (KWG) müssen Kreditinstitute ihre Mittel so anlegen, „dass jederzeit eine ausreichende Zahlungsbereitschaft gesichert ist“. Aus diesem Grund steht in der Bankbilanz die **Liquidität** im Mittelpunkt:
- Auf der **Aktivseite** wird das Umlaufvermögen (Barreserve) **vor** dem Anlagevermögen ausgewiesen; eine weitere Untergliederung erfolgt nach den Schuldnern.
- Auf der **Passivseite** der Bankbilanz werden die kurzfristigen den langfristigen Verbindlichkeiten und dem Eigenkapital vorangestellt; bei den Verbindlichkeiten wird zusätzlich nach den Gläubigern unterschieden.

Für die formale Aufstellung von Bankinventaren gibt es keine besonderen Vorschriften. Da das Inventar aber die Vorstufe zur Bilanz ist, ergibt sich die Reihenfolge der Vermögens- und Schuldenwerte durch die Reihenfolge in der Formblattbilanz.

- Die Inventur bei Kreditinstituten erfolgt im Wesentlichen durch buchmäßige Bestandsaufnahme der Vermögens- und Schuldenwerte.
- Die Gliederung der **Vermögenswerte** erfolgt nach **sinkender Liquidität** (bei vergebenen Krediten wird zusätzlich nach den Schuldnern differenziert).
- **Verbindlichkeiten** werden nach **steigender Fristigkeit** und nach den Gläubigern gegliedert.
- Die Bilanzpositionen entsprechen den Geschäften der Kreditinstitute (vgl. § 1 KWG).

Beispiel:

Aus der Inventur der Privatbank Ludwig & Co. KG, Mannheim, M 1, 5, liegen folgende Daten vor (alle Zahlen in Tausend-€ = T€):
Grundstücke und Gebäude 500; Geschäftsausstattung (Liste 1): 780; Forderungen an KI (Liste 4): 45.810; Verbindlichkeiten gegenüber KI (Liste 5): 42.030; Kasse 90; Guthaben bei der Filiale der Deutschen Bundesbank Mannheim 23.902;
Verbindlichkeiten gegenüber Kunden: Spareinlagen (Liste 7) : 133.320; Sichteinlagen (Liste 6): 32.450; Termineinlagen (Liste 8): 70.902; Schecks 3.230; Forderungen an Kunden (Liste 3): 161.560;
Eigene Wertpapiere: Anleihen (Liste 2): 56.800; Aktien (Liste 9): 700.
Erstellen Sie aus diesen Daten ein formgerechtes Inventar zum 31.12.2018.

INVENTAR
der Privatbank Ludwig & Co. KG, Mannheim, M 1, 5, zum 31.12.2018

	T€	T€
A. VERMÖGEN		
1. Kasse		90
2. Guthaben bei der Deutschen Bundesbank		23.902
3. Forderungen an Kreditinstitute (Liste 4)		45.810
4. Forderungen an Kunden (Liste 3)		161.560
5. Schuldverschreibungen und andere festverzinsliche Wertpapiere (Liste 2)		56.800
6. Aktien (Liste 9)		700
7. Grundstücke und Gebäude		500
8. Geschäftsausstattung (Liste 1)		780
9. Schecks (Sonstige Vermögensgegenstände)		3.230
Summe des Vermögens		**293.372**
B. SCHULDEN		
1. Verbindlichkeiten gegenüber Kreditinstituten (Liste 5)		42.030
2. Verbindlichkeiten gegenüber Kunden		
a) Spareinlagen (Liste 7)		
b) Sichteinlagen (Liste 6)	133.320	
c) Termineinlagen (Liste 8)	32.450	
Summe der Schulden	70.902	236.672
		278.702
C. ERMITTLUNG DES EIGENKAPITALS		
Summe des Vermögens		293.372
Summe der Schulden		278.702
Eigenkapital (Reinvermögen)		**14.670**

Anmerkung: Die Zusammensetzung des Kapitals der KG bleibt aus Vereinfachungsgründen unberücksichtigt.

Die Daten des Inventars werden für die veröffentlichte (= externe) Bilanz (**Formblattbilanz**) verdichtet; wie in der allgemeinen Buchführung stehen in der externen Bilanz sehr viel weniger Einzeldaten, dennoch sind die Informationen aussagekräftiger und überschaubarer, weil sie auf einen Blick die wesentlichen Zahlen des Kreditinstitutes zeigen.

Aus dem Inventar der Privatbank Ludwig & Co. KG soll als nächstes eine Bilanz erstellt werden, die den gesetzlichen Bestimmungen entspricht, hier in vereinfachter Form:

BILANZ
der Privatbank Ludwig & Co. KG, Mannheim, M 1, 5, zum 31.12.2018

Aktiva					**Passiva**
	T€	T€		T€	T€
1. Barreserve			1. Verbindlichkeiten gegenüber KI		42.030
a) Kasse	90		2. Verbindlichkeiten gegenüber Kunden		
b) Guthaben bei der Buba	23.902	23.992	a) Spareinlagen	133.320	
2. Forderungen an KI		45.810	b) Sichteinlagen	32.450	
3. Forderungen an Kunden		161.560	c) Termineinlagen	70.902	236.672
4. Schuldverschreibungen		56.800	3. Eigenkapital		14.670
5. Aktien		700			
6. Sachanlagen		1.280			
7. Sonstige Vermögensgegenstände		3.230			
		293.372			293.372
Mannheim, 12.03.2019			*Unterschriften*		

Anmerkung: „Geschäftsausstattung“ und „Grundstücke und Gebäude“ sind zu „Sachanlagen“ verdichtet. (Siehe auch Bilanzgliederung S. 316)

Im Vergleich mit „Kundenbilanzen“ (s. S. 15) ist erkennbar, dass die Bankbilanz sowohl auf der Aktiv- als auch auf der Passivseite eine umgekehrte Reihenfolge im Verhältnis zu anderen Bilanzen ausweist. Die Hauptursache dafür liegt - wie bereits angeführt - darin, dass Kreditinstitute nach den Bestimmungen des § 11 KWG jederzeit über eine ausreichende Zahlungsbereitschaft verfügen müssen. Daher hat die **Barreserve** (Kassenbestand und Guthaben bei der Deutschen Bundesbank) auf der Aktivseite eine sehr große Bedeutung und bestimmt die Reihenfolge der übrigen Bilanzpositionen.

Den liquiden Mitteln auf der Aktivseite stehen auf der Passivseite die kurzfristigen Verbindlichkeiten gegenüber, die bei Kreditinstituten zusätzlich nach der Art der Gläubiger differenziert werden:

- Die Verbindlichkeiten gegenüber Kreditinstituten stehen an erster Stelle, unabhängig von ihrer Befristung;
- Verbindlichkeiten gegenüber Kunden; bei ihnen erfolgt eine Auffächerung nach:
  a) Spareinlagen
  b) andere Verbindlichkeiten
    ba) täglich fällig (Sichteinlagen)
    bb) mit vereinbarter Laufzeit oder Kündigungsfrist (Termineinlagen)

Die täglich fälligen Forderungen der Kreditinstitute gegenüber Kunden, die in der Bilanzposition „Forderungen an Kunden“ enthalten sind, werden in der Praxis als **Debitoren** (Schuldner) bezeichnet. Die Kunden, die bei der Bank auf ihren Girokonten Guthaben unterhalten (Sichteinlagen), sind **Kreditoren** (Gläubiger). Die Forderungen an Kunden und die Verbindlichkeiten gegenüber Kunden dürfen nicht miteinander verrechnet werden und sind in der Bilanz getrennt auszuweisen.

Die Bilanzen von Kreditinstituten weisen im Unterschied zu anderen Bilanzen noch eine weitere Besonderheit auf:
Positionen „**unter dem Strich**“ auf der Passivseite dienen der Information von Eigentümern und Gläubigern. Sie weisen darauf hin, dass Kreditinstitute aufgrund bestimmter Geschäfte Risiken ausgesetzt sind, die in der Bilanz selbst keine Berücksichtigung finden.

⇒

Aufbau der Bankbilanz:

Aktiva	Passiva
Vermögen I. Umlaufvermögen II. Anlagevermögen	Kapital I. Fremdkapital II. Eigenkapital
↓ **Mittelverwendung**	↓ **Mittelherkunft**
Gliederungsmerkmal: **Sinkende Liquidität**	Gliederungsmerkmal: **Steigende Fristigkeit**

Arbeitsaufträge:

5.1.1 **1.** Erstellen Sie das formgerechte Inventar für die Kreditbank AG, Göppingen, wenn zum 31.12.17 folgende Inventurergebnisse vorliegen (Zahlen in T€):
Verbindlichkeiten gegenüber KI (Liste 1): 22.918; Forderungen an KI (Liste 2): 15.835;
Kasse 220; Buba-Guthaben 10.450; Schecks (Liste 3) 7.560;
Forderungen an Kunden: Debitoren (Liste 4) 48.475;
langfristige Darlehen (Liste 5) 67.200;
Verbindlichkeiten gegenüber Kunden: Spareinlagen (Liste 6) 41.230;
Sichteinlagen (Liste 7) 68.726;
Termineinlagen (Liste 8) 11.350;
Geschäftsausstattung (Liste 9): 140;
Wertpapiere: Anleihen im Nennwert von 1.000.000,00 €, Kurs 92 %;
4000 Aktien zu 31,00 €/Stück.

2. Wie hoch ist der Gewinn oder der Verlust, wenn das Eigenkapital zum 31.12. des Vorjahres 6.000 T€ betrug?

5.1.2 Bei der Inventur der Gewerbebank AG, Freiburg, wurden zum Ende des Geschäftsjahres die folgenden Ergebnisse festgestellt (alle Zahlen in T€):

	31.12.18	31.12.17
Grundstücke und Gebäude	1.360	1.400
Geschäftsausstattung	640	580
Verbindlichkeiten gegenüber Kreditinstituten	15.780	28.600
Forderungen an Kreditinstitute	19.025	38.626
Guthaben bei der Deutschen Bundesbank	20.421	25.695
Kasse	648	934
Schecks	2.180	1.370
Aktien	73.245	62.412
Forderungen an Kunden	200.290	183.250
Verbindlichkeiten gegenüber Kunden:		
- Spareinlagen	74.993	75.560
- Sichteinlagen	145.674	132.807
- Termineinlagen	70.985	68.820

1. Erstellen Sie je ein formgerechtes Inventar zum 31.12.17 und zum 31.12.18.

2. Ermitteln Sie durch Kapitalvergleich das Ergebnis der Gewerbebank AG zu diesen beiden Zeitpunkten, wenn das Eigenkapital zum 31.12.16 13.000 T€ auswies.

5.1.3 Das Inventar der Kreditbank AG (s. Aufgabe 5.1.1) soll am 22.01.18 in eine Bilanz überführt werden.

5.1.4 Erstellen Sie die Bilanzen für die Gewerbebank AG, Freiburg, zum 31.12.17 und zum 31.12.18 (s. Aufgabe 5.1.2).

5.1.5 Zeigen Sie an Beispielen, in welchen Fällen eine körperliche Bestandsaufnahme auch bei Kreditinstituten unumgänglich ist.

5.2 Buchen von Geschäftsfällen in Kreditinstituten

Wie in der allgemeinen Buchführung schlagen sich auch in der Bankbuchführung die Geschäftsfälle in einer Veränderung von mindestens zwei Sachkonten nieder. Dies können Bestandskonten sein; in diesem Fall wird das Eigenkapital nicht verändert, man spricht daher von **ergebnisneutralen** (erfolgsneutralen) **Geschäftsfällen**. Da Kreditinstitute auch erwerbswirtschaftliche Betriebe sind, werden bei zahlreichen Buchungen auch Ergebniskonten angesprochen; in diesen Fällen liegen **ergebniswirksame** (erfolgswirksame) **Geschäftsfälle** vor.

5.2.1 Ergebnisneutrale Geschäftsfälle

Verwendete Bestandskonten (Einführende Beispiele, siehe auch S. 312)	
Aktivkonten	**Passivkonten**
Kasse Sorten Buba ➝ Guthaben bei der Dt. Bundesbank Debitoren Darlehen Eigene Effekten (EE) Betriebs- und Geschäftsausstattung (BGA) Fuhrpark Grundstücke und Gebäude Schecks	Kreditoren (Sichteinlagen) Spareinlagen Termineinlagen Sparbriefe Eigenkapital (EK)

Beispiel 1:
Ein Debitor erhält eine Zahlung in Höhe von 500,00 € über Buba.

	Soll Buba	Haben	Soll Debitoren	Haben
	(AB)		(AB)	
(1)	500,00			500,00

Buchungssatz:
➝ Buba 500,00 / Debitoren 500,00

Beispiel 2:
Ein Kreditor überweist 3.800,00 € auf sein Sparkonto bei uns.

	Soll Kreditoren	Haben	Soll Spareinlagen	Haben
		(AB)		(AB)
(2)	3.800,00			3.800,00

Buchungssatz:
➝ Kreditoren 3.800,00 / Spareinlagen 3.800,00

Beispiel 3:
Sparer zahlen 9.250,00 € bar ein.

	Soll Kasse	Haben	Soll Spareinlagen	Haben
	(AB)			(AB)
(3)	9.250,00			9.250,00

Buchungssatz:
➝ Kasse 9.250,00 / Spareinlagen 9.250,00

Beispiel 4:
Kreditoren erteilen uns Überweisungsaufträge mit einem Gesamtbetrag von 7.310,00 €; diese führen wir über die Bundesbank aus.

	Soll	Kreditoren	Haben	Soll	Buba	Haben
			(AB)	(AB)		
(4)		7.310,00				7.310,00

Buchungssatz:
→ Kreditoren 7.310,00 / Buba 7.310,00

Erläuterung

(1) Das aktive Bestandskonto „Buba" nimmt im Soll zu, das aktive Bestandskonto „Debitoren" nimmt im Haben ab; unser KI hat gegenüber der Buba eine höhere, gegenüber unserem Kunden eine niedrigere Forderung. Es liegt ein **Aktivtausch** vor, die **Bilanzsumme bleibt unverändert**.

(2) Die Verbindlichkeit, die wir gegenüber unseren Kunden bisher auf Sichteinlagen ausgewiesen haben, wird umgebucht auf Spareinlagen. Am passiven Charakter des umgebuchten Betrages hat sich dadurch nichts verändert. Nach dem **Passivtausch bleibt die Bilanzsumme unverändert**.

(3) Das aktive Bestandskonto „Kasse" nimmt im Soll zu, das passive Bestandskonto „Spareinlagen" im Haben. Durch diese **Aktiv-Passiv-Mehrung nimmt die Bilanzsumme zu**.

(4) Durch die Ausführung der Überweisungsaufträge nehmen unsere Verbindlichkeiten gegenüber den Kreditoren ab, gleichzeitig sinkt unsere Forderung gegenüber der Buba.
Die **Aktiv-Passiv-Minderung** führt zu einer **Minderung der Bilanzsumme**.

Arbeitsaufträge:

5.2.1 Buchen Sie nur im Grundbuch:

1. Ein Debitor überweist von seinem Konto einen Betrag von 6.450,00 €, den wir über unser Buba-Konto weiterleiten.
2. Um ausreichende Deckung für die Ausführung einer Überweisung zu haben, überträgt ein Kreditor von seinem Sparkonto 2.000,00 € auf sein laufendes Konto.
3. Über Buba erhalten wir Überweisungseingänge in Höhe von insgesamt 23.890,00 €; davon betreffen 5.800,00 € Sparkunden und 12.000,00 € Debitoren. Der Restbetrag in Höhe von 6.090,00 € ist Kreditoren gutzuschreiben.
4. Verkauf von eigenen Effekten für 120.700,00 €. Den Erlös erhalten wir über Buba.
5. An der Kasse werden insgesamt 42.670,00 € abgehoben. Davon betreffen 26.000,00 € unsere Sparer und 16.670,00 € Debitoren.
6. Wir führen Überweisungsaufträge von Debitoren in Höhe von 20.000,00 € und von Kreditoren in Höhe von 14.000,00 € aus.
   Buchen Sie die Verrechnung über Buba mit 34.000,00 €.
7. Von einem anderen Kreditinstitut übernehmen wir eine neue Geschäftsstelle. Der Kaufpreis beträgt 1.250.000,00 €, den wir über Buba bezahlen.
8. Ein Debitor lässt 1.900,00 € von seinem Sparkonto auf sein laufendes Konto umbuchen.
9. Wir verkaufen gebrauchte Büromöbel an einen Kreditor für 56.500,00 €.
10. Für den eigenen Bestand kaufen wir Effekten für 36.900,00 €. Die Bezahlung erfolgt über Buba.
11. Kauf einer neuen Büroeinrichtung für 20.000,00 € bei einem Kreditor.
12. Verkauf einer nicht mehr benötigten Niederlassung an eine andere Bank für 1.572.000,00 €. Der Kaufpreis wird uns über Buba gutgeschrieben.

5.2.2 Erläutern Sie den Anlass für folgende Buchungen:

1.	Kasse	850,00	an	Spareinlagen	850,00
2.	Buba	725,00	an	Debitoren	725,00
3.	Kreditoren	920,00	an	Darlehen	920,00

5.2.2 Ergebniswirksame Geschäftsfälle

Die von den **Kunden** einer Bank veranlassten Geschäftsfälle betreffen regelmäßig Bestandsveränderungen. Daneben gibt es eine Fülle von Vorgängen, die durch das **Kreditinstitut selbst** veranlasst werden und die sowohl Bestände verändern als auch Erfolge beinhalten.

Wichtige Ergebniskonten werden in der folgenden Übersicht aufgeführt:

Verwendete Ergebniskonten (siehe auch S. 313)	
Aufwandskonten	**Ertragskonten**
Zinsaufwendungen (ZA)	Zinserträge (ZE)
Provisions- und Gebühren-Aufwendungen (PuG-A)	Provisions- und Gebühren-Erträge (PuG-E)
Personalaufwendungen	Effektenerträge
Sachaufwendungen	
Abschreibungen auf Anlagen	
Mietaufwendungen	Mieterträge
Energieaufwendungen	
Kommunikationsaufwendungen	
Fuhrparkaufwendungen	
Werbeaufwendungen	
Sonstige betriebliche Aufwendungen	Sonstige betriebliche Erträge

Bei allen folgenden Geschäftsfällen ist immer aus der **Sicht des Kreditinstitutes** zu buchen:

- **Soll**-Zinsen, die ein Debitor an das KI zu zahlen hat, sind für das KI **Zinserträge**, während dies aus der Sicht des Kontoinhabers Zinsaufwendungen sind.
- **Haben**-Zinsen, die ein Kreditor oder ein Sparer von seinem KI erhält, sind für das KI **Zinsaufwendungen**, während sich der Kontoinhaber über einen Zinsertrag freut.

Beispiel 1:
Sparkunden erhalten zum 31.12. Zinsgutschriften über 69.420,00 €.

	Soll	Zinsaufwendungen	Haben
(1)	69.420,00		

Soll	Spareinlagen	Haben
	(AB)	
		69.420,00

Buchungssatz:
→ Zinsaufwendungen 69.420,00 / Spareinlagen 69.420,00

Erläuterung

(1) Die Zinsen, die wir zu bezahlen haben, sind für uns betrieblicher Aufwand; durch die Gutschrift auf „Spareinlagen" steigen unsere Verbindlichkeiten gegenüber den Sparern.

Beispiel 2:
Wir belasten zum 31.03. einen Debitor mit 865,00 € Zinsen.

	Soll	Debitoren	Haben
	(AB)		
(2)	865,00		

Soll	Zinserträge	Haben
		865,00

Buchungssatz:
→ Debitoren 865,00 / Zinserträge 865,00

Erläuterung

(2) Kunden, die bei uns Kredite aufgenommen haben, müssen dafür Zinsen bezahlen. Diese Zinsen sind für uns ein betrieblicher Ertrag. Durch die Buchung erhöht sich unsere Forderung gegenüber dem Kreditnehmer.

Beispiel 3:

Wir kaufen Vordrucke für den Abschluss von Kreditverträgen für 3.000,00 € bei einem eigenen Kunden, der Kreditor ist; die Zahlung erfolgt durch Überweisung auf sein Konto.

Soll	Sachaufwendungen	Haben
(3) 3.000,00		

Soll	Kreditoren	Haben
		(AB)
		3.000,00

Buchungssatz:

→ Sachaufwendungen 3.000,00 / Kreditoren 3.000,00

Erläuterung

(3) Neben den Zinsaufwendungen sind Personal- und Sachaufwendungen bedeutende Positionen in der GuV-Rechnung eines Kreditinstitutes. Im Beispiel sind Vordrucke zu beschaffen (Verbrauchsmaterial bei der Krediteinräumung), die betrieblichen Aufwand darstellen. Durch die Gutschrift auf dem Konto des Verkäufers steigt die Verbindlichkeit gegenüber dem Kunden (Kreditor).

Anmerkung: Die **Umsatzsteuer** bleibt in den kommenden Aufgaben für Kreditinstitute zunächst **unberücksichtigt**.

- In der Bankbuchführung gelten die gleichen Buchungsregeln wie in der allgemeinen Buchführung.
- In der Bankbilanz sind die Positionen auf der Aktiv- und der Passiv-Seite jeweils in umgekehrter Reihenfolge zur Anordnung in den Kundenbilanzen aufgeführt.
- ⇒ Buchungen sind **immer aus der Sicht der Bank** durchzuführen.
- Ein Geschäftsfall löst eine Buchung auf mindestens zwei Konten aus (System der Doppik).
- Geschäftsfälle werden nach ihrem zeitlichem Anfall im **Grundbuch** erfasst und zur Bestandsfortschreibung, nach sachlichen Gesichtspunkten gegliedert, auf die Konten im **Hauptbuch** übertragen.

Arbeitsaufträge:

5.2.3 Bilden Sie die Buchungssätze für folgende Geschäftsfälle:

1. Kreditoren erhalten Zinsgutschriften über 81.185,00 €.
2. Der Mieter eines Schließfaches wird auf seinem Sparkonto mit 80,00 € für die Miete belastet.
3. Wir erhalten auf unserem Buba-Konto eine Gutschrift über 34.280,00 €. Davon sind 7.500,00 € Zinsen für ein Festgeld, das wir bei einer anderen Bank angelegt haben und 8.200,00 € Gutschriften für Debitoren; der Restbetrag betrifft Kreditoren.
4. Wir zahlen an der Kasse den Barscheck eines Kreditors auf sein Konto in Höhe von 1.220,00 € aus.
5. Ein Mieter (Kreditor) wird von uns für die an ihn vermieteten Geschäftsräume mit 1.250,00 € belastet.
6. Überweisung von 3.500,00 € Urlaubsgeld an unsere Mitarbeiter (alle Kreditoren). Dieses Geld steht ihnen laut Tarifvertrag zu.
7. Ein Kreditor zahlt wegen eines Darlehens eine Rate von 1.700,00 €; darin enthalten ist ein Tilgungsanteil von 500,00 € und ein Zinsanteil von 1.200,00 €.
8. Für eine Zweigstelle benötigen wir Computersysteme zum Preis von 12.500,00 € und Bürobedarf für 1.620,00 €. Die sofortige Bezahlung der Rechnung erfolgt durch Gutschrift an einen Debitor.

5.2.4 Erläutern Sie, bei welchen Positionen einer Bankbilanz ausschließlich eine buchmäßige Inventur durchgeführt werden kann.

5.2.5 Eine Bankbilanz ist anders aufgebaut als eine Kundenbilanz. Versuchen Sie eine Erklärung dafür zu finden, indem Sie aufzeigen, welche Bilanzpositionen für Kreditinstitute und welche für andere Wirtschaftsunternehmen eine besondere Bedeutung haben.

5.2.6 Wie lange muss eine Bankbilanz aufbewahrt werden?

5.2.7 Beschreiben Sie die Unterschiede von Debitoren und Kreditoren.
Was haben beide Bilanzpositionen gemeinsam?

5.3 Kundenkontokorrent und Bankenkontokorrent

5.3.1 Kundenkontokorrent

Forderungen an Kunden wurden bisher über das Sachkonto „Debitoren“ und Verbindlichkeiten gegenüber Kunden über das Sachkonto „Kreditoren“ gebucht, weil aus der Bilanz jeweils ein aktiver und ein passiver Anfangsbestand gegeben war.

Dies geht solange ohne Schwierigkeiten, wie sich das Rechtsverhältnis zwischen Kreditinstitut und Kunde nicht ändert. Der tägliche Gebrauch eines Kontos, dessen Zweck die Durchführung des Zahlungsverkehrs ist, durch Kunden zeigt aber, dass ein Kreditor schnell ein Debitor und ein Debitor auch wieder ein Kreditor werden kann.

Beispiel 1:
Über Buba erhalten wir eine Gutschrift über 3.500,00 € für den Debitor Habicht, gegen den wir zur Zeit eine Forderung in Höhe von 2.500,00 € haben.

	Soll	Buba	Haben
(1)		3.500,00	

Soll	Debitoren		Haben
(AB)	(2.500,00)		2.500,00

Soll	Kreditoren		Haben
			1.000,00

Buchungssatz:

→ Buba	3.500,00	/	Debitoren	2.500,00
			Kreditoren	1.000,00

Erläuterung

(1) Die eingehende Zahlung hebt die Forderung des KI an den Kunden auf; der übersteigende Betrag führt zu einer Verbindlichkeit gegenüber dem gleichen Kunden.
Aus dem **Debitor** Habicht wurde durch diesen Vorgang nun ein **Kreditor**.

Wenn ein Kreditinstitut die Aufspaltung von ein- und ausgehenden Zahlungen vornehmen möchte, muss es in jedem einzelnen Fall prüfen, ob der betroffene Kunde im Augenblick ein Debitor oder ein Kreditor ist, und ob sich durch den Zahlungsvorgang das Rechtsverhältnis ändert.

Da dies bei der Fülle der zu bearbeitenden Geschäftsfälle auch unter Einsatz der EDV zu aufwendig ist, führt man in der Praxis für die tägliche Buchungsarbeit Debitoren und Kreditoren auf einem einzigen Hauptbuchkonto zusammen, dem „**Kundenkontokorrentkonto**“ (**KKK**).

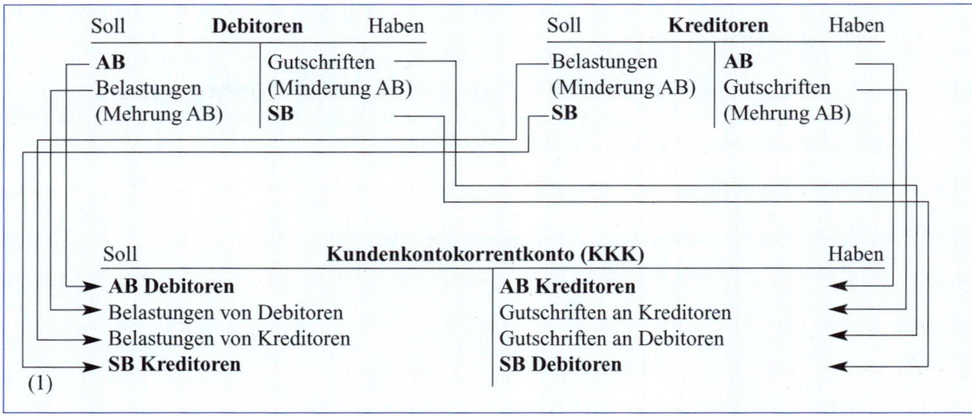

Erläuterung

(1) Auf dem KKK werden während des Jahres alle anfallenden Geschäftsfälle gebucht; dies kann bedenkenlos geschehen, da Belastungen von Debitoren (**Mehrung der Forderung** des KI) **und auch** Belastungen von Kreditoren (**Minderung der Verbindlichkeit** des KI) auf dem KKK im Soll gebucht werden.
Bei **Gutschriften** für Kunden gilt dementsprechend, dass sie **immer im Haben** gebucht werden.

Das KKK übernimmt aus der Eröffnungsbilanz **zwei Anfangsbestände**. Weil es aktive Bestände (Debitoren) und passive Bestände (Kreditoren) gleichzeitig enthält, wird es als **gemischtes Bestandskonto** (Aktiv-Passiv-Konto) bezeichnet.

Da in der Bilanz eines Kreditinstitutes Forderungen und Verbindlichkeiten getrennt auszuweisen sind, sind für die Ermittlung ihrer genauen Höhe **Skontren** (Hilfsbücher, hier: Personenkonten) erforderlich. Die dort festgestellten Schlussbestände (Buchinventur) werden auf dem KKK den Anfangsbeständen gegenübergestellt und über das SBK abgeschlossen.
Das KKK hat also auch **zwei Schlussbestände**.

Beispiel 2:

Buchen Sie die aufgeführten Geschäftsfälle im Grundbuch.

***1.** Gutschrift auf dem Buba-Konto für einen Debitor,*	*5.000,00 €.*
***2.** Wir führen die Überweisung eines Kreditors über Buba aus,*	*6.000,00 €.*
***3.** Ein Debitor hebt bar ab,*	*2.000,00 €.*
***4.** Überweisungsaufträge von Debitoren werden über Buba ausgeführt,*	*14.000,00 €.*
***5.** Kreditoren erhalten Zinsen gutgeschrieben,*	*500,00 €.*
***6.** Debitoren erhalten über Buba Gutschriften,*	*21.000,00 €.*

Buchungssätze:

(1) → Buba	5.000,00	/	KKK	5.000,00
(2) → KKK	6.000,00	/	Buba	6.000,00
(3) → KKK	2.000,00	/	Kasse	2.000,00
(4) → KKK	14.000,00	/	Buba	14.000,00
(5) → Zinsaufwendungen	500,00	/	KKK	500,00
(6) → Buba	21.000,00	/	KKK	21.000,00

Schließen Sie das KKK im Hauptbuch ab, wenn folgende Daten gegeben sind:
***7.** Anfangsbestände: 60.000,00 € (Debitoren) und 95.000,00 € (Kreditoren);*
***8.** Schlussbestände aus der Inventur: 59.000,00 € (Debitoren) und 98.500,00 € (Kreditoren).*

	Soll	KKK		Haben
(7)	**AB Debitoren**	60.000,00	**AB Kreditoren**	95.000,00
	(2)	6.000,00	(1)	5.000,00
	(3)	2.000,00	(5)	500,00
	(4)	14.000,00	(6)	21.000,00
(8)	**SB Kreditoren**	98.500,00	**SB Debitoren**	59.000,00
		180.500,00		180.500,00

Erläuterung

(1) Die Forderung des KI nimmt durch die eingehende Zahlung ab; auf dem aktiven Bestandskonto ist im Haben zu buchen.

(2) Die Minderung des Guthabens eines Kreditors lässt die Verbindlichkeit des KI sinken; die Buchung erfolgt daher im Soll.

(3) u. (4) Verfügungen der Debitoren (d.h. Belastung von Debitoren) erhöhen die Forderungen des KI; Buchung im Soll.

(5) Die Zinsgutschrift für Kreditoren erhöht die Verbindlichkeiten des KI; Buchung im Haben.

(6) Der Zahlungseingang kann zu einer Minderung der Forderungen an Debitoren **und / oder** zu einer Zunahme der Verbindlichkeiten gegenüber Kreditoren führen.
Hier zeigt sich, dass eine Abgrenzung von Debitoren und Kreditoren über die Personenkonten unerlässlich ist (s. Beispiel 3).

(7) Eröffnung des Hauptbuchkontos „KKK" mit den Anfangsbeständen:

→ KKK	60.000,00	/	EBK	60.000,00	(AB Debitoren)
→ EBK	95.000,00	/	KKK	95.000,00	(AB Kreditoren)

(8) Abschlussbuchungssätze für das Hauptbuchkonto „KKK":

→ SBK	59.000,00	/	KKK	59.000,00	(SB Debitoren)
→ KKK	98.500,00	/	SBK	98.500,00	(SB Kreditoren)

Ermittlung der buchmäßigen Inventurbestände über den Abschluss der Personenkonten:

Beispiel 3:

Ein Kreditinstitut hat am 25.07. einen Debitorenbestand in Höhe von 66.000,00 € und einen Kreditorenbestand von 89.000,00 €.
Diese Bestände setzen sich laut Saldenliste (Liste aller Personenkonten mit ihrem jeweiligen Kontostand) wie folgt zusammen:

Debitoren:	*A*	*23.000,00 €;*	*B*	*7.000,00 €;*	*C*	*36.000,00 €;*
Kreditoren:	*D*	*45.000,00 €;*	*E*	*27.000,00 €;*	*F*	*17.000,00 €.*

Geschäftsfälle am 26.07.:

1. *D überweist an A,* *28.000,00 €.*
2. *B reicht Schecks zur Gutschrift ein,* *10.000,00 €.*
3. *F hebt bar ab,* *5.000,00 €.*
4. *C überweist über Buba,* *4.000,00 €.*
5. *Zahlungseingang über Buba für E,* *9.000,00 €.*

Schließen Sie das KKK zum 26.07. ab; buchen Sie die Geschäftsfälle auf den Personenkonten.

Soll	A		Haben
AB	23.000,00	(1)	28.000,00
SB	5.000,00		

Soll	B		Haben
AB	7.000,00	(2)	10.000,00
SB	3.000,00		

Soll	KKK		Haben
AB De.	66.000,00	AB Kr.	89.000,00
Belast.	37.000,00	Gut.	47.000,00
SB Kr.	73.000,00	SB De.	40.000,00
	176.000,00		176.000,00

Soll	C		Haben
AB	36.000,00	SB	40.000,00
(4)	4.000,00		

Soll	D		Haben
(1)	28.000,00	AB	45.000,00
SB	17.000,00		

Soll	E		Haben
SB	36.000,00	AB	27.000,00
		(5)	9.000,00

Soll	F		Haben
(3)	5.000,00	AB	17.000,00
SB	12.000,00		

Erläuterung
Der Anfangsbestand der Debitoren ergibt sich aus der Summe der Anfangsbestände der debitorischen Personenkonten: 23.000,00 + 7.000,00 + 36.000,00 = 66.000,00 €.
Der Anfangsbestand der Kreditoren wird genauso berechnet und auf dem KKK eingetragen.

Die Bestände und Umsätze auf den Personenkonten werden immer auf der gleichen Seite gebucht wie auf dem Hauptbuchkonto „KKK".

(1) Die Verbindlichkeit gegenüber D (Soll) und die Forderung an A (Haben) nehmen ab.
Buchung im Grundbuch: ⟶ KKK 28.000,00 / KKK 28.000,00
(2) Die Forderung an B nimmt ab (Haben).
Buchung im Grundbuch: ⟶ Schecks 10.000,00 / KKK 10.000,00
(3) Die Verbindlichkeit gegenüber F nimmt ab (Soll).
Buchung im Grundbuch: ⟶ KKK 5.000,00 / Kasse 5.000,00
(4) Die Forderung an C nimmt zu (Soll).
Buchung im Grundbuch: ⟶ KKK 4.000,00 / Buba 4.000,00
(5) Die Verbindlichkeit gegenüber E steigt (Haben).
Buchung im Grundbuch: ⟶ Buba 9.000,00 / KKK 9.000,00

Für den Abschluss des Kontos „KKK" müssen die **Skontren saldiert** werden, sodass die Gesamtheit aller Debitoren und Kreditoren auf dem Hauptbuchkonto zum Ausgleich gebucht werden kann. Die Aufteilung der Umsätze auf Debitoren und Kreditoren erfolgt täglich mit Hilfe der EDV, wobei vorkommende Saldenwechsel mitberücksichtigt werden. Die Kenntnis der Höhe des Kreditorenbestandes ist für die Anlagepolitik des KI und für die Berechnung der Mindestreserve von Bedeutung.

Die seltenen Umsätze mit Nichtkunden werden über ein eigenständiges Kontokorrent gebucht, das „**Conto pro Diverse**" (**CpD**). Die Bestände auf diesem Konto werden mit den Werten des KKK gemeinsam bilanziert.

Anmerkung: Das Hauptbuchkonto „KKK" lässt sich auch ohne Schlussbestände rechnerisch abstimmen. Allerdings sagt der so ermittelte Saldo nichts aus über die absolute Höhe der Debitoren und Kreditoren, er drückt lediglich aus, wie hoch der betragsmäßige Unterschied beider Größen ist. Dabei steht der **Saldo** immer auf der **betraglich größeren Kontenseite**.

Soll	KKK		Haben
AB Deb.	300	AB Kred.	400
Belast.	200	Gutschr.	500
	500		900

Auf dem KKK liegt hier ein Habensaldo von 400 vor. Er besagt, dass die Kreditoren zum Ausgleich des KKK um diesen Betrag größer sein müssen als die Debitoren. Dies ist bei einer unendlichen Menge von Zahlenkombinationen möglich.

Zum sachlich richtigen Abschluss benötigt man daher immer die Angabe **eines** inventurmäßig festgestellten Schlussbestandes, der zweite lässt sich dann über den Saldo des Kontos berechnen.

Am Jahresende werden durch die buchmäßige Inventur nur die **vorläufigen Schlussbestände** der Debitoren und Kreditoren ermittelt. Die **endgültigen Schlussbestände** ergeben sich, nachdem Soll- und Habenzinsen, sowie Provisionen und Gebühren gebucht worden sind.

Beispiel 4:

Ein Kreditinstitut ermittelt zum 31.12. vorläufige Inventurbestände (Zinsen sind noch nicht berücksichtigt):

Debitoren: 2.451.600,00 €; Kreditoren: 3.645.300,00 €.

1. Buchen Sie im Grundbuch die Kontenabrechnung:

	Debitoren		Kreditoren
1. Sollzinsen (eingeräumte Überziehung)	*61.290,00 €;*	*2.*	*8.510,00 €;*
3. Sollzinsen (geduldete Überziehung)	*15.940,00 €;*	*4.*	*6.660,00 €;*
5. Habenzinsen	*2.430,00 €;*	*6.*	*3.750,00 €;*
7. Gebühren der Kontoführung	*1.870,00 €;*	*8.*	*1.450,00 €.*

Buchungssätze:

(1)	➤ KKK	61.290,00	/	Zinserträge	61.290,00
(2)	➤ KKK	8.510,00	/	Zinserträge	8.510,00
(3)	➤ KKK	15.940,00	/	Zinserträge	15.940,00
(4)	➤ KKK	6.660,00	/	Zinserträge	6.660,00
(5)	➤ Zinsaufwendungen	2.430,00	/	KKK	2.430,00
(6)	➤ Zinsaufwendungen	3.750,00	/	KKK	3.750,00
(7)	➤ KKK	1.870,00	/	PuG-Erträge	1.870,00
(8)	➤ KKK	1.450,00	/	PuG-Erträge	1.450,00

2. Ermitteln Sie die endgültigen Schlussbestände unter Einbeziehung der Buchungen der Kontoabrechnung.

Berechnung der Schlussbestände:

Debitoren		Sachverhalt		**Kreditoren**
+ 2.451.600,00 €		Vorläufiger Schlussbestand		+ 3.645.300,00 €
+ 61.290,00 €	(1)	Sollzinsen (eingeräumt)	(2)	– 8.510,00 €
+ 15.940,00 €	(3)	Sollzinsen (geduldet)	(4)	– 6.660,00 €
– 2.430,00 €	(5)	Habenzinsen	(6)	+ 3.750,00 €
+ 1.870,00 €	(7)	Kosten der Kontoführung	(8)	– 1.450,00 €
= **2.528.270,00 €**		**Schlussbestand**		= **3.632.430,00 €**

3. Schließen Sie das Konto „KKK" im Hauptbuch ab.

	Soll	KKK		Haben
	AB Debitoren	2.451.600,00	**AB Kreditoren**	3.645.300,00
	(1)	61.290,00	(5)	2.430,00
	(2)	8.510,00	(6)	3.750,00
	(3)	15.940,00	**SB Debitoren**	**2.528.270,00**
	(4)	6.660,00		
	(7)	1.870,00		
	(8)	1.450,00		
(9)	**SB Kreditoren**	**3.632.430,00**		
		6.179.750,00		6.179.750,00

Erläuterung

(9) Der Abschluss des Hauptbuchkontos „KKK" führt zu zwei Buchungen im Grundbuch:

➤ SBK	2.528.270,00	/	KKK	2.528.270,00
➤ KKK	3.632.430,00	/	SBK	3.632.430,00

Buchungen auf dem KKK:

Eröffnungsbuchungssätze:

→ KKK	/	EBK	(Debitoren)
→ EBK	/	KKK	(Kreditoren)

Buchungregeln für Geschäftsfälle:

⇒
- **Belastungen der Kunden** werden auf dem KKK im **Soll**,
- **Gutschriften für Kunden** werden im **Haben** gebucht.

Abschlussbuchungssätze (mit den durch Inventur ermittelten Beständen):

→ SBK	/	KKK	(Debitoren)
→ KKK	/	SBK	(Kreditoren)

Nach der Buchung der Schlussbestände ist das KKK immer ausgeglichen.
Sollte nur ein Schlussbestand gegeben sein, lässt sich der andere deshalb berechnen.

Bilanzausweis:

Debitoren (Kunden): **4. Forderungen an Kunden**

⇒ Kreditoren (Kunden): **2. Verbindlichkeiten gegenüber Kunden**
b) andere Verbindlichkeiten
ba) täglich fällig

Arbeitsaufträge:

5.3.1 **a)** Buchen Sie die aufgeführten Geschäftsfälle nur auf dem Hauptbuchkonto „KKK“ und ermitteln Sie den rechnerischen Saldo des Kontos.

1.	Anfangsbestand der Debitoren	1.220.850,00 €;
	Anfangsbestand der Kreditoren	1.867.320,00 €;
2.	Gutschrift auf Buba für Kreditoren,	71.500,00 €;
3.	Buba-Überweisung zu Lasten von Debitoren,	32.400,00 €;
4.	Bareinzahlung von Kreditoren,	146.630,00 €;
5.	Debitoren heben bar ab,	89.100,00 €;
6.	Gutschrift auf Buba zugunsten von Kreditoren,	45.280,00 €;
7.	Zinsbelastung der Debitoren	9.670,00 €;
8.	Zinsgutschrift für Kreditoren	1.100,00 €.

b) Welche Bedeutung hat dieser Saldo?

c) Schließen Sie das KKK im Hauptbuch und im Grundbuch ab, wenn der Schlussbestand der Kreditoren mit 2.131.830,00 € gegeben ist.

5.3.2 **a)** Führen Sie im Hauptbuch nur das Konto „KKK“.
Eröffnen Sie das Konto mit Buchungen im Grund- und im Hauptbuch, wenn Anfangsbestände der Debitoren mit 4.690.000,00 € und der Kreditoren mit 5.012.800,00 € vorliegen.

b) Buchen Sie die folgenden Geschäftsfälle im Grund- und im Hauptbuch:

1.	Kunden überweisen an andere Kunden bei uns	24.600,00 €;
2.	Barabhebungen von KK-Kunden	37.200,00 €;
3.	Gutschrift auf Buba für KK-Kunden	68.150,00 €;
4.	Ausführung von Überweisungen von KK-Kunden über Buba	44.800,00 €;
5.	Belastung eines Kunden für an ihn vermietete Geschäftsräume	2.850,00 €;
6.	Bareinzahlungen von KK-Kunden	125.300,00 €;
7.	KK-Kunden werden mit Kontoführungsgebühren belastet	3.740,00 €;
8.	Kauf von Geschäftsausstattung bei einem KK-Kunden	26.500,00 €.

c) Schließen Sie das KKK im Grundbuch und im Hauptbuch ab, wenn die Schlussbestände der Debitoren 4.535.650,00 € und die der Kreditoren 4.989.810,00 € betragen.

5.3.3 Das Privatbankhaus Winner und Luhser führt folgende Konten (alle Zahlen in €):

Kontoinhaber	Saldo am 15.09. Soll	Haben	Umsätze am 16.09. Soll	Haben
A. Frölig		33.535,00	14.610,00	22.725,00
B. Traurig	12.560,00		5.460,00	3.930,00
C. Lustig		8.420,00	26.270,00	4.280,00
D. Niedlig		50,00	120,00	
E. Mittig	870,00		4.840,00	6.580,00
F. Kriesig	10.520,00		10.200,00	720,00
G. Grantig		2.865,00	5.700,00	1.935,00

Ermitteln Sie im Personenbuch die neuen Schlussbestände und schließen Sie das KKK im Hauptbuch ab.

5.3.4 Erstellen Sie die Buchungssätze:

1. Zinszahlungen zum 31.12.: Sollzinsen für Debitoren 423.967,43 €; Habenzinsen für Kreditoren 89.230,00 €; Habenzinsen für Spareinlagen 721.945,00 €.

2. Der Kunde Thomas Bartelt überweist 3.000,00 € auf sein Sparkonto.

3. Die Kundin Conny Winter erhält ihr Gehalt in Höhe von 4.220,00 € über Buba gutgeschrieben.

4. Ein Büro-Drehstuhl muss ersetzt werden. Der neue Stuhl im Wert von 380,00 € wird bei einem eigenen Kunden gekauft und bar bezahlt. Berücksichtigen Sie bei der Wahl des Hauptbuchkontos für die Investierung den Anschaffungswert des Stuhles.

5. Der Heizöl-Tank wird für 7.980,00 € neu befüllt. Die Rechnung dafür zahlen wir durch eine Überweisung über unser Buba-Konto.

6. Auf Sparkonten werden 3.450,00 € für Depotgebühren belastet.

7. Am Geldausgabe-Automaten (GAA) werden 2.600,00 € abgehoben.

8. Wir verkaufen an einen KK-Kunden eigene Effekten (Aktien) mit einem Kurswert von 8.490,00 €.

9. Über Buba erhalten wir 5.000,00 € Zinsen für unsere festverzinsliche Wertpapiere gutgeschrieben.

10. Der Privatbankier Hubert von Freudenthal entnimmt 4.500,00 € für private Zwecke aus dem Kassenbestand.

5.3.5 Vor dem Abschluss weist das Hauptbuchkonto „KKK“ im Soll 195.450 T€ auf (Summe der Umsätze einschließlich des Anfangsbestandes). Im Haben beträgt die Summe 202.950 T€.
Schließen Sie das Konto im Hauptbuch und im Grundbuch ab, wenn der Schlussbestand der Debitoren 3.420 T€ beträgt.

5.3.6 Auf dem Hauptbuchkonto „KKK“ sind die Anfangsbestände und alle Umsätze gebucht. Die im Haben gebuchten Beträge sind um 500 T€ größer als die im Soll gebuchten Beträge.
Schließen Sie das Konto im Grundbuch ab, wenn der Schlussbestand der Kreditoren 300 T€ beträgt.

5.3.7 Auf dem KKK liegen folgende Zahlen (in T€) vor:

Anfangsbestand Debitoren:	400;	Anfangsbestand Kreditoren:	500;
Soll-Umsätze	3.350;	Haben-Umsätze	3.700.

Aus der Inventur kennen wir den Schlussbestand der Sichteinlagen mit 720 T€.
Schließen Sie das KKK im Grundbuch ab.

5.3.8 Das Hauptbuchkonto „KKK“ weist folgende Beträge aus:

Soll		KKK	Haben
AB	15.810.000,00	AB	17.450.000,00
Umsätze	335.415.000,00	Umsätze	340.620.000,00

Die Inventur zum 31.12. ergibt vor den Zinsbuchungen einen vorläufigen Debitorenbestand in Höhe von 18.742.000,00 €; der vorläufige Kreditorenendbestand stimmt mit dem Buchbestand überein.
Für die Ermittlung der endgültigen Schlussbestände sind noch zu berücksichtigen (und im Grund- und Hauptbuch zu buchen):

1. Sollzinsen auf Debitorenkonten 475.000,00 €;
2. Habenzinsen auf Debitorenkonten 22.000,00 €;
3. Habenzinsen auf Kreditorenkonten 89.000,00 €.

Schließen Sie das KKK im Grund- und Hauptbuch ab.

5.3.9 Anfangsbestände auf einem KKK: Debitoren 25.870 T€; Kreditoren 28.210 T€;
Umsätze: Soll 3.834.630 T€; Haben 3.820.470 T€.
Die Inventur zum 31.12. ergibt vor den Abschlussbuchungen einen vorläufigen Kreditorenbestand in Höhe von 25.345 T€; der vorläufige Debitorenendbestand stimmt mit dem Buchbestand überein.
Für die Ermittlung der endgültigen Schlussbestände sind noch zu berücksichtigen (und im Grund- und Hauptbuch zu buchen):

1. Sollzinsen auf Debitoren (eingeräumte Überziehung)	930 T€;
2. Habenzinsen auf Debitoren	30 T€;
3. Habenzinsen auf Kreditoren	105 T€;
4. Sollzinsen auf Debitoren (geduldete Überziehung)	652 T€;
5. Sollzinsen auf Kreditoren (geduldete Überziehung)	10 T€;
6. Kontoführungsgebühren Debitoren	45 T€;
7. Kontoführungsgebühren Kreditoren	35 T€.

Schließen Sie das KKK im Grund- und Hauptbuch ab.

5.3.10 Welche Geschäftsfälle liegen den folgenden Buchungen zugrunde?

1.	Zinsaufwendungen	4.000,00	an	KKK	4.000,00
2.	Abschreibungen auf GWG	1.200,00	an	GWG 2017	1.200,00
3.	Buba	25.000,00	an	Effektenerträge	25.000,00
4.	KKK	6.780,00	an	Zinserträge	6.780,00
5.	Spareinlagen	1.743,00			
	KKK	7.257,00	an	PuG-Erträge	9.000,00
6.	KKK	890,00	an	KKK	890,00

5.3.2 Bankenkontokorrent

Für die Durchführung des nationalen und internationalen Zahlungsverkehrs, aber auch für die Abwicklung von Effekten- und Geldmarktgeschäften ist es zweckmäßig, dass Kreditinstitute untereinander Kontoverbindung unterhalten. Diese Beziehung zwischen **Korrespondenzbanken** wird rechtlich als Kontokorrentverhältnis durchgeführt.

Wie beim Kundenkontokorrent werden alle Umsätze mit anderen Banken über das **Bankenkontokorrentkonto (BKK)** ausgeführt, unabhängig davon, ob zu der Korrespondenzbank eine debitorische oder eine kreditorische Beziehung besteht.

⇒

Soll	**Bankenkontokorrentkonto (BKK)** Haben
AB Debitoren Banken	**AB Kreditoren Banken**
Belastungen Debitoren Banken (Mehrung)	Gutschriften Debitoren Banken (Minderung)
Belastungen Kreditoren Banken (Minder.)	Gutschriften Kreditoren Banken (Mehrung)
SB Kreditoren Banken	**SB Debitoren Banken**

Bei der Buchung werden **Belastungen** für andere Banken im **Soll** und **Gutschriften** für andere Banken im **Haben** gebucht.

Für die Bilanzierung sind am Jahresende die Sichteinlagen (Kreditoren) bei anderen Kreditinstituten und die täglich fälligen Forderungen an andere KI (Debitoren) getrennt auszuweisen. Daher sind für das BKK wie beim KKK **Skontren** erforderlich (Personenkonten, lautend auf den Kontoinhaber), aus denen die Einzelbestände abgeleitet werden können.

In einem Kontokorrentverhältnis hat ein KI die Aufgabe des **Kontoführers** (Disposition, Kontoabrechnung, Auszugserstellung), das andere KI ist **Kontoinhaber**. Damit der Kontoinhaber die Entwicklung seines Kontos kontrollieren kann, muss er im eigenen Interesse ein Gegenkonto zum Kontoführer erstellen (Spiegelkonto).

- Lorokonten sind Personenkonten im BKK, bei denen fremde Kreditinstitute Kontoinhaber sind und das eigene KI Kontoführer ist („**ihr** Konto bei uns").
- Nostrokonten sind die eigenen Konten, die durch fremde Kreditinstitute geführt werden („**unser** Konto bei ihnen").

Beispiel 1:

Ein Kreditinstitut hat am 12.10. Forderungen an KI in Höhe von 860 T€ und Verbindlichkeiten gegenüber KI über 635 T€

Diese Bestände setzen sich laut Saldenliste wie folgt zusammen:

Nostrokonten:		*Lorokonten:*	
Forderung an Bank A:	*480 T€;*	*Forderung an Bank C:*	*380 T€;*
Verbindlichkeiten gegenüber Bank B:	*350 T€;*	*Verbindlichkeiten gegenüber Bank D:*	*285 T€.*

Geschäftsfälle am 13.10.:

1. *Unser Disponent überträgt 400 T€ von Bank A an Bank B.*
2. *Von unserem Buba-Konto überweisen wir 90 T€ an Bank D.*
3. *Schecks über 120 T€ werden bei Bank C zur Gutschrift eingereicht.*
4. *Bank A überweist uns für ein dort angelegtes Festgeld 50 T€ Zinsen.*

Schließen Sie das BKK zum 13.10. ab; buchen Sie die Geschäftsfälle auf den Personenkonten des KI.

Nostrokonten

Soll	A		Haben
AB	480	(1)	400
(4)	50	SB	130

Soll	B		Haben
(1)	400	AB	350
		SB	50

Lorokonten

Soll	C		Haben
AB	380	SB	500
(3)	120		

Soll	D		Haben
(2)	90	AB	285
SB	195		

Soll	**BKK**		Haben
AB Forder.	860	AB Verb.	635
Belastungen	660	Gutschr.	400
SB Verbindl.	195	SB Forder.	680
	1.715		1.715

Abschlussbuchungssätze:

(5) ➝ BKK 195 T€ / SBK 195 T€ (Verbindlichkeiten gegenüber KI)
➝ SBK 680 T€ / BKK 680 T€ (Forderungen an KI)

Erläuterung

(1) Die Verbindlichkeit gegenüber Bank B nimmt im Soll ab, die Forderung an Bank A im Haben.
Buchung im Grundbuch: ➝ BKK 400 T€ / BKK 400 T€

(2) Die Verbindlichkeit gegenüber Bank D nimmt im Soll ab.
Buchung im Grundbuch: ➝ BKK 90 T€ / Buba 90 T€

(3) Die Forderung an Bank C nimmt zu (Soll).
Buchung im Grundbuch: ➝ BKK 120 T€ / Schecks 120 T€

(4) Die Forderung an Bank A nimmt im Soll zu.
Buchung im Grundbuch: ➝ BKK 50 T€ / Zinserträge 50 T€

(5) Für den Abschluss des BKK ist es unerheblich, ob das eigene KI Konto**führer** oder ob es Konto**inhaber** ist; maßgeblich für die Bilanzierung ist lediglich, ob gegenüber dem anderen Kreditinstitut Forderungen oder Verbindlichkeiten bestehen.

Anmerkung: Über das BKK sind alle Umsätze mit Korrespondenzbanken zu buchen mit Ausnahme des Kontos **Buba** (Guthaben bei der Deutschen Bundesbank).

Beispiel 2:

Die Stadtsparkasse überweist über Buba 250.000,00 € auf ihr Konto bei der Großbank AG.
Buchen Sie die Zahlung im Grundbuch, im Hauptbuch und auf dem Skontro aus der Sicht beider Institute.

Buchung bei der Stadtsparkasse

Buchungssatz:

➝ BKK 250.000,00 / Buba 250.000,00

	Soll	BKK	Haben
(1)		250.000,00	

Soll	Buba	Haben
		250.000,00

	Soll	Großbank AG	Haben
(2)		250.000,00	

⇐ **Skontrobuchung**

Buchung bei der Großbank AG

Buchungssatz:

→ Buba 250.000,00 / BKK 250.000,00

(3)

Soll	Buba	Haben
250.000,00		

Soll	BKK	Haben
		250.000,00

(4) **Skontrobuchung** ⇒

Soll	Stadtsparkasse	Haben
		250.000,00

Erläuterung

(1) Im Hauptbuch der Stadtsparkasse nimmt die Forderung an Korrespondenzbanken um den Überweisungsbetrag zu, gleichzeitig sinkt das Buba-Guthaben.

(2) Im Skontro (Personenkonto „Großbank AG") ist aufgeführt, gegen welche Bank der Anspruch auf 250.000,00 € besteht, eine wichtige Information für den Gelddisponenten der Stadtsparkasse. Die Buchung auf Skontren erfolgt ohne Gegenbuchung (einfache Buchführung).

(3) Die Großbank AG erfährt auf ihrem Buba-Konto einen Zugang; gleichzeitig steigen ihre Verbindlichkeiten gegenüber anderen Kreditinstituten auf BKK.

(4) Das Personenkonto „Stadtsparkasse" erfasst den Zahlungseingang von diesem Institut.

⇒

Bilanzausweis:

Debitoren (Banken):	**3. Forderungen an Kreditinstitute** **a) täglich fällig**
Kreditoren (Banken):	**1. Verbindlichkeiten gegenüber Kreditinstituten** **a) täglich fällig**

⇒

- Die Buchungen auf dem BKK werden genauso vorgenommen wie die auf dem KKK.
- Unser KI bucht Belastungen für andere Banken im Soll und Gutschriften für andere Banken im Haben.
- Bei den Personenkonten (Skontren) wird unterschieden, welches KI Kontoführer und welches KI Kontoinhaber ist:
- Bei Lorokonten führen wir die Konten für andere KI, diese sind Kontoinhaber. Maßgeblich für die Kontenabstimmung sind die von uns erstellten Kontoauszüge.
- Bei Nostrokonten führt ein anderes KI für uns ein Konto, wir sind Kontoinhaber. Für die Kontenabstimmung sind die Auszüge des Kontoführers (anderes KI) maßgeblich.
- Die Höhe der Forderungen und Verbindlichkeiten wird mit Hilfe dieser Skontren ermittelt.

Arbeitsaufträge:

5.3.11 Bilden Sie die Buchungssätze zu den Geschäftsfällen:

1. Überweisungseingänge über Buba 120.000,00 €,
   und über Korrespondenzbanken 90.000,00 €,
   zugunsten eigener Kontokorrentkunden.
2. Überweisungen unserer Kunden werden über BKK weitergeleitet 76.000.00 €.
3. Zinsbelastung auf einem Nostrokonto durch die kontoführende Bank 3.000,00 €.
4. Zinsbelastung auf einem Lorokonto durch die kontoführende Bank 4.710,00 €.
5. Wir erhalten ein Tagesgeld von einer Korrespondenzbank auf unserem Buba-Konto gutgeschrieben 500.000,00 €.

5.3.12 Das BKK hat folgende Anfangsbestände: Debitoren 420 T€; Kreditoren 570 T€.
Während des Jahres fallen 29.340 T€ Soll- und 29.650 T€ Haben-Umsätze an.
Schließen Sie das Konto im Grundbuch ab, wenn die Verbindlichkeiten gegenüber Kreditinstituten laut Inventur 770 T€ betragen.

5.3.13 **a)** Eröffnen Sie das BKK im Grundbuch und im Hauptbuch mit folgenden Anfangsbeständen:
Forderungen an KI: 4.550.000,00 €; Verbindlichkeiten gegenüber KI: 2.275.000,00 €.

b) Buchen Sie die Geschäftsfälle im Grundbuch und im Hauptbuch (hier nur BKK):

1. Verkauf von Sorten an eine Korrespondenzbank gegen Belastung auf Lorokonto 8.000,00 €.
2. Ausführung von Kunden-Überweisungsaufträgen über Korrespondenzbanken 286.000,00 €.
3. Überweisungseingänge zugunsten von Kunden über BKK 319.000,00 €.
4. Zinsgutschrift auf BKK wegen eines eigenen Festgeldes 6.000,00 €.
5. Der Gelddisponent überträgt von einem Nostrokonto auf ein Lorokonto 75.000,00 €.

c) Schließen Sie das BKK im Grundbuch und im Hauptbuch ab.
Der Inventurbestand der Forderungen an KI beträgt 4.210.000,00 €, der Inventurbestand der Verbindlichkeiten an KI entspricht dem Buchbestand.

5.3.14

Soll	BKK (in T€)		Haben
AB	67.000	AB	88.000
Ums.	2.350.000	Ums.	2.365.000

Endbestände laut Inventur:
Kreditoren Banken 75.000 T€.
Buchen Sie den Abschluss im Grundbuch.

5.3.15 Auf dem Hauptbuchkonto „BKK" stehen vor dem Abschluss folgende Summen (einschl. AB):
Soll 449.824.600,00 €; Haben 450.245.800,00 €.

Die Inventur der bei uns geführten Lorokonten ergibt zum 31.12. folgende Endbestände:

Bank A	355.200,00 € Soll;	Bank B	210.800,00 € Haben;
Bank C	148.500,00 € Soll;	Bank D	430.500,00 € Haben.

Die Kontoauszüge, die uns zum 31.12. von unseren Korrespondenzbanken zugeschickt wurden, weisen folgende Abschlusssalden auf (Nostrokonten):

Bank E	367.300,00 € Soll;	Bank F	180.700,00 € Haben;
Bank G	510.200,00 € Soll;	Bank H	413.200,00 € Haben.

Schließen Sie das BKK im Grundbuch ab.

5.3.16 Ein Kreditinstitut stellt durch Inventur folgende Kontokorrentbestände fest:

Debitoren:	Kunde Abt	24.500,00 €	A-Bank	173.400,00 €
	Kunde Becher	7.800,00 €	B-Bank	317.200,00 €
Kreditoren:	Kunde Maß	13.200,00 €	K-Bank	251.900,00 €

a) Erstellen Sie die Skontren zu KKK und BKK.

b) Ermitteln Sie die Anfangsbestände der Debitoren und Kreditoren für das Folgejahr (Kunden und Banken getrennt) und buchen Sie diese im Hauptbuch.

c) Buchen Sie die folgenden Geschäftsfälle im Grundbuch und im Hauptbuch (nur KKK bzw. BKK), sowie auf den Skontren:

1. Kunde Abt erhält eine Gutschrift von der M-Bank über 3.600,00 €.
2. Kunde Krug überweist an Kunden Becher 9.100,00 €.
3. Unser Gelddisponent überträgt 180.000,00 € von der A-Bank an die K-Bank.
4. Als Anzahlung für ein Haus überweist Kunde Maß 20.000,00 € an die B-Bank.

5. Belastung von Sollzinsen:	Abt	620,00 €;	A-Bank	4.300,00 €;
	Becher	150,00 €;	B-Bank	9.460,00 €;
	Maß	60,00 €;	M-Bank	520,00 €;
6. Gutschrift von Habenzinsen:	Maß	90,00 €;	K-Bank	12.500,00 €;
	Krug	110,00 €;	M-Bank	2.450,00 €.

d) Ermitteln Sie über die Salden der Personenkonten die Schlussbestände der Debitoren und der Kreditoren (Kunden und Banken).

e) Schließen Sie das KKK und das BKK mit den buchmäßigen Inventurergebnissen im Grundbuch und im Hauptbuch ab.

f) Ordnen Sie die ermittelten Beträge den richtigen Bilanzpositionen zu (s. auch S. 316 f.).

5.3.17 Wir führen für eine Korrespondenzbank ein Kontokorrentkonto. Diese Bank verkauft uns einen €-Betrag in Höhe von 4.500.000,00 €, weil unser Buba-Konto durch unerwartete Bewegungen im Zahlungsverkehr unserer Kunden in die „roten Zahlen" zu rutschen drohte.

1. Welche Art von Personenkonto liegt in diesem Fall vor?
2. Erstellen Sie für diesen Geschäftsfall die Buchung im Grundbuch.

5.4 Buchungen im Zahlungsverkehr

5.4.1 Kassengeschäfte

Trotz der damit verknüpften hohen Kosten für die Kreditinstitute werden viele Bankgeschäfte durch Ein- oder Auszahlung liquider Mittel durchgeführt. Auf dem aktiven Bestandskonto „Kasse“ werden alle Einzahlungen im Soll und alle Auszahlungen im Haben gebucht. Da jeder Geschäftsfall durch einen Beleg erfasst wird, lässt sich der Kassenbestand auf zwei Arten feststellen:

- Der tatsächliche Bestand wird durch Zählen der vorhandenen Werte ermittelt (**Ist-Bestand**).
- Der buchmäßige Bestand (**Soll-Bestand**) wird mit Hilfe des Anfangsbestandes und der Tagesumsätze berechnet:

Schlussbestand Vortag	= Anfangsbestand heute
+ Einzahlungen heute	
– Auszahlungen heute	
= Schlussbestand heute	= Anfangsbestand morgen

In dem Hauptbuchkonto „Kasse“ fließen alle baren (gesetzlichen) Zahlungsmittel eines Kreditinstitutes zusammen, die auch in Nebenkassen, Geldausgabeautomaten (GAA) oder automatischen Kassentresoren (AKT) gehalten werden. Bestände in Nebenkassen werden über Kassenhilfsbücher geführt (Skontren), sie sind jedoch Bestandteil der Hauptkasse.

Daneben bestehen zum Konto „Kasse“ noch Unterkonten, die für die Bilanzierung am Jahresende mit der Kasse gemeinsam ausgewiesen werden, so z. B. das Konto „Sorten“, das wegen Geringfügigkeit hier nicht berücksichtigt wird.

Bilanzausweis:	
⟹ Kasse, Sorten:	**1. Barreserve** **a) Kassenbestand**

Der Kassenbestand eines KI wird jeden Tag mindestens einmal abgestimmt. Dabei gilt es festzustellen, ob der tatsächliche Bestand (**Ist**) mit dem durch die Belege ermittelten, buchmäßigen Bestand (**Soll**) übereinstimmt. Ist dies nicht der Fall, wird der Kassenbestand ein zweites Mal aufgenommen und die gebuchten Belege werden auf ihre Zuordnung zu Soll oder Haben des Sachkontos „Kasse“ hin überprüft. Liegt immer noch keine betragliche Übereinstimmung vor, ist die Kassendifferenz auszubuchen.
Der Ist-Bestand ist immer der Schlussbestand für die Abschlussbuchung.

Die Anpassung des Soll-Bestandes an den Ist-Bestand ist eine vorbereitende Abschlussbuchung, die den buchmäßigen Bestand an den tatsächlichen Bestand anpasst.

Erforderliche Konten:	
Kassenüberschüsse,	**CpD-Konto**, das die **Verbindlichkeit des KI** gegenüber einem unbekannten Gläubiger im Haben aufnimmt. Der Abschluss am Jahresende erfolgt über das Konto „Sonstige Verbindlichkeiten“.
⟹ **Kassenfehlbeträge,**	**CpD-Konto**, das die **Forderung des KI** an einen unbekannten Schuldner im Soll ausweist. Der Ausgleich am Jahresende erfolgt über „Sonstige betriebliche Aufwendungen“.
Sonstige Verbindlichkeiten (KÜ), **= SoVerb (KÜ)**	**passives Bestandskonto**, das zum Jahresende die nicht geklärten Kassenüberschüsse aufnimmt.

Beispiel 1:

Der Kassierer stellt bei der Kassen-Bestandsaufnahme einen Betrag von 52.650,15 € fest. Die Abstimmung der Kassenbelege ergibt einen Schlussbestand von 52.640,15 €.

(1) **Buchungssatz:** →	Kasse	10,00	/	Kassenüberschüsse	10,00

a) Ein Kunde weist zwei Tage später nach, dass er irrtümlich 10,00 € zu wenig erhalten hat. Der fehlende Betrag wird ihm bar ausgezahlt.

Buchungssatz: →	Kassenüberschüsse	10,00	/	Kasse	10,00

b) 1. Am Ende des Geschäftsjahres ist die Kassendifferenz noch nicht geklärt. Das Konto „Kassenüberschüsse“ ist auszugleichen.

(2) **Buchungssatz:** →	Kassenüberschüsse	10,00	/	SoVerb (KÜ)	10,00

2. Im neuen Jahr wird der Anspruch überraschend doch noch geklärt; der Kunde erhält den Betrag auf dem KKK gutgeschrieben.

Buchungssatz: →	SoVerb (KÜ)	10,00	/	KKK	10,00

c) Ein weiteres Jahr später sei der Anspruch immer noch nicht aufgeklärt.
Das KI löst die Verbindlichkeit zugunsten eines Ertrages auf.

(3) **Buchungssatz:** →	SoVerb (KÜ)	10,00	/	Sonst. betr. Erträge	10,00

Erläuterung

(1) Ist der tatsächliche Kassenbestand höher als der belegmäßige Bestand, liegt ein **Kassenüberschuss** vor. In der Kasse befindet sich Geld, für das kein Einzahlungsbeleg vorliegt. Daher muss eine **Einzahlung** nachgebucht werden.

(2) Wie jedes CpD-Konto wird auch das Konto „Kassenüberschüsse“ zum Jahresende ausgeglichen. Da die Einzahlung rechtlich ein Darlehen darstellt, unterliegen die Ansprüche des unbekannten Kunden gemäß §195 BGB einer 3-jährigen Verjährungsfrist. Daher erfolgt der Abschluss über „Sonstige Verbindlichkeiten (KÜ)“.

(3) Da nach Ablauf einer gewissen Zeit nicht mehr damit zu rechnen ist, dass der unbekannte Gläubiger noch Ansprüche geltend machen wird, wird die Verbindlichkeit aufgelöst. Hierbei entsteht ein periodenfremder Ertrag.

Beispiel 2:

Kassenbestände bei der Abstimmung: 67.432,00 € Ist; 67.532,00 € Soll.

(1) **Buchungssatz:** →	Kassenfehlbeträge	100,00	/	Kasse	100,00

a) Ein Kunde bringt schon am nächsten Tag das zu viel erhaltene Geld zurück.

Buchungssatz: →	Kasse	100,00	/	Kassenfehlbeträge	100,00

b) 1. Am Ende des Geschäftsjahres ist die Differenz noch nicht geklärt. Das Konto „Kassenfehlbeträge“ ist abzuschließen.

(2) **Buchungssatz:** →	Sonst. betriebl. Aufw.	100,00	/	Kassenfehlbeträge	100,00

2. Im neuen Jahr erhalten wir das Geld in einem anonymen Briefumschlag bar zurück. Der Absender weist glaubhaft auf den Tag des Abmangels hin.

(3) **Buchungssatz:** →	Kasse	100,00	/	Sonst. betr. Erträge	100,00

Erläuterung

(1) Ist der tatsächliche Kassenbestand niedriger als der Soll-Bestand, liegt ein **Kassenfehlbetrag** vor. Aus der Kasse wurde Geld entnommen, für das kein Auszahlungsbeleg vorliegt. Folglich muss eine **Auszahlung** nachgebucht werden.

(2) Während bei Überschüssen noch eine gewisse Wahrscheinlichkeit besteht, dass sie aufgeklärt werden können, ist dies bei Fehlbeträgen sehr viel unwahrscheinlicher. Daher werden die am Jahresende noch nicht aufgeklärten Fehlbeträge direkt als „sonstige betriebliche Aufwendungen" ausgebucht.

(3) Da der noch nicht aufgeklärte Fehlbetrag im vorherigen Geschäftsjahr ausgebucht wurde, entsteht nun ein periodenfremder betrieblicher Ertrag.

⇒

- Der maßgebliche Kassenbestand ist immer der Ist-Bestand.
- Kassenüberschüsse stellen eine Verbindlichkeit gegenüber unbekannten Gläubigern dar. Falls sie bis zum Ende des Geschäftsjahres ihres Entstehens nicht geklärt werden können, sind sie als „Sonstige Verbindlichkeiten" zu bilanzieren.
- Kassenfehlbeträge sind eigentlich eine Forderung an unbekannte Schuldner. Sind sie bis zum Jahresende noch nicht aufgeklärt, mindern sie als „sonstige betriebliche Aufwendungen" den Gewinn.

Arbeitsaufträge:

5.4.1 Der Schlussbestand des Kontos „Kasse" beträgt am vorherigen Geschäftstag 43.170,00 €.

a) Buchen Sie die heutigen Geschäftsfälle im Grundbuch:

1. Sparkunden zahlen 7.120,00 € bar ein.
2. Der Kassierer nimmt eine Zahlung durch Zahlschein über 6.000,00 € herein, die über BKK verrechnet wird. Die anfallende Gebühr von 2,00 € wird ebenfalls bar bezahlt.
3. KK-Kunden legen Barschecks über 2.740,00 € zur Auszahlung vor.
4. Zur Erhaltung der Zahlungsbereitschaft lässt der Kassierer bei der Buba 20.000,00 € bar abheben.
5. Kunden heben am Geldausgabeautomaten 15.300,00 € ab.

b) Der Inventurbestand beträgt 58.225,00 €. Schließen Sie das Konto „Kasse" im Grundbuch ab.

5.4.2 Das Konto „Kasse" hat einen Anfangsbestand von 51.789,45 €.
Während des Tages wurden 124.310,90 € eingezahlt und 98.425,35 € ausgezahlt.
Der Inventurbestand beträgt 77.685,00 €. Schließen Sie das Konto im Grund- und im Hauptbuch ab.

5.4.3 Im Vorjahr hatten wir einen Fehlbetrag von 200,00 €. Nach einem längeren Auslandsaufenthalt bringt uns ein Kunde diesen zu viel erhaltenen Betrag bar zurück. Buchen Sie den Geldeingang.

5.4.4 Am Ende des Geschäftsjahres liegen auf den genannten CpD-Konten folgende Bestände vor:
Kassenfehlbeträge: 4.850,00 €; Kassenüberschüsse: 6.210,00 €.
Schließen Sie die Kassen-Differenzkonten zum Jahresende ab.

5.4.5 Ein Kreditinstitut hat in seiner Schalterhalle zwei Kassen, die beide sämtliche Zahlungsverkehrsvorgänge abwickeln, und in einem Vorraum einen Geldausgabeautomaten.
Anfangsbestände: Kasse 1: 51.840,00 €; Kasse 2: 32.630,00 €; GAA: 25.800,00 €.

a) Eröffnen Sie im Grundbuch das Hauptbuchkonto „Kasse", in dem alle Bestände zusammenkommen.

b) Buchen Sie die Geschäftsfälle im Grundbuch:

1. Abhebungen von Sparkunden an Kasse 1 mit 10.600,00 €.
2. Einzahlungen an Kasse 2: Sparkunden mit 8.300,00 € und KK-Kunden mit 24.070,00 €.
3. Ablieferung von Kasse 2 an Kasse 1: 30.000,00 €.
4. Auszahlungen am GAA an eigene Kunden mit 6.450,00 €.
5. Geldlieferung von der Buba an Kasse 1: 20.000,00 €.

c) Schließen Sie das Hauptbuchkonto „Kasse" ab, wenn folgende Inventurbestände vorliegen:
Kasse 1: 91.250,00 €; Kasse 2: 34.900,00 €; GAA: 19.350,00 €.

5.4.2 Buchungen im bargeldlosen Zahlungsverkehr

(1) Überweisungen

Für die Abwicklung des Überweisungsverkehrs sind buchungsmäßig verschiedene Verrechnungsmöglichkeiten zu berücksichtigen, insbesondere sind das KKK und das BKK betroffen:

- Kontoüberträge: Auftraggeber und Zahlungsempfänger haben Kontoverbindung beim beauftragten Kreditinstitut.

Buchungssatz:

→ KKK / KKK oder Spareinlagen

- Platzverkehr: Das beauftragte KI und die Empfängerbank haben ihren Sitz am gleichen Bankplatz (Sitz einer Buba-Niederlassung) und verrechnen entweder direkt (BKK) oder über die Deutsche Bundesbank.
- Fernverkehr: Das beauftragte KI gibt den Geschäftsbesorgungsvertrag zur Erfüllung an andere KI weiter, bzw. erhält selbst Aufträge zur Ausführung von: Buba, BKK.

Buchungssätze: Ausgehende Überweisungen:

→ KKK / BKK bzw. Buba

Eingehende Überweisungen:

→ BKK bzw. Buba / KKK oder Spareinlagen

Ausgehende Überweisungen stellen eine **Belastung** des KK-Kunden dar, **eingehende Überweisungen** eine **Gutschrift**. ⇐

(2) Schecks und Lastschriften

Erforderliche Konten:

Buba,	**aktives Bestandskonto**, das der Verrechnung von Forderungen und Verbindlichkeiten des KI aus dem Zahlungsverkehr mit der Buba sowie der Aufnahme des Mindestreservebestandes dient.
Schecks,	**aktives Bestandskonto**, das die Forderungen aus Kunden gutgeschriebenen, noch nicht mit den bezogenen KI verrechneten Schecks und Lastschriften ausweist. Das Durchgangskonto wird erst bei der Bilanzierung Bestandskonto.
Rückschecks,	**Durchgangskonto**, wie aktives Bestandskonto, das die Werte nicht eingelöster Schecks und Lastschriften einschließlich der Rückgriffskosten enthält.

⇐

Neben Bankcard (Maestrokarte) und Kreditkarten sind auch Schecks in Deutschland ein Zahlungsmittel im halbbaren wie im bargeldlosen Zahlungsverkehr. Daher hat das Inkasso von Schecks zugunsten der eigenen Kunden, wie auch die Belastung der eigenen Kunden wegen der von ihnen ausgestellten Schecks noch eine gewisse Bedeutung.

Da Lastschriften, die einem Kreditinstitut zum Einzug vorgelegt werden, gleich den Schecks behandelt werden, werden für sie keine eigenen Konten verwendet: Lastschriften werden wie Schecks auf den Scheckkonten gebucht.

Die Gutschrift von Schecks und Lastschriften, die uns von Kunden zum Einzug hereingegeben werden, erfolgt „**Eingang vorbehalten**" (**E.v.**). Dabei wird die Gutschrift der Lastschriften am Fälligkeitstag durchgeführt.

Bei der Bearbeitung der Inkassopapiere muss im Allgemeinen unterschieden werden, bei welchem Kreditinstitut die Papiere einzulösen sind:

<table>
<tr><th>KI ist Bezogener
(Zahlstelle für Barschecks, Verrechnungsschecks und Lastschriften)</th><th>KI ist 1. Inkassostelle
(Einzugsstelle für Schecks und Lastschriften)</th></tr>
<tr><td>Hereinnahme und Einlösung</td><td>Hereinnahme und Einzug</td></tr>
<tr><td>Buchungssatz:
→ KKK an Kasse (Barschecks)
KKK (Bar- oder Verrechnungsschecks, Lastschriften)
Buba, BKK (Verrechnungsschecks, Lastschriften)

Kein Scheckkonto</td><td>Buchungssatz Hereinnahme:
→ Schecks an Kasse, KKK (Schecks und Lastschriften)
Buchungssatz Einzug:
→ Buba, BKK an Schecks

Immer Scheckkonto</td></tr>
</table>

Die Verrechnung erfolgt beleglos.
Körperlich vorkommende Belege werden in Datensätze umgewandelt.
(Grundlage: Abkommen über die SEPA-Inlandslastschrift, Scheckabkommen)

Bei mangelnder Bonität des Zahlungspflichtigen (Lastschrift) bzw. Ausstellers (Scheck) haben Kreditinstitute das Recht, die Einlösung eines Inkassopapieres zu verweigern. In einem solchen Fall erfolgt eine Rückrechnung. Die Ansprüche der Zahlstelle werden auf dem Konto „Rückschecks" einschließlich der anfallenden Gebühren erfasst.

Beispiel 1:
Von einer Korrespondenzbank erhalten wir Schecks über 12.630,00 € und Lastschriften über 8.760,00 € vorgelegt. Zahlungspflichtig sind unsere Kunden.

Buchungssatz:

(1)	→ KKK	21.390,00	/	BKK	21.390,00

Erläuterung
(1) Da unsere Kunden zahlungspflichtig sind, ist das Konto „Schecks" nicht erforderlich. Mit der Vorlage der Einzugspapiere sind diese fällig, das KKK und die Personenkonten werden belastet.

Beispiel 2:
Ein Kunde reicht uns Schecks über 52.340,00 € und Lastschriften über 11.945,00 € zum Einzug ein; wir erteilen Gutschrift E.v. (für die Lastschriften am Fälligkeitstag).

Buchungssatz:

(1)	→ Schecks	64.285,00	/	KKK	64.285,00

Die Verrechnung führen wir über folgende Wege durch:
Ein Scheck von einem eigenen Kunden 800,00 €; BKK 23.605,00 €; Buba 39.880,00 €.

Buchungssatz:

→ KKK	800,00			
BKK	23.605,00			
Buba	39.880,00	/	Schecks	64.285,00

Hinweis:
(1) Der Scheck über 800,00 € hätte direkt über KKK belastet werden können, wenn er in einer eigenen Scheckeinreichung hereingegeben worden wäre.
Buchung dann: → KKK 800,00 / KKK 800,00

Beispiel 3:

Ein Kunde reicht uns einen Scheck über 4.350,00 € zum Einzug ein; wir erteilen Gutschrift E.v.

Buchungssatz:

➛ Schecks	4.350,00	/	KKK	4.350,00

Der Gegenwert des Schecks wird über eine Korrespondenzbank eingezogen.

Buchungssatz:

➛ BKK	4.350,00	/	Schecks	4.350,00

Die Korrespondenzbank belastet uns den Scheck zuzüglich 5,00 € Gebühren zurück.

Buchungssatz:

(1)	➛ Rückschecks	4.355,00	/	BKK	4.355,00

Wir geben den Scheck an den Einreicher zurück und stornieren die Gutschrift.

Buchungssatz:

➛ KKK	4.355,00	/	Rückschecks	4.355,00

Erläuterung

(1) Das Konto „Rückschecks" nimmt den Gesamtbetrag der Rückrechnung auf; die Provision der Korrespondenzbank stellt für unser KI nur einen durchlaufenden Posten dar und ist von unserem Kunden zu tragen.

Beispiel 4:

Eine Korrespondenzbank belastet uns mit einer Lastschrift über 1.834,00 €, die einen KK-Kunden betrifft.

Buchungssatz:

(1)	➛ KKK	1.834,00	/	BKK	1.834,00

Bei der Nachdisposition stellen wir fest, dass keine ausreichende Kontodeckung besteht. Die Belastung wird storniert, der Korrespondenzbank wird ein zusätzliches Entgelt in Höhe von 3,00 € in Rechnung gestellt.

Buchungssätze:

(2)	➛ Rückschecks	1.837,00	/	KKK	1.834,00
				PuG-Erträge	3,00
(3)	➛ BKK	1.837,00	/	Rückschecks	1.837,00

Erläuterung

(1) Wegen der Vielzahl der täglich zu verarbeitenden Geschäftsfälle ist es üblich, die Umsätze erst zu buchen und dann zu disponieren.

(2) Aus statistischen Gründen und für eine bessere Kontrolle benutzen viele KI bei jeder Nichteinlösung eines Inkassopapieres das Rückscheck-Konto. Hier enthält es kurzfristig eine Forderung gegen die Korrespondenzbank, in anderen Fällen kann es eine Forderung gegen den eigenen Kunden enthalten.

(3) Die Korrespondenzbank wird mit unserer Forderung unmittelbar nach der Stornierung der ursprünglichen Buchung auf dem Kundenkonto („Rück-Gutschrift") belastet.

Bilanzausweis:

Schecks:	**14. Sonstige Vermögensgegenstände**
Rückschecks:	**3. Forderungen an KI** **a) täglich fällig** oder **4. Forderungen an Kunden**

⇐

⇒

- Von Banken eingereichte Schecks und Lastschriften werden direkt über die Konten der Zahlungspflichtigen gebucht.
- Von Kunden zum Einzug eingereichte Schecks und Lastschriften werden immer über das Durchgangskonto „Schecks“ gebucht.
- Nicht eingelöste Schecks und Lastschriften werden einschließlich Gebühren über das Konto „Rückschecks“ gebucht.
- Nach der Verrechnung sind alle Scheckkonten ausgeglichen.
- Am Jahresende im Bestand befindliche Schecks und Rückschecks sind zu bilanzieren.

Arbeitsaufträge:

5.4.6 Kunden erteilen uns Überweisungsaufträge über 86.460,00 €. Diese werden über Buba mit 51.638,00 € und über BKK mit 34.822,00 € ausgeführt.

5.4.7 Ein Kunde wickelt eine Überweisung an eine unserer Korrespondenzbanken in Höhe von 38.000,00 € selbständig mittels E-Banking ab.

5.4.8 Über eine Korrespondenzbank erhalten wir Gutschriften über 9.960,00 € zugunsten von KK-Kunden und über 21.040,00 € für Kunden mit Spareinlagen.

5.4.9 Eine Überweisung über 10.000,00 € wird auf Kundenwunsch telegrafisch an den Empfänger angewiesen. Dem Auftraggeber werden 10,00 € Gebühren belastet.

5.4.10 Kunden von netzfremden KI legen uns Schecks über insgesamt 1.200,00 € zur Einlösung vor. Die Gebühr für die telefonische Abfrage von dreimal je 5,00 € wird zweimal bar bezahlt, einmal verrechnet.

5.4.11 Ein Kunde möchte mit einem bestätigten Bundesbankscheck über 20.000,00 € an einer Versteigerung teilnehmen.
Die Buba verlangt dafür eine Gebühr über 15,00 €, die sie uns mit der Schecksumme gleich belastet.
Buchen Sie auch die Belastung unseres Kunden über KKK, wenn eine zusätzliche Provision von 1 ‰ aus der Schecksumme für die Dienstleistung in Rechnung gestellt wird.

5.4.12
1. Verschiedene Kunden reichen uns Schecks und Lastschriften über insgesamt 139.450,00 € zur Gutschrift ein. Wir erteilen Gutschrift E. v.
2. Buchen Sie den Einzug der Inkassopapiere wie folgt:
   Aussteller bzw. Zahlungspflichtige im eigenen Haus: 13.485,00 €; Buba: 74.320,00 €;
   BKK: 51.645,00 €.
   Alle Einzugspapiere werden eingelöst.

5.4.13
1. Wir belasten eine Korrespondenzbank mit einer Lastschrift über 2.500,00 €, die uns ein Kunde eingereicht hat.
2. Da das Konto des Zahlungspflichtigen keine Deckung aufweist, erhalten wir die Lastschrift mit einem zusätzlichen Entgelt von 3,00 € rückbelastet.
3. Rückbelastung der nicht eingelösten Lastschrift beim Einreicher.

5.4.14
1. Wir nehmen von einem Kunden einen Scheck über 8.900,00 € zur Gutschrift herein.
2. Einzug des Schecks über die Bundesbank.
3. Der Scheck wird uns mit einer Rückrechnung über 8.905,00 € durch die Buba zurückbelastet.
4. Wir geben den Scheck an den Einreicher zurück und nehmen eine Rückrechnung vor.

5.4.15 Welche Art von Kassendifferenz entsteht - zumindest kurzfristig - durch folgende Sachverhalte?
1. Ein Barscheck über 400,00 € wurde nicht gebucht.
2. Eine Einzahlung über 300,00 € wurde als Auszahlung gebucht.
3. Eine Auszahlung über 450,00 € wurde irrtümlich zweimal gebucht.

5.4.16
1. Bei der Kassenbestandsaufnahme ergeben sich folgende Bestände:
   Soll: 123.490,00 €; Ist: 123.470,00 €.
   Stimmen Sie den Bestand ab.
2. Die Differenz wird überraschend doch noch aufgeklärt und über Kasse ausgeglichen.

5.4.17 **1.** Ein Kunde gibt uns für 8.000,00 € Lastschriften zum Einzug, davon betreffen in einer getrennten Aufstellung 2.000,00 € eigene Kunden.
2. Lastschriften im Betrag von 2.500,00 €werden über Buba verrechnet, der Rest über Korrespondenzbanken.

5.4.18 **1.** Eine Korrespondenzbank belastet uns mit einem Kundenscheck über 1.000,00 €.
2. Das Kundenkonto weist bei der Disposition keine Deckung auf, so dass wir den Scheck der Korrespondenzbank rückbelasten müssen. Wir erheben Gebühren nach dem Scheckabkommen.

5.4.19 Am 05.08. wurde einem unserer Kunden eine Lastschrift über 2.150,00 € belastet. Bei der Rückkehr aus seinem Urlaub am 23.08. legt der Kunde bei uns Widerspruch ein wegen fehlender Geschäftsgrundlage für die Belastung.
Erstellen Sie alle erforderlichen Buchungen, wenn die Lastschrift seinerzeit über eine Korrespondenzbank eingereicht wurde; berücksichtigen Sie dabei zusätzlich 3,00 € Gebühren.

5.4.20 Barauszahlung eines auf eine Korrespondenzbank gezogenen Schecks über 2.625,00 €. Wir belasten das Lorokonto des Bezogenen.
Buchen Sie den Vorgang im Grundbuch.

5.4.21 Die Umsätze einschließlich der Anfangsbestände sind bei einem KKK im Haben um 200.000,00 € höher als im Soll.
Schließen Sie das Konto „KKK" ab, wenn der Schlussbestand der Debitoren 600.000,00 € beträgt.

5.4.22 Zum Bilanzstichtag befinden sich auf dem Scheckkonto folgende Summen:

Schecks	Soll	2.457.515,00 €;	Haben	2.168.590,00 €;

1. Schließen Sie das Bestandskonto ab.
2. Erläutern Sie, wo Sie diesen Betrag in der externen Bilanz aufführen.

5.4.23 Zeigen Sie den Charakter des Kontos „Rückschecks" anhand von zwei verschiedenartigen Beispielen. Ordnen Sie dabei das Konto der jeweils entsprechenden Bilanzposition zu.

5.4.24 Begründen Sie, warum die den Kunden E.v. gutgeschriebenen, noch im Bestand befindlichen Schecks am Jahresende zu aktivieren sind.

Exkurs 2: Bedeutung der Abgeltungsteuer

Für alle privaten Einkünfte aus Kapitalvermögen werden **25 % Abgeltungsteuer (AbgSt)** erhoben. Ihr werden auch Veräußerungsgewinne aus Effektengeschäften unterworfen, wenn die Käufe nach dem 01.01.2009 stattgefunden haben. Steuerfrei bleiben nur Käufe vor diesem Stichtag, bei denen die Effekten mindestens zwölf Monate im Eigentum des Käufers bleiben. Zur Abgeltungsteuer wird noch der Solidaritätszuschlag und in den Fällen, in denen der Kunde kirchensteuerpflichtig ist, zusätzlich noch die Kirchensteuer erhoben. **Der Betrag der Abgeltungsteuer wird kaufmännisch gerundet, der SolZ abgerundet aus dem vorher abgerundeten Betrag der AbgSt gerechnet** (§ 4, Satz 3 SolZG). **Die Kirchensteuer wird abgerundet aus dem Betrag der AbgSt gerechnet.**
Für nicht kirchensteuerpflichtige Kunden beträgt der Abzug 25 % AbgSt und darauf zusätzlich 5,5% SolZ. In den Fällen, in denen das KI den Abzug der Kirchensteuer automatisch durchführt, wird der Satz der Abgeltungsteuer verringert (im Beispiel für Wohnsitz in Baden-Württemberg). In diesen Fällen wird der Betrag der Kirchensteuer berechnet, indem der **steuerpflichtige Betrag durch 4,08 dividiert** wird.

$$\text{Satz der Abgeltungsteuer} = \frac{100\,\%}{4 + \text{Satz der Kirchensteuer (dezimal)}} = \frac{100\,\%}{4 + 0{,}08} \approx 24{,}51\,\%$$

Die Abgeltungsteuer ist eine Quellensteuer, daher obliegt ihr Einbehalt und ihre Abführung den Schuldnern der auszahlenden Stellen (z. B. den Aktiengesellschaften oder den Verwahrstellen) bzw. den Zahlstellen, also letztlich den Kreditinstituten.

Von den gesamten Einkünften aus Kapitalvermögen bleibt nur der **Sparer-Pauschbetrag** in Höhe von 801,00 € bei Ledigen bzw. 1.602,00 € bei Verheirateten ohne Steuerabzug. Der Abzug der tatsächlichen Werbungskosten ist ausgeschlossen. Kunden mit einer Nichtveranlagungs-Bescheinigung, die nicht zur Einkommensteuer veranlagt werden, erhalten ihre Einkünfte in voller Höhe (brutto) ohne Abzug der Abgeltungsteuer.

Der Vorteil der Abgeltungsteuer, die nach Überschreiten des Sparer-Pauschbetrages in Baden-Württemberg nominal bis zu 27,819 % einschließlich der Kirchensteuer beträgt, ist für Anleger mit einem höheren Spitzensteuersatz gegeben, die diese Einkunftsart definitiv versteuert haben. Diese Anleger brauchen ihre Kapitalerträge nicht mehr gesondert zu erklären. Bezieher geringerer Einkünfte können die gezahlte Abgeltungsteuer im Rahmen ihrer Einkommensteuererklärung geltend machen und dadurch ganz oder teilweise zurückerhalten.

Für die Buchung der Gutschrift von Kapitalerträgen gilt, dass die Kunden grundsätzlich nur noch die Netto-Zinsen bzw. -Dividenden erhalten. Beim Effektenhandel sind die Bruttoeinnahmen zu versteuern, die um die anfallenden Veräußerungs- und die zugehörigen Anschaffungsnebenkosten gekürzt werden dürfen. Verluste aus Kapitalvermögen können nur noch mit anderen Kapitalerträgen verrechnet werden. Daher ist es zweckmäßig, wenn die Kunden ihre Effektengeschäfte bei einem Kreditinstitut konzentrieren, weil dieses Institut dann einen Gesamtüberblick über die Ertragssituation beim einzelnen Kunden hat. Dazu muss es für jeden Kunden bis zu drei „**Verlustverrechnungstöpfe**" führen, in denen negative und positive Veräußerungsergebnisse sowie auch im Ausland gezahlte Quellensteuer mitberücksichtigt werden.

Aktien-Verlustverrechnungstopf	**Allgemeiner (auch: Sonstiger) Verlustverrechnungstopf**	**Ausländischer** Quellensteuer-Verrechnungstopf
Verluste dürfen nur mit Aktiengewinnen verechnet werden, Gewinne auch mit Verlusten aus dem allgemeinen Verrechnungstopf.	Verrechnung aller übrigen Kapitalerträge z. B. mit bezahlten Stückzinsen und Verlusten beim Verkauf von Aktienfonds.	

Beispiel 1:

Für die Festgeldanlage eines Kunden sind zum 31.12. 1.000,00 € Zinsen fällig. Ermitteln Sie den Gutschriftsbetrag, wenn der „Allgemeine Verlustverrechnungstopf" (u. a. für Zinsen und Stückzinsen) leer ist und
a) *der Kunde nicht kirchensteuerpflichtig ist;*
b) *der Anleger seinen Wohnsitz in Baden-Württemberg hat und ein Kirchensteuerabzug erfolgt.*

a)	Bruttozinsen	1.000,00 €	**b)**	Bruttozinsen	1.000,00 €
	– 25 % Abgeltungsteuer	250,00 €		– 24,51 % Abgeltungsteuer	245,10 €
	– 5,5 % Solidaritätszuschlag	13,75 €		– 5,5 % Solidaritätszuschlag	13,47 €
	Gutschriftsbetrag	**736,25 €**		– 8 % Kirchensteuer	19,60 €
				Gutschriftsbetrag	**721,83 €**

Alle Steuern sind definitiv bezahlt.

Beispiel 2:

Beim Kauf von Aktien fielen neben dem Kaufpreis in Höhe von 20.000,00 € noch Spesen über 208,00 € an. Der Verkauf erbrachte einen Erlös von 25.000,00 € bei Spesen über 260,00 €. Ermitteln Sie den Gewinn nach Steuern, wenn bisher Veräußerungsverluste in Höhe von 532,00 € im „Aktien-Verlustverrechnungstopf" angefallen sind.

	Verkaufserlös – Verkaufsspesen	24.740,00 €
	– Kaufpreis + Kaufspesen	20.208,00 €
	Veräußerungsgewinn	4.532,00 €
(1)	– 25 % Abgeltungsteuer aus **4.000,00 €**	1.000,00 €
	– 5,5 % Solidaritätszuschlag aus 1.000,00 €	55,00 €
	Gewinn nach Steuern	**3.477,00 €**

Erläuterung

(1) Der Veräußerungsverlust mindert den steuerpflichtigen Gewinn um 532,00 € auf 4.000,00 €.

5.4.3 Einlagengeschäfte

Das Einlagengeschäft ist der Teilbereich der Passivgeschäfte, der das Verhältnis zu den Kunden bei der Mittelbeschaffung zeigt.

Das Einlagengeschäft umfasst drei Bereiche:

- **Sichteinlagen,** hierzu zählen auch die **Tagesgelder** (s. Kapitel 5.3);
- **Termineinlagen** sind befristete Einlagen (hierzu gehören bilanzmäßig auch Spar(kassen)briefe) ab einem bestimmten Mindestbetrag von z.B. 5.000,00 €. Bei Fälligkeit bzw. nach Ablauf einer vereinbarten Prolongation werden dem Kunden die vereinbarten Zinsen vergütet.
- **Spareinlagen** dienen der Ansammlung und Anlage von Vermögen. Sie werden nach den Bestimmungen der Rechnungslegungsverordnung der Kreditinstitute (§ 21 Abs. 4 RechKredV, siehe S. 247) nach der vereinbarten Kündigungsfrist gegliedert:
  - Spareinlagen mit vereinbarter Kündigungsfrist von drei Monaten;
  - Spareinlagen mit vereinbarter Kündigungsfrist von mehr als drei Monaten.

Alle Einlagearten werden auf entsprechenden Hauptbuchkonten erfasst. Um eine Zuordnung zum jeweiligen Gläubiger zu haben, werden Skontren geführt (Personenkonten).
Zinsen werden bei Sparkonten bei den meisten KI einmal jährlich kapitalisiert, wobei möglicherweise angefallene **Vorschusszinsen** den Zinsaufwand des KI verringern (sie werden nicht gebucht, sondern rechnerisch von den zu vergütenden Zinsen abgezogen).

Bei Kunden, die dem KI weder einen Freistellungsauftrag (**FSA**) noch eine Nichtveranlagungs-Bescheinigung (**NV-Bescheinigung**) vorgelegt haben, müssen Abgeltungsteuer (**AbgSt**) und darauf 5,5 % Solidaritätszuschlag (**SolZ**) erhoben und an das Finanzamt abgeführt werden. Wenn für einen Kunden ein Kirchensteuerabzugsmerkmal (**KiSTAM**) vorliegt, wird dies in den betroffenen Aufgaben ausdrücklich erwähnt. Dann wird auch die Kirchensteuer einbehalten und weitergeleitet.

Erforderliche Konten:

Termineinlagen bzw. **Sparbriefe,**	**passives Bestandskonto**, das die Verbindlichkeiten des KI aus der Hereinnahme von Kundenfestgeldern oder dem Verkauf von Sparbriefen aufnimmt.
Spareinlagen,	**passives Bestandskonto**, auf dem die Verbindlichkeiten des KI aus der Hereinnahme von Spareinlagen gebucht werden. ⇐
SoVerb (AbgSt),	**passives Bestandskonto**, auf dem die Verbindlichkeiten des KI gegenüber dem Finanzamt wegen einbehaltener abgegoltener Steuern gebucht werden.

Beispiel 1:

Ein kirchensteuerpflichtiger KK-Kunde legt bei uns ein Festgeld von 120.000,00 € für 90 Tage zu p = 3 % an.

Buchungssatz:

→ KKK	120.000,00	/	Termineinlagen	120.000,00

Bei Fälligkeit erhält der Anleger das Geld einschließlich Zinsen auf KKK gutgeschrieben, ein FSA liegt nicht vor.

Buchungssätze:

(1)	→ Zinsaufwendungen	900,00	/	Termineinlagen	649,64
				SoVerb (AbgSt)	250,36
	→ Termineinlagen	120.649,64	/	KKK	120.649,64

Erläuterung

(1) Wenn ein Konto aufgelöst wird, sollte immer erst der Zins kapitalisiert werden. In diesem Fall verringert sich die Zinsgutschrift um die Abgeltungsteuer (220,59 €), den SolZ mit 5,5 % daraus (12,13 €) und die KiSt mit 8 % aus der AbgSt (17,64 €).

Beispiel 2:

Ein Sparer lässt sein Sparkonto mit vereinbarter dreimonatiger Kündigungsfrist ohne Kündigung bar auflösen: Das Guthaben beträgt 6.450,00 €, die noch zu kapitalisierenden Zinsen belaufen sich auf 45,00 €; allerdings sind noch 20,00 € Vorschusszinsen zu berücksichtigen, ein FSA liegt vor.

Buchungssätze:

(1)	→ Zinsaufwendungen	25,00	/	Spareinlagen	25,00
	→ Spareinlagen	6.475,00	/	Kasse	6.475,00

Erläuterung

(1) Der aufgelaufene Zins wird nicht in vollem Umfang kapitalisiert: Der Zinsaufwand der Bank wird um den Vorschusszins berichtigt. Die Vorschusszinsen **werden im Hauptbuch nicht gebucht**, sie werden im Personenbuch lediglich zur Information ausgewiesen.

Bilanzausweis:

Spareinlagen:	**2. Verbindlichkeiten gegenüber Kunden** **a) Spareinlagen** **aa) mit vereinbarter Kündigungsfrist von drei Monaten**
⇒ Spareinlagen mit vereinb. Kdg.-Frist:	**2. Verbindlichkeiten gegenüber Kunden** **a) Spareinlagen** **ab) mit vereinbarter Kündigungsfrist von mehr als drei Monaten**
Termineinlagen, Sparbriefe:	**2. Verbindlichkeiten gegenüber Kunden** **b) andere Verbindlichkeiten** **bb) mit vereinbarter Laufzeit oder Kündigungsfrist**

Arbeitsaufträge:

5.4.25 **1.** Ein Kunde überträgt von seinem KKK einen Betrag von 180.000,00 €, den er vorübergehend nicht benötigt, auf ein neu eröffnetes Festgeldkonto.
2. Nach 60 Tagen ist der Betrag fällig. Buchen Sie Rückübertragung auf KKK, wenn 2,75 % Zins vereinbart waren. Der uns vorliegende FSA ist noch mit 325,00 € frei.

5.4.26 **1.** Zu Lasten seines Sparkontos lässt ein Kunde einen Betrag von 20.000,00 € auf einem Festgeldkonto anlegen. Der Zinssatz für 90 Tage beträgt 2,25 %, ein ausreichender FSA liegt vor.
2. Nach Ablauf dieser Zeit werden die Zinsen auf dem Festgeldkonto gutgeschrieben. Als wir dem Kunden eine Prolongation zu 2,5 % anbieten, verlängert er die Festlegung um weitere 90 Tage.
3. Buchen Sie die Zinsgutschrift nach der Endfälligkeit und übertragen Sie den Gesamtbetrag auf KKK.

5.4.27 **1.** Ein Sparer hebt 12.000,00 € von seinem Sparkonto mit vereinbarter Kündigungsfrist von 12 Monaten bar ab. Dabei fallen 48,00 € Vorschusszinsen an, die mit dem Zinsbestand verrechnet werden.
2. Buchen Sie die Zinskapitalisierung zum Jahresende, wenn die restlichen Habenzinsen 166,00 € betragen. Ein FSA liegt nicht vor, der Kunde mit Wohnsitz in Freiburg ist kirchensteuerpflichtig.

5.4.28 Wegen eines Wohnsitz-Wechsels benötigt ein Kunde eine neue Bankverbindung. Er lässt sein Sparkonto mit vereinbarter Kündigungsfrist von drei Monaten durch ein netzfremdes Institut einziehen.
Buchen Sie die ungekündigte Auflösung des Kontos und die Verrechnung über Buba:
Guthaben 34.600,00 €; noch zu kapitalisierende Zinsen 150,00 €; Vorschusszinsen 18,75 € (FSA liegt vor).

5.4.29 Die Sparerin Nadine Schubert hat uns keinen Freistellungsauftrag eingereicht; sie erzielt zum 31.12. Zinsen in Höhe von 300,00 €, Kirchensteuer ist nicht zu berücksichtigen.
Buchen Sie die Gutschrift auf ihrem Konto nach den gesetzlichen Bestimmungen.

5.4.30 Weil er am Vortag 50,00 € zu viel ausgezahlt bekommen hat, bittet uns ein Kunde, den Betrag seinem Sparkonto zu belasten.

5.4.4 Effekten-Eigengeschäfte

Kreditinstitute kaufen oder verkaufen Effekten nicht nur für Kunden (Effektenkommissionsgeschäfte), sondern auch für den eigenen Bestand. Die Gründe dafür sind die gleichen wie die der Kunden, sie suchen Anlagemöglichkeiten mit Gewinnaussichten oder festem Ertrag. Weitere Anlässe sind bei großen Kreditinstituten die Kurspflege für Effekten, die sie selbst herausgegeben haben, sowie der Erwerb und der Handel mit Beteiligungen. Kennzeichnen der **Eigengeschäfte** sind, dass die Kreditinstitute **im eigenen Namen** und **für eigene Rechnung** handeln. Da sie häufig große Bestände ihres Vermögens in Effekten angelegt haben, ist es besonders wichtig, die Entwicklung des Wertes der Bestände und den Erfolg im Handel mit eigenen Effekten zu erfassen. Die gesetzlichen Regelungen dafür decken sich mit den Bestimmungen bei der Bewertung von Krediten (vgl. §§ 340e und 340f HGB).

Erforderliche Konten:

Eigene Effekten (EE),	**gemischtes Konto,** wegen unterschiedlicher An- und Verkaufskurse. Gebucht wird immer der **Kurswert** (auch bei Rentenpapieren); Käufe werden im Soll, Verkäufe im Haben gebucht (wie ein aktives Bestandskonto).
Effektenerträge,	**Ertragskonto**, das die vom KI erzielten Zins- und Dividendenerträge in der Höhe aufnimmt, die das KI zu versteuern hat (d. h. brutto); auf dem Konto werden die vom KI beim Kauf von festverzinslichen Effekten gezahlten Stückzinsen im Soll gebucht. ⇐
Effektenaufwendungen,	**Aufwandskonto**, das die vom KI für Käufe oder Verkäufe von eigenen Effekten an der Börse zu zahlende Gebühren aufnimmt. Für die Bilanzierung sind die Anschaffungsnebenkosten zu aktivieren.
SoVerb (Börse),	**passives Bestandskonto**, das die angefallenen, aber nur einmal monatlich abzuführenden Börsengebühren bis zur Weiterleitung enthält.

Beispiel 1:

An der Börse kaufen wir 1.480 St. Lanxess Aktien zu 62,50 b/St. Die darauf anfallende Börsentransaktionsgebühr beträgt 74,00 €. Buchen Sie den Kauf im Grundbuch, Verrechnung über Buba.

Buchungssätze:

(1)	→ Eigene Effekten	92.500,00	/	Buba	92.500,00
(2)	→ Effektenaufwendungen	74,00	/	SoVerb (Börse)	74,00

Erläuterung

(1) Da das Konto „Eigene Effekten“ (Vermögenswerte) aktiven Charakter hat, werden Käufe im Soll (und Verkäufe im Haben) gebucht.

(2) Die Börsengebühr ist für das KI betrieblicher Aufwand, der in der Bilanz mit dem Kurswert gemeinsam aktiviert wird. Im Hauptbuch werden diese Aufwendungen aus Informationsgründen auf einem eigenständigen Ergebniskonto erfasst. Die Börsengebühr wird auf einem Sammelkonto erfasst, das die **Verbindlichkeit** gegenüber der Börse bis zur Abführung darstellt. Sie wird einmal monatlich abgeführt.

Wir verkaufen diese 1.480 St. Lanxess Aktien über die Börse zu 87,72 €/St.. Die anfallende Börsentransaktionsgebühr beträgt 103,86 €. Buchen Sie den Verkauf im Grundbuch, die Verrechnung erfolgt über Buba.

Buchungssätze:

(3)	→ Buba	129.825,60	/	Eigene Effekten	129.825,60
	→ Effektenaufwendungen	103,86	/	SoVerb (Börse)	103,86

Erläuterung

(3) Der Verkauf wird im Haben des Kontos „Eigene Effekten" gebucht. Hierdurch entsteht ein realisierter Kursgewinn in Höhe von 37.325,60 €. Dieser wird in der Praxis monatlich oder sogar nach jedem Verkauf ausgebucht (vgl. Kapitel 6.5).

Beispiel 2:

Wir kaufen nom. 50.000,00 € einer 5 %-igen Inhaberschuldverschreibung an der Börse zu 99,00 % zzgl. 630,14 € Stückzinsen. Die Bezahlung erfolgt über eine Korrespondenzbank. Börsengebühren fallen in Höhe von 37,50 € an. Buchen Sie den Kauf im Grundbuch.

Buchungssätze:

(1)	→ Eigene Effekten	49.500,00			
	Effektenerträge	630,14	/	BKK	50.130,14
	→ Effektenaufwendungen	37,50	/	SoVerb (Börse)	37,50

Erläuterung

(1) Auf dem Konto „Eigene Effekten" wird **nur** der **Kurswert** gebucht, da die beim Kauf zu zahlenden Stückzinsen das Ergebnis des KI betreffen.

Wir verkaufen nom. 50.000,00 € einer 5 %-igen Inhaberschuldverschreibung an der Börse zu 99,00 % zzgl. 1.246,58 € Stückzinsen. Die Bezahlung erfolgt über die Buba. Börsengebühren fallen in Höhe von 37,50 € an. Buchen Sie den Verkauf im Grundbuch.

Buchungssätze:

	→ Buba	50.746,58	/	Eigene Effekten	49.500,00
(2)				Effektenerträge	1.246,58
	→ Effektenaufwendungen	37,50	/	SoVerb (Börse)	37,50

Erläuterung

(2) Auf dem Konto „Effektenerträge" verbleibt als Saldo der Zins in Höhe von 616,44 € als Ertrag aus der Anlage in diese Anleihe.

⇒

- Auf dem Konto „Eigene Effekten" werden alle von einem Kreditinstitut gekauften und verkauften Effekten mit ihrem **Kurswert** gebucht.
- **Anfallende Stückzinsen** sind immer auf dem Konto **„Effektenerträge"** zu buchen:
  - Beim Kauf von dem KI bezahlte Stückzinsen verringern künftige Zinserträge (Buchung auf dem Konto „Effektenerträge" im Soll).
  - Beim Verkauf an das KI gezahlte Stückzinsen sind Zinserträge (Buchung im Haben).

Hinweis: Die Ermittlung des Ergebnisbeitrages der Effekten-Eigengeschäfte erfolgt in Kapitel 6.5.

Arbeitsaufträge:

5.4.31 Wir kaufen an der Börse Rentenpapiere für den eigenen Bestand (Abrechnung über Buba): Kurswert 194.500,00 € zzgl. Stückzinsen 666,67 €; Börsentransaktionsentgelt 150,00 €. Buchen Sie die Abrechnung im Grundbuch.

5.4.32 An der Börse verkaufen wir Aktien aus dem eigenen Bestand im Kurswert von 28.750,00 €. Die dafür anfallende Börsengebühr beträgt 23,00 €. Buchen Sie die Abrechnung des Verkaufes über Buba.

5.4.33 Ein „Paket" von nom. 5.200.000,00 € festverzinsliche Effekten wird von uns im Telefonhandel zu 98 % an eine Korrespondenzbank zzgl. 12.000,00 € Stückzinsen verkauft. Buchen Sie den Ausgang der Effekten im Grundbuch.

5.4.34 Am 13.09. kaufen wir an der Börse nom. 120.000,00 €, 6 %-ige Industrieschuldverschreibung, F/A, zu 98 % an. Die Abwicklung erfolgt über Buba.
Buchen Sie den Ankauf, wenn eine Börsengebühr in Höhe von 86,40 € mit dem Kaufpreis verrechnet wird.

5.4.35 Wir verkaufen an der Börse 5.750 St. SAP-Aktien zu 95,00 €/St. (Eigenbestand). Die uns in Rechnung gestellte Börsengebühr beläuft sich auf 218,50 €. Buchen Sie die Abrechnung des Verkaufes über Buba.

5.4.36 **1.** Ein Kunde verkauft über uns an der Börse 320 St. Fielmann Aktien zu 75,00 €/St. Die Spesen, die er zu tragen hat, belaufen sich auf 249,60 €. Buchen Sie den Umsatz, wenn die Verrechnung über BKK erfolgt und die Spesen über unser Konto PuG-Erträge erfasst werden.
2. In der Hoffnung auf steigende Kurse nach der Erhöhung der amerikanischen Leitzinsen kauft ein Kunde nom. 20.000,00 €, 3 %-ige IHS zu 98,00 %. Die von ihm zu zahlenden Stückzinsen betragen 100,00 €. Die Spesen belaufen sich auf 113,00 €. Die Verrechnung erfolgt über eine Korrespondenzbank.

5.4.37 Begründen Sie, wer Umsätze auf einem Nostrokonto veranlassen darf und wer sie ausführen kann.

Exkurs 3: Laufende Erträge aus Effekten-Eigenanlagen

Da Kreditinstitute darauf angewiesen sind, Kundengelder, die sie selbst verzinsen müssen, ertragbringend anzulegen, geht es nicht nur darum, Kursgewinne zu realisieren. Für den Bestand an eigenen Effekten ist auch die Erzielung von Zins- bzw. Dividendenerträgen ein Anlageziel.

Auch die Effekten der Kreditinstitute sind üblicherweise in Girosammelverwahrung (GS) hinterlegt; daher wartet das jeweilige Kreditinstitut nur auf die eingehenden Gutschriften von der zuständigen Wertpapiersammelbank (WSB), der Clearstream Banking AG Frankfurt (CBF), um die eingehenden Zahlungen ordnungsgemäß buchen zu können.

Für die Buchung der Gutschrift gilt, dass Kreditinstitute jede Art von Gutschrift brutto zu buchen haben, da die Bruttoerträge die Besteuerungsgrundlage darstellen.

- Zinserträge aus festverzinslichen Effekten werden vom Emittenten brutto ausgezahlt.
- Dividenden werden dagegen immer netto gutgeschrieben; abgezogen werden die Abgeltungsteuer und darauf zusätzlich noch 5,5 % Solidaritätszuschlag. Die Abzugsbeträge sind eine Vorauszahlung auf die zu leistende Körperschaftsteuer des jeweiligen Kreditinstitutes.

Erforderliche Konten:

SoFo (Wertpapiersammelbank), = SoFo (WSB)	**aktives Bestandskonto**, enthält den Anspruch gegen die Wertpapiersammelbank in Höhe der Bruttozinsen und Nettodividenden.
SoFo (FA),	**aktives Bestandskonto**, das die vom KI schon gezahlten Steuervorauszahlungen auf die später zu leistende KESt-Schuld ausweist (Differenz von Dividende der AG zur Auszahlung an das KI als Aktionär).

⇐

Beispiel 1:

Kurz vor Fälligkeit buchen wir intern den Zinsanspruch unseres KI auf nom. 250.000,00 €, 5 % Inhaber-Schuldverschreibung, 14.05. gzj. Die Effekten werden im Depot A gehalten (Eigendepot).

Buchungssatz:

(1) ⟶ SoFo (WSB)	12.500,00	/	Effektenerträge	12.500,00

Bei Fälligkeit erhalten wir die Gutschrift in Höhe des Zinsbetrages über die Deutsche Bundesbank.

Buchungssatz:

(2) ⟶ Buba	12.500,00	/	SoFo (WSB)	12.500,00

Erläuterung

(1) Aus der Depotbuchhaltung sind uns die Höhe und die Fälligkeit unseres Zinsanspruches bekannt; wir können diesen Zinslauf daher ohne Risiko einer Fehlbuchung schon vor Zahlungseingang durchführen.

(2) Bei Eingang der Zahlung erlischt unser Anspruch an die Wertpapiersammelbank, das Konto wird ausgeglichen (Kontrollfunktion für eingehende Zinszahlungen).

Beispiel 2:

Über BKK erhalten wir die Zinsen in Höhe von 45.000,00 € für eigene in Girosammelverwahrung verwahrte 4,5 %-ige Schuldverschreibung im Nennwert von 1.000.000,00 €.

Buchungssatz:

(1) ⟶ BKK	45.000,00	/	SoFo (WSB)	45.000,00

Die Zinsen werden unserem Ertragskonto gutgeschrieben.

Buchungssatz:

(2) ⟶ SoFo (WSB)	45.000,00	/	Effektenerträge	45.000,00

Erläuterung

(1) In diesem Beispiel erfolgt zunächst der Zahlungseingang für die Zinsen, es entsteht eine „negative" Forderung gegenüber der Wertpapiersammelbank.

(2) Es erfolgt ein Ausgleich des Forderungskontos durch Verrechnung gegenüber den Gläubigern.

Beispiel 3:

Über Buba erhalten wir 12.884,38 € für 5.000 in Girosammelverwahrung verwahrte BMW-Aktien, die uns gehören; die ausgezahlte Dividende ist die Nettodividende (wie bei den Kunden).

Buchungssatz:

(1) ⟶ Buba	12.884,38	/	SoFo (WSB)	12.884,38

Die eingegangene Dividende wird dem Ertragskonto gutgeschrieben.

Buchungssatz:

(2) ⟶ SoFo (WSB)	12.884,38			
SoFo (FA)	4.615,62	/	Effektenerträge	17.500,00

Erläuterung

(1) Der Zahlungseingang entspricht dem Auszahlungsbetrag der AG, der übrigbleibt, wenn bei der ausschüttenden AG schon die „Quellensteuer" AbgSt und der SolZ einbehalten und von der Dividende abgezogen wurden.

Berechnung:		
Dividende	100 %	17.500,00 €
	− 25 % AbgSt	4.375,00 €
	− 5,5 % SolZ (aus AbgSt)	240,62 €
(73,625 % der Dividende)	Auszahlung	12.884,38 €

(2) Der zu versteuernde Ertrag ist die **Bardividende** der AG. Diese berechnet sich aus der Summe von Auszahlungsbetrag und Steuervorauszahlung. Die Differenz zwischen Dividende und Auszahlung der AG ist eine anrechenbare Vorauszahlung auf die eigene Körperschaftsteuerschuld.

Berechnung:		
	Auszahlung	12.884,38 €
	+ 26,375/73,625 AbgSt + SolZ	4.615,62 €
	Bardividende	17.500,00 €

- Für Kreditinstitute sind sowohl laufende Erträge aus eigenen Effektenanlagen als auch realisierte Kursgewinne steuerpflichtig.
- Da Zinserträge brutto ausgezahlt werden, können eingehende Zinszahlungen unmittelbar auf das Ertragskonto übernommen werden.
- Dividenden werden netto ausgeschüttet; da sie aber mit ihrem vollen Betrag zu versteuern sind, muss die Differenz von Dividende und Auszahlung der AG erst noch berechnet werden. Der Abzugsbetrag stellt für das Kreditinstitut eine Vorauszahlung auf die Körperschaftsteuerschuld dar und beträgt 26,375 % (25 % AbgSt zzgl. 5,5 % SolZ daraus).

⇐

Arbeitsaufträge:

5.4.38 Über Buba erhalten wir eine Gutschrift für 5.000 uns gehörende Aktien. Auf der HV wurde eine Dividende in Höhe von 1,20 €/St. beschlossen.
1. Buchen Sie den Zahlungseingang.
2. Ermitteln Sie den steuerpflichtigen Betrag und buchen Sie ihn auf dem Ertragskonto.

5.4.39 **1.** Wir besitzen 6.000 nennwertlose Aktien der Deutschen Bank. Auf der demnächst anstehenden HV wird ein Dividenden-Vorschlag in Höhe 0,75 €/St. beschlossen werden.
Buchen Sie den Anspruch an den Drittverwahrer (Clearstream Banking AG).
2. Über Buba erhalten wir pünktlich die erwartete Dividende.

5.4.40 Über eine Korrespondenzbank erhalten wir eine Gutschrift wegen fälliger Zinsen aus in Girosammelverwahrung verwahrten Schuldverschreibungen über nominal (vor Steuerabzug) 16.000,00 €.
1. Buchen Sie den Zahlungseingang.
2. Die Zinsen betreffen mit nominal 6.400,00 € unsere Kunden (KKK) und mit dem Rest uns selbst; Freistellungsaufträge unserer Kunden liegen vor.
3. Wegen eines Irrtums in der Depotabteilung wurden die falschen Freistellungsaufträge herangezogen; tatsächlich sind sämtliche Kundengutschriften um 25 % AbgSt und darauf 5,5 % SolZ zu verringern. Stornieren Sie die ursprüngliche Kundengutschrift und buchen Sie die sachlich richtige Gutschrift.

5.4.41 Ein Kreditinstitut verkauft an eine Korrespondenzbank nominal 50.000,00 €, 4 %-ige Kassenobligationen, zum Kurswert von 49.500,00 € zzgl. 450,00 € Stückzinsen.
1. Buchen Sie den Verkauf.
2. Entscheiden Sie, welchen Erfolgsbeitrag dieser Umsatz für das laufende Jahr darstellt, wenn das KI diese Papiere im gleichen Jahr zu 49.200,00 € zzgl. 180,00 € Stückzinsen gekauft hatte.

5.4.42 Ein ausländischer Emittent hat eine 8 % Anleihe mit den Zinsterminen 10. M/S begeben. Wir kaufen davon Wert 14.06. nominal 50.000,00 € zu 95 % spesenfrei über eine Korrespondenzbank; Gutschrift über Buba.
1. Erstellen und buchen Sie die Kaufabrechnung, wenn 1.052,05 € Stückzinsen anfallen.
2. Bei Fälligkeit erhalten wir die Zinsgutschrift für den September-Kupon.
Buchen Sie den Eingang über BKK und die Weiterleitung auf unser Ertragskonto.
3. Wegen der nachlassenden Bonität des Emittenten verkaufen wir die Papiere an der Börse zu 92 %; die Börsengebühr beträgt 0,75 ‰ (NW), die Stückzinsen belaufen sich auf 602,74 €.
Buchen Sie die Verkaufsabrechnung über Buba, Wert 04.11. im gleichen Jahr.
4. Hat sich die Anlage für unser KI gelohnt?
Zur Beantwortung der Frage sollten Sie die konkreten Zahlen zur Beurteilung heranziehen.

5.4.43 Über Buba erhalten wir eine Dividendengutschrift für 500 BMW Aktien, die einem Kunden gehören. Auf der Hauptversammlung wurde eine Dividende in Höhe von 3,20 €/St. beschlossen.
1. Buchen Sie den Zahlungseingang.
2. Buchen Sie die Gutschrift auf dem KKK für einen ledigen Kunden mit einem uns erteilten Freistellungsauftrag in Höhe von 750,00 €, der noch nicht weiter beansprucht wurde.
3. Berechnen und buchen Sie die Gutschrift auf dem KKK für einen verheirateten Kunden mit einem FSA über 1.602,00 €, der 1.500 BMW Aktien besitzt. Vom Freibetrag sind 40,00 € noch nicht verbraucht. Der Kirchensteuerabzug ist mit 8 % zu berücksichtigen.

5.4.5 Buchen von Kreditgeschäften

Das Kreditgeschäft im weitesten Sinn stellt eine der Hauptertragsquellen für Kreditinstitute dar. Allerdings ist es wie das Effektengeschäft auch mit Risiken behaftet; hier sind insbesondere das Ausfall-, aber auch das Zinsänderungsrisiko zu berücksichtigen (vgl. S. 234).

Die Risiken sollen durch die Richtlinien des Basel-II-Abkommens zumindest teilweise verringert werden. Hierbei werden die Kreditnehmer in unterschiedliche Risikoklassen eingestuft und müssen dementsprechend unterschiedliche Zinsbelastungen akzeptieren und entsprechende Sicherheiten bereitstellen. Darüber hinaus wird im Basel-III-Abkommen die Eigenkapitalbasis der KI verbreitert und die Risikodeckung verbessert.

Exemplarisch werden hier zwei Arten der Geldleihe vorgestellt: Das Kreditinstitut stellt seinem Kunden Geld (wie beim Darlehen) oder die Verfügungsmöglichkeit darüber zur Verfügung (wie beim Kontokorrentkredit). Der Kunde kann nach seinen Vorstellungen oder zweckgebunden darüber verfügen.

Im Bereich der Konsumgüterfinanzierungen (z. B. Möbel-, Autokauf) werden den Kunden Verbraucherdarlehen angeboten, die im Wettbewerb auf unterschiedliche Art und Weise abgerechnet werden, meist jedoch wie Annuitätendarlehen. Die Konditionen werden im jeweiligen Beispiel genannt.

Für langfristige Finanzierungen, wie sie z. B. bei Baufinanzierungen erforderlich sind, stellen KI Darlehen gegen eine Besicherung durch Grundschulden zur Verfügung. Die Darlehen werden üblicherweise als sogenannte „Annuitätendarlehen" ausgegeben; bei ihnen hat der Darlehensnehmer eine **jährlich gleichbleibende Gesamtbelastung** zu tragen. Die Annuität setzt sich zusammen aus einer wegen der Tilgung **sinkenden Zinsbelastung** und einer entsprechend **steigenden Tilgungsleistung**. Aus Vereinfachungsgründen wird hier eine einzige Jahreszahlung unterstellt, in der Praxis wird diese aber auf zwölf Monate verteilt, um den Kunden nicht zu sehr zu belasten.

Unabhängig von der Darlehens- und Verrechnungsart gilt, dass für die Konditionen immer der effektive Zinssatz maßgeblich ist, den der Kunde zu tragen hat.

⇒

Erforderliche Konten:

Darlehen,	**aktives Bestandskonto**, enthält die Ansprüche gegen die Darlehensnehmer aus langfristigen Finanzierungen; die Tilgung erfolgt üblicherweise in Annuitäten, die in monatliche Raten aufgeteilt werden.
Verbraucherdarlehen,	**aktives Bestandskonto**, enthält die Ansprüche gegen die Darlehensnehmer einschl. Zinsen und Bearbeitungsgebühr aus der Finanzierung von Konsumgütern.

Beispiel 1:

Ein Verbraucherdarlehen mit einem Betrag von 8.000,00 € für eine Kfz-Finanzierung wird zu folgenden Konditionen ausgegeben:
Sollzinssatz: 6,5 % p.a.; effektiver Jahreszinssatz: 6,70 %; gesamter Zinsaufwand: 826,89 €;
monatliche Rückzahlungsrate: 245,19 €; Laufzeit: 36 Monate.
Buchen Sie die Auszahlung des Darlehens über KKK.

	Soll	Verbraucherdarlehen	Haben
(1)	8.826,89		

Soll	KKK	Haben
		8.000,00

Soll	Zinserträge	Haben
		826,89

Buchungssatz:					
(2)	⟶ Verbraucherdarlehen	8.826,90	/	KKK	8.000,00
				Zinserträge	826,90

Buchen Sie nach einem Monat die erste Rückzahlungsrate in Höhe von 245,19 € über KKK.

Buchungssatz:					
(3)	⟶ KKK	245,19	/	Verbraucherdarlehen	245,19

Erläuterung

(1) Auf dem Konto „Verbraucherdarlehen" wird die Gesamtsumme der Forderung des KI ausgewiesen, die aus ausgezahltem Darlehen (100 %) und den Zinsen besteht.

(2) Der Kunde erhält immer den vollen Darlehensbetrag gut geschrieben. Bei der internen Auszahlungsbuchung wird hier noch nicht berücksichtigt, dass ein großer Zinsanteil nicht das laufende Jahr betrifft (drei Jahre Gesamtlaufzeit).

(3) Da auf dem Konto „Verbraucherdarlehen" die Gesamtforderung erfasst ist, wird die eingehende Rate in vollem Umfang diesem Konto gutgeschrieben.

Beispiel 2:

Für die Teilfinanzierung eines Hauses erhält ein Kunde ein Annuitätendarlehen über 150.000,00 € zu folgenden Bedingungen: Sollzinssatz: 6 %; anfängliche Tilgung: 1 %; Auszahlung: 100 %; Wert 31.12. des Vorjahres. Buchen Sie die Auszahlung des Darlehens über KKK.

Buchungssatz:					
(1)	⟶ Darlehen	150.000,00	/	KKK	150.000,00

Zum 31.12. dieses Jahres belasten wir das Darlehenskonto mit den Jahreszinsen in Höhe von 9.000,00 €.

Buchungssatz:					
(2)	⟶ Darlehen	9.000,00	/	Zinserträge	9.000,00

Mit gleicher Wertstellung wird das Kundenkonto mit 10.500,00 € belastet (9.000,00 € Zins + 1.500,00 € Tilgung).

Buchungssatz:					
(3)	⟶ KKK	10.500,00	/	Darlehen	10.500,00

Erläuterung

(1) Das Konto „Darlehen" zeigt zum Auszahlungszeitpunkt nur die reine Darlehensforderung.

(2) Zur Fälligkeit des Zinsanspruches steigt die Forderung um den anteiligen Jahreszins.

(3) Bei Fälligkeit der Annuität wird der Kunde valutagerecht mit Zins und Tilgung belastet.

Bilanzausweis:	**Aktiva**
Verbraucherdarlehen,	**4. Forderungen an Kunden**
Darlehen:	darunter: durch Grundpfandrechte gesichert

⇐

Arbeitsaufträge:

5.4.44 Christiana Garrad benötigt für den Kauf eines Cabrios noch einen Betrag von 9.000,00 €, damit sie „bar" bezahlen und Rabatte ausnutzen kann. Sie erhält bei uns das Verbraucherdarlehen zu folgenden auf sie abgestimmten Konditionen:
Sollzinssatz: 7,25 % p.a.; effektiver Jahreszinssatz: 7,50 %;
gesamter Zinsaufwand: 695,42 €; monatliche Rückzahlungsrate: 403,97 €; Laufzeit: 24 Monate.
Dadurch ergibt sich für uns eine Gesamtforderung von 9.695,42 €.
1. Buchen Sie die Auszahlung über KKK.
2. Belasten Sie die erste Rate mit einem Betrag von 403,97 € über KKK.

5.4.45 Die gleiche Kundin (Italienerin) hat beschlossen, ihren Wohnsitz dauerhaft in Deutschland zu führen. Daher können wir sie auch überzeugen, eine Eigentumswohnung zu kaufen. Für die Finanzierung erhält sie von uns auf Grund der vorhandenen Sicherheiten einen Betrag von 150.000,00 €, der monatich zu tilgen ist. Darlehenskonditionen: Sollzinssatz: 3,50 %; effektiver Jahreszinssatz: 3,56 %; anfängliche Tilgung: 3 %; monatliche Belastung: 812,50 €.

1. Buchen Sie die Gutschrift des Darlehens auf dem Kundenkonto.
2. Belasten Sie den Zinsanteil des ersten Monats auf dem Darlehenskonto.
3. Belasten Sie die erste Rate auf dem Kundenkonto.

5.4.46 Kunde Dieter Rogg erhält von uns ein Festdarlehen (Tilgung in einer Summe bei Endfälligkeit) über 20.000,00 €. Die vereinbarten Darlehensbedingungen nennen einen Sollzinssatz von 5,75 %, Auszahlung Wert 30.12.2015, Laufzeit 5 Jahre.

1. Buchen Sie die Auszahlung auf KKK.
2. Ermitteln und buchen Sie - wenn erforderlich - die Zinsbelastung zum 30.12.2015.
3. Buchen Sie die erforderliche Jahreszahlung mit Zinsumbuchung Wert 30.12.2016 über KKK.
4. Buchen Sie die Tilgung mit Zinsbelastung und -umbuchung Wert 30.12.2020 über KKK.

5.5 Abschluss von Bestands- und Ergebniskonten

Wie in der allgemeinen Buchführung schließen Kreditinstitute mindestens einmal jährlich ihre Bestands- und Ergebniskonten ab. Dabei erfolgt der interne Abschluss über das Schlussbilanzkonto (SBK) bzw. über das GuV-Konto. In der veröffentlichten Bilanz werden die Bestände vieler Konten weiter verdichtet, um den Informationsgehalt der Bilanz zu verbessern.

Das **Hauptbuch** enthält die **Gesamtheit aller Sachkonten**, auf denen während des Geschäftsjahres Bestände und Erfolge erfasst werden. Für den Jahresabschluss sind in vielen Fällen noch „vorbereitende Abschlussbuchungen" erforderlich, die dann erst die endgültige Abschlussbuchung ermöglichen. Die Ursache für solche Buchungen ist in drei Punkten zu sehen:

- Periodengerechte Erfolgsermittlung (z.B. Berücksichtigung von Abschreibungen, s. Kap. 1.9);
- Differenzen zwischen Inventur- und Buchbeständen;
- Bewertung von Vermögens- und Schuldenwerten (s. Kap. 6).

Beispiel 1:

*1. Erstellen Sie mit Hilfe der folgenden Inventurergebnisse die **Schlussbilanz** für das Bankhaus Treuglaub, Stuttgart, zum 31.12.2017 (die Zahlenangaben nehmen keine Rücksicht auf Mindesteigenkapital und Grundsätze über das Eigenkapital und die Liquidität):*

Kasse 45.000,00 €; Kreditoren 824.000,00 €; Spareinlagen 900.640,00 €; Schecks (So. Vermögensgegenstände) 67.200,00 €; Buba 196.500,00 €; Grundstücke und Gebäude 600.000,00 €; Geschäftsausstattung 80.000,00 €; Forderungen an Banken 14.800,00 €; Debitoren 621.750,00 €; Darlehen 200.920,00 €.

*2. Buchen Sie im **Grundbuch** folgende Geschäftsfälle des Jahres 2018:*

1. KK-Kunden reichen uns Schecks über 23.000,00 € zur Gutschrift ein.
2. Barabhebungen von Sparkonten 5.640,00 €.
3. Zahlungseingänge für KK-Kunden über eine Korrespondenzbank mit 5.200,00 €.
4. Kauf von Geschäftsausstattung für 25.000,00 € bei einem Kunden (Kontogutschrift).
5. Über Buba erhalten wir einen Tilgungsbetrag für ein Darlehen mit 2.920,00 €.
6. KK-Kunden werden mit 16.000,00 € Sollzinsen belastet.
7. Für eine Vermittlung erhalten wir 34.000,00 € Provision über Buba.
8. Für betriebliche Steuern ist eine Zahlung von 800,00 € über eine Korrespondenzbank zu leisten.
9. Kauf von Vordrucken für 1.200,00 € bar.
10. Scheckeinzug mit 40.000,00 € über Buba.

***Vorbereitende Abschlussbuchungen**, die ebenfalls im Grundbuch zu buchen sind:*

11. Abschreibung auf Geschäftsausstattung: 10 % linear; der Anschaffungswert betrug insgesamt 60.000,00 €.
12. Abschreibung auf Gebäude: 4 % vom reinen Gebäudewert, der 400.000,00 € beträgt.

*3. Führen Sie den Abschluss im **Hauptbuch** zum 31.12.2018 durch; die Inventurergebnisse für Bestands- und Personenkonten entsprechen den Buchbeständen.*
Schlussbestände: Debitoren 607.550,00 €; Kreditoren 847.000,00 €; Forderungen an Banken 19.200,00 €.

1.

Schlussbilanz
Bankhaus Treuglaub, Stuttgart, zum **31.12.2017**

Aktiva		**Passiva**	
1. Kasse	45.000,00	1. Verbindlichkeiten gegenüber Kunden	
2. Guthaben bei der Buba	196.500,00	a) Spareinlagen	900.640,00
3. Forderungen an Banken	14.800,00	b) Sichteinlagen	824.000,00
4. Forderungen an Kunden	621.750,00	2. Eigenkapital	101.530,00
5. Darlehen	200.920,00		
6. Geschäftsausstattung	80.000,00		
7. Grundstücke und Gebäude	600.000,00		
8. Sonstige Vermögensgegenstände	67.200,00		
	1.826.170,00		1.826.170,00

2. Buchungen im Grundbuch:

(1)	➤ Schecks	23.000,00	/	KKK	23.000,00
(2)	➤ Spareinlagen	5.640,00	/	Kasse	5.640,00
(3)	➤ BKK	5.200,00	/	KKK	5.200,00
(4)	➤ BGA	25.000,00	/	KKK	25.000,00
(5)	➤ Buba	2.920,00	/	Darlehen	2.920,00
(6)	➤ KKK	16.000,00	/	Zinserträge	16.000,00
(7)	➤ Buba	34.000,00	/	PuG-Erträge	34.000,00
(8)	➤ Steueraufwendungen	800,00	/	BKK	800,00
(9)	➤ Sachaufwendungen	1.200,00	/	Kasse	1.200,00
(10)	➤ Buba	40.000,00	/	Schecks	40.000,00

Vorbereitende Abschlussbuchungen:

(11)	➤ Abschreib. a. Anlagen	6.000,00	/	BGA	6.000,00
(12)	➤ Abschreibung a. Gebäude	16.000,00	/	Grundst. u. Gebäude	16.000,00

3. Abschluss im Hauptbuch:

Soll — Kasse — Haben

Soll		Haben	
AB	45.000,00	(2)	5.640,00
		(9)	1.200,00
		SB	38.160,00
	45.000,00		45.000,00

Soll — KKK — Haben

Soll		Haben	
AB Deb.	621.750,00	AB Kred.	824.000,00
(6)	16.000,00	(1)	23.000,00
		(3)	5.200,00
		(4)	25.000,00
SB Kred.	847.000,00	SB Deb.	607.550,00
	1.484.750,00		1.484.750,00

Soll — Buba — Haben

Soll		Haben	
AB	196.500,00	SB	273.420,00
(5)	2.920,00		
(7)	34.000.00		
(10)	40.000,00		
	273.420,00		273.420,00

Soll — Spareinlagen — Haben

Soll		Haben	
(2)	5.640,00	AB	900.640,00
SB	895.000,00		
	900.640,00		900.640,00

Soll	Schecks		Haben
AB	67.200,00	(10)	40.000,00
(1)	23.000,00	SB	50.200,00
	90.200,00		90.200,00

Soll	Darlehen		Haben
AB	200.920,00	(5)	2.920,00
		SB	198.000,00
	200.920,00		200.920,00

Soll	BGA		Haben
AB	80.000,00	(11)	6.000,00
(4)	25.000,00	SB	99.000,00
	105.000,00		105.000,00

Soll	BKK		Haben
AB Deb.	14.800,00	(8)	800,00
(3)	5.200,00	SB Deb.	19.200,00
	20.000,00		20.000,00

Soll	Steueraufwendungen		Haben
(8)	800,00	GuV	800,00

Soll	Grundstücke u. Gebäude		Haben
AB	600.000,00	(12)	16.000,00
		SB	584.000,00
	600.000,00		600.000,00

Soll	Sachaufwendungen		Haben
(9)	1.200,00	GuV	1.200,00

Soll	Zinserträge		Haben
GuV	16.000,00	(6)	16.000,00

Soll	Abschreibungen		Haben
(11)	6.000,00	GuV	22.000,00
(12)	16.000,00		
	22.000,00		22.000,00

Soll	Provisionserträge		Haben
GuV	34.000,00	(7)	34.000,00

Soll	GuV-Konto		Haben
Steueraufw.	800,00	Zinsertr.	16.000,00
Sachaufw.	1.200,00	Prov.-Ertr.	34.000,00
Abschr.	22.000,00		
EK	26.000,00		
	50.000,00		50.000,00

Soll	Eigenkapital		Haben
SB	127.530,00	AB	101.530,00
		GuV	26.000,00
	127.530,00		127.530,00

Schlussbilanzkonto (SBK)

Bankhaus Treuglaub, Stuttgart, zum **31.12.2018**

Soll		**Haben**	
1. Kasse	38.160,00	1. Verbindlichkeiten gegenüber Kunden	
2. Guthaben bei der Buba	273.420,00	a) Spareinlagen	895.000,00
3. Forderungen an Banken	19.200,00	b) Sichteinlagen	847.000,00
4. Forderungen an Kunden	607.550,00	2. Eigenkapital	127.530,00
5. Darlehen	198.000,00		
6. Geschäftsausstattung	99.000,00		
7. Grundstücke und Gebäude	584.000,00		
8. Sonstige Vermögensgegenstände	50.200,00		
	1.869.530,00		1.869.530,00

Für die Entscheidungen, die in einem Kreditinstitut täglich gefällt werden müssen, sind Informationen aus der Jahresbilanz bei weitem nicht ausreichend. Daher werden über EDV regelmäßig Listen erstellt, die **jederzeit** über den Liquiditätsstatus Auskunft geben und damit anzeigen, welche Beträge zur Anlage am Geld- und Kapitalmarkt bereitstehen.

Die **Tagesbilanzen** ergeben sich aus den Anfangsbeständen, die gleichzeitig die Schlussbestände des Vortages sind, und den Umsätzen des laufenden Tages, die in der **Tagesumsatzbilanz** zusammengefasst werden.

⇒ **Tagesbilanz** (Vortag) + **Tagesumsatzbilanz** (heute) = **Tagesbilanz** (heute)

Ablauf:
- Erfassung aller Belege in Primanoten (Grundbüchern), üblicherweise getrennt nach Soll- und Haben-Primanoten (leichtere Abstimmung);
- Zusammenfassung aller Primanoten in der Tagesumsatzbilanz (Sammeljournal), die die Summe aller Umsätze des Tages enthält, gegliedert nach Sachkonten;
- Aufrechnung der Umsätze mit der Tagesbilanz des Vortages. Dadurch liegen die neuen Schlussbestände vor.

Beispiel 2:

Am 19.07. fallen in einem KI folgende Umsätze an:

1. *KK-Kunden zahlen 4.000,00 € bar auf ihre Konten ein.*
2. *Von KK-Kunden erhalten wir Schecks über 25.000,00 € zum Einzug.*
3. *Auf Buba erhalten wir eine Gutschrift über 130.000,00 € für ein fälliges Festgeld; darin sind 5.000,00 € Zinsen enthalten.*
4. *Wir geben Schecks über 50.000,00 € zum Einzug an die Buba.*
5. *Sparkunden heben 8.000,00 € bar ab.*
6. *Für die Vermittlung von Bausparverträgen erhalten wir 13.000,00 € über Buba.*
7. *Kauf von Bürobedarf für 1.000,00 € bar.*
8. *Bei der Kontoauflösung erhält ein Sparkunde die aufgelaufenen Zinsen auf dem Konto verrechnet: Habenzinsen 350,00 €, Vorschusszinsen wegen nicht erfolgter rechtzeitiger Kündigung 50,00 €.*
9. *Das Gesamtguthaben von 10.300,00 € wird bar abgehoben.*
10. *Wir legen 150.000,00 € als Festgeld über Buba an.*
11. *KK-Kunden überweisen an andere KK-Kunden 40.000,00 €.*
12. *Bareinzahlungen von KK-Kunden 20.000,00 €.*
13. *Wir heben von unserem Buba-Konto 25.000,00 € als Liquiditätsreserve bar ab.*
14. *KK-Kunden übertragen 14.000,00 € auf ihre Sparkonten.*

Übertragen Sie die Umsätze in das ***Sammeljournal*** *(wie T-Konten zu führen, jedoch ohne Anfangs- und Schlussbestand).*

Soll	Umsätze Kasse		Haben
(1)	4.000,00	(5)	8.000,00
(12)	10.000,00	(7)	1.000,00
(13)	25.000,00	(9)	10.300,00
	39.000,00		19.300,00

Soll	Umsätze Buba		Haben
(3)	130.000,00	(10)	150.000,00
(4)	50.000,00	(13)	25.000,00
(6)	13.000,00		
	193.000,00		175.000,00

Soll	Umsätze KKK		Haben
(14)	14.000,00	(1)	4.000,00
(11)	40.000,00	(2)	25.000,00
		(11)	40.000,00
		(12)	10.000,00
	54.000,00		79.000,00

Soll	Umsätze Schecks		Haben
(2)	25.000,00	(4)	50.000,00

Soll	Umsätze Spareinlagen		Haben
(5)	8.000,00	(8)	300,00
(9)	10.300,00	(14)	14.000,00
	18.300,00		14.300,00

Soll	Umsätze Festgelder		Haben
(10)	150.000,00	(3)	125.000,00

Soll	Umsätze Zinserträge		Haben
		(3)	5.000,00

Soll	Umsätze Sachaufwendungen		Haben
(7)	1.000,00		

Soll	Umsätze Provisionserträge		Haben
		(6)	13.000,00

Soll	Umsätze Zinsaufwendungen		Haben
(8)	300,00		

Soll	Umsätze Eigenkapital		Haben

Übertragen Sie die Kontensummen des Sammeljournals in die Tagesumsatzbilanz und verrechnen Sie diese mit der Tagesbilanz vom 18.07. Aus der Buchinventur zum 19.07. liegen folgende Bestände vor:
Debitoren 310.000,00 €; Kreditoren 295.000,00 €.
Stimmen Sie die Tagesbilanz vom 19.07. ab.

Konten	Tagesbilanz vom 18.07.		Tagesumsatzbilanz vom 19.07.		Tagesbilanz vom 19.07.	
	Soll	Haben	Soll	Haben	Soll	Haben
Kasse	40.000,00		39.000,00	19.300,00	59.700,00	
Buba	100.000,00		193.000,00	175.000,00	118.000,00	
Schecks	30.000,00		25.000,00	50.000,00	5.000,00	
Festgeld	125.000,00		150.000,00	125.000,00	150.000,00	
Debitoren	340.000,00				310.000,00	
Kreditoren		300.000,00				295.000,00
Umsätze KKK			54.000,00	79.000,00		
Spareinlagen		270.000,00	18.300,00	14.300,00		266.000,00
Eigenkapital		35.000,00				35.000,00
Provisionserträge		12.000,00		13.000,00		25.000,00
Zinserträge		73.000,00		5.000,00		78.000,00
Zinsaufwendungen	46.000,00		300,00		46.300,00	
Sachkosten	9.000,00		1.000,00		10.000,00	
	690.000,00	690.000,00	480.600,00	480.600,00	**699.000,00**	**699.000,00**

Anmerkung: Die Umsätze auf den Hauptbuchkonten Debitoren und Kreditoren werden auf „Umsätze KKK" erfasst. Sie können nicht der Tagesbilanz entnommen werden, da hier nur die Salden der Hauptbuchkonten, aber nicht die der Personenkonten ausgewiesen sind. Für das Beispiel und die folgenden Aufgaben wird daher unterstellt, dass diese Daten aus zusätzlichen EDV-Listen mit den Summen der Personenkonten entnommen werden.

Die Tagesbilanz wird häufig als **Status** (Rohbilanz) bezeichnet, da sie den augenblicklichen Saldo der einzelnen Sachkonten (Hauptbuchkonten) darstellt. Im Vergleich zur Jahresbilanz sind dabei wichtige Unterschiede festzustellen:

Tagesbilanz	Jahresbilanz
• Die Salden sind **Buchbestände**	• Die Salden sind **Inventurbestände**
• Interner Abschluss, daher **keine Pflicht zur Veröffentlichung**	• Externer Abschluss, der **veröffentlicht** werden muss
• Keine vorbereitenden Abschlussbuchungen	• Vorbereitende Abschlussbuchungen sind berücksichtigt
• **Bestands- und Ergebniskonten**	• **Nur Bestandskonten**, die Ergebniskonten sind in der GuV-Rechnung und damit im Jahresabschluss untergegangen

Informationen, die die Tagesbilanz liefert:
- Guthaben und Verbindlichkeiten, die ein Kreditinstitut im geschäftlichen Umfeld hat. Von besonderer Bedeutung ist hierbei das Guthaben bei der Deutschen Bundesbank, das im Rahmen der Mindestreserve berücksichtigt werden muss;
- Bestände, die der Gelddisponent des KI anlegen kann und muss;
- Entwicklung der Liquidität des KI;
- Veränderung aller sonstigen Bestände;
- Entwicklung der Aufwendungen und der Erträge;
- Entwicklung des Umsatzes.

Arbeitsaufträge:

5.5.1 Erstellen Sie die Tagesbilanz zum 18.09. unter Berücksichtigung der aufgeführten Geschäftsfälle (alle Zahlen in T€). Fertigen Sie dazu eine Umsatzzusammenstellung auf den Sachkonten.

	Tagesbilanz v. 17.09.	
Konten	Soll	Haben
Kasse	80	
Buba	110	
Schecks	40	
Forder. a Kund.	260	
Darlehen	190	
BGA	50	
Umsätze KKK		
Verb. g. Kund.		320
Spareinlagen		240
Eigenkapital		40
Zinsaufwend.	50	
Sachaufwend.	30	
Zinserträge		140
Prov.-Erträge		70
	810	810

1. Sparkunden zahlen 120 bar ein.
2. Schecks in Höhe von 35 werden über Buba eingezogen.
3. Barzahlungen von 70 für Darlehenstilgungen (20) und Sollzinsen (50).
4. KK-Kunden reichen Schecks über 20 zur Gutschrift ein.
5. Belastung von Sollzinsen auf KKK, 10.
6. Für eine Vermittlung erhalten wir auf Buba eine Provision in Höhe von 40 gutgeschrieben.
7. Kauf von Bürobedarf für 40 bei einem KK-Kunden (Zahlung durch sofortige Überweisung).
8. Kunden reichen Überweisungen über 85 ein, die über Buba ausgeführt werden.
9. KK-Kunden übertragen auf ihre Sparkonten bei uns 120.
10. Ein Kunde kauft bei uns gebrauchte Schreibtische zum Buchwert von 15 (Belastung auf laufendem Konto).
11. Überweisungseingang auf Buba für KK-Kunden, 55.
12. Bareinzahlung von KK-Kunden, 25.

Inventurbestände: Debitoren 295; Kreditoren 265.
Stimmen Sie die Tagesbilanz ab.

5.5.2 1. Erläutern Sie die nachfolgenden Buchungssätze.
2. Erstellen Sie aus den Buchungen im Grundbuch die Tagesumsatzbilanz und die Tagesbilanz zum 31.03. (alle Zahlen in T€).

	Tagesbilanz v. 30.03.	
Konten	Soll	Haben
Kasse	200	
Buba	1.590	
Schecks	570	
Forder. an KI	3.670	
Forder. a. Kund.	4.990	
Darlehen	3.920	
BGA	280	
Umsätze KKK		
Umsätze BKK		
Verbindl. g. KI		2.800
Verb. g. Kund.		5.950
Festgelder		2.070
Spareinlagen		3.410
Eigenkapital		1.350
Zinsaufwend.	560	
Sachaufwend.	1.210	
Personalaufw.	470	
Zinserträge		1.050
Prov.-Erträge		830
	17.460	17.460

Buchungssätze vom 31.03.:

1. ➤	Buba	210	/	KKK	210
2. ➤	Spareinlagen	50	/	Kasse	50
3. ➤	BKK	140	/	Buba	140
4. ➤	KKK	80	/	Zinserträge	80
5. ➤	Schecks	70	/	KKK	70
6. ➤	KKK	100	/	Spareinlagen	100
7. ➤	Sachaufwend.	25	/	Kasse	25
8. ➤	KKK	285	/	BKK	285
9. ➤	Buba	60	/	Prov.-Erträge	60
10. ➤	Personalaufwend.	90	/	KKK	90
11. ➤	Festgelder	130			
	Zinsaufwend.	30	/	Spareinlagen	160
12. ➤	Buba	140	/	Schecks	140
13. ➤	BKK	230	/	Schecks	230
14. ➤	Zinsaufwend.	15	/	KKK	15
15. ➤	Kasse	100	/	Buba	100
16. ➤	KKK	425	/	Darlehen	125
				Zinserträge	300
17. ➤	Prov.-Erträge	10	/	Kasse	10
18. ➤	KKK	90	/	Buba	90
19. ➤	KKK	85	/	Kasse	85
20. ➤	Sachaufwend.	40	/	KKK	40
21. ➤	BGA	110	/	KKK	110
22. ➤	Darlehen	225	/	KKK	225
23. ➤	BKK	130	/	Schecks	130
24. ➤	BKK	95	/	Buba	95

Durch Inventur werden die Schlussbestände der Debitoren Kunden mit 5.545 und die der Kreditoren Kunden mit 6.200 festgestellt.
Die Forderungen an Banken betragen 4.135, die Verbindlichkeiten gegenüber Banken 2.955.

5.5.3

Aktiva	Eröffnungsbilanz der Privatbank AG		Passiva
Kasse	60.000,00	1. Verbindlichkeiten gegenüber Kunden	
Guthaben bei der Buba	140.000,00	a) Spareinlagen	479.000,00
Forderungen an Kunden	836.000,00	b) Sichteinlagen	722.000,00
Geschäftsausstattung	55.300,00	2. Eigenkapital	68.800,00
Sonstige Vermögensgegenstände	178.500,00		
	1.269.800,00		1.269.800,00

a) Im Personenbuch werden die folgenden Geschäftsfälle gebucht.
Buchen Sie diese im **Grundbuch**.

1. Sparkunden zahlen auf ihre Konten 14.800,00 € bar ein.
2. Zahlungseingänge für KK-Kunden über Buba mit 58.500,00 €.
3. Scheckeinreichungen über 30.000,00 € werden auf KKK gutgeschrieben.
4. Belastung von KK-Konten mit 83.600,00 € Sollzinsen.
5. Zinsgutschriften auf KK-Konten mit 3.660,00 € und für Sparkonten mit 14.610,00 €.
6. Für betriebliche Steuern ist eine Zahlung von 15.000,00 € über unser Buba-Konto zu leisten.
7. Kauf von Heizöl für 13.200,00 € bei einem eigenen Kunden (Zahlung durch Überweisung).
8. Scheckeinzug von 72.000,00 € über Buba.
9. Mitarbeiter erhalten für Verbesserungsvorschläge 5.000,00 € auf ihren Gehaltskonten bei uns gutgeschrieben.
10. Für geleistete Dienstleistungen belasten wir KK-Kunden mit 68.950,00 €.

Vorbereitende Abschlussbuchungen, die ebenfalls im Grundbuch zu buchen sind:

11. Abschreibung auf Geschäftsausstattung 10 % linear; der Anschaffungswert betrug 75.000,00 €.
12. Der Kassenbestand am Jahresende beträgt 74.600,00 €.

b) Führen Sie den **Abschluss im Hauptbuch** zum 31.12. durch, wenn die übrigen Inventurergebnisse für Bestands- und Personenkonten den Buchbeständen entsprechen.
Hinweis: In der Position „Sonstige Vermögensgegenstände" befinden sich ausschließlich Schecks.
Zum Stichtag waren Kunden mit 833.900,00 € Debitoren und mit 677.710,00 € Kreditoren.

5.6 Bedeutung der Buchführung für die Kreditinstitute und ihre Kunden

Kreditinstitute stehen wie kaum ein anderer Zweig der Wirtschaft mit einer großen Zahl von Kunden in Beziehung. Da sie ohne ihre Kunden nicht existieren können, sind sie in ganz besonderem Maß daran interessiert, die drei Grundanforderungen an die Buchführung voll zu erfüllen:

- Tagfertigkeit: Darunter wird der Anspruch an die Buchführung verstanden, alle an einem Tag bis zum Buchungsschnitt angefallenen Geschäftsfälle erfasst zu haben. Dazu müssen sie im Grundbuch, in der Tagesumsatzbilanz, im Hauptbuch und auf den Personenkonten gebucht worden sein.
  Kreditinstitute, die die Geschäftsfälle im Zeitpunkt ihres Entstehens direkt (**online**) erfassen und verarbeiten (**real-time-processing**), erfüllen diese Anforderungen.

  Bedeutung für den Kunden: Kontrolle über die Ausführung seiner Aufträge; fristgemäße Wahrnehmung von Widerspruchs-Rechten; Kenntnis des aktuellen Kontostandes.

  Bedeutung für das KI: Überprüfung der Einhaltung gesetzlicher Vorschriften; Instrument der Gelddisposition (möglichst mehrfach täglich); Kontrolle der Umsatzentwicklung.

- Zuverlässigkeit: Mit Hilfe geeigneter Abstimmungs- und Kontrollsysteme soll erreicht werden, dass Fehlbuchungen schon bei der Buchung automatisch abgewiesen werden (z. B. durch die Plausibilitätsprüfung bei der Eingabe von Kontonummern).

Bedeutung für den Kunden: Vertrauen in die Arbeit des KI mit dem Kundengeld.

Bedeutung für das KI: Erhaltung des Vertrauens des eigenen Kunden und damit im Verhältnis zu Außenstehenden.
Vermeidung von Kosten, wenn Regressansprüche aufgrund fehlerhafter Buchungen entstehen könnten.

- Wirtschaftlichkeit: Bei allen (hohen) Ansprüchen an die Buchführung sollen die Bankleistungen in einem annehmbaren Verhältnis zu ihren Kosten bleiben. Dies kann nur durch eine rationelle Abwicklung des Buchungsablaufes geschehen. Unter Umständen ergibt sich hieraus die Notwendigkeit, die Datenverarbeitung außer Haus in Rechenzentren durchführen zu lassen; dies ist ein Problem, das mit der individuellen Betriebsgröße zusammenhängt.

  Bedeutung für den Kunden: Niedrige Buchungsgebühren überzeugen ihn von der Leistungsfähigkeit „seiner" Bank.

  Bedeutung für das KI: Zwang zur Kostensenkung durch rationelle Gestaltung des Buchungsablaufs; dabei dürfen Tagfertigkeit, Zuverlässigkeit und Sicherheit nicht vernachlässigt werden.

Um Buchungsvorgänge rationell durchführen zu können, ist es erforderlich, die benötigten Sachkonten in ein Schema einzubringen, das es den Mitarbeitern ermöglicht, die Buchungen schnell und richtig vornehmen zu können. Die Anwendung eines einheitlichen Schemas ermöglicht darüber hinaus die Vergleichbarkeit mit anderen Kreditinstituten.

Das Gliederungssystem, das dies erreichen soll, wird als Kontenrahmen bezeichnet. Er stellt eine vollständige **Übersicht aller Konten** dar, die im Rechnungswesen eines Kreditinstitutes benötigt werden könnten.

Während es im Bereich von Industrie und Handel jeweils einheitliche Kontenrahmen gibt, ist dieses in der Kreditwirtschaft nicht der Fall. Die Verbände der großen Bankengruppen haben jeweils eigene Musterkontenrahmen entwickelt, die den angeschlossenen Kreditinstituten zum Gebrauch vorgegeben werden.

Der **Aufbau** eines Kontenrahmens erfolgt in allen Fällen nach dem dekadischen System (Zehner-System), bei dem eine Aufgliederung auf bis zu 10 **Kontenklassen** (0, ..., 9) möglich ist. Innerhalb der jeweiligen Kontenklasse wird dann weiter untergliedert in **Kontengruppen** und **Kontenarten.**

Beispiel (aus dem Kontenrahmen der Sparkassen):

Kontenklasse	*1*	*Spareinlagen, an Kunden verkaufte Schuldverschreibungen*
Kontengruppe	*110000*	*Spareinlagen*
Kontenart	*111000*	*Spareinlagen mit vereinbarter Kündigungsfrist von drei Monaten*
Kontenart	*112000*	*Spareinlagen mit vereinbarter Kündigungsfrist von mehr als drei Monaten*
Kontenart	*112100*	*Spareinlagen mit vereinbarter Kündigungsfrist bis zu 12 Monaten*
Kontenart	*112200*	*Spareinlagen mit vereinbarter Kündigungsfrist von mehr als 12 Monaten, aber weniger als 4 Jahren*
Kontenart	*112300*	*Spareinlagen mit vereinbarter Kündigungsfrist von 4 Jahren oder länger*

Zuordnung zur Kontengruppe
Zuordnung zur Kontenklasse

Die eigentliche Kontobezeichnung (Sachkonto) ist die gesamte sechsstellige Nummer.

Auszug aus dem Kontenrahmen der Kreditgenossenschaften

Kontenklasse	Kontengruppe
1 Geldverkehr, Kreditinstitute, Wertpapiere	**10** Kassenbestände **11** Forderungen und Verbindlichkeiten gegenüber Zentralnotenbanken **12** Schuldtitel öffentlicher Stellen **13** Zentralbank (zuständige Zentralbank) **14** Andere Banken **16** Einzugspapiere von Kreditinstituten (mit einer Laufzeit von mehr als 30 Tagen) **17** Schuldverschreibungen und andere festverzinsliche Wertpapiere **18** Aktien und andere nicht festverzinsliche Wertpapiere
2 Forderungen und Verbindlichkeiten (Nichtbanken)	**20** Laufende Rechnung und Kundenverrechnungskonten **21** Befristete Buchforderungen an Kunden **23** Einzugspapiere von Kunden **24** Spareinlagen **25** Andere befristete Verbindlichkeiten gegenüber Kunden **27** Forderungen und Verbindlichkeiten aus dem Warengeschäft
3 Sonstige Vermögenswerte, Rechnungsabgrenzung	**31** Beteiligungen **33** Grundstücke, ... und Bauten **34** Betriebs- und Geschäftsausstattung, ... **36** Sonstige Vermögensgegenstände **37** Sonstige Verbindlichkeiten **38** Rechnungsabgrenzung
4 Rückstellungen, Wertberichtigungen, Eigenkapital	**40** Rückstellungen **41** Wertberichtigungen **45** Fonds für allgemeine Bankrisiken **46** Geschäftsguthaben **47** Kapital- und Ergebnisrücklagen **48** Gewinn- / Verlustvortrag **49** Jahresüberschuss / Jahresfehlbetrag
5 „Unter-Strich"-Positionen	**51** Verbindlichkeiten aus Bürgschaften und Gewährleistungsverträgen **58** Termingeschäfte
6 Aufwendungen	**60** Zinsaufwendungen **61** Provisionsaufwendungen **62** Personalaufwendungen **63** Andere Verwaltungsaufwendungen **65** Abschreibungen und Wertberichtigungen auf immaterielle Vermögensgegenstände und Sachanlagen, Beteiligungen und Wertpapiere **66** Sonstige betriebliche und außerordentliche Aufwendungen **67** Abschreibungen und Wertberichtigungen auf Forderungen ... **68** Steuern
7 Erträge	**70** Zinserträge aus Kredit- und Geldmarktgeschäften **71** Zinserträge aus festverzinslichen Wertpapieren und Schuldbuchforderungen **72** Erträge aus Anteilsrechten und nicht festverzinslichen Wertpapieren **73** Provisionserträge **78** Sonstige betriebliche Erträge
9 Abschlusskonten für den Jahresabschluss	**90** Abgrenzungssammelkonto **91** Gewinn- und Verlustkonto **92** Bilanzkonto **93** Gewinn-Verwendungskonto

Ein Kreditinstitut, das nicht alle im Kontenrahmen vorhandenen Hauptbuchkonten benötigt, weil es zum Beispiel keine Spareinlagen mit vereinbarter Kündigungsfrist von 4 Jahren oder länger anbietet, übernimmt nur die tatsächlich benötigten Konten.

Die Zusammenstellung der individuell benötigten Sachkonten wird als Kontenplan bezeichnet. Auch der Kontenplan enthält Kontenklassen und Kontengruppen, die genauso aufgebaut werden wie der Kontenrahmen der jeweiligen Institutsgruppe; lediglich die Bezeichnung des einzelnen Sachkontos kann von Institut zu Institut unterschiedlich sein.

Zusammenhang der Bücher in der Bankbuchführung

In der Bankbuchführung gibt es viele Sachkonten, hinter deren Umsätzen sich zahlreiche Kundenkonten (Personenkonten) „verbergen".

So sagt der Buchungssatz

→ Spareinlagen 500,00 an Kasse 500,00

lediglich aus, dass die Spareinlagen in ihrer Gesamtheit abgenommen haben. Zunächst erfährt man jedoch nicht, welcher Kunde oder welche Mehrzahl von Kunden diesen Vorgang ausgelöst haben. Daher ist es erforderlich, neben Grundbuch und Hauptbuch noch Personenbücher zu führen, die diese Informationen liefern.

Beispiel:

Die Kundin Sparaus hebt von ihrem Sparkonto 300,00 € bar ab;
zeitgleich lässt sich Kunde Knöpfle am Nachbarschalter von seinem Sparkonto 200,00 € bar auszahlen.

Buchungssatz:

→ Spareinlagen 500,00 / Kasse 500,00

(1)

Soll	Sparaus	Haben
300,00	(AB)	6.500,00

Soll	Knöpfle	Haben
200,00	(AB)	3.400,00

(2)

Soll	Spareinlagen	Haben
500,00		

Soll	Kasse	Haben
		500,00

↓

PERSONENKONTEN

- Einfache Buchführung (Bestandsfortschreibung, keine Gegenbuchung)
- Zeigen die Bestände auf Sachkonten auf

↓

SACHKONTEN

- Doppelte Buchführung
- Anpassung der Hauptbuchkonten

Erläuterung

(1) Bei der Barabhebung der Kundin Sparaus vermindert sich deren Guthaben auf 6.200,00 €. Für diese Buchung gibt es keine Gegenbuchung, da im Personenkonto lediglich eine Fortschreibung des Anfangsbestandes vorgenommen wird. Die gleiche Situation stellt sich für den Kunden Knöpfle dar, der nun nur noch 3.200,00 € auf seinem Sparkonto hat.

(2) Mit der Auszahlung der beiden Beträge an der Kasse wurden dort nicht nur die Personenkonten angesprochen. Gleichzeitig wurde am Kassenterminal die Minderung des Hauptbuchkontos „Kasse" um 500,00 € festgehalten und eine Soll-Primanota mit ebenfalls 500,00 € für das Hauptbuchkonto „Spareinlagen" erstellt. Diese Daten fließen über die Tagesumsatzbilanz in die neue Tagesbilanz ein.

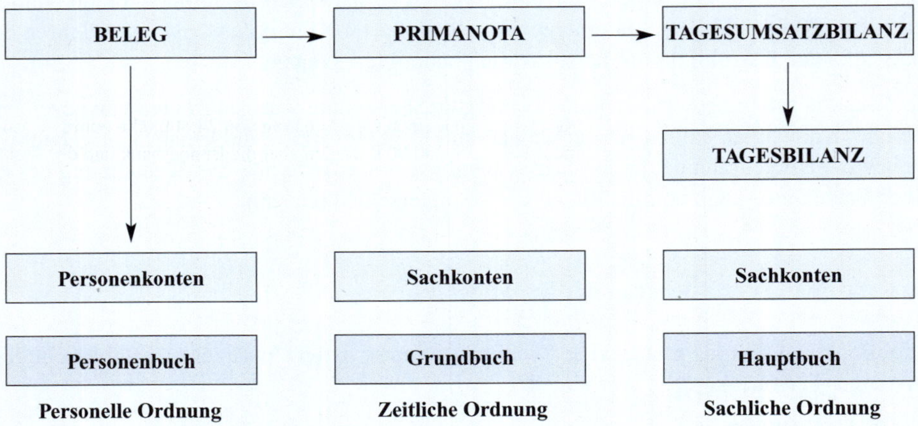

- **Anforderungen an die Bankbuchführung:** Tagfertigkeit
  Zuverlässigkeit
  Wirtschaftlichkeit

- **Organisationssysteme der Bankbuchführung:**
  Kontenrahmen: Systematische Gliederung aller möglichen Einzelkonten in einem Zweig der Kreditwirtschaft in Kontenklassen, die untergliedert sind in Kontengruppen und Kontenarten
  Kontenplan: Zusammenstellung der von einem Kreditinstitut tatsächlich benötigten Sachkonten

Arbeitsaufträge:

5.6.1 Erläutern Sie den Begriff der Zuverlässigkeit der Bankbuchführung für den Kunden einerseits und für das Kreditinstitut andererseits in eigenen Worten.

5.6.2 Beschreiben Sie die Bedeutung der Tagesbilanz für den Gelddisponenten eines KI.

5.6.3 Was verstehen Sie unter einer Primanota?

5.6.4 Erstellen Sie ein Schema, das die hierarchische Gliederung eines Kontenrahmens verdeutlicht.

5.6.5 Begründen Sie, warum Kreditinstitute üblicherweise mit einem Kontenplan arbeiten und nicht mit dem vom Verband aufgestellten Kontenrahmen.

5.6.6 Zeigen Sie an einem Beispiel, das Sie aus Ihrer Berufsausbildung kennen, wie der Buchungsablauf von der Belegerfassung bis zur Erstellung der Primanoten erfolgt.
Erläutern Sie aufgrund Ihrer theoretischen Kenntnisse den weiteren Ablauf, damit die neue Tagesbilanz erstellt werden kann.

5.6.7 Zeigen Sie an einem Beispiel, wie Personenkonten und Hauptbuchkonten zusammenhängen und was sie buchungstechnisch unterscheidet.

5.6.8 Welche „Bücher“ der Buchführung werden bei der Buchung eines Geschäftsfalles als erste angesprochen?

5.6.9 Ein Kunde möchte an einer Immobilien-Versteigerung teilnehmen, bei der der gerichtlich festgestellte Verkehrswert 200.000,00 € beträgt. Da Bieter 10 % dieses Verkehrswertes in bar oder durch einen bestätigten Buba-Scheck leisten müssen, entscheidet sich der Kunde für den zweiten Weg.
Buchen Sie im Grundbuch die Aushändigung eines bestätigten Buba-Schecks über 20.000,00 € an den Kunden unter Berücksichtigung von 15,00 € Bestätigungsgebühr und 30,00 € Provision des KI.

Gemischte Arbeitsaufträge:

5.7.1 Bei der Bodenseebank AG wird auf dem Lorokonto „Dreisambank e.G." ein Habenumsatz in Höhe von 50.000,00 € ausgewiesen. Beschreiben Sie einen Geschäftsfall, der zu dieser Buchung geführt hat.

5.7.2 Ein Kunde reicht Schecks und Lastschriften über einen Gesamtbetrag von 24.800,00 € zum Inkasso ein. Hiervon betreffen 3.500,00 € eigene Kunden, 18.600,00 € werden über die Bundesbank und der Rest über Korrespondenzbanken eingezogen.

1. Buchen Sie die Hereinnahme und die Weiterleitung der Einzugspapiere.
2. Von den über die Bundesbank eingezogenen Papieren kommen zwei Lastschriften über insgesamt 2.350,00 € wegen Widerspruchs zurück. Hierbei fallen insgesamt 6,00 € fremde Gebühren an. Buchen Sie den Eingang der Rücklastschriften und die Verrechnung mit dem Einreicher.

5.7.3 Werner Frisch möchte 40.000,00 € kurzfristig als Termingeld anlegen. Hierbei werden folgende Konditionen vereinbart:
Laufzeit 30 Tage, Verzinsung 0,2 %, Ertragskonto ist das Termingeldkonto.

1. Buchen Sie die Einzahlung auf das neu eröffnete Termingeldkonto zulasten des Kontokorrentkontos von Herrn Frisch.
2. Kurz vor Fälligkeit informiert uns Herr Frisch, dass er den Geldbetrag noch nicht benötigt. Daher wird eine Prolongation der Termineinlage für weitere 30 Tage vereinbart zu dem geänderten Zinssatz von 0,4 %.
   Buchen Sie die Zinsgutschrift für den ersten Anlagezeitraum; ein FSA liegt vor.
3. Nach Ablauf der Prolongation wird der fällige Gesamtbetrag auf Wunsch des Anlegers auf sein laufendes Konto zurück übertragen. Für die Zinses des zweiten Anlagezeitraums ist der vorliegende FSA durch zwischenzeitliche weitere Einkünfte aus Kapitalvermögen verbraucht. Laut KiSTAM ist ein Kirchensteuerabzug nicht zu berücksichtigen.
   Führen Sie die Abschlussbuchungen für das Termingeldkonto durch.

5.7.4 Die Kundin Erika Breyer hebt von ihrem Sparkonto mit einer vereinbarten Kündigungsfrist von drei Monaten 14.000,00 € ab. Da der Betrag vorher nicht gekündigt worden war, fallen bei dieser Abhebung Vorschusszinsen in Höhe von 15,00 € an.

1. Buchen Sie die Auszahlung.
2. Erklären Sie, wie sich die Vorschusszinsen auf das Sparkonto der Kundin auswirken und wie dieser Vorgang buchhalterisch zu erfassen ist.

5.7.5 Unser Kreditinstitut gewährt einer neuen Geschäftskundin, der Getränke GmbH, zur Finanzierung einer Abfüllanlage ein langfristiges Darlehen in Höhe von 400.000,00 €. Gleichzeitig wird auf dem neu eröffneten Kontokorrentkonto ein Limit in Höhe von 20.000,00 € eingeräumt.

1. Erläutern Sie, wie die Einräumung des Kontokorrentkredites buchungstechnisch zu behandeln ist.
2. Buchen Sie die Bereitstellung des Darlehens auf dem Kontokorrentkonto der Getränke GmbH, wenn ein Disagio von 4 % vereinbart wurde.
3. Das Kontokorrentkonto der Getränke GmbH wird mit der Annuität von 48.000,00 € belastet. Darin sind 32.000,00 € Zinsen enthalten. Buchen Sie die Belastung im Grundbuch.
4. Schließen Sie das Konto „Darlehen" zum 31.12. im Grundbuch ab.

5.7.6
1. Die Enztalbank AG zahlt zum Fälligkeitszeitpunkt die Gehälter des Monats Dezember an ihre Mitarbeiter.
   Buchen Sie die Gutschrift auf KKK unter Berücksichtigung der folgenden Daten:

Grundgehälter:	243.800,00 €	Einbehaltene Steuern:	48.760,00 €
vL-Anteil Arbeitgeber:	2.666,40 €	vL-Anlage Arbeitnehmer:	2.666,40 €
Sozialversicherung Arbeitgeber:	47.114,35 €	Sozialversicherung Arbeitnehmer:	49.308,55 €

2. Erläutern Sie, wie am Jahresende die einbehaltenen Steuern buchhalterisch zu behandeln sind.

5.7.7 An der Börse kaufen wir für den eigenen Bestand 3,5 %-ige Bundesanleihen mit einem Nennwert von 80.000,00 € zum Kurs von 97,50 %. Die Stückzinsen betragen 400,00 €, die anfallende Transaktionsgebühr 60,00 €. Die Verrechnung erfolgt über Buba.
Buchen Sie den Kauf.

6 Der Jahresabschluss der Kreditinstitute

Die sechs wichtigsten gesetzlichen Vorschriften sind in der Folge am Rand gekennzeichnet:
Der Jahresabschluss eines Kreditinstitutes unterliegt wie bei jedem Kaufmann zunächst den **allgemeinen Vorschriften des HGB** (§§ 242 - 245). Aufgrund der Zusammensetzung der Kapitalseite und der besonderen Risiken der Vermögensseite eines Kreditinstitutes hat der Jahresabschluss eines Kreditinstitutes eine besondere **Informationsfunktion** für viele Gruppen innerhalb der Volkswirtschaft:
Gläubiger, Eigentümer (Aktionäre, Gesellschafter, öffentliche Hand), sowie den Staat und die breite Öffentlichkeit.

(1)

Diese besondere Informationsfunktion dient auch dem **Schutz** der Personen, die mit einem Kreditinstitut in Geschäftsbeziehung stehen.

Der Bedeutung des Jahresabschlusses entspricht, dass Kreditinstitute weitere rechtliche Rahmenbedingungen bei der Aufstellung ihres Jahresabschlusses zu berücksichtigen haben. Der wichtigste Teil ist im **3. Buch des HGB, 4. Abschnitt, „Ergänzende Vorschriften für Kreditinstitute**" geregelt.

(2)

§ 340a HGB

Anzuwendende Vorschriften
(1) Kreditinstitute, auch wenn sie nicht in der Rechtsform einer Kapitalgesellschaft betrieben werden, haben auf ihren Jahresabschluss die für große Kapitalgesellschaften geltenden Vorschriften des Ersten Unterabschnitts des Zweiten Abschnitts anzuwenden, soweit in den Vorschriften dieses Unterabschnitts nichts anderes bestimmt ist; Kreditinstitute haben außerdem einen Lagebericht nach den für große Kapitalgesellschaften geltenden Bestimmungen des § 289 aufzustellen.

Sollte ein Kreditinstitut „Mutterunternehmen" (§ 290 HGB) sein, ist es verpflichtet, einen Konzernabschluss und einen Konzernlagebericht zu erstellen. Dieser Sachverhalt trifft zwar in der Praxis auf sehr viele Kreditinstitute zu (besonders die Großbanken, aber auch alle Regional- und Volksbanken mit selbstständiger Immobilientochter), wird aber in diesem Buch nicht berücksichtigt.

(3) Neben den Vorschriften des HGB gilt für die Gliederung der Bankbilanz und der GuV-Rechnung die **Verordnung über die Rechnungslegung der Kreditinstitute** (RechKredV).

(4) Die Schutzfunktion des Jahresabschlusses findet ihren weiteren Niederschlag im **KWG**:

§ 26 KWG

Vorlage von Jahresabschluss, Lagebericht und Prüfungsberichten
(1) Die Institute haben den Jahresabschluss in den ersten drei Monaten des Geschäftsjahres für das vergangene Geschäftsjahr aufzustellen und den aufgestellten sowie später den festgestellten Jahresabschluss und den Lagebericht der Bundesanstalt und der Deutschen Bundesbank nach Maßgabe des Satzes 2 jeweils unverzüglich einzureichen. Der Jahresabschluss muss mit dem Bestätigungsvermerk oder einem Vermerk über die Versagung der Bestätigung versehen sein. Der Abschlussprüfer hat den Bericht über die Prüfung des Jahresabschlusses (Prüfungsbericht) unverzüglich nach Beendigung der Prüfung der Bundesanstalt und der Deutschen Bundesbank einzureichen. ...

(5) In Abhängigkeit von der **Rechtsform** greifen weitere Bestimmungen aus entsprechenden Gesetzen (Aktiengesetz, GmbH-Gesetz, Genossenschaftsgesetz, Sparkassengesetze der Länder), die hier nicht weiter berücksichtigt werden. Darüber hinaus haben Kreditinstitute, die nur besondere Geschäftsbereiche betreiben, teilweise auf sie zugeschnittene Gesetze zu beachten, die hier ebenfalls nicht zum Tragen kommen (Bausparkassengesetz, Hypothekenbankgesetz, Schiffsbankgesetz, jeweils in der Reihenfolge Baden-Württemberger Bedeutung).

(6) Daneben sind **steuerrechtliche** Vorschriften zu berücksichtigen, die in der **Abgabenordnung**, im Einkommensteuergesetz und im Körperschaftsteuergesetz geregelt sind.

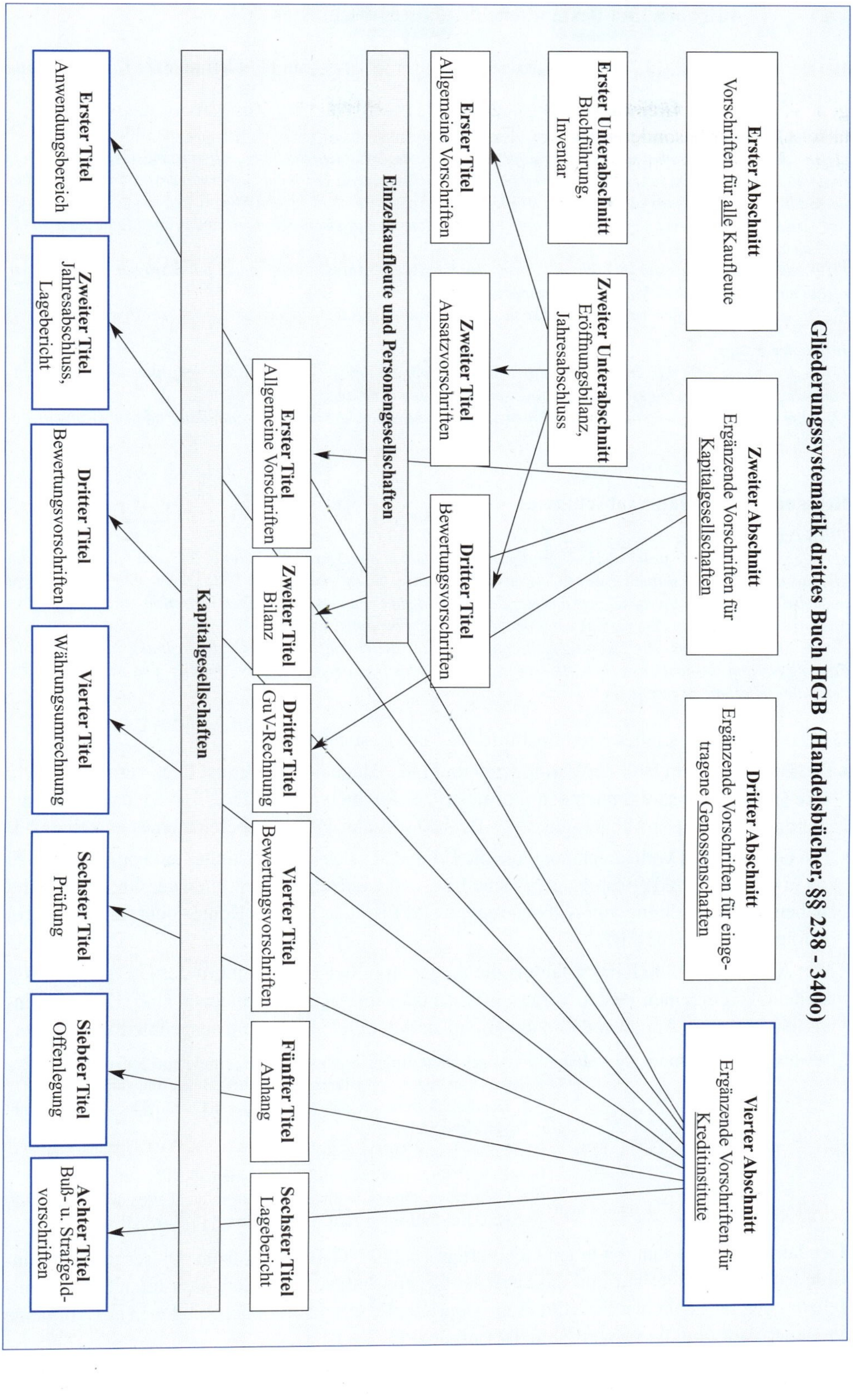
Gliederungssystematik drittes Buch HGB (Handelsbücher, §§ 238 - 340o)
Erster Abschnitt
Vorschriften für alle Kaufleute
Zweiter Abschnitt
Ergänzende Vorschriften für Kapitalgesellschaften
Dritter Abschnitt
Ergänzende Vorschriften für eingetragene Genossenschaften
Vierter Abschnitt
Ergänzende Vorschriften für Kreditinstitute
Erster Unterabschnitt
Buchführung, Inventar
Zweiter Unterabschnitt
Eröffnungsbilanz, Jahresabschluss
Erster Titel
Allgemeine Vorschriften
Zweiter Titel
Ansatzvorschriften
Dritter Titel
Bewertungsvorschriften
Einzelkaufleute und Personengesellschaften
Erster Titel
Allgemeine Vorschriften
Zweiter Titel
Bilanz
Dritter Titel
GuV-Rechnung
Vierter Titel
Bewertungsvorschriften
Fünfter Titel
Anhang
Sechster Titel
Lagebericht
Kapitalgesellschaften
Erster Titel
Anwendungsbereich
Zweiter Titel
Jahresabschluss, Lagebericht
Dritter Titel
Bewertungsvorschriften
Vierter Titel
Währungsumrechnung
Sechster Titel
Prüfung
Siebter Titel
Offenlegung
Achter Titel
Buß- u. Strafgeld-vorschriften

6.1 Aufgaben und Bestandteile des Jahresabschlusses

Bei der Erstellung des Jahresabschlusses sind die im HGB genannten **Grundsätze für die Bilanzierung** einzuhalten.

§ 246 HGB

Vollständigkeit. Verrechnungsverbot

(1) Der Jahresabschluss hat sämtliche Vermögensgegenstände, Schulden, Rechnungsabgrenzungsposten sowie Aufwendungen und Erträge zu enthalten, soweit gesetzlich nichts anderes bestimmt ist. Vermögensgegenstände sind in der Bilanz des Eigentümers aufzunehmen; ist ein Vermögensgegenstand nicht dem Eigentümer, sondern einem Anderen wirtschaftlich zuzurechnen, hat dieser ihn in seiner Bilanz auszuweisen. Schulden sind in der Bilanz des Schuldners auszuweisen. ...

(2) Posten der Aktivseite dürfen nicht mit Posten der Passivseite, Aufwendungen nicht mit Erträgen, Grundstücksrechte nicht mit Grundstückslasten verrechnet werden. ...

(3) Die auf den vorhergehenden Jahresabschluss angewandten Ansatzmethoden sind beizubehalten. ...

§ 247 HGB

Inhalt der Bilanz

(1) In der Bilanz sind das Anlage- und das Umlaufvermögen, das Eigenkapital, die Schulden sowie die Rechnungsabgrenzungsposten gesondert auszuweisen und hinreichend aufzugliedern.

(2) Beim Anlagevermögen sind nur die Gegenstände auszuweisen, die bestimmt sind, dauernd dem Geschäftsbetrieb zu dienen.

Bestandteile des Jahresabschlusses

§ 264 HGB

Pflicht zur Aufstellung

(1) Die gesetzlichen Vertreter einer Kapitalgesellschaft haben den Jahresabschluss (§ 242) um einen Anhang zu erweitern, der mit der Bilanz und der Gewinn- und Verlustrechnung eine Einheit bildet, sowie einen Lagebericht aufzustellen. ... Der Jahresabschluss und der Lagebericht sind von den gesetzlichen Vertretern in den ersten drei Monaten des Geschäftsjahrs für das vergangene Geschäftsjahr aufzustellen. ...

(2) Der Jahresabschluss der Kapitalgesellschaft hat unter Beachtung der Grundsätze ordnungsmäßiger Buchführung ein den tatsächlichen Verhältnissen entsprechendes Bild der Vermögens-, Finanz- und Ertragslage der Kapitalgesellschaft zu vermitteln. ...

Der Jahresabschluss jedes Kreditinstitutes hat drei Bestandteile:

- Die Bilanz, die ein Bild der Vermögens- und Finanzlage des Kreditinstitutes vermitteln soll; ihre Gliederung erfolgt nach dem Formblatt der RechKredV (siehe S. 316 f.), das Differenzierungen zulässt in Abhängigkeit von Rechtsform und Tätigkeitsbereich eines einzelnen KI.
- Die Gewinn- und Verlustrechnung, die die Ertragslage des Kreditinstitutes aufzeigen soll; dazu ist in der RechKredV festgelegt, welche Inhalte die einzelnen Positionen der GuV-Rechnung haben; die Darstellung von Aufwendungen und Erträgen kann in Konto- oder in Staffelform erfolgen (siehe S. 318 ff.).
- Der Anhang (§ 284 HGB) erläutert die Angaben in der Bilanz und in der GuV-Rechnung, weil sie zu einzelnen Posten vorgeschrieben oder im Anhang zu machen sind. Darüber hinaus erläutern die Angaben die in der Bilanz und der GuV-Rechnung ausgeübten Wahlrechte.

Wichtige Informationen im Anhang:

- Angewandte Bilanzierungs- und Bewertungsmethoden;
- Abweichungen von Bilanzierungs- und Bewertungsmethoden;
- Die durchschnittlich während des Geschäftsjahres beschäftigte Zahl von Arbeitnehmern;
- Entwicklung der Organkredite;
- Beteiligungen an anderen Unternehmen ab 20 % der Anteile;
- Gliederung von Forderungen und Verbindlichkeiten nach der Fristigkeit (Restlaufzeiten zum Bilanzstichtag) (§ 340 d HGB).

Der Jahresabschluss ist um einen Lagebericht (§ 289 HGB) zu ergänzen. Dieser muss zumindest den Geschäftsverlauf und die Lage der Gesellschaft so darstellen, dass er ein Bild vermittelt, das den tatsächlichen Verhältnissen entspricht. Er soll insbesondere eingehen auf Vorgänge im neuen Jahr und die voraussichtliche Entwicklung.

Bedeutung des Jahresabschlusses:

- Informationsfunktion für Gläubiger, Eigentümer, Staat und Öffentlichkeit; dadurch
- Schutzfunktion für diese Gruppen
- Bestandteile: Jahresabschluss (Bilanz, GuV-Rechnung, Anhang)
Lagebericht
- Der Jahresabschluss hat ein den tatsächlichen Verhältnissen entsprechendes Bild der Vermögens-, Finanz- und Ertragslage des Kreditinstitutes zu vermitteln.
- Gliederung der Bilanz und der GuV-Rechnung nach den Vorschriften der RechKredV

⇐

Arbeitsaufträge:

6.1.1 Worin besteht der Jahresabschluss einer großen Kapitalgesellschaft im Allgemeinen und bei Kreditinstituten im Besonderen?
Beschreiben Sie die Aufgaben des Jahresabschlusses.

6.1.2 Erläutern Sie die Bestandteile des Rechnungswesens, die innerhalb von längstens drei Monaten nach Ende eines Geschäftsjahres der BaFin vorzulegen sind.

6.1.3 Erarbeiten Sie anhand von § 340 k, Abs. 1, HGB, welche Aufgaben Kreditinstitute nach der **Aufstellung** des Jahresabschlusses zusätzlich haben:
„Kreditinstitute haben unabhängig von ihrer Größe ihren Jahresabschluss und Lagebericht sowie ihren Konzernabschluss und Konzernlagebericht ... prüfen zu lassen; ... . Die Prüfung ist spätestens vor Ablauf des fünften Monats des dem Abschlussstichtag nachfolgenden Geschäftsjahrs vorzunehmen. Der Jahresabschluss ist nach der Prüfung unverzüglich festzustellen."

6.1.4 Unterscheiden Sie „Aufstellung des Jahresabschlusses" von „Feststellung des Jahresabschlusses".

6.2 Periodengerechte Ergebnisabgrenzung

Werden Aufwendungen und Erträge eines Kreditinstitutes nur berücksichtigt, wenn die zugehörige **Zahlung** schon gebucht ist, könnte es sein, dass die Ermittlung von Gewinn oder Verlust nicht ordnungsgemäß erfolgt:

- Aufwendungen oder Erträge des alten Jahres, die erst im neuen Jahr bezahlt werden, sind dann noch nicht erfasst.
- Bei den Ergebnissen, die im alten Jahr bezahlt wurden, sind möglicherweise Aufwendungen und Erträge des neuen Jahres miterfasst.

In beiden Fällen stimmt das ermittelte Ergebnis nicht, wenn es periodenbezogen betrachtet wird. Daher sind handelsrechtliche und steuerrechtliche Vorschriften zu berücksichtigen, die bestimmen, wie das Kreditinstitut seine Ergebnisabgrenzung durchzuführen hat.

Allgemeine Bewertungsgrundsätze **§ 252 HGB**

(1) ...
5. Aufwendungen und Erträge des Geschäftsjahrs sind unabhängig von den Zeitpunkten der entsprechenden Zahlungen im Jahresabschluss zu berücksichtigen.

6.2.1 Transitorische Posten

§ 250 HGB

Rechnungsabgrenzungsposten

(1) Als Rechnungsabgrenzungsposten sind auf der Aktivseite Ausgaben vor dem Abschlussstichtag auszuweisen, soweit sie Aufwand für eine bestimmte Zeit nach diesem Tag darstellen.

(2) Auf der Passivseite sind als Rechnungsabgrenzungsposten Einnahmen vor dem Abschlussstichtag auszuweisen, soweit sie Ertrag für eine bestimmte Zeit nach diesem Tag darstellen.

(3) Ist der Erfüllungsbetrag einer Verbindlichkeit höher als der Ausgabebetrag, so darf der Unterschiedsbetrag in den Rechnungsabgrenzungsposten auf der Aktivseite aufgenommen werden. Der Unterschiedsbetrag ist durch planmäßige jährliche Abschreibungen zu tilgen, die auf die gesamte Laufzeit der Verbindlichkeit verteilt werden können.

Sind im alten Jahr Aufwendungen oder Erträge bezahlt worden, die wirtschaftlich ganz oder teilweise das neue Jahr betreffen, muss der Anteil des neuen Jahres aus dem Erfolgskonto abgegrenzt werden, da er mit dem Erfolg des laufenden Geschäftsjahres nichts zu tun hat. Erfolge, die das neue Jahr (mit)betreffen, werden als **transitorische Posten** bezeichnet (von lat. transire - hinübergehen).

⇒

Erforderliche Konten:

Aktive Rechnungsabgrenzungsposten, = ARA	**aktives Bestandskonto**, enthält Forderungen des alten Jahres gegen das neue; abgegrenzt wird der **Aufwand**santeil des **neuen Jahres**.
Passive Rechnungsabgrenzungsposten, = PRA	**passives Bestandskonto**, zeigt Verbindlichkeiten des alten Jahres gegenüber dem neuen; abgegrenzt wird der **Ertrag**santeil des **neuen Jahres**.

Beispiel 1:

Am 28.09.18 zahlen wir einen Versicherungsbeitrag von 2.400,00 € durch Gutschrift auf dem Konto des Versicherers (eigener Kunde) für den Zeitraum vom 30.09.2018 bis zum 30.09.2019 im Voraus.

Versicherungsaufwendungen

Soll		Haben	
(1)	2.400,00		

KKK

Soll		Haben	
		(1)	2.400,00

Buchungssatz:

(1) → Versicherungsaufwend. 2.400,00 / KKK 2.400,00

Bei der Überprüfung unserer Erfolge stellen wir fest, dass der Aufwand nur mit drei Monaten das alte Jahr betrifft; er ist also um den Anteil für neun Monate zu hoch.
Buchen Sie die Abgrenzung im Grundbuch und im Hauptbuch zum 31.12.18 und schließen Sie die Konten ab.

ARA

Soll		Haben	
(2)	1.800,00	(4)	1.800,00

Versicherungsaufwendungen

Soll		Haben	
	(2.400,00)	(2)	1.800,00
		(3)	600,00
	2.400,00		2.400,00

SBK

Soll		Haben	
(4)	1.800,00		

GuV-Konto

Soll		Haben	
(3)	600,00		

Buchungssätze:

(2) → ARA 1.800,00 / Versicherungsaufwend. 1.800,00

(3) → GuV-Konto 600,00 / Versicherungsaufwend. 600,00

(4) → SBK 1.800,00 / ARA 1.800,00

Am 02.01.19 wird zunächst das Konto ARA eröffnet und dann die Rechnungsabgrenzung auf das Aufwandskonto umgebucht.

Soll	ARA		Haben	Soll	Versicherungsaufwendungen		Haben
AB	1.800,00	(5)	1.800,00	(5)	1.800,00		

Buchungssätze:

(5) → ARA 1.800,00 / EBK 1.800,00

→ Versicherungsaufwend. 1.800,00 / ARA 1.800,00

Erläuterung

(1) Bei Vorlage der fälligen Versicherungsrechnung wird der Gesamtbetrag bezahlt, unabhängig davon, wie viele Monate im alten Jahr und wie viele im neuen Jahr betroffen sind.

(2) Zum Jahresende wird das Aufwandskonto um den Anteil des Versicherungsbeitrages entlastet, der das **neue** Jahr betrifft. Diese **vorbereitende Abschlussbuchung** führt die periodenbezogene Ergebnisabgrenzung durch. Hierdurch ist auf dem Konto Versicherungsaufwendungen nur noch der Anteil für das laufende Jahr enthalten.

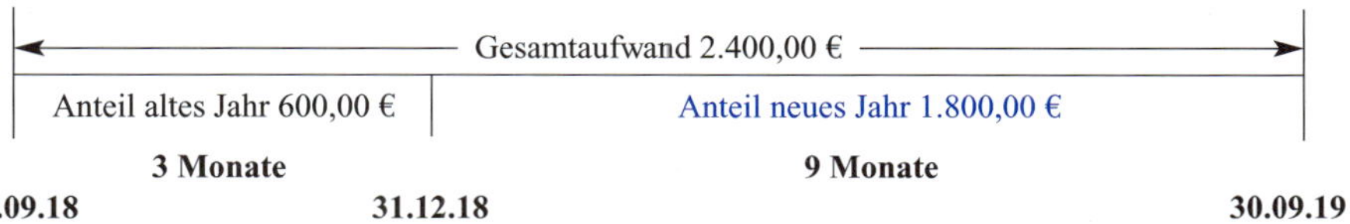

(3) Der Saldo des Kontos, der Versicherungsanteil des **alten** Jahres, wird in die **GuV-Rechnung** übernommen: **Abschlussbuchung** für das Konto „Versicherungsaufwendungen".

(4) Der abgegrenzte Aufwandsanteil des **neuen Jahres** wird über SBK **aktiviert**, da das alte Jahr für das neue eine Vorleistung erbracht hat und somit eine Forderung gegenüber dem neuen Jahr besitzt: **Abschlussbuchung** für das Konto „ARA".

(5) Nach erfolgter Eröffnungsbuchung steht auf dem Konto „ARA" ein Anfangsbestand von 1.800,00 € (Gegenbuchung über EBK). Dieser Betrag betrifft den Versicherungsaufwand des neuen Jahres. Durch Umbuchung auf „Versicherungsaufwendungen" wird der Betrag im neuen Jahr erfolgswirksam.

Beispiel 2:

Für einen Tiefgaragenstellplatz zahlt uns ein Mieter 30.11.18 für drei Monate 150,00 € bar im Voraus.

Soll	Kasse		Haben	Soll	Mieterträge		Haben
(1)	150,00					(1)	150,00

Buchungssatz:

(1) → Kasse 150,00 / Mieterträge 150,00

Bei der Überprüfung unserer Ergebnisse stellen wir am Jahresende fest, dass der Ertrag nur mit einem Monat das alte Jahr betrifft; er ist also um den Anteil für zwei Monate zu hoch.
Buchen Sie die Abgrenzung im Grundbuch und im Hauptbuch zum 31.12.18 und schließen Sie die Konten ab.

Soll	Mieterträge	Haben
(2)	100,00	(150,00)
(3)	50,00	
	150,00	150,00

Soll	PRA		Haben
(4)	100,00	(2)	100,00

Soll	SBK		Haben
		(4)	100,00

Soll	GuV-Konto		Haben
		(3)	50,00

Buchungssätze:

(2) → Mieterträge	100,00	/	PRA	100,00
(3) → Mieterträge	50,00	/	GuV-Konto	50,00
(4) → PRA	100,00	/	SBK	100,00

Zum Beginn des neuen Jahres (02.01.19) wird das Konto PRA eröffnet und die Rechnungsabgrenzung aufgelöst.

Soll	PRA		Haben
(5)	100,00	AB	100,00

Soll	Mieterträge		Haben
		(5)	100,00

Buchungssätze:

(5) → EBK	100,00	/	PRA	100,00
→ PRA	100,00	/	Mieterträge	100,00

Erläuterung

(1) Bei Eingang der Miete wird der Gesamtbetrag als Ertrag gebucht, unabhängig davon, wie hoch der Ertragsanteil des alten Jahres und der des neuen Jahres ist.

(2) Zum Jahresende wird der Ertragsanteil des **neuen** Jahres ausgebucht, sodass auf dem Konto „Mieterträge" nur der Betrag stehen bleibt, der das alte Jahr betrifft:
Dies ist die **vorbereitende Abschlussbuchung** für das Konto „Mieterträge".

(3) Der Mietertragsanteil des **alten Jahres** wird in die **GuV-Rechnung** übernommen: **Abschlussbuchung** für das Konto „Mieterträge".

(4) Der abgegrenzte Ertragsanteil des **neuen Jahres** wird über SBK **passiviert**, da das alte Jahr für das neue eine Vorleistung erhalten hat und somit eine Verbindlichkeit gegenüber dem neuen Jahr besitzt: **Abschlussbuchung** für das Konto „PRA".

(5) Nach der Eröffnungsbuchung steht auf dem Konto „PRA" ein Anfangsbestand in Höhe von 100,00 € (Gegenbuchung über EBK). Der Betrag betrifft den Mietertragsanteil des neuen Jahres. Durch Umbuchung auf „Mieterträge" wird dieser Betrag im neuen Jahr erfolgswirksam.

Beispiel 3:

Wert 30.06.15 verkaufen wir an einen KK-Kunden für 9.421,84 € einen abgezinsten Sparbrief im Nennwert von 10.000,00 €, der vier Jahre lang zu 1,5 % verzinst wird. Die Zinsverrechnung erfolgt für jedes Anlagejahr. Buchen Sie den Verkauf im Grund- und im Hauptbuch, wenn sich der Zinsanteil des 1. Jahres auf 70,66 € beläuft. Die Abgrenzung der Zinsen soll zeitgleich mit dem Verkauf durchgeführt werden.

Zinsverlauf:	*30.06.15 bis 30.12.15*	*70,66 €;*	*Anteil für 2. Halbjahresanteil*	***30.12.15 bis 30.06.16***	*70,67 €;*
	30.06.16 bis 30.12.16	*71,72 €;*	*Anteil für 2. Halbjahresanteil*	***30.12.16 bis 30.06.17***	*71,73 €;*
	30.06.17 bis 30.12.17	*72,80 €;*	*Anteil für 2. Halbjahresanteil*	***30.12.17 bis 30.06.18***	*72,80 €;*
	30.06.18 bis 30.12.18	*73,89 €;*	*Anteil für 2. Halbjahresanteil*	***30.12.18 bis 30.06.19***	*73,89 €.*

Buchungssatz:

(1)	➤	KKK	9.421,84		
		Zinsaufwendungen	70,66		
		ARA	507,50	/ Sparbriefe	10.000,00

KKK

Soll		Haben	
(1)	9.421,84		

Sparbriefe

Soll		Haben	
		(1)	10.000,00

Zinsaufwendungen

Soll		Haben	
(1)	70,66		

ARA

Soll		Haben	
(1)	507,50		

Schließen Sie die Konten im Grundbuch zum 31.12.15 ab.

Buchungssätze:

(2)	➤	GuV-Konto	70,66	/	Zinsaufwendungen	70,66
(3)	➤	SBK	507,50	/	ARA	507,50
(4)	➤	Sparbriefe	10.000,00	/	SBK	10.000,00

Eröffnung der Konten, die im Zusammenhang mit dem Sparbrief stehen, zum 02.01.16 im Grundbuch:

Buchungssätze:

➤	ARA	507,50	/	EBK	507,50
➤	EBK	10.000,00	/	Sparbriefe	10.000,00

Zum 31.12.16 muss der anteilige Jahreszins gemäß § 250 Abs. 3 HGB aus der Rechnungsabgrenzung ausgebucht werden. Zuerst wird der halbe Jahresanteil für das Vorjahr mit 70,67 € ausgebucht; hinzu kommt der zeitanteilige Zins für das laufende Jahr. Dieser errechnet sich aus (9.421,84 + 141,33) ∗ 1,5 % / 2 und beträgt 71,72 €. Buchen Sie die zeitangepasste Auflösung der Abgrenzung zum Ende des zweiten Jahres im Grundbuch und im Hauptbuch.

Buchungssatz:

(5)	➤	Zinsaufwendungen	142,39	/	ARA	142,39

Zinsaufwendungen

Soll		Haben	
(6)	142,39		

ARA

Soll		Haben	
AB	507,50	(6)	142,39
		SB	365,11
	507,50		507,50

Abschlussbuchungssätze:

➤	GuV-Konto	142,39	/	Zinsaufwendungen	142,39
➤	SBK	365,11	/	ARA	365,11

Erläuterung

(1) Bei der hier durchgeführten sofortigen Ergebnisabgrenzung, die mit dem Umsatztag zusammenfällt, **entfällt** die vorbereitende Abschlussbuchung zum Jahresende. Diese Technik der sofortigen Abgrenzung ist bei Kreditinstituten in vielen Bereichen möglich und üblich, da sie den Arbeitsaufwand bei den Jahresabschlussarbeiten verringert. Im Beispiel wurde zur Verdeutlichung die Zinsentwicklung dargestellt. Die Zinsabgrenzung erfolgt linear, da es bei Sparbriefen keine unterjährige Verzinsung gibt. Die Zinskapitalisierung wird erstmals nach dem ersten Laufzeitjahr vorgenommen (wichtig für den Zinseszinseffekt).

(2) Der Zinsanteil des ersten halben Jahres ist betrieblicher Aufwand; dieser wird aus dem Anlagebetrag und nicht aus dem Nennwert des Sparbriefes gerechnet.

(3) Der Zinsanteil der Folgejahre wird durch den Abschluss des Kontos „ARA“ aktiviert.

(4) Die Verbindlichkeit aus dem verkauften Sparbrief besteht aus dem Nennwert und nicht aus dem Verkaufserlös: Verbindlichkeiten sind mit dem Wert zu bilanzieren, den sie bei Fälligkeit haben werden (**Höchstwert-Prinzip → Rückzahlungsbetrag**).

(5) Zum Ende des nächsten Jahres ist die Rechnungsabgrenzung um den Zinsanteil dieses Jahres zu verringern. Diese Buchung kann grundsätzlich auch schon zu Beginn des Jahres durchgeführt werden.

Schema für die Wahl der Konten bei der Ergebnisabgrenzung (1)

Ergebnis**art**	**Zahlungszeitpunkt**	
	altes Jahr	
abzugrenzender **Aufwand**	**Aktive Rechnungsabgrenzungsposten** (Leistungsforderungen)	
abzugrenzender **Ertrag**	**Passive Rechnungsabgrenzungsposten** (Leistungsverbindlichkeiten)	
Abgrenzungs**betrag**	**Anteil neues Jahr**	

Verbrauchsgüter auf Aufwandskonten

Bei der zeitlichen Erfolgsabgrenzung sind in manchen Fällen Verbrauchsgüter zu aktivieren, die nicht über „Aktive Rechnungsabgrenzungsposten“ gebucht werden dürfen:
Es handelt sich dabei um **körperlich vorhandene Stoffe**, die das Kreditinstitut bei der Erstellung seiner betrieblichen Leistung verbraucht. Diese Stoffe werden deshalb bei der Beschaffung über ein Aufwandskonto gebucht. Sollte von den beschafften Gütern am Jahresende noch ein **erheblicher Anteil** vorhanden sein, ist der Restbestand aus der Erfolgsrechnung des alten Jahres abzugrenzen, da er erst im neuen Jahr verbraucht werden wird. Würde die Abgrenzung unterbleiben, wäre die Ergebnisermittlung in unzulässiger Weise verfälscht.

Aufwandskonten, die Verbrauchsgüter enthalten können:

- Sachaufwendungen
- Büromaterialaufwendungen (nur bei erheblichen Beträgen)
- Energieaufwendungen (vorhandenes Heizöl)
- Werbeaufwendungen

Erforderliches Konto:

Sonstige Vermögensgegenstände, = SoVerm	**aktives Bestandskonto**, das unter anderem den Wert der im alten Jahr gekauften, aber noch **nicht verbrauchten Verbrauchsgüter** zeigt; abgegrenzt wird der **Aufwand**santeil des **neuen Jahres**.

⇐

Anmerkung: Das Konto „Sonstige Vermögensgegenstände“ steht in direkter Konkurrenz zum Abgrenzungskonto „Aktive Rechnungsabgrenzungsposten“. Der wesentliche Unterschied besteht darin, dass auf ARA **Rechte** abgegrenzt werden, während auf „SoVerm“ **Verbrauchsgüter** aufgeführt sind.

Beispiel 4:

Buchen Sie im Hauptbuch und im Grundbuch:
Die Euro-Bank AG kauft am 21.08.2018 den Jahresbedarf an Heizöl für das betriebliche Gebäude zu einem Preis von 13.600,00 €. Der Verkäufer ist ein eigener Kunde.

Soll	Energieaufwendungen		Haben
(1)	13.600,00		

Soll	KKK		Haben
		(1)	13.600,00

Buchungssatz:

(1) → Energieaufwendungen 13.600,00 / KKK 13.600,00

Zum 31.12.2018 sind erst 40 % des Heizöls verbraucht. Grenzen Sie den Vorrat ab.
Nach der vorbereitenden Abschlussbuchung sind die beiden betroffenen Sachkonten abzuschliessen.

Soll	Energieaufwendungen		Haben
	13.600,00	(2)	8.160,00
		(3)	5.440,00

Soll	SoVerm		Haben
(2)	8.160,00	(4)	8.160,00

Soll	SBK		Haben
(4)	8.160,00		

Soll	GuV-Konto		Haben
(3)	5.440,00		

Buchungssätze:

(2) → SoVerm 8.160,00 / Energieaufwendungen 8.160,00

(3) → GuV-Konto 5.440,00 / Energieaufwendungen 5.440,00

(4) → SBK 8.160,00 / SoVerm 8.160,00

Zum Beginn des Jahres 2019 wird zunächst das Konto „SoVerm“ eröffnet und dann der Heizölbestand auf das Aufwandskonto umgebucht, da das Heizöl im laufenden Jahr verbraucht werden wird.

Soll	Energieaufwendungen		Haben
(5)	8.160,00		

Soll	SoVerm		Haben
AB	8.160,00	(5)	8.160,00

Buchungssätze:

(5) → SoVerm 8.160,00 / EBK 8.160,00

→ Energieaufwendungen 8.160,00 / SoVerm 8.160,00

Erläuterung

(2) Der **nicht verbrauchte** Anteil des Heizöls wird **aktiviert**, da er nicht Aufwand des **alten** Jahres ist.

(3) Beim Abschluss des Kontos „Energieaufwendungen" wird der **Verbrauch des alten Jahres** auf das Abschlusskonto „GuV" übertragen.

(4) „Sonstige Vermögensgegenstände" (aktives Bestandskonto) wird über SBK abgeschlossen.

(5) Im neuen Jahr wird die Aktivierung aufgehoben, sodass der Betrag von 8.160,00 € als Aufwand des **neuen** Jahres im Jahr 2019 in die GuV-Rechnung übertragen wird.

Schema für die Wahl der Konten bei der Ergebnisabgrenzung (2)		
Erfolgs**art**	**Zahlungszeitpunkt**	
	altes Jahr	
abzugrenzender **Aufwand**	**Aktive Rechnungsabgrenzungsposten** (Leistungsforderungen)	
⇒	**Sonstige Vermögensgegenstände** (nicht verbrauchte Verbrauchsgüter)	
abzugrenzender **Ertrag**	**Passive Rechnungsabgrenzungsposten** (Leistungsverbindlichkeiten)	
Abgrenzungs**betrag**	**Anteil neues Jahr**	

Arbeitsaufträge:

6.2.1 **1.** Am 30.11. zahlen wir vereinbarungsgemäß die Miete für Büroräume mit 4.500,00 € für drei Monate durch Überweisung an einen Kreditor im Voraus.
2. Zum 31.12. (gleiches Jahr) ist die Abgrenzung der Miete zu buchen (vorbereitende Abschlussbuchung).
3. Bilden Sie die Abschlussbuchungen für das angesprochene Ergebnis- und das Abgrenzungskonto.
4. Im neuen Jahr ist das Abgrenzungskonto mit der Eröffnungsbuchung neu anzulegen.
5. Nehmen Sie die Umbuchung für die Ergebnisabgrenzung des alten Jahres im neuen Jahr vor.

6.2.2 Am 20.12. überweisen wir 3.000,00 € Versicherungsbeitrag für das kommende Jahr über eine Korrespondenzbank im Voraus. Buchen Sie die Zahlung und die Abgrenzung zum 31.12. dieses Jahres.

6.2.3 **1.** Ein Kunde zahlt am 15.12. 9.000,00 € Zinsen für ein langfristiges Darlehen für genau 3 Monate pünktlich durch KKK-Überweisung im Voraus.
2. Zum 31.12. im gleichen Jahr erfolgt die Zinsabgrenzung.
3. Buchen Sie den Abschluss des Zinskontos.

6.2.4 Wie lauten die Buchungen im **neuen** Jahr, wenn zum 31.12. des alten Jahres folgende Buchungen vorgenommen wurden?

→ ARA	900,00	/	Fuhrparkaufwendungen	900,00
→ GuV-Konto	1.260,00	/	Fuhrparkaufwendungen	1.260,00

6.2.5 Im laufenden Jahr hatte ein Kreditinstitut wertvolles Werbematerial für 23.200,00 € gekauft. Bei der Inventur am Jahresende wird festgestellt, dass noch 40 % davon vorhanden sind.
Grenzen Sie den Aufwand periodenbezogen ab.

6.2.6 Wegen des günstigeren Preises wird der Jahresbedarf an Büromaterial immer auf einmal gekauft. Der Preis dieses Jahres betrug 34.800,00 €. Am Jahresende sind von dem Material erst 25 % verbraucht.
Führen Sie die vorbereitende Abschlussbuchung und die Abschlussbuchung für das Konto „Sachaufwendungen" durch.

6.2.7 Am Jahresende des Vorjahres hatten wir die noch vorhandenen Bestände an Heizöl mit 12.000,00 € abgegrenzt. Führen Sie die Umbuchung zu Beginn des neuen Jahres durch.

6.2.8 **1.** Am 15.12. erhalten wir von einer Korrespondenzbank, bei der wir ein Nostro-Konto haben, eine Bela stungsanzeige über 860,00 € für ein Abonnement von Fachzeitschriften im neuen Jahr.
2. Buchen Sie die notwendige Ergebnisabgrenzung zum 31.12. des gleichen Jahres.

6.2.2 Antizipative Posten

Werden im neuen Jahr Ausgaben oder Einnahmen gebucht, die ganz oder zumindest teilweise Erfolge des alten Jahres darstellen, muss der Anteil des alten Jahres in das alte Jahr vorgezogen werden, da er mit dem Erfolg des nächsten Geschäftsjahres nichts zu tun hat.
Erfolge, die erst im neuen Jahr zahlungswirksam werden, die aber auch das alte Jahr betreffen, werden als **antizipative Posten** (vorzuziehende Posten) des Jahresabschlusses (JA) bezeichnet.

Erforderliche Konten:

Sonstige Forderungen (JA), **= SoFo (JA)**	**aktives Bestandskonto**, zeigt die Forderungen des alten Jahres gegen das neue; abgegrenzt wird der **Ertrags**anteil des **alten Jahres**.
Sonstige Verbindlichkeiten (JA), **= SoVerb (JA)**	**passives Bestandskonto**, enthält die Verbindlichkeiten des alten Jahres gegenüber dem neuen; abgegrenzt wird der **Aufwand**santeil, der das **alte Jahr** betrifft.

⇐

Eine Besonderheit ist bei **antizipativen Zinsen** zu berücksichtigen:
Nach der RechKredV sind alle Zinsaufwendungen und Zinserträge des alten Jahres, die erst im nächsten Jahr zu Zahlungen führen, mit dem entsprechenden Zinsanteil **den Bilanzpositionen** zuzuordnen, die die Zinszahlung hervorgerufen haben.
Dies gilt für alle Anlagearten für Kreditinstitute und deren Kunden, für die vereinbarungsgemäß Zinsen erst bei Fälligkeit der Anlage zu leisten sind, wie z. B. bei Festgeldern, Geldmarktgeschäften und sonstigen Vereinbarungen über Zinsfälligkeiten.

Da in einem Kontenplan für den **internen Abschluss** Konten eingerichtet werden dürfen, wie z. B. „SoVerb (Zinsen für Kundenfestgelder)“, wird diese Vorschrift hier nur für die Bilanzierung berücksichtigt.

Beispiel 1:

Am 30.10.18 haben wir bei einer Korrespondenzbank ein Festgeld über 1.000.000,00 € bis zum 30.04.19 zu 0,5 % angelegt (Euro-Zins). Buchen Sie den Zinsanteil dieses Jahres zum 31.12.18 im Hauptbuch und im Grundbuch.

Soll	SoFo (JA)		Haben
(1)	861,11		

Soll	Zinserträge		Haben
		(1)	861,11

Buchungssatz:

(1) ➝ SoFo (JA) 861,11 / Zinserträge 861,11

Nach der vorbereitenden Abschlussbuchung sind die beiden betroffenen Sachkonten im Hauptbuch und im Grundbuch abzuschliessen.

Soll	SoFo (JA)		Haben
	(861,11)	(2)	861,11

Soll	Zinserträge		Haben
(3)	861,11		(861,11)

Soll	SBK		Haben
(2)	861,11		

Soll	GuV-Konto		Haben
		(3)	861,11

Buchungssätze:

(2) ➝ SBK 861,11 / SoFo (JA) 861,11

(3) ➝ Zinserträge 861,11 / GuV-Konto 861,11

Zum 02.01.19 wird das Abgrenzungskonto zuerst eröffnet und dann die Abgrenzungsbuchung rückgängig gemacht. Bei Fälligkeit, Wert 30.04.19, erhalten wir den angelegten Betrag einschließlich der Zinsen zurückübertragen.

Soll	SoFo (JA)		Haben
AB	861,11	(4)	861,11

Soll	Zinserträge		Haben
(4)	861,11	(5)	2.527,78

Soll	BKK		Haben
(5)	1.002.527,78		

Soll	Festgelder bei KI		Haben
AB	1.000.000,00	(5)	1.000.000,00

Buchungssätze:

→	SoFo (JA)	861,11	/	EBK	861,11
(4) →	Zinserträge	861,11	/	SoFo (JA)	861,11
(5) →	BKK	1.002.527,78	/	Zinserträge	2.527,78
				Festgelder bei KI	1.000.000,00

Erläuterung

(1) In der internen Buchhaltung ist es für die Differenzierung der Beträge auf „Festgelder bei KI" zweckmäßig, den aufgelaufenen Zinsanspruch auf einem eigenen Unterkonto zu erfassen. Dies erfolgt hier aus Vereinfachungsgründen auf dem Konto „SoFo (JA)".
Gebucht wird der Zinsanteil des alten Jahres, der eine Forderung gegen die Korrespondenzbank darstellt (in diesem Fall für 62 Zinstage).

(2) Für den internen Abschluss wird jedes Bestandskonto über SBK abgeschlossen.
In der veröffentlichten Bilanz enthält die Position „Forderungen an KI" den Nennbetrag der Forderung sowie die bis dahin aufgelaufenen Zinsen, also 1.000.861,11 €.

← Gesamtertrag 2.527,78 € →

Anteil altes Jahr 861,11 €	Anteil neues Jahr 1.666,67 €
62 Tage	**120 Tage**

30.10.18 **31.12.18** **30.04.19**

(3) Unabhängig von der Überlegung, ob der Abschluss intern oder bilanzorientiert erfolgen soll, ist der Zinsanteil der ersten zwei Monate betrieblicher Ertrag, der **wirtschaftlich** zum **alten Jahr** gehört. In der GuV-Rechnung des alten Jahres muss daher der anteilige Zins erfasst werden.

(4) Nach erfolgter Eröffnungsbuchung wird die Erfolgsabgrenzung des Vorjahres aufgelöst. Das Konto „SoFo (JA)" ist dadurch ausgeglichen und auf dem Konto „Zinserträge" erfolgt eine Soll-Buchung. Der Betrag korrigiert den kommenden Ertrag des Jahres 19 auf die ihm zustehenden 1.666,67 €, die zum Jahresende ins GuV-Konto übernommen werden.

(5) Bei der Rückzahlung des Festgeldes sind die Zinsen für die gesamte Anlagedauer fällig. Sie werden dem Ertragskonto gutgeschrieben. Durch die zuvor erfolgte Korrekturbuchung bleiben nur die dem Jahr 19 zustehenden Zinsen als Erfolg übrig.

Beispiel 2:

Nach der Vereinbarung mit einer Werbeagentur sind deren Kosten über insgesamt 4.740,00 € für die drei Monate November bis Januar im Nachhinein am 30.01.19 zu bezahlen.
Buchen Sie die Abgrenzung des Werbeaufwandes zum 31.12.18 im Hauptbuch und im Grundbuch.

Soll	Werbeaufwendungen		Haben
(1)	3.160,00		

Soll	SoVerb (JA)		Haben
		(1)	3.160,00

Buchungssatz:

→	Werbeaufwendungen	3.160,00	/	SoVerb (JA)	3.160,00

Zum 31.12.18 werden nach der vorbereitenden Abschlussbuchung die Abschlussbuchungen vorgenommen.

Soll – Werbeaufwendungen – Haben

Soll		Haben	
	(3.160,00)	(3)	3.160,00

Soll – SoVerb (JA) – Haben

Soll		Haben	
(2)	3.160,00		(3.160,00)

Soll – SBK – Haben

Soll		Haben	
		(2)	3.160,00

Soll – GuV-Konto – Haben

Soll		Haben	
(3)	3.160,00		

Buchungssätze:

(2) ➤	SoVerb (JA)	3.160,00	/	SBK	3.160,00
(3) ➤	GuV-Konto	3.160,00	/	Werbeaufwendungen	3.160,00

Zu Beginn des neuen Jahres wird zunächst das Konto „SoVerb (JA)" eröffnet und anschließend die Abgrenzungsbuchung rückgängig gemacht.

Buchungssätze:

➤	EBK	3.160,00	/	SoVerb (JA)	3.160,00
(4) ➤	SoVerb (JA)	3.160,00	/	Werbeaufwendungen	3.160,00

Das Kreditinstitut zahlt am 30.01.19 die fällige Rechnung durch Überweisung an die Agentur (eigener Kunde).

Soll – Werbeaufwendungen – Haben

Soll		Haben	
(5)	4.740,00	(4)	3.160,00

Soll – KKK – Haben

Soll		Haben	
		(5)	4.740,00

Soll – SoVerb (JA) – Haben

Soll		Haben	
(4)	3.160,00	AB	3.160,00

Buchungssatz:

(5) ➤	Werbeaufwendungen	4.740,00	/	KKK	4.740,00

Erläuterung

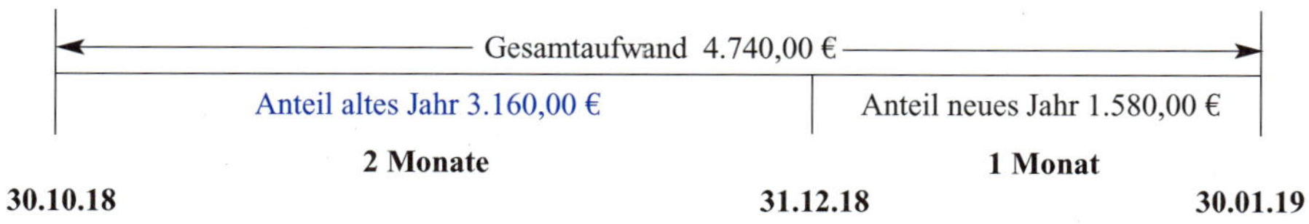

(1) Für die Ergebnisermittlung des alten Jahres muss berücksichtigt werden, dass schon für zwei Monate Werbung betrieben wurde, ohne dass eine Zahlung dafür erfolgt ist.
Dieser Werbeaufwand betrifft wirtschaftlich das alte Jahr, daher muss er auch mit einer vorbereitenden Abschlussbuchung als Aufwand des alten Jahres erfasst werden.

(2) Da die jahresanteiligen Aufwendungen noch nicht gezahlt wurden, hat das alte Jahr gegenüber dem neuen eine Verbindlichkeit, die auf dem Abschlusskonto „SBK" gegengebucht wird.

(3) Der aufgelaufene, aber noch nicht bezahlte Werbeanteil des alten Jahres geht als Aufwand dieses Jahres in die GuV-Rechnung.

(4) Nach erfolgter Neueröffnung des Kontos „SoFo (JA)" wird die Erfolgsabgrenzung des alten Jahres wieder aufgelöst:

Das Konto „SoVerb (JA)“ wird dadurch ausgeglichen und auf dem Konto „Werbeaufwendungen“ erscheint ein negativer Aufwand im Haben, der bewirkt, dass als Netto-Aufwand für das Jahr 2019 nur noch ein Betrag von 1.580,00 € übrigbleibt.
Dieser Betrag wird zum Abschluss des Jahres 2019 in die GuV-Rechnung übernommen.

(5) Mit Bezahlung der fälligen Rechnung wird der Gesamtbetrag in Höhe von 4.740,00 € dem Konto „Werbeaufwendungen“ belastet.

Schema für die Wahl der Konten bei der Ergebnisabgrenzung (3)

Erfolgs**art**	Zahlungszeitpunkt	
	altes Jahr	**neues** Jahr
abzugrenzender **Aufwand**	**Aktive Rechnungsabgrenzungsposten** (Leistungsforderungen)	**Sonstige Verbindlichkeiten (JA)** (Geldverbindlichkeiten)
⇒	**Sonstige Vermögensgegenstände** (nicht verbrauchte Verbrauchsgüter)	
abzugrenzender **Ertrag**	**Passive Rechnungsabgrenzungsposten** (Leistungsverbindlichkeiten)	**Sonstige Forderungen (JA)** (Geldforderungen)
Abgrenzungs**betrag**	**Anteil neues Jahr**	**Anteil altes Jahr**

Anmerkungen: In der Praxis spielt neben der zeitlichen auch die **sachliche Erfolgsabgrenzung** eine erhebliche Rolle. Hierbei gilt, dass alle Aufwendungen und Erträge den entsprechenden Ergebniskonten zuzuordnen sind, selbst wenn sie periodenfremd sind.

Wenn eine Zuordnung zu einem anderen Aufwands- oder Ertragskonto nicht möglich ist, sind diese Erfolge auf den Konten „**Sonstige betriebliche Aufwendungen**“ bzw. „**Sonstige betriebliche Erträge**“ zu erfassen.

Aufwendungen und Erträge, die außerhalb der gewöhnlichen Geschäftstätigkeit anfallen (vgl. HGB § 277 Abs. 4), werden auf den Konten „**Außerordentliche Aufwendungen**“ bzw. „**Außerordentliche Erträge**“ gebucht.

Bilanzausweis:

ARA:	**15. (Aktive) Rechnungsabgrenzungsposten**
PRA:	**6. (Passive) Rechnungsabgrenzungsposten**
SoVerm:	**14. Sonstige Vermögensgegenstände** (wie auch Schecks)
SoFo (JA):	**14. Sonstige Vermögensgegenstände**
⇒ SoVerb (JA):	**5. Sonstige Verbindlichkeiten**
Zinsen für Festgelder von Kunden:	**2. Verbindlichkeiten gegenüber Kunden** **b) andere Verbindlichkeiten** **bb) mit vereinbarter Laufzeit oder Kündigungsfrist**
Zinsen für Festgelder bei Kreditinstituten:	**3. Forderungen an Kreditinstitute** **b) andere Forderungen**

Arbeitsaufträge:

6.2.9 **1.** Ein Kunde legt bei uns am 15.12. einen Betrag von 40.000,00 € für 60 Tage als Festgeld zu 0,5 % an (Übertrag von KKK; kaufmännische Zinsmethode; ein Freistellungsauftrag liegt vor).
2. Buchen Sie die Zinsabgrenzung zum 31.12.
3. Bei Fälligkeit werden zunächst die Zinsen kapitalisiert und das Gesamtguthaben auf KKK übertragen.

6.2.10 **1.** Für ein Festgeld in Höhe von 240.000,00 €, das wir vom 12.12.17 bis zum 12.02.18 bei einer Korrespondenzbank zu p = 0,5 % angelegt haben, sind die Zinsen zum 31.12.17 zu buchen (Euro-Zins-M.).
2. Bei Fälligkeit erhalten wir das Festgeld einschließlich der Zinsen rückübertragen.
3. Nehmen Sie beide Buchungen aus der **Sicht der Korrespondenzbank** vor.

6.2.11 Die Rechnung für die Reparatur eines Geschäftsfahrzeuges über 2.450,00 € ging bei uns am 20.12. im alten Jahr ein. Da wir ein Zahlungsziel von 30 Tagen haben, ist sie erst am 20.01. im neuen Jahr fällig.
1. Buchen Sie den Rechnungseingang.
2. Begründen Sie, ob in diesem Fall eine Erfolgsabgrenzung zum 31.12. des alten Jahres notwendig ist.

6.2.12 Für ein Darlehen über 600.000,00 €, das wir bei einer Korrespondenzbank aufgenommen haben, sind am 30.04. die Zinsen für das zurückliegende Halbjahr zu bezahlen (kaufmännische Zinsrechnung). Buchen Sie die Zinsabgrenzung zum 31.12. des Vorjahres, wenn der Zinssatz 3,7 % beträgt.

Gemischte Arbeitsaufträge:

6.2.13 Am 31.10. wurden pauschal 12.600,00 € für die Wartung der EDV-Anlage bis zum 30.04. des nächsten Jahres im Voraus gezahlt. Buchen Sie die Ergebnisabgrenzung zum 31.12. des alten Jahres.

6.2.14 Am 30.08. wurde die Fahrzeugversicherung für das Privatfahrzeug des Geschäftsinhabers mit einem Betrag von 750,00 € für ein Jahr im Voraus gezahlt. Buchen Sie - sofern erforderlich - die Abgrenzung des Erfolges zum Ende des Geschäftsjahres, das dem Kalenderjahr entspricht.

6.2.15 Zum 31.12. nahm ein Kreditinstitut folgende Abgrenzungsbuchung vor:
→ SoFo 24.000,00 / Zinserträge 24.000,00
1. Wie hoch ist das jahresbezogene Ergebnis des KI, wenn auf seinem Nostrokonto am 30.03. des Folgejahres eine Gutschrift über 36.000,00 € erfolgte?
2. Erstellen Sie mit Angabe des Buchungsdatums die Buchungen, die im Folgejahr erforderlich sind (ohne Abschlussbuchungen).
3. Schließen Sie das Konto „Zinserträge" im Folgejahr unter der Annahme ab, dass keine weiteren Buchungen auf diesem Konto erfolgten.

6.2.16 **1.** Buchen Sie am 30.01.2018 die Zahlung durch Überweisung an einen KK-Kunden mit nachfolgendem Verwendungszweck (die erforderliche Abgrenzung zum Ende des Vorjahres ist erfolgt):
„Provisionen vom 30.10.17 bis 31.12.17 pauschal 6.000,00 €".
2. Wie lautete die Eröffnungsbuchung für das Abgrenzungskonto zum Beginn des Jahres 2018?

6.2.17 Am 30.10. hatten wir einen Kunden mit 900,00 € Provision für drei Monate im Voraus belastet. Buchen Sie nur die Abgrenzung zum 31.12. diese Jahres.

6.2.18 Für die Erstellung eines Beitrages für eine Firmenfestschrift zum 125-jährigen Bankjubiläum im nächsten Jahr zahlte unser Kreditinstitut am 22.08. des laufenden Jahres einem begnadeten Schriftsteller das vereinbarte Honorar von 500,00 € im Voraus.
Buchen Sie die Abgrenzung zum Jahresabschluss, wenn bis dahin noch keine Zeile des Artikels vorliegt.

6.2.19 Um die Jahresabschlussarbeiten zu erleichtern, ist es möglich, Abgrenzungsbuchungen schon zum Zeitpunkt ihres Anfallens vorzunehmen.
Verkauf eines abgezinsten Sparbriefes im Nennwert von 1.000,00 €; Laufzeit 4 Jahre; Zinssatz 3 %; der Käufer zahlt 888,49 € bar; der Zinsanteil des ersten Jahres beträgt 26,65 €.
Buchen Sie den Verkauf mit sofortiger Zinsabgrenzung.

6.2.20 Am 08.10. hatten wir die Versicherung für das Geschäftsfahrzeug mit 864,00 € an einen KK-Kunden überwiesen. Das Versicherungsjahr läuft vom 30.09. dieses Jahres bis zum 30.09. des nächsten Jahres.
Buchen Sie die Erfolgsabgrenzung zum 31.12. des laufenden Jahres.

6.2.21 Beschreiben Sie das Vorgehen, wenn Sie periodenfremde Einnahmen und Ausgaben des **neuen** Jahres in die Erfolgsrechnung des **alten Jahres** einbeziehen wollen.

6.2.22 Ein Mitarbeiter hat von uns ein mit 5 % verzinsliches Darlehen über 10.000,00 € erhalten; die Zinszahlung erfolgt immer nachträglich für sechs Monate.
Buchen Sie die Abgrenzung zum Ende des Geschäftsjahres, wenn die nächste Zinszahlung Wert 30.02. des Folgejahres fällig ist.

6.2.23 Erläutern Sie, was unter einem antizipativen Aufwand zu verstehen ist.
Was ist demgegenüber ein transitorischer Ertrag? Zeigen Sie beides an je einem Beispiel.

6.2.24 Am 28.12. zahlen wir die Gehälter für den Monat Januar durch Gutschrift auf den KK-Konten der Mitarbeiter mit 252.500,00 € brutto. Die einbehaltene Lohnsteuer beläuft sich auf 50.500,00 €; der An-Anteil zur Sozialversicherung beträgt 52.510,00 €, der Ag-Anteil 52.050,00 €.
1. Buchen Sie die termingerechte Gehaltszahlung.
2. Schließen Sie die betroffenen Aufwandskonten ab, wenn keine weiteren Leistungen vorliegen.
3. Buchen Sie die Eröffnung und den Ausgleich des Abgrenzungskontos.

6.2.25 Am 30.10. hatte ein Kunde für ein langfristiges Darlehen über 100.000,00 € zu 5,5 % Zinsen in Höhe von 2.750,00 € durch Überweisung über eine Korrespondenzbank für ein halbes Jahr im Voraus gezahlt.
Buchen Sie die Zinsabgrenzung zum 30.12.

6.2.26 Ein Mieter hat uns die fällige Dezembermiete über 2.350,00 € am 31.12. noch nicht gezahlt. Entscheiden Sie, wie Sie buchen müssen, wenn er Ihnen zugesichert hat, am 15.01. im neuen Jahr zu überweisen.

6.2.27 Auf dem Sparbriefkonto eines Kunden, der am 30.12.13 einen aufgezinsten Sparbrief im Nennwert von 1.000,00 € (p = 4 %) gekauft hatte, befindet sich zum 31.12.16 ein Guthaben von 1.124,86 €.
Buchen Sie die Barauszahlung des am 30.12.17 fälligen Sparbriefes: Es liegt kein FSA vor, ein Kirchensteuerabzug findet nicht statt.

6.2.28 Ein Wert 30.06.14 gekaufter Sparbrief über 8.000,00 € mit jährlicher Zinsausschüttung, Zinssatz 4,5 %, wird zum 30.06.18 fällig. Die Zinszahlungen erfolgen jeweils zum 30.06. auf das Sparkonto.
Buchen Sie die Übertragung auf das Sparkonto des Anlegers unter Berücksichtigung der Zinsen, wenn ein Freistellungsauftrag vorliegt.

6.2.29 Ein Unternehmer (eigener Kunde) hat am 30.10. über sein Bankkonto 9.000,00 € Miete für den Zeitraum vom 30.10. bis zum 31.01. des Folgejahres an uns überwiesen.
1. Buchen Sie den Zahlungseingang mit sofortiger Erfolgsabgrenzung aus **Sicht der Bank**.
2. Stellen Sie den gleichen Sachverhalt aus **Sicht des Mieters** in dessen Buchungskreislauf dar.

6.2.30
1. Eine Korrespondenzbank belastet uns mit Schecks auf unsere Kunden in Höhe von 86.450,00 €.
2. Ein Scheck über 3.000,00 € betrifft einen Kunden, der seine persönliche Kreditlinie zu individuell gestaltet. Bei der Nachdisposition lassen wir diesen Scheck „platzen".
3. Die Korrespondenzbank erhält den Scheck nach den Regelungen des Scheckabkommens rückbelastet.

6.2.31 Das Scheckkonto hat einen Anfangsbestand von 235.000,00 €.
Buchen Sie die folgenden Geschäftsfälle im Grundbuch und schließen Sie das Scheckkonto ab.
1. Kunden reichen uns Schecks über 758.340,00 € zum Einzug ein, die E. v. gutgeschrieben werden.
2. Auszahlungen am GAA: 20.000,00 € an eigene Kunden und 1.000,00 € an fremde Kunden. Diesen stellen wir 12,00 € Gebühren in Rechnung.
3. Der Scheckeinzug wird über folgende Verrechnungswege durchgeführt:
   Buba 472.710,00 €; BKK 196.450,00 €.
4. Schließen Sie das Konto „Schecks" intern ab.
5. In welcher Position der Formblattbilanz wird dieser Betrag ausgewiesen (externer Abschluss)?

6.2.32 Begründen Sie den Zweck der **zeitlichen Erfolgsabgrenzung**.

6.2.33 Wie gehen Sie vor, wenn Sie periodenfremde Einnahmen und Ausgaben des **alten** Jahres aus der Erfolgsrechnung **ausschließen** wollen?

6.2.34 Zeigen Sie an je einem Beispiel, wann bei der zeitlichen Erfolgsabgrenzung das Konto „ARA" und wann das Konto „Sonstige Vermögensgegenstände" anzusprechen ist.
Worin liegt dabei der wesentliche Unterschied?

6.2.35 Erläutern Sie den Zweck der **Abschlussbuchungen**.

6.2.36 Beschreiben Sie die Aufgabe der **vorbereitenden Abschlussbuchungen**.

Exkurs 4: Umsatzsteuer bei Kreditinstituten

Die gewerblichen Kunden der Kreditinstitute erheben bei der Leistungsabgabe nach den Bestimmungen des Umsatzsteuergesetzes in ihren Rechnungen Umsatzsteuer (s. Kap. 2). Damit ist für sie auch das Recht verknüpft, die von ihnen gezahlte Umsatzsteuer als Vorsteuer mit der Umsatzsteuer aufzurechnen. Dies bedeutet, dass die Grundlage für die Berechnung von Abschreibungsbeträgen immer der **Nettoanschaffungsbetrag** ist.

Bei Kreditinstituten ist dies anders. Da die meisten Bankdienstleistungen nicht mit Umsatzsteuer belegt sind, dürfen Kreditinstitute folglich die **von ihnen bezahlte Vorsteuer auch nicht geltend machen**.

§ 4 UStG

Steuerbefreiungen bei Lieferungen und sonstigen Leistungen
Von den unter § 1 Abs. 1 Nr. 1 fallenden Umsätzen sind steuerfrei:
4. die Lieferung von Gold an Zentralbanken; ...
8. a) die Gewährung und die Vermittlung von Krediten,
b) die Umsätze und die Vermittlung der Umsätze von gesetzlichen Zahlungsmitteln. Das gilt nicht, wenn die Zahlungsmittel wegen ihres Metallgehaltes oder ihres Sammlerwertes umgesetzt werden,
c) die Umsätze im Geschäft mit Forderungen, Schecks ... sowie die Vermittlung dieser Geschäfte, ausgenommen die Einziehung von Forderungen,
d) die Umsätze und die Vermittlung der Umsätze im Einlagengeschäft, im Kontokorrentverkehr, im Zahlungs- und Überweisungsverkehr und das Inkasso von Handelspapieren,
e) die Umsätze im Geschäft mit Wertpapieren und die Vermittlung dieser Umsätze, ausgenommen die Verwahrung und Verwaltung von Wertpapieren, ...
h) die Verwaltung von Investmentfonds im Sinne des Investmentsteuergesetzes ...

Demnach sind nur folgende Umsätze **steuerpflichtig**:
- Umsätze in Edelmetallen (Barren, Münzen, Medaillen) mit **Ausnahme** von **Goldbarren** und von **Goldmünzen**, die **gesetzliches Zahlungsmittel** sind;
- Verkauf von Sicherungsgut (gilt nicht für sicherungsübereignende Privatschuldner);
- Verkauf von gebrauchtem Anlagegut (in den seltenen Fällen, in denen ein Vorsteuerabzug stattgefunden hat);
- Depotgeschäft: - Vermietung von Schließfächern
  - Verwahrung und Verwaltung von Effektenbeständen für Kunden;
- Vermögensverwaltung, wenn es sich nicht um Effekten handelt (Portfolio Management);
- Vermittlungsgeschäfte (Reisen, Immobilien);
- Kantinengeschäfte.

Die Auswirkung dieser besonderen Situation ist, dass Kreditinstitute in der Mehrzahl der Fälle die von ihnen gezahlte Umsatzsteuer nicht als verrechenbare Vorsteuer geltend machen können. Dies führt zu einem höheren Anschaffungsbetrag, da die **Umsatzsteuer** mit dem Nettoanschaffungswert gemeinsam **aktiviert** wird. Folglich ist der **Bruttoanschaffungswert** Grundlage für die Berechnung und Buchung der Abschreibung. Grundsätzlich besteht auch die Möglichkeit der Aufteilung der gezahlten Vorsteuer im Verhältnis der umsatzsteuerpflichtigen zu den nicht umsatzsteuerpflichtigen Umsätzen (dieser Sachverhalt wird hier nicht weiter berücksichtigt). Wenn der Anteil der umsatzsteuerpflichtigen Nutzung geringfügig ist (unter 5 % der Gesamtnutzung), ist der Verkauf des gebrauchten Anlagegutes ebenfalls steuerfrei.

Die Bewertungsvorschriften nach HGB werden ergänzt durch die steuerrechtliche Bewertung:

§ 6 EStG

Bewertung
(1) Für die Bewertung der einzelnen Wirtschaftsgüter, die ... als Betriebsvermögen anzusetzen sind, gilt das Folgende:
1. Wirtschaftsgüter des Anlagevermögens, die der Abnutzung unterliegen, sind mit den Anschaffungs- oder Herstellungskosten ..., vermindert um die Absetzungen für Abnutzung, erhöhte Absetzungen, Sonderabschreibungen, Abzüge nach § 6b ... anzusetzen. Ist der Teilwert auf Grund einer voraussichtlich dauernden Wertminderung niedriger, so kann dieser angesetzt werden. Teilwert ist der Betrag, den ein Erwerber des ganzen Betriebs im

§ 6 EStG

Rahmen des Gesamtkaufpreises für das einzelne Wirtschaftsgut ansetzen würde; dabei ist davon auszugehen, dass der Erwerber den Betrieb fortführt. ...

2. *Andere als die in Nummer 1 bezeichneten Wirtschaftsgüter des Betriebs (Grund und Boden, Beteiligungen, Umlaufvermögen) sind mit den Anschaffungs- oder Herstellungskosten ... vermindert um Abzüge nach § 6b ... anzusetzen. Ist der Teilwert (Nummer 1 Satz 3) auf Grund einer voraussichtlich dauernden Wertminderung niedriger, so kann dieser angesetzt werden. ...*

6.3 Sachanlagen im Jahresabschluss

6.3.1 Bewertung von Sachanlagen

In Kapitel 1.9 wurden die Grundlagen für das Berechnen der Abschreibungsbeträge und deren Buchung gelegt (s. Seite 55, §§ 252, 253 HGB). Aus diesem Grund werden hier nur die banktypischen Besonderheiten angesprochen.

Die Konten BGA, Grundstücke und Gebäude, Fuhrpark und GWG werden in der Bilanz unter der Position „Sachanlagen" ausgewiesen.

§ 340e HGB

Bewertung von Vermögensgegenständen (siehe auch S. 169)

(1) Kreditinstitute haben Beteiligungen einschließlich der Anteile an verbundenen Unternehmen, Konzessionen, ..., Grundstücke, grundstücksgleiche Rechte und Bauten einschließlich der Bauten auf fremden Grundstücken, technische Anlagen und Maschinen, andere Anlagen, Betriebs- und Geschäftsausstattung sowie Anlagen im Bau nach den für das Anlagevermögen geltenden Vorschriften zu bewerten, es sei denn, dass sie nicht dazu bestimmt sind, dauernd dem Geschäftsbetrieb zu dienen; in diesem Falle sind sie nach Satz 2 zu bewerten. Andere Vermögensgegenstände, insbesondere Forderungen und Wertpapiere, sind nach den für das Umlaufvermögen geltenden Vorschriften zu bewerten, es sei denn, dass sie dazu bestimmt werden, dauernd dem Geschäftsbetrieb zu dienen; in diesem Falle sind sie nach Satz 1 zu bewerten. ...

Beispiel:

Für die Abteilung Zahlungsverkehr kauft ein Kreditinstitut am 31.05. eine Kundenberatungsinsel für einen Betrag von 1.850,00 € zzgl. 19 % USt. Berechnen Sie den Abschreibungsbetrag für das Anschaffungs- und das Folgejahr, wenn das Möbelstück in 13 Jahren linear abgeschrieben werden soll.

Anschaffungswert:	1.850,00 € * 1,19 =	2.201,50 €	(1)
Abschreibungsbetrag im Anschaffungsjahr:	2.201,50 € / 13 / 12 * 8 =	**112,90 €**	(2)
Abschreibungsbetrag im Folgejahr:	2.201,50 € / 13 =	**169,35 €**	(3)

Erläuterung

(1) Da im Zahlungsverkehr keine umsatzsteuerpflichtigen Vorgänge ausgeführt werden, ist die Umsatzsteuer nicht verrechenbar. Sie wird daher zum Nettoanschaffungswert addiert und bildet mit diesem zusammen die Grundlage für die Abschreibung.

(2) Im Anschaffungsjahr darf nur zeitanteilig für acht Monate abgeschrieben werden.

(3) Im Folgejahr wird der volle Jahresbetrag abgeschrieben.

- Wird ein Wirtschaftsgut von einem Kreditinstitut ausschließlich zur Erzielung **steuerfreier Umsätze** genutzt, ist die gezahlte **Vorsteuer nicht verrechenbar**.
  Basis für die Abschreibung ist der **Bruttoanschaffungswert**, da die Vorsteuer mit aktiviert wird.
- Wird ein Wirtschaftsgut von einem Kreditinstitut ausschließlich in Bereichen zur Erzielung **steuerpflichtiger Umsätze** genutzt, ist die gezahlte **Vorsteuer verrechenbar**.
  Basis für die Abschreibung ist in diesen Fällen der **Nettoanschaffungswert**.
- Bei Gütern, die in einem bestimmten Verhältnis für steuerpflichtige und steuerfreie Umsätze eingesetzt werden, ist die **Vorsteuer anteilig verrechenbar**.
  Abschreibungsgrundlage ist dann der um den nicht verrechenbaren Teil der Vorsteuer erhöhte Nettoanschaffungswert (diese Fälle werden hier nicht weiter berücksichtigt).

6.3.2 Buchen von Wertminderungen

Beispiel 1:

Ein Kreditinstitut kauft am 22.05. für 1.250,00 € zzgl. 19 % USt einen tragbaren Computer für einen Anlageberater; Verkäufer ist ein eigener Kunde. Buchen Sie den Kauf im Hauptbuch und im Grundbuch.

Soll	BGA	Haben	Soll	KKK	Haben
(1)	1.487,50			(1)	1.487,50

Buchungssatz:

(1) ➝ BGA 1.487,50 / KKK 1.487,50

Die Nutzungsdauer laut AfA-Tabelle beträgt drei Jahre. Buchen Sie die lineare Abschreibung am Ende des ersten Nutzungsjahres und schließen Sie das Konto „BGA" im Grundbuch ab.

Soll	Abschreibungen auf Anlagen	Haben	Soll	BGA	Haben
(2)	330,56		(1.487,50)	(2)	330,56
				SB	1.156,94

Buchungssätze:

(2) ➝ Abschreib. auf Anlagen 330,56 / BGA 330,56
➝ SBK 1.156,94 / BGA 1.156,94

Erläuterung

(1) Da der Laptop in einem Bereich eingesetzt wird, in dem keine umsatzsteuerpflichtigen Leistungen erbracht werden, darf das KI die Vorsteuer nicht verrechnen. Daher muss die Vorsteuer auf dem Bestandskonto „BGA" **aktiviert** werden. Hierdurch wird auf dem Bestandskonto der Bruttobetrag erfasst.

(2) Durch die Erfassung mit dem **Bruttoanschaffungswert** erhöht sich auf dem Konto „BGA" die rechnerische Abschreibungsgrundlage, sodass die Vorsteuer im Laufe der Nutzungsdauer mit abgeschrieben wird.
Im Jahr der Anschaffung wird der Abschreibungsbetrag monatsgenau berechnet (hier: Anteilig für 8 Monate).

Anmerkung: Wird ein **gebrauchtes Anlagegut verkauft**, das ausschließlich in einem Bereich eingesetzt wurde, in dem keine umsatzsteuerpflichtigen Leistungen erbracht werden, wird beim Verkauf keine Umsatzsteuer erhoben.

Beispiel 2:

Für die Immobilienabteilung, die steuerpflichtige Erträge erwirtschaftet, waren im Januar 2014 Büromöbel für 38.675,00 € einschl. 19 % USt gekauft worden. Die Nutzungsdauer laut AfA-Tabelle beträgt 13 Jahre, die Abschreibung erfolgte linear. Aufgrund einer Fusion benötigen wir diese Möbel nicht mehr.
Buchen Sie den Ausgang der gebrauchten Möbel im Februar 2018, wenn wir beim Verkauf an einen Möbelhändler (KK-Kunde) noch 14.000,00 € zzgl. 19 % USt erzielen.

(1)

Soll	KKK	Haben	Soll	BGA	Haben
	16.660,00		(22.500,00)		22.500,00

Soll	Abschreibungen auf Anlagen	Haben	Soll	SoVerb (USt)	Haben
	416,67				2.660,00

Soll	Sonst. betr. Aufwendungen	Haben
	8.083,33	

Buchungssatz:

(2) ➝ KKK 16.660,00
Abschr. auf Anlagen 416,67
Sonst. betr. Aufwend. 8.083,33 / BGA 22.500,00
SoVerb (USt) 2.660,00

Erläuterung

(1) Der Restwert der Möbel beträgt nach viermaliger Abschreibung 22.500,00 €. Der jeweilige Abschreibungsbetrag wurde hierbei aus dem Nettoanschaffungswert gerechnet, da die beim Kauf gezahlte Umsatzsteuer eine verrechenbare Vorsteuer darstellte.

(2) Der Käufer zahlt zwar 16.660,00 €, von denen aber nur 14.000,00 € dem KI zustehen. Die erhobene USt ist an das Finanzamt abzuführen. Der nach der planmäßigen Abschreibung für zwei Monate im Jahr 2018 und dem Zahlungseingang beim Verkauf noch fehlende Betrag zum buchmäßigen Restwert stellt einen sonstigen betrieblichen Aufwand dar.

Arbeitsaufträge:

6.3.1 **1.** Am 16.08. kaufen wir bei einem eigenen Kunden ein Sonderfahrzeug für den Geldtransport. Wegen der erforderlichen Sicherheitsausstattung kostet das Fahrzeug 84.000,00 € zzgl. 19 % USt.
Buchen Sie den Kauf.

2. Buchen Sie zum Ende des ersten Nutzungsjahres die planmäßige Abschreibung, wenn die Geschäftsleitung festgelegt hat, dass die Abschreibungsbeträge linear auf sechs Jahre zu verteilen sind.

6.3.2 Eine Geldzählmaschine war von uns vor zwei Jahren für 7.798,32 € zzgl. 19 % USt gekauft worden. Auf einer Verkaufsmesse finden wir eine leistungsfähigere Maschine für 10.710,00 € einschl. 19 % USt, die für Euro und Fremdwährungen genauso geeignet ist.
Diese Maschine wird von uns gekauft und wir geben dafür die alte Maschine für 3.000,00 € in Zahlung.
Buchen Sie die Abgabe der gebrauchten Zählmaschine und die Ausgleichszahlung über Buba, wenn sich der Restwert der Maschine nach zeitanteiliger Abschreibung auf 3.712,00 € beläuft.

6.3.3 **1.** Kauf eines PC mit Hochleistungsdrucker für 3.300,00 € zzgl. 19 % USt bei einem Kunden. Das Rechnungsdatum ist der 30.06.2016. Die Anlage wird ausschließlich für die Abrechnung von steuerpflichtigen Edelmetallgeschäften eingesetzt. Buchen Sie die Beschaffung.

2. Laut AfA-Tabelle ist der PC in drei Jahren abzuschreiben.
Buchen Sie den Verkauf des Rechners am 12.03.2018 für 600,00 € zzgl. 19 % USt an einen Händler. Zu diesem Zeitpunkt war der Rechner nur für die Jahre 2016 und 2017 abgeschrieben.

6.3.4 Ein Kreditinstitut kaufte am 11.03.16 eine Bindemaschine für 6.800,00 € einschließlich 19 % USt für die hauseigene Druckerei.
Die erwartete Nutzungsdauer beträgt 10 Jahre, die Abschreibung ist linear vorzunehmen. Das KI erwartet, dass die Maschine nach Ablauf der Abschreibungszeit einen **Restwert** von 800,00 € haben wird. (Dies bedeutet, dass dieser Teilbetrag nicht abgeschrieben werden darf).

1. Buchen Sie die Abschreibung am Ende des ersten Nutzungsjahres.

2. Die Bindemaschine wird am 01.02.18 verkauft, den Gegenwert erhalten wir über eine Korrespondenzbank.
Buchen Sie den Ausgang der Maschine zu einem Verkaufspreis von
2.1 5.950,00 € oder alternativ
2.2 4.300,00 € und entscheiden Sie jeweils, ob USt erhoben werden muss.

6.3.5 Für eine neue Zweigstelle (übernommen von einer Konkurrenzbank) bezahlte ein KI 1.125.000,00 €. Im Kaufpreis enthalten ist der Grundstückswert mit 125.000,00 €.
Buchen Sie am Ende des dritten Nutzungsjahres die lineare Abschreibung mit 3 %.

6.3.3 Geringwertige Wirtschaftsgüter

Die Behandlung der Umsatzsteuer bei Kreditinstituten führt auch bei „**Geringwertigen Wirtschaftsgütern**" zu einer Besonderheit: Maßgeblich für das Recht, diese Güter in einen Sammelposten einstellen zu dürfen, ist der Nettoanschaffungswert von bis zu 1.000,00 €. Da die Vorsteuer bei Kreditinstituten häufig aktiviert wird, bedeutet dies, dass in diesen Fällen die 20 %-ige Abschreibung zum Jahresende auf den Bruttobetrag vorgenommen wird.

Geringwertige Wirtschaftsgüter im Netto-Anschaffungswert bis zu 250,00 € einschließlich werden unmittelbar auf einem Aufwandskonto gebucht (z. B. „Sachaufwendungen").

Beispiel 1:

Am 20.09.18 kauft ein Kreditinstitut für 330,00 € zzgl. 19 % USt einen Aktenvernichter für die Kreditabteilung; Verkäufer ist ein eigener Kunde. Buchen Sie den Kauf im Hauptbuch und im Grundbuch bei sofortiger Gutschrift.

Soll	GWG 2018		Haben	Soll	KKK		Haben
(1)	392,70					(1)	392,70

Buchungssatz:

(1) → GWG 2018 392,70 / KKK 392,70

Die erwartete Nutzungsdauer des Aktenvernichters beträgt vier Jahre.
Buchen Sie die Abschreibung zum Ende des ersten Nutzungsjahres, wenn keine weiteren Güter dieser Art gekauft wurden.

Soll	Abschr. auf GWG		Haben	Soll	GWG 2018		Haben
(2)	78,54				(392,70)	(2)	78,54

Buchungssatz:

(2) → Abschreibungen auf GWG 78,54 / GWG 2018 78,54

Erläuterung

(1) Der Aktenvernichter wird in einem Bereich eingesetzt, in dem keine umsatzsteuerpflichtigen Leistungen des KI erbracht werden. Die Vorsteuer ist daher nicht verrechenbar und muss aktiviert werden. Der Kaufpreis beträgt über 250,00 € und unter 1.000,00 €, damit liegt ein „geringwertiges Wirtschaftsgut“ vor, das auf einem Sammelkonto zu erfassen ist.
Wahlweise hätte eine Sofortabschreibung für alle Güter bis zu 800,00 € durchgeführt werden können, was aber wegen der zusätzlichen Aufzeichnungspflichten hier unterbleibt.

(2) Die Summe der Jahresinvestitionen auf dem Sammelkonto ist mit 20 % linear abzuschreiben, unabhängig vom Anschaffungsdatum und der Nutzungsdauer laut AfA-Tabelle.

Beispiel 2:

Ein KI kauft bei einem Versandhändler (Kontoverbindung bei einer Korrespondenzbank) für 65,45 € einschl. 19 % USt eine Tragetasche für ein Notebook, das in der Immobilien-Abteilung verwendet wird.
Buchen Sie den Kauf im Grundbuch, wenn wir die Rechnung durch Überweisung bezahlen.

Buchungssatz:

(1) →	Sachaufwendungen	55,00			
	SoFo (VSt)	10,45	/	BKK	65,45

Erläuterung

(1) Die Tragetasche wird in einem Bereich eingesetzt, in dem umsatzsteuerpflichtige Leistungen des KI erbracht werden. Die Vorsteuer ist daher verrechenbar.
Die Tasche ist zwar ein geringwertiges Wirtschaftsgut, liegt aber im Nettoanschaffungswert unter 250,01 € und wird deshalb sofort als Aufwand erfasst.

Arbeitsaufträge:

6.3.6 Buchen Sie den Barkauf eines Taschenrechners mit finanzmathematischen Funktionen für den Leiter der Kreditabteilung; der Rechner kostet als Sonderangebot 70,21 € einschl. 19 % USt.

6.3.7 Am 12.12. kaufte ein KI für 324,87 € einschließlich 19 % USt einen Hängemappenwagen für die Immobilienabteilung.
Entscheiden Sie, wie der Container bei einer angenommenen Nutzungsdauer von acht Jahren abgeschrieben werden kann und buchen Sie die Abschreibung hierfür zum Jahresende.

6.3.8 Buchen Sie den Kauf und die sofortige Barzahlung eines Monitor-Trägers für 80,50 € zzgl. 19 % USt bei einem eigenen Kunden. Der Einsatz erfolgt in der Depotabteilung.

6.3.9 Zum 31.12. sind zeitliche Ergebnisabgrenzungen vorzunehmen:

1. Heizöl im Wert von 15.000,00 € zzgl. 19 % USt ist erst zu 40 % verbraucht.
2. Eine Rechnung über 120,00 € für das Abonnement einer Fachzeitschrift im **neuen** Jahr ist noch nicht bezahlt.
3. Die Dezember-Überstunden werden mit 2.500,00 € erst im Januar bezahlt werden.
4. Ein Mieter hat uns für die Zeit vom 30.11. bis zum 31.03. des nächsten Jahres für einen Kfz-Stellplatz 300,00 € im Voraus gezahlt.
5. Bei unserem Büromaterial ist noch ein Bestand von 16.000,00 € vorhanden.
6. Wir haben bei einer Korrespondenzbank seit dem 25.10. ein Festgeld über 1.000.000,00 € für sechs Monate zu 3,25 % angelegt (Euro-Zins-Methode).

6.3.10 Auf dem Konto „GWG 2018“ ist am Jahresende ein Betrag von 12.430,00 € ausgewiesen, auf dem Konto „GWG 2017“ befinden sich nach erstmaliger Abschreibung im Vorjahr noch 4.400,00 €.
Erstellen Sie die abschlussvorbereitenden Buchungen zum Jahresende 2018.

6.4 Forderungen im Jahresabschluss

6.4.1 Bewertung von Forderungen

Eine der wichtigsten Ertragsquellen für Kreditinstitute liegt in der Vergabe von Krediten. Die unterschiedlichen Möglichkeiten, Forderungen gegen Kunden oder andere Kreditinstitute zu erwerben, sind im kurz- und langfristigen Bereich angesiedelt:

- Kontokorrent-Forderungen aus ausgegebenen Kontokorrentkrediten. Diese werden je nach Kreditnehmer und Verwendungszweck unter unterschiedlichen Bezeichnungen angeboten, z. B. als Überziehungs-, Dispositions-, Investitionsmittel-, Überbrückungs- oder Saisonkredit;
- Darlehens-Forderungen aus der Vergabe langfristiger Darlehen (Investitions- und Baudarlehen; Konsumenten-, Ratendarlehen);
- Forderungen aus übernommenen Bürgschaften.

Mit der Kreditgewährung ist gleichzeitig auch das Risiko verknüpft, dass ein Kreditnehmer nicht mehr in der Lage ist, seine Kreditverpflichtungen zu erfüllen, obwohl die Bankmitarbeiter sorgfältig seine Kreditfähigkeit und besonders seine Kreditwürdigkeit geprüft haben.

In die von § 246 Abs. 1 HGB vorgeschriebene Bilanzierung **aller** Vermögenswerte fallen auch alle Forderungen der Kreditinstitute. Da Forderungen von ihrem grundsätzlichen Wesen her nicht dazu bestimmt sind, dauerhaft dem Geschäftsbetrieb zu dienen, gehören sie zwangsläufig zum Umlaufvermögen. Diese Feststellung bezieht sich nicht auf die Fristigkeit, sondern auf die Überlegung, welche Bewertungsvorschriften für Forderungen anzuwenden sind. Nach § 253 (s. S. 55) und § 340e Abs. 1 HGB bedeutet dies, dass für die Bewertung von Forderungen das strenge Niederstwertprinzip gilt.

§ 252 HGB

Allgemeine Bewertungsgrundsätze (siehe auch S. 55)
(1) Bei der Bewertung der im Jahresabschluss ausgewiesenen Vermögensgegenstände und Schulden gilt insbesondere folgendes:
1. Die Wertansätze in der Eröffnungsbilanz des Geschäftsjahres müssen mit denen der Schlussbilanz des vorhergehenden Geschäftsjahres übereinstimmen.
2. Bei der Bewertung ist von der Fortführung der Unternehmenstätigkeit auszugehen, sofern dem nicht tatsächliche oder rechtliche Gegebenheiten entgegenstehen.
3. Die Vermögensgegenstände und Schulden sind zum Abschlussstichtag einzeln zu bewerten. ...
6. Die auf den vorhergehenden Jahresabschluss angewandten Bewertungsmethoden sind beizubehalten.
(2) Von den Grundsätzen des Absatzes 1 darf nur in begründeten Ausnahmefällen abgewichen werden.

Bewertung von Vermögensgegenständen (siehe auch S. 164)

§ 340e HGB

(2) Abweichend von § 253 Abs. 1 Satz 1 dürfen Hypothekendarlehen und andere Forderungen mit ihrem Nennbetrag angesetzt werden, soweit der Unterschiedsbetrag zwischen dem Nennbetrag und dem Auszahlungsbetrag ... Zinscharakter hat. Ist der Nennbetrag höher als der Auszahlungsbetrag ..., so ist der Unterschiedsbetrag in den Rechnungsabgrenzungsposten auf der Passivseite aufzunehmen; er ist planmäßig aufzulösen und in seiner jeweiligen Höhe in der Bilanz oder im Anhang gesondert anzugeben. Ist der Nennbetrag niedriger als der Auszahlungsbetrag ..., so darf der Unterschiedsbetrag in den Rechnungsabgrenzungsposten auf der Aktivseite aufgenommen werden; er ist planmäßig aufzulösen und in seiner jeweiligen Höhe in der Bilanz oder im Anhang gesondert anzugeben.

(3) Finanzinstrumente des Handelsbestandes sind zum beizulegenden Zeitwert abzüglich eines Risikoabschlages zu bewerten. Eine Umgliedrung in den Handelsbestand ist ausgeschlossen. ...

(4) In der Bilanz ist dem Sonderposten „Fonds für allgemeine Bankrisiken" nach § 340g in jedem Geschäftsjahr ein Betrag, der mindestens 10 vom Hundert der Nettoerträge des Handelsbestandes entspricht, zuzuführen und dort gesondert auszuweisen. ...

Für die Bewertung der Forderungen zum Jahresabschluss bedeuten die Regelungen des HGB, dass Kreditinstitute **jede Einzelforderung** überprüfen und einer von drei Gruppen zuordnen:

- Einwandfreie Forderungen, die zum Bilanzstichtag keine erkennbaren Risiken enthalten. Hierzu gehören auch Forderungen gegen die öffentliche (deutsche) Hand, die nicht abgeschrieben werden dürfen, sowie die Forderungen, die durch Restschuldversicherungen abgedeckt sind. Diese Forderungen sind in voller Höhe zum Nennwert zzgl. Zinsen und Provisionen zu bilanzieren.
- Zweifelhafte Forderungen, bei denen zum Bilanzstichtag Forderungsausfälle offen erkenn- und belegbar sind. In diesen Fällen muss das KI Vorsorgemaßnahmen in Höhe des erwarteten Ausfalles treffen. Die Bilanzierung dieser Forderungen erfolgt zum Nennwert zzgl. Zinsen und Provisionen und abzüglich der gebildeten Einzelwertberichtigungen.
- Uneinbringliche Forderungen sind im Zeitpunkt ihres Ausfalls sofort direkt abzuschreiben. Sie dürfen daher nicht bilanziert werden.

6.4.2 Buchen von Wertminderungen

Drohende Wertverluste müssen zum Ende eines Geschäftsjahres erfasst werden, eingetretene Verluste sind sofort zu erfassen. Kreditinstitute sind durch gesetzliche Vorschriften, aber auch im eigenen Interesse gezwungen, diese Risiken buchungsmäßig zu erfassen. Von Bedeutung ist dabei die Abgrenzung, wann ein Verlust **eingetreten** ist und wann ein Verlust **möglich** ist.

- Uneinbringlich sind Forderungen, bei denen das **Insolvenzverfahren abgeschlossen** ist (vom zuständigen Gericht festgestellte Überschuldung privater Kunden und von Firmenkunden). Auch Forderungen, auf die ein Kreditinstitut privatrechtlich verzichtet hat, sind endgültig verloren.
- Zweifelhaft sind Forderungen, bei denen dem KI zum Abschlussstichtag, aber auch noch darüber hinaus bis zum Zeitpunkt vor der Aufstellung des Jahresabschlusses, Erkenntnisse vorliegen, aus denen ein möglicher Forderungsausfall hervorgeht:
  - Häufiges Überschreiten von Zahlungszielen;
  - Ständiges Ausnutzen der „geduldeten" Überziehung auf dem Kontokorrentkonto;
  - Bei Firmenkunden:
    - Der Inhalt des Jahresabschlusses hat sich gegenüber den Vorjahren dramatisch verschlechtert;
    - Auskünfte von Korrespondenzbanken und/oder gewerblichen Auskunfteien zeigen ein verschlechtertes Bild unseres Kunden;
    - Die Deutsche Bundesbank erteilt uns eine Rückmeldung nach der Meldung von Millionenkrediten (Evidenzmeldung);
    - Die uns gestellten Sicherheiten erleiden Wertverluste, neue Sicherheiten können nicht nachgereicht werden.

Erforderliche Konten:	
Abschreibungen auf Forderungen,	**Aufwandskonto**, erfasst den tatsächlichen oder nur befürchteten Kreditausfall eines KI im Entstehungsjahr des Risikos und in Folgejahren.
⟹ **Einzelwertberichtigungen auf Forderungen (EWB),**	**passives Bestandskonto**, enthält die Gegenbuchung der Abschreibung bei lediglich **befürchtetem** Ausfall.
Sonstige betriebl. Erträge, (auch: Erträge aus der Auflösung v. EWB)	**Ertragskonto**, das Zahlungseingänge erfasst, die sich über einen befürchteten Forderungsausfall hinaus ergeben.
Außerordentliche Erträge, (A. o. Erträge)	**Ertragskonto**, das unerwartete Zahlungseingänge nach endgültiger Abschreibung erfasst.

Die Buchungen von Wertminderungen sollen im Folgenden am Beispiel von Kontokorrentforderungen dargestellt werden.

Beispiel 1:

Für einen Kunden mit einem Kontokorrent-Obligo von 30.000,00 € geht über Buba eine Zahlung in Höhe von 5.000,00 € ein. Der Rest fällt nach einer Mitteilung des Gerichtsvollziehers endgültig aus.
Buchen Sie die Auflösung des Kundenkontos mit der Ausbuchung des Verlustes für das KI.

Soll	KKK		Haben
	(30.000,00)	(1)	5.000,00
		(2)	25.000,00

Soll	Buba		Haben
(1)	5.000,00		

Soll	Abschreibungen auf Ford.		Haben
(2)	25.000,00	GuV	25.000,00

Soll	GuV-Konto		Haben
Abschr. a. F.	25.000,00		

Buchungssätze:

(1) ➝	Buba	5.000,00	/	KKK	5.000,00
(2) ➝	Abschreib. auf Ford.	25.000,00	/	KKK	25.000,00
➝	GuV-Konto	25.000,00	/	Abschreib. auf Ford.	25.000,00

Erläuterung

(1) Da nur noch ein Zahlungseingang von 5.000,00 € über Buba zu verzeichnen ist, muss der endgültig verloren gegangene Restbetrag von 25.000,00 € **direkt** abgeschrieben werden. Das Kundenkonto wird aufgelöst.

(2) Der Verlust aus der Kreditvergabe wirkt sich als Aufwand in der GuV-Rechnung aus.

Anmerkung: Sollte in einer Folgeperiode noch ein Zahlungseingang erfolgen, ist dieser als unerwarteter, nicht planbarer Erfolg über „außerordentliche Erträge" zu buchen.

Beispiel 2:

Der Zeitung entnehmen wir, dass gegen einen Kunden, der einen Kontostand von 20.000,00 € Soll hat, das Insolvenzverfahren eröffnet wurde.
Buchen Sie den befürchteten Ausfall, es liegen keine Kreditsicherheiten vor.

Soll	KKK		Haben
	20.000,00		

Soll	EWB		Haben
		(1)	20.000,00

Soll	Abschreibungen auf Ford.		Haben
(1)	20.000,00		

Buchungssatz:

(1) ➝	Abschreib. auf Ford.	20.000,00	/	EWB	20.000,00

Zum Jahresabschluss sind die betroffenen Konten abzuschließen.

Soll — KKK — Haben

Soll		Haben	
	(20.000,00)	SBK	20.000,00

Soll — EWB — Haben

Soll		Haben	
SBK	20.000,00		(20.000,00)

Soll — SBK — Haben

Soll		Haben	
(2) KKK (Deb.)	20.000,00	EWB	20.000,00

Soll — Abschreibungen auf Ford. — Haben

Soll		Haben	
	(20.000,00)	GuV	20.000,00

Soll — GuV-Konto — Haben

Soll		Haben	
(3) Abschr. a. F.	20.000,00		

Buchungssätze:

(2) ➛	SBK	20.000,00	/	KKK	20.000,00
(2) ➛	EWB	20.000,00	/	SBK	20.000,00
(3) ➛	GuV-Konto	20.000,00	/	Abschreib. auf Ford.	20.000,00

Im neuen Jahr erhalten wir von der Vollstreckungsstelle eine Zahlung über eine Korrespondenzbank in Höhe von 2.500,00 €, der Rest fällt endgültig aus. Wir lösen die Kontoverbindung auf.

Soll — KKK — Haben

Soll		Haben	
	(20.000,00)	BKK	2.500,00
		EWB	17.500,00
	20.000,00		20.000,00

Soll — BKK — Haben

Soll		Haben	
KKK	2.500,00		

Soll — sonst. betr. Erträge — Haben

Soll		Haben	
		EWB	2.500,00

Soll — EWB — Haben

Soll		Haben	
KKK	17.500,00		(20.000,00)
So.betr.Ertr.	2.500,00		
	20.000,00		20.000,00

Buchungssätze:

(4) ➛	BKK	2.500,00	/	KKK	2.500,00
➛	EWB	17.500,00	/	KKK	17.500,00
➛	EWB	2.500,00	/	sonst. betr. Erträge	2.500,00

Erläuterung

(1) Als „Vorsorgemaßnahme" bildet das KI zum Jahresende für jede Forderung, die zweifelhaft zu sein scheint, eine Einzelwertberichtigung auf diese Forderung. Die Höhe des Abschreibungsbedarfes hängt ab vom Wert der vorhandenen Sicherheiten. Die Abschreibungsbuchung erfolgt in Höhe des befürchteten Ausfalls.
Bei der indirekten Abschreibung bleibt die Höhe der Hauptforderung unberührt.

(2) Beim internen Abschluss weisen dementsprechend die Konten „KKK" und „EWB" einen Bestand auf, der für die externe Bilanz saldiert wird.

(3) Der befürchtete Verlust wird im Entstehungsjahr in die GuV-Rechnung übernommen und senkt dort den Gewinn bzw. erhöht den Gesamtverlust (mit allen steuerlichen Folgen).

(4) Im neuen Jahr klärt sich die zweifelhafte Forderung: Der befürchtete Ausfall tritt ein, allerdings nicht im erwarteten Umfang. Nach Erfassung des Zahlungseingangs **muss** die **gebildete Wertberichtigung aufgelöst** werden, da die Kontoverbindung nicht mehr weiter bestehen soll. Der Mehrerlös führt zu einem zusätzlichen zu versteuernden periodenfremden Ertrag.

Anmerkung: Sollte das Konto aber weiterbestehen, kann die zugehörige Einzelwertberichtigung auch weitergeführt werden, bis der Kunde sein Konto nur noch auf Guthabenbasis führt.

Beispiel 3:

Gegen unseren Kunden Walter Ramme, e. K., Baugeschäft, haben wir eine Kontokorrent-Forderung in Höhe von 100.000,00 €. Wegen der verschlechterten Ertragssituation des Kunden ist unser Vorstand der Meinung, dass für die Forderung lediglich noch eine Sicherheit von 40 % vorhanden ist.
Buchen Sie die dafür erforderliche Wertberichtigung im Hauptbuch und im Grundbuch.

Soll	KKK		Haben
	(100.000,00)		

Soll	EWB		Haben
		Abschr. a. F.	60.000,00

Soll	Abschreibungen a. Ford.		Haben
EWB	60.000,00		

Buchungssatz:

(1) ➛ Abschreib. a. Ford. 60.000,00 / EWB 60.000,00

Im Folgejahr ist die wirtschaftliche Lage des Kunden noch angespannter. Die Kreditlinie ist immer voll ausgeschöpft, neue Sicherheiten konnten nicht gestellt werden; gleichzeitig ist der Wert der vorhandenen Sicherheiten auf 20 % gesunken (bezogen auf unsere Forderung).
Buchen Sie die Aufstockung der vorhandenen Wertberichtigung im Hauptbuch und im Grundbuch.

Soll	KKK		Haben
	100.000,00		

Soll	EWB		Haben
SB	80.000,00	AB	60.000,00
		Abschreib.	20.000,00
	80.000,00		80.000,00

Soll	Abschreibungen a. Ford.		Haben
EWB	20.000,00		

Buchungssatz:

(2) ➛ Abschreib. a. Ford. 20.000,00 / EWB 20.000,00

Über Buba geht im neuen Jahr ein Zahlung über 50.000,00 € zu Gunsten von Herrn Ramme ein. Mit seinem Einverständnis setzen wir die Kreditlinie auf 50.000,00 € herunter, die gestellten Sicherheiten werden ensprechend freigegeben. Die jetzt überhöhte Wertberichtigung ist anzupassen.

Soll	KKK		Haben
AB	100.000,00	Buba	50.000,00
		SB	50.000,00
	100.000,00		100.000,00

Soll	EWB		Haben
so. betr. Ertr.	30.000,00	AB	80.000,00
SB	50.000,00		
	80.000,00		80.000,00

Soll	Buba		Haben
KKK	50.000,00		

Soll	sonst. betriebl. Erträge		Haben
		EWB	30.000,00

Buchungssätze:

➛ Buba 50.000,00 / KKK 50.000,00

(3) ➛ EWB 30.000,00 / sonst. betr. Erträge 30.000,00

Erläuterung

(1) Bei einer Einschätzung der Sicherheiten auf nur 40 % der Forderung besteht das Risiko eines drohenden Verlustes von 60 %. Der entsprechende Betrag ist indirekt abzuschreiben.

(2) Die Neueinschätzung der Sicherheiten führt zu einer Erhöhung der Wertberichtigung auf nun insgesamt 80 % der Kontokorrentforderung.
Die Gegenbuchung ist wegen der neuen Lage, die in diesem Jahr erkannt wurde, über „Abschreibungen auf Forder." zu buchen und nicht über „sonst. betriebl. Aufwendungen".

(3) Unter Berücksichtigung der werthaltigen Sicherheit sind von vorher 80.000,00 € Wertberichtigung nur noch 50.000,00 € erforderlich. Nach Klärung der wirtschaftlichen Probleme unseres Kunden ist der Schaden entweder vollständig abgedeckt oder es ergibt sich ein „sonstiger betrieblicher Ertrag", wenn endgültige Zahlungen geleistet werden.

- Die Forderungen des KI sind am Jahresende einzeln zu bewerten.
- Das Ergebnis der Bewertung führt zu drei Klassen von Forderungen:
  - Einwandfreie Forderungen sind zum Nennwert zzgl. kapitalisierter Zinsen und Provisionen zu bilanzieren.
  - Zweifelhafte Forderungen müssen **indirekt** über „EWB" **abgeschrieben** werden. In der veröffentlichten Bilanz werden „Forderungen an Kunden" um die Höhe der gebildeten Einzelwertberichtigung verringert ausgewiesen (aktivische Absetzung, Kompensation).
  - Uneinbringliche Forderungen sind **direkt** über das Forderungskonto (z. B. „KKK") **abzuschreiben** und dürfen nicht bilanziert werden. ⇐
- Eine Einzelwertberichtigung ist ganz oder teilweise aufzulösen, wenn
  - das ursprüngliche Risiko nicht mehr besteht oder
  - der Forderungausfall eintritt.
- Unterschiedsbeträge zwischen der gebildeten Wertberichtigung und dem tatsächlichen Ausfall sind zu buchen über
  - „Abschreibungen auf Forderungen" (der Ausfall ist höher als befürchtet) oder
  - „sonstige betriebliche Erträge" (der Ausfall ist geringer als erwartet).

Arbeitsaufträge:

6.4.1 Über unseren Kunden Siegfried Schock ist das Insolvenzverfahren eröffnet worden. Für unsere Forderung über 90.000,00 € bestehen Sicherheiten mit einem Wert von 13.500,00 €.
1. Buchen Sie die erforderliche Vorsorgemaßnahme.
2. Das Verfahren wird im nächsten Jahr abgeschlossen. Über BKK erhalten wir den Gegenwert der verwerteten Sicherheiten und noch eine Quote von 5 % unserer Restforderung.
   Buchen Sie den Ausgleich des Kundenkontos.

6.4.2 Eine Forderung über 100.000,00 € war von uns im Vorjahr mit 60 % bewertet worden. Sie fällt in diesem Jahr in voller Höhe aus, da unsere Sicherheiten wertlos geworden sind. Das Amtsgericht hatte das vor handene Restvermögen des Schuldners an andere Begünstigte verteilt.
Wir sind an einer Kontoverbindung nicht mehr interessiert. Buchen Sie den Kontenabschluss.

6.4.3 Gegen die Metallbau Nürtingen GmbH haben wir eine Forderung über 150.000,00 €, die im Vorjahr mit 80 % indirekt abgeschrieben wurde.
Über Buba erhalten wir 10.000,00 €, die noch zu buchen sind. Der Rest fällt endgültig aus.
Buchen Sie die Auflösung des Kontos unter Berücksichtigung der Abschreibung des Vorjahres.

6.4.4 Da uns die ungewöhnlichen Zahlungsgewohnheiten unserer Kundin Agathe Grünzweig, Bio-Artikel-Im- und Export, schon im Vorjahr aufgefallen waren, hatten wir unseren Anspruch gegen sie in Höhe von 200.000,00 € unter Berücksichtigung der vorhandenen Sicherheiten mit 70 % bewertet.
Über eine Korrespondenzbank erhalten wir jetzt einen Zahlungseingang über 160.000,00 € der noch zu buchen ist; gleichzeitig erfahren wir, dass die verbleibende Forderung endgültig ausfällt.
Ihre Aufgabe ist die Auflösung der buchungstechnischen Probleme dieses Jahres.

6.4.5 Der Inhaber eines Geschäftskontos mit einer beanspruchten Kreditlinie von 90.000,00 €, Ludwig Lustig, fiel uns dadurch auf, dass von ihm ausgestellte Schecks wiederholt keine Deckung aufwiesen.
Buchen Sie folgende Situationen, wenn die Linie voll in Anspruch genommen war:
1. Zum Jahresende befürchten wir einen Ausfall von 30 % des Kreditbetrages (keine werthaltigen Sicherheiten).
2. Im neuen Jahr überweist ein Geschäftspartner von Herrn Lustig 70.000,00 € über BKK.
3. Zwei Jahre später hat sich die geschäftliche Situation von Herrn Lustig verbessert.
   Buchen Sie die Auflösung der Wertberichtigung
   Beurteilen Sie diesen Sachverhalt aus steuerlicher Sicht für unser Kreditinstitut.

6.4.6 Firmenkunde Klaus Eppeler hat bisher eine Blanko-Kreditlinie über 100.000,00 € gehabt. Auf unsere Bitte hin bringt er uns werthaltige Sicherheiten in Höhe von 101.000,00 €. Entscheiden Sie, welche Maßnahmen zum Ende des Geschäftsjahres zu treffen sind bei einem Kontostand von
1. 37.000,00 € Soll bzw.
2. 150.000,00 € Soll. Herr Eppeler hat die Eröffnung des Insolvenzverfahrens beantragt.

6.4.7
1. Für ein Darlehen über 90.000,00 € wurde eine Jahreszahlung (Annuität) von 9.000,00 € vereinbart, die einen Anteil für Tilgung und einen Anteil für Zins enthält. Die erste Zahlung ist am 30.12.16 fällig. Buchen Sie den Zahlungseingang über BKK (Gegenkonto ist das Hauptbuchkonto „Darlehen").
2. Der Zinsanteil in Höhe von 7.200,00 € ist vom Darlehenskonto auf Zinserträge umzubuchen.
3. Im zweiten Jahr ist die Annuität am 30.12.17 noch nicht eingegangen. Buchen Sie die Erfassung der noch nicht gebuchten Ansprüche, wenn bisher erst insgesamt 1.800,00 € getilgt sind.
4. Schließen Sie die betroffenen Konten zum Jahresende ab.
5. Eröffnen Sie die Bestandskonten zum Jahresanfang im dritten Jahr.
6. Nach eindringlicher Mahnung leistet der Kunde die überfällige Annuität am 20.01.18 durch Bareinzahlung bei uns. Buchen Sie den Eingang, wenn zusätzlich Zahlscheingebühren über 2,00 € und Verzugszinsen in Höhe von 60,00 € erhoben werden.

6.4.8
1. Zur Gründung einer selbstständigen Existenz gewähren wir Kundin Nicole Danzig ein Darlehen über 200.000,00 €. Es liegen werthaltige Sicherheiten in ausreichender Höhe vor.
   Buchen Sie die Auszahlung des Darlehens auf KKK.
2. Entgegen unserer Beurteilung ist Frau Danzig bei Fälligkeit der vereinbarten Zins- und Tilgungsraten nicht in der Lage, die erforderlichen Zahlungen zu leisten. Wir kündigen das Darlehen und erleiden bei der Sicherheitenverwertung einen Ausfall von 40 %.
   Buchen Sie den Zahlungseingang über BKK und den Abschluss der Kontobeziehung.

6.4.9 Vor der Durchführung der „vorbereitenden Abschlussbuchungen" beträgt der Bestand der Debitoren 7.450.000,00 €.
1. Zu buchen sind noch folgende Posten des Jahresabschlusses, die Debitoren betreffen:

Sollzinsen	86.450,00 €
Habenzinsen	720,00 €
Kontoführungsgebühren	2.280,00 €

2. Für eine Forderung über 25.000,00 € ist der Wert der Sicherheiten auf 70 % gefallen.
3. Eine weitere Forderung über 18.500,00 €, die von uns im Vorjahr mit 90 % einzelwertberichtigt wurde, fällt nach Abschluss des Insolvenzverfahrens und einem Zahlungseingang über Buba in Höhe von 15 % unserer ursprünglichen Forderung endgültig aus.
   Buchen Sie zuerst den Zahlungseingang und dann die Kontoauflösung.
4. Schließen Sie die Konten „Abschreibungen auf Forderungen" und „EWB" ab, wenn der EWB-Bestand vor Buchung der direkten Abschreibung aus dem Fall 3. 16.650,00 € betragen hat.
5. Wie lautet die Buchung für den Schlussbestand der Debitoren, wenn die Zahlung aus dem Insolvenzverfahren im Inventurbestand noch nicht erfasst war?
6. Mit welchem Betrag werden die Debitoren in der externen Bilanz ausgewiesen?

6.4.10
1. Ein Kreditinstitut zahlt ein Verbraucherdarlehen über 14.500,00 € am 15.11.2016 über KKK aus. Konditionen: Tilgung in 36 Raten; Sollzinsatz 6,50 % p. a. nominal aus der jeweiligen Restschuld (Effektivzins 6,70 %). Höhe einer Monatsrate 444,41 €, Gesamtrückzahlungsbetrag 15.998,78 €. Die Gutschrift erfolgt mit sofortiger Abgrenzung des zeitanteiligen Zinses in Höhe von 116,82 € für das alte Jahr; die Gesamtforderung des KI wird über das Konto „Verbraucherdarlehen" gebucht.
2. Buchen Sie die Belastung des KKK mit der ersten Rate zum 15.12.2016.
3. Schließen Sie die Konten „Verbraucherdarlehen", „Zinserträge" und das Abgrenzungskonto zum Jahresende ab.
4. Eröffnen Sie diese Konten im neuen Jahr. Der Zinsanteil für dieses Jahr beträgt 772,47 € und wird sofort als Ertrag gebucht.
5. Der Kreditnehmer leistet im Jahr 2017 keine weiteren Zahlungen, sodass wir befürchten, dass die Forderung vollständig ausfällt. Schließen Sie das Darlehenskonto zum Ende dieses Jahres ab.
6. Nach Abschluss des zwischenzeitlich durchgeführten Insolvenzverfahrens erhalten wir am 15.04.2018 aus einer vom Kreditnehmer gestellten Sicherheit über BKK noch einen Betrag von 3.000,00 €, der Rest ist uneinbringlich. Buchen Sie die Auflösung des Kredites.

6.4.11 Zeigen Sie am Beispiel der Einzelwertberichtigungen den Unterschied zwischen internem Abschluss und externer Bilanz.

6.4.12 Erläutern Sie die Auswirkung der Wertveränderung von Kreditsicherheiten auf die Risikobewertung der einzelnen Kredite zum Jahresende.

6.4.13 Sie haben die Aufgabe, für den Jahresabschluss die Forderungen Ihres Kreditinstitutes zu beurteilen, indem Sie diese in mehrere Gruppen einteilen.
Erstellen Sie einen Vorschlag, der das Rückzahlungsrisiko berücksichtigt.

6.5 Effekten im Jahresabschluss

6.5.1 Bewertung von Effekten

Das Konto „Eigene Effekten" ist ein **gemischtes Konto**. Das bedeutet, dass beim Abschluss des Kontos neben den Effektenbeständen die Ergebnisbestandteile gesondert ermittelt und gebucht werden müssen. Die Grundlage für die Ergebnisermittlung bilden die **Skontren**, die für jede einzelne Effektengattung geführt werden. In ihnen werden die jeweils gehandelten Stückzahlen oder Nennwerte sowie der gehandelte Einzelpreis bei Kauf oder Verkauf ausgewiesen. Damit lässt sich feststellen, ob beim Handel ein Gewinn oder ein Verlust eingetreten ist.

Neben der Ermittlung von realisierten Erfolgen ist die **Bewertung** des zum Bilanzstichtag vorhandenen Effektenvermögens von großer Bedeutung. Aufgrund der nicht kalkulierbaren Börsenentwicklung unterliegen Effekten einem erheblichen Kursrisiko. Bei der Risikobewertung spielt die Zuordnung der Effekten zum Anlage- oder zum Umlaufvermögen eine große Rolle. Grundlage hierfür ist die Entscheidung der Geschäftsleitung beim Kauf der Effekten.

Außer den allgemeinen Bewertungsgrundsätzen der §§ 252 ff. HGB gelten für Kreditinstitute in den §§ 340e-g Regelungen, die vor den besonderen Risiken der Branche schützen sollen.

Inventar — § 240 HGB

(4) Gleichartige Vermögensgegenstände des Vorratsvermögens sowie andere gleichartige oder annähernd gleichwertige bewegliche Vermögensgegenstände ... können jeweils zu einer Gruppe zusammengefasst und mit dem gewogenen Durchschnittswert angesetzt werden.

Bewertungsvereinfachungsverfahren — § 256 HGB

Soweit es den Grundsätzen ordnungsmäßiger Buchführung entspricht, kann für den Wertansatz gleichartiger Vermögensgegenstände des Vorratsvermögens unterstellt werden, dass die zuerst oder dass die zuletzt angeschafften ... Vermögensgegenstände zuerst verbraucht oder veräußert worden sind. § 240 Abs. ... 4 ist auch auf den Jahresabschluss anwendbar.

Für die Bewertung ist die Zuordnung zu Anlage- oder Umlaufvermögen in der Praxis nicht so bedeutsam, da Kreditinstitute aus Vorsichtsgründen die Effektenbestände nach der strengeren Bewertung des Umlaufvermögens behandeln oder gar die Rechte aus § 340f HGB (s. S. 191) beanspruchen. Damit entsprechen sie im besonderen Umfang dem Prinzip des **Schutzes von Gläubigern und Anteilseignern**. Das Anschaffungswertprinzip in Verbindung mit dem Realisationsprinzip sowie die Inanspruchnahme des Rechtes zur Unterbewertung von Vermögensteilen führt zur Bildung erheblicher stiller Reserven (der Marktwert der Effekten ist höher als der Buchwert). Dieses Prinzip ist bei der Bewertung des Handelsbestandes durchbrochen.

Auswirkungen der handelsrechtlichen Vorschriften:

- **Effekten des Anlagevermögens** (das sind nur noch die Fälle, in denen diese dauernd dem Geschäftsbetrieb dienen) werden mit den **Anschaffungskosten** bewertet; ist der Kurs am Bilanzstichtag gefallen, **kann** der **niedrigere Stichtagskurs** oder ein steuerlich zulässiger niedrigerer Wert gewählt werden (**gemildertes Niederstwertprinzip**).
- **Effekten der Liquiditätsreserve müssen** zum **niedrigeren Stichtagskurs** bewertet werden (**strenges Niederstwertprinzip**). Die höchstmögliche Bewertung ist zum Anschaffungskurs.
- Der **Ausweis nicht realisierter Kursgewinne** ist in diesen Fällen **nicht zulässig**. (**Realisationsprinzip**) ⇐
- **Effekten des Handelsbestandes** werden mit dem beizulegenden Zeitwert abzüglich eines Risikoabschlages bewertet (**Zeitwertprinzip**).
- **Wertminderungen aus der Bewertung sind abzuschreiben** (beim UV immer und beim **AV** bei **dauerhafter** Wertminderung) bzw. **können abgeschrieben werden** (AV).
- Im Handel **realisierte Kursgewinne** und **-verluste** sind auf **Ergebniskonten** zu buchen.

Bewertung von eigenen Effekten nach HGB

Umlaufvermögen	**Anlagevermögen**
• **Effekten der Liquiditätsreserve** = Effekten, die (mit geringem Kursrisiko) schnell veräußert werden können *Aktienkauf am 20.11. zu 210,00 €/St.* *a) Kurs am Bilanzstichtag 200,00 €/St.* Bewertung zu 200,00 €/St. ⟶ Abschreibungsbedarf 10,00 €/St. *b) Kurs am Bilanzstichtag 215,00 €/St.* Bewertung zu 210,00 €/St. (Gewinn ist noch nicht realisiert.) • **Effekten des Handelsbestandes** = Ausnutzen kurzfristiger Preisunterschiede um einen Eigenhandelserfolg zu erzielen *Aktienkauf am 20.11. zu 210,00 €/St.* *a) Kurs am Bilanzstichtag 235,00 €/St.* Bewertung mit z. B. 6 % Risikoabschlag zu 220,90 €/St. *b) Kurs am Bilanzstichtag 190,00 €/St.* Bewertung zu 178,60 €/St. (190,00 €/St. – 6 % Risikoabschlag) ⟶	*Aktienkauf am 20.11. zu 210,00 €/St.* *a) Kurs am Bilanzstichtag 200,00 €/St.* Bewertung höchstens zu 210,00 €/St., oder zu 200,00 €/St., oder einem frei wählbaren Kurs zwischen Anschaffungs- und Ultimo-Kurs, sofern die Wertminderung nicht von Dauer ist. (Hieraus ergibt sich der entsprechende Abschreibungsbedarf.) *b) Kurs am Bilanzstichtag 215,00 €/St.* Bewertung zu 210,00 €/St. (Gewinn ist noch nicht realisiert.)

Bewertung nach IAS / IFRS

Deutsche Kreditinstitute, die einen ausländischen Kapitalmarkt in Anspruch nehmen wollen, haben die Möglichkeit, einen **Konzernabschluss,** statt nach den Vorschriften des HGB, nach den Regeln aufzustellen, die im entsprechenden Kapitalmarkt gelten (§ 292 HGB). Die Voraussetzung dafür ist, dass der Abschluss weiterhin den Vorschriften der europäischen Konzernbilanz-Richtlinie und in seiner Aussagekraft dem HGB-Abschluss entspricht. Gleichzeitig wird angestrebt, Jahresabschlüsse, die nach neuen, einheitlichen Richtlinien erstellt worden sind, an allen Weltbörsen als Zulassungsvoraussetzungen anzuerkennen.

Dies bedeutet, dass der Jahresabschluss nach den Regelungen der **IAS** (International Accounting Standards) bzw. **IFRS** (International Financial Reporting Standards) erfolgt. Durch die Neufassung des HGB über das BilMoG wurde erreicht, dass die HGB-Vorschriften in vielen Teilen an die internationalen Rechnungslegungsvorschriften angepasst wurden und nicht mehr viele Wahlrechte und Möglichkeiten zur Bildung stiller Reserven lassen.

International tätige Unternehmen, die Aktien oder Anleihen zum Handel begeben haben, müssen Informationen über Teilbereiche ihres Leistungsangebotes und über deren Anteile in unterschiedlichen geographischen Bereichen geben. Aus dieser Zuordnung soll abgeleitet werden können, inwieweit die Ausrichtung auf unterschiedliche Märkte die Risiko- und Ertragslage eines Unternehmens beeinflusst.

Für Finanzinstrumente wird eine reine Marktbewertung (**mark-to-market Methode**) vorgeschlagen. Dieser Ansatz ist nicht nur bei der Bilanzierung im Anschaffungsjahr zu berücksichtigen, sondern auch in den folgenden Geschäftsjahren. Dabei gilt, dass die Veränderung der Marktwerte jeweils in der Geschäftsperiode erfolgswirksam wird, in der sie aufgetreten ist; Abgrenzungen der entstandenen Gewinne oder Verluste sind nicht zulässig.

Das deutsche Vorsichtsprinzip wird in den IAS/IFRS ersetzt durch die Offenlegung der Leistung in einem bestimmten Rechnungsabschnitt. Daneben soll feststellbar sein, ob das Unternehmen aus dem „Cash-Flow“ die laufenden Schulden- und die Dividendenzahlungen leisten kann, sowie in welchem Umfang die Erhaltung des Kapitals im Sinne der Aktionäre betrieben wird.

Das Problem des Konzernjahresabschlusses nach IAS / IFRS oder den noch strengeren US-GAAP (United States-Generally Accepted Accounting Principles) besteht darin, dass die individuellen Besonderheiten des jeweiligen deutschen Konzerns berücksichtigt werden müssen.

Wenn dies nicht möglich ist, muss entweder der Konzern umstrukturiert werden oder alles bleibt beim (alten) HGB. Wegen des internationalen Wettbewerbs der „Global Player“, und hier ganz besonders der großen Kreditinstitute, kann der Weg aber nur in Richtung Anpassung an neue Regelungen laufen. Dabei sind auch die IAS / IFRS nur ein Kompromiss im Vergleich zu den amerikanischen Bilanzierungsgrundsätzen der US-GAAP. Es ist anzunehmen, dass sich unter dem Gesichtspunkt globaler Wirtschaftskrisen die strengeren und offeneren Bewertungsgrundsätze durchsetzen werden.

Beispiel:

Für die Zulassung an einer kanadischen Börse legt ein deutsches KI eine Aufbereitung seiner Bilanz- und GuV-Daten vor. Dazu werden Teilbereiche der Banktätigkeit im Hinblick auf ihre Beiträge zum Unternehmensergebnis analysiert (Bildung von Segmenten). Die darüber hinaus geforderte geografische Segmentierung wird hier aus Vereinfachungsgründen nicht gezeigt.

(alle Zahlen in Mio. €)	Privatkunden	Firmenkunden	Investmentgeschäft	Konzernleistungen	Sonstige Leistungen	Konzernsummen
Aufwendungen	1.250	2.100	1.120	240	510	5.220
Erträge	1.860	4.350	910	630	1.180	8.930
Ergebnis	+ 610	+ 2.250	- 210	+ 390	+ 670	+ 3.710
Verhältnis in % Aufw./Ertrag	67,20	48,26	123,08	38,10	43,22	58,45
Zahl der Mitarbeiter im Segment	3.460	5.120	1.230	2.780	1.015	13.605

Vergleich ausgewählter Merkmale der Bewertung nach HGB bzw. IAS / IFRS		
Merkmal	**HGB**	**IAS / IFRS**
Gewicht der Rechnungslegungsvorschriften	Gewachsenes Recht mit gesetzlichen Vorschriften	Empfehlungen ohne Rechtskraft, die in den beteiligten Staaten und Unternehmen unterschiedlich ausgelegt werden
Ziel der Rechnungslegung	Ermittlung des Gewinns	**Informationsvermittlung für wirtschaftliche Entscheidungen** (z.B. Anlageentscheidungen)
Zweck der Rechnungslegung	**Gläubigerschutz**, Kapitalerhaltung	Schutz der Investoren (aus neuer Sicht sehr zweifelhaft)
Vorherrschende Grundsätze bei der Gewinnermittlung	**Vorsichtsprinzip**	Periodengerechte Erfolgsermittlung (accrual principle)
Bewertung von Effekten	**Obergrenze sind die Anschaffungskosten (Anlagevermögen)** bzw. **beizulegender Zeitwert (Handelsbestand) Realisationsprinzip**	Fortführung zu den Anschaffungskosten oder **Wahlrecht zur Bewertung zum aktuellen Börsenkurs** unter erfolgswirksamer Berücksichtigung **nicht realisierter Erfolge** (Umlaufvermögen) bzw. Neubewertung der Bestände und Bildung einer Rücklage für Neubewertung (nur Effekten des Anlagevermögens).

Darstellung der unterschiedlichen Bewertungsansätze:

Gemildertes Niederstwertprinzip (HGB § 253 Abs. 3, S. 3 + 4 und Abs. 5)

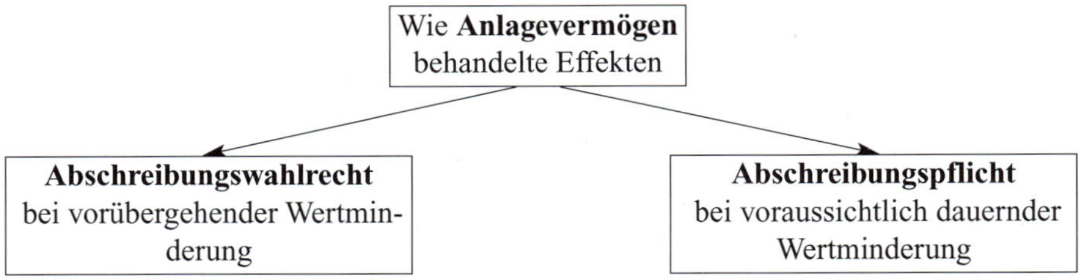

Wertaufholungsgebot, wenn die Gründe der Wertminderung nicht mehr bestehen (höchstens bis zu den Anschaffungskosten)

Strenges Niederstwertprinzip (HGB § 253 Abs. 4 und Abs. 5)

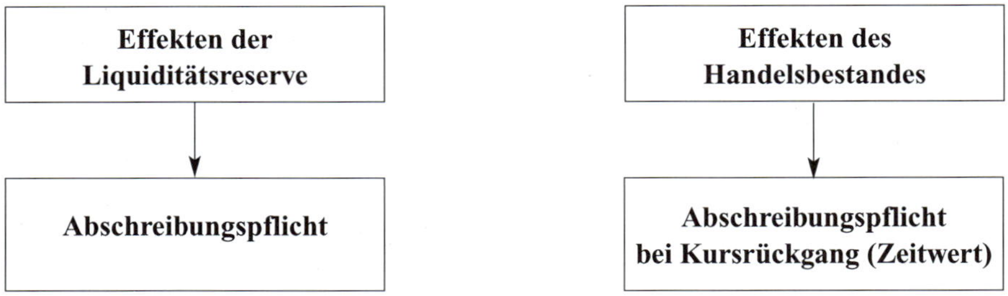

Wertaufholungsgebot, wenn die Gründe der Wertminderung nicht mehr bestehen (höchstens bis zu den Anschaffungskosten)

Bewertung zu Zeitwerten (Fair Value) **(HGB § 340e Abs. 3), abzüglich Risikoabschlag**

Effekten des Handelsbestandes

Kategorien des IAS 39 im Effektenbereich

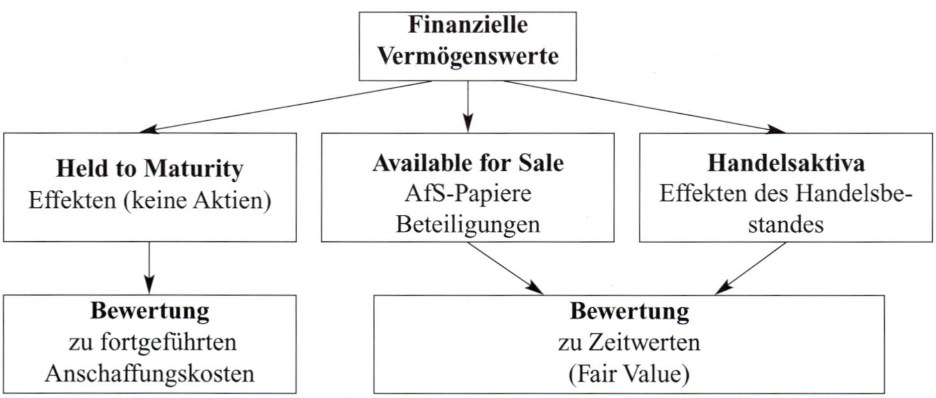

6.5.2 Buchen von Wertveränderungen

Erforderliche Konten:

Kursgewinne,	**Ertragskonto**, auf dem **nur realisierte Gewinne** gebucht werden dürfen.
Kursverluste,	**Aufwandskonto**, auf dem **nur realisierte Verluste** gebucht werden dürfen. ⇐
Abschreibungen auf Effekten,	**Aufwandskonto**, das **nur für Bewertungsverluste** gewählt werden darf.
Erträge aus Bewertung,	**Ertragskonto** für Wertzuschreibungen (Handelsbestand).

Beispiel 1:

Auf unserem Skontro der Farben-Aktien (Liquiditätsreserve) befindet sich nur der erste Kauf.
Schließen Sie das Konto im Grundbuch ab, wenn der Kurs der Aktien zum 31.12.18 27,00 €/St. beträgt.

Skontro Farben-Aktien

Käufe Datum	Stück	Kurs	Kurswert	Datum	Stück	Kurs	**Verkäufe** Kurswert
23.10.18	1.500	26,50	39.750,00	31.12.18	1.500	**26,50**	39.750,00

Abschlussbuchungssatz:

(1) ➛ SBK 39.750,00 / Eigene Effekten 39.750,00

Erläuterung

(1) Da die Aktien zur Liquiditätsreserve gehören, dürfen nicht realisierte Kursgewinne nicht ausgewiesen werden; die Effekten müssen zum Anschaffungskurs bilanziert werden (dadurch

Beispiel 2:

Auf unserem Skontro der Farben-Aktien (Liquiditätsreserve) haben wir nur einen Kauf erfasst.
Schließen Sie das Konto im Grundbuch ab, wenn zum 31.12.18 ein Kurs von 25,00 €/St. vorliegt.

Skontro Farben-Aktien

Käufe Datum	Stück	Kurs	Kurswert	Datum	Stück	Kurs	**Verkäufe** Kurswert
23.10.18	1.500	26,50	39.750,00	31.12.18	1.500	**25,00**	37.500,00
				31.12.18	**Abschreibung**		**2.250,00**

Vorbereitende Abschlussbuchung:

(1) ➛ Abschr. a. Effekten 2.250,00 / Eigene Effekten 2.250,00

Abschlussbuchungssatz:

(2) ➛ SBK 37.500,00 / Eigene Effekten 37.500,00

Im neuen Jahr fanden keine Umsätze statt. Buchen Sie die Eröffnung und den Abschluss des Kontos „Eigene Effekten", wenn der Kurs am Bilanzstichtag des Folgejahres 28,00 €/St. beträgt.
Schließen Sie das Konto im Grundbuch ab.

Eröffnungsbuchungssatz:

(3) ➛ Eigene Effekten 37.500,00 / EBK 37.500,00

Skontro Farben-Aktien

Käufe Datum	Stück	Kurs	Kurswert	Datum	Stück	Kurs	**Verkäufe** Kurswert
02.01.19	1.500	25,00	37.500,00	31.12.19	1.500	**26,50**	39.750,00
31.12.19	**Zuschreibung**		**2.250,00**				

Abschlussbuchungssätze:

(4) ➛ SBK 39.750,00 / Eigene Effekten 39.750,00
Eigene Effekten 2.250,00 / Erträge aus Bewertung 2.250,00

Erläuterung

(1) Da der Kurs am Bilanzstichtag unter dem Anschaffungskurs liegt, **muss** das KI die Aktien zum Ultimo-Kurs bewerten, da die Papiere zur Liquiditätsreserve gehören. Die Differenz wird abgeschrieben, auch wenn die Wertminderung voraussichtlich nicht andauern wird. Der Abschreibungsbedarf beträgt 1,50 €/St. für den Bestand von 1.500 Stück.

(2) Bilanziert wird der nach dem Niederstwertprinzip bewertete Schlussbestand zum Jahresende.

(3) Nach dem **Grundsatz der Bilanzidentität** wird das Konto „Eigene Effekten" mit dem bewerteten Bestand des alten Jahres neu eröffnet.

(4) Kreditinstitute müssen bei Effekten der Liquiditätsreserve in diesem Jahr eine Wertaufholung bis höchstens zum Anschaffungswert durchführen, wenn sich herausstellt, dass die Gründe für die Abschreibung nicht mehr bestehen (§ 253 Abs. 5 HGB).
Bei der Wertaufholung entstehen im Jahr der Zuschreibung „**Erträge aus Bewertung**" in Höhe von 1,50 €/St. für den Bestand von 1.500 Stück.

In den beiden Beispielen war jeweils nur ein Effektenkauf im Hinblick auf den Kurs am Bilanzstichtag zu beurteilen. Wenn mehrere Käufe stattgefunden haben, wird die Ermittlung eines Bewertungsverlustes schwieriger. Bei Kreditinstituten, die nur wenige Käufe getätigt haben, kann jeder einzelne Kaufkurs mit dem Stichtagskurs verglichen werden, um so das Niederstwertprinzip differenziert anzuwenden (**Einzelbewertung**).

Da Effekten vertretbar sind, können sie auch nach § 240 in Verbindung mit § 256 HGB unter Anwendung des Durchschnittskursverfahrens bewertet werden. Hierbei wird der **durchschnittliche gewogene Anschaffungskurs** mit dem Kurs vom Bilanzstichtag verglichen, um den Bewertungskurs zu finden.

Beispiel 3:

Schließen Sie das Konto „Eigene Effekten" zum 31.12. ab. Der Kurs der Gattung „Farben-Aktien" (Liquiditätsreserve) beträgt an diesem Tag 29,00 €/St. Für die Bewertung vergleichen Sie hierbei den durchschnittlichen Anschaffungskurs mit dem Kurs vom Bilanzstichtag. Die Umsätze erfolgen alle im gleichen Jahr.

Skontro Farben-Aktien

Käufe				Verkäufe			
Datum	Stück	Kurs	Kurswert	Datum	Stück	Kurs	Kurswert
12.04.	1.000	27,70	27.700,00	31.12.	3.000	**29,00**	87.000,00
29.09.	1.500	30,60	45.900,00	31.12.	**Abschreibung**		600,00
11.12.	500	28,00	14.000,00				
	3.000	**29,20**	87.600,00				87.600,00

Vorbereitende Abschlussbuchung:

(1) ⟶ Abschreib. a. Effekten 600,00 / Eigene Effekten 600,00

Abschlussbuchungssatz:

⟶ SBK 87.000,00 / Eigene Effekten 87.000,00

Erläuterung

(1) Um den durchschnittlichen Anschaffungskurs der Aktien zu ermitteln, wird der Kurswert aller gekauften Aktien durch die Stückzahl dividiert:

$$(1.000 * 27{,}70 + 1.500 * 30{,}60 + 500 * 28{,}00) : 3.000 = 29{,}20\ €/St.$$

Da der Kurs des Bilanzstichtages niedriger ist, wird dieser Kurs für die Bewertung herangezogen. Dadurch entsteht ein Bewertungsverlust von 0,20 €/St.

Bei Anwendung der **Einzelbewertung** würde sich ein anderes Ergebnis herausstellen:

Stückzahl	Anschaffungskurs	Ultimokurs	Bewertung	Kurswert
1.000	27,70	29,00	27,70	27.700,00
1.500	30,60	29,00	29,00	43.500,00
500	28,00	29,00	28,00	14.000,00
				85.200,00

Da der Buchwert (= Summe der Anschaffungswerte) bei 87.600,00 € liegt, entsteht hier ein **Abschreibungsbedarf** in Höhe von 2.400,00 €.

6.5.3 Buchen von realisierten Ergebnissen

Während eines Geschäftsjahres werden Effekten nicht nur gekauft, sondern auch verkauft. Auf Grund der schwankenden Börsenkurse entsteht daher ein neues Problem:

Welche Verkäufe hängen mit welchen Käufen zusammen?

Diese Zuordnung entscheidet über die Höhe der **realisierten Kursgewinne bzw. -verluste**. Die aufwändigsten Verfahren sind die Verfahren der **Einzelzuordnung**:

- Verkauf anhand der einzelnen Stückenummern (Problem: Streifbandverwahrung);
- Fifo-Verfahren (first in - first out): Die als erste gekauften Stücke werden auch wieder als erste verkauft.
- Lifo-Verfahren (last in - first out): Die zuletzt gekauften Effekten werden als erste verkauft.

Das am weitesten verbreitete Verfahren führt die Verkäufe nicht auf einen bestimmten Kauf zurück, sondern vergleicht den Verkaufserlös mit dem **Durchschnittskurs** der **gekauften Effekten**. Dieses Verfahren wird in den folgenden Beispielen herangezogen.

(1) Aktien

Beispiel:

Schließen Sie das Konto „Eigene Effekten" zum 31.12. im Grundbuch und im Hauptbuch ab, wenn in der Gattung „ABC-Aktien" (Handelsbestand) folgende Umsätze stattgefunden haben (alle im gleichen Jahr):

Käufe: 22.02. 60 St. à 41,00 €/St.; 16.07. 20 St. à 46,00 €/St.; 26.10. 40 St. à 43,00 €/St.

Verkäufe: 16.04. 40 St. à 45,00 €/St.; 29.10. 50 St. à 46,50 €/St.;

Der Kurs zum Abschlusstag beträgt 42,00 €/St.; der Risikoabschlag für die Bewertung beträgt 6 %.

Skontro ABC-Aktien

Käufe Datum	Stück	Kurs	Kurswert	**Verkäufe** Datum	Stück	Kurs	Kurswert
22.02.	60	41,00	2.460,00	16.04.	40	45,00	1.800,00
16.07.	20	46,00	920,00	29.10.	50	46,50	2.325,00
26.10.	40	43,00	1.720,00	31.12.	**30**	**39,48**	1.184,40
31.12.	**Kursgewinn**		**300,00**	31.12.	**Abschreibung**		**90,60**
	120		5.400,00		120		5.400,00

Vorbereitende Abschlussbuchungen:

(1) ➤ Abschreib. a. Effekten 90,60 / Eigene Effekten 90,60

(2) ➤ Eigene Effekten 300,00 / Kursgewinne 300,00

Abschlussbuchungssatz:

(3) ➤ SBK 1.184,40 / Eigene Effekten 1.184,40

Soll – Eigene Effekten – Haben

Soll		Haben	
	2.460,00		1.800,00
	920,00		2.325,00
	1.720,00	SB	1.184,40
Kursgewinn	300,00	Abschreib.	90,60
	5.400,00		5.400,00

Soll – Kursgewinne – Haben

Soll		Haben	
		EE	300,00

Soll – SBK – Haben

Soll		Haben	
EE	1.184,40		

Soll – Abschreib. a. Effekten – Haben

Soll		Haben	
EE	90,60		

Erläuterung

(1) Der durchschnittliche Anschaffungskurs beträgt: $(60 * 41 + 20 * 46 + 40 * 43) : 120 =$ 42,50 €/St. Da der Bilanzansatz 39,48 €/St beträgt, müssen je Aktie 3,02 € abgeschrieben

werden. Am Jahresende befinden sich noch 30 Aktien im Bestand; es ergibt sich ein Abschreibungsbedarf in Höhe von 30 ∗ 3,02 € = 90,60 €.

(2) Bei der Abstimmung der beiden Seiten des Skontros ist noch ein Saldo vorhanden; es handelt sich um einen **realisierten Kursgewinn**, dessen Buchung das Skontro und das Hauptbuchkonto „Eigene Effekten" ausgleicht.

Anmerkung: Der realisierte Kursgewinn lässt sich auch aus der Differenz (durchschn. Verkaufserlös – durchschnittlicher Anschaffungskurs) mal Stückzahl berechnen: (45,833 – 42,50) ∗ 90 = 300,00 €.

(3) Der Schlussbestand ist zum Zeitwert mit Risikoabschlag bewertet.

Abschluss des gemischten Kontos „Eigene Effekten":

1. Ermitteln Sie den Schlussbestand durch Inventur.
2. Berechnen Sie den gewogenen durchschnittlichen Anschaffungskurs.
3. Ermitteln Sie durch Vergleich mit dem Kurs des Bilanzstichtages den Niederstwert.
4. ⟹ Bewerten Sie den Bestand zum **Niederstwert** und übernehmen Sie diesen ins Skontro bzw. bei Effekten des Handelsbestandes zum **Zeitwert** mit Risikoabschlag.
5. Wenn Bewertungsverluste entstanden sind, schreiben Sie diese ab; Wertzuschreibungen beim Handelsbestand werden als Ertrag ausgewiesen.
6. Ermitteln Sie den Kursgewinn bzw. Kursverlust durch Abstimmung des Skontros.

Arbeitsaufträge:

6.5.1 Ein KI hat am 31.12. einen Bestand von 1.000 St. Siemens Aktien, die zu einem durchschnittlichen Anschaffungskurs von 115,00 €/St. gekauft wurden. Die Aktien gehören zum Anlagevermögen und werden nach HGB bewertet.
Schließen Sie das Konto zum Jahresende ab, wenn der Kurs des Bilanzstichtages

1. 113,50 €/St.,
2. 122,05 €/St.,
3. 115,00 €/St. beträgt.

6.5.2 Der Buchbestand auf dem Konto „Eigene Effekten" (Anlagevermögen) beträgt 830.000,00 €.
Schließen Sie das Konto im Grundbuch ab, wenn nicht realisierte Kursgewinne über 40.000,00 € und nicht realisierte Kursverluste über 30.000,00 € noch nicht berücksichtigt sind.

6.5.3 Ein KI hat in einem Skontro (Umlaufvermögen, Liquiditätsreserve) folgende Umsätze festgehalten:

Käufe		Verkäufe	
100 St.	32,00 €/St.	300 St.	36,00 €/St.
250 St.	33,90 €/St.	200 St.	37,00 €/St.
750 St.	35,50 €/St.	400 St.	36,50 €/St.
300 St.	32,40 €/St.	250 St.	35,50 €/St.

1. Schließen Sie das Konto „Eigene Effekten" ab unter Anwendung des NW-Prinzips. Vergleichen Sie dabei den Durchschnittsanschaffungskurs mit dem Kurs von 34,00 €/St. am Bilanzstichtag.
2. Wie verändert sich der realisierte Erfolg, wenn der Kurs am Jahresende 35,30 €/St. betragen würde? Schließen Sie das Konto im Grundbuch ab.

6.5.4 Ein KI hat in einem Skontro (Umlaufvermögen, Liquiditätsreserve) folgende Umsätze festgehalten:

Käufe		Verkäufe	
300 St.	51,00 €/St.	200 St.	54,00 €/St.
450 St.	58,00 €/St.	500 St.	57,00 €/St.
250 St.	56,00 €/St.	400 St.	56,50 €/St.
200 St.	54,50 €/St.		

1. Schließen sie das Konto „Eigene Effekten" ab. Vergleichen Sie dabei den Durchschnittsanschaffungskurs mit dem Kurs von 56,00 €/St. am Bilanzstichtag.
2. Wie ist zu buchen, wenn der Kurs am Jahresende 54,80 €/St. beträgt?
3. Schließen Sie das Konto ab, wenn es Effekten des Handelsbestandes enthält, der Kurs zum Bilanzstichtag 60,50 €/St. beträgt und ein Risikoabschlag von 6 % zu berücksichtigen ist.

6.5.5 Für unsere E.ON-Aktien ergibt sich zum Bilanzstichtag ein Kurs von 14,50 €/St.
Das Skontro dazu enthält folgende Daten:
Anfangsbestand 1.920 Stück zu einem Kurswert von 28.800,00 €;
verkauft wurden im laufenden Jahr 1.540 Stück zu 14,50 €/St.;
der Inventurbestand entspricht dem Skontrobestand.

1. Schließen Sie das Konto „Eigene Effekten" ab, wenn die Aktien zum Handelsbestand gehören. Der Risikoabschlag ist mit 6 % vorzunehmen.
2. Was ändert sich, wenn die Effekten zur Liquiditätsreserve gehören?

6.5.6 Das Effektenskontro an SAP SE-Aktien der Großbank AG weist folgende Daten auf:
Anfangsbestand: 960.000,00 €; Wertpapierkäufe: 516.000,00 €;
Wertpapierverkäufe: 9.000 Stück zu 92,00 €/St.; Inventurbestand: 9.000 Stück;
Kurs am Bilanzstichtag: 81,00 €/St..
Die Großbank AG ordnet die SAP SE-Aktien dem Handelsbestand zu.

1. Bewerten Sie die SAP SE-Aktien nach den Vorschriften des HGB und schließen Sie das Konto „Eigene Effekten" durch Buchungen im Grundbuch zum Jahresende ab, wenn ein Risikoabschlag von 8 % vorgenommen wird.
2. Begründen Sie, ob sich der Wertansatz der SAP SE-Aktien ändert, wenn die Großbank AG ihre Bilanz nach den Grundsätzen von IAS / IFRS aufstellt.

6.5.7 Während des Jahres haben wir erstmalig die YellowSub - Aktie mit folgenden Umsätzen gehandelt:

Kauf	25.01.	10.000 St.	zu 30,10 €/St.;
Verkauf	12.02.	6.000 St.	zu 33,80 €/St.;
Kauf	18.05.	8.000 St.	zu 35,05 €/St.;
Verkauf	12.07.	9.000 St.	zu 29,50 €/St.

1. Führen Sie das Skontro für diese Aktie.
2. Nehmen Sie im Grundbuch die erforderlichen Abschlussbuchungen vor, wenn nach dem HGB bewertet wird und der Kurs zum Bilanzstichtag 36,20 €/St. beträgt. Die Aktie gehört zur Liquiditätsreserve.
3. Ermitteln Sie den Bilanzansatz der YellowSub - Aktie, wenn nach IAS / IFRS bewertet wird.

(2) Festverzinsliche Effekten

Obwohl die Kursschwankungen bei diesen Papieren meist sehr viel geringer ausfallen (wenn man von Länderrisiken wie z. B. Griechenland absieht), ist auch bei ihnen für die Bewertung nach dem HGB, je nach Zuordnung zu den unterschiedlichen Vermögensteilen, das Niederstwert- oder das Zeitwertprinzip anzuwenden.
Beim Abschluss von Beständen mit festverzinslichen Effekten ist eine Besonderheit zu berücksichtigen: In der Bilanz sind Rentenpapiere um die bis zum Bilanzstichtag aufgelaufenen **Stückzinsen** höher anzusetzen.
Damit soll der tatsächlich vorhandene Vermögenswert der entsprechenden Bilanzposition gezeigt werden. Die Stückzinsabgrenzung erfolgt nicht über das Konto „Sonstige Forderungen (JA)", sondern unmittelbar über das Konto „Eigene Effekten".

Beispiel 1:

Schließen Sie das Konto „Eigene Effekten" zum 31.12. im Grundbuch und im Hauptbuch ab, wenn der Kurs der Schuldverschreibung an diesem Tag 98 % beträgt und die Effekten zum Anlagevermögen gehören (Umsätze sind im Skontro aufgeführt):

Käufe		**5 % Schuldverschreibung**		**01.10. gzj.**			**Verkäufe**	
Datum	Nennwert	Kurs	Kurswert	Datum	Nennwert	Kurs	Kurswert	
21.02.	60.000,00	97,00 %	58.200,00	27.04.	70.000,00	97,80 %	68.460,00	
25.04.	50.000,00	97,60 %	48.800,00	19.12.	60.000,00	97,50 %	58.500,00	
14.09.	70.000,00	98,50 %	68.950,00	31.12.	50.000,00	**97,75 %**	**48.875,00**	} (1)
31.12.	Ausbuchung Stückzinsen		630,14	31.12.	**Aufgelaufene Zinsen**		**630,14**	} (1)
				31.12.	**Kursverlust**		**115,00**	
			176.580,14				176.580,14	

Vorbereitende Abschlussbuchungen:

(2) →	Eigene Effekten	630,14	/	Effektenerträge	630,14
(3) →	SBK	49.505,14	/	Eigene Effekten	49.505,14

Abschlussbuchungssatz:

(4) →	Kursverluste	115,00	/	Eigene Effekten	115,00

Soll — Eigene Effekten — Haben

Soll		Haben	
	58.200,00		68.460,00
	48.800,00		58.500,00
	68.950,00	SB	49.505,14
Stückzinsen	630,14	Kursverlust	115,00
	176.580,14		176.580,14

Soll — Kursverluste — Haben

Soll		Haben	
EE	115,00		

Soll — SBK — Haben

Soll		Haben	
EE	49.505,14		

Soll — Effektenerträge — Haben

Soll		Haben	
		EE	630,14

Erläuterung

(1) Der durchschnittliche Anschaffungskurs beträgt 175.950,00 : 180.000,00 * 100 = 97,75 %. Da dieser Kurs niedriger ist als der Ultimokurs, wird der Bestand damit bewertet; es gibt hier keinen Abschreibungsbedarf.

(2) Für das laufende Geschäftsjahr stehen dem KI aus dem noch vorhandenen Bestand von nom. 50.000,00 € die Zinsen für 92 Tage zu; dieser Stückzins wird über „Eigene Effekten" gebucht und im neuen Geschäftsjahr wieder als „negativer" Effektenertrag umgebucht.

(3) Der nach dem Niederstwertprinzip ermittelte Schlussbestand wird auf das „SBK" übertragen, erhöht um die aufgelaufenen Stückzinsen.

(4) Der Abschluss des gemischten Kontos erfolgt durch das Ausbuchen des realisierten Kursverlustes.

Beispiel 2:

Auf unserem Skontro „2,5 % Bundesanleihe von 2014 (2046), 15.08. gzj." haben wir nur einen Kauf erfasst. Die Papiere gehören zum Handelsbestand.
Schließen Sie das Konto im Grundbuch ab, wenn zum 31.12. ein Kurs von 132,48 % vorliegt und das KI bei Anleihen einen Risikoabschlag von 2 % vorsieht.

Käufe				**Skontro 2,5 % Bundesanleihe 14(46)**			**Verkäufe**
Datum	Nennwert	Kurs	Kurswert	Datum	Nennwert	Kurs	Kurswert
26.10.	420.000,00	128,50	539.700,00	31.12.	420.000,00	**129,83**	**545.286,00**
31.12.	**Ertrag aus Bewertung**		**5.586,00**	31.12.	**Aufgelaufene Zinsen**		**3.998,63**
31.12.	Ausbuchung Stückzinsen		3.998,63				
			549.284,63				549.284,63

Vorbereitende Abschlussbuchungen:

(1) →	Eigene Effekten	5.586,00	/	Erträge aus Bewertung	5.586,00
(2) →	Eigene Effekten	3.998,63	/	Effektenerträge	3.998,63

Abschlussbuchungssatz:

(3) →	SBK	549.284,63	/	Eigene Effekten	549.284,63

Erläuterung

(1) Effekten des Handelsbestandes sind mit dem beizulegenden Zeitwert abzüglich eines Risikoabschlages zu bewerten. Dieser Abschlag ist bei festverzinslichen Wertpapieren meist niedriger als bei Aktien (z. B. 2 - 5 % bei Renten, 5 - 8 % bei Aktien). Im Beispiel führt dies zu einem Bewertungsansatz von 132,48 – 2,65 = 129,83 %. Daraus entsteht ein nicht reali-

sierter Bewertungsertrag in Höhe von 5.586,00 €. In jedem Geschäftsjahr sind mindestens 10 % der Nettoerträge der Effekten des Handelsbestandes dem „Fonds für allgemeine Bankrisiken“ zuzuführen und dort gesondert auszuweisen (§ 340e Abs. 4 HGB).

(2) Für den Abschluss sind die zum Jahresende aufgelaufenen Stückzinsen (hier für 193 Tage) auf das Ertragskonto umzubuchen und dem Schlussbestand hinzuzufügen.

(3) Bilanziert wird der nach dem Zeitwertprinzip bewertete Schlussbestand zuzüglich der aufgelaufenen Stückzinsen, hier: 545.286,00 € + 3.998,63 € = 549.284,63 €.

Bilanzausweis:

Eigene Effekten: **5. Schuldverschreibungen und andere festverzinsliche Wertpapiere**
- **b) Anleihen und Schuldverschreibungen**
  - **ba) von öffentlichen Emittenten**
  - **bb) von anderen Emittenten**
- **c) eigene Schuldverschreibungen**

6. Aktien und andere nicht festverzinsliche Wertpapiere

7. Beteiligungen

⇐

Arbeitsaufträge:

6.5.8 Das Konto „Eigene Effekten“ weist im Soll Umsätze (einschließlich AB) in Höhe von 1.450.000,00 € und im Haben Umsätze von 1.036.500,00 € auf. Die Effekten gehören zur Liquiditätsreserve.

1. Schließen Sie das Konto im Grundbuch und im Hauptbuch ab, wenn bei der Bewertung noch folgende Angaben berücksichtigt werden müssen:
Aufgelaufene Stückzinsen 10.000,00 €;
Abschreibungen auf Effekten 7.200,00 €;
Endbestand der Effekten einschließlich Stückzinsen 416.300,00 €.

2. Nach welchem Bewertungsprinzip haben Sie diese Effekten bewertet?

6.5.9 Die Luhser-Bank AG hat im Laufe eines Geschäftsjahres die folgenden Effektengattungen erstmals gekauft (d.h. es waren hier keine Anfangsbestände gegeben):
- nom. 500.000,00 €, 4 %-ige IHS, 18.10. gzj., Anschaffungskurs 99,05 %, Liquiditätsreserve;
- 100.000 Stück Teleo-AG Aktien, ohne Nennwert, Anschaffungskurs 25,60 € /St., Handelsbestand;
- nom. 600.000,00 €, 5 %-ige Pfandbriefe, 15.09. gzj., Anschaffungskurs 101,00 %, Anlagevermögen.

1. Weisen Sie den drei Effektengattungen die entsprechenden **Bilanzpositionen** nach der Formblattbilanz (S. 316 ff.) zu.

2. Für die Zuweisung des zu bilanzierenden Betrages erhalten Sie jeweils den **Börsenkurs** zu ultimo:

4 %-ige IHS:	99,55 %;
Teleo-AG Aktien:	27,50 € /St.;
5 %-ige Pfandbriefe:	101,50 %.

Bei Wertpapieren des Handelsbestandes nimmt die Bank bei Anleihen einen Risikoabschlag von 3 %, bei Aktien von 6 % vor.

Erstellen Sie einen **Bilanzierungsvorschlag mit Begründung**.

6.5.10 Welche Gründe sprechen aus der Sicht eines Kreditinstitutes für die Anwendung des **strengen** Niederstwertprinzipes?

6.5.11 Zeigen Sie den wesentlichen Unterschied in der Anwendung von „strengem“ und „gemildertem“ Niederstwertprinzip an einem selbstgewählten Beispiel.

6.5.12 Bei der Bewertung nach dem HGB spielt das Realisationsprinzip eine wesentliche Rolle.

1. Erläutern Sie das Realisationsprinzip mit eigenen Worten.
2. Erklären Sie, welcher Grundgedanke hinter dem Realisationsprinzip steht.
3. In welchem Fall wird das Realisationsprinzip durchbrochen?

6.5.13 Erläutern Sie, wie Effekten nach dem HGB und nach IAS / IFRS zu bewerten sind.

6.6 Posten der Risikovorsorge

Kreditinstitute sind wie alle Kaufleute nach HGB verpflichtet, unter bestimmten Voraussetzungen Vorsorgemaßnahmen zu betreiben, die künftige Geschäftsperioden betreffen können. Neben Maßnahmen, die alle Gewerbetreibenden betreffen, sieht das HGB für die Branche der Kreditinstitute weitere Fälle für die Risikovorsorge vor.

6.6.1 Rückstellungen

Wenn im alten Jahr drohende Aufwendungen anfallen, deren genaue **Höhe und/oder Fälligkeit nicht bekannt sind**, schreibt das HGB die Bildung von **Rückstellungen** vor.

Rückstellungen sind Verbindlichkeiten, die für diese Aufwendungen „vorgemerkt" werden.

§ 249 HGB

Rückstellungen

(1) Rückstellungen sind für ungewisse Verbindlichkeiten und für drohende Verluste aus schwebenden Geschäften zu bilden. Ferner sind Rückstellungen zu bilden für

1. im Geschäftsjahr unterlassene Aufwendungen für Instandhaltung, die im folgenden Geschäftsjahr innerhalb von drei Monaten, oder für Abraumbeseitigung, die im folgenden Geschäftsjahr nachgeholt werden,

2. Gewährleistungen, die ohne rechtliche Verpflichtung erbracht werden.

(2) Für andere als die in Absatz 1 bezeichneten Zwecke dürfen Rückstellungen nicht gebildet werden. Rückstellungen dürfen nur aufgelöst werden, soweit der Grund hierfür entfallen ist.

Beispiele für Anlässe, die zur Bildung von Rückstellungen führen:

- Reparaturen im alten Jahr, für die noch keine Rechnung vorliegt;
- Risiken für Prozesse, deren Ursache im alten Jahr liegt;
- Steuernachzahlungen, die dadurch erforderlich werden, dass im Veranlagungszeitraum zu niedrige Vorauszahlungen angesetzt wurden;
- Gewährleistungen ohne rechtliche Verpflichtung;
- Pensionen und Anwartschaften darauf;
- rückständige Urlaubsverpflichtungen;
- Unterlassene Instandhaltungsaufwendungen, nur wenn diese innerhalb von drei Monaten im neuen Jahr nachgeholt werden;
- Kosten des Jahresabschlusses.

Buchungsmäßig stehen Rückstellungen in Konkurrenz zu den „Sonstigen Verbindlichkeiten (JA)", da auch diese erst in einem Folgejahr bezahlt werden. Der wesentliche Unterschied besteht darin, dass bei den Rückstellungen das **Risiko** im Mittelpunkt steht und der zu leistende Betrag und / oder die Fälligkeit der Leistung noch nicht bekannt sind, während dies bei den „Sonstigen Verbindlichkeiten (JA)" bekannte feste Größen sind.

⟹

Erforderliches Konto:

Rückstellungen,	**passives Bestandskonto**, zeigt den Betrag der Verbindlichkeiten für Aufwendungen des alten Jahres, deren Fälligkeit und Höhe nach dem kaufmännischen Vorsichtsprinzip nur **geschätzt** werden können.

Kennzeichen der ungewissen Verbindlichkeiten, die hier im Mittelpunkt stehen, sind

- die unbekannte Höhe der Verbindlichkeit;
- die Ungewissheit der Inanspruchnahme;
- keine betragliche Aufspaltung nach altem und neuem Jahr.

Anmerkung: Da die Höhe der künftigen Verbindlichkeit bei der Bildung der Rückstellung nur geschätzt werden kann, entstehen bei der Auflösung der Rückstellung meistens periodenfremde Ergebnisse („Sonstige betriebliche Aufwendungen" oder „Sonstige betriebliche Erträge"). Rückstellungen müssen streng von Rücklagen unterschieden werden, die beispielsweise aus einbehaltenen Gewinnen gebildet werden und daher Bestandteil des Eigenkapitals eines Unternehmens sind.

Beispiel 1:

Aufgrund einer im Dezember durchgeführten Gebäudereparatur erwarten wir eine Rechnung in Höhe des Kostenvoranschlages von 5.000,00 €. Bis zum 31.12. des Jahres ist die Rechnung noch nicht eingegangen.
Buchen Sie die Erfassung der betraglich ungewissen Verbindlichkeit.

Soll	Gebäudeaufwendungen		Haben
(1)	5.000,00		

Soll	Rückstellungen		Haben
		(1)	5.000,00

Buchungssatz:

(1) ➤	Gebäudeaufwendungen	5.000,00	/	Rückstellungen	5.000,00

Buchen Sie die vorbereitenden Abschlussbuchungen und die Abschlussbuchungen im Hauptbuch und im Grundbuch zum 31.12.

Soll	Gebäudeaufwendungen		Haben
	(5.000,00)	(3)	5.000,00

Soll	Rückstellungen		Haben
(2)	5.000,00		(5.000,00)

Soll	GuV-Konto		Haben
(3)	5.000,00		

Soll	SBK		Haben
		(2)	5.000,00

Buchungssätze:

(2) ➤	Rückstellungen	5.000,00	/	SBK	5.000,00
(3) ➤	GuV-Konto	5.000,00	/	Gebäudeaufwendungen	5.000,00

Am 20.01. (n.J.) erhalten wir die Rechnung für die geleistete Arbeit. Als Handwerkerrechnung ist der Rechnungsbetrag von 5.712,00 € inkl. 19 % USt sofort fällig. Wir überweisen an den Handwerker, der ein eigener Kunde ist.

Soll	Rückstellungen		Haben
(4)	5.000,00	AB	5.000,00

Soll	KKK		Haben
		(4)	5.712,00

Soll	sonstige betriebl. Aufw.		Haben
(4)	712,00		

Buchungssätze:

(4) ➤	Rückstellungen	5.000,00			
	sonstige betriebl. Aufw.	712,00	/	KKK	5.712,00

Erläuterung

(1) Da die Reparatur schon im alten Jahr durchgeführt wurde, muss der entsprechende Aufwand auch im alten Jahr in der GuV-Rechnung erfasst werden. Die Höhe des Aufwandes wird entweder aufgrund von eigenen Erfahrungen oder anhand von Kostenvoranschlägen geschätzt.

(2) „Rückstellungen" ist ein passives Bestandskonto und wird daher über „SBK" abgeschlossen.

(3) Der nach dem kaufmännischen Vorsichtsprinzip geschätzte Aufwand wird in das „GuV-Konto" übernommen; er mindert den Gewinn und damit auch die Steuerlast für das alte Geschäftsjahr.

(4) Bei Vorliegen der Rechnung ist die für **diesen** Anlass gebildete Rückstellung aufzulösen. Die nun vorliegende Rechnung zeigt, dass die im Vorjahr gebildete Rückstellung zu niedrig angesetzt worden war. Eine Korrektur des Vorjahresaufwandes ist nicht mehr möglich, da die Bilanz schon „abgeschlossen" ist. Daher entsteht hier neben der Auflösung der Rückstellung ein periodenfremder Aufwand, der über das Konto „sonstige betriebliche Aufwendungen" gebucht wird.

Beispiel 2:

Aufgrund unserer erfolgreichen Geschäftstätigkeit rechnen wir mit einer Gewerbesteuernachzahlung in Höhe von 3.000,00 €.
Buchen Sie die Erfassung des Aufwandes für die ungewisse Verbindlichkeit zum 31.12.

Soll	Steueraufwendungen		Haben
(1)	3.000,00		

Soll	Rückstellungen		Haben
		(1)	3.000,00

Buchungssatz:

(1) ➤ Steueraufwendungen 3.000,00 / Rückstellungen 3.000,00

Erstellen Sie die Abschlussbuchungen für die betroffenen Konten im Hauptbuch und im Grundbuch zum 31.12.

Soll	Steueraufwendungen		Haben
	(3.000,00)	(3)	3.000,00

Soll	Rückstellungen		Haben
(2)	3.000,00		(3.000,00)

Soll	GuV-Konto		Haben
(3)	3.000,00		

Soll	SBK		Haben
		(2)	3.000,00

Buchungssätze:

(2) ➤ Rückstellungen 3.000,00 / SBK 3.000,00

(3) ➤ GuV-Konto 3.000,00 / Steueraufwendungen 3.000,00

Am 12.05. im Folgejahr erhalten wir den Steuerbescheid, der erfreulicherweise nur eine Nachforderung über 1.400,00 € enthält. Wir zahlen über eine Korrespondenzbank an die Finanzbehörde.

Soll	Rückstellungen		Haben
(4)	3.000,00	AB	3.000,00

Soll	BKK		Haben
		(4)	1.400,00

Soll	sonstige betriebl. Erträge		Haben
		(4)	1.600,00

Buchungssatz:

(4) ➤ Rückstellungen 3.000,00 / BKK 1.400,00
sonstige betriebl. Erträge 1.600,00

Erläuterung

(4) Die gebildete Rückstellung wurde zu hoch angesetzt. Der übersteigende Betrag in Höhe von 1.600,00 € ist ein periodenfremder Ertrag, der auf dem Konto „sonstige betriebliche Erträge" zu erfassen ist.

Schema für die Wahl der Konten bei der Ergebnisabgrenzung (4)

Erfolgs**art**	**Zahlungszeitpunkt**	
	altes Jahr	**neues** Jahr
abzugrenzender **Aufwand**	**Aktive Rechnungsabgrenzungsposten** (Leistungsforderungen)	**Sonstige Verbindlichkeiten (JA)** (Geldverbindlichkeiten)
	Sonstige Vermögensgegenstände (nicht verbrauchte Verbrauchsgüter)	**Rückstellungen** (nur ungewisse Verbindlichkeiten)
Abgrenzungs**betrag**	**Anteil neues Jahr**	**Anteil altes Jahr**

Zugangs- und Folgebewertung (siehe auch S. 55)
(2) Rückstellungen mit einer Restlaufzeit von mehr als einem Jahr sind abzuzinsen mit dem ihrer Restlaufzeit entsprechenden durchschnittlichen Marktzinssatz, der sich im Falle von Rückstellungen für Altersversorgungsverpflichtungen aus den vergangenen zehn Geschäftsjahren und im Falle sonstiger Rückstellungen aus den vergangenen sieben Geschäftsjahren ergibt. Abweichend von Satz 1 dürfen Rückstellungen für Altersversorgungsverpflichtungen oder vergleichbare langfristig fällige Verpflichtungen pauschal mit dem durchschnittlichen Marktzinssatz abgezinst werden, der sich bei einer angenommenen Restlaufzeit von 15 Jahren ergibt. ... Der nach den Sätzen 1 und 2 anzuwendende Abzinsungszinssatz wird von der Deutschen Bundesbank nach Maßgabe einer Rechtsverordnung ermittelt und monatlich bekanntgegeben. ...

§ 253 HGB

- **Rückstellungen sind** für ungewisse Verbindlichkeiten und für drohende Verluste aus noch nicht abgeschlossenen Geschäften **zu bilden**.
- Rückstellungen dürfen erst aufgelöst werden, wenn der Grund für ihre Bildung entfallen ist.

⇐

Arbeitsaufträge:

6.6.1 **1.** Zum Jahresende rechnen wir wegen eines nicht abgeschlossenen Prozesses noch mit Kosten über 6.000,00 €, die das alte Jahr betreffen.
2. Schließen Sie die von Ihnen angesprochenen Konten zum 31.12. ab.
3. Eröffnen Sie die Konten, soweit erforderlich, zum 02.01. des Folgejahres.
4. Am 23.07. dieses Jahres kommt es auf Vorschlag des Richters zu einem Vergleich mit dem Prozessgegner; wir müssen lediglich 2.000,00 € bezahlen, die wir über Buba überweisen.

6.6.2 Für Pensionen, die wir unseren Mitarbeitern zugesagt haben, sind am Jahresende 15.000,00 € zu buchen, die das zurückliegende Jahr betreffen.

6.6.3 **1.** Für eine im Dezember durchgeführte Gebäudereparatur liegt uns zum 31.12. nur ein unverbindlicher Kostenvoranschlag über 6.200,00 € zzgl. 19 % USt vor.
Buchen Sie zum 31.12., wenn Sie dies für erforderlich halten, und begründen Sie Ihre Entscheidung.
2. Am 22.01. des neuen Jahres erhalten wir die Rechnung, die wegen zusätzlicher Handwerkerleistungen auf 8.150,00 € zzgl. 19 % USt angestiegen ist.
Zum Ausgleich zahlen wir mit einer Überweisung an den Handwerker, der eigener Kunde ist.
3. Was ändert sich, wenn die Reparatur ausschließlich die Außenstelle „Immobilienabteilung" betrifft?

6.6.4 Im Vorjahr hatten wir eine Rückstellung über 2.000,00 € wegen befürchteter Gewerbesteuer-Nachzahlungen gebildet. Der Bescheid lautet erfreulicherweise nur auf 1.200,00 €, die wir über Buba überweisen. Buchen Sie den Vorgang im Grundbuch.

6.6.5 Die Zahllast für Dezember in Höhe von 3.764,00 € ist noch nicht überwiesen, da sie erst am 10.01. des neuen Jahres fällig ist.
1. Schließen Sie das Konto ab.
2. Welcher Bilanzposition ist dieser Betrag zuzuordnen?

6.6.6 Am 30.11. haben wir die Zinsen für ein langfristiges Darlehen mit 9.300,00 € für drei Monate im Voraus erhalten.
Grenzen Sie die Zinsen zum 31.12. dieses Jahres ab.

6.6.7 **1.** Im alten Jahr hätte die Reparatur einer Maschine der hauseigenen Druckerei durchgeführt werden müssen. Da das beauftragte Unternehmen erst im Februar des nächsten Jahres die Arbeit ausführen kann, bilden wir zum 31.12. eine Rückstellung über 16.000,00 €, die noch zu buchen ist.
2. Der zugesagte Termin wird eingehalten; am 13.03. erhalten wir die Rechnung für die geleistete Reparatur über 15.200,00 € zzgl. 19 % USt, die wir über BKK bezahlen.

6.6.8 **1.** Irrtümlich haben wir die Dezember-Miete für einen Ausstellungsraum (Kunst-Sponsoring) in Höhe von 900,00 € bis zum 31.12. noch nicht bezahlt.
2. Am 14.01. des Folgejahres zahlen wir den geschuldeten Betrag über Buba.

6.6.9 Erläutern Sie den Unterschied von Rücklagen und Rückstellungen anhand der Bilanzgliederung.

6.6.10 Zeigen Sie an Beispielen, in welchen Fällen Kreditinstitute Rückstellungen bilden.

6.6.11 Erläutern Sie den Unterschied zwischen „Rückstellungen" und „SoVerb (JA)".

6.6.2 Sonderposten für allgemeine Bankrisiken

Allgemeine Bankrisiken liegen in der Natur der Bankgeschäfte; sie können nicht durch konkrete Einzelmaßnahmen, wie z.B. die Bildung von Einzelwertberichtigungen auf Forderungen (s. Kap. 6.4.2) oder die Bildung von Rückstellungen, bewältigt werden.

Mögliche Risikoquellen:	Zahlungsverkehr	Liquiditätsrisiko
	Einlagen- und Kreditgeschäft	Zinsänderungsrisiko
	Kreditgeschäft	Kreditausfallrisiko für „scheinbar" einwandfreie Forderungen
	Effekten-Eigengeschäft	Kursrisiko
	Auslandsgeschäft	Währungsrisiken
	Effekten- und Auslandsgeschäft	Risiken aus Termingeschäften

Offene Risikovorsorge

Kreditinstitute dürfen zusätzliche Reserven bilden, die in der Bilanzposition Nr. 11 der Passivseite „Fonds für allgemeine Bankrisiken" ausgewiesen werden. Da diese Position offen ausgewiesen wird, ist für Außenstehende jederzeit erkennbar, in welchem Umfang das jeweilige Kreditinstitut Vorsorgemaßnahmen getroffen und wie sich der Bestand im Zeitablauf verändert hat.

Da die Höhe der Einstellung in der Bilanz veröffentlicht wird, muss die Zuführung zum Sonderposten und die Auflösung von Teilen in der GuV-Rechnung offen ausgewiesen werden. Eine Kompensation wie bei anderen Aufwendungen und Erträgen ist hier nicht zulässig.

Offene Vorsorgereserven dürfen in unbegrenzter Höhe gebildet werden. Dies führt dazu, dass sie steuerlich nicht anerkannt sind: Sie werden wie die stillen Reserven aus dem versteuerten Gewinn gebildet. Der bei der Auflösung der offenen Risikovorsorge erzielte Ertrag ist daher auch nicht steuerpflichtig.

§ 340g HGB

Sonderposten für allgemeine Bankrisiken
(1) Kreditinstitute dürfen auf der Passivseite ihrer Bilanz zur Sicherung gegen allgemeine Bankrisiken einen Sonderposten „Fonds für allgemeine Bankrisiken" bilden, soweit dies nach vernünftiger kaufmännischer Beurteilung wegen der besonderen Risiken des Geschäftszweigs der Kreditinstitute notwendig ist.
(2) Die Zuführungen zum Sonderposten oder die Erträge aus der Auflösung des Sonderpostens sind in der Gewinn- und Verlustrechnung gesondert auszuweisen.

§ 340e HGB

Bewertung von Vermögensgegenständen
(4) In der Bilanz ist dem Sonderposten „Fonds für allgemeine Bankrisiken" nach § 340g in jedem Geschäftsjahr ein Betrag, der mindestens 10 vom Hundert der Nettoerträge des Handelsbestandes entspricht, zuzuführen und dort gesondert auszuweisen. Dieser Posten darf nur aufgelöst werden:
1. zum Ausgleich von Nettoaufwendungen des Handelsbestandes, oder
2. soweit er 50 vom Hundert des Durchschnitts der letzten fünf jährlichen Nettoerträge des Handelsbestandes übersteigt.

Erforderliche Konten:

⇒

Fonds für allgem. Bankrisiken,	**passives Bestandskonto** für den Ausweis offener Vorsorgereserven.
Einstellung in den Fonds für allgemeine Bankrisiken,	**Aufwandskonto**, enthält die Gegenbuchung bei Zuführung in die offene Risikovorsorge.
Erträge aus der Auflösung des Fonds für allgemeine Bankrisiken,	**Ertragskonto**, erfasst Erträge aus Auflösungen aus dem Fonds.

Beispiel:

Ein Kreditinstitut bildet eine offene Risikovorsorge in Höhe von 300.000,00 €.
Buchen Sie die Einstellung in den Sonderposten für allgemeine Bankrisiken.

Buchungssatz:

(1) ⟶ Einst. i. d. F. allg. Bankrisik. 300.000,00 / Fonds f. allg. Bankrisiken 300.000,00

Erläuterung

(1) Die offene Risikovorsorge wird in der vom Vorstand festgelegten Höhe gebildet. Sollte in einer der Folgeperioden der vorhandene Bestand benötigt werden, wird er als „Erträge aus der Auflösung des Fonds für allgemeine Bankrisiken“ ausgebucht.

Arbeitsaufträge:

6.6.12 Ein Kreditinstitut hatte bisher eine offene Reserve von 1.000.000,00 € gebildet. Der Vorstand beschließt, sie um 100.000,00 € zu erhöhen. Führen Sie die erforderliche Buchung durch.

6.6.13 Da die Konjunktur sich dauerhaft zu stabilisieren scheint, beschließt der Vorstand, den vorhandenen Sonderposten für allgemeine Bankrisiken in Höhe von 2.700.000,00 € um 700.000,00 € zu senken. Buchen Sie die teilweise Auflösung des Fonds.

Exkurs 5: Stille Vorsorgereserven

§ 340f HGB

Vorsorge für allgemeine Bankrisiken

(1) Kreditinstitute dürfen Forderungen an Kreditinstitute und Kunden, Schuldverschreibungen und andere festverzinsliche Wertpapiere sowie Aktien und andere nicht festverzinsliche Wertpapiere, die weder wie Anlagevermögen behandelt werden noch Teil des Handelsbestandes sind, mit einem niedrigeren als dem nach § 253 Abs. 1 Satz 1, Abs. 4 vorgeschriebenen oder zugelassenen Wert ansetzen, soweit dies nach vernünftiger kaufmännischer Beurteilung zur Sicherung gegen die besonderen Risiken des Geschäftszweigs der Kreditinstitute notwendig ist. Der Betrag der auf diese Weise gebildeten Vorsorgereserven darf vier vom Hundert des Gesamtbetrags der in Satz 1 bezeichneten Vermögensgegenstände, der sich bei deren Bewertung nach § 253 Abs. 1 Satz 1, Abs. 4 ergibt, nicht übersteigen. Ein niedrigerer Wertansatz darf beibehalten werden.

(3) Aufwendungen und Erträge aus der Anwendung von Absatz 1 und aus Geschäften mit in Absatz 1 bezeichneten Wertpapieren und Aufwendungen aus Abschreibungen sowie Erträge aus Zuschreibungen zu diesen Wertpapieren dürfen mit den Aufwendungen aus Abschreibungen auf Forderungen, Zuführungen zu Rückstellungen für Eventualverbindlichkeiten und für Kreditrisiken sowie mit den Erträgen aus Zuschreibungen zu Forderungen oder aus deren Eingang nach teilweiser oder vollständiger Abschreibung und aus Auflösungen von Rückstellungen für Eventualverbindlichkeiten und für Kreditrisiken verrechnet und in der Gewinn- und Verlustrechnung in einem Aufwand- oder Ertragsposten ausgewiesen werden.

(4) Angaben über die Bildung und Auflösung von Vorsorgereserven ... brauchen im Jahresabschluss, Lagebericht, Konzernabschluss und Konzernlagebericht nicht gemacht zu werden.

Um den zahlreichen Risiken begegnen zu können, sind für Kreditinstitute im HGB verschiedene Möglichkeiten der Bildung von stillen Reserven vorgesehen. Diese Reserven entstehen durch **Unterbewertung von Aktiva**; wegen des Bilanzgleichgewichts führt dies zu einer Minderung des ausgewiesenen Eigenkapitals; die Bilanzsumme ist damit niedriger, als es den tatsächlichen Vermögens- und Kapitalwerten entspricht. Durch die Unterbewertung von Aktiva entstehen **Rücklagen**, die **in der Bilanz nicht ausgewiesen** werden.

Die Bilanzgleichung hat dann folgendes Aussehen:

Ausgewiesenes AV + UV + stille Reserven = Fremdkapital + ausgewiesenes EK + stille Reserven ⇐

Damit Kreditinstitute von diesem Recht der Unterbewertung von Aktiva nicht übermäßig Gebrauch machen, legt § 340f HGB fest, welche Vermögenswerte für die Bildung von stillen Vorsorgereserven herangezogen werden dürfen und in welchem Umfang dies vorgenommen werden darf:

- Wertpapiere der Liquiditätsreserve
- Forderungen an Kreditinstitute
- Forderungen an Kunden

} **Maximal 4 % des Bewertungsansatzes nach Berücksichtigung der allgemeinen Bewertungsgrundsätze**

Diesen handelsrechtlichen Möglichkeiten steht **steuerrechtlich** entgegen, dass die Abschreibungen nur insoweit anerkannt werden, als sie den langfristigen durchschnittlichen Forderungsausfall nicht überschreiten. Für die Ermittlung des Ausfallsatzes dürfen nur die Forderungen herangezogen werden, die nicht schon einzelwertberichtigt wurden. Dies führt dazu, dass der Großteil der Risikovorsorge zu Lasten des versteuerten Gewinns gebildet wird.

Erforderliches Konto:

⇒ **Pauschalwertberichtigungen, (PWB)** **passives Bestandskonto**, auf dem die Bestände an stillen Reserven erfasst werden; diese stammen aus indirekten Abschreibungen auf Forderungen (an Kunden und an KI) und auf Effekten der Liquiditätsreserve.

Beispiel:

Ein Kreditinstitut hat zum Jahresende folgende für die Bildung stiller Reserven berücksichtigungsfähige Bestände:

Effekten der Liquiditätsreserve	*700.000,00 €;*
Forderungen	*12.500.000,00 €,*

(darin ist eine einzelwertberichtigte Forderung über 500.000,00 € enthalten).

Die Bewertung nach dem strengen Niederstwertprinzip ergibt für die Effekten einen Wert von 650.000,00 € und für die Forderungen einen Wert von 12.000.000,00 €; die Geschäftsführung entscheidet sich für die Bildung einer erstmaligen Vorsorgereserve von 4 % (liegt aus dem Vorjahr schon eine Reserve vor, ist sie bei der Ermittlung des neuen Bedarfs anzurechnen). Buchen Sie die jeweilige Wertminderung.

Buchungssatz:

(1) →	Abschreibungen a. Eff.	26.000,00			
	Abschreibungen a. Ford.	480.000,00	/	PWB	506.000,00

Erläuterung

(1) Die stille Vorsorgereserve darf nur auf den Bestand vorgenommen werden, der noch nicht einzelwertberichtigt worden ist (bei Effekten 650.000,00 €, bei Krediten 12.000.00,00 €). Sollte sich in einer der Folgeperioden der vorhandene Bestand der Pauschalwertberichtigung als zu hoch erweisen, muss er als „Erträge aus Zuschreibungen“ ausgebucht werden. Dieser Ertrag wird nicht der Besteuerung unterworfen, da die Bildung der PWB steuerlich nicht anerkannt wurde.

Die Besonderheit der stillen Reserven ist, dass sie in der veröffentlichten Bilanz nicht erscheinen. Intern wird „PWB“ über das SBK abgeschlossen; extern wird diese indirekte Abschreibung vom entsprechenden Posten aktivisch abgesetzt. Im obigen Beispiel wirkt sich dies wie folgt aus:

	Effekten	Forderungen
Buchwert	700.000,00 €	12.500.000,00 €
Minderung nach NWP	50.000,00 €	500.000,00 € (zw. Forderung)
Wert nach NWP	650.000,00 €	12.000.000,00 €
Stille Reserve	26.000,00 €	480.000,00 € (PWB)
Bilanzausweis	**624.000,00 €**	**11.520.000,00 €**

Damit ein kundiger Leser der Bankbilanz die Höhe dieser Wertberichtigungen nicht aus der Gewinn- und Verlustrechnung herauslesen kann, dürfen Kreditinstitute die Aufwendungen und Erträge, die im Zusammenhang mit Wertpapieren der Liquiditätsreserve und Forderungen an Kunden und andere Kreditinstitute entstehen, gegeneinander aufrechnen. Das Ergebnis dieser „Überkreuzkompensation“ ist ein einziger Saldo, der entweder in Position 13 oder Position 14 der GuV-Rechnung (Staffelform) ausgewiesen wird:

13. Abschreibungen und Wertberichtigungen auf Forderungen und bestimmte Wertpapiere sowie Zuführungen zu Rückstellungen im Kreditgeschäft
14. Erträge aus Zuschreibungen zu Forderungen und bestimmten Wertpapieren sowie aus der Auflösung von Rückstellungen im Kreditgeschäft.

Risikovorsorge für allgemeine Bankrisiken

Stille Risikovorsorge § 340f HGB	Offene Risikovorsorge § 340g HGB
• Bildung von Pauschalwertberichtigungen (steuerlich nicht anerkannt)	• Einstellung in den „Fonds für allgemeine Bankrisiken“ • Bildung wird steuerlich nicht anerkannt
• Maximal 4 % der nach NWP bewerteten Effekten der Liquiditätsreserve + Forderungen	• Keine betragliche Begrenzung
• Kein Bilanzausweis (aktivische Absetzung)	• Ausweis auf der Passivseite der Bilanz

⇐

Arbeitsaufträge:

6.6.14 Ein Kreditinstitut ermittelt zum Bilanzstichtag folgende Buchwerte (alle Zahlen in TEUR):

Bestandsart	bisheriger Buchwert	noch nicht berücksichtigte Wertberichtigungen nach NWP
Effekten der Liquiditätsreserve	20.000	600
Effekten des Handelsbestandes	30.000	2.100
Effekten des Anlagevermögens	18.000	360
Forderungen an KI	80.000	100
Forderungen an Kunden	95.000	3.300
Fonds für allgemeine Bankrisiken	10.000	

1. Buchen Sie die Aufstockung der offenen Reserven auf 10 % der risikobehafteten Aktiva, wenn dies zulässig ist; wenn dies nicht der Fall ist, sollen diese Reserven nur auf 4 % aufgestockt werden.
2. Aus Gründen der Risikovorsorge sollen auch die stillen Reserven in höchstzulässiger Weise bedient werden.
   Ermitteln Sie den erforderlichen Betrag, wenn die Geschäftsleitung aufgrund der bisher gegebenen guten Konjunkturlage keine Reserven gebildet hatte.
   Buchen Sie den von Ihnen festgestellten Betrag auf das „Reservekonto“.
3. Helfen Sie dem Bilanzbuchhalter, indem Sie ihm angeben, in welcher Höhe die zuvor aufgeführten Bestände in der Bilanz auszuweisen sind.

6.6.15 Die Nesenbach Bank eG hat in einem Geschäftsjahr ungewöhnlich hohe Kreditrisiken zu tragen. Zu ihrem Ausgleich wird eine stille Reserve über 200.000,00 € aufgelöst.

1. Buchen Sie die Auflösung.
2. Lässt sich diese Auflösung mit Hilfe der Überkreuzkompensation „verstecken“?
3. Begründen Sie, wie sich das Ergebnis Ihrer Buchung steuerlich auswirkt.

6.6.16 Ein Kreditinstitut hat zum Jahresende folgende Bestände, bei denen das strenge Niederstwertprinzip schon berücksichtigt ist:

Forderungen an KI:	12.500.000,00 €;
Forderungen an Kunden:	24.660.000,00 €;
Effekten der Liquiditätsreserve:	9.430.000,00 €;
Pauschalwertberichtigungen:	2.536.000,00 €.

Wie buchen Sie unter Berücksichtigung der HGB-Vorschriften, wenn Sie den höchstzulässigen Satz nicht überschreiten wollen?

6.6.17 Begründen Sie, warum Kreditinstitute das Recht haben, Aufwendungen und Erträge aus dem Effekten- und Kreditbereich miteinander zu verrechnen (Überkreuzkompensation).

Gemischte Arbeitsaufträge:

6.7.1 Am 30.10. wurde der Bezugspreis für eine von der Immobilienabteilung abonnierte Fachzeitschrift in Höhe von 128,40 € (inkl. 7 % USt) für ein Jahr im Voraus entrichtet.
Erläutern Sie, in welcher Höhe dieser Sachverhalt im Jahresabschluss berücksichtigt wird.

6.7.2 Was bedeutet: Periodengerechte Ergebnisermittlung?

6.7.3 Buchen Sie die folgenden Geschäftsfälle im Grundbuch:
1. Ein Kraftfahrzeug, das mit 7.400,00 € in den Büchern steht, wird für 8.200,00 € an einen KK-Kunden verkauft.
2. Am 17.12. kaufen wir von einem KK-Kunden einen tragbaren Computer für einen Außendienst-Mitarbeiter der Kreditabteilung zu einem Preis von 800,00 € zzgl. 19 % USt.
3. Am 24.09. kaufen wir gegen Barzahlung eine Schreibtischlampe für 89,00 € zzgl. 19 % USt, die für einen Mitarbeiter der Abteilung Zahlungsverkehr benötigt wird.
4. Wir verkaufen für 300,00 € einen gebrauchten Aktenschrank gegen Barzahlung. Der Buchwert des Schrankes beläuft sich auf 400,00 €, die zeitanteilige Abschreibung beträgt 25,00 €.

6.7.4 Von einem Wettbewerber kaufen wir am 24.05. eine neue Geschäftsstelle für 1.600.000,00 €. Im Preis ist der Grundstückswert mit 400.000,00 € enthalten.
1. Buchen Sie den Erwerb und die Zahlung über BKK.
2. Erstellen Sie zum Jahresende die erforderliche lineare Abschreibung mit 3 % und geben Sie den Bilanzansatz für das Konto „Grundstücke und Gebäude“ an.
3. Berechnen Sie den Betrag der planmäßigen Abschreibung im Folgejahr.

6.7.5 Über das Vermögen der Kontokorrentkundin Winkler Verfahrenstechnik GmbH wird das Insolvenzverfahren eröffnet. Unser Kreditinstitut rechnet damit, dass das Verfahren erst im nächsten Jahr abgeschlossen werden wird. Die Forderungen belaufen sich auf 62.500,00 €. Der Inhaber der GmbH hat uns im Rahmen der Kreditsicherung eine Lebensversicherung mit einer Versicherungssumme von 100.000,00 € als Sicherheit abgetreten. Der Rückkaufswert der Lebensversicherung beträgt 24.000,00 €.
1. Erklären Sie, wie das Kreditinstitut diese Situation im Jahresabschluss berücksichtigt.
2. Nehmen Sie die entsprechende Buchung der Risikovorsorge vor.

6.7.6 Die Süddeutsche Landwirtschaftsbank e.G. hat in ihrem Depot folgende Werte:

Aktiengattung	Stückzahl	Anschaffungskurs	Kurs Bilanzstichtag	Zugehörigkeit
Leoni AG	2.000	54,50	55,80	Handelsbestand
Daimler AG	3.000	58,60	57,20	Liquiditätsreserve

1. Die Bewertung erfolgt nach dem HGB. Nehmen Sie erforderliche vorbereitende Abschlussbuchungen und die Abschlussbuchungen vor. Die Bank nimmt einen Risikoabschlag von 6 % vor.
2. Begründen Sie die Höhe des Bilanzansatzes bei einer Bewertung nach IAS/IFRS.

6.7.7 Da das Geschäftsjahr des Calwer Bankhauses nicht so zufriedenstellend verlaufen ist wie ursprünglich geplant, beschließt der Vorstand, 500.000,00 € aus dem Fonds für allgemeine Bankrisiken zu entnehmen.
1. Buchen Sie den Vorgang im Grundbuch.
2. Beschreiben Sie die Auswirkung dieser Buchung auf den Jahresabschluss des Calwer Bankhauses.

6.7.8 Am Jahresende 2018 weist der Saldo des Kontos GWG 2016 einen Betrag von 29.130,00 € auf.
1. Buchen Sie die zum Jahresende erforderliche vorbereitende Abschlussbuchung.
2. Schließen Sie die betroffenen Konten im Grundbuch ab.
3. Buchen Sie die Abschreibung für das Jahr 2019 im Grundbuch. In diesem Jahr wurden GWG aus dem Jahr 2016 im Anschaffungswert von 550,00 € wieder aus dem Unternehmen ausgeschieden.

6.7.9 Die Schwabenbank AG zahlt dem Kunden Peter Möller Wert 30.11. ein langfristiges Darlehen zu folgenden Konditionen auf seinem laufenden Konto aus:
Darlehensbetrag: 160.000,00 €; gebundener Sollzinssatz: 4,30 %; effektiver Jahreszinssatz: 4,40 %; anfängliche Tilgung: 2 % p. a.; die Zins- und Tilgungsbelastung erfolgt monatlich.
1. Buchen Sie die Auszahlung des Darlehens im Grundbuch.
2. Buchen Sie die Belastung des Kundenkontos mit der ersten Rate zum 30.12.
3. Buchen Sie die Zinsen und schließen Sie das Konto Darlehen zum Jahresende im Grundbuch ab.

Modul III: Kosten- und Erlösrechnung und Controlling bei Kreditinstituten

7 Kosten- und Erlösrechnung und Controlling bei Kreditinstituten

7.1 Aufgaben der Kosten- und Erlösrechnung

Kreditinstitute stehen heute mehr denn je im globalen Wettbewerb. Hinzu kommt, dass sie mit gestiegenen Kosten, immer geringeren Zinserträgen und höheren Risiken zu kämpfen haben.

Fehlentscheidungen und unwirtschaftliches Arbeiten sind in dieser Lage für den Bestand eines Kreditinstitutes äußerst gefährlich. Deshalb benötigen Vorstand und andere Entscheidungsträger eines Kreditinstitutes ständig aktuelle und zuverlässige Informationen, die die Steuerung des Unternehmens ermöglichen.

Die Daten aus der Buchführung allein können diese Informationen nicht liefern, sie stellen aber einen wesentlichen Teil der Grundlagen dar, die erforderlich sind, um die Kosten- und Erlösrechnung (KER) durchführen zu können.

Die Kosten- und Erlösrechnung schlüsselt Kosten und Erlöse für **Bankleistungen** (Bankprodukte) auf, sodass die Geschäftsleitung in der Lage ist, unternehmerische Entscheidungen zu treffen.

Die Aufgaben der KER bestehen vor allem in der Selbstkostenermittlung, der Wirtschaftlichkeitskontrolle und der Erfolgskontrolle.

- Selbstkostenermittlung
  Ziel der **Selbstkostenermittlung** ist die Feststellung, welcher Betrag für eine Dienstleistung mindestens verlangt werden muss, damit für das KI keine Verluste entstehen. Somit bilden langfristig die Selbstkosten die Preisuntergrenze für eine bestimmte Dienstleistung bzw. für einen bestimmten Kunden. Hierbei kann die Geschäftsleitung die Konditionen kundenindividuell steuern.

- Wirtschaftlichkeitskontrolle
  Die **Wirtschaftlichkeit** stellt das Verhältnis von Leistungen zu Kosten dar. Die bei der Berechnung erhaltene Kennzahl wird mit vergleichbaren Daten zum Beurteilungsmaßstab.

$$\textbf{Wirtschaftlichkeit} = \frac{\text{Leistungen (in Stück)}}{\text{Kosten}}$$

Für den Beurteilungsmaßstab gibt es drei Alternativen:

- **Zeitvergleich** (intern):	Vergleich mit den Ergebnissen früherer Zeiträume
- **Betriebsvergleich** (extern):	Vergleich mit anderen von der Größe und Struktur her ähnlichen KI
- **Soll- / Ist-Vergleich** (intern):	Vergleich von geplanter Wirtschaftlichkeit (Soll-Werte) und realisierter Wirtschaftlichkeit (Ist-Daten)

Aus dem Vergleich heraus lassen sich Bereiche ermitteln, in denen unwirtschaftlich gearbeitet wird. Es müssen die Ursachen festgestellt und Maßnahmen zur Bekämpfung getroffen werden.

Beispiel 1:

In der Sortenkasse eines Kreditinstitutes wurden in den Jahren 2016 bis 2018 folgende Kosten und Stückleistungen festgestellt (s. Tabelle):
Bestimmen Sie die Wirtschaftlichkeit und die Kosten je Bankleistung (Sortenankauf und -verkauf).

Jahr	Kosten der Sortenkasse (€)	Anzahl der Abrechnungen	**Wirtschaftlichkeit**	**Kosten je Abrechnung € / St.**	
2016	90.000	9.600	0,1067	9,375	
2017	105.000	12.250	0,1167	8,571	
2018	99.000	14.810	0,1496	6,685	(1)

Erläuterung

(1) Im Jahr 2018 war die Wirtschaftlichkeit am höchsten; dadurch waren die Selbstkosten je Sortenabrechnung am niedrigsten.

- Erfolgskontrolle

  Die **Erfolgskontrolle** setzt Kosten und Erlöse der Marktleistungen zueinander in Beziehung. Dies kann auf unterschiedlichen Ebenen erfolgen. Im einfachsten Fall wird der Gesamterfolg des Kreditinstitutes untersucht; aussagekräftiger ist die Erfolgskontrolle, wenn sie für kleinere Segmente durchgeführt wird und sich zum Beispiel auf einzelne Zweigstellen, Abteilungen, Marktbereiche, Kunden oder gar einzelne Konten bezieht.

$$\textbf{Erfolg} = \frac{\text{Kosten}}{\text{Erlöse}}$$

  Die ermittelten Erfolgskennzahlen lassen wie bei der Wirtschaftlichkeitskontrolle einen Zeit-, Betriebs- und Soll / Ist-Vergleich zu. Dabei ist es besonders wichtig, die Entwicklung des Erfolges ständig zu kontrollieren, um bei negativen Abweichungen sofort reagieren zu können.

Beispiel 2:

Die Geschäftsstelle Bahnhofstraße der Südbank AG erwirtschaftete in den Jahren 2016 bis 2018 die folgenden Kosten und Erlöse (s. Tabelle).
Ermitteln Sie den Erfolg der Geschäftsstelle und stellen Sie die prozentuale Veränderung zum Vorjahr fest.

Jahr	Kosten der Zweigstelle (T€)	Erlöse der Zweigstelle (T€)	**Erfolgskennzahl**	**Prozentuale Veränderung**	
2016	800.000	650.000	1,2308	-----	
2017	930.000	730.000	1,2740	3,510 (–)	(1)
2018	900.000	1.050.000	0,8571	32,724 (+)	

Erläuterung

(1) Im Jahr 2017 ist die ermittelte Kennzahl höher als im Vorjahr; in diesem Fall ist dies betriebswirtschaftlich aber eine negative Größe. Sie drückt aus, dass die Kosten stärker als die Erlöse zugenommen haben.

Aufgaben der Kosten- und Erlösrechnung

⇒
- Bereitstellung von Informationen über Art und Höhe der Kosten und Erlöse von Bankleistungen; damit liefert die Kosten- und Erlösrechnung die Grundlagen für
- Führungsentscheidungen im Bereich von Planung und Kontrolle und für die
- Kalkulation von Bankleistungen.

Arbeitsaufträge:

7.1.1 Ein Kreditinstitut untersucht die Kosten für die Bankleistung „Selbstbedienung am GAA" und stellt folgende Ergebnisse fest:

Personalkosten für das regelmäßige Auffüllen des Automaten	10.000,00 €;
Wertverlust durch Gebrauch und Wartungskosten	5.000,00 €;
Energiekosten	1.000,00 €.

Berechnen Sie die Selbstkosten je Auszahlungsvorgang, wenn die Geschäftsleitung von jährlich 28.800 Nutzungsvorgängen ausgeht.

7.1.2 In der Abteilung „Effektenhandel" wurden in den letzten vier Jahren folgende Leistungen (in Stück) erbracht, wobei die aufgeführten Kosten anfielen:

Jahr	Kosten (in T€)	Stückzahl
1	450	40.000
2	610	48.000
3	700	80.000
4	720	76.000

1. Ermitteln Sie die Durchschnittskosten je Effektenauftrag.
2. Untersuchen Sie die Entwicklung der Wirtschaftlichkeit und beurteilen Sie diese.
3. Bei einer Discount-Bank betragen die durchschnittlichen Kosten für einen Auftrag 10,00 €. Beurteilen Sie das eigene KI im externen Vergleich.
4. Beurteilen Sie die Entwicklung der Kosten im Vergleich mit den erbrachten Leistungen.
5. Unterbreiten Sie Vorschläge zur Verbesserung der Wirtschaftlichkeit.

7.1.3 Die Abteilung „Effektenhandel" hat auch Erlöse erwirtschaftet, die im Vergleich zu den Kosten dargestellt werden:

Jahr	Kosten (in T€)	Erlöse (in T€)
1	450	600
2	610	740
3	700	910
4	720	900

1. Wie hoch ist die absolute Höhe des Erfolgsbeitrages der Abteilung zum Gesamterfolg des KI?
2. Stellen Sie die prozentuale Entwicklung des Erfolgsbeitrages im Vergleich zum Vorjahr dar.
3. Untersuchen Sie den Erfolgsquotienten der Abteilung in diesen vier Jahren.

7.2 Grundbegriffe der Kosten- und Erlösrechnung

In der Finanzbuchhaltung werden Bestände und ihre Veränderungen erfasst; von besonderer Bedeutung ist hierbei auch die Feststellung, in welchem Umfang sich das Eigenkapital durch Aufwendungen und Erträge verändert. Dabei gilt:

- Aufwendungen vermindern das Eigenkapital; sie sind periodenbezogen und erfassen jeden Verbrauch des Unternehmens an Gütern und Dienstleistungen, ohne Berücksichtigung der Zuordnung zu betrieblichen Zwecken. In den Aufwendungen sind neben betriebsbedingten auch betriebsfremde, periodenfremde und außerordentliche Aufwendungen enthalten.
  Die betrieblichen Aufwendungen werden als **Zweckaufwendungen** bezeichnet.
- Kosten sind durch betriebliche Leistung bedingter Werteverzehr. Sie entstehen für den Einsatz der bankbetrieblichen Produktionsfaktoren (Kosten für Fremdkapital, Arbeitskräfte, Abnutzung betrieblicher Anlagen) sowie für öffentliche Abgaben. Sie setzen sich zusammen aus den Grundkosten (entsprechen den Zweckaufwendungen) und den kalkulatorischen Kosten. Kalkulatorische Kosten sind Anderskosten oder Zusatzkosten (s. nächste Seite).
- Erträge erhöhen das Eigenkapital, sie sind ebenfalls periodenbezogen. Erfasst werden alle Erträge des Unternehmens, ohne Rücksicht darauf, ob es sich um betriebsbedingte oder um betriebsfremde, periodenfremde oder außerordentliche Erträge handelt.
  Die betrieblichen Erträge werden als **Zweckerträge** bezeichnet.
- Erlöse entstehen durch die Verwertung betrieblicher Leistungen. Sie enthalten die Grunderlöse, die den Zweckerträgen entsprechen. Zusatzerlöse (Erlöse, die keine Erträge sind) kommen bei Kreditinstituten selten vor.

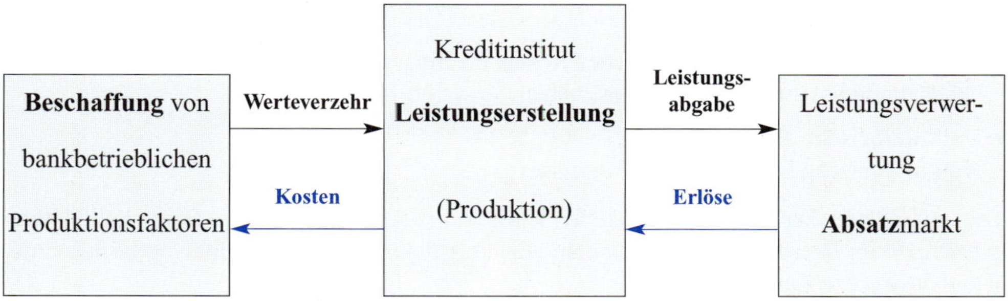

Zusammenhang von Aufwendungen und Kosten:

Erfassung in der GuV-Rechnung

Aufwendungen		
Neutrale Aufwendungen (betriebsfremd, periodenfremd, außerordentlich)	**betriebsbedingte Aufwendungen = Zweckaufwand** (kostengleicher Aufwand)	
	Grundkosten (aufwandsgleiche Kosten)	**Kalkulatorische Kosten** • **Anderskosten** • **Zusatzkosten**
	Kosten	

Verrechnung in der Kostenrechnung

Das Ergebnis der unterschiedlichen Verwendung von Erfolgsbestandteilen führt zu drei wesentlichen Größen für das Kreditinstitut:

- Gewinn = Erträge – Aufwendungen
- Neutrales Ergebnis = neutrale Erträge – neutrale Aufwendungen
- Betriebsergebnis = Erlöse – Kosten

7.2.1 Kostenarten

Grundkosten werden definiert als aufwandsgleiche Kosten, sie sind **nicht korrekturbedürftig** für die Kosten- und Erlösrechnung. Zu ihnen gehören z. B.:

- Provisionsaufwendungen,
- Personalaufwendungen mit gesetzlichen und freiwilligen Sozialaufwendungen,
- Sachaufwendungen (aber nur für bankbetriebliche Tätigkeiten).

Kalkulatorische Kosten können Anders- oder Zusatzkosten sein.
Unter Anderskosten versteht man Kosten, die zwar auch betrieblicher Aufwand sind, die aber in der Kostenrechnung in einer anderen Größenordnung (höher oder niedriger) verrechnet werden als in der GuV-Rechnung. Es handelt sich um **korrekturbedürftige Aufwendungen**. In der Literatur findet sich hierfür der Begriff der **aufwandsverschiedenen unechten Zusatzkosten**.

- **Kalkulatorische Abschreibungen** sind meistens niedriger als die Abschreibungen in der Finanzbuchhaltung, da in der Kostenrechnung die tatsächliche und nicht die „steuerliche" Nutzungsdauer bestimmend ist.

  Beispiel: Ein betrieblich genutzter Pkw wird in der Finanzbuchhaltung in zulässigen 6 Jahren abgeschrieben. In der Kostenrechnung wird der Anschaffungswert auf 8 Jahre (erwartete Nutzungsdauer) verteilt.

  Gegenbeispiel: Ein Computer wird in der Finanzbuchhaltung in drei Jahren abgeschrieben. Auf Grund des technischen Fortschrittes wird er in der Kostenrechnung in zwei Jahren abgeschrieben.

  Im ersten Fall sind die kalkulatorischen Kosten niedriger als die Aufwendungen in der Finanzbuchhaltung, im zweiten Fall sind sie höher.

- **Kalkulatorische Zinskosten**
- **Kalkulatorische Risikokosten (Wagnisse)**

Die kalkulatorischen Zusatzkosten stellen keine Aufwendungen dar, wie z.B. die kalkulatorische Miete für bankeigene Filialräume und die kalkulatorische Eigenkapitalverzinsung (**aufwandslose echte Zusatzkosten**).

Alle Kostenarten können direkt oder indirekt bestimmten Bankleistungen und / oder Kostenstellen zugeordnet werden:

Einzelkosten lassen sich direkt einer bestimmten Bankleistung, einer Filiale oder einem Kunden zuordnen.

Beispiel: Zahlungsverkehrsvordrucke für die Geschäftsstelle Bahnhofstraße sind der Bankleistung „Zahlungsverkehr Geschäftsstelle Bahnhofstraße" direkt zurechenbar.

Gemeinkosten können keiner Bankleistung direkt zugeordnet werden; sie sind nach bestimmten Schlüsseln auf die Marktleistungen zu verrechnen. Die Schwierigkeit liegt hier in der Festlegung eines objektiven Schlüssels.

Beispiel: Verteilung der Energiekosten der Geschäftsstelle Bahnhofstraße auf die Bereiche Zahlungsverkehr, Effekten- und Kreditgeschäft.

Der Entstehung nach sind zu unterscheiden:

Fixe Kosten fallen unabhängig vom Beschäftigungsgrad an.

Beispiel: Jährliche Abschreibung für ein Fotokopierzentrum mit 1.000,00 €.

Variable Kosten verändern sich mit dem Grad der Auslastung.

Beispiel: Kosten für Toner und Papier verändern sich je nach der Intensität der Nutzung der Kopiergeräte.

Die **Kostenartenrechnung** stellt fest, **welche betrieblichen Kosten** in einer bestimmten Periode angefallen sind. Sie gibt damit einen Einblick in die Zusammensetzung der Kosten des Kreditinstitutes und ihre Entwicklung im Zeitvergleich. Allerdings wird die Frage nicht beantwortet, wo die Kosten entstanden sind und wer sie verursacht hat.

Arbeitsaufträge:

7.2.1 Ordnen Sie folgende Inhalte aus der Finanzbuchhaltung den Grundkosten (G), Anderskosten (A) und Zusatzkosten (Z) zu:

1. Gesetzliche Sozialaufwendungen
2. Miete für von uns angemietete Geschäftsräume
3. Kalkulatorische Verzinsung des gez. Kapitals
4. Bearbeitungsgebühr für ausgezahlte Darlehen
5. Spende an Amnesty International
6. Kalk. Abschreibung auf ein Geschäftsfahrzeug
7. Steuerliche Abschreibung auf das gleiche Geschäftsfahrzeug

7.2.2 Gliedern Sie folgende Kostenarten in fixe (f) und variable (v) Kosten:

1. Leasinggebühren für ein Kopiergerät
2. Rechnung für Tonerpatronen für Kopierer
3. Körperschaftsteuer für das abgelaufene Jahr
4. Grundsteuer für das Bankgebäude
5. Lineare Abschreibung auf Anlagevermögen
6. Zinsen auf Spareinlagen
7. Kfz-Steuer für ein Geschäftsfahrzeug
8. Reparaturrechnung für dieses Fahrzeug

7.2.3 Ermitteln Sie den kostenwirksamen Betrag, wenn eine EDV-Anlage im Wert von 500.000,00 € in der Finanzbuchhaltung mit 33,3 % und in der Kostenrechnung mit 50 % abgeschrieben wird.
Begründen Sie Ihre Entscheidung für die Höhe des Abschreibungsbetrages.

7.2.4 Grenzen Sie die Begriffe Aufwendungen - Kosten und Erträge - Erlöse voneinander ab.

7.2.5 Führen Sie Beispiele für Bankleistungen auf.

7.2.2 Kostenstellen und Kostenträger

Um festzustellen, wo welche Kosten im Kreditinstitut angefallen sind, werden **Kostenstellen** gebildet. Unter einer Kostenstelle versteht man ein rechnungsmäßiges Teilgebiet des Gesamtbetriebes, das nach organisatorischen, räumlichen, funktionellen oder nur rechnungstechnischen Merkmalen gebildet wird.

Bei der Bildung von Kostenstellen sind folgende Untergliederungen notwendig:

- Hauptkostenstellen sind die Kostenstellen, die Marktleistungen erbringen. Ihre Gliederung kann z. B.
  - funktionsbezogen nach Sachgebieten (Einlagen, Effekten, Kredit),

- marktorientiert nach Kundengruppen (Firmenkunden, Privatkunden, vermögende Privatkunden),
- räumlich nach Geschäftsstellen erfolgen.

• Allgemeine Kostenstellen erbringen Leistungen für andere Kostenstellen. Bei ihnen ist zu unterscheiden zwischen
  - solchen Kostenstellen aus dem Hilfsbereich, die für alle anderen Kostenstellen Leistungen erbringen (z. B. Telekommunikationszentrale, Hausverwaltung, Fahrdienst) und
  - denen des Verwaltungsbereichs, die für die Hauptkostenstellen Leistungen erbringen (z. B. Vorstand, Buchhaltung, zentrales Schreibsekretariat).

Die Lösung des Problems der Kostenzuteilung auf die Kostenstellen erfolgt mit Hilfe des Betriebsabrechnungsbogens (BAB). Darin werden den Kostenarten in einer senkrechten Spalte die Kostenstellen, die die Kosten verursacht haben, zeilenweise zugeordnet.

Da die Stelleneinzelkosten den Kostenstellen direkt zugeordnet werden können, stellt ihre Verteilung im BAB die Zuordnung mit dem höchsten Genauigkeitsgrad dar. Bei den Gemeinkosten nimmt die Genauigkeit ab, da ihre Verteilung auf Grund von Erfahrungswerten oder sonstigen messbaren Kriterien erfolgt (z. B. Zeiterfassung für Personalkosten, Raumgröße für Energiekosten). Stelleneinzel- und Stellengemeinkosten ergeben zusammen die gesamten **Stellenkosten**. Damit ist die Frage beantwortet, **wo** die Kosten entstanden sind.

Um feststellen zu können, welche Marktleistung (**Kostenträger**) welche Kosten verursacht hat, werden die Kosten der allgemeinen Kostenstellen nach Verteilungsschlüsseln in einem „Treppenstufen"- Verfahren auf die Hauptkostenstellen umgelegt. Da die Kosten immer für eine bestimmte Abrechnungsperiode zusammengetragen sind, spricht man hier von der Kostenträgerzeitrechnung.

Erkenntnisse aus der Kostenstellen- und der Kostenträgerzeitrechnung gewinnt die Geschäftsleitung im internen Zeitvergleich durch eine Abweichungsanalyse von den Plandaten oder, falls Daten vergleichbarer Unternehmen vorliegen, auch im externen Betriebsvergleich.

Wenn der BAB zur Ermittlung der Selbstkosten herangezogen werden soll, muss man die Ergebnisse der Kostenträgerzeitrechnung in Beziehung setzen zu den erbrachten Marktleistungen, die aus der betriebsinternen Statistik vorliegen. Dies kann auf verschiedenen Wegen erfolgen, z. B. durch die Divisionskalkulation oder durch die Äquivalenzziffernrechnung. Das Ergebnis der Berechnungen ist die Kostenträgerstückrechnung.

Beispiel:

In der Kostenstelle „Kredit" sind in einem Geschäftsjahr nach den Ermittlungen im BAB (s. nächste Seite) insgesamt 1.401 T€ angefallen. In diesem Jahr wurden von dieser Kostenstelle 6.507 Kreditanträge bearbeitet. Ermitteln Sie die Selbstkosten der Bearbeitung von Kreditanträgen mit Hilfe der Divisionskalkulation.

$$\text{Selbstkosten der Leistung} = \frac{\text{Gesamtkosten}}{\text{Erbrachte Leistungen}} = \frac{1.401.000}{6.507} = \mathbf{215{,}31\ €/St.}$$

Bei der Berechnung mithilfe der Divisionskalkulation wird nicht berücksichtigt, dass es durchaus Unterschiede qualitativer Art bei der Bearbeitung von Kreditanträgen gibt. Die Einräumung einer Kreditlinie kann am Telefon innerhalb kürzester Zeit bearbeitet werden, unter Einschaltung der Bildschirminformationen über diesen Kunden. Die Vergabe eines Firmenkredites, bei dem nur mit Mühe Sicherheiten bereitgestellt werden können, ist sehr viel aufwändiger zu bearbeiten. In der Praxis wird daher häufig mit der Äquivalenzziffernkalkulation gearbeitet, bei der versucht wird, eine Gleichwertigkeit der Leistungen über den Faktor „Zeit" herbeizuführen. Jede Leistung erhält dabei eine „Gleichwertigkeitsziffer", die zu Recheneinheiten führt. Das Produkt aus dem Wert für eine Recheneinheit und der Äquivalenzziffer ergibt die Selbstkosten.

Vereinfachter Betriebsabrechnungsbogen (BAB) zur Ermittlung der Gesamtkosten je Marktleistungsbereich

	Kostenstellen / Kostenarten	Gesamtkosten in T€	Schlüssel	Allgemeine Kostenstellen: Hilfsbereich in T€	Allgemeine Kostenstellen: Verwaltung in T€	Marktleistungsbereich: Zahlungsverkehr in T€	Marktleistungsbereich: Spareinlagen in T€	Marktleistungsbereich: Kredit in T€	Marktleistungsbereich: Effekten in T€
Kostenstellenrechnung	**Stellen-einzelkosten**								
	1. Personalkosten	2.200		300	800	450	170	220	260
	2. Sachkosten								
	Raumkosten	320		10	55	95	50	60	50
	Kalk. Abschr.	180		47	12	41	24	26	30
	Sonstige Kosten	93		9	9	18	15	20	22
	Su. Stelleneinzelk.	**2.793**		**366**	**876**	**604**	**259**	**326**	**362**
	Stellen-gemeinkosten								
	1. Personalkosten	300	1:6:3:5:8:7	10	60	30	50	80	70
	2. Sachkosten								
	Raumkosten	420	3:6:3:4:2:3	60	120	60	80	40	60
	Werbung	60	0:0:0:1:3:2				10	30	20
	Betriebssteuern	200			200				
	Kalk. Abschr.	1.400	2:9:4:3:4:6	100	450	200	150	200	300
	Su. Gemeinkosten	**2.380**		**170**	**830**	**290**	**290**	**350**	**450**
	Su. Stellenkosten vor Umlage	**5.173**		**536**	**1.706**	**894**	**549**	**676**	**812**
Kostenträger-zeitrechnung	Umlage Hilfsber.		1:2:1:2:2		67	134	67	134	134
	Su. nach Umlage I				1.773	1.028	616	810	946
	Umlage Verw.		1:2:3:3			197	394	591	591
	Summe der Stellenkosten im Marktleistungsbereich					**1.225**	**1.010**	**1.401**	**1.537**

Erstellung eines BAB

Bei der Erstellung eines BAB werden zuerst immer die (allgemeinen) Kostenstellen ausgewiesen, die für alle anderen Kostenstellen Leistungen erbringen. Es folgen die allgemeinen Kostenstellen, die nur für die Hauptkostenstellen arbeiten; daneben werden die Hauptkostenstellen aufgeführt, die die Marktleistungen erbringen.

Ablauf der Kostenaufteilung:

1. Schritt: Zuordnung der Stelleneinzelkosten
   Da Einzelkosten einer Kostenstelle **direkt** zugeordnet werden können, werden sie als erste auf die einzelnen Kostenträger verteilt. So können beispielsweise die Personalkosten einschließlich der Nebenkosten für Mitarbeiter, die ausschließlich für eine bestimmte Kostenstelle tätig sind, dieser Kostenstelle zugeordnet werden.

2. Schritt: Umlage der Gemeinkosten
   ⇒ Bei der Verteilung der Gemeinkosten ist es wichtig, dass sinnvolle Verteilungsschlüssel für die Umlage dieser Kosten auf nachgeordnete Kostenstellen festgelegt werden.
   Die allgemeinen Kostenstellen sind untergliedert in den Hilfsbereich und den Verwaltungsbereich.

3. Schritt: Feststellung der Kosten des Marktleistungsbereiches
   Auch die Verteilung aller Kosten der allgemeinen Kostenstellen auf die Hauptkostenstellen erfolgt mit Hilfe von Verteilungsschlüsseln. Es ist daher besonders wichtig, dass diese Schlüssel möglichst genau die tatsächlichen Gegebenheiten erfassen, um die Kosten der Marktleistungsstellen nicht zu verfälschen.

4. Schritt: Ermittlung der Kosten für eine Leistungseinheit
   Wenn die Kosten eines Marktleistungsbereiches durch die Zahl der erbrachten Marktleistungen dividiert werden, erhält man die Selbstkosten je Leistungseinheit, wobei alle angefallenen Kosten abgedeckt sind (Vollkostenrechnung).

Arbeitsaufträge:

7.2.6 Erstellen Sie Vorschläge, nach welchen Gliederungsmerkmalen Kostenstellen gebildet werden können.

7.2.7 Erläutern Sie Vor- und Nachteile einer starken Auffächerung der Anzahl der Kostenstellen.

7.2.8 Erstellen Sie einen BAB, wenn folgende Informationen vorliegen (Zahlen in T€):

Kostenstellen (Schlüssel) → Kostenarten: ↓	Betrag	Hilfsbereich	Verwaltung	ZV	Einlagen	Kredit	Effekten
Personaleinzelkosten		400	813	300	200	600	500
Personalgemeinkosten	2.700	2:	5:	3:	2:	4:	4
Direkt zurechenbare Sachkosten		105	126	410	340	280	320
Sachgemeinkosten	3.950	1:	2:	2:	2:	2:	1
Verteilung Hilfsbereich			2:	4:	2:	5:	2
Verteilung Verwaltung				1:	2:	4:	3

7.2.9 Grenzen Sie „Allgemeine Kostenstelle“ von „Hauptkostenstelle“ ab.

7.2.10 In Aufgabe 7.2.8 haben Sie unter anderem die Kosten des Marktleistungsbereiches „Kredit“ festgestellt. Ermitteln Sie die Selbstkosten eines Kredits, wenn insgesamt 9.200 Kreditanträge bearbeitet wurden.

7.2.3 Voll- und Teilkostenrechnung

Vollkostenrechnung

Bei der Vollkostenrechnung (Beispiel: BAB) werden alle bei der Leistungserstellung entstandenen Kosten auf die Kostenträger verrechnet. Da außer den variablen Kosten auch die fixen Kosten verteilt werden, d. h. also die Gesamtkosten, wird in der Vollkostenrechnung das Kostenverursachungsprinzip vernachlässigt. Dieses unterstellt, dass jeder Kostenstelle und jedem Kostenträger nur die Kosten zugeordnet werden können, die durch sie veranlasst worden sind. Nur die variablen Kosten entsprechen dieser Vorgabe.

Bei unterschiedlichen Beschäftigungsgraden führt die Vollkostenrechnung zu ungenauen Kalkulationsergebnissen, da der Fixkcstenblock unabhängig von der Auslastung ist. Er führt daher bei sinkender Beschäftigung zu steigenden Selbstkosten je Leistungseinheit; wenn wettbewerbsbedingt die Preise im Markt nicht angepasst werden können, kann dies zu falschen Entscheidungen hinsichtlich des Leistungsangebotes eines Kreditinstitutes führen.

Teilkostenrechnung

Die Teilkostenrechnung berücksichtigt das Kostenverursachungsprinzip dadurch, dass sie nur den Teil der Kosten auf Kostenstellen und Kostenträger verrechnet, der diesen direkt zugerechnet werden kann. Die Ermittlung der Teilkosten führt zur absoluten kurzfristigen Preisuntergrenze für ein Leistungsangebot. Mittelfristig muss der Produktpreis so gestaltet sein, dass er einen Beitrag zur Deckung der nicht direkt zurechenbaren Gemeinkosten leistet. Der Teil des Marktpreises, der über die Abdeckung der direkt zurechenbaren Kosten hinaus geht, wird als **Deckungsbeitrag** bezeichnet.

Beispiel:

Die Südbank AG berechnet für die Ausführung eines Effektenauftrages von einem Kunden eine Provision von 1 %, mindestens aber 25,00 €. Ermitteln Sie den Deckungsbeitrag der Mindestprovision, wenn folgende Informationen über die mit einem Effektenauftrag verknüpften Kosten vorliegen:

1. *Personalkosten für beratende Mitarbeiter einschl. Nebenkosten* — *105.000,00 €.*
2. *Personalkosten für Back-Office Mitarbeiter (Abwicklungstechnik)* — *78.750,00 €.*
3. *Sachkosten (Durchschreibesatz für Schalterauftrag, Energiekosten)* — *1,20 €/Auftrag.*
4. *Anteilige Kosten für kalkulatorische Abschreibungen* — *5,80 €/Auftrag.*

Bei der Berechnung derArbeitszeitaufwendungen wurde durch Arbeitszeitstudien festgestellt, dass die Beratung im Durchschnitt zehn Minuten erfordert, während die Abwicklung in sechs Minuten erfolgt.
Die durchschnittliche jährliche Arbeitszeit der Mitarbeiter beträgt - unter Berücksichtigung der Fehlzeiten und Urlaubstage - 1.750 Stunden.

Personalkosten:

(1)

Vorgang	anteilige Arbeitszeit	Kosten je Minute	Stückkosten	Summe
Beratung	10	1,00 €	10,00 €	
Abwicklung	6	0,75 €	4,50 €	14,50 €

Sachkosten:

Kostenart	Einheiten	Kosten je Einheit	Stückkosten	Summe
Verbrauchsgüter	1	1,20 €	1,20 €	
Abschreibung	1	5,80 €	5,80 €	7,00 €

Gesamte Stückkosten	21,50 €
Erlös je Marktleistung	25,00 €
(2) **Deckungsbeitrag** (Erlös – Kosten)	**3,50 €**

Erläuterung

(1) Der betriebliche Ablauf für eine Leistungserstellung wird in seine Teilbestandteile („Prozesse“) aufgelöst, damit die insgesamt anfallenden Kosten möglichst genau der Leistung zugeordnet werden können.
Hier werden die aufgeschlüsselten Arbeitszeit-Anteile mit Minuten-Kosten bewertet, die der Honorierung der entsprechenden Mitarbeiter entspricht.

Beispiel: Kostenfaktor Berater $= \frac{105.000}{1.750 * 60} = 1{,}00$ €/min.

(2) Aus dem Vergleich von Erlös und Stückkosten für die Marktleistung erhält man den Deckungsbeitrag, der aussagt, in welchem Umfang die Mindestprovision zur Abdeckung der Gemeinkosten beiträgt.
Der Deckungsbeitrag im gewählten Beispiel wird, in Abhängigkeit des Effektenauftragwertes, ab einem Wert von 2.500,00 € größer, da die Provision dann 1 % beträgt.

Anmerkung: Im gewählten Beispiel sind Kosten für Abschreibungen in Höhe von 5,80 € enthalten, die durchaus als fixe Kosten betrachtet werden können. Da jede Leistung langfristig einen möglichst hohen positiven Deckungsbeitrag erbringen muss, ist es sinnvoll, alle direkt zurechenbaren Kosten in die Rechnung einzubeziehen.
Leistungen, die zu einem negativen Deckungsbeitrag führen, müssen grundsätzlich aus dem Angebot gestrichen werden. Dies gilt allerdings nicht für die wenigen Fälle, in denen Kunden auch noch andere Leistungen nachfragen, die dann zu einem insgesamt positiven Deckungsbeitrag führen.

⟹

- Die **Kostenartenrechnung** gibt Antwort auf die Frage, **welche** Kosten anfallen.
- Die **Kostenstellenrechnung** beantwortet die Frage, **wo** die Kosten anfallen.
- Die **Kostenträgerrechnung** zeigt, **wofür** die Kosten anfallen.
- In der **Vollkostenrechnung** werden alle anfallenden Kosten erfasst und auf die Kostenträger verrechnet.
- Die **Teilkostenrechnung** ordnet den Kostenträgern die durch sie direkt verursachten Kosten zu. Aus der Differenz Leistungserlöse – Leistungsstückkosten wird der **Deckungsbeitrag** für die Gemeinkosten ermittelt.

Arbeitsauftrag:

7.2.11 Nicole Herbam ist Kreditsachbearbeiterin der Südbank AG. Die Personalkosten für sie betragen pro Jahr 92.340,00 €. Unter Berücksichtigung aller Fehlzeiten (Urlaub, Krankheit, Weiterbildung) arbeitet sie im Jahr durchschnittlich neun Stunden an 190 Tagen.
Für die technische Abwicklung der Kredite ist Ludwig Kleiner zuständig. Er verursacht Kosten in Höhe von 60.480,00 €, die auf 210 Tage mit durchschnittlich acht Stunden zu verteilen sind.
Die Südbank AG hat durch unabhängige Fachleute den Zeitbedarf für die folgenden Teilprozesse feststellen lassen:

Beratendes Vorgespräch	30 Minuten	Frau Herbam
Antragsbearbeitung	25 Minuten	Frau Herbam
Kontoanlage	15 Minuten	Herr Kleiner
Anlage der Kreditakte	12 Minuten	Frau Herbam
Sachkosten:		
Raumkosten (direkt zurechenbar)		Zuschlag von 1 % der Personalkosten je Kredit
Kosten der DV-Anlage		pauschal 55,00 € je Kredit
Vordrucke		pauschal 2,00 € je Kredit
Kommunikationskosten		pauschal 8,00 € je Kredit

1. Ermitteln Sie die Stückkosten für einen Kredit, unabhängig von der Kredithöhe.

2. Berechnen Sie den Deckungsbeitrag, wenn für einen Kredit an den Kunden Rudi Lustig in Höhe von 30.000,00 € 2 % Bearbeitungsgebühr erhoben werden.

7.3 Besonderheiten der Kosten- und Erlösrechnung bei Kreditinstituten

Kreditinstitute zeichnen sich im Vergleich mit Industrie- und Handelsunternehmen dadurch aus, dass ihre Leistungen anders strukturiert sind. Bankleistungen enthalten immer zwei Bestandteile, einen betrieblichen und einen wertmäßigen Anteil. Dies bedeutet, dass jede Kapitalbewegung eine Stückleistung und eine Wertleistung enthält. Zwischen der Wertgröße und der Arbeitsleistung besteht aber kein zahlenmäßig fixierbarer Zusammenhang, wie ein einfacher Vorgang leicht nachweist:
- Ein Kunde zahlt 50.000,00 € auf sein Konto ein;
- Zehn Kunden zahlen jeweils 5.000,00 € auf ihre Konten ein.

Im **Wertbereich** ist in beiden Fällen ein Zugang von 50.000,00 € zu verzeichnen, die verzinst werden und deshalb auch wieder angelegt werden müssen. Im **Betriebsbereich** ist dagegen im zweiten Fall ca. der zehnfache Arbeitsaufwand gegenüber dem ersten Fall festzustellen.

In der Bankkostenrechnung sind daher der Wert- und der Betriebsbereich voneinander zu trennen. Deshalb werden Kosten und Erlöse unterteilt in
- Wertkosten und -erlöse,
- Betriebskosten und -erlöse.

Aufbau der Kosten- und Erlösrechnung

Unter Berücksichtigung des Dualismus der Bankleistung (betriebliche Leistung und Wertleistung) wird die Kostenrechnung der Kreditinstitute in drei Stufen aufgebaut. Dabei werden die Kosten der Betriebs- und Wertbereich getrennt untersucht.

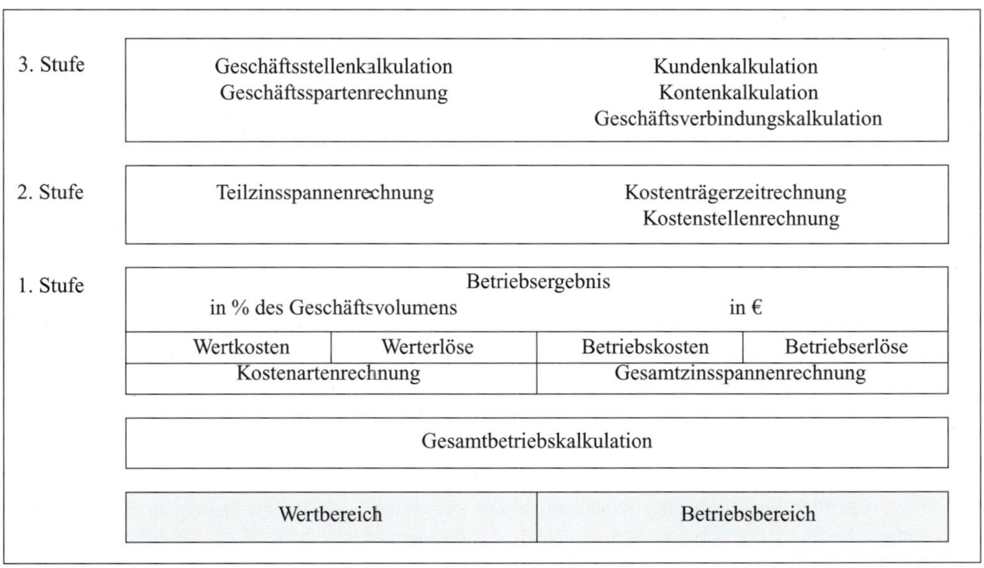

- Die Übernahme oder Überlassung von Kapital gehört zum finanzwirtschaftlichen Bereich der Kreditinstitute. Die dabei anfallenden Kosten und Erlöse gehören zum Wertbereich.
- Der technisch-organisatorische Anteil der Leistungserstellung durch Kreditinstitute wird als Betriebsbereich bezeichnet.

Der Wertbereich wird bestimmt durch die Mittelbeschaffung (Passivgeschäft) und die Mittelverwendung im Kreditbereich und für Eigengeschäfte (Aktivgeschäft).
Den Leistungen des Wertbereichs stehen Erlöse z. B. in Form von Zinserträgen und realisierten Kursgewinnen gegenüber. Reine Wertkosten liegen vor als Zinsaufwendungen für das Einlagengeschäft oder für ausgegebene Schuldverschreibungen.

Zum Betriebsbereich gehören insbesondere Leistungen aus den Bereichen
- Zahlungsverkehr (national und international);
- Anlageberatung;
- Vermittlung von Effektengeschäften für Kunden;
- Verwahrung und Verwaltung von Kundeneffekten;
- Beratung für emissionwillige Unternehmen.

Diesen Leistungen stehen Erlöse in Form von Provisionen und Gebühren gegenüber. Kosten bestehen insbesondere aus Personal-, Sach- und kalkulatorischen Kosten.

Die Aufgliederung der Kosten und Erlöse in betriebliche und wertmäßige Anteile ist in der Praxis nicht immer einfach, da für die meisten Bankleistungen beide Bereiche miteinander verknüpft sind.

⇒

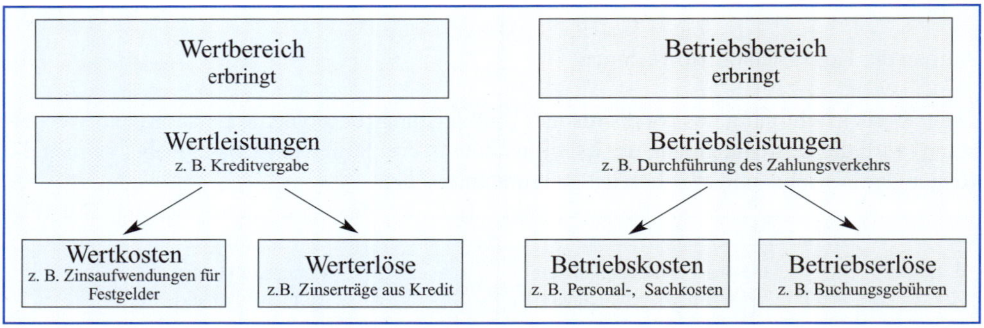

Arbeitsaufträge:

7.3.1 Ein Kreditinstitut hat im laufenden Jahr in der Finanzbuchhaltung folgende erlösgleiche Erträge ausgewiesen:

Zinserträge, ausgegebene Kredite	39.071 T€;	Provisionserträge, Effektengeschäft	2.886 T€;
Überziehungsprovision, Firmenkonten	960 T€;	Zinsen, geduldete Überziehung	442 T€;
Zinserträge, festverz. Effekten	1.898 T€;	Depotgebühren, Effektengeschäft	1.356 T€;
Kontoführungsgebühren	748 T€;	Einbehaltene Disagien	4.225 T€.

Ordnen Sie die Daten den Betriebs- und den Werterlösen zu und ermitteln Sie deren jeweilige Gesamthöhe.

7.3.2 Durch die Fusion zweier Kreditinstitute wird die Anschaffung einer neuen DV-Anlage für die Abwicklung des Zahlungsverkehrs erforderlich.
Der Anschaffungspreis beträgt 200.000,00 € zzgl. 19 % USt; Anschaffungszeitpunkt ist der 30.01.2017. Nach den Daten der aktuellen AfA-Tabelle beträgt die bilanzielle Nutzungsdauer für Anlagen dieser Art sieben Jahre. Der Vorstand ist allerdings der Meinung, dass die Anlage für die Kalkulation schon in fünf Jahren abgeschrieben werden muss; die dann erforderliche neue Anlage wird 10 % teurer sein als die vorhandene.
Erstellen Sie einen Abschreibungsplan, in dem die aufgeführten Möglichkeiten berücksichtigt werden:

1. Bilanzielle Abschreibung zum höchstzulässigen Abschreibungssatz.

2. Die kalkulatorische Abschreibung wird immer linear aus den geschätzten Wiederbeschaffungskosten berechnet.

3. Vergleichen und beurteilen Sie die Entwicklung von betrieblichem Aufwand und betrieblichen Kosten und bestimmen Sie Zusatzkosten bzw. neutrale Aufwendungen.

7.4 Kalkulation des Gesamterfolges eines Kreditinstitutes

7.4.1 Gesamtbetriebskalkulation

Der Gesamterfolg eines Kreditinstitutes entsteht aus der Gegenüberstellung aller angefallenen Kosten und Erlöse für einen festgelegten Abrechnungszeitraum. Neutrale Erfolgsgrößen müssen unberücksichtigt bleiben. Die Berechnung des Gesamterfolges erfolgt mit Hilfe der Gesamtbetriebskalkulation.

Das Ergebnis der Aufrechnung von Kosten und Erlösen ist das Betriebsergebnis. Der so ermittelte Periodenerfolg eines KI lässt sich mit anderen Perioden oder Daten aus externen Statistiken vergleichen. Unerwünschte Entwicklungen werden schnell gefunden und dadurch Gegensteuerungsmaßnahmen ermöglicht. Voraussetzung dafür ist, dass der Abstand zwischen zwei Zeitpunkten für die Erfolgsermittlung nicht zu weit auseinanderliegt. Die Gegenüberstellung der verschiedenen Kosten- und Erlösarten und ihre Eingruppierung in Wert-, Betriebs- und Risikokosten und -erlöse geben einen Einblick in die Zusammensetzung des Gesamterfolges.

Da in die Gesamtbetriebskalkulation auch kalkulatorische Größen einfließen, spricht man auch von **kalkulatorischer Betriebsergebnisrechnung**.

Berechnung des kalkulatorischen Betriebsergebnisses

Zinserlöse	Wertsphäre
+ Laufende Erlöse aus Anlagen	
– Zinskosten	
Zinsüberschuss	
– Risikokosten	
+ Kursgewinne (- Kursverluste)	
+ Betriebserlöse	Betriebssphäre
– Betriebskosten	
Betriebsergebnis	

⇐

Beispiel 1:

Ermitteln Sie das Betriebsergebnis, wenn ein KI in einem Quartal folgende Kosten und Erlöse erzielt (in T€):

Wertkosten	*6.900*	*Werterlöse*	*10.900*
Betriebskosten	*3.200*	*Betriebserlöse*	*1.200*
Gesamtkosten	*10.100*	*Gesamterlöse*	*12.100*

	Werterlöse	10.900
	– Wertkosten	6.900
	Zinsüberschuss	**4.000**
	+ Betriebserlöse	1.200
(1)	– Betriebskosten	3.200
	Betriebsergebnis	**2.000**

Erläuterung

(1) Die Gesamtbetriebskalkulation zeigt in diesem stark vereinfachten Beispiel deutlich, in welchem Ausmaß der Wertbereich durch den verlustbringenden Dienstleistungsbereich belastet wird. In der Praxis muss besonders der Bereich der Betriebskosten beobachtet werden, da bei den Betriebserlösen wegen des Wettbewerbes der KI untereinander keine großen Änderungen möglich sind.

Grundlage für die Gesamtbetriebskalkulation sind Aufwendungen und Erträge aus der GuV-Rechnung, allerdings sind in einigen Bereichen kostenrechnerische Korrekturen durchzuführen. Die Umrechnung erfolgt im „Kostenüberleitungsbogen".

Beispiel 2:

GuV-Rechnung (intern)		**Kostenrechnung**		
Aufwendungen - neutrale Aufwendungen ⟶		**Kosten + Zusatzkosten**		
	T€		T€	
Zinsaufwendungen	6.900	Zinskosten	6.900	
Personalaufwendungen	2.600	Personalkosten	2.600	
Sachaufwendungen	1.200	Sachkosten	1.200	
Abschr. a. Anlagen (inkl. GWG)	360	Abschr. + Zusatzkosten	345	(1)
Abschr. a. Forderungen	300	– neutrale Aufw. 50	250	(2)
Steuern	700	– neutrale Aufw. 500	200	(3)
Sonstige Aufwendungen	200	– neutrale Aufw. 200	0	(4)
Mietaufwand	0	kalkul. Eigenmiete	35	(5)
Summe der Aufwendungen	**12.260**	**Summe der Kosten**	**11.530**	
Erträge - neutrale Erträge ⟶		**Erlöse + Zusatzerlöse**		
	T€		T€	
Zinserträge	12.000	Zinserlöse + Zusatzerlöse 20	12.020	(6)
Provisionserträge	2.000	Provisionserlöse	2.000	
Auflösung von Rückstellungen	400	– neutrale Erträge 400	0	(7)
Vermietung von Geschäftsräumen	510	– neutrale Erträge 510	0	(8)
Summe der Erträge	**14.910**	**Summe der Erlöse**	**14.020**	
Gewinn	**2.650**	**Betriebsergebnis**	**2.490**	

Erläuterung

(1) Geringwertige Wirtschaftsgüter im Gesamtwert vom 20 T€ wurden nach dem Kauf in vollem Umfang abgeschrieben. Die erwartete tatsächliche Nutzungsdauer beträgt vier Jahre.
Berechnung: 360 – 20 + (20 : 4) = 345

(2) Der durchschnittliche langjährige Forderungsausfall beträgt 250 T€.

(3) Steuern auf das Ergebnis (z. B. Körperschaftsteuer) sind abzusetzen, da sie nicht durch den betrieblichen Werteverzehr verursacht wurden.

(4) Nicht betriebsbedingte und außerordentliche Aufwendungen dürfen in die Gesamtbetriebskalkulation nicht einbezogen werden.

(5) Bei Anmietung einer Geschäftsstelle wären 35 T€ zu entrichten.

(6) Mitarbeiter erhalten Darlehen mit Zinsvorteil gegenüber den Marktkonditionen; es entsteht ein Zinsausfall von 20 T€.

(7) und (8) Neutrale Erträge werden nicht für die Kalkulation herangezogen.

7.4.2 Gesamtzinsspannenrechnung

Die Aufgabe der Gesamtzinsspannenrechnung besteht darin, den im Wertbereich entstehenden Erfolg in Prozent des Geschäftsvolumens eines Kreditinstitutes auszudrücken. Unter Geschäftsvolumen ist die Summe von Bilanzsumme und Eventualverbindlichkeiten eines KI zu verstehen.

Jeweils bezogen auf das Geschäftsvolumen ergeben die Zinserlöse aus dem Aktivgeschäft den durchschnittlichen Sollzinssatz, die Zinskosten für das Passivgeschäft den durchschnittlichen Habenzinssatz. Die Differenz zwischen beiden ist die **Gesamtzinsspanne**.

Die Gesamtzinsspanne ermöglicht es der Geschäftsleitung, den Werterfolg im Zeitablauf zu überwachen und bei Abweichungen gegenüber den Planungen den Ursachen nachzugehen. Da in der Gesamtzinsspannenrechnung die Erfolge eines Kreditinstitutes nicht in absoluter Höhe angegeben, sondern relativiert werden, kann sie auch Informationen für den zwischenbetrieblichen Vergleich liefern.

Aus der Differenz von Zinserlösen und Zinskosten ergibt sich im Wertbereich die **Bruttozinsspanne**; wenn man zusätzlich die **Bedarfsspanne** einbezieht (Differenz von Betriebskosten und -erlösen), erhält man die **Nettozinsspanne**.

Beispiel:

Die Schurwaldbank eG hat eine Bilanzsumme von 175.000 T€. Eventualverbindlichkeiten bestehen in einer Höhe von 5.000 T€. Aus der Kostenrechnung liegen folgende Kalkulationsergebnisse vor:
Zinserlöse 11.500 T€; Zinskosten 5.200 T€; Betriebskosten 3.500 T€; Betriebserlöse 1.800 T€.

Erstellen Sie die Gesamtzinsspannenrechnung und ermitteln Sie dabei die Brutto- und die Nettozinsspanne.

Berechnung des Geschäftsvolumens: 175.000 + 5.000 = **180.000 T€**

		T€ (absolut)		in % des Geschäftsvolumens (relativ)	
	Zinserlöse	11.500		6,39	
	– Zinskosten	5.200		2,89	
(1)	= **Zinsüberschuss**	6.300	**Bruttozinsspanne**	**3,50**	
	– Betriebskosten	3.500		1,94	**Bedarfsspanne =**
	+ Betriebserlöse	1.800		1,00	1,94 – 1,0 = 0,94
(2)	= **Betriebsergebnis**	4.600	**Nettozinsspanne**	**2,56**	

Erläuterung

(1) Die Bruttozinsspanne lässt sich auf zwei Arten berechnen:
- Differenz von Anteil der Zinserlöse und Anteil der Zinskosten am Geschäftsvolumen;
- Ermittlung des relativen Anteils des Zinsüberschusses am Geschäftsvolumen.

(2) Für die Ermittlung der Nettozinsspanne gilt gleichermaßen:
- Differenz von Bruttozinsspanne und Bedarfsspanne;
- Ermittlung des relativen Anteils des Betriebsergebnisses am Geschäftsvolumen.

Die Herkunft und die Zusammensetzung der Bruttozinsspanne lassen sich auch mit Hilfe der **Zinsertragsbilanz** aufzeigen. Hierzu werden den einzelnen Bilanzpositionen die entsprechenden Erlöse und Kosten absolut und relativ zum Geschäftsvolumen zugeordnet.

Zusammenhang von Gesamtbetriebskalkulation und Gesamtzinsspannenrechnung

Gesamtbetriebskalkulation		Gesamtzinsspannenrechnung	
Zinserlöse	(in €)	Zinserlöse	(in % des Geschäftsvolumens)
– Zinskosten	(in €)	– Zinskosten	(in % des Geschäftsvolumens)
= **Zinsüberschuss**	(in €)	= **Bruttozinsspanne**	(in % des Geschäftsvol.)
– Risikokosten	(in €)		
+ Betriebserlöse	(in €)		
– Betriebskosten	(in €)	– Bedarfsspanne	(in % des Geschäftsvolumens)
= **Betriebsergebnis**	(in €)	= **Nettozinsspanne**	(in % des Geschäftsvolumens)

⇐

Arbeitsaufträge:

7.4.1 Analysieren Sie die Marktleistung „Darlehensvergabe an vermögende Privatkunden" im Hinblick auf:

1. Zugehörigkeit zu einer bestimmten Kundengruppe.
   Benennen Sie auch andere denkbare Kundengruppen nach der Unterscheidung in Ihrem Ausbildungsbetrieb.
2. Teilleistungen im Wertbereich und im betrieblichen Bereich.

7.4.2 Ein Kreditinstitut stellt zum Jahresende in der Kostenrechnung folgende Daten fest (alle Werte in T€):

Kosten:	Personal	18.400	Erlöse:	Zinsen	260.350
	Zinsen	145.680		Provisionen	8.650
	Sachkosten	11.120		Kursgewinne	6.820
	Provisionen	4.110			
	Kalk. Abschr.	2.690			

Erstellen Sie die Gesamtbetriebskalkulation und ermitteln Sie die Nettozinsspanne, wenn das KI eine Bilanzsumme von 3.530.800 T€ und Eventualverbindlichkeiten über 9.200 T€ hat.

7.4.3
1. Erstellen Sie die Gesamtbetriebskalkulation und die Gesamtzinsspannenrechnung für das 1. und das 2. Quartal nach den Kostenrechnungsdaten der Stadtsparkasse Münchhausen.
2. Begründen Sie anhand Ihrer Ergebnisse, ob eine Fusion mit der Kreissparkasse Münchhausen sinnvoll ist, wenn diese seit Jahren einen sehr großen Einlagenüberhang hat. Bei der Kreditnachfrage ist die Kundschaft der Kreissparkasse nicht so engagiert. Die Kreissparkasse zahlt niedrigere Einlagenzinssätze und auch etwas niedrigere Gehälter als die Stadtsparkasse.

Kostenart	1. Quartal T€	2. Quartal T€	Erlösart	1. Quartal T€	2. Quartal T€
Zinsen Sichteinlagen	220	240	Zinsen KKK	2.110	2.010
Zinsen Termineinlagen	610	700	Zinsen Darlehen	3.120	3.020
Zinsen Spareinlagen	3.540	3.650	Kursgewinne	580	760
Personalkosten	810	805	Provisionen	150	240
Sachkosten	180	175			
Kalkul. Abschr. a. F.	520	520			

Das Geschäftsvolumen betrug im 1. Quartal 102.500 T€ und im 2. Quartal 104.500 T€.

7.4.4
1. Erstellen Sie nach untenstehendem Schema eine Zinsertragsbilanz für das Kundengeschäft. (Durchschnittszinssätze können nur aus verzinslichen Positionen berechnet werden).
2. Ermitteln Sie den Zinsüberschuss und die Bruttozinsspanne; vergleichen Sie Ihr Ergebnis mit den Ergebnissen aus der Zinsertragsbilanz.

Zinsertragsbilanz							
Aktiva							Passiva
Bilanzposition	ø Bestand p. a.	Zinserlöse in %	Zinserlöse T€	Bilanzposition	ø Bestand p. a.	Zinskosten in %	Zinskosten T€
Summen							

Das zu beurteilende KI arbeitet mit folgenden (gewogenen) durchschnittlichen Konditionen:
Passivgeschäft: Spareinlagen 0,4 %; Sichteinlagen 0,1 %; Termineinlagen 0,5 %.
Aktivgeschäft: Barreserve 0 %; Kredite an Kunden 7,91 %; Erlöse aus Effektenanlagen 4,56 %.

Auf der Aktivseite befinden sich (stark vereinfacht) folgende Werte (jeweils in T€):
Barreserve: 20.000; Kredite: 80.000; Effekten: 35.000; BGA (unverzinslich): 1.000.

Die Passivseite enthält folgende Bestandteile:
Spareinlagen: 50.000; Sichteinlagen: 33.000; Termineinlagen: 45.000; Eigenkapital (unverzinsl.): 8.000.

Das Geschäftsvolumen entspricht der Bilanzsumme.

7.5 Kalkulation von Teilerfolgen in Kreditinstituten

Um im Wettbewerb bestehen zu können, benötigt jedes Kreditinstitut genaue Kenntnis über die Zinsspanne jeder einzelnen Bilanzposition im Aktiv- und im Passivgeschäft. Dadurch ist es in der Lage, eine Untergrenze für einen Sollzinssatz und eine Obergrenze für einen Habenzinssatz anzugeben. Die Teilzinsspanne gibt Informationen darüber, wie ein Überschuss von Werterlösen gegenüber den zugehörigen Wertkosten entstanden ist. Dies ist nur möglich, wenn festgestellt werden kann, welche Bestandteile der Passivseite die Aktivpositionen finanzieren.

7.5.1 Marktzinsmethode

Für die Teilzinsspannenrechnung stehen verschiedene Methoden zur Verfügung:

- Die **Schichtenbilanz** (hier nicht behandelt):
  Jedem Teilbereich der Mittelverwendung (Aktiva) werden Mittel aus unterschiedlichen Bereichen der Mittelherkunft (Passiva) zugeordnet. Diese traditionelle Methode lässt für die Zurechnung verschiedene Alternativen offen, wie z.B. die Fristigkeit oder die Rentabilität. Nach dieser willkürlichen Zuordnung wird für jede Schicht eine Teilzinsspanne errechnet.
- Die **Poolmethode** (hier nicht behandelt):
  Es wird unterstellt, dass alle Mittel in einen gemeinsamen „Topf" fließen. Die Kosten für diesen Topf werden mit der Einlageart und ihrem Zinssatz gewichtet und ergeben einen durchschnittlichen Beschaffungssatz. Die Differenz zum Satz im Aktivgeschäft stellt die entsprechende Teilzinsspanne dar. Da die Erfolge der einzelnen Marktleistungen nicht nur von der Mittelbeschaffung sondern auch von der Mittelverwendung abhängen, wird die gleiche Rechnung auch in umgekehrter Richtung durchgeführt. Als Ergebnis wird die Verteilung des Erfolges jeweils zur Hälfte der Mittelherkunft und der Mittelverwendung zugerechnet.

  Bei beiden Methoden stehen die Fragen im Mittelpunkt:
  - Wie wurde ein bestimmtes Aktivgeschäft durch welche Passiva finanziert bzw.
  - Wie erbringen bestimmte Passiva auf der Aktivseite welchen Erlös?
  Der Zinsüberschuss wird durch Vergleich der beiden Überlegungen berechnet.
- Bei der Marktzinsmethode (hier im Mittelpunkt) wird jede Bilanzseite im Hinblick auf ihre Zinsausstattung für sich betrachtet. Dies bedeutet in der Folge, dass jedes zinsabhängige Geschäft einen Beitrag zur Ermittlung des Zinsüberschusses erbringt. Der Zinsüberschuss ist hier zunächst die reine Bruttozinsspanne, da die betrieblichen Kosten und Erlöse (Bedarfsspanne) unberücksichtigt bleiben.

Um diese Vorgehensweise zu ermöglichen, muss jedes Aktivgeschäft (wie z. B. Kreditgewährung an Kunden, aber auch Eigengeschäfte wie die Anlage in Effekten) von der Erlösseite für sich betrachtet werden. Genauso wird auch jedes Passivgeschäft von der Kostenseite her betrachtet, unabhängig davon, ob es sich um das normale Einlagengeschäft oder um die Kapitalbeschaffung durch Ausgabe von Schuldverschreibungen handelt.

Damit die Betrachtung der Konditionen nicht willkürlich durchgeführt wird, werden diese mit anderen im Geld- bzw. Kapitalmarkt tatsächlich gegebenen Marktzinsen verglichen. Der Erfolg eines Kundengeschäftes wird so mit einer Alternative gemessen, die in den angeführten Märkten darstellbar ist. Dies sind üblicherweise Interbankengeschäfte, aber auch Geschäfte mit anderen Kapitalsammelstellen.

Der Kernpunkt der Marktzinsmethode ist das Opportunitätsprinzip. Es besagt, dass jedes eingegangene Kundengeschäft dem Kreditinstitut einen höheren Nutzen bringen muss als ein vergleichbares Geschäft mit einem anderen Kreditinstitut.

In seiner einfachsten Form könnte man das Opportunitätsprinzip so darstellen, dass es Kreditinstitute gibt, die entweder nur das Aktiv- oder nur das Passivgeschäft betreiben (was in Deutschland nicht zulässig ist).
Wenn Kreditinstitute im Verhältnis zum Kunden nur das Aktivgeschäft betreiben, müssen sie sich die erforderlichen Mittel von anderen Kreditinstituten beschaffen. Betreiben sie nur das Passivgeschäft, müssen sie die erhaltenen Kundengelder erlösbringend entweder bei anderen Kreditinstituten oder in Effekten anlegen.

Beispiel 1:

Ein (gedachtes) Kreditinstitut hat als Schwerpunkt das Passivgeschäft: Es nimmt unterschiedliche Einlagearten zu unterschiedlichen Konditionen herein. Da für die Einlagen Zinsen bezahlt werden müssen, entsteht die Notwendigkeit der (Fremd-)Kapitalanlage, um aus dem Ertrag der Anlage die Kunden-Zinsen bezahlen zu können.
Anlagealternativen im Markt:
- *Kauf von Auslandsanleihen (Australien) mit einer Restlaufzeit von 10 Jahren, Effektivzins 2,25 %;*
- *Kauf von Bundesanleihen mit einer Restlaufzeit von 10 Jahren, Effektivzins 0,02 %;*
- *Darlehensvergabe an ein Industrieunternehmen (beste Bonität), Laufzeit 10 Jahre, Effektivzins 1,70 %.*

Nehmen Sie Stellung zu den genannten Anlagealternativen mit der Überlegung, die Mittel in einer bestimmten Anlageform (hier: Darlehensvergabe an ein Industrieunternehmen) anzulegen.

Entscheidung für Kredit an Industrieunternehmen: ⟶	Ertrag 1,70 % p. a.	
Entscheidung für die Anlage in Auslandsanleihen: ⟶	Ertrag 2,25 % p. a.	(1)
Entscheidung für die Anlage in Bundesanleihen: ⟶	Ertrag 0,02 % p. a.	(2)

Erläuterung

(1) Wenn das KI auf die Anlage in Darlehen verzichtet, entsteht durch die Anlage in Auslandsanleihen ein zusätzlicher „Nutzen" in Höhe von 0,55 % p. a. Nicht berücksichtigt sind hierbei die unterschiedliche Bonität der Emittenten und ein eventuelles Währungsrisiko.

(2) Bei der Entscheidung für die Anlage in Bundesanleihen würde ein entsprechender „Schaden" von 1,68 % p. a. entstehen.

Grundsätzliches Modell der Erfolgsermittlung nach der Marktzinsmethode:

Ausgangssituation: Im Bereich der Mittelbeschaffung betreibt eine Sparkasse nur die Hereinnahme von Spareinlagen mit vereinbarter Kündigungsfrist von drei Monaten zu einem Zinssatz von 0,3 %.
Bei der Mittelverwendung werden nur Ratendarlehen mit einem durchschnittlichen Zinssatz von 5,3 % ausgegeben; ihre durchschnittliche Laufzeit beträgt 3 Jahre.

1. Schritt: Vergleich der Zinssätze zur Ermittlung der **Bruttozinsspanne**
Aktivzinssatz – Passivzinssatz = 5,3 % – 0,3 % = **5 %**

2. Schritt: Ermittlung der **Konditionsbeiträge** durch Vergleich mit den Geld- und Kapitalmarktsätzen
Im unterstellten Fall hätte das KI bei der Mittelbeschaffung alternativ am Geldmarkt ein Festgeld für drei Monate von einem anderen KI in gleicher Höhe zu 0,1 % aufnehmen können. Wäre keine Kreditnachfrage vorhanden gewesen, hätte das KI stattdessen Rentenpapiere mit einer Effektivverzinsung von 1,5 % und einer Restlaufzeit von drei Jahren kaufen können. Durch die Anlage nach dem Opportunitätsprinzip hat das KI für sich günstigere Konditionen erreicht. Die Differenz zwischen tatsächlich erreichten Konditionen und alternativen (schlechteren) Konditionen ergibt den **Konditionsbeitrag** oder die Konditionsmarge.

3. Schritt: Beim Vergleich von Bruttozinsspanne und Konditionsbeitrag entsteht eine Differenz, die als Strukturbeitrag bezeichnet wird. Diese Größe drückt aus, in welchem Umfang der dispositive Faktor (Geschäftsleitung) Erfolgsquelle ist. Hier liegt eine **Fristentransformation** vor.

Darstellung der **Ermittlung des Konditionsbeitrages**:

Aktivgeschäft:		Passivgeschäft:	
Ratendarlehen	Alternative: Renten	Alternative: Geldmarkt	Spareinlagen
5,3 %	1,5 %	0,1 %	0,3 %

Konditionsbeitrag (Aktiv)
3,8 %

Konditionsbeitrag (Passiv)
– 0,2 %

Konditionsbeitrag (Gesamtgeschäft)
3,6 %

Darstellung der **Ermittlung des Strukturbeitrages** (für das Modell):

Bruttozinsspanne	5,0 %
– Konditionsbeitrag	3,6 %
Strukturbeitrag	1,4 %

Dieser Strukturbeitrag ergibt sich in gleicher Höhe, wenn das Kreditinstitut keine Kundengeschäfte betreibt, sondern lediglich am Geld- und Kapitalmarkt tätig ist. Die Fristentransformation ist dabei in gleichem Umfang gegeben, also muss auch der Strukturbeitrag zum gleichen Ergebnis führen.

Kauf von Rentenpapieren	1,5 %
– Festgeld von anderen KI	0,1 %
Strukturbeitrag	1,4 %

Die Entstehung des Strukturbeitrages lässt sich noch stärker aufgliedern, wenn das Kreditinstitut eine weitere Anlagealternative im Geld- bzw. Kapitalmarkt heranzieht. Es bietet sich hier als Vergleichsgröße der Tagesgeldsatz im Interbankengeschäft an: Er ist als Alternative bei der Mittelbeschaffung genauso vorstellbar wie bei der Mittelverwendung.
In der Beispielrechnung wird ein Tagesgeldsatz von 0,2 % unterstellt:

Festgeld von anderen KI	0,1 %	
Tagesgeld	0,2 %	
(Positiver) Strukturbeitrag Passivgeschäft		+ 0,1 %
Anlage in Rentenpapieren	1,5 %	
Anlage in Tagesgeld	0,2 %	
(Positiver) Strukturbeitrag Aktivgeschäft		+ 1,3 %
Saldo der Strukturbeiträge		+ 1,4 %

Im Passivgeschäft wird das dreimonatige Termingeld von anderen KI gedanklich ersetzt durch ständig neu aufgenommenes Tagesgeld - es findet auch hier eine Fristentransformation statt. Wird das Festgeld aktivisch in Tagesgeld angelegt, entsteht ein positiver Beitrag von 0,1 %; auch bei der Anlage von aufgenommenen Tagesgeldern in Rentenpapieren ergibt sich ein positiver Strukturbeitrag von 1,3 %.

Die Anwendung der Marktzinsmethode bewirkt, dass ein Kreditinstitut für jedes einzelne Teilgeschäft eine Aufgliederung des Markterfolges durchführen kann. Dabei ermöglicht die Kenntnis der einzelnen Konditionsbeiträge (Margen) eine Ergebnisermittlung auch in absoluten Zahlen.

Beispiel 2:

Ein Kreditinstitut weist folgende Geschäftsbereiche und Werte (in Mio. €) auf der Aktiv- bzw. Passivseite auf:

Aktiva					*Passiva*
Bereich	*Betrag*	*Zinssätze*	*Bereich*	*Betrag*	*Zinssätze*
KK-Kredite	*420*	*9,5 %*	*Sichteinlagen*	*230*	*0,0 %*
Darlehen	*330*	*5,6 %*	*Spareinlagen*	*420*	*0,5 %*
Effekten	*240*	*2,8 %*	*Schuldverschr.*	*340*	*2,5 %*

Im Geld- und Kapitalmarkt (GKM) sind folgende Alternativzinssätze gegeben:

Kurzfristige Kredite	*8,0 %*	*Kurzfristige Einlagen*	*0,1 %*
Darlehen	*4,1 %*	*Spareinlagen*	*0,7 %*
Effekten	*1,1 %*	*Schuldverschreibungen*	*4,0 %*

Der Zinssatz für Tagesgeld beträgt 0,5 %.

1. *Berechnen Sie die Bruttozinsspanne.*
2. *Ermitteln Sie jeweils den relativen und den absoluten Konditionsbeitrag des Aktiv- und des Passivgeschäftes.*
3. *Wie hoch ist der Konditionsbeitrag des Gesamtgeschäftes?*
4. *Stellen Sie den Saldo der Strukturbeiträge fest.*

1. Berechnen der Bruttozinsspanne

Geschäftsbereich	Betrag	Zinssatz	Zinserlös	Geschäftsbereich	Betrag	Zinssatz	Zinskosten
KK-Kredite	420	9,5 %	39,90	Sichteinlagen	230	0,0 %	0,00
Darlehen	330	5,6 %	18,48	Spareinlagen	420	0,5 %	2,10
Effekten	240	2,8 %	6,72	Schuldverschr.	340	2,5 %	8,50
Werte	990	**6,575 %**	65,10		990	**1,071 %**	10,60

Bruttozinsspanne = 6,575 – 1,071 = **5,504 %** (1)

Mittelverwendung

2. Konditionsbeitrag Aktivgeschäft (2)

Geschäftsbereich	Betrag	Kunden-Zinssatz	– GKM-Zinssatz	= Marge	Konditionsbeitrag absolut	Konditionsbeitrag in % der Summe Akt.
KK-Kredite	420	9,5 %	8,0 %	1,5 %	6,30	0,636
Darlehen	330	5,6 %	4,1 %	1,5 %	4,95	0,500
Effekten	240	2,8 %	1,1 %	1,7 %	4,08	0,412
Werte	990	6,575 %	5,027 %		15,33	**1,548**

Mittelbeschaffung

Konditionsbeitrag Passivgeschäft

Geschäftsbereich	Betrag	GKM-Zinssatz	– Kunden-Zinssatz	= Marge	Konditionsbeitrag absolut	Konditionsbeitrag in % der Summe Pass.	
Sichteinlagen	230	0,1 %	0,0 %	0,1 %	0,23	0,023	(3)
Spareinlagen	420	0,7 %	0,5 %	0,2 %	0,84	0,085	
Schuldverschr.	340	4,0 %	2,5 %	1,5 %	5,10	0,515	
Werte	990	1,694 %	1,071 %		6,17	**0,623**	

Konditionsbeitrag Gesamtgeschäft

Beitrag Aktiv + Beitrag Passiv = 1,548 % + 0,623 % = **2,171 %** (4)

3. Strukturbeitrag Aktivgeschäft

	Betrag	GKM-Zinssatz	– Alternativsatz =	Strukturbeitrag absolut	Strukturbeitrag in % der Summe Akt.
Aktivwerte	990	5,027 %	0,5 %	44,82	**4,527**

Strukturbeitrag Passivgeschäft					
	Betrag	Alternativzinssatz	– GKM-Zinssatz =	Strukturbeitrag absolut	in % der Summe Pass.
Passivwerte	990	0,5 %	1,694 %	– 11,82	**– 1,194**

4. Strukturbeitrag Gesamtgeschäft
Beitrag Aktiv + Beitrag Passiv = 4,527 % – 1,194 % = **3,333 %** (5)

Erläuterung

(1) Die Bruttozinsspanne ist die Differenz von gewichtetem durchschnittlichen Erlöszinssatz im Aktivgeschäft und gewichtetem durchschnittlichen Kostenzinssatz im Passivgeschäft.
Im **Beispiel:** Berechnung des Aktivsatzes: (420 ∗ 9,5 % + 330 ∗ 5,6 % + 240 ∗ 2,8 %) ∗100 : 990 = **6,575 %**

(2) Der Konditionsbeitrag wird berechnet durch Gewichtung des entsprechenden Betrages mit seiner Marge, d.h. mit dem Differenzzinssatz von Kunden-Zinssatz und GKM-Zinssatz. Hierbei ist zu berücksichtigen, dass durchaus auch negative Beiträge vorkommen können.
Im **Beispiel:** Berechnung des aktiven Beitragssatzes:
(420 ∗ 1,5 % + 330 ∗ 1,5 % + 240 ∗ 1,7 %) ∗ 100 : 990 = **1,548 %**

(3) Die häufig negative passive Marge ist die Differenz GKM-Zinssatz – Kunden-Zinssatz.

(4) Der relative Konditionsbeitrag ist die Summe aus aktivem und passivem Beitragssatz.
Im **Beispiel:** **1,548 %** (Beitrag Aktiv) + **0,623 %** (Beitrag Passiv) = **2,171 %**

(5) Der Strukturbeitrag des Gesamtgeschäftes ist die Summe aus dem Beitrag von aktivem und (häufig negativem) passivem Strukturbeitrag.
Im **Beispiel:** **4,527 %** (Beitrag Aktiv) – **1,194 %** (Beitrag Passiv) = **3,333 %**
Zur Kontrolle kann man den Strukturbeitrag auch aus der **Differenz von Bruttozinsspanne und Gesamtkonditionsbeitrag** berechnen: 5,504 % – 2,171 % = 3,333 %.

- In der **Marktzinsmethode** wird unterstellt, dass für jedes Kundengeschäft im Aktiv- und Passivbereich eine Alternative mit gleicher Laufzeit (aber zu anderen Konditionen) im Geld- und Kapitalmarkt möglich ist.
- Die Marktzinsmethode trennt kalkulatorisch die Aktiv- von der Passivseite, sodass jede Bilanzseite und jeder Marktbereich für sich isoliert betrachtet werden kann.
- Sie arbeitet daher nicht mit einzelnen Bilanzposten, sondern untersucht die **Vorteilhaftigkeit jedes einzelnen Geschäftes** (Opportunitätsprinzip). ⇐
- Die Marktzinsmethode berücksichtigt nicht nur den **Konditionsbeitrag** durch Zuordnung des gewichteten Beitrages von Aktiv- und Passivgeschäften, sondern auch den **Strukturbeitrag**, der durch den dispositiven Faktor Geschäftsleitung erbracht wird. Hier ist besonders die Fristentransformation von z.B. kurzfristigen Einlagen in mittel- und langfristige Ausleihungen und Anlagen zu sehen.

Arbeitsaufträge:

7.5.1 Eine Volksbank hat (vereinfachend) nur folgende Bilanzpositionen:
- Darlehen an Kunden, durch Grundpfandrechte gesichert, 5.000 T€ (Zinsbindung 5 Jahre): 4,5 %
- Spareinlagen, 2.000 T€: 0,3 %
- ausgegebene Inhaberschuldverschreibungen, Laufzeit 5 Jahre, 3.000 T€: 3,2 %

Alternative Zinssätze im GKM:
Geldmarktzinssatz: 0,5 % (Laufzeit 30 Tage) (Alternative zu Spareinlagen)
Kapitalmarktzinssatz: 1,8 % (Restlaufzeit 5 Jahre) (Alternative zu ausgegebenen Schuldverschreibungen und Darlehen)

1. Erstellen Sie für die Berechnung eine Tabelle wie im Beispiel 2.
   Ermitteln Sie dabei den Zinsüberschuss der Volksbank und ihre Bruttozinsspanne.
2. Stellen Sie die Konditionsbeiträge für alle gegebenen Bilanzpositionen fest.
   Wie hoch ist der Konditionsbeitrag für die Volksbank insgesamt?
3. Stellen Sie fest, in welchem Umfang das Aktiv- und das Passivgeschäft den Strukturbeitrag beeinflussen und wie hoch der Strukturbeitrag des Gesamtgeschäftes bei einem Vergleichszinssatz von 1,5 % ist.
4. Aufgrund einer geänderten Konjunktur haben sich die Daten am Geld- und Kapitalmarkt angepasst:
   Geldmarktzinssatz: – 0,1 %;
   Kapitalmarktzinssatz: 1,3 %.
   Untersuchen Sie die Auswirkung dieser Änderungen auf die Konditionsbeiträge und den Strukturbeitrag.

7.5.2 Ein Kreditinstitut hat im zurückliegenden Geschäftsjahr als Aktiva und Passiva im Durchschnitt die genannten Bestände gehabt:

Aktiva (alle Beträge in T€) Passiva

	ø Bestand	ø Zinssatz	Erlöse		ø Bestand	ø Zinssatz	Kosten
Barreserve	3.000	0,0 %		Verb. geg. Kunden			
Ford. an Kunden				Spareinlagen	90.000	0,4 %	
KK-Kredite	85.000	8,5 %		Sichteinlagen	30.000	0,0 %	
Darlehen	112.000	4,5 %		Termineinlagen	75.000	0,5 %	
Effekten	235.000	2,6 %		Inhaberschuldvers.	240.000	2,8 %	
	435.000				435.000		

1. In der obigen Tabelle fehlen die Beträge der Zinserlöse und der Zinskosten.
   Ermitteln Sie aus diesen Beträgen den Zinsüberschuss.
2. Berechnen Sie die Bruttozinsspanne.
3. Im Geld- und Kapitalmarkt bestehen folgende fristengleiche Anlagealternativen:

Aktiva	Alternative	Zinssatz	Passiva	Alternative	Zinssatz
Barreserve	Tagesgeld	0,4 %	Verb. geg. Kunden	Verb. geg. KI	
Ford. an Kunden	Ford. an KI		Spareinlagen	Termineinlagen	0,3 %
KK-Kredite		6,6 %	Sichteinlagen	Tagesgeld	0,1 %
Darlehen		4,0 %	Termineinlagen	Termineinlagen	0,6 %
Effekten		3,0 %	Inhaberschuldvers.		3,2 %

   Berechnen Sie
   a) die Konditionsbeiträge für Aktiv-, Passiv- und Gesamtgeschäft;
   b) die Strukturbeiträge für Aktiv-, Passiv- und Gesamtgeschäft (Referenzzinssatz 1,5 %).
   c) Ermitteln Sie den Strukturbeitrag aus der Differenz von Bruttozinsspanne und Konditionsbeitrag.

7.5.3 Die Südbank AG hat für ausgewählte Geschäfte folgende Daten (in T€) ermittelt:

Kundengeschäft Aktiva	ø Zinssatz	ø Volumen	Alternativgeschäft	ø Zinssatz
KK-Kredit	8,6 %	40.000	Banken-Termingeld	0,5 %
Langfr. Darlehen	4,4 %	60.000	Effekten	3,2 %
Passiva				
Spareinlagen 3-mon. Kdg.-Fr.	0,4 %	55.000	Banken-Termingeld	0,2 %
Kunden-Festgeld	0,5 %	45.000	Inh.-Schuldverschreib.	2,8 %

Als Referenzzinssatz wird der Tagesgeldsatz mit 2,3 % herangezogen.

Berechnen Sie
1. den Zinsüberschuss in T€ und die Bruttozinsspanne in %;
2. die Konditionsbeiträge für Aktiv-, Passiv- und Gesamtgeschäft in T€ und in %;
3. den Strukturbeitrag für das Gesamtgeschäft absolut (in T€) und relativ (in %).

7.5.4 Eine Sparkasse hat einen Zinsüberschuss von 20.000 T€ erwirtschaftet. Unter Anwendung der Marktzinsmethode ermittelt sie einen Konditionsbeitrag für das Gesamtgeschäft in Höhe von 18.000 T€. Erläutern Sie die Bedeutung des Unterschiedsbetrages von Zinsüberschuss und Konditionsbeitrag.

7.5.2 Teilkostenrechnung

Während die Marktzinsmethode die Aufgabe hat, den Teilerfolg eines Kreditinstitutes im Wertbereich der bankbetrieblichen Leistung festzustellen, hat die Teilkostenrechnung die gleiche Aufgabe im **Betriebsbereich**.

Die Kostenrechnung im betrieblichen Bereich besteht darin, die Kosten von Betriebsleistungen und die Erlöse aus Betriebsleistungen zu vergleichen. Die klassische Verrechnungsmethode erfolgt über den Betriebsabrechnungsbogen (s. S. 200 ff.). In der Kostenstellen- und Kostenträgerrechnung versucht man, alle anfallenden betrieblichen Kosten auf Marktleistungen zu verrechnen (Vollkostenrechnung). Bei diesem Verfahren werden die Gemeinkosten, die nicht direkt einem Marktleistungsbereich zugerechnet werden können, über Verteilungsschlüssel mehr oder weniger genau den Hauptkostenstellen zugeordnet. Der Nachteil dieser Verrechnungtechnik liegt darin, dass bei Kreditinstituten der Betriebskostenbereich einen großen Anteil an Gemein- und Fixkosten hat. Durch die Anwendung der Verteilungsschlüssel werden fixe Kosten proportional verrechnet, was ihren Charakter entscheidend verfälscht.

Diesen entscheidenden Nachteil versucht die Teilkostenrechnung dadurch auszuschalten, dass sie nur die direkt zurechenbaren Kosten in die Kalkulation einbezieht. Dies sind bei Kreditinstituten in erster Linie die variablen Kosten je Leistungseinheit und darüber hinaus die direkt zurechenbaren fixen Kosten einer Leistungsperiode. Die zusätzlich vorhandenen nicht zurechenbaren Gemeinkosten werden als **Overheadkosten** bezeichnet. In ihnen finden sich die Kosten der Stabsstellen, wie z. B. Controlling, volkswirtschaftliche Abteilung, Personalabteilung, Innenleitung und Revision. Diese Kosten müssen im Rahmen einer Deckungsbeitragsrechnung für das gesamte Kreditinstitut erfasst werden.

In der **Standardeinzelkostenrechnung** werden zunächst nur die Kosten berücksichtigt, die den Stückleistungen, den Kostenstellen oder Filialen **direkt** zugerechnet werden können. Damit ist in diesem Bereich der Kostenrechnung bei der Kostenzuordnung das Verursacherprinzip in den Mittelpunkt gestellt. Die die Standardeinzelkosten übersteigenden Kosten müssen aus dem Betriebsergebnis des Kreditinstitutes abgedeckt werden.

Voraussetzung für die richtige Zuordnung der Einzelkosten zu den Marktleistungen ist die Kenntnis um die tatsächlichen Kosten. Zu deren Ermittlung bedient man sich statistischer Methoden, die genau untersuchen, welcher Aufwand für jede Marktleistung anfällt:

1. Schritt: Feststellung, welche Marktleistungen angeboten werden;
2. Schritt: Ermittlung, welche innerbetrieblichen Teilleistungen zur Leistungserstellung erforderlich sind;
3. Schritt: Ermittlung der Zeiten und Aufwendungen im Bereich Personal und Sachmittel, einschl. Aufwendungen für EDV;
   Bewertung des Verbrauchs von Produktionsfaktoren;
4. Schritt: Berechnung der Einzelkosten einer Marktleistung durch Verknüpfung der Kosten im Personal- und Sachbereich, die auf die erbrachte Stückleistung bezogen werden.

Bei dieser Verrechnungsmethode wird auf die Überwälzung der Gemeinkosten nach bestimmten Schlüsseln völlig verzichtet.

Ausgangspunkt für die Ermittlung des Erfolgsbeitrages einer Marktleistung ist der Überschuss ihrer Erlöse gegenüber ihren direkt zurechenbaren variablen Kosten. Dieser Überschuss ist der **Deckungsbeitrag** der entsprechenden Leistung. Mit seiner Hilfe werden die Beiträge ermittelt, die zur Abdeckung der nicht direkt zurechenbaren Gemeinkosten erbracht werden.

Beispiel 1:

Ein Unternehmen erzielt für das Produkt „Vermittlungen" Betriebserlöse von 200 T€. Diesen Erlösen stehen Betriebskosten in Höhe von 160 T€ gegenüber, von denen 90 T€ fix sind.
Ermitteln Sie den Deckungsbeitrag der Vermittlungen und den Beitrag zum Betriebsergebnis.

Betriebserlöse	200 T€	
– variable Kosten	70 T€	
= Deckungsbeitrag	**130 T€**	(1)
– fixe Kosten	90 T€	
= **Betriebsergebnis**	**40 T€**	(2)

Erläuterung

(1) In diesem allgemein gültigen Beispiel (bei Kreditinstituten wird die Deckungsbeitragsrechnung stufig verfeinert, s. u.) ist der Deckungsbeitrag der Rest der Betriebserlöse, der über die Deckung der variablen Kosten hinaus geht.

(2) Das (Teil-)Betriebsergebnis für dieses Produkt ist positiv, da die anteiligen Fixkosten überdeckt werden; dadurch wird ein Zusatzbeitrag für andere Produkte geleistet, bei denen möglicherweise die Fixkosten nicht in vollem Umfang gedeckt sind.
Generell gilt, dass die Summe aller Deckungsbeiträge größer sein muss als die Summe aller Fixkosten, weil nur dann ein positives (Gesamt-)Betriebsergebnis erreicht werden kann.

Bei Kreditinstituten wird die Deckungsbeitragsrechnung in mehreren Stufen durchgeführt, um der Besonderheit der bankbetrieblichen Leistungserstellung gerecht zu werden:

Aufbau der Deckungsbeitragsrechnung für ein aktives Bankprodukt (Geschäftsart):

Im Kundengeschäft erzielte oder (erzielbare) Zinsen
– Alternativzinsen für eine Anlage am GKM
= Deckungsbeitrag I **(Brutto-Konditionsbeitrag)**
– Standard-Risikokosten
= Deckungsbeitrag II **(Überschuss im Wertbereich)**
+ Erlöse des Betriebsbereiches (direkt zurechenbare Provisionen)
– Einzelkosten (Geschäftsarten u. gleichzeitig Geschäftsstellen direkt zurechenbar)
⇒ = Deckungsbeitrag III
– anteilige Eigenkapitalkosten
= Deckungsbeitrag IV **Ergebnis** (z. B. der Geschäftsart)

Die Anwendung der Teilkostenrechnung führt in diesem Fall zum Teilbetriebsergebnis.

Ermittlung des **Gesamtbetriebsergebnisses**:

Summe aller Teilbetriebsergebnisse (Deckungsbeitrag IV)
+/– Strukturbeitrag
– Overheadkosten (nicht direkt zurechenbar)
Gesamtbetriebsergebnis

Anmerkung: Risikokosten sind zusätzliche (kalkulatorische) Kosten für Ausfallrisiken. Da sie Wertkosten darstellen, verringern Sie den Konditionsbeitrag und führen so vom Deckungsgrad I zum Deckungsgrad II.
Die Zuordnung der Einzelkosten (Betriebsbereich) erfolgt nach dem **Identitätsprinzip**; dies besagt, dass Einzelkosten nur dann vorliegen, wenn der entsprechende Kostenbetrag an ein Bezugsobjekt gebunden ist. Entfällt das Bezugsobjekt, entfallen die Einzelkosten; entsteht ein neues Bezugsobjekt, fallen die Einzelkosten an.

Beispiel 2:

Die Marktleistung „Ratendarlehen“ eines Kreditinstitutes hat ein durchschnittliches Volumen von 20.000 T€.
- *Die Kreditnehmer zahlen im Durchschnitt 8,2 % Zins; die alternative Anlage in Effekten erbringt im Durchschnitt 3 %.*
- *Die Standard-Risikokosten betragen seit vielen Jahren 5 % des Konditionsbeitrages.*
- *Provisionserlöse fallen in Höhe von 2 % der Darlehenssumme an.*
- *Die Höhe der direkt zurechenbaren Einzelkosten beläuft sich auf 448 T€.*

Ermitteln Sie die Deckungsbeiträge I, II und III.

Erzielte Zinserlöse	20.000 T€ * 8,2 %	=	1.640 T€
– Erlös im GKM	20.000 T€ * 3 %	=	600 T€
Deckungsbeitrag I (Brutto-Konditionsbeitrag)			**1.040 T€**
– Standard-Risikokosten	1.040 T€ * 5 %	=	52 T€
Deckungsbeitrag II (Überschuss Wertbereich)			**988 T€**
+ Provisionserlöse	20.000 T€ * 2 %	=	400 T€
– Einzelkosten			448 T€
Deckungsbeitrag III (Ergebnis der Marktleistung)			**940 T€**

Arbeitsaufträge:

7.5.5 Berechnen Sie das Teilbetriebsergebnis für KK-Kredite, wenn folgende Daten vorliegen:

Zinsüberschuss	500 T€;
Beitrag Betriebsbereich	18 T€;
Direkt zurechenbare Verwaltungskosten	102 T€.

7.5.6 Die Marktleistung „Spareinlagen mit dreimonatiger Kündigungsfrist“ hat ein durchschnittliches Volumen von 10.000 T€.
- Die Anleger erhalten im Durchschnitt 0,2 % Zins; die alternative Mittelbeschaffung am GKM mit gleicher Fristigkeit kostet durchschnittlich 0,5 %.
- Standard-Risikokosten liegen nicht vor.
- Die Höhe der direkt zurechenbaren Einzelkosten beläuft sich auf 10 T€.

Ermitteln Sie die Deckungsbeiträge I, II und III.

7.5.7 Das Bankhaus Winner und Luhser betreibt einen ausgewählten Teil von Bankgeschäften, bei deren Durchführung die folgenden Daten anfallen (alle Beträge in T€):

Bereich	KK-Kredite	Darlehen	Effekten	Sichteinlagen	Spareinlagen	Inh.-Schuldv.
Volumen	500	700	400	350	650	600
Konditionen	8,5 %	6,4 %	3,7 %	0,1 %	0,5 %	4,5 %
Alternativer GKM-Zinssatz	7,5 %	5,0 %	3,0 %	0,0 %	0,6 %	4,0 %
Referenzsatz	1,8 %	1,8 %	1,8 %	1,8 %	1,8 %	1,8 %
Standard-Risikokosten	25	21				
Provisionserlös	5	18	42	2		6
Einzelkosten	15	25	24	10	5	10

1. Berechnen Sie die Bruttozinsspanne.
2. Ermitteln Sie jeweils den relativen und den absoluten Konditionsbeitrag des Aktiv- und des Passivgeschäftes.
3. Berechnen Sie den Strukturbeitrag für das Gesamtgeschäft in T€ und in %.
4. Stellen Sie den Deckungsbeitrag I für jeden Geschäftsbereich fest.
5. Ermitteln Sie den Deckungsbeitrag II für die Fälle, in denen zwischen Deckungsbeitrag I und Deckungsbeitrag II keine Übereinstimmung besteht.
6. Das Ergebnis jedes Geschäftsbereiches ist als Deckungsbeitrag III zu berechnen.
7. Im Bankhaus fallen zusätzlich 150 T€ nicht direkt zurechenbare Betriebskosten an.
Ermitteln Sie das Gesamtbetriebsergebnis unter Einbeziehung der Summe der Strukturbeiträge.

7.5.8 Erläutern Sie die Aufgabe der Teilkostenrechnung.

7.6 Ermitteln der Erfolgsbeiträge wichtiger Ergebnisbereiche eines Kreditinstitutes

Gegenstände der Kalkulation von Bankleistungen können grundsätzlich alle Teilleistungen sein, die ein Kreditinstitut im Markt erbringt.

- Produkte, die ein KI im Markt anbietet:
  → Produktkalkulation; Zusammenfassung der Teilergebnisse in der Geschäftsspartenkalkulation.
- Ergebnisermittlung einer eigenverantwortlichen Geschäftsstelle (Profit-Center):
  → Geschäftsstellenkalkulation, Filialkalkulation.
- Analyse einzelner Geschäftsabschlüsse:
  → Einzelgeschäftskalkulation.
- Kundenbezogene Ergebnisuntersuchungen:
  → Konto- und Kundenkalkulation (Konto bzw. Konten eines einzelnen Kunden)
  → Kundengruppenkalkulation
  (Ergebnisuntersuchung bezogen auf bestimmte Zielgruppen)

Jede Kalkulation hat das Ziel zu ermitteln, in welchem Umfang ein bestimmtes Produkt, eine bestimmte Zweigstelle oder ein bestimmter Kunde einen Beitrag leisten zum Erfolg eines Kreditinstitutes.

Die durchzuführenden Kalkulationen können grundsätzlich als **Vorkalkulation** (Planrechnung) oder **Nachkalkulation** (Kontrollrechnung) betrieben werden.

Das Ergebnis der Vorkalkulation führt dazu, dass die Geschäftsleitung eines Kreditinstitutes weiß, wo die Preisuntergrenzen für Aktivangebote und die Preisobergrenzen für passive Marktleistungen liegen müssen - zumindest dann, wenn jeweils die Selbstkosten abgedeckt werden sollen. Die Ergebnisse der Vorkalkulation ermöglichen dem Management Vorgaben für die kundenorientierten Marktleistungen.

Die organisatorischen Teilbereiche eines Kreditinstitutes, die eigenverantwortlich sind für die von ihnen erwirtschafteten Ergebnisbeiträge, werden als Profit-Center bezeichnet. Hierzu zählen z.B. Geschäftsstellen eines KI, aber auch die Konten eines bestimmten Kunden oder von Kundengruppen.

7.6.1 Produktkalkulation

Die Produktkalkulation untersucht das Ergebnis einer bestimmten Marktleistung eines Kreditinstitutes. Der Zweck dieser Kalkulation liegt darin nachzuweisen, inwiefern ein bestimmtes Produkt einen Deckungsbeitrag zum Betriebsergebnis leistet. Darüber hinaus ist es wichtig zu wissen, welche Grenzen der Preisgestaltung für dieses Produkt gegeben sind: Obergrenze im Passivgeschäft, Untergrenze im Aktivgeschäft - wenn keine Verknüpfungen zu anderen Produkten z. B. für den gleichen Kunden gegeben sind. Das Ergebnis dieser Kalkulation wird auch als Nettomarge bezeichnet.

Beispiel 1:

Kunde Hubert Hampel benötigt ein langfristiges Darlehen für die Finanzierung eines Hauses. Der Betrag in Höhe von 100.000,00 € soll gegen Einräumung einer erstrangigen Grundschuld zu 100 % valutiert werden.
Ermitteln Sie die Preisuntergrenze für das Baudarlehen, wenn folgende Rahmenbedingungen vorliegen:
Zinssatz für alternative Anlage am GKM: 1,5 %.
Interne Daten: Bearbeitungskostensatz 0,4 %; Standard-Risikokosten 0,5 %; Eigenkapitalkosten 0,8 %.
Ermitteln Sie den Mindestzinssatz für ein Kreditangebot an Herrn Hampel.

Marktzinssatz am GKM		1,5 %		
+ zusätzlich abzudeckende Bearbeitungskosten in %	0,4 %			(1)
+ Standard-Risikokostensatz	0,5 %			(2)
+ Eigenkapitalkosten in %	0,8 %	1,7 %		(3)
= **Preisuntergrenze in %**			**3,2 %**	

Erläuterung

(1) Der Satz für Bearbeitungskosten wird als Einzelkostensatz mit Hilfe der Teilkostenrechnung ermittelt. Die Kosten der Kreditbearbeitung hängen meist nicht von der Darlehenshöhe sondern vom Einzelfall einer jeden Kreditvergabe ab: Sie werden bestimmt durch die Person des Kreditnehmers, den Verwendungszweck und die vorhandene Sicherheiten. Da dies individuell sehr unterschiedlich sein kann, ist fallweise im Satz für die Bearbeitungskosten noch „Luft“ enthalten.

(2) Der Risikokostensatz hängt grundsätzlich von der Qualität eines begebenen Kredites ab. In der Praxis werden deshalb Kredite in bestimmte Risikogruppen eingestuft (Rating), die auch unterschiedliche Risikokosten verursachen.

(3) Da Darlehen nach Grundsatz I zu den Risikoaktiva zählen, binden sie 8 % des Eigenkapitals. Wenn man unterstellt, dass das Kreditinstitut hierzu Kernkapital einsetzt und als Untergrenze eine Verzinsung des Eigenkapitals von 10 % plant (Abdeckung Ertragsteuern, Dividendenausschüttung, Zuführung in die Rücklagen), ergibt sich daraus eine kalkulatorische Verzinsung für das Eigenkapital in Höhe von 10 % von 8 % = 0,8 %.

Beispiel 2:

Die Kundin Antje Schlosser möchte einen Betrag in Höhe von 100.000,00 € für drei Monate als Festgeld anlegen.
Ermitteln Sie die Preisobergrenze für das Festgeld, wenn folgende Rahmenbedingungen vorliegen:
Zinssatz für alternative Beschaffung am GKM: 0,5 %.
Interne Daten: Bearbeitungskostensatz 0,1 %; Standard-Risikokosten 0,0 %; Eigenkapitalkosten 0,0 %.

Marktzinssatz am GKM		0,50 %	
– Bearbeitungskosten in %	0,10 %		
– Standard-Risikokostensatz	**0,00 %**		(1)
– Eigenkapitalkosten in %	**0,00 %**	0,10 %	
= **Preisobergrenze in %**		**0,40 %**	

Erläuterung

(1) Im standardisierten Passivgeschäft ist der Bearbeitungskostensatz deutlich niedriger als beim beratungsintensiven Aktivgeschäft.
Bei Einlagen gibt es keinen Risikokostensatz. Da Einlagen Passiva sind, müssen sie auch nicht mit Eigenkapital unterlegt werden.
Da im Passivgeschäft starker Wettbewerb gegeben ist, hat der Kundenberater bzw. die Kundenberaterin wenig Spielraum bei der Gestaltung der Konditionen. Bei großen Beträgen ist vielleicht ein höherer Zinssatz möglich, jedoch nicht mehr als 0,40 %, da sonst die Mittelaufnahme im GKM günstiger ist.

Die Produktkalkulation hat die Aufgabe,

- Preisuntergrenzen für Aktivangebote und
- Preisobergrenzen für Passivgeschäfte zu ermitteln.

⇐

Arbeitsaufträge:

7.6.1 Die Gebr. Schwarze GmbH benötigt einen Betriebsmittelkredit in Höhe von 200.000,00 €. Untersuchen Sie, welchen Beitrag zum Betriebsergebnis dieser Kredit bringt, wenn er zum Nettozinssatz von 7 % (Standardkonditionen) ausgegeben werden kann.

Der Kredit wird aus Vorsichtsgründen zunächst auf 3 Monate befristet zugesagt. Für diesen Zeitraum liegt als Alternative ein GKM-Zinssatz von 1,25 % vor.

Interne Kalkulationsgrößen:
Risikokostensatz 0,9 %; Bearbeitungskostensatz 0,75 %; Eigenkapitalkosten 0,96 %;
Anteilige Overheadkosten (Kosten für nicht direkt zurechenbare Gemeinkosten) 1,04 %.

1. Kalkulieren Sie den Kredit nach dem Schema von S. 218 und ermitteln Sie den Nettobeitrag zum Betriebsergebnis.
2. Beurteilen Sie das erzielte Ergebnis, wenn für das Produkt eine Planvorgabe von 1,75 % gegeben ist.
3. Wie hoch ist die Preisuntergrenze für den Kredit?

7.6.2 In einem Kreditinstitut werden jährlich auf Grund eines Abkommens mit einem eigenen Firmenkunden, der die Lohnzahlung über ein anderes KI verrechnet, 2.200 Verrechnungsschecks bar ausgezahlt (beleggebunden).
Für beleggebundene Zahlungen liegen folgende Kosteninformationen vor:

Kostenfaktor	Jahreskosten	davon Anteil für Verrechnungsschecks
Personalkosten Kasse	48.400,00 €	2,50 %
Personalkosten Buchhaltung	1.100.000,00 €	1,00 ‰
Materialkosten	888.000,00 €	0,25 ‰
Sonstige Sachkosten	330.000,00 €	2,00 ‰

Welche Kosten dürfen für die Alternative beleglose Auszahlung am Geldausgabeautomaten höchstens anfallen, damit das Kreditinstitut einen Kostenvorteil erzielt?

7.6.3 Eine Spareinlage in Höhe von 60.000,00 € mit vereinbarter Kündigungsfrist von 12 Monaten wird von einem Kreditinstitut mit 3,2 % verzinst.

1. Berechnen Sie den Konditionsbeitrag absolut und relativ. Berücksichtigen Sie dabei, dass ein von der Fristigkeit her vergleichbares Geldmarktgeschäft mit anderen Banken zur Zeit 5,5 % kostet.
2. Ermitteln Sie den Beitrag zum Betriebsergebnis, wenn der Bearbeitungskostensatz bei 0,1 % liegt.
3. **a)** Erläutern Sie, warum Risiko- und Eigenkapitalkosten nicht genannt worden sind.
   b) Ermitteln Sie die Preisobergrenze für die Einlage.

7.6.4 Ein genormtes Ratendarlehen über 10.000,00 € wird zu folgenden Bedingungen ausgegeben:
Laufzeit (n) 18 Monate; Sollzinssatz (p %) 0,35 % je Monat;
Auszahlung zu 100 %.
Bearbeitungsgebühr und Zins werden aus dem ursprünglichen Darlehensbetrag gerechnet.

Vereinfachte Methode zur Berechnung der Effektivverzinsung: $p_{eff} = \frac{24 * (n * p)}{n + 1}$

Interne Rahmenbedingungen des ausgebenden KI:
Risikokostensatz 0,55 %; Bearbeitungskosten je Darlehen 60,00 €; Eigenkapitalkosten 0,64 %.

1. Ermitteln Sie den Konditionsbeitrag, wenn ein vergleichbarer GKM-Zinssatz 4,75 % beträgt.
2. Wie hoch sind der relative und der absolute Deckungsbeitrag?
3. In früheren Geschäftsjahren lag der Deckungsbeitrag bei 0,5 %. Nach Vorgaben der Controlling-Abteilung soll der Beitrag in Zukunft bei mindestens 1,2 % liegen.
   Beurteilen Sie die Entwicklung.

7.6.2 Geschäftsstellenkalkulation

Kreditinstitute unterhalten Zweigstellen und Filialen immer dort, wo sie nahe an ihrer Kundschaft sind. Diese Feststellung ist für das traditionelle Bankgeschäft gültig, für filiallose Institute, z. B. Internetbanken, gilt sie nicht.

Die einzelnen Geschäftsstellen eines Kreditinstitutes haben durchaus unterschiedliche Strukturen; dies hängt wesentlich mit der Zusammensetzung ihrer Kundschaft zusammen. Die Folge davon ist zum Beispiel, dass einzelne Geschäftsstellen einen passiven und andere einen aktiven „Seiten-Überschuss" ausweisen können. Für die Gesamtbank ist dies nicht unerwünscht, da erst dort eine Entsprechung von Mittelherkunft und Mittelverwendung stattfinden muss.

Das Ziel der Geschäftsstellenkalkulation besteht darin, die Erfolgsbeiträge einer Geschäftsstelle festzustellen und zu beurteilen. Das Beurteilungsergebnis kann entscheidend dafür sein, ob eine bestimmte Geschäftsstelle geschlossen werden muss, weil sie nicht ausreichende Erfolgsbeiträge für die Gesamtbank erbringt. Um so wichtige Entscheidungen treffen zu können, müssen alle Kosten und Erlöse einer Geschäftsstelle in richtiger Höhe erfasst werden - dies wird häufig monatlich durchgeführt.

Bei Anwendung der Marktzinsmethode werden für alle Geschäftsstellen die erzielten Kundensätze im Vergleich zu alternativen Zinssätzen im Geld- und Kapitalmarkt herangezogen. Bei einheitlicher Vergleichsgrundlage erfährt man den Erfolg jeder Geschäftssparte einer Geschäftsstelle, ohne dass man die Bilanzseiten miteinander verknüpfen müsste. Im dadurch objektivierten Vergleich mit den anderen Geschäftsstellen des gleichen Kreditinstitutes lässt sich sofort ein erforderlicher Regelungsbedarf erkennen.

Beispiel:

Die Geschäftsstelle Bahnhofstraße der Südbank eG betreibt folgende Geschäftsarten:

Geschäftsart	*Volumen (T€)*	*Kundenzins*	*GKM-Satz*	*Risikosatz*	*Prov.-Überschuss*	*Direkte Betriebskosten*
KK-Kredite	*10.000*	*8,50 %*	*2,30 %*	*0,4 %*	*30 T€*	*150 T€*
Baudarlehen	*8.000*	*4,25 %*	*3,10 %*	*0,3 %*	*100 T€*	*120 T€*
Ratendarlehen	*4.000*	*9,20 %*	*3,10 %*	*0,5 %*	*80 T€*	*60 T€*
Aktivgeschäft	*22.000*					
Sichteinlagen	*15.000*	*0,1 %*	*0,50 %*		*35 T€*	*100 T€*
Spareinlagen	*18.000*	*0,5 %*	*0,60 %*			*70 T€*
Passivgeschäft	*33.000*					

Ermitteln Sie im Auftrag der Geschäftsleitung den Ergebnisbeitrag der Geschäftsstelle Bahnhofstraße.

Geschäftsarten	KK-Kredite	Baudarlehen	Ratendarlehen	Sichteinlagen	Spareinlagen	
Volumen (in T€)	10.000	8.000	4.000	15.000	18.000	
Kundenzinsen	850	340	368	15	90	
GKM-Zinsen	230	248	124	75	108	
Konditionsbeitrag	620	92	244	60	18	(1)
– Risikokosten	40	24	20	0	0	(2)
= Überschuss Wertber.	580	68	224	60	18	
+ Prov.-Überschuss	30	100	80	35	0	
– Betriebskosten	150	120	60	100	70	
= Ergeb. Gesch.-Stelle	460	48	244	– 5	– 52	
Ergebnis in %	4,60	0,60	6,10	– 0,03	– 0,29	(3)
Aktivergebnis (in T€)			752			(4)
Ergebnis in %			**3,42**			
Passivergebnis (in T€)					– 57	
Ergebnis in %					**– 0,17**	

Erläuterung

(1) Bei der Berechnung des Konditionsbeitrages muss immer das Opportunitätsprinzip im Auge behalten werden. Dies bedeutet bei der Geschäftsstellenkalkulation, dass im Aktivgeschäft die niedrigeren Geld- und Kapitalmarkt-Zinserlöse von den höheren Kunden-Zinserlösen abzuziehen sind, um den Konditionsbeitrag zu ermitteln. Im Passivgeschäft besteht die Vorteilhaftigkeit darin, dass die Refinanzierung über den Kunden preiswerter gestaltet werden kann als über den Geld- und Kapitalmarkt. Der Konditionsbeitrag muss in diesem Fall in umgekehrter Richtung berechnet werden.

(2) Risikokosten können nur bei der Kreditvergabe vorkommen, da im Einlagenbereich allenfalls der Einleger ein Risiko trägt, nie aber das Kreditinstitut. In Deutschland ist das Anlegerrisiko durch gesetzliche Maßnahmen und Verbandsmaßnahmen stark eingegrenzt.

(3) Die Marge wird berechnet, indem das absolute Ergebnis der Geschäftsstelle auf das Geschäftsvolumen bezogen wird.

(4) Für die Ermittlung des Ergebnisses der beiden Bilanzseiten werden diese für sich betrachtet. Die zusammengefassten Ergebnisse der Geschäftsstelle Bahnhofstraße sehen sehr günstig aus; allerdings ist im Einzelsegment „Baudarlehen" eine niedrige Marge erkennbar. Sollten andere Geschäftsstellen des gleichen Kreditinstitutes eine höhere Marge erwirtschaften können, müsste eine Änderung der Konditionen für diese Geschäftssparte durchgesetzt werden.
Das Passivgeschäft leidet unter der aktuellen EZB-Politik.

Arbeitsaufträge:

7.6.5 Die Geschäftsstelle Nordplatz der Südbank eG betreibt folgende Geschäftsarten:

Geschäftsart	Volumen	Kundenzins	GKM-Satz	Risikosatz	Prov.-Übersch.	Betriebskosten
KK-Kredite	20.000 T€	9,30 %	4,50 %	0,50 %	70 T€	120 T€
Baufinanz.	15.000 T€	4,75 %	2,75 %	0,40 %	210 T€	230 T€
Effekten	28.000 T€	3,50 %	2,75 %			80 T€
Aktivgeschäft						
Sichteinlagen	18.000 T€	0,10 %	1,50 %		55 T€	115 T€
Termineinlagen	36.000 T€	0,50 %	1,55 %			85 T€
Passivgeschäft						

Erstellen Sie nach dem Muster des Beispiels eine Kalkulation, die das Aktiv- und das Passivergebnis der Geschäftsstelle Nordplatz absolut und relativ darstellt.

7.6.6 Die Volksbank Schmalzach eG hat zwei Geschäftsstellen, Geschäftsstelle 1 und Geschäftsstelle 2, die gleichartige Geschäftsarten pflegen, aber in unterschiedlicher Höhe. Aus der betriebsinternen Statistik liegen fol gende Informationen vor:

Geschäftsstelle 1:

Geschäftsart	Volumen	Kundenzins	GKM-Satz	Risikosatz	Prov.-Übersch.	Betriebskosten
KK-Kredite	10.000 T€	8,20 %	1,50 %	0,60 %	40 T€	140 T€
Baufinanz.	27.000 T€	4,75 %	3,75 %	0,30 %	350 T€	360 T€
Firmenkredite	108.000 T€	5,50 %	1,50 %	1,00 %	370 T€	410 T€
Sichteinlagen	23.000 T€	0,10 %	0,50 %		70 T€	180 T€
Spareinlagen	52.000 T€	0,50 %	2,25 %			105 T€

Geschäftsstelle 2:

Geschäftsart	Volumen	Kundenzins	GKM-Satz	Risikosatz	Prov.-Übersch.	Betriebskosten
KK-Kredite	35.000 T€	7,60 %	1,50 %	0,50 %	140 T€	160 T€
Baufinanz.	10.000 T€	4,85 %	3,75 %	0,25 %	160 T€	180 T€
Firmenkredite	22.000 T€	6,00 %	1,50 %	0,80 %	60 T€	90 T€
Sichteinlagen	44.000 T€	0,00 %	0,50 %		100 T€	220 T€
Spareinlagen	76.000 T€	0,70 %	2,25 %			125 T€

1. Vergleichen Sie die Beiträge der beiden Geschäftsstellen und untersuchen Sie Ursachen für Abweichungen.

2. Erstellen Sie Lösungsvorschläge zur Verbesserung der Nettobeiträge.

7.6.3 Kontokalkulation

Bei der Kontokalkulation wird ermittelt, welchen Erfolg ein Kreditinstitut mit einem bestimmten Konto erzielt. Bei der Feststellung der Erfolgsquellen für dieses Konto trennt man aus praktischen Gründen den Betriebs- und den Wertbereich.

Die Kosten im Betriebsbereich werden im Mengengeschäft mit Hilfe der (Standard-) Einzelkostenrechnung ermittelt. Das Problem bei den Betriebskosten ist, dass sie aus Wettbewerbsgründen nicht in voller Höhe auf den Kontoinhaber überwälzt werden können. Die tatsächlichen Kostensätze werden vielmehr vom Markt und durch den Wettbewerb bestimmt.

Die Bestimmung der Konditionsbeiträge im Wertbereich erfolgt über die Marktzinsmethode. Erst deren Ergebnis zeigt, ob ein Kundenkonto trotz negativem Betriebsbereich einen positiven Gesamtbeitrag für das Kreditinstitut leistet.

Beispiel:

Nach dem Kauf einer Ferienwohnung im Schwarzwald möchte der Eigentümer - ein Rentner - für die Gestaltung seines Zahlungsverkehrs ein Konto auf Guthabenbasis bei der örtlichen Volksbank eröffnen. Er erkundigt sich bei der Bank nach den für ihn maßgeblichen Abrechnungsbedingungen. Er rechnet damit, dass er von seiner monatlichen Rente zweimal Bargeld abheben wird und dass die Bank für ihn zehn Überweisungsaufträge durchführen muss. Um den jeweiligen Kontostand zu kennen, möchte er jeweils am Monatsanfang und zur Monatsmitte einen Kontoauszug zugeschickt bekommen.

Erstellen Sie eine Kalkulation für dieses Konto, wenn die Volksbank mit durchschnittlichen monatlichen Kosten im Betriebsbereich für private Girokonten in Höhe von 15,30 € rechnet.

Laut Preisaushang verlangt die Volksbank für die Kontoführung die folgenden standardisierten Sätze:

Kontoführungsgebühr je Monat	*2,00 €;*
Buchungsposten	*0,30 €;*
Kontoauszugsgebühr	*0,40 €;*
Porto	*0,70 €.*

Ermittlung des Deckungsbeitrages des betrieblichen Bereiches (je Monat)

Kontoauszüge:	2 Stück à 0,40 €	0,80 €
Buchungsposten:	13 Stück à 0,30 €	3,90 €
Porto:	2 Stück à 0,70 €	1,40 €
Kontoführungsgebühr:	1 Stück à 2,00 €	2,00 €
Betriebserlös der Bank (monatliche Gebühren des Kunden):		8,10 €
– monatliche Kosten der Volksbank		15,30 €
Beitrag Betriebsbereich		– 7,20 €

Entgegen den ursprünglichen Planungen wird das Konto zwischenzeitlich auch auf debitorischer Basis geführt. Während eines Abrechnungsquartals ist das Konto im für 30 Tage mit 8.000,00 € im Soll; das durchschnittliche Guthaben für die übrigen 60 Tage beträgt 5.000,00 €.
Ermitteln Sie den Konditionsbeitrag dieses Kontos, wenn das KI für eingeräumte Überziehungen 10 % Sollzinsen verlangt und für Guthaben 0,5 % vergütet.
Alternative GKM-Zinssätze sind 2,5 % im Passiv- und Aktivgeschäft.

Ermittlung des Konditionsbeitrages (DB I) für den Wertbereich (Quartal)

	ø Bestand		Kundenzins	GKM-Zins	Zinsvorteil	
DB I Aktiv:	Soll	8.000,00 €	66,67 €	16,67 €	50,00 €	(1)
DB I Passiv:	Haben	5.000,00 €	4,17 €	20,83 €	16,66 €	(2)
Brutto-Konditionsbeitrag					**66,66 €**	

Um den Erfolgsbeitrag des Kundenkontos zu ermitteln, werden die Teilbeiträge aus dem Wert- und dem Betriebsbereich zusammengeführt.
Bei der Zusammenfassung ist darauf zu achten, dass die Berechnungszeiträume für beide Teile gleich sind.

Erfolgsbeitrag des Kundenkontos (Quartal)			
Brutto-Konditionsbeitrag:		66,66 €	
Deckungsbedarf Betriebskosten:	– 7,20 * 3 =	– 21,60 €	(3)
Erfolg des Kundenkontos:		**45,06 €**	

Erläuterung

(1) Zur Ermittlung des Konditionsbeitrages im Kreditbereich werden der durchschnittliche Sollbestand mit dem tatsächlich erzielten Zinserlös und der gleiche Bestand mit dem vergleichbaren Marktzins bewertet. Die Differenz ergibt den Zinsüberschuss der Aktivseite.

(2) Der passive Konditionsbeitrag ist der Unterschied von tatsächlichen Zinskosten und alternativen Zinskosten (Durchschnittsguthaben bewertet zum Marktzins).

(3) Da der Deckungsbedarf für den Betriebsbereich nur für einen Monat berechnet wurde, ist er auf den gleichen Zeitraum umzurechnen wie der Wertbeitrag (Quartal).

Arbeitsaufträge:

7.6.7 Das Kontokorrentkonto von Frau Nicole Schätzle hat während eines Geschäftsjahres ein Durchschnittsvolumen von 25.000,00 € Soll, das zu durchschnittlich 9,5 % verzinst wird. Im gleichen Zeitraum hat sie ein Durchschnittsguthaben von 8.000,00 €, das mit 0,5 % verzinst wird.
Der vergleichbare GKM-Zinssatz beträgt für Aktiv- wie für Passivseite 3 %. Für das Aktivgeschäft rechnet das KI mit Risikokosten in Höhe von 0,6 % des Durchschnittsvolumens.

Im Betriebsbereich sind folgende Daten zu berücksichtigen:

Betriebskosten

Leistungen	Stückzahl	Betriebskosten/St. (in €)	Gesamtkosten/Leistungseinheit (in €)
Kassenumsätze	48	0,60	28,80
Überweisungen	120	0,40	48,00
Lastschriften	60	0,30	18,00
Schecks	10	0,70	7,00
Kontoauszüge	36	0,20	7,20

Betriebserlöse

Marktpreise	Stückzahl	Markterlöse/St. (in €)	Gesamterlöse/Leistungseinheit (in €)
Kontoführung	12	2,00	24,00
Buchungsposten	274	0,20	54,80
Kontoauszüge	36	0,25	9,00

1. Berechnen Sie den Zinsüberschuss für das Konto von Frau Schätzle.

2. Ermitteln Sie den Deckungsbeitrag im Betriebsbereich aus der Differenz von Betriebserlösen und Betriebskosten.

3. Stellen Sie fest, in welchem Umfang das Konto von Frau Schätzle einen Beitrag zum Ergebnis des Kreditinstitutes leistet.

7.6.8 Das Festgeldkonto von Winfried Bartel weist einen Bestand von 40.000,00 € auf.
Sein Kreditinstitut vergütet ihm 0,75 % für die Dauer von sechs Monaten. Der alternative GKM-Zinssatz liegt bei 1,50 %, das KI rechnet mit relativen Einzelkosten von 0,15 %.

1. Berechnen Sie den Zinsvorteil für das Konto von Herrn Bartel im Vergleich zum GKM-Zinssatz.

2. Wie hoch ist der Ergebnisbeitrag dieses Kontos für das Kreditinstitut?

7.6.4 Kundenkalkulation

Die Kundenkalkulation führt die Beiträge aller Konten eines bestimmten Kunden zusammen. Damit weiss ein Kreditinstitut, ob diese Geschäftsbeziehung insgesamt einen positiven Beitrag leistet, selbst dann, wenn ein einzelnes Konto einen negativen Beitrag erbringt. Damit liegt in der Kundenkalkulation eine Form der Mischkalkulation vor, die verlustbringende Konten toleriert, wenn die Gesamtheit der Konten des einzelnen Kunden Gewinn erwirtschaftet.

Die Auswertung der Kundenkalkulation zielt darauf, Verbindungen zu Kunden mit positiven Ergebnisbeiträgen zu vertiefen, indem man diesen Kunden weitere Bankdienstleistungen anbietet (**Cross-Selling**), die evtl. zu besonderen Konditionen angeboten werden. So könnte bei diesen Angeboten z. B. auf die Abdeckung von Teilen der Betriebskosten verzichtet werden.

Bei Kontoverbindungen mit insgesamt negativem Beitrag muss der Kundenberater mit dem Kunden über eine **Anpassung der Konditionen** verhandeln. Wenn dies aus Wettbewerbsgründen nicht möglich ist, ist eine Ausweitung der Kundeneinlagen bzw. Ausleihungen auch ein Weg, um den Beitrag der Kundenkonten zu verbessern. Die durchschnittlichen Volumina auf den Kundenkonten beeinflussen wesentlich den Wertbereich. Je höher die Werterlöse sind, desto schneller sind auch die relativ konstant bleibenden Betriebskosten abgedeckt.

Eine Besonderheit der Kundenkalkulation ist die Geschäftsverbindungskalkulation. Hierbei werden Konten von unterschiedlichen Kontoinhabern gemeinsam in die Kalkulation einbezogen. Dabei ist es unerheblich, ob diese Konten bei verschiedenen Geschäftsstellen geführt werden. Die Voraussetzung dafür, dass das Kalkulationsergebnis eine Aussagekraft für das Kreditinstitut hat, ist die **wirtschaftliche Zusammengehörigkeit** der „gebündelten" Konten. Dies ist zum Beispiel bei einer OHG gegeben, wenn nicht nur die Konten der OHG selbst in die Kalkulation einbezogen werden (Kundenkalkulation), sondern auch die Privatkonten der Gesellschafter, die als Vollhafter hinter der OHG stehen (Geschäftsverbindungskalkulation).

Beispiel:

Herr Jürgen Scheffner, Steuerberater, lässt bei der Südbank AG zwei Konten führen, von denen Konto A nur auf Guthabenbasis und Konto B nur auf Kreditbasis geführt wird (Zwei-Konten-Modell zur Ausschöpfung steuerlicher Vorteile).
Für die Kalkulation der Kundenverbindung (zurückliegendes Jahr) sind bei den Kundenkonten folgende Angaben zu berücksichtigen:

		Konto A	Konto B
Durchschnittsvolumen		*22.500,00 H*	*56.700,00 S*
Durchschnittszinssatz		*0,10 %*	*7,75 %*
Alternativer Geldmarktzinssatz		*1,75 %*	*1,75 %*
Risikokostensatz			*0,60 %*
Betriebskosten:	*Kassenumsätze, jeweils 0,70 €/St.*	*50*	*80*
	Überweisungen, jeweils 0,50 €/St.	*120*	*230*
	Lastschriften, jeweils 0,25 €/St.	*30*	*318*
	Kontoauszüge, jeweils 0,20 €/St.	*24*	*36*
Betriebserlöse:	*Grundpreis je Monat 2,50 €/Konto*		
	Buchungsposten 0,20 €/St.; je Monat sind drei Freiposten zu berücksichtigen.		
	Kontoauszüge, jeweils 0,30 €/St.		

1. *Ermitteln Sie die Konditionsbeiträge der beiden Konten und den Brutto-Konditionsbeitrag des Kunden (Deckungsbeitrag I).*
2. *Berücksichtigen Sie - soweit erforderlich - die Standard-Risikokosten; stellen Sie fest, wie hoch der Überschuss im Wertbereich nach ihrer Einbeziehung ist (Deckungsbeitrag II).*
3. *Stellen Sie unter Einbeziehung des Saldos von Betriebskosten und -erlösen fest, in welchem Umfang die Konten von Herrn Scheffner einen Beitrag zum Bankergebnis leisten (Deckungsbeitrag III).*

Wertbereich

	Haben Konto A	Soll Konto B	Konto A	Konto B	Gesamtbeitrag	
Volumen	22.500,00	56.700,00				
Kundenzinssatz	0,10 %	7,75 %				
Kundenzins			22,50	4.394,25		
Alternativer Geldmarktzinssatz (1,75 %)			393,75	992,25		
Brutto-Konditionsbeitrag (Deckungsbeitrag I)			**371,25**	**3.402,00**	**3.773,75**	(1)
– Standard-Risikokosten				340,20		(2)
Überschuss Wertbereich (Deckungsbeitrag II)			**371,25**	**3.061,80**	**3.433,05**	

Betriebsbereich

		Konto A	Konto B	Gesamtbeitrag
Betriebskosten:	Kassenumsätze	35,00	56,00	
	Überweisungen	60,00	115,00	
	Lastschriften	7,50	79,50	
	Kontoauszüge	4,80	7,20	
Summe Betriebskosten		107,30	257,70	
Betriebserlöse:	Grundpreis	30,00	30,00	
	Buchungsposten	37,60	125,60	
	Kontoauszüge	7,20	10,80	
Summe Betriebserlöse		74,80	166,40	
Ergebnis Betriebsbereich		**– 32,50**	**– 91,30**	**– 123,80**
Ergebnis der Kundenkalkulation (Deckungsbeitrag III)		**338,75**	**2.970,50**	**3.309,25**

Erläuterung

(1) Bei der Berechnung des Konditionsbeitrages ist immer der Vorteil der realisierten Kundengeschäfte im Vergleich zu möglichen Alternativen (hier z. B. im Geldmarkt wegen der vergleichbaren Fristigkeiten) zu untersuchen.

(2) Bei Konto A sind keine Risikokosten zu berücksichtigen, da das Konto auf Guthabenbasis geführt wird.

Anmerkung: Sichteinlagen sind mindestreservepflichtig. Entscheiden Sie, welcher Teil der Lösung geändert werden muss, wenn ein Mindestreservesatz von 2 % für Sichteinlagen berücksichtigt werden soll.

Die Ermittlung von Teilergebnissen eines Kreditinstitutes erfolgt auf verschiedenen Ebenen:

- Die Produktkalkulation ermittelt das Ergebnis einer bestimmten Marktleistung. Sie wird deshalb auch als Geschäftsartenrechnung bezeichnet.
- Die Geschäftsstellenkalkulation untersucht, in welchem Umfang ein eigenverantwortliches Profit-Center Beiträge zum Gesamtergebnis eines KI leistet.
- Die Konto- und Kundenkalkulation hat die Aufgabe festzustellen, in welchem Umfang Einzelkonten oder die Summe aller Konten eines bestimmten Kunden das Betriebsergebnis beeinflussen.

Kontokalkulation

Realisierter Überschuss Darlehenskonto Huber
– Alternative Anlage Kapitalmarkt
= Zinsüberschuss
– Risikokosten
= Werterlöse
– Direkte Einzelkosten
+ Betriebserlöse
= **Ergebnisbeitrag Darlehenskonto Huber**

Kundenkalkulation

Ergebnisbeitrag Darlehenskonto Huber
+ Ergebnisbeitrag Kontokorrentkonto Huber
+ Ergebnisbeitrag Sparkonto Huber
+ Ergebnisbeitrag Depotkonto Huber
= Ergebnisbeitrag Kunde Huber

Arbeitsaufträge:

7.6.9 Privatkunde Armin Bassauer lässt bei seiner Sparkasse ein Kontokorrentkonto und ein Sparkonto führen. Für die Konten von Herrn Bassauer liegen aus dem Rechnungswesen der Sparkasse folgende Informationen vor:

1. Kontokorrentkonto

Wertbereich:

Durchschnittliches Guthaben an 210 Tagen:	5.800,00 €;	Habenzinssatz	0,10 %;
Durchschnittliche Kreditbeanspruchung an 150 Tagen:	9.450,00 €;	Sollzinssatz	10,25 %;
Alternativzinssatz im Geldmarkt:			2,35 %;
Risikokostensatz für Kreditausfälle (aus Kreditbeanspruchung rechnen)			0,40 %;
Für die Bindung des Eigenkapitals in Risikoaktiva kalkuliert die Sparkasse			0,30 %.

Betriebsbereich:

Pauschalpreis für die Kontoführung:			7,50 € / Monat;
Betriebskosten:	Kassenumsätze:	72 St.	jeweils 0,60 €/St.
	Überweisungen:	315 St.	jeweils 0,50 €/St.
	Lastschriften:	25 St.	jeweils 0,25 €/St.
	Kontoauszüge:	30 St.	jeweils 0,30 €/St.

2. Sparkonto

Durchschnittliches Guthaben:	10.000,00 €;	Zinssatz	0,40 %;
Alternativzinssatz im Geldmarkt:			2,15 %;

Betriebskosten:	Kassenumsätze:	15 St.	jeweils 0,60 €/St.
	Sparbuchnachträge	6 St.	jeweils 0,25 €/St.

Ermitteln Sie den Deckungsbeitrag, den der Kunde Bassauer mit seinen Konten leistet.

7.6.10 Die Katzach GmbH betreibt die Mehrzahl der erforderlichen Bankgeschäfte mit ihrer Hausbank, der Volksbank Esslingen eG. Da der Geschäftsführer der Katzach GmbH beim Bankvorstand um die Einräumung günstigerer Konditionen im langfristigen Kreditgeschäft nachgesucht hat, lässt sich der Vorstand der Volksbank Esslingen eG von Ihnen die Kundendaten aufbereiten.

Die Firma Katzach GmbH unterhält bei Ihnen folgende Kontoverbindungen:
- Ein Kontokorrentkonto, das im Jahresschnitt ein Kreditvolumen von 4.000 T€ und Sichteinlagen mit einem Durchschnitt von 400 T€ ausweist;
- Ein Darlehenskonto mit einem Durchschnitt von 6.500 T€;
- Ein Festgeldkonto mit einem Durchschnittsbestand von 100 T€.

Informationen für den Wertbereich:
- KK-Kredit: Kundenzinssatz 7,5 %; GKM-Zinssatz: 2,5 %; Risikokosten 16 T€;
- Sichteinlage: Kundenzinssatz 0,0 %; GKM-Zinssatz: 2,0 %;
- Darlehenskonto: Kundenzinssatz 5,5 %; GKM-Zinssatz: 2,2 %; Risikokosten 6,5 T€;
- Festgeldkonto: Kundenzinssatz 0,75 %; GKM-Zinssatz: 0,3 %.

Für das in Aktiva gebundene Kapital kalkuliert die Volksbank eine Verzinsung von 0,6 %.

Für den Betriebsbereich besteht jeweils ein Deckungsbedarf nach der Aufrechnung von Betriebserlösen und Betriebskosten in Höhe von:
- KK-Konto: 12 T€;
- Darlehenskonto: 10 T€;
- Festgeldkonto: 0,03 T€.

1. Berechnen Sie den Überschuss des Wertbereichs für alle Konten der Katzach GmbH.

2. Ermitteln Sie die Deckungsbeiträge aller drei Konten und der gesamten Kundenbeziehung.

3. Da der Kunde eine Senkung der Konditionen für das langfristige Kreditgeschäft wünscht, ist es Ihre Aufgabe, dieses Konto genau zu untersuchen.
Begründen Sie, ob die Volksbank Esslingen eG einen Konditionen-Spielraum hat, wenn Sie nur dieses Konto betrachten.
Unterbreiten Sie einen Vorschlag, wie die Volksbank Esslingen eG sich mit dem Kunden dennoch einigen kann.

7.7 Bankcontrolling

Im Zeitalter der Globalisierung und des sich ständig verschärfenden Wettbewerbs werden immer höhere Anforderungen an das Bankmanagement und das zur Steuerung der Kreditinstitute erforderliche Instrumentarium gestellt.

Ein Kreditinstitut kann es sich nicht leisten, Kunden- und Interbankgeschäfte durchzuführen, ohne im vorhinein einen Einblick in die Ertragsauswirkungen und in die Beeinflussung des betrieblichen Risikos zu haben. Wenn das Management weiss, wie Aktivitäten in einem bestimmten Marktsegment den Erfolg beeinflussen, kann es das Kreditinstitut in die entsprechende Richtung steuern. Das Instrument, das die Steuerungsmöglichkeiten bereitstellt, ist das Controlling.

Controlling umfasst die Steuerung, Planung und Kontrolle des Bankbetriebes im Hinblick auf die von der Unternehmensleitung festgelegten Ziele. Diese sind in erster Linie die Erhaltung der Rentabilität, angemessenes Wachstum bei stets ausreichender Liquidität und Sicherung des Bestandes des Kreditinstitutes.

Die Maßnahmen des Controlling können langfristig angelegt sein (**strategisches Controlling**). Sie dienen einerseits der Planung der Bankprodukte und damit der Sortimentsgestaltung, andererseits der Festlegung des Umfanges von Kunden- und Eigengeschäft. Beim **operativen Controlling** geht es dagegen um die eher kurzfristig angelegte Ertragssteuerung für laufende Maßnahmen.

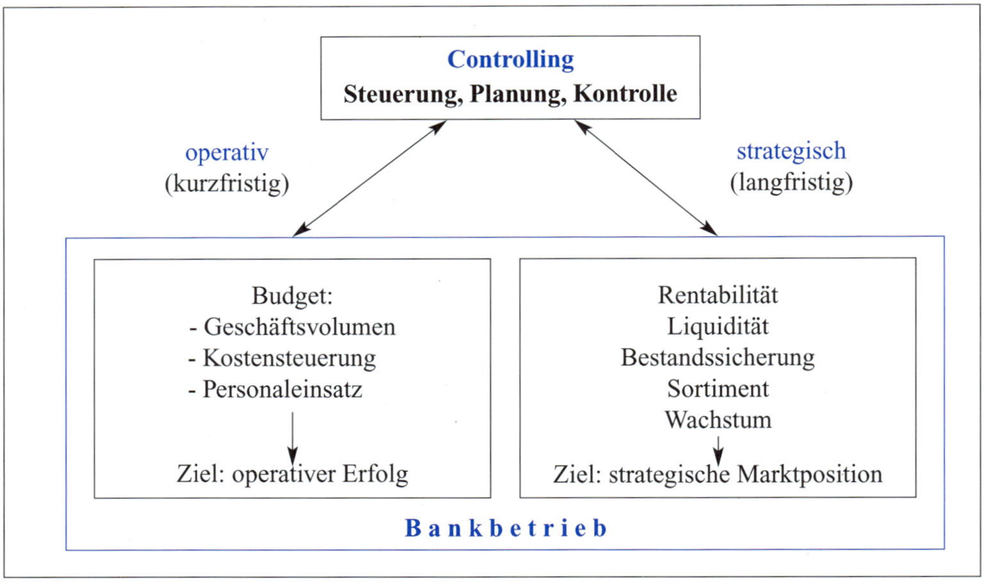

Ein **Budget** enthält bindende Vorgaben für einzelne Ziele und Bereiche der Kreditinstitute. Budgetpläne müssen realistisch und in einem festgelegten Zeitraum im Markt durchsetzbar sein. Sie sind deshalb ständig zu aktualisieren, um die Motivation der Verantwortungsträger und ihrer Mitarbeiter zu erhalten.

Controlling erfordert in allen Teilbereichen eine Koordination der Ziele und Aktivitäten, um Zielüberschneidungen zu vermeiden und um Abweichungen zwischen Soll- und Istwerten festzustellen. Die Analyse der Abweichungsursachen und die Entwicklung von Alternativen gehört zu den Hauptaufgaben des Controlling.

Voraussetzungen für ein funktionierendes Controlling

- Durchsichtige Unternehmensstruktur
- Information und Motivation der verantwortlichen Mitarbeiter
- Zeitnaher Datenfluss
- Umfassende Koordination operativer und strategischer Maßnahmen / Teilpläne
- Verständliche Darstellung statistischer Daten
- Optimierte Zielvorgaben (Budgets), ausgerichtet an
  - größtmöglicher Rendite } Zielkonflikt
  - geringstmöglichem Risiko }
  - gesetzlichen Normen
  - sozialer Verträglichkeit
- Ständige Analyse der Abweichungen von den Zielvorgaben und Anpassung an die weiteren Zielvorgaben

Einzelaufgaben des Controlling

Aufgabe des Controlling ist, die jeweilige Ertrags- und Risikosituation eines Kreditinstitutes aufzuzeigen um Fehlentwicklungen zu vermeiden. Gibt es Abweichungen zu den Soll-Werten, können Maßnahmen zur Gegensteuerung ergriffen werden.

Dazu müssen ständig aktuelle Informationen über die Erfolge einzelner Teilbereiche vorliegen, wie z. B. über den Erfolg einzelner Produkte, Kundengruppen und auch einzelner Kunden. Bei der Überlegung, ob eine Filiale **rentabel** betrieben wird, ist es wichtig, den Erfolgsbeitrag dieser Filiale mit den Planvorgaben zu vergleichen. Ziel muss sein, die gegebenen oder erforderlichen personellen und sachlichen Mittel so einzusetzen, dass sie Planerfolge leisten.

Nur die bewusste Steuerung der Betriebskosten führt zu einer gesteigerten Produktivität des Kreditinstitutes.

So kann z. B. der Umbau einer Zweigstelle in eine vollautomatische Selbstbedienungsbank nur dann entschieden werden, wenn folgende Größen bekannt sind und gegeneinander aufgerechnet werden können:
Entfallende Raum-, Personal- und Sachkosten, anfallende Umbau- und Wartungskosten, Verlust der Kundennähe - vielleicht auch von Kunden. Dies führt zu Auswirkungen nicht nur auf die Stück-, sondern auch auf die Wertleistungen.

Um eine genaue Zuordnung und Abgrenzung der Budgetwerte zu einzelnen Bereichen des Kreditinstitutes zu ermöglichen, ist es sinnvoll, sogenannte Profit-Center (im operativen Bereich) oder Cost-Center (im organisatorisch-technischen Bereich) zu bilden. Die Art der Zuordnung ist in der Praxis häufig vorgegeben durch einzelne Geschäftsstellen und durch die Marktleistungen der Kreditinstitute. Jedes **Profit-Center** ist dadurch gekennzeichnet, dass es einen eigenen Verantwortungs- und Handlungsbereich hat und damit seinen Erfolgsbeitrag steuern kann (Geschäftsstellenkalkulation).

Im Vergleich der einzelnen Geschäftsstellen untereinander kann festgestellt werden, welchen Beitrag sie zum Gesamterfolg des Kreditinstitutes leisten. Damit hat das Management einen Beurteilungsmaßstab für die Rentabilität der jeweiligen Geschäftsstelle. Bei dieser Betrachtung wird allerdings der Aspekt der gegenseitigen Verflechtungen, z. B. zwischen Hauptstellen und Zweigstellen nicht immer berücksichtigt. So sind Zweigstellen wegen ihrer Kundennähe häufig über das Passivgeschäft die Mittelbeschaffer für das Aktivgeschäft, das schwerpunktmäßig in der Zentrale abgewickelt wird.

Informationsmanagement

Ein Baustein für integrierte Controlling-Systeme in Kreditinstituten ist ein wirksames Führungs- und Informationsmanagement, um Daten aus den abgegrenzten Bereichen auswerten, vergleichen und steuern zu können.

Das Informationssystem hat die Aufgabe, auf Informationen aus dem externen Bereich zu reagieren und sie intern in künftige Budgetvorgaben umzuwandeln. Informationen dieser Art betreffen hauptsächlich veränderte Gegebenheiten im Bereich Marktentwicklung, Wettbewerb, Kundenverhalten und neue Produktangebote.

Das Informationssystem muss Berechnungen bereitstellen, die eine Preiskalkulation des Kreditinstitutes für Marktleistungen unterstützen. Dazu greift es auf Ergebnisse verschiedenartiger Berechnungen im Wert- und Betriebsbereich zurück:

- Kosten- und Erlösartenrechnung;
- Kostenstellenrechnung;
- Kostenträgerrechnung;
- Geschäftsstellenkalkulation;
- Konto- und Kundenkalkulation.

Insbesondere im Bereich der Selbstkostenrechnung sind Ergebnisse aus der Betriebsstatistik unerlässlich. Sie ermöglichen zwar nur einen Blick in die Vergangenheit, zeigen aber dennoch mögliche Quellen für Abweichungen von geplanten Vorgaben. Dies ermöglicht eine Untersuchung der hierfür verantwortlichen Ursachen.

Für die Selbstkostenrechnung ist ebenfalls bedeutsam, dass Daten aus einzelnen Unternehmensbereichen vergleichbar gemacht werden können, was durch die Einführung von Profit-Center verwirklicht wird. Diese Einzeldaten fließen ausgewertet wieder in die Bereiche zurück. Die Auswertung und Verarbeitung hinsichtlich künftiger Unternehmensziele erfolgt über die Budgetierung durch das Rentabilitätsmanagement.

Rentabilitätsmanagement

Das Controlling hat neben dem Informationsmanagement die Aufgabe, die Bankenrentabilität und Liquidität zu optimieren. Dazu muss mit Hilfe des Rentabilitätsmanagements ein gemeinsames Zielsystem entwickelt werden zur Steuerung von Rentabilitäts- und Ergebniszielen der Gesamtbank. Dieses Zielsystem muss zeitlich und sachlich für die einzelnen Bereiche des Kreditinstitutes relativiert werden, d.h. in kleine greifbare Abschnitte aufgeteilt werden.

Es ist eine ständige Information und Kontrolle über Soll- und Ist-Werte erforderlich, um Abweichungen von den Rentabilitätszielen zu erkennen und gegebenenfalls Korrekturmaßnahmen einzuleiten.

Um Informationsverluste zu vermeiden, muss das Kreditinstitut über eine controlling-adäquate Infrastruktur, also z. B. ein gut ausgebautes innerbetriebliches Berichtswesen verfügen.

Außerdem müssen sowohl Rentabilitätsberechnungen als auch die Durchführung und Messung der beschlossenen Maßnahmen nach gemeinsamen Kriterien durchgeführt werden. Hierzu ist ein übergreifendes Datenverwaltungssystem erforderlich.

Um die gewünschte Rentabilität zu erreichen, müssen vorhandene finanzielle und technische Betriebsmittel wirtschaftlich eingesetzt werden. Die effektive Nutzung der vorhandenen Mittel bestimmt die Zuteilung erforderlicher neuer Betriebsmittel. Transparent gemacht wird die Erfüllung dieser Aufgaben mit der Budgetierung.

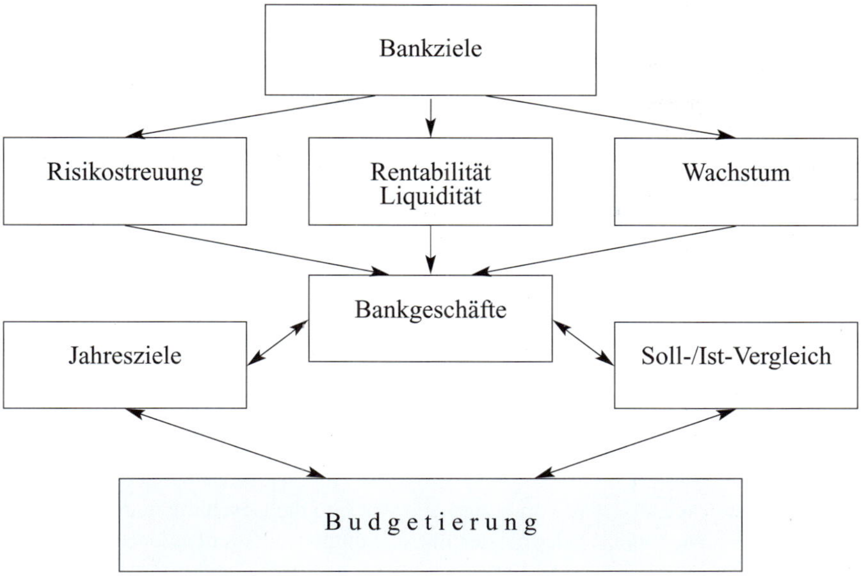

Budgetierung

Die Erstellung eines Budgets erfolgt in der Regel in vier Schritten:

1. Der **Budgetentwurf** besteht aus Teilbudgets für die einzelnen Unternehmensbereiche.
2. Die **Budgetabstimmung** enthält die Summe der Einzelbudgets nach Koordinierung der einzelnen Bereiche.
3. Mit der **Budgetvorgabe** werden die Einzelbudgets den Bereichen zugeteilt und für verbindlich erklärt.
4. Laufende Soll-/Ist-Vergleiche während der Durchführungsphase und am Ende der Planperiode finden ihren Ausdruck in der **Budgetkontrolle**.

Grundsätze der Budgetierung

1. Grundsatz der Zielvereinbarung

Der Budgetierungsprozess muss von unten nach oben laufen, da jeder Mitarbeiter in einem Kreditinstitut in irgendeiner Form Kostenverursacher ist. Die Ursache für diese Richtung der Anfangsphase der Budgetierung ist, dass nur die Mitarbeiter im Marktbereich die entsprechenden örtlichen und persönlichen Kenntnisse haben. Auf dieser Grundlage sollen die Ziele so formuliert werden, dass sie auch realisiert werden können. Wenn sie umgesetzt werden können, ist die Wahrscheinlichkeit hoch, dass die Vorgaben durch das Management auch akzeptiert werden (Bottom-up-Prinzip).

Um für das Gesamtinstitut positive Auswirkungen zu erreichen, werden Teilanforderungen durch Controller vielfach höher gesetzt. Hierdurch soll sichergestellt werden, dass das betriebliche Gesamtziel erreicht wird. Die Aufteilung des Gesamtzieles durch das Management auf die einzelnen Bereiche nennt man Top-down-Prinzip.

Die Wechselwirkung von Bottom-up- und Top-down-Prinzip bewirkt einen stetigen Informationsfluss, das sogenannte Gegenstromverfahren.

2. Prioritätenprinzip
Die Budgetierung bildet Schwerpunkte, um knappe Mittel sinnvoll in die Bereiche zu lenken, in denen sie dem Unternehmensziel unter ertragsorientierten Gesichtspunkten am ehesten dienen.

3. Verursachungsprinzip
Jeder Entscheidungsträger darf nur die Größen planen, für die er selbst Einflussmöglichkeiten hat. Diese Größen muss er aber auch verantworten. In der praktischen Auswirkung bedeutet das, dass er nur für die direkt zurechenbaren Kosten verantwortlich gemacht werden kann. Eine Vollkostenrechnung kann daher nicht in Budgetpläne einfließen.

4. Verantwortungsprinzip
Jeder selbstverantwortliche Leistungsbereich muss sein Budget einhalten und gegebenenfalls rechtzeitig Gegensteuerungsmaßnahmen ergreifen. Ziel ist es, unternehmerische Verantwortung und unternehmerisches Denken auch auf ausführende Mitarbeiter zu übertragen.

Risikomanagement

Da niemand in der Lage ist genau vorherzusagen, wie sich die Geschäfte in der geplanten Periode entwickeln werden, handelt jeder bei der Entscheidungsfindung in einer Situation der Unsicherheit.

Die Einschränkung von Geschäftsrisiken gehört daher zu den zentralen Aufgaben des Bankmanagements.

Wünschenswert ist es, entweder einen definierten Gewinn bei möglichst geringem Risiko zu erreichen oder einen möglichst hohen Gewinn bei festgelegtem Risiko-Einsatz zu erzielen (ökonomisches Prinzip). Die Bankrisiken werden nach unterschiedlichen Merkmalen gegliedert:

Risikoart	**Erläuterung**	**Auswirkung**	**Vorbeugung /Einschränkung**
Ausfallrisiko	Forderung des KI wird teilweise oder ganz nicht erfüllt	Erfolg des KI sinkt	Streuung bei Kreditvergabe Bonität / Sicherheiten Konditionspolitik
Zinsänderungs-risiko	Die Zinsspanne wird nicht wie vorgesehen eingehalten	Erfolg des KI sinkt	Zinsprognosen f. Teilmärkte Längerfristige Interbankgegen-geschäfte
Währungsrisiko	Gefahr der Änderung des Wechselkurses zwischen EUR und Fremdwährungen	Erfolg des KI sinkt	Vermeidung offener Positionen Kurssicherungsgeschäfte
Refinanzierungs-risiko	Durch Fristentransformation stimmen Laufzeiten von Passiva und Aktiva nicht überein	Liquiditäts- und Ertragsrisiko	Einhaltung der BAK-Grundsätze (zwingend) Interne Begrenzung der Kreditzusagen
Terminrisiko	Kunden zahlen fällige Kredite nicht rechtzeitig zurück	Liquiditätsrisiko	Erstellung eines Liquiditätsplanes Liquiditätsreserven
Abrufrisiko	Kunden ziehen Passiva in unerwarteter Höhe bzw. vorzeitig ab; Kunden beanspruchen Aktiva anders als geplant	Liquiditätsrisiko	Effekten der Liquiditätsreserve, Kreditlinien bei anderen KI

Die Fülle vorhandener bzw. möglicher Risiken führt dazu, dass Kreditinstitute schon vor dem Auftreten dieser Risiken Steuerungsmaßnahmen ergreifen müssen, um gegen die Risiken gewappnet zu sein.

Eine Möglichkeit, die auftretenden Risiken zu erkennen, besteht darin, Entwicklungen und Prognosen durch **Kennzahlen** transparent zu machen. Bei den Kennzahlen sind Einzelkennzahlen von Kennzahlensystemen zu unterscheiden:

- Einzelkennzahlen sind entweder absolute Kennzahlen, die wirtschaftliche Tatbestände aufzeigen, oder Verhältniszahlen, die oft eine größere Aussagekraft haben, da sie eine Beziehung zu einer als wesentlich angesehenen Größe herstellen.
- Kennzahlensysteme stellen eine Kombination von mehreren Einzelkennzahlen dar, die in einem sinnvollen Zusammenhang zueinander stehen.

Beispiel 1:

Ein Kreditinstitut kalkuliert für ein Geschäftsjahr folgende Kosten (Zahlen in T€):
Sachkosten 4.333; Personalkosten 6.789; Zinskosten 15.028; Sonstige Kosten 850.
Stellen Sie den Anteil jedes Kostenblocks an den Gesamtkosten fest, indem Sie ***Gliederungszahlen*** *bilden.*

Kostenart	**T€**	**%**	
Sachkosten	4.333	16,05	Teilmasse
Personalkosten	6.789	25,14	
Zinskosten	15.028	55,66	
Sonstige Kosten	850	3,15	
Gesamtkosten	**27.000**	**100,00**	Gesamtmasse

Die Summe aller Teilmassen entspricht immer 100 %.

Beispiel 2:

Zum Bilanzstichtag hat ein Kreditinstitut ein Kreditvolumen von 483.677 T€. Davon sind 153.137 T€ durch Grundpfandrechte gesichert.
Bilden Sie eine ***Beziehungszahl*** *dieser beiden Werte.*

$$\text{Verhältnis} = \frac{\text{Durch Grundpfandrechte gesicherte Kredite}}{\text{Kreditvolumen}} = \frac{153.137}{483.677} = \mathbf{0{,}317}$$

Beispiel 3:

Aus der betriebsinternen Statistik liegen folgende Informationen über Kreditausfälle vor:

Jahr	*2015*	*2016*	*2017*	*2018*
Stückzahl	*48*	*56*	*40*	*61*
Ausfall (in T€)	*576*	*680*	*723*	*610*

Erstellen Sie eine ***Indexreihe*** *mit dem Jahr 2015 als Basisjahr (entspricht 100 %). Aus der Tabelle soll auch der durchschnittliche Ausfallbetrag je Kredit und dessen Entwicklung hervorgehen.*

Jahr	2015	2016	2017	2018
Stück	48	56	40	61
Entwicklung	100,00 %	116,67 %	83,33 %	127,08 %
absoluter Ausfall	576	680	723	610
Entwicklung	100,00 %	118,06 %	125,52 %	105,90 %
ø Ausfall	12,00	12,14	18,08	10,00
Index	100,00 %	101,17 %	150,66 %	83,33 %

Im Rahmen der Risikosteuerung der Kreditinstitute sind einige (ausgewählte) **Kennzahlen** von Bedeutung, die Erfolgsrisiken und Liquiditätsrisiken betreffen:

1. **Eigenkapitalquote** (%) $= \frac{\text{Eigenkapital}}{\text{Gesamtkapital}} * 100$

2. **Eigenkapitalrentabilität** (%) $= \frac{\text{Jahresüberschuss}}{\text{Eigenkapital}} * 100$

$$\textbf{3. Gesamtkapitalrentabilität } (\%) = \frac{\text{(Fremdkapitalzinsen + Jahresüberschuss)}}{\text{Gesamtkapital}} * 100$$

$$\textbf{4. Grundsatz I - Auslastung } (\%) = \frac{\text{Risikoaktiva}}{\text{Haftendes Eigenkapital}} * 100$$

$$\textbf{5. Wertberichtigungsquote } (\%) = \frac{\text{Wertberichtigungsbedarf}}{\text{Geschäftsvolumen}} * 100$$

$$\textbf{6. Ausfallquote } (\%) = \frac{\text{Ausgefallene Kredite}}{\text{Kundenkreditvolumen}} * 100$$

$$\textbf{7. Währungsrisikoquote } (\%) = \frac{\text{Offene Währungspositionen}}{\text{Geschäftsvolumen}} * 100$$

Arbeitsaufträge:

7.7.1 Ordnen Sie die aufgeführten Kennzahlen (1. - 7.) dem Erfolgsrisiko oder dem Liquiditätsrisiko zu, soweit dies möglich ist.

7.7.2
1. Beurteilen Sie die Entwicklung der Kreditausfälle aus Beispiel 3 (S. 235).
2. Worin könnte die Ursache für die Entwicklung bei dem dargestellten Kreditinstitut liegen?
3. Schlagen Sie Maßnahmen vor, die das Ausfallrisiko verringern.

7.7.3 Über einen längeren Zeitraum hinweg hat die Südbank AG aus der betriebsinternen Statistik Daten über die Zusammensetzung ihrer Kredite nach den damit verbundenen Kreditsicherheiten aufbereiten lassen. Dabei hat sie insbesondere eine Differenzierung nach Krediten an Privatkunden mit Grundpfandrechten und nach Firmenkunden ohne Grundpfandrechte durchgeführt.

Folgende Informationen liegen vor (Beträge angepasst in T€):

Jahr	2015	2016	2017	2018
Volumen Privatkunden	120.000	125.800	126.000	130.600
davon mit Grundpfandrechten	80.000	92.000	96.000	100.000
Ausfälle ohne Grundpfandr.	2.000	2.704	2.100	2.754
Ausfälle mit Grundpfandrechten	2.400	2.300	3.840	2.500
Volumen Firmenkunden	340.000	380.000	440.000	450.000
davon ohne Grundpfandrechte	120.000	140.000	180.000	190.000
Ausfälle ohne Grundpfand.	7.200	11.200	12.600	15.200
Ausfälle mit Grundpfandrechten	8.800	9.600	11.700	10.400

Untersuchen Sie die Fragestellungen zunächst getrennt nach Privatkunden und nach Firmenkunden.

1. Analysieren Sie die Entwicklung bei den Kreditausfällen, indem Sie in einer Indexreihe die Entwicklung der Verluste bei der Kreditvergabe in Abhängigkeit der gestellten Sicherheit darstellen (Basis 2015).
2. Führen Sie Gründe auf, die dazu führen, dass trotz „sicherer“ Sicherheiten für die Südbank AG Forderungsausfälle eingetreten sind.
3. Schlagen Sie als verantwortlicher Mitarbeiter der Kreditabteilung Steuerungsmaßnahmen vor, mit denen Ausfälle in dem bisher vorgekommenen Ausmaß vermieden werden können.
4. Vergleichen Sie die bisher getrennten Ergebnisse aus dem Privat- und dem Firmenkundenkreditgeschäft. Zeigen Sie in einer Tabelle Parallelen und Unterschiede in der Entwicklung des Ausfallrisikos für die Südbank AG auf. Berechnen Sie hierzu neue Risikokennzahlen:

$$\text{Bonitätsstruktur der Privatkundenkredite} = \frac{\text{Anteil der grundpfandrechtgesicherten Kundenkredite}}{\text{Kreditvolumen Privatkunden}}$$

$$\text{Bonitätsstruktur der Firmenkundenkredite} = \frac{\text{Anteil der grundpfandrechtgesicherten Kundenkredite}}{\text{Kreditvolumen Firmenkunden}}$$

Gemischte Arbeitsaufträge

7.8.1 Die Stadtbank AG weist (vereinfacht) folgende Bilanzwerte auf:

	Durchschnittlicher Zinssatz in % p. a.	Durchschnittlicher Bestand in Mio. €
Barreserve	0,0	4
Forderungen an Kunden	6,2	480
Forderungen an KI	2,8	126
Sichteinlagen	0,0	46
Termineinlagen	0,6	115
Spareinlagen	0,2	272
Inhaberschuldverschreibungen	3,5	125
Eigenkapital	0,0	52

Erstellen Sie die Zinsertragsbilanz nach folgendem Muster und berechnen Sie die Bruttozinsspanne.

Zinsertragsbilanz							
Aktiva							Passiva
Bilanzposition	ø Bestand p. a.	Zinserlöse		Bilanzposition	ø Bestand p. a.	Zinskosten	
		in %	Mio. €			in %	Mio. €
Summen							

7.8.2 In der Rhein-Neckar-Bank AG mit einer Bilanzsumme von 300 Mio. EUR werden die verschiedenen Geschäftsarten einer Erfolgskontrolle unterzogen.
Aus der Controllingabteilung liegen hierzu folgende Zahlen vor:

Geschäftsbereich	KK-Kredite	Darlehen	Sichteinlagen	Spareinlagen
Volumen (in Mio. EUR)	60,00	220,00	40,00	200,00
Kundenzinssatz (in % p. a.)	12,50	7,00	0,00	1,50
GKM-Zinssatz (in % p. a.)	1,50	3,50	1,50	3,00
Risikokostensatz (in %)	0,50	0,80	---	---
Provisionserlöse (in Mio. EUR)	0,04	0,12	0,02	---
Einzelkosten (in Mio. EUR)	0,08	0,40	0,05	0,20

1. Ermitteln Sie die Bruttozinsspanne.
2. Berechnen Sie die Konditionsbeiträge absolut und in Prozent (Rundung auf zwei Stellen nach dem Komma). Verwenden Sie für Ihre Berechnungen das folgende Schema:

Geschäftsbereich	Betrag	Kundenzinssatz	GKM-Zinssatz	Marge	Konditionsbeitrag	
					Absolut	in %

3. Ermitteln Sie das Teilbetriebsergebnis in EUR und unterbreiten Sie vier Vorschläge zu einer Verbesserung des Ergebnisses.

7.8.3 Das Bankhaus Freise, Karlsruhe, möchte zur weiteren Kapitalbeschaffung Inhaberschuldverschreibungen im Volumen von 12.500.000,00 EUR herausgegeben. Hierbei fallen gemäß der eigenen Kalkulation Betriebskosten in Höhe von 12.500,00 EUR an.
Die Anleihe soll uns nach den Überlegungen des Vorstandes einen Deckungsbeitrag von 112.500,00 EUR erbringen und damit ein Vorstandsgehalt abdecken.
Eine alternative Finanzierung am Kapitalmarkt würde 4 % kosten. Berechnen Sie den nominalen Zinssatz für die auszugebende Anleihe, damit dieser Wunsch erfüllt wird.

Modul IV: Abrechnung von Kundengeschäften

8 Abrechnen von Kontokorrentkonten

Kontokorrentkonten sind Konten in laufender Rechnung für die Abwicklung des Zahlungsverkehrs. Die rechtlichen Grundlagen sind im HGB und in den AGB der Kreditinstitute festgelegt.

§ 355 HGB

Laufende Rechnung, Kontokorrent

(1) Steht jemand mit einem Kaufmanne derart in Geschäftsverbindung, dass die aus der Verbindung entspringenden beiderseitigen Ansprüche und Leistungen nebst Zinsen in Rechnung gestellt und in regelmäßigen Zeitabschnitten durch Verrechnung und Feststellung des für den einen oder anderen Teil sich ergebenden Überschusses ausgeglichen werden (laufende Rechnung, Kontokorrent), so kann derjenige, welchem bei dem Rechnungsabschluss ein Überschuss gebührt, von dem Tage des Abschlusses an Zinsen von dem Überschusse verlangen, auch soweit in der Rechnung Zinsen enthalten sind.

(2) Der Rechnungsabschluss geschieht jährlich einmal, sofern nicht ein anderes bestimmt ist.

(3) Die laufende Rechnung kann im Zweifel auch während der Dauer einer Rechnungsperiode jederzeit ... gekündigt werden, ...

Nach den **AGB der Kreditinstitute**, Nummer 7, erfolgt der Rechnungsabschluss **zum Ende eines Quartals**, sofern nicht andere Abrechnungszeiträume ausdrücklich vereinbart werden. Durch die Abwicklung der Kontoabrechnungen mittels EDV sind auch noch kürzere Abschlussintervalle problemlos durchzuführen.

Für **Privatkunden** gelten bei der Abrechnung von Kreditkonten, also auch bei der Zinsermittlung für Kontokorrentkonten, außerdem die Bestimmungen des **BGB**.

§ 504 BGB

Eingeräumte Überziehungsmöglichkeit

(1) Ist ein Verbraucherdarlehen in der Weise gewährt, dass der Darlehensgeber in einem Vertragsverhältnis über ein laufendes Konto dem Darlehensnehmer das Recht einräumt, sein laufendes Konto in bestimmter Höhe zu überziehen (Überziehungsmöglichkeit), hat der Darlehensgeber den Darlehensnehmer in regelmäßigen Abständen über die Angaben zu unterrichten, die sich aus Artikel 247 § 16 des Einführungsgesetzes zum Bürgerlichen Gesetzbuche ergeben. ...

§ 505 BGB

Geduldete Überziehung

(1) Vereinbart ein Unternehmer in einem Vertrag mit einem Verbraucher über ein laufendes Konto ohne eingeräumte Überziehungsmöglichkeit ein Entgelt für den Fall, dass er eine Überziehung des Kontos duldet, müssen in diesem Vertrag die Angaben nach Artikel 247 §17 Abs. 1 des Einführungsgesetzes zum Bürgerlichen Gesetzbuch in Textform enthalten sein und dem Verbraucher in regelmäßigen Zeitabständen in Textform mitgeteilt werden. Satz 1 gilt entsprechend, wenn ein Darlehensgeber mit einem Darlehensnehmer in einem Vertrag über ein laufendes Konto mit eingeräumter Überziehungsmöglichkeit ein Entgelt für den Fall vereinbart, dass er eine Überziehung des Kontos über die vertraglich bestimmte Höhe hinaus duldet. ...

8.1 Erstellen einer Zinsstaffel für private Kontokorrentkonten

Die Aufgabe der Kontokorrentrechnung ist die Berechnung von Zinsen und Gebühren, die für ein bestimmtes Konto anfallen. Die Zinsen werden nach der summarischen Zinsrechnung ermittelt, dabei hat **jeder Monat 30 Zinstage** und das Jahr **360 Zinstage** (= kaufmännische Zinsrechnung).
Zur Zinsberechnung ist zunächst die **Zinsstaffel** zu erstellen, die die Zinszahlen erbringt, mit deren Hilfe die **Abschlussrechnung** aufgestellt wird.

Die Zinszahlen für die Abschlussrechnung werden bei Kontokorrentkonten nach der **Saldenmethode** berechnet. Hierbei ist bei bestehenden Konten vom Saldovortrag und bei neu eröffneten Konten vom ersten Umsatz auszugehen. Dieser Anfangsbestand wird so lange verzinst, bis er durch den nächsten Umsatz verändert wird. Die genaue Zeitdauer der Verzinsung hängt dabei immer von der **Wertstellung** der Umsätze ab; für die Zinsberechnung sind die Buchungstage daher unerheblich. Der veränderte Bestand wird wiederum bis zur nächsten Änderung verzinst, längstens bis zum Tag der Kontenabrechnung oder der Kontoauflösung. Die Summe der Zinstage muss aus diesem Grund immer der Dauer des Abrechnungszeitraumes entsprechen.

Liegen in einer Aufgabe die Umsätze nicht entsprechend der Valuta geordnet vor, sind sie für die Staffel in die richtige Reihenfolge zu bringen.

Anmerkung: Auf Grund verschiedener Urteile des Bundesgerichtshofes (BGH) ist die Zahl der Möglichkeiten für Abweichungen von Buchungstag und Wertstellungstag so gering geworden, dass im Folgenden immer nur der Wertstellungstag genannt wird.

Zinsstaffel ohne Überschreitung der Kreditlinie

In den einführenden Aufgaben wird unterstellt, dass jede Kreditbeanspruchung (Soll-Saldo) im Rahmen einer **eingeräumten Überziehungsmöglichkeit** erfolgt, d.h. mit **Zustimmung** des KI und zunächst **innerhalb einer Kreditlinie**.

Beispiel 1:

Ein Kontokorrentkonto weist zum 31.03. einen Saldovortrag von 2.568,50 € Haben auf. Schließen Sie das Konto zum 30.06. ab, wenn folgende Umsätze anfielen:

Wert	*Soll (€)*	*Wert*	*Haben (€)*
		11.04.	*1.415,40*
12.04.	*1.250,00*		
18.04.	*3.168,50*		
		03.05.	*4.692,60*
21.05.	*2.463,90*		
		13.06.	*721,80*

	S/H	Betrag	Wert	Tage	Soll-# f. einger. Überz.	Haben-#
(1)	H	2.568,50	31.03.	11		283
	H	1.415,40	11.04.			
	H	3.983,90		1		40
	S	1.250,00	12.04.			
	H	2.733,90		6		164
	S	3.168,50	18.04.			
(2)	S	434,60		15	65	
	H	4.692,60	03.05.			
	H	4.258,00		18		766
	S	2.463,90	21.05.			
	H	1.794,10		22		395
	H	721,80	13.06.			
(3)	H	**2.515,90**	**30.06.**	17		428
(4)				90	65	2.076

(5) **Ergebnis:** Aus der Zinsstaffel erhält man 65 Soll-# für eingeräumte Überziehung und 2.076 Haben-#.

Erläuterung

(1) Jeder Saldo, an dieser Stelle der Saldovortrag, wird für die Dauer seines Bestehens verzinst. Die Dauer wird festgelegt durch den Zeitraum von der Valuta des Saldovortrages bis zur Valuta des nächsten Umsatzes. Wie in der allgemeinen Zinsformel werden **Centbeträge** bei der Ermittlung der Zinszahl **mitberücksichtigt**.

(2) Die Entscheidung, ob Soll- oder Haben-Zinszahlen anfallen, hängt von der Art des Saldos ab. Hier liegt ein Soll-Saldo vor, daher sind die berechneten Zinszahlen Soll-Zinszahlen für eingeräumte Überziehung.

(3) Der letzte Kontensaldo wird immer Wert „Abschlusstag" vorgetragen.

(4) Die Summen der berechneten Zinszahlen werden in der Abschlussrechnung für die Berechnung der Zinsen herangezogen.

(5) Für die Berechnung der Zinszahlen ist die absolute Höhe des Zinssatzes unerheblich. Erst in der zweiten Stufe der Kontokorrent-Rechnung, der Abschlussrechnung, ist der jeweilige Zinssatz von Bedeutung.

Erstellen einer Zinsstaffel für Kontokorrentkonten:

Um Fehler zu vermeiden, sollte bei der Erstellung der Zinsstaffel eine bestimmte Reihenfolge eingehalten werden:

1. Staffelung der Umsätze; dabei wird die Reihenfolge immer durch die **Wertstellung bestimmt.**
2. ⇒ Der Saldo aus der Staffel wird verglichen mit dem Saldo der Kontoumsätze:
   Anfangsbestand + Haben-Umsätze – Soll-Umsätze.
   Stimmen beide Salden überein (**Saldenprobe**), werden die Zinstage berechnet.
3. Die Summe der Zinstage muss mit der Dauer des Abrechnungszeitraumes übereinstimmen (**Tageprobe**).
4. Erst wenn die Salden- und die Tageprobe stimmen, werden die Zinszahlen berechnet:
   Ein Haben-Saldo ergibt Haben-Zinszahlen, ein Soll-Saldo führt zu Soll-Zinszahlen.

Arbeitsaufträge:

8.1.1 Auf einem Kontokorrentkonto liegt Wert 30.06. ein Saldovortrag von 3.420,00 € Haben vor. Berechnen Sie die Summe der Zinszahlen zum 30.09., wenn folgende Umsätze erfolgen:

Wert	Soll (€)	Haben (€)
04.07.		2.809,50
08.07.	7.519,40	
26.08.		3.289,90
13.09.	4.140,30	

8.1.2 Ein Kontokorrentkonto wird Wert 08.10. mit einer Einzahlung von 2.148,00 € eröffnet. Ermitteln Sie die Summe der Zinszahlen zum 31.12., wenn noch folgende Umsätze erfolgen:

Wert	Soll (€)	Wert	Haben (€)
17.10.	4.277,50	14.10.	1.100,50
21.10.	3.140,30	25.10.	6.219,80
11.11.	2.415,50	04.11.	496,30
18.11.	998,40	30.12.	3.103,30
20.12.	1.376,90		

8.1.3 Ein Kontokorrentkonto hat einen Saldovortrag von 4.186,50 € Soll, Wert 31.12. (Vorjahr). Ermitteln Sie die Summen der Zinszahlen zum 31.03.

Wert	Soll (€)	Haben (€)
04.01.	2.195,10	
07.01.		1.230,80
18.01.	809,80	
04.02.		4.208,00
19.02.	346,00	
28.02.		3.723,00
07.03.		1.384,00
21.03.	2.081,00	
25.03.	3.120,00	4.203,00
28.03.	710,00	

8.1.4 Ein Kunde lässt von seinem Kontokorrentkonto einen Betrag von 9.439,14 € an einen Möbelgroßhändler überweisen. Wie hoch ist der Listenpreis (Endverkaufspreis einschließlich USt) der gekauften Möbel, wenn der Händler ihm darauf 35 % Rabatt gab, zusätzlich 19 % USt erhob und der Käufer bei Zahlung innerhalb von 8 Tagen 2 % Skonto in Anspruch nahm?

Zinsstaffel mit Überschreitung der eingeräumten Kreditlinie

In den bisherigen Zinsstaffeln wurde regelmäßig unterstellt, dass Kunden, die ihr Konto auf debitorischer Basis führen, dies innerhalb des eingeräumten Kreditrahmens vorgenommen haben.

Dies ist in der Praxis nicht immer der Fall; vielmehr nehmen Privatkunden bei Bedarf auch zusätzlich Kredit in Anspruch, der über die Vereinbarung mit der Bank hinaus geht. Kreditinstitute haben dann das Recht, diese zusätzlichen Verfügungen abzulehnen oder sie zu tolerieren („geduldete Überziehung“) und hierfür einen höheren Sollzinssatz in Rechnung zu stellen.

Beispiel 2:

Ermitteln Sie die Zinszahlen zum 30.06. für folgendes Kontokorrentkonto, wenn ein Privatkunde vom 30.03. bis 14.06. ein Kreditlimit von 20.000,00 € hatte.

Umsätze:	*Wert*	*Soll (€)*	*Haben (€)*
	30.03.	*18.390,00*	
	12.04.		*1.475,00*
	19.04.	*4.215,70*	
	03.05.		*26.510,00*
	17.05.		*2.320,00*
	27.05.	*5.930,00*	
	03.06.	*6.188,50*	
	18.06.		*425,20*
	21.06.		*1.438,00*

	S/H	Betrag	Wert	Tage	Einger. Überz.-#	Geduldete Überz.-#	Haben-#
	S	18.390,00	30.03.	12	2.207		
	H	1.475,00	12.04.				
	S	16.915,00		7	1.184		
	S	4.215,70	19.04.				
(1)	S	21.130,70		14	2.800	158	
	H	26.510,00	03.05.				
	H	5.379,30		14			753
	H	2.320,00	17.05.				
	H	7.699,30		10			770
	S	5.930,00	27.05.				
	H	1.769,30		6			106
	S	6.188,50	03.06.				
	S	4.419,20		11	486		
(2) KL		0,00	14.06.				
	S	4.419,20		4		177	
	H	425,20	18.06.				
	S	3.994,00		3		120	
	H	1.438,00	21.06.				
	S	2.556,00	**30.06.**	9		230	
				90	6.677	685	1.629

Ergebnis: Aus der Zinsstaffel erhält man die Summe der Überziehungszinszahlen für eingeräumte Überziehungen mit 6.677; für von der Bank geduldete Überziehungen liegt eine Zinszahl von 685 vor. Die Summe der Haben-Zinszahlen beträgt 1.629.

Erläuterung

(1) Bei der Ermittlung der Zinszahlen für Kontokorrentkonten von Privatkunden werden Zinszahlen für die **eingeräumte Überziehung** nur bei Verfügungen innerhalb der Kreditlinie (KL) berechnet. Für diese Inanspruchnahme zahlt der Kunde den „normalen” Sollzinssatz.

Für den über die Kreditlinie hinaus beanspruchten Betrag von 1.130,70 € muss der Kunde den höheren Sollzinssatz für die **geduldete Überziehung** bezahlen.

(2) Da die Kreditlinie seit dem 14.06. nicht mehr besteht, ist der Saldo vom 03.06. mit Hilfe eines „Null-Umsatzes" in zwei Teile aufzuteilen: Bis zum 14.06. liegt er für 11 Tage innerhalb der Kreditlinie, danach ist er bis zur nächsten Verfügung in voller Höhe „geduldet" überzogen (4 Tage). Alle danach anfallenden Soll-Salden sind in vollem Umfang eine geduldete Überziehung.

⇒
- Bei **Konten** von **Privatkunden** greifen die Vorschriften des § 504 BGB. Nach den dortigen Regelungen werden Zinszahlen für den **eingeräumten** Kredit nur soweit berechnet, wie sich der Kontensaldo innerhalb der Kreditlinie befindet.
- Für die Berechnung der Zinszahlen für die **geduldete** Überziehung wird in einem zweiten Staffeldurchgang jeder Sollsaldo daraufhin überprüft, wieweit er sich außerhalb des vereinbarten Limits befindet und für welchen Zeitraum möglicherweise eine Überschreitung der vereinbarten Kreditlinie besteht.

Arbeitsaufträge:

8.1.5 Wie viele Zinszahlen fallen für ein Kontokorrentkonto an, wenn es Wert 22.03. aufgelöst wurde? Saldovortrag Wert 31.12. (Vorjahr) in Höhe von 12.496,80 € im Soll. Bis Wert 30.01. bestand eine Kre-

Umsätze:	Wert	Soll (€)	Haben (€)
	03.01.		1.380,00
	30.01.		8.106,50
	14.02.	481,70	
	18.02.		4.652,00
	28.02.	931,50	
	01.03.	1.123,60	
	18.03.		2.574,10
	21.03.	709,00	

8.1.6 Ermitteln Sie die Zinszahlensummen zum 31.03. für folgendes Kunden-Kontokorrentkonto, wenn dem Kunden mit der Wertstellung 12.01. ein Limit von 8.000,00 € eingeräumt wurde.

Umsätze:	Wert	Soll (€)	Haben (€)
	31.12. (Vorjahr)	4.285,00	
	08.01.	7.315,00	
	14.01.		970,00
	25.01.	6.472,00	7.650,00
	08.02.		11.608,00
	22.02.		2.854,00
	25.02.	11.747,00	
	18.03.	5.343,00	
	28.03.		9.445,00

8.1.7 Das folgende Kontokorrentkonto eines Privatkunden hat Wert 31.03. einen Saldovortrag in Höhe von 5.200,00 € Haben.
Berechnen Sie die Zinszahlensummen zum 30.06., wenn seit dem 18.04. (Wert) eine Kreditlinie über 4.000,00 € besteht, die Wert 10.06. auf 6.000,00 € erhöht wurde.

Umsätze:	Wert	Soll (€)	Haben (€)
	08.04.	6.000,00	
	15.04.	4.562,80	
	29.04.		6.862,80
	13.05.	8.000,00	
	21.06.	1.400,00	
	24.06.		400,00
	28.06.		800,00

8.1.8 Das Kontokorrentkonto eines Privatkunden hat Wert 31.03. einen Saldovortrag von 8.496,00 € Haben. Eine Kreditlinie von 14.000,00 € ist bis Wert 10.06. eingeräumt.
Berechnen Sie bei folgenden Umsätzen die Zinszahlensummen zum 30.06.:

Umsätze: Wert	Soll (€)	Haben (€)
04.04.	26.390,00	
08.04.		2.804,00
11.04.	4.810,00	
29.04.		6.315,00
06.05.		8.286,00
29.05.	1.654,00	
18.06.		13.223,00
20.06.	470,00	
24.06.		1.570,00

8.1.9 In der Wochenendausgabe einer Zeitung wird unter der Rubrik "Kapital" folgende Anzeige veröffentlicht: „Seriöse Dame benötigt 5.000,00 € für drei Monate. Eine Rückzahlung von 5.750,00 € wird zugesichert." Welchen Zinssatz verspricht die Inserentin zu leisten?

8.1.10 Unser Kunde Ulf Dengler hat zum 31.12. des Vorjahres einen Saldovortrag von 2.937,08 € Haben. Ermitteln Sie Wert 31.03. unter Berücksichtigung folgender Umsätze die anfallenden Zinszahlensummen, wenn seit dem 14.02. (Wert) eine Kreditlinie in Höhe von 5.000,00 € eingeräumt worden war.

Umsätze: Wert	Soll (€)	Umsätze: Wert	Haben (€)
11.01.	1.015,00	31.12. (Vorjahr)	407,20
30.01.	478,60	11.01.	796,00
11.02.	12.615,40	21.01.	1.314,00
28.02.	2.723,00	04.02.	2.422,00
		22.02.	486,00

8.1.11 Berechnen Sie den Zielverkaufspreis für ein Produkt einschließlich 19 % USt, wenn folgende Rahmenbedingungen zu berücksichtigen sind:
Nettoverkaufspreis 420,00 €; übliches Zahlungsziel 21 Tage; der Unternehmer muss 10 % Zinsen für den erforderlichen Kontokorrentkredit zur Überbrückung dieser Zeit bezahlen.

8.2 Abschlussrechnung

In der Abschlussrechnung werden die mit Hilfe der Zinsstaffel ermittelten Zinszahlensummen in Zinsen umgerechnet. Die Abrechnungsbedingungen sind von Kreditinstitut zu Kreditinstitut verschieden, wobei selbst innerhalb eines Kreditinstitutes unterschiedliche Konditionen angewendet werden. Dies ist im Wesentlichen vom Kontoinhaber und von den möglicherweise gestellten **Sicherheiten** abhängig. Für Lohn- und Gehaltskonten werden gemäß BGB Nettozinssätze berechnet. Üblicherweise werden folgende Posten in Rechnung gestellt:

- Habenzinsen für das jeweilige Guthaben. Diese Zinsen unterliegen dem AbgSt-Abzug;
- Sollzinsen für die eingeräumte Überziehung;
- Sollzinsen für die geduldete Überziehung;
- Gebühren (Kontoführungsgebühren, Postenentgelte, Porto, Barauslagen).

Berechnung der Zinsen

Sichteinlagen dienen dem Zahlungsverkehr und müssen daher von den Kreditinstituten täglich bereit gehalten werden. Für diese Einlagen werden häufig nur sehr niedrige **Habenzinssätze**, z. B. 0,25 % p. a., vergütet. Manche Kreditinstitute zahlen diesen Satz sogar nur dann, wenn der Kunde ein monatliches Mindestguthaben von z. B. 2.500,00 € unterhält; Kontoinhaber mit niedrigerem Durchschnittsguthaben erhalten dann keine Zinsen.
Wenn die Habenzinsen von einem durchschnittlichen Mindestguthaben abhängig sind, muss dieses als erstes für den Abrechnungszeitraum ermittelt werden, d.h. für höchstens 90 Tage.

Überschreitet das Guthaben den vom KI geforderten Mindestbetrag, erhält der Kontoinhaber Zinsen für alle Guthabensalden - im anderen Fall erhält er keine Zinsen.

Beispiel 1:

Ein Kreditinstitut vergütet 0,5 % Habenzinsen, wenn der Inhaber eines privaten Kontokorrentkontos ein monatliches Durchschnittsguthaben von mindestens 2.000,00 € unterhält.
Berechnen Sie das Mindestguthaben, wenn folgende in der Staffel aufgeführten Umsätze zu berücksichtigen sind (Abrechnung vom 30.06. bis zum 30.09.) und entscheiden Sie, ob der Kontoinhaber Habenzinsen erhält.

S/H	Betrag	Wert	Tage	Soll-# f. einger. Überz.	Haben-#	gewichtetes Guthaben	
H	2.568,50	30.06.	11		283	28.253,50	(1)
H	1.415,40	11.07.					
H	3.983,90		31		1.235	123.500,90	
S	1.250,00	12.08.					
H	2.733,90		6		164	16.403,40	
S	3.168,50	18.08.					
S	434,60		14	61			
S	4.692,60	02.09.					
S	5.127,20		10	513			
H	6.721,80	12.09.					
H	1.594,60	30.09.	18		287	28.702,80	
			90	574	1.969	196.860,60	

Durchschnittsguthaben: 196.860,60 : 90 = **2.187,34 €** (2)
Dies bedeutet, dass der Kontoinhaber 0,5 % Habenzins aus 1.969 # erhält.

Erläuterung

(1) Der Haben-Kontensaldo wird mit seiner Verweildauer multipliziert („gewichtet").
Berechnung: Saldo * Tage

(2) Die Summe aller gewichteten Guthabensalden wird durch die Dauer des Abrechnungszeitraumes (Summe der Zinstage) dividiert.

Die Höhe des **Sollzinssatzes** hängt davon ab, ob der Kunde mit seinem KI eine Kreditlinie vereinbart und ob sich der Kontostand innerhalb oder außerhalb dieser Linie bewegt. Darüber hinaus wird seine Höhe von individuellen Vereinbarungen und gestellten Sicherheiten bestimmt.

Beispiel 2:

Ermitteln Sie die Zinsen für ein Privatkunden-Kontokorrentkonto, wenn 12.348 # Haben zu 0,5 %, 37.465 # für eingeräumte Überziehung zu 9,5 % und 8.170 # für geduldete Überziehung zu 13,5 % abzurechnen sind. Es liegt kein Freistellungsauftrag vor. Ein Kirchensteuerabzug findet nicht statt.

	Abrechnungsposten	Soll	Haben
	12.348 # Haben zu 0,5 %		17,15 €
	37.465 # Soll zu 9,5 %	988,66 €	
	8.170 # Soll zu 13,5 %	306,38 €	
		1.295,04 €	
	– 25 % AbgSt aus 17,15 €		4,29 €
	– 5,5 % SolZ aus 4,29 €		0,23 €
–	Netto-Habenzinsen	12,63 €	**12,63 €**
	Saldo	**1.282,41 €**	

Anmerkung: Nach den Bestimmungen zum Verbraucherschutz (siehe BGB) müssen Sollzinsen und Habenzinsen auf den Kundenkonten getrennt ausgewiesen werden. Dies ist auch für die Berechnung der AbgSt wichtig, da die Habenzinsen nicht mit Sollzinsen verrechnet weden dürfen.

Aus praktischen Gründen wird hier ein einheitlicher Abrechnungssaldo für die Berechnung des Saldovortrages angegeben.

Gebühren

Kreditinstitute berechnen häufig neben den Zinsen zusätzlich Gebühren. Dabei wird unterschieden, ob es sich bei den Abrechnungen um Lohn- und Gehaltskonten oder sonstige Privatkonten handelt. Beim online-Banking entfallen die Gebühren meist.

Viele Kreditinstitute verlangen zunächst eine monatliche Grundgebühr, die eine bestimmte Anzahl von kostenlosen Buchungen beinhaltet. Darüber hinaus vorkommende Geschäftsfälle werden mit unterschiedlichen Gebühren je Posten abgerechnet.

Weitere Kosten fallen an für Barauslagen, die das Kreditinstitut getätigt hat, sowie als Ausgleich für die Portokosten, die z.B. bei der Zusendung von Kontoauszügen entstehen. Da die Kreditinstitute unterschiedliche Konditionen aufweisen, werden die Kontonebenkosten für schulische Zwecke meist pauschalisiert.

Beispiel 3:

Welchen Betrag bekommt der Kunde belastet, wenn er innerhalb des Abrechnungszeitraums folgende Geschäftsfälle abwickelte:

22 beleggebundene Überweisungen (je 0,25 €)
8 Ein- und Auszahlungen (je 0,50 €)
12 Dauerauftragsausführungen (je 0,20 €)
38 Verrechnungsschecks und Lastschriften (je 0,30 €)
7 sonstige Geschäftsfälle (je 0,50 €

Zu berücksichtigen sind eine monatliche Grundgebühr von 3,00 € und eine Freipostenpauschale von 2,50 € im Monat, eine Dauerauftragsänderung mit 2,00 €, sowie das Zusenden von 8 Kontoauszügen zu je 0,70 €.

22	Überweisungen	5,50 €
38	Verrechnungsschecks	11,40 €
12	Daueraufträge	2,40 €
8	Ein- u. Auszahlungen	4,00 €
7	sonstige Geschäftsfälle	3,50 €
1	DA-Änderung	2,00 €
3	Grundgebühr	9,00 €
–	Freipostenpauschale	– 7,50 €
8	Porto	5,60 €
	Belastung	**35,90 €**

- In der Abschlussrechnung werden die Beträge aller Habenzinsen und die Summen von Sollzinsen für eingeräumte und für geduldete Überziehung berechnet. Auf Habenzinsen müssen (ohne Verrechnung mit Sollzinsen) AbgSt und SolZ erhoben werden. ⇐
- Für die Dienstleistung der Kontoführung erheben Kreditinstitute Gebühren sowie Auslagenersatz in unterschiedlicher Höhe.

Arbeitsaufträge:

8.2.1 Ermitteln Sie die Zinsen für ein privates Kontokorrentkonto, wenn 11.215 # Haben zu 0,5 %, 1.890 # für eingeräumte Überziehung zu 9,75 % und 1.265 # für geduldete Überziehung zu 13,5 % anfielen.
Mit welchem Saldovortrag beginnt das nächste Quartal, wenn der Kontostand vor der Abrechnung auf 4.580,47 € Haben lautete und kein FSA vorliegt? Ein Kirchensteuerabzug findet nicht statt.

8.2.2 Der Kontostand auf einem privaten Kontokorrentkonto beträgt vor der Buchung der Abschlussposten 21.560,00 € Soll. Ein ausreichender Freistellungsauftrag liegt vor.
Berechnen Sie den Saldovortrag, wenn noch folgende Zinszahlensummen zu verrechnen sind:
1.260 # Haben zu 0,5 %; 22.475 # Soll zu 10,75 %; 8.348 # Soll zu 14,75 %.

8.2.3 Begründen Sie rechnerisch, ob ein Kontokorrentkunde Habenzinsen erhält (Abrechnung laut AGB):
Erforderliches Mindestguthaben: 2.500,00 €; im Abrechnungsquartal angefallene Haben-#: 2.134.

8.2.4 Erstellen Sie die Zinsstaffel für ein privates Kontokorrentkonto und ermitteln Sie den Saldovortrag, Wert 31.03., wenn ein ausreichender FSA vorliegt:
Habenzinssatz 0,5 % bei einem Mindestguthaben von 1.000,00 €;
Sollzinssatz 12 % für eingeräumte Überziehung (alle Beanspruchungen sind innerhalb der Kreditlinie).

Wert	Soll (€	Haben (€)
31.12. (Saldovortrag)		5.348,90
07.01.	2.416,40	
14.01.	4.975,00	
17.01.		587,50
30.01.		2.421,00
18.02.	2.648,00	
15.03.	3.282,00	
28.03.		1.878,00

8.2.5 Ermitteln Sie für folgendes Kontokorrentkonto den Saldovortrag, Wert 30.06., wenn ab dem 12.04. eine Kreditlinie von 10.000,00 € eingeräumt war; im allgemeinen Verlustverrechnungstopf befinden sich zum Stichtag 30.06. 572,89 € aus Käufen von festverzinslichen Effekten.
Zinssätze: 0,5 % Haben; eingeräumte Überziehung 10,75 %; geduldete Überziehung 14,75 %.

Wert	Soll (€)	Haben (€)
31.03.		2.340,00
08.04.	3.160,00	
12.04.	8.420,00	
29.04.		1.650,00
06.05.	4.290,00	3.710,00
21.05.	7.845,00	
03.06.		980,00
27.06.	435,00	
28.06.		8.470,00

8.2.6 Eine Zinsstaffel weist Wert 30.09. einen vorläufigen Saldo von 6.420,00 € Haben auf (d. h. ohne verrechnete Zinsen). Aus der Zinsstaffel sind 5.385 # Haben zu 0,75 % und 2.430 # für eingeräumte Überziehung zu 9,75 % abzurechnen.Das Kontokorrentkonto war einmal für 14 Tage mit 7.260,00 € über die vereinbarte Kreditlinie hinaus beansprucht worden.
Ermitteln Sie den Saldovortrag für das nächste Quartal bei einem Sollzinssatz für die geduldete Überziehung in Höhe von 13,25 %, wenn im allgemeinen Verlustverrechnungtopf ein Guthaben von 81,25 € vorliegt.

8.2.7 Kunde Jens Maier hat Anfang des Monats März bei uns ein Kontokorrentkonto eröffnen lassen, auf dem noch keine Kreditlinie eingeräumt ist. Nach der ersten Quartalsabrechnung kommt er empört zu uns, da er der Meinung ist, dass wir ihn zu Unrecht mit Sollzinsen belastet haben. Zum Beweis für die Richtigkeit seiner Meinung, dass er ständig über ein Guthaben verfügt habe, legt er uns die Kontoauszüge vor, die folgendes Bild ergeben:

Bu-Tag	Buchungserläuterung	Wert	Umsatz	Kontostand neu EUR
03.03.	Bareinzahlung, Kontoeröffnung	03.03.	H 500,00	H 500,00
10.03.	Scheckeinreichung	15.03.	H 4.760,00	H 5.260,00
11.03.	Barabhebung	11.03.	S 2.100,00	H 3.160,00
15.03.	Lastschrift Miete	15.03.	S 810,00	H 2.350,00
21.03.	Barabhebung	21.03.	S 1.250,00	H 1.100,00
28.03.	Gehaltszahlung	31.03.	H 4.400,00	H 5.500,00
28.03.	Überweisung an Autohaus Schulze GmbH	28.03.	S 2.736,50	H 2.763,50
31.03.	Kontoabrechnung Sollzinsen	30.03.	S 3,77	H 2.759,73

Unser KI bietet eine kostenfreie Kontoführung, vergütet dafür aber keine Habenzinsen. Für beanspruchte Kredite berechnen wir innerhalb der Kreditlinie 10 % Sollzinsen und für geduldete Überziehungen 14 % Sollzinsen.

1. Erläutern Sie dem Kunden mit Hilfe einer Zinsstaffel, warum unser KI Sollzinsen berechnet hat und dass der Belastungsbetrag richtig berechnet wurde.
2. Weisen Sie anhand des Kundenkontos zwei Beispiele für eine mögliche Differenz von Buchungs- und Wertstellungstag nach, die einen Kunden in eine „Kreditfalle“ locken können.
   Erklären Sie die Notwendigkeit für das KI, diese Zeitspannen einzuhalten.

9 Abrechnen von Sparkonten

Sparkonten dienen der Ansammlung und der Anlage von Vermögen. Der Begriff der „Spareinlagen" und die Möglichkeiten, über sie zu verfügen, werden durch die „Verordnung über die Rechnungslegung der Kreditinstitute" (RechKredV) eingegrenzt.

§ 21 RechKredV

Verbindlichkeiten gegenüber Kreditinstituten (Nr. 1),
Verbindlichkeiten gegenüber Kunden (Nr. 2)

(4) Als Spareinlagen sind nur unbefristete Gelder auszuweisen, die folgende vier Voraussetzungen erfüllen:
1. *sie sind durch Ausfertigung einer Urkunde, insbesondere eines Sparbuches, als Spareinlagen gekennzeichnet;*
2. *sie sind nicht für den Zahlungsverkehr bestimmt;*
3. *sie werden nicht von Kapitalgesellschaften ... angenommen, es sei denn, diese Unternehmen dienen gemeinnützigen, mildtätigen oder kirchlichen Zwecken, oder es handelt sich bei den von diesen Unternehmen angenommenen Geldern um Sicherheiten gemäß § 551 des Bürgerlichen Gesetzbuchs oder § 14 Abs. 4 des Heimgesetzes;*
4. *sie weisen eine Kündigungsfrist von mindestens drei Monaten auf.*

Sparbedingungen, die dem Kunden das Recht einräumen, über seine Einlagen mit einer Kündigungsfrist von drei Monaten bis zu einem bestimmten Betrag, der jedoch pro Sparkonto und Kalendermonat 2.000,00 EUR nicht überschreiten darf, ohne Kündigung zu verfügen, schließen deren Einordnung als Spareinlagen im Sinne dieser Vorschriften nicht aus. Geldbeträge, die auf Grund von Vermögensbildungsgesetzen geleistet werden, gelten als Spareinlagen. Bauspareinlagen gelten nicht als Spareinlagen.

Für die Bilanzierung von Spareinlagen gilt, dass diese getrennt nach ihrer Kündigungsfrist auszuweisen sind:
- Spareinlagen mit vereinbarter Kündigungsfrist von **drei Monaten**,
- Spareinlagen mit vereinbarter Kündigungsfrist von **mehr als drei Monaten**.

Verschiedene Kreditinstitute sind nach der Neuregelung des Begriffes der Spareinlagen dazu übergegangen, Einlagen mit längeren Kündigungsfristen im Neugeschäft nicht mehr anzubieten. Bestehende Altverträge werden nach der ursprünglichen Vereinbarung erfüllt und abgewickelt.

Für das Verhältnis von Sparkunden zu ihren Kreditinstituten greifen die „Bedingungen für den Sparverkehr" (Bestandteil der AGB). In ihnen sind insbesondere die Verzinsung und die Kündigung von Sparguthaben geregelt. Dadurch besteht auch Klarheit über die Verfügungsmöglichkeiten für diese Einlagen.

Sonderbedingungen für den Sparverkehr *(Kreditgenossenschaften - Auszug)*

Nr. 3 Verzinsung
(1) Spareinlagen werden zu den von der Bank durch Aushang in den Geschäftsräumen der kontoführenden Stelle bekanntgegebenen Zinssätzen verzinst. Änderungen werden mit ihrer Bekanntgabe wirksam.
(2) Die Verzinsung beginnt mit dem Tag der Einzahlung und endet mit dem der Rückzahlung vorhergehenden Kalendertag. Der Monat wird zu 30 Tagen, das Jahr zu 360 Tagen abgerechnet.
(3) Zinsen werden am Jahresschluss gutgeschrieben. Während des Kalenderjahres werden Zinsen nur bei voller Rückzahlung der Einlagen ausgezahlt. Innerhalb eines Zeitraums von zwei Monaten nach Gutschrift kann über die Zinsen verfügt werden. Danach unterliegen sie der Kündigungsregelung gemäß Nr. 5.

Nr. 5 Kündigung
(1) Spareinlagen weisen eine Kündigungsfrist von drei Monaten auf. Eine längere Kündigungsfrist und Kündigungssperrfrist wird ausdrücklich vereinbart und in der Sparurkunde vermerkt. ...
(2) Von Spareinlagen mit einer Kündigungsfrist von drei Monaten können ohne Kündigung bis zu 2.000,00 EUR für jedes Sparkonto innerhalb eines Kalendermonats zurückgefordert werden.

Nr. 6 Vorschusszinsen
Ein Anspruch auf vorzeitige Verfügung besteht nicht. Werden Spareinlagen ausnahmsweise vorzeitig zurückgezahlt, ist die Bank berechtigt, die zurückgezahlte Einlage mit Ausnahme des in Nr. 5 Abs. 2 genannten Betrages als Vorschuss zu verzinsen. Macht die Bank von diesem Recht Gebrauch, so wird sie den jeweiligen Vorschusszinssatz durch Aushang in ihren Geschäftsräumen bekannt geben.

Wird zwischen dem Sparer und seinem Kreditinstitut keine besondere Kündigungsfrist für eine Spareinlage vereinbart, gilt laut AGB immer eine Kündigungsfrist von drei Monaten. Dies bedeutet, dass der Sparer einen Betrag von mehr als 2.000,00 € drei Monate vor der Verfügung gekündigt haben muss, sonst ist das Kreditinstitut **berechtigt**, aber nicht verpflichtet, ihm bei vorzeitiger Verfügung Vorschusszinsen (VZ) in Rechnung zu stellen. Nach den AGB der Sparkassen ist alternativ die Berechnung eines (prozentualen) Vorfälligkeitsentgeltes möglich. Kreditbanken können einen „Vorfälligkeitspreis" berechnen, der ebenfalls durch den Preisaushang bekanntgegeben wird.

Aus Wettbewerbsgründen werden sowohl die Sparform „vereinbarte Kündigungsfrist von drei Monaten" wie auch die „vereinbarte Kündigungsfrist von mehr als drei Monaten" (mit variabler Kündigungssperrfrist) weiterhin der Kundschaft angeboten. Weitere Angebote in diesem Marktsegment sind Sondersparformen, die eine Verknüpfung verschiedener Sparformen darstellen. Dabei handelt es sich dann aber um privatrechtliche Verträge, die von allen im Markt befindlichen KI frei gestaltet werden können (siehe Aufgabenstellung).

Sparkonten sind unabhängig von der Kündigungsfrist **mindestens** einmal jährlich abzurechnen, dies bedeutet, dass grundsätzlich auch ein quartalsweiser Abschluss möglich ist. Der Abschluss erfolgt zum vereinbarten Abschlusstag oder während des Jahres zum Tag der Kontoauflösung.

Für Kunden, die höhere Einkünfte aus Kapitalvermögen erzielen als 801,00 € (ledig) bzw. 1.602,00 € (verheiratet), werden **25 % Abgeltungsteuer** (AbgSt), auf diese zusätzlich **5,5 % Solidaritätszuschlag** (SolZ) und anhand der Kirchensteuerabzugsmerkmale (**KiStAM**) **8 % Kirchensteuer** von dem Betrag erhoben, der über den erteilten Freistellungsauftrag des Sparers hinausgeht.

Der Betrag der Abgeltungsteuer wird kaufmännisch gerundet, der SolZ abgerundet aus dem vorher abgerundeten Betrag der AbgSt und die KiSt ebenfalls abgerundet aus der AbgSt gerechnet.

Die KI nehmen den Abzug und die Weiterleitung der Steuern an die Finanzverwaltung vor.

Hinweis: Bei den hier anfallenden Aufgabenstellungen wird grundsätzlich unterstellt, dass dem KI ein **Freistellungsauftrag (FSA)** des Sparers vorliegt. In Einzelfällen wird ausdrücklich auf Abweichungen hingewiesen.

9.1 Erstellen einer Zinsstaffel für Sparkonten

Die Tabelle zur Ermittlung der Zinsen kann in Kontoform oder in Staffelform erstellt werden. Um eine Annäherung an die Praxis zu ermöglichen, wird hier nur die Kontoform dargestellt.

Die Berechnung der Zinsen bei Sparkonten erfolgt, anders als bei der Kontokorrentrechnung, nach der **progressiven Postenmethode**:

Der Saldovortrag oder der Einzahlungsbetrag bei der Kontoeröffnung wird bis zum 31.12. des laufenden Jahres verzinst. Jede weitere Veränderung des Kontostandes berührt daher gleichzeitig den zum Jahresende vorgerechneten Zinsbestand. Eine Einzahlung führt zu einer Erhöhung, eine Auszahlung zu einer Minderung des Zinsbestandes. Die Gesamtheit der Zinsen wird zum Abschlusstag dem bestehenden Kapital hinzugeschlagen und als Saldovortrag im neuen Jahr mitverzinst.

Auch bei der Sparkontenrechnung sind die Wertstellungen maßgeblich für die Berechnung der Zinsen und nicht die Buchungstage. Für die Wertstellung sind dabei in letzter Zeit Urteile des Bundesgerichtshofes insofern bedeutsam geworden, als dass Kreditinstitute verpflichtet wurden, **Bargeschäfte** taggleich zu verzinsen. Für unbare Umsätze auf Sparkonten sind allerdings auch weiterhin andere Wertstellungsmöglichkeiten zulässig.

In den folgenden Aufgaben wird für die Zinsberechnung immer der Wertstellungstag genannt und für die Zinsberechnung zugrunde gelegt.

Beispiel 1:

Schließen Sie das folgende Sparkonto mit dreimonatiger Kündigungsfrist zum 31.12. ab; Zinssatz 0,75 %. Ein ausreichender Freistellungsauftrag liegt vor.

Wert	*Betrag*	*Vorgang*
31.12. (Vorjahr)	*8.260,00*	*Saldovortrag, darin sind 200,00 € Zinsen enthalten*
11.02.	*2.200,00*	*Auszahlung*
04.03.	*840,00*	*Einzahlung*
02.09.	*1.700,00*	*Einzahlung*
21.09.	*5.500,00*	*Auszahlung, gekündigt 14.06. dieses Jahres*
15.11.	*460,00*	*Auszahlung*

Kapital					Zinsen			
Abhebung	Einzahlung	Bestand	Wert	Tage	Minderung	Mehrung	Zinsbestand	
		8.260,00	31.12.	360			61,95	(1)
2.200,00		6.060,00	11.02.	319	14,62		47,33	(2)
	840,00	6.900,00	04.03	296		5,18	52,51	
	1.700,00	8.600,00	02.09.	118		4,18	56,29	
5.500,00		3.100,00	21.09.	99	11,34		44,95	(3)
460,00		2.640,00	15.11.	45	0,43		44,52	
	44,52	**2.684,52**	**31.12.**		44,52		0,00	(4)

Erläuterung

(1) Der Saldovortrag hat immer die Wertstellung des letzten Abschlussstichtages (31.12.); er wird bis zum nächsten 31.12. für ein volles (Zins-)Jahr verzinst; damit entsteht ein Zinsbestand, der dann in dieser Höhe am Jahresende zu kapitalisieren ist, wenn keine weiteren Umsätze erfolgen.
Bei dieser Technik der Zinsberechnung ist für den Bankmitarbeiter am Bildschirm immer der vorausgerechnete Zinsbestand zum Jahresende sichtbar.

(2) Durch die Abhebung Wert 11.02. werden Kapital und Zinsbestand verringert; der Zinsbestand muss um den Zins aus 2.200,00 € für 319 Tage gemindert werden. Da im Abhebungsbetrag 200,00 € Zinsen aus dem Vorjahr enthalten sind und die Abhebung vor Ende Februar erfolgt, verfügt der Kunde nur über 2.000,00 € netto; der Vorgang ist VZ-frei.

(3) Der Abhebungsbetrag wurde fristgerecht vor 3 Monaten gekündigt, daher fallen hierbei keine Vorschusszinsen an. Die vorschusszinsfreie Verfügungsmöglichkeit über gekündigte Beträge bleibt für einen Monat nach Ablauf der Kündigungsfrist erhalten.

(4) Die ermittelten Zinsen werden im Konto kapitalisiert, der Zinsbestand sinkt dadurch auf „0“. Der um die Zinsen erhöhte Kontostand ergibt den Anfangsbestand für das nächste Jahr.

- Die Zinsstaffel wird bei allen Sparkonten, unabhängig von der Dauer der vereinbarten Kündigungsfrist, nach der **progressiven Postenmethode** erstellt.
- In der Sparkontenrechnung werden der Saldovortrag und jeder Umsatz bis zum 31.12. des laufenden Jahres verzinst.
- Der Zeitraum der Verzinsung beginnt immer mit dem Wertstellungstag des Saldovortrages oder der ersten Einzahlung auf dem Konto. ⇐
- Einzahlungen führen zu einer Mehrung, Auszahlungen zu einer Minderung des Zinsbestandes.
- Über gekündigte Beträge kann innerhalb eines Monats verfügt werden.

Arbeitsaufträge:

Hinweis: Wenn nicht ausdrücklich etwas anders vermerkt ist, liegt ein ausreichender Freistellungsauftrag (FSA) vor.

9.1.1 Rechnen Sie folgendes Sparkonto zum 31.12. zu 1,5 % ab (Kündigungsfrist 3 Monate):

Wert	Betrag (€)	Vorgang
11.01.	6.200,00	Kontoeröffnung bar
24.02.	1.900,00	Barabhebung
16.04.	4.260,00	Überweisungseingang
29.04.	3.786,25	Effektenkauf (3 Monate gesperrt)
19.06.	1.003,75	Barabhebung
13.09.	2.230,00	Einzahlung
30.11.	12.350,00	Übertrag von Girokonto
20.12.	1.980,00	Barabhebung

9.1.2 Ein Sparkonto mit dreimonatiger Kündigungsfrist hat einen Saldovortrag von 12.385,60 €. Darin sind 485,60 € Zinsen enthalten. Schließen Sie das Konto zum 31.12. ab (p = 0,75 %).

Wert	Einzahlungen (€)	Wert	Auszahlungen (€)	
18.01.	404,40	22.02.	2.480,00	
10.05.	1.600,00	11.03.	1.950,00	
30.07.	2.450,00	21.06.	650,00	
07.10.	8.130,00	28.06.	1.310,00	
		05.12.	2.960,00	Übertrag auf ein anderes Sparkonto bei demselben KI

9.1.3 Ein KI rechnet Sparkonten mit der kürzest möglichen Kündigungsfrist zu einem Zinssatz von 1,25 % ab. Der Saldovortrag Wert 30.12. des Vorjahres beträgt 7.265,00 €.
Schließen Sie das folgende Konto zum 31.12. des laufenden Jahres ab.

Führen Sie hierzu die Valutierung gemäß den Sonderbedingungen für den Sparverkehr durch (s. S. 247).

Geschäftstag	Betrag (€)	Vorgang
11.02.	2.105,00	Einzahlung
29.03.	1.870,00	Auszahlung
01.04.	1.980,00	Auszahlung
27.05.	2.170,00	Übertrag auf ein anderes Sparkonto bei uns
11.07.	476,00	Einzahlung
18.11.	1.239,80	Einzahlung
05.12.	1.875,30	Auszahlung

9.1.4 Erstellen Sie für folgende Aufgaben die Zinsstaffel und kapitalisieren Sie die Zinsen zum 31.12. Der Saldovortrag beläuft sich auf 5.480,00 €, Wert 31.12. des Vorjahres. Die vereinbarte Kündigungsfrist beträgt drei Monate.

1. Zinssatz 2 %. Der Kontoinhaber ist verheiratet, es sind keine weiteren Einkünfte aus Kapitalvermögen zu berücksichtigen. Ein Freistellungsauftrag über den vollen Sparerpauschbetrag liegt vor.
2. Zinssatz 1,5 %. Der Kontoinhaber ist ledig und hat weitere Zinseinnahmen über 450,00 €. Ein Freistellungsauftrag über 601,00 € liegt vor.

Wert	Einzahlungen (€)	Wert	Auszahlungen (€)
14.01.	2.160,00	30.01.	1.540,00
01.03.	1.620,00	06.05.	1.800,00
11.03.	2.840,00	29.11.	2.000,00
02.09.	4.965,00	05.12.	1.550,00

Kontoauflösung nach fristgemäßer Kündigung

Lässt ein Sparer sein Konto während des Jahres auflösen, so sind die progressiv auf das Jahresende hin berechneten Zinsen zu berichtigen. Eine vorschusszinsfreie Verfügung ist dabei nur möglich, wenn das Guthaben 2.000,00 € nicht übersteigt oder wenn das Guthaben rechtzeitig vorher gekündigt wurde. Der ermittelte Restbestand an Zinsen wird kapitalisiert; dabei ist ein vorhandener Freistellungsauftrag zu berücksichtigen.

Beispiel 2:

Ein Sparkonto mit dreimonatiger Kündigungsfrist wird mit 1,25 % verzinst. Der Kunde kündigt am 08.08. das Gesamtguthaben, das er Wert 12.11. bar abhebt. Führen Sie den Abschluss des Kontos durch, wenn kein Freistellungsauftrag vorliegt. Gemäß KiStAM ist er mit 8 % kirchensteuerpflichtig. Die AbgSt beträgt dann 24,51 %.

Wert	*Betrag*	*Vorgang*
31.12.	*2.460,00*	*Saldovortrag*
04.02.	*1.120,00*	*Einzahlung*
01.03.	*870,00*	*Einzahlung*
15.04.	*2.550,00*	*Übertrag vom Girokonto*
21.06.	*640,00*	*Abhebung*
14.08.	*2.000,00*	*Übertrag auf Girokonto*

Kapital					Zinsen			
Abhebung	Einzahlung	Bestand	Wert	Tage	Minderung	Mehrung	Zinsbestand	
		2.460,00	31.12.	360			30,75	
	1.120,00	3.580,00	04.02.	326		12,68	43,43	
	870,00	4.450,00	01.03.	299		9,03	52,46	
	2.550,00	7.000,00	15.04.	255		22,58	75,04	
640,00		6.360,00	21.06.	189	4,20		70,84	
2.000,00		4.360,00	14.08.	136	9,44		61,40	
4.360,00		0,00	12.11.	48	7,27		54,13	(1)
			12.11.		**15,05**	**AbgSt**	39,08	
	39,08	39,08	12.11.		39,08		0,00	
39,08		0,00						

Berechnung des Auszahlungsbetrages:	Sparguthaben	4.360,00 €	
	+ aufgelaufene Zinsen	+ 54,13 €	
	– 24,51 % AbgSt	– 13,27 €	(2)
	– 5,5 % SolZ	– 0,72 €	
	– 8 % Kirchensteuer	– 1,06 €	
	Auszahlungsbetrag	**4.399,08 €**	

Erläuterung

(1) Die Kontoauflösung wird wie eine normale Abhebung behandelt, da der Kunde rechtzeitig gekündigt hatte.

(2) Hat der Kontoinhaber für die zu kapitalisierenden Zinsen keinen Freistellungsauftrag erteilt, muss das KI bei kirchensteuerpflichtigen Kunden von den Zinsen 24,51 % AbgSt, darauf 5,5 % SolZ und 8 % Kirchensteuer abführen (insgesamt 27,819 % der Zinsen).

Arbeitsaufträge:

9.1.5 Ein Sparer lässt sein Konto mit dreimonatiger Kündigungsfrist nach rechtzeitiger Kündigung Wert 27.05. dieses Jahres auflösen. Der vereinbarte Zinssatz beträgt 0,75 % (Standardkondition). Führen Sie die Kontoabrechnung durch, ein FSA liegt vor.

Wert	Betrag (€)	Vorgang
31.12.	8.745,00	Saldovortrag
25.01.	956,00	Einzahlung
04.02.	1.500,00	Abhebung
05.03.	3.798,00	Übertrag auf Sparkonto bei demselben KI
02.04.	647,00	Einzahlung
08.05.	500,00	Auszahlung

9.1.6 Ein Sparkonto mit dreimonatiger Kündigungsfrist wird zu 0,75 % verzinst.
Der Kontoinhaber lässt das Konto zum 27.09. auflösen, nachdem er das Gesamtguthaben am 07.06. gekündigt hatte.

Berechnen Sie den Auszahlungsbetrag, wenn ein noch ausreichender FSA vorliegt.

Wert	Betrag (€)	Vorgang
31.12.	17.295,00	Saldovortrag einschl. 775,00 € Zinsen
04.01.	2.600,00	Abhebung
08.02.	2.175,00	Übertrag auf Girokonto
27.02.	3.550,00	Einzahlung
18.04.	3.165,00	Effektenkauf (gesperrt für drei Monate)
19.06.	1.285,00	Abhebung
28.06.	3.715,00	Kauf eines abgezinsten Sparbriefes
27.09.	2.000,00	Übertrag auf Girokonto

Berücksichtigen Sie bei der VZ-Berechnung, dass gekündigte Beträge noch einen Monat nach Ablauf der Kündigungsfrist frei verfügbar bleiben.

Sparkonten mit vereinbarter Kündigungsfrist von mehr als drei Monaten

Bei Sparkonten mit einer Kündigungsfrist von mehr als drei Monaten haben Kunden die Möglichkeit, mit ihren Kreditinstitute die Dauer der **Kündigungsfrist** frei zu vereinbaren. Häufig vorkommende Kündigungsfristen sind 6, 12 und 48 Monate. Auch andere Fristen sind aufgrund der Sparbedingungen grundsätzlich denkbar.

Zur Kündigungsfrist kann zusätzlich eine **Kündigungssperrfrist** vereinbart werden. Erst nach deren Ablauf ist eine rechtswirksame Kündigung möglich. Diese Möglichkeit wird zur Zeit besonders in Sonder-Sparverträgen wahrgenommen. In den Aufgaben wird auf eine Sperrfrist von z.B. 6 Monaten ausdrücklich hingewiesen.

Die Verfügungsmöglichkeit von 2.000,00 € im Kalendermonat besteht bei Sparkonten mit vereinbarter Kündigungsfrist von mehr als drei Monaten nicht. Deshalb kann ein Sparer in diesen Fällen nur nach Kündigung und Ablauf der jeweiligen Kündigungsfrist vorschusszinsfrei verfügen. Allerdings besteht auch hier die Möglichkeit, über die kapitalisierten Zinsen innerhalb von zwei Monaten nach Gutschrift zu verfügen, ohne dass VZ berechnet wird.

Umbuchungen auf Anlageformen mit mindestens der gleichen Anlagedauer bei demselben KI sind ebenfalls VZ-frei.

Beispiel 3:

Schließen Sie das folgende Sparkonto mit vereinbarter Kündigungsfrist von sechs Monaten zum 31.12. ab, wenn es im Vorjahr, Wert 30.12., mit einer Einzahlung von 10.000,00 € eröffnet wurde. Ein ausreichender FSA liegt vor. Konditionen: Zinssatz 2 %; Kündigungssperrfrist 6 Monate. Am 30.01. erfolgte eine Kündigung von 5.000,00 €.

Wert	*Betrag (€)*	*Vorgang*
31.12.	*10.100,00*	*Saldovortrag einschl. 100,00 € Zinsen*
08.01.	*100,00*	*Abhebung*
04.02.	*3.000,00*	*Übertrag vom Girokonto*
18.03.	*1.800,00*	*Gutschrift*
24.04.	*4.000,00*	*Übertrag auf Sparkonto mit vereinb. Kdg.-Frist von 12 Monaten bei demselben KI*
04.10.	*5.000,00*	*Abhebung*

Kapital					Zinsen			
Abhebung	Einzahlung	Bestand	Wert	Tage	Minderung	Mehrung	Zinsbestand	
		10.100,00	31.12.	360			202,00	
100,00		10.000,00	08.01.	352	2,01		199,99	(1)
	3.000,00	13.000,00	04.02.	326		54,33	254,32	
	1.800,00	14.800,00	18.03.	282		28,20	282,52	
4.000,00		10.800,00	24.04.	246	54,67		227,85	(2)
5.000,00		5.800,00	04.10.	86	23,89		203,96	
	203,96	**6.003,96**	**31.12.**		203,96		0,00	(3)

Erläuterung

(1) Verfügungen über die Zinsen bis Ende Februar sind auch bei Sparkonten mit vereinbarter Kündigungsfrist von mehr als drei Monaten VZ-frei.

(2) Eine Umschichtung auf ein Sparkonto desselben Kontoinhabers mit mindestens gleicher Kündigungsfrist ist ebenfalls VZ-frei.

(3) Die am 30.01. hereingegebene Kündigung wird erst am 30.03. wirksam, da an diesem Tag die Kündigungs**sperr**frist für die erste Einzahlung vom 30.09. abgelaufen war. Da eine Kündigungsfrist von sechs Monaten vereinbart war, ist eine VZ-freie Verfügung erst ab dem 30.09. möglich.

- Eine VZ-freie Verfügung ist erst nach Ablauf der Kündigungs- und einer evtl. vereinbarten Kündigungssperrfrist möglich.
- Wurde eine Kündigungssperrfrist vereinbart, beginnt sie für **jede** Einzahlung neu zu laufen. Nach ihrem Ablauf ist eine rechtswirksame Kündigung des eingezahlten Betrages möglich.

⇐

Arbeitsaufträge:

9.1.7 Schließen Sie das folgende Sparkonto mit vereinbarter Kündigungsfrist von zwölf Monaten zum 31.12. ab. Kontoeröffnung mit 20.000,00 €, Wert 15.14. des Vorjahres; das KI erhielt am 10.07. des gleichen Jahres eine Kündigung zum nächstmöglichen Termin für 10.000,00 €.
Konditionen: Zinssatz 2,5 %; Kündigungssperrfrist 6 Monate; ein FSA liegt in ausreichender Höhe vor.
Umsätze dieses Jahres:

Wert	Betrag (€)	Vorgang
31.12.	20.354,17	Saldovortrag einschl. Zinsen
09.01.	354,17	Abhebung der Zinsen
27.03.	4.500,00	Übertrag auf Sparkonto der Ehefrau bei demselben KI mit 12-monatiger Kündigungsfrist
10.06.	2.500,00	Einzahlung
14.10.	10.000,00	Abhebung

9.1.8 Ein Sparkonto mit vereinbarter Kündigungsfrist von sechs Monaten wurde Wert 12.08. des Vorjahres mit einer Einzahlung von 6.500,00 € eröffnet. Am 01.04. dieses Jahres werden 4.000,00 € gekündigt. Schließen Sie das Konto zum 31.12. ab, wenn die Spareinlagen mit 1,75 % verzinst werden.

Wert	Betrag (€)	Vorgang
31.12.	6.593,44	Saldovortrag (einschließlich 93,44 € Zinsen)
27.05.	2.800,00	Übertrag vom Girokonto
05.07.	1.607,00	Einzahlung
30.08.	2.500,00	Kauf eines Sparbriefes (Laufzeit 4 Jahre)
04.10.	4.000,00	Abhebung

Berücksichtigen Sie bei der Zinskapitalisierung, dass der verheiratete Kunde allein bei Ihrem KI Einkünfte aus Kapitalvermögen (weitere Sparkonten, wertvolles Effektendepot) von über 5.000,00 € erzielt. Anhand der KiStAM ist ein Kirchensteuerabzug mit 8 % vorzunehmen.

9.2 Berechnung von Vorschusszinsen

Wenn ein Sparer sich einen Teil seines Guthabens oder das gesamte Guthaben vorzeitig zurückzahlen lässt, **kann** das Kreditinstitut nach den Sparbedingungen Vorschusszinsen oder ein Vorfälligkeitsentgelt berechnen.

Dabei ist es in der Praxis üblich, die Vorschusszinsen so hoch anzusetzen, dass sie die zu vergütenden Habenzinsen um mindestens ein Viertel übersteigen. Praktisch bedeutet dies, dass zunächst die zu hoch berechneten Habenzinsen dem „Zinstopf" wieder entnommen werden und zusätzlich Zinsen für den bevorschussten Betrag für die Dauer der nicht eingehaltenen Kündigungsfrist mit einem Viertel des Habenzinssatzes berechnet werden. Eine mögliche weitere Alternative besteht darin, ein absolutes Vorfälligkeitsentgelt zu erheben, was aber bei langen Kündigungsfristen zu Lasten des KI gehen würde.

Die Höhe der Vorschusszinsen bzw. des Vorfälligkeitsentgeltes sollte den Betrag der zu vergütenden Habenzinsen nicht übersteigen. Grundsätzlich können Vorschusszinsen aber auch mit gutgeschriebenen Zinsen früherer Jahre verrechnet werden; darüber hinaus besteht die Möglichkeit, die Vorschusszinsen dem Kunden z.B. auf dem Kontokorrentkonto zu belasten oder diese EDV-mäßig zu speichern und mit noch später entstehenden Zinsansprüchen des Kunden auszugleichen.

Bei der VZ-Berechnung gibt es zahlreiche unterschiedliche Verfahren, die naturgemäß auch zu verschiedenen Ergebnissen führen. Ein großer Teil dieser Verfahren stammt aus der Zeit, als jede Kontoabrechnung und damit auch jede Vorschusszinsberechnung „von Hand" vorgenommen wurde.

(1) Vorschusszinsberechnung bei dreimonatiger Kündigungsfrist

Die meisten Kreditinstitute wenden für die Berechnung der Vorschusszinsen das so genannte EDV-Verfahren an. Dieses Verfahren besteht darin, ungekündigte Verfügungen für die Dauer ihrer vorzeitigen Abhebung mit Vorschusszins zu bedenken.

Verfügt ein Kunde über einen Betrag, der den Freibetrag in Höhe von 2.000,00 € monatlich übersteigt, so hat er VZ für den übersteigenden Betrag für den Zeitraum der nicht eingehaltenen Kündigungsfrist zu bezahlen. Wurde keine Kündigung ausgesprochen, werden die Vorschusszinsen für die Dauer von 90 Tagen berechnet. Sofern nichts anders angegeben, beträgt der Vorschusszinssatz ein Viertel des zu vergütenden Habenzinssatzes.

Ungekündigte Abhebung

Beispiel 1:

Abhebung von 7.000,00 € ohne Kündigung, Wert 26.09., von einem Sparkonto mit dreimonatiger Kündigungsfrist. Ermitteln Sie die Vorschusszinsen bei einem Habenzinssatz von 0,75 %.

	7.000,00 € vom 26.09. ohne Kündigung	t
(1)	2.000,00 € frei 5.000,00 € nicht gekündigt	---- 90

(2) $$VZ = \frac{5.000 * 90 * \mathbf{0{,}75}}{100 * 360 * \mathbf{4}} = \underline{\underline{\mathbf{2{,}34\ €}}}$$

Erläuterung

(1) Innerhalb eines Kalendermonats sind 2.000,00 € frei verfügbar. Für den übersteigenden Betrag von 5.000,00 € berechnet das KI VZ für 90 Tage (Dauer der Kündigungsfrist).

(2) Dem Sparer werden neben den zum 31.12. zu viel vorgerechneten Habenzinsen zusätzlich die Vorschusszinsen aus seinem Zinsbestand entnommen.

Beispiel 2:

Abhebung von 7.000,00 €, Wert 26.09., ohne Kündigung, von einem Sparkonto mit dreimonatiger Kündigungsfrist. Ermitteln Sie die Kosten für den Kunden, wenn das KI ein Vorfälligkeitsentgelt von 0,2 % berechnet.

	7.000,00 € vom 26.09. ohne Kündigung
(1)	2.000,00 € frei 5.000,00 € nicht gekündigt, daher Vorfälligkeitsentgelt: 5.000 * 0,2 % = **10,00 €**

Das Konto ist am 01.10. wieder mit 2.000,00 € frei.

Erläuterung

(1) Auf den Betrag von 5.000.00 € werden 0,2 % Vorfälligkeitsentgelt berechnet. Da dies ein Prozentsatz ist, findet die Zinsrechnung hier keine Anwendung.

Arbeitsaufträge:

9.2.1 Welchen Betrag bekommt ein Kunde im Konto belastet (zurückgerechnete Habenzinsen + VZ), wenn folgende Abhebungen nicht gekündigt waren (dreimonatige Kündigungsfrist)?

	Wert	Betrag (€)	Habenzinssatz	Besonderheit
1.	25.02.	7.950,00	0,75 %	Zinsanteil 450,00 €
2.	01.03.	6.280,00	1,25 %	Zinsanteil 1.280,00 €
3.	24.05.	10.745,00	2 %	
4.	05.07.	8.872,00	0,5 %	

9.2.2 Schließen Sie das folgende Sparkonto mit dreimonatiger Kündigungsfrist zum 31.12. ab.
Zinssatz 1,5 %, Saldovortrag: 3.248,00 €, Wert 31.12. des Vorjahres.

Wert	Einzahlungen (€)	Wert	Auszahlungen (€) ohne Künd.
18.01.	1.297,00	13.03.	6.500,00
01.02.	2.355,00	29.11.	4.200,00
15.04.	4.800,00	11.12.	5.400,00
07.05.	3.480,00		
13.11.	4.120,00		

9.2.3 Ein Konto mit dreimonatiger Kündigungsfrist hat einen Saldovortrag von 7.296,00 €. Es wird mit 2,0 % verzinst.
Berechnen Sie den Auszahlungsbetrag, wenn der Kontoinhaber das Konto Wert 06.11. ohne Kündigung auflösen lässt. (Alle anderen Verfügungen erfolgten ebenfalls ohne Kündigung).

Wert	Einzahlungen (€)	Wert	Auszahlungen (€)
23.01.	804,00	12.02.	975,00
28.02.	2.500,00	10.05.	3.805,00
05.04.	1.790,00	31.07.	4.125,00

9.2.4 Berechnen Sie den Kontostand zum 31.12. einschließlich kapitalisierter Zinsen bei einem Zinssatz von 1,75 %; die Abhebungen erfolgten ohne Kündigung.
Saldovortrag: 27.340,00 €, Wert 31.12. des Vorjahres, einschließlich 1.040,00 € Zinsen.
Für vorzeitige Verfügungen berechnet das KI ein Vorfälligkeitsentgelt von 0,3 %.

Wert	Einzahlungen (€)	Wert	Auszahlungen (€)
13.03.	750,00	15.02.	4.020,00
18.06.	1.130,00	23.08.	7.950,00
29.11.	350,00	08.11.	10.100,00
03.12.	2.690,00	27.12.	8.200,00

Verfügung über gekündigte Beträge vor Ablauf der Kündigungsfrist

Bei der vereinbarten Kündigungsfrist von drei Monaten ist eine Verfügung über gekündigte Beträge erst nach Ablauf dieser Frist ohne Berechnung von Vorschusszinsen möglich.
Erfolgt die Verfügung nach erfolgter Kündigung, aber bevor dieser Zeitraum abgelaufen ist, werden die Vorschusszinsen für den Zeitraum der noch nicht abgelaufenen Kündigungsfrist berechnet.

Beispiel 3:

Wert 25.04. kündigte ein Sparer für sein Sparkonto mit dreimonatiger Kündigungsfrist 11.500,00 €, die er aber schon Wert 05.06. abhob. Wie viele Vorschusszinsen sind bei einem Habenzinssatz von 0,75 % zu zahlen?

	11.500,00 € vom 05.06., gek. 25.04.	t
(1)	2.000,00 € frei	----
(2)	9.500,00 € vom 05.06. bis 25.07.	50

$$VZ = \frac{9.500 * 50 * 0,75}{100 * 360 * 4} = \underline{\underline{\mathbf{2,47\ €}}}$$

Das Konto ist am 01.07. wieder mit 2.000,00 € frei.

Erläuterung

(1) Da hier unterstellt wird, dass innerhalb des Monats Juni keine weitere Abhebung stattgefunden hat, ist der Betrag von 2.000,00 € frei.

(2) Die Kündigung vom 25.04. ist am 25.07. voll wirksam. Der Sparer verfügt aber schon Wert 05.06., das heißt 50 Tage zu früh. Für diesen Zeitraum berechnet das KI Vorschusszinsen.

⇒

- Bei vorzeitiger Verfügung über gekündigte Beträge sind Vorschusszinsen nur für die noch nicht abgelaufene Zeit der Kündigungsfrist zu rechnen.
- Der Freibetrag von 2.000,00 € ist nur dann zu berücksichtigen, wenn im gleichen Monat keine weiteren Abhebungen stattgefunden haben, die den Freibetrag aufzehren.

Arbeitsaufträge:

9.2.5 Berechnen Sie für folgende Aufgaben die Vorschusszinsen (Kündigungsfrist drei Monate):

	Auszahlung (€)	Wert	Kündigung Wert	Habenzinssatz
1.	6.480,00	19.04.	08.03.	2,00 %
2.	12.160,00	13.05.	26.03.	1,75 %
3.	8.245,00	14.06.	05.04.	2,50 %

Mehrfachabhebungen bei dreimonatiger Kündigungsfrist

In den Sparbedingungen ist festgelegt, dass Verfügungen bei Sparkonten mit einer Kündigungsfrist von drei Monaten von bis zu 2.000,00 € innerhalb eines Kalendermonats VZ-frei sind. Aus diesem Grund werden alle Verfügungen innerhalb eines Monats zu einer Abhebung zusammengefasst, sodass das Kreditinstitut beurteilen kann, welcher Betrag noch innerhalb des Freibetrages liegt und für welchen Betrag Vorschusszinsen anfallen. Für den Betrag, der aus der Summe aller Verfügungen den Freibetrag von 2.000,00 € übersteigt, werden Vorschusszinsen für 90 Tage berechnet.

Beispiel 4:
Ein Kunde hebt von seinem Sparkonto mit dreimonatiger Kündigungsfrist folgende Beträge jeweils ohne Kündigung ab:

Wert:	*14.06.*	*800,00 €*
Wert:	*24.06.*	*1.900,00 €*
Wert:	*28.06.*	*6.300,00 €*

Berechnen Sie die Vorschusszinsen bei einem Habenzinssatz von 1,5 %.

(1)

800,00 € vom 14.06., ohne Kündigung	t
800,00 € frei	----

(2)

1.900,00 € vom 24.06., ohne Kündigung	t
1.200,00 € frei	----
700,00 € ungekündigt	90

$$VZ = \frac{700 * 90 * 1{,}5}{100 * 360 * 4} = \underline{\underline{\mathbf{0{,}66\ €}}}$$

(3)

6.300,00 € vom 28.06., ohne Kündigung	t
6.300,00 € ungekündigt	90

$$VZ = \frac{6.300 * 90 * 1{,}5}{100 * 360 * 4} = \underline{\underline{\mathbf{5{,}91\ €}}}$$

Das Konto ist am 01.07. wieder mit 2.000,00 € frei.

Erläuterung

(1) Die erste Verfügung in einem Monat bildet mit ihrer Wertstellung die Grundlage für die VZ-Berechnung. Da 2.000,00 € frei sind, fallen hier noch keine Vorschusszinsen an.

(2) Der Freibetrag von 2.000,00 € ist bisher erst mit 800,00 € beansprucht. Aus der neuen Verfügung sind daher noch 1.200,00 € VZ-frei, die innerhalb des gleichen Monats abgehoben werden. Der übersteigende Betrag in Höhe von 700,00 € ist für 90 Tage VZ-pflichtig.

(3) Da der Freibetrag in diesem Kalendermonat schon aufgebraucht ist, ist die weitere Abhebung von 6.300,00 € ebenfalls VZ-pflichtig. Hätte der Sparer einen Tag gewartet, wären wieder 2.000,00 € VZ-frei verfügbar gewesen.

Beispiel 5:
Ein Kunde kündigte am 03.05. 10.600,00 € auf seinem Sparkonto mit dreimonatiger Kündigungsfrist. Danach erfolgten weitere Abhebungen, jeweils bezogen auf den gekündigten Betrag:

Wert:	*05.07.*	*800,00 €*
Wert:	*19.07.*	*5.000,00 €*
Wert:	*26.07.*	*4.500,00 €*

Berechnen Sie die Vorschusszinsen bei einem Habenzinssatz von 1,25 %.

(1)

800,00 € vom 05.07., ohne Kündigung	t
800,00 € frei	----

(2)

5.000,00 € vom 19.07., gek. 03.05.	t
1.200,00 € frei	----
3.800,00 € vom 19.07. bis 03.08.	14

$$VZ = \frac{3.800 * 14 * 1{,}25}{100 * 360 * 4} = \underline{\underline{\mathbf{0{,}46\ €}}}$$

(3)

4.500,00 € vom 26.07., gek. 03.05.	t
4.500,00 € vom 26.07. bis 03.08.	7

$$VZ = \frac{4.500 * 7 * 1{,}25}{100 * 360 * 4} = \underline{\underline{\mathbf{0{,}27\ €}}}$$

Das Konto ist am 01.08. wieder mit 2.000,00 € frei. Aus der Kündigung hat der Kunde allerdings ab dem 03.08. noch einen VZ-freien Anspruch auf 2.300,00 €.

Erläuterung

(1) Unabhängig von der Kündigung hat der Kunde immer einen Anspruch auf die VZ-freie Auszahlung von 2.000,00 € innerhalb eines Kalendermonates; der Betrag von 800,00 € ist daher frei.

(2) Von der Verfügung über 5.000,00 € bleiben 1.200,00 € VZ-frei (Rest des 2.000,00 €-Freibetrages). Der übersteigende Betrag von 3.800,00 € wäre am 03.08. frei gewesen; die VZ sind für die Dauer der vorzeitigen Verfügung zu rechnen.

(3) Auch die dritte Abhebung von 4.500,00 € wäre am 03.08. frei verfügbar gewesen; da sie sieben Tage vor Ablauf der Kündigungsfrist vorgenommen wurde, sind die VZ für diesen Zeitraum zu berechnen. Im August hat der Kunde wieder 2.000,00 € VZ-frei verfügbar.

Anmerkung: Da der Betrag von 10.600,00 € erst auf den 03.08. gekündigt wurde, sind KI nicht verpflichtet, vorzeitige Verfügungen auf diese Kündigung zu beziehen. Sie werden diese Abhebungen aber in aller Regel zu Gunsten ihrer Kunden auf den gekündigten Betrag anrechnen.

- Hebt ein Kunde innerhalb eines Kalendermonates mehrmals ab, werden alle Abhebungen in dieser Frist zu einer zusammengefasst. Da 2.000,00 € frei verfügbar sind, fallen für den übersteigenden Betrag Vorschusszinsen für 90 Tage an.
- ⇒ Liegt eine Kündigung für einen vorzeitig verfügten Betrag vor, werden die Beträge, die den Freibetrag übersteigen, für den Zeitraum vom Tag der Verfügung bis zum Ablauf der Kündigungsfrist mit VZ abgerechnet.
- Bei der VZ-Berechnung ist der Zinssatz maßgeblich, der am Abhebungstag gültig ist.

Zinsstaffel unter Berücksichtigung der Vorschusszinsen

Beispiel 6:

Ein Sparkonto mit dreimonatiger Kündigungsfrist wird mit 1,25 % verzinst.
Welchen Betrag bekommt der Kunde bei der Kontoauflösung Wert 17.11. ausgezahlt, wenn er es versäumt hatte, rechtzeitig zu kündigen? Ein ausreichender FSA liegt vor.

Wert	*Betrag (€)*	*Vorgang*
31.12.	*5.560,00*	*Saldovortrag einschließlich 360,00 € Zinsen*
14.02.	*2.860,00*	*Abhebung ohne Kündigung*
05.03.	*8.900,00*	*Einzahlung*
18.10.	*3.500,00*	*Übertrag auf Sparkonto bei demselben KI*

Kapital					Zinsen			
Abhebung	Einzahlung	Bestand	Wert	Tage	Minderung	Mehrung	Zinsbestand	
		5.560,00	31.12.	360			69,50	
2.860,00		2.700,00	14.02.	316	31,38		38,12	
VZ 1:					**0,39**		37,73	(1)
	8.900,00	11.600,00	05.03.	295		91,16	128,89	
3.500,00		8.100,00	18.10.	72	8,75		120,14	
8.100,00		0,00	17.11.	43	12,09		108,05	
VZ 2:					**4,77**		103,28	(2)
	103,28	103,28	**17.11.**		103,28		0,00	
103,28		**0,00**						

Auszahlungsbetrag: 8.100,00 + 103,28 = 8.203,28 €

Erläuterung

Berechnung der VZ:

(1)

VZ 1: 2.860,00 € vom 14.02., ohne Kündigung	t
2.360,00 € frei (Freibetrag + kapitalisierte Zinsen) 500,00 € ungekündigt	--- 90

$$VZ = \frac{500 * 90 * 1{,}25}{100 * 360 * 4} = \mathbf{0{,}39\ €}$$

(2)

VZ 2: 8.100,00 € vom 17.11., ohne Kündigung	t
2.000,00 € frei 6.100,00 € ungekündigt	--- 90

$$VZ = \frac{6.100 * 90 * 1{,}25}{100 * 360 * 4} = \mathbf{4{,}77\ €}$$

Arbeitsaufträge:

9.2.6 Das folgende Sparkonto mit dreimonatiger Kündigungsfrist hat Wert 31.12. einen Saldovortrag in Höhe von 12.470,00 €. Am 25.02. wurde ein Betrag von 8.000,00 € gekündigt. Zusätzlich wurde das Gesamtguthaben zum 13.09. gekündigt. Der Kunde lässt das Konto jedoch schon Wert 09.08. auflösen.
Wie hoch ist der Auszahlungsbetrag, wenn der Habenzinssatz 1,5 % beträgt? Ein FSA liegt vor.

Wert	Betrag (€)	Vorgang
07.01.	760,00	Einzahlung
25.02.	2.000,00	Übertrag auf Girokonto
11.03.	570,00	Einzahlung
06.05.	8.000,00	Abhebung
14.06.	3.500,00	Einzahlung

9.2.7 Ein Sparkonto mit dreimonatiger Kündigungsfrist wird mit 1,25 % verzinst.
Wert 11.12. dieses Jahres wird das Konto ohne **weitere** Kündigung (s. Aufgabe) aufgelöst.

Wert	Betrag (€)	Vorgang
31.12.	18.790,00	Saldovortrag
03.02.	2.560,00	Einzahlung
14.03.	5.300,00	Übertrag auf KKK, gekündigt am 31.01.
20.06.	1.150,00	Übertrag von KKK
25.07.	7.200,00	Übertrag auf ein anderes Sparkonto bei demselben KI
28.11.	5.500,00	Abhebung; am 18.10. wurden 5.500,00 € gekündigt.

9.2.8 Ein Sparkonto mit dreimonatiger Kündigungsfrist hat Wert 31.12. einen Betrag von 2.000,80 € als Saldovortrag, darin enthalten sind 14,25 € Zinsen. Es wird mit 0,75 % verzinst.
Der Kontoinhaber kündigt Wert 07.01. 5.000,00 €.

Wert	Einzahlungen (€)	Wert	Auszahlungen (€)
07.01.	3.245,20	04.03.	520,00
28.01.	820,50	11.03.	1.880,00
04.04.	2.303,50	15.03.	2.210,00
28.06.	4.305,50		

Welchen Betrag erhält der Kontoinhaber Wert 16.09. ausgezahlt, wenn das Konto ohne vorherige Kündigung aufgelöst wird?

9.2.9 Ein Sparkonto mit dreimonatiger Kündigungsfrist und einem vertraglich vereinbarten Freibetrag in Höhe von 5.000,00 € wird am 14.02. eröffnet. Welchen Kontostand weist das Konto zum 31.12. auf, wenn 1,5 % Zinsen vergütet werden? Ein FSA liegt nicht vor, der Kirchensteuerabzug ist mit 8 % zu berücksichtigen.

Wert	Betrag (€)	Vorgang
14.02.	10.500,00	Einzahlung
01.03.	1.200,00	Abhebung ohne Kündigung
22.03.	5.200,00	Abhebung ohne Kündigung
17.05.	8.000,00	Einzahlung
21.05.	6.300,00	Tafelgeschäft ohne Kündigung
11.06.	5.500,00	Abhebung ohne Kündigung

(2) Vorschusszinsen bei Sparkonten mit Kündigungsfristen von mehr als drei Monaten

Bei Spareinlagen mit vereinbarter Kündigungsfrist von mehr als drei Monaten ist zu unterscheiden, ob bei ihnen zusätzlich eine Kündigungssperrfrist von z. B. sechs Monaten vereinbart wurde oder ob nur die Kündigungsfrist zu berücksichtigen ist.

Daneben gibt es bei Sondersparformen weitere Kombinationen wie z. B. neun Monate Kündigungssperrfrist und drei Monate Kündigungsfrist.

Der Zeitraum der vorzeitigen Verfügung beläuft sich immer auf folgende Möglichkeiten:

1. Die Dauer der vereinbarten Kündigungsfrist bei ungekündigter Verfügung.
2. Die Dauer der noch nicht abgelaufenen Kündigungsfrist bei gekündigter Verfügung innerhalb der Kündigungsfrist (Normalfall).
3. Der eventuell noch nicht abgelaufene Teil der Kündigungssperrfrist zuzüglich der vereinbarten Kündigungsfrist bei Verfügung innerhalb der Kündigungssperrfrist.

Ungekündigte Abhebungen

Verfügt ein Kunde ohne Kündigung über eine Spareinlage mit vereinbarter Kündigungsfrist von mehr als drei Monaten, so hat er zumindest für die Dauer der vereinbarten Kündigungsfrist Vorschusszinsen zu bezahlen.

Ist eine Kündigungssperrfrist von z. B. 6 Monaten vereinbart und der abgehobene Betrag nicht die gesamten sechs Monate vor der Abhebung auf dem Konto, müssen zusätzlich für den Zeitraum der noch nicht abgelaufenen Kündigungssperrfrist Vorschusszinsen gezahlt werden.

Nur die Verfügung über kapitalisierte Zinsen bleibt bis Ende Februar immer VZ-frei.

Beispiel 7:

Ein Sparkonto mit einjähriger Kündigungsfrist wurde mit einer Einzahlung von 10.000,00 € Wert 30.09. des Vorjahres eröffnet. Schließen Sie das Konto zum 31.12. des Vorjahres und zum 31.12. dieses Jahres bei einem Zinssatz von 2 % ab, wenn im laufenden Jahr folgende Abhebungen vorgenommen wurden (ein FSA liegt vor):

Wert:	*17.01.*	*50,00 €*	*Abhebung ohne Kündigung*
Wert:	*22.02.*	*3.000,00 €*	*Abhebung ohne Kündigung*
Wert:	*10.05.*	*2.000,00 €*	*Abhebung ohne Kündigung*

Kapital					Zinsen			
Abhebung	Einzahlung	Bestand	Wert	Tage	Minderung	Mehrung	Zinsbestand	
	10.000,00	10.000,00	30.09.	90			50,00	(1)
	50,00	**10.050,00**	**31.12.**		50,00		0,00	
		10.050,00	31.12.	360			201,00	
50,00		10.000,00	17.01.	343	0,95		200,05	(2)
3.000,00		7.000,00	22.02.	308	51,33		148,72	
VZ 1:					**15,00**		133,72	(3)
2.000,00		5.000,00	10.05.	230	25,56		108,16	
VZ 2:					**10,00**		98,16	(4)
	98,16	**5.098,16**	**31.12.**		98,16		0,00	

Erläuterung

(1) Die Einzahlung im Vorjahr erbringt im alten Jahr eine Zinsgutschrift von 50,00 €.

(2) Die erste Abhebung ist die Verfügung über die Zinsen innerhalb der zugelassenen Frist von zwei Monaten nach Kapitalisierung; es werden daher keine Vorschusszinsen berechnet.

(3) + (4) Bei ungekündigten Abhebungen werden VZ immer für die Dauer der vereinbarten Kündigungsfrist gerechnet. Da bei längeren Kündigungsfristen keine Freibeträge bestehen, ist der Abhebungsbetrag in voller Höhe VZ-pflichtig.

Berechnung der Vorschusszinsen:

(3)

VZ 1: 3.000,00 € vom 22.02., ohne Kündigung	t
3.000,00 € ungekündigt	360

$$VZ = \frac{3.000 * 360 * 2}{100 * 360 * 4} = \underline{\underline{\mathbf{15{,}00\ €}}}$$

(4)

VZ 2: 2.000,00 € vom 10.05., ohne Kündigung	t
2.000,00 € ungekündigt	360

$$VZ = \frac{2.000 * 360 * 2}{100 * 360 * 4} = \underline{\underline{\mathbf{10{,}00\ €}}}$$

Verfügung über gekündigte Beträge vor Ablauf der Fälligkeit

Erst nach Kündigung und Ablauf der Kündigungsfrist sind Abhebungen von SpareinlagenVZ-frei möglich. Unter Umständen muss auch berücksichtigt werden, dass eine Kündigungssperrfrist vereinbart war, nach deren Ablauf eine rechtswirksame Kündigung erst möglich ist. Bei einer Abhebung vor Ablauf des „Freiwerdens" müssen Vorschusszinsen gerechnet werden, längstens aber für 900 Zinstage. Dabei ist es zulässig, auch vergütete Habenzinsen der Vorjahre anzugreifen, wenn die aufgelaufenen Habenzinsen nicht ausreichen, um die berechneten Vorschusszinsen abzudecken.

Beispiel 8:

Ein Sparkonto mit einjähriger Kündigungsfrist weist Wert 31.12. (Vorjahr) einen Saldovortrag von 6.500,00 € auf, für den die vereinbarte Kündigungssperrfrist von 6 Monaten schon abgelaufen ist. Zinssatz: 2,25 %.

Umsätze:	*Wert:* *15.02.*	*4.200,00 €*	*Einzahlung*
	Wert: *08.07.*	*3.000,00 €*	*Abhebung, gekündigt am 04.01.*
	Wert: *12.09.*	*4.500,00 €*	*Abhebung, gekündigt am 15.02.*

Darüber hinaus kündigte der Kunde am 15.02. das Gesamtguthaben; er ließ das Konto zum 15.11. auflösen. Ermitteln Sie den Auszahlungsbetrag, wenn ein ausreichender Freistellungsauftrag vorliegt.

Kapital					Zinsen			
Abhebung	Einzahlung	Bestand	Wert	Tage	Minderung	Mehrung	Zinsbestand	
		6.500,00	31.12.	360			146,25	
	4.200,00	10.700,00	15.02.	315		82,69	228,94	
3.000,00		7.700,00	08.07.	172	32,25		196,69	(1)
VZ 1:					**8,25**		188,44	
4.500,00		3.200,00	12.09.	108	30,38		158,06	(2)
VZ 2:					**13,57**		144,49	
3.200,00		0,00	15.11.	45	9,00		135,49	(3)
VZ 3:					**13,50**		121,99	
Auszahlung	121,99	121,99	**15.11.**		121,99		0,00	
3.321,99		**0,00**						

Erläuterung

(1) Die Abhebung von 3.000,00 € ist ein Teilbetrag des Saldovortrages, für den die Kündigungssperrfrist abgelaufen ist. Vorschusszinsen fallen für den Zeitraum der noch nicht abgelaufenen Kündigungsfrist an.

(2) Bei der Abhebung von 4.500,00 € stammen noch 3.500,00 € aus dem Saldovortrag; für diesen Teilbetrag war die Sperrfrist am Kündigungstag schon abgelaufen, damit war die Kündigung wirksam. VZ fällt für den Zeitraum der noch nicht abgelaufenen Kündigungsfrist an. Der Restbetrag von 1.000,00 € stammt aus der Einzahlung vom 15.02., für die die Kündigungssperrfrist erst am 15.08. ablief. Die Kündigung vom 15.02. kann daher erst am 15.08. wirksam werden; die Kündigungsfrist läuft deshalb erst am 15.08. (Folgejahr) ab.

(3) Auch für die Kontoauflösung gilt, dass die Kündigung erst am 15.08. wirksam wurde.

Berechnung der Vorschusszinsen:

(1)

VZ 1: 3.000,00 € vom 08.07., gek. 04.01.	t
3.000,00 € vom 08.07. bis 04.01. (Folgejahr)	176

$$VZ = \frac{3.000 * 176 * 2,25}{100 * 360 * 4} = \underline{\underline{\mathbf{8,25\ €}}}$$

(2)

VZ 2: 4.500,00 € vom 12.09., gek. 15.02.	t
3.500,00 € vom 12.09. bis 15.02. (Folgejahr)	153
1.000,00 € vom 12.09. bis 15.08. (Folgejahr)	333

$$VZ = \frac{3.500 * 153 * 2,25}{100 * 360 * 4} + \frac{1.000 * 333 * 2,25}{100 * 360 * 4} = \underline{\underline{\mathbf{13,57\ €}}}$$

(3)

VZ 3: 3.200,00 € vom 15.11., gek. 15.02.	t
3.200,00 € vom 15.11. bis 15.08. (Folgejahr)	270

$$VZ = \frac{3.200 * 270 * 2,25}{100 * 360 * 4} = \underline{\underline{\mathbf{13,50\ €}}}$$

- Wird von einem Konto mit vereinbarter Kündigungsfrist von mehr als 3 Monaten abgehoben, muss zuerst geprüft werden, ob eine Kündigungssperrfrist besteht, und ob diese schon abgelaufen ist. Dabei gilt im Interesse des Kunden, dass die früheste Einzahlung auch als erste wieder abgehoben wird.
- Wenn die Kündigungssperrfrist abgelaufen ist, ist eine erfolgte Kündigung wirksam.
- Für kapitalisierte Zinsen gibt es keine Kündigungssperrfrist.
- Vorschusszinsen werden für längstens 2 1/2 Jahre (900 Tage) gerechnet.

Arbeitsaufträge:

9.2.10 Berechnen Sie die Tage, für die ein Kreditinstitut Vorschusszinsen berechnen wird, wenn folgende Daten vorliegen:

	Auszahlung (Wert)	Kündigung (Wert)	vereinbarte Kdg.-Frist
1.	25.03.	18.01.	6 Monate
2.	19.07.	03.02.	12 Monate
3.	15.03.	20.09. (Vorjahr)	12 Monate
4.	19.02.	29.06. (Vorjahr)	2 Jahre
5.	06.09.	16.03. (Vorjahr)	4 Jahre

9.2.11 Ein Sparkonto mit vereinbarter Kündigungsfrist von sechs Monaten wird am 11.01. mit einer Einzahlung von 10.000,00 € eröffnet. Am 10.08. werden 5.000,00 € gekündigt. Welchen Kontostand weist das Konto Wert 31.12. aus, wenn die Einlagen die ganze Zeit zu 0,5 % verzinst wurden (Valutierung nach AGB)? Ein ausreichender Freistellungsauftrag liegt vor.

Umsatztage:	21.06.	3.000,00 €	Abhebung ohne Kündigung
	25.10.	5.000,00 €	Abhebung

9.2.12 Ein Sparkonto mit einjähriger Kündigungsfrist und vereinbarter sechsmonatiger Kündigungssperrfrist wird Wert 12.09. des Vorjahres mit einer Einzahlung von 9.200,00 € eröffnet.
Der Sparer lässt das Konto Wert 24.02. ohne Kündigung auflösen.
Berechnen Sie den Auszahlungsbetrag bei einem Zinssatz von 2,75 %, wenn ein FSA vorliegt.

9.2.13 Ein Sparkonto mit zwölfmonatiger Kündigungsfrist ist zum 31.12. abzuschließen (FSA liegt vor). Der Zinssatz beträgt 2,50 %. Am 15.07. wurde ein Betrag von 2.000,00 € gekündigt.

Wert	Betrag (€)	Vorgang
31.12.	5.225,00	Saldovortrag, einschließlich 225,00 € Zinsen
08.02.	220,00	Abhebung ohne Kündigung
05.07.	1.500,00	Abhebung ohne Kündigung
16.12.	2.500,00	Abhebung

9.2.14 Ein Sparkonto mit kürzest möglicher Kündigungsfrist wird mit 1,5 % verzinst.
Auf welchen Betrag lautet die Bescheinigung über einbehaltene AbgSt und SolZ zum 31.12., wenn dem KI kein Freistellungsauftrag vorliegt und laut KiStAM kein Kirchensteuerabzug anfällt?

Wert	Soll (€)	Haben (€)	Vorgang
07.01.		5.780,90	Kontoeröffnung
15.02.	1.400,00		Abhebung ohne Kündigung
18.02.	3.560,90		Übertragung auf Girokonto
19.07.		14.300,00	Einzahlung
28.10.	4.600,00		Abhebung, 8.000,00 € gek. am 14.10.
15.11.	5.350,00		Abhebung

9.2.15 Ein Sparkonto mit dreimonatiger Kündigungsfrist wird mit 1 % verzinst.
Welchen Betrag weist das Konto zum 31.12. einschließlich Zinsen auf, wenn der ledige Sparer von seinem Freistellungsauftrag über 801,00 € schon einen Betrag in Höhe von 780,00 € ausgeschöpft hat (keine KiSt)?

Wert	Soll (€)	Haben (€)	Vorgang
09.01.		7.950,00	Kontoeröffnung
11.02.	1.890,00		Abhebung ohne Kündigung
19.02.	1.710,00		Umbuchung auf Girokonto
15.10.		12.840,00	Einzahlung
25.11.	9.785,00		Abhebung, gekündigt 11.11.
27.12.	5.169,00		Übertrag auf Sparkonto bei demselben KI

9.2.16 Ein Sparkonto mit einjähriger Kündigungsfrist, das mit 2,50 % verzinst wird, weist folgende Bewegungen auf:

Wert	Betrag (€)	Vorgang
31.12.	8.300,00	Saldovortrag einschließlich 700,00 € Zinsen
28.02.	2.700,00	Abhebung ohne Kündigung
17.05.	600,00	Gutschrift

Das Konto wird Wert 26.08. ohne Angabe von Gründen aufgelöst.
Welchen Betrag erhält der Kontoinhaber ausgezahlt, wenn kein Freistellungsauftrag vorliegt und kein Kirchensteuerabzug anfällt?

10 Abrechnen von Effektengeschäften

Effekten sind verbriefte und unverbriefte Kapitalwertpapiere mit Anspruch auf Ertrag. Aus Sicht des Emittenten dienen sie der Kapitalbeschaffung und aus Sicht des Anlegers der Kapitalanlage. Der Anleger hat bei der Mehrzahl der im Inland begebenen Effekten die Möglichkeit, die gekauften Papiere auch wieder ohne Schwierigkeiten verkaufen zu können, da sie an einem regulierten Markt gehandelt werden, der Börse. Ein Schwerpunkt des Effektenrechnens ist daher der Effektenhandel, den Kreditinstitute für ihre Kunden betreiben. Weitere Aufgabenstellungen sind im Bezugsrechtsrechnen und im Renditerechnen zu sehen.

10.1 Kurswertermittlung

Für die Kurswertermittlung von börsennotierten Effekten sind die Bestimmungen des Börsengesetzes maßgeblich.

Börsenpreis

(1) Preise, die während der Börsenzeit an einer Börse festgestellt werden, sind Börsenpreise. ...
(2) Börsenpreise müssen ordnungsmäßig zustande kommen und der wirklichen Marktlage des Börsenhandels entsprechen. ...

§ 24 BörsG

Erfolgt ein Umsatz auf Kundenwunsch oder weil die Effekten nicht börsennotiert sind, außerhalb der Börse, kommt ein Kaufvertrag durch Ausgleich von Angebot und Nachfrage zustande.

Die jeweilige Art der Preisangabe hängt von der gehandelten Effektenart ab:
- Für Aktien wird eine **Stücknotiz** (auch **Stücknotierung**) in EUR vorgenommen. Dabei ist es unerheblich, ob die Aktie einen Nennwert hat oder eine nennwertlose „Stück"-Aktie ist.
- Für festverzinsliche Werte wird eine **Prozentnotiz** vorgenommen; hierbei ist es unerheblich, ob der Emittent die Anleihe in EUR oder in einer anderen Währung begeben hat.
- Investmentanteile haben einen **Ausgabe**- und einen **Rücknahmepreis**, der in Deutschland in EUR angegeben wird.

Stücknotierung bei Aktien

Der Kurs für Aktien gibt an, wieviel EUR für ein Stück (evtl. des kleinsten Nennwertes) einer Gattung zu zahlen ist.

Viele Aktiengesellschaften haben die nennwertlose „Stück"-Aktie eingeführt. Diese Aktien haben häufig rechnerisch 1 EUR-Anteil am gezeichneten Kapital der AG.

Aktien mit ungewöhnlichen Nennwerten werden in den Kursblättern der Börsen besonders gekennzeichnet. Für die Kursangabe sind der Nennwert und der Einzahlungsbetrag einer Aktie (z. B. teileingezahlte Versicherungsaktien) unerheblich, da die Stückkurse den Preis der Aktie für die Ausstattung darstellen, die sie augenblicklich haben. Der Kurs wird in Ein-Cent-Schritten angegeben.

Prozentnotierung bei festverzinslichen Effekten

Der Kurs für festverzinsliche Effekten gibt an, wieviel EUR für jeweils 100,00 EUR Nennwert zu zahlen sind. Der Kurs wird bei in Deutschland notierten Anleihen in Prozentsätzen mit einer Differenzierung von je 0,01 % angegeben; damit ist die kleinste handelbare Einheit an der Börse ein Euro-Cent.

Beispiel 1:

Berechnen Sie den Kurswert von 35 Daimler Aktien bei einem Kurs von 61,10 €/St.

Kurswert = 35 * 61,10 = **2.138,50 €**

Beispiel 2:

Berechnen Sie den Kurswert für nominal 40.000,00 €, 1,75 % Bundesanleihe von 14/24, zu 108,27 %.

100,00 €	Nennwert	-	108,27 €	Kurswert
40.000,00 €	Nennwert	-	x €	Kurswert

$$x = \frac{40.000,00 * 108,27}{100} = \mathbf{43.308,00\ €}$$

Investmentanteile

Wie bei Aktien wird bei Investmentanteilen ein Preis pro Stück angegeben. Investmentzertifikate sind Quotenpapiere (sie haben keinen Nennwert, sondern verbriefen Anteile an einem Fondsvermögen); ihr Inventarwert wird börsentäglich durch die Verwahrstelle der ausgebenden Kapitalverwaltungsgesellschaft berechnet:

$$\text{Inventarwert je Anteil} = \frac{\text{Wert des Fondsvermögens}}{\text{Zahl der ausgegebenen Anteile}}$$

Je nach den Vertragsbedingungen des Fonds wird der Inventarwert gleichzeitig zum **Rücknahmepreis** (häufig abgerundet auf volle 0,05 EUR) und der Inventarwert zuzüglich eines festgelegten Ausgabeaufschlags (aufgerundet auf volle 0,05 EUR) ergibt den **Ausgabepreis**.

Beispiel 3:

Ermitteln Sie den Ausgabe- und den Rücknahmepreis für einen Fondsanteil, wenn die Preise auf jeweils 0,05 EUR gerundet werden und der Ausgabeaufschlag 5 % beträgt.

Gesamtkurswert der Effekten im Fonds	*10.295.640,00 €*
Barvermögen und Bankguthaben	*1.854.860,00 €*
Ausgegebene Anteile	*475.000 Stück*

Inventarwert des Fonds:

Gesamtkurswert	10.295.640,00 €	
+ Barvermögen	1.854.860,00 €	
	12.150.500,00 €	

Inventarwert eines Anteiles

Rücknahmepreis	12.150.500,00 : 475.000 = 25,58 €/St.	gerundet	**25,55 €/St.**
Ausgabepreis:	25,58 * 1,05 = 26,86 €/St.	gerundet	**26,90 €/St.**

- Kurswert bei Stücknotierung = Stückzahl * Stückkurs
- Kurswert bei Prozentnotierung $= \frac{\text{Nennwert} * \text{Prozentkurs}}{100}$ oder

  Kurswert = 1 % des Nennwertes * Prozentkurs
- ⇒ Bei Investmentzertifikaten wird der Inventarwert börsentäglich durch die Verwahrstellen der Kapitalverwaltungsgesellschaften berechnet, die die Sondervermögen aufgelegt haben. Auch in Deutschland sind seit 2006 einige „Exchange traded Fund" (ETF s) börsennotiert. Sie werden hier nicht weiter berücksichtigt.

  Die Festlegung von Ausgabe- und Rücknahmepreis hängt von den Vertragsbedingungen für die jeweiligen Fonds ab.

Arbeitsaufträge:

10.1.1 Berechnen Sie den Kurswert für folgende Aktiengeschäfte:
1. Kauf von 320 St. STINAG, 1 Stück = 1,00 € Nennwert, Kurs 19,25 €.
2. Verkauf von 25 St. Aurubis, 1 Stück = 1,00 € Nennwert, Kurs 70,25 €.
3. Kauf von 40 St. Münchener Rückvers.-Ges. vink. Namensaktien, ohne Nennwert, Kurs 178,30 €.
4. Kauf von 150 St. Deutsche Bank Namensaktien, ohne Nennwert, Kurs 15,72 €.

10.1.2 Der Kurswert der Aktien (nur eine Gattung) eines Kunden beträgt 22.261,50 €.
Wieviel Aktien hat der Kunde im Depot, wenn der Kurs an diesem Tag mit 22,95 €/St. festgestellt wurde?

10.1.3 Berechnen Sie den Kurswert des folgenden Depots:

	Nennwert	Gattung	Kurs
1.	20.000,00 €	1 % Bundesobligationen, S. 168	103,43 %
2.	52.500,00 €	5 % Biofrontera Optionsanleihe m.O.	96,20 %
3.	125.000,00 €	4,5 % Hypotheken-Bank Pfandbriefe, R.78	101,24 %
4.	57.000,00 €	3 % Strabag SE Anleihe	102,11 %
5.	50.000,00 €	5,870 % Argentinien 93/23	145,50 %

10.1.4 Ein Depot hat zum 30.12. einen Kurswert von 68.444,64 €. Es besteht aus folgenden Rentenwerten:

13.187,06 €	1,50 % Bundesanleihe zu 101,35 %
4.970,51 €	3,625 % Kommunalobligationen zu 114,25 %

Darüber hinaus besitzt der Kunde nom. 40.575,56 € 2 % Henkel Corp. Wandelanleihen.
Zu welchem Kurs wurden diese am Stichtag bewertet?

10.1.5 **1.** Berechnen Sie den Inventarwert eines Investmentfonds, der folgende Werte enthält:

9.300 St.	Siemens Aktien	Kurs	100,62 €/St.
43.296 St.	Deutsche Bank Aktien	Kurs	15,00 €/St.
1.600 St.	MAN Aktien	Kurs	95,88 €/St.
verschiedene Schuldverschreibungen, Gesamtkurswert			1.603.591,00 €
Bankguthaben			51.873,00 €

2. Wie hoch ist der Inventarwert eines Anteils, wenn 80.950 Anteile ausgegeben sind?
3. Berechnen Sie den Rücknahmepreis mit einem Abschlag von 1 % auf den Inventarwert, abgerundet auf volle 0,05 €.
4. Zu welchem Ausgabepreis werden die Zertifikate verkauft, wenn ein Aufschlag von 6 % auf den Inventarwert in den Fondsbedingungen festgelegt ist (aufrunden auf volle 0,05 €)?

10.1.6 In einem Aktienfonds sind folgende Werte enthalten:

Stück	Gattung	Kurs
13.750	BASF	78,00 €/St.
8.816	Bayer	124,00 €/St.
67.510	MLP	5,00 €/St.
1.000	Wirecard	182,00 €/St.
10.500	Siemens	87,90 €/St.
47.460	Deutsche Bank	17,50 €/St.
30.250	Kali und Salz	29,22 €/St.
25.700	Infineon	8,30 €/St.
3.200	Aareal Bank	28,02 €/St.
Bankguthaben		38.216,90 €

1. Ermitteln Sie den Wert des Fondsvermögens.
2. Berechnen Sie den Wert eines Anteils, wenn 244.000 Zertifikate ausgegeben sind.
3. Berechnen Sie den Ausgabe- und den Rücknahmepreis für diesen Tag, wenn der Ausgabepreis 6 % über und der Rücknahmepreis 2 % unter dem Inventarwert liegt (runden auf volle 0,01 €).

10.2 Berechnung von Stückzinsen

Zinsen auf festverzinsliche Effekten werden in Deutschland meist jährlich, aber auch halbjährlich **nachschüssig** an den Inhaber des Zinsscheines ausgezahlt. Dabei ist es für den Emittenten unerheblich, ob innerhalb der Zinsperiode ein Gläubigerwechsel stattgefunden hat oder ob die Zinsen dem Zinsscheininhaber in voller Höhe zustehen.

Um bei einem Verkauf innerhalb der laufenden Zinsperiode einen Interessenausgleich zwischen Käufer und Verkäufer durchzuführen, übernehmen die Kreditinstitute (eigentlich die Deutsche Börsen Clearing AG) für ihre Kunden zusätzlich die Aufgabe, die Zinsen bereits beim Verkauf auf den alten und den neuen Eigentümer aufzuteilen. Damit ermitteln sie gleichzeitig den tatsächlichen Tageswert eines festverzinslichen Wertpapiers, den **ausmachenden Betrag**. Dieser setzt sich in den Kauf- und in den Verkaufs-Abrechnungen immer aus der **Summe von Kurswert und Stückzinsen** zusammen.

Für festverzinsliche Wertpapiere, bei denen der Jahreszins in zwei Raten gezahlt wird, sind in Deutschland folgende Zinstermine üblich:

Zinstermin	Zinszahlung (Wert)	Zinsperiode
J / J	2. Januar	30.06. bis 31.12.
	1. Juli	31.12. bis 30.06.
F / A	1. Februar	31.07. bis 31.01.
	1. August	31.01. bis 31.07.
M / S	1. März	31.08. bis 28./29.02.
	1. September	28/29.02. bis 31.08.
A / O	1. April	30.09. bis 31.03.
	1. Oktober	31.03. bis 30.09.
M / N	2. Mai	31.10. bis 30.04.
	1. / 2. November	30.04. bis 31.10.
J / D	1. Juni	30.11. bis 31.05.
	1. Dezember	31.05. bis 30.11.

Bei Anleihen mit jährlicher Zinszahlung werden die Zinsen für das zurückliegende ganze Jahr z. B. am 01. oder 15. des vom Emittenten in den Anleihebedingungen festgelegten Monats fällig. So bedeutet die Angabe „14.01. gzj.“, dass der Emittent am 14.01. die Zinsen für das zurückliegende Zinsjahr zahlt, das wertmäßig am 13.01. endet.

Anmerkung: Anleihen mit variablem Zinssatz („Floater“, FRN) haben häufig sogar vier Zinstermine im Jahr, damit der Emittent den Zinssatz schneller an Veränderungen des Zinsniveaus auf dem Kapitalmarkt anpassen kann.

In den „Bedingungen für die Geschäfte an den deutschen Wertpapierbörsen“ ist festgelegt, wie die Abgrenzung der Stückzinsen vorzunehmen ist:

- Seit der Einführung des EURO gilt für alle Rentenpapiere mit **festem Zinssatz** die Zinsberechnungsmethode „actual/actual“. Diese Methode entspricht der deutschen bürgerlichen Zinsrechnung. Bei Zinsläufen, in denen der 29. Februar enthalten ist (Schaltjahr), führt dies zu einem Zinsteiler von 366.
- Die Stückzinsberechnung bei Anleihen mit **variablem Zinssatz** erfolgt nach der am Geldmarkt verwendeten Methode „actual/360“. Referenzzinssatz ist meistens der Euribor, auf den es einen Aufschlag in Prozent oder in **Basispunkten** (BP) geben kann. Dabei entsprechen 100 BP einem Prozent.

Abrechnungen im Effektenhandel werden wertmäßig **zwei Börsentage nach dem Schlusstag** an der Börse gebucht, da an diesem Tag („**Geldvaluta**“) auch die Lieferung der Effekten durch Umbuchung abgewickelt wird.
Der Verkäufer erhält die Stückzinsen bis einschließlich des Kalendertages vor der Erfüllung. Dieses Datum wird **Zinsvaluta** genannt.

Beispiel 1:

Berechnung der Zinsvaluta:

Schlusstag	Wertstellung	Zinsvaluta
Mo., 17.02.	Mi., 19.02.	18.02.
Fr., 28.02. (SJ)	Di., 03.03.	02.03. (Schaltjahr)
Mo., 27.02. (NJ)	Mi., 01.03.	**28.02.** (Normaljahr)
Do., 28.05.	Mo., 01.06.	31.05.

> Maßgeblich für die Stückzinsabgrenzung ist die Zinsvaluta:
>
> **Zinsvaluta** = Schlusstag + 2 Börsenarbeitstage – 1 Kalendertag

Die „Clearstream Banking AG“ trennt alle Zinsscheine am Abend vor dem Fälligkeitstag durch Verrechnung. Dies bedeutet, dass **dem Käufer immer der nächstfällige Zinsschein** mit geliefert wird.

Er erhält dadurch bei Fälligkeit des Zinsscheines auch Zinsen für einen Zeitraum, in dem er noch nicht Eigentümer des Papieres war. Aus diesem Grund muss eine Zinsabgrenzung zu Gunsten des Verkäufers durchgeführt werden.

Beispiel 2:

Ein Kunde verkauft am Mittwoch, dem 12.03. (Schlusstag), nom. 3.000,00 €, 4 % Pfandbriefe, 01.12. gzj., zu 102,75 %. Berechnen Sie den ausmachenden Betrag.

Abgrenzung der Zinsen:

(1)

Kurswert: 3.000,00 € zu 102,75 %		-	3.082,50 €	
+ 4 % Stückzinsen für **103** Tage, 30.11. (Vj.) bis 13.03.		-	33,86 €	(2)
ausmachender Betrag	**Wert 14.03.**		**3.116,36 €**	(3)

Erläuterung

(1) Mit Hilfe eines Zeitstrahles lassen sich die Zinsansprüche des Verkäufers und des Käufers leicht abgrenzen:
Wenn der Schlusstag der 12.03. ist, erfolgt die Wertstellung der Abrechnung zwei Börsentage später, also am 14.03. Damit ist die Zinsvaluta am 13.03.
Da der Verkäufer der Anleihe den nächstfälligen Zinsschein mitliefert, hat er noch einen Zinsanspruch vom 30.11.Vj. bis zum 13.03., also für **103 Tage** (taggenaue Berechnung).

(2) Der Zinsanspruch desVerkäufers wird immer durch den Käufer bezahlt.
Stückzinsberechnung (immer aus dem Nennwert gerechnet):

$$3.000{,}00 * 4 * 103 / (100 * 365) = 33{,}86 €.$$

(3) Der ausmachende Betrag ist immer die Summe aus Kurwert und Stückzinsen. Diesen Betrag bekommt der Käufer mit der Wertstellung des Erfüllungstages 14.03. belastet und der Verkäufer mit gleicher Wertstellung gutgeschrieben.

Beispiel 3:

Wir kaufen am Montag, dem 10.01. (Schlusstag), nominal 100.000,00 € Deutsche Bahn Fin. FRN 2015/23, 13. J/A/J/O, über die Börse zu 102,13 %. Stückzins-Verrechnung: Zinssatz Euribor 3 M. + 0,43 % p.a. Berechnen Sie den ausmachenden Betrag, wenn der Euribor 3 M. – 0,331 % (negativ!) beträgt.

Kurswert: 100.000,00 € zu 102,13 %		-	102.130,00 €	
+ 0,099 % Stückzinsen für **91** Tage, 12.10.Vj. bis 11.01.		-	25,03 €	(1)
ausmachender Betrag	**Wert 12.01.**		**102.155,03 €**	

Erläuterung

(1) Die Stückzinsberechnung erfolgt bei Floatern (FRN) nach der Geldmarktmethode:

$$100.000{,}00 * 0{,}099 * 91 / (100 * \mathbf{360}) = 25{,}03 €.$$

Hinweis: Bei Aktien gibt es das Problem der Dividendenabgrenzung nicht, da der Dividendenanspruch im Kurs enthalten ist (siehe Kurszusatz „ex Dividende“). Für Aktien gilt daher:

Kurswert = ausmachender Betrag.

⇒

- Für die Stückzinsabgrenzung ist es unerheblich, ob ein Kauf oder ein Verkauf vorliegt, denn der ausmachende Betrag muss für Käufer und Verkäufer identisch sein.
- Stückzinsen werden immer aus dem Nennwert gerechnet.
- Der Zeitraum, für den Stückzinsen gezahlt werden, beginnt mit dem Ende der vorherigen Zinsperiode und endet mit dem Tag der Zinsvaluta.
- Da der nächstfällige Zinsschein immer an den Käufer mitgeliefert wird, gilt:

Kurswert
+ Stückzinsen
= Ausmachender Betrag

Der Käufer zahlt immer den Zinsanspruch des Verkäufers.

Arbeitsaufträge:

10.2.1 Berechnen Sie den Tag der Zinsvaluta für folgende Schlusstage:

1.	Mi., 29.01.	**2.**	Mi., 30.04. (Walpurgisnacht)
3.	Fr., 14.02. (Valentinstag)	**4.**	Do., 05.06. (09.06. ist ein Feiertag)
5.	Mi., 28.05. (29.05. ist ein Feiertag)	**6.**	Do., 27.02. NJ
7.	Do., 27.03.	**8.**	Mi., 01.10.

10.2.2 Berechnen Sie die Stückzinsen und den ausmachenden Betrag für folgende Umsätze von festverzinslichen Effekten; geben Sie dabei jeweils auch die Wertstellung der Abrechnung an.

1. nom. 30.000,00 €, 6 %,..., 15.04. gzj., Schlusstag Mi., 02.04., zu 104,30 %.
2. nom. 50.000,00 €, 5,5 %,..., 01.07. gzj., Schlusstag Do., 12.06., zu 102,30 %.
3. nom. 9.000,00 €, 2,875 %,..., A/O, Schlusstag Mi., 12.03., zu 91,45 %.
4. nom. 5.000,00 €, 3,4 %,..., M/N, Schlusstag Fr., 10.10., zu 101,90 %.
5. nom. 20.000,00 €, 6 %,..., J/J, Schlusstag Fr., 17.10., zu 100,30 %.
6. nom. 100.000,00 €, Daimler AG FRN 17(24), Euribor 3 M. + 45 Basispunkte, Zinstermine 03. J/A/J/O, Schlusstag Mi., 30.07., zu 100,52 %. Der Euribor beläuft sich auf – 0,329 %.

Auswirkung der Abgeltungsteuer

Erhaltene Stückzinsen unterliegen mit 25 % der Abgeltungsteuer, wenn der Anleger seinem KI weder einen Freistellungsauftrag noch eine Nicht-Veranlagungsbescheinigung vorgelegt hat. Erzielt ein lediger Anleger mit Freistellungsauftrag insgesamt mehr als 801,00 € Einkünfte aus Kapitalvermögen (bei verheirateten Anlegern sind es 1.602,00 €), sind die KI verpflichtet, den übersteigenden Betrag mit der Abgeltungsteuer und dem 5,5 %-igen Solidaritätszuschlag zu belegen und an das zuständige Finanzamt abzuführen (Zahlstellensteuer). Darüber hinaus werden in Baden-Württemberg noch 8 % Kirchensteuer abgeführt, wenn der Kunde kirchensteuerpflichtig ist.
Kreditinstitute müssen dabei für die Kunden die in einem Kalenderjahr erhaltenen Zinsen mit den gezahlten Stückzinsen desselben Jahres verrechnen, um sicherzustellen, dass die Kunden im Rahmen ihrer Freistellungsaufträge keine Steuervorauszahlungen leisten. Hierzu legen sie für jeden betroffenen Kunden einen „Allgemeinen Verlustverrechnungtopf" an.

Beispiel 4:

Ein Anleger kaufte Wert 16.04. Rentenpapiere mit einem Kurswert von 10.200,00 €. Dabei zahlte er 590,03 € Stückzinsen. Wert 28.10. verkaufte er andere Rentenpapiere mit einem Kurswert von 37.500,00 €; hierbei erhielt er Stückzinsen in Höhe von 1.476,28 €.
Berechnen Sie den Gutschriftsbetrag für das Gesamtjahr unter Berücksichtigung von Abgeltungsteuer und Solidaritätszuschlag, wenn dem KI weder ein Freistellungsauftrag noch eine NV-Bescheinigung vorliegen.
Ein Kirchensteuerabzug findet nicht statt.

Erhaltene Stückzinsen	1.476,28 €	
– Gezahlte Stückzinsen	590,03 €	
Steuerbrutto	886,25 €	
– 25 % AbgSt	221,56 €	
– 5,5 % SolZ	12,18 €	*)
Steuernetto	605,75 €	
Gutschriftsbetrag: 1.476,28 € – 221,56 € – 12,18 € =	**1.242,54 €**	

*) **Der SolZ wird immer abgerundet.**

Arbeitsaufträge:

10.2.3 Berechnen Sie die Stückzinsen und den ausmachenden Betrag für folgende Umsätze von festverzinslichen Effekten; geben Sie dabei jeweils auch die Wertstellung der Abrechnung an.

1. nom. 5.000,00 €, 0,625 %, ..., 18.09. gzj., Schlusstag Di., 04.03., zu 99,50 %.
2. nom. 12.000,00 €, 4,25 %, ..., 03.04. gzj., Schlusstag Mi., 30.07., zu 104,25 %.
3. nom. 45.000,00 €, 4,0 %, ..., F/A, Schlusstag Do., 17.04., zu 96,54 % (der 18.04. ist Karfreitag).
4. nom. 80.000,00 €, 1,0 %, ..., M/N, Schlusstag Mo., 29.12., zu 100,56 % (31.12. Bankfeiertag).
5. nom. 20.000,00 €, 3,375 %, ..., A/O, Schlusstag Di., 29.04., zu 102,40 %.

10.2.4 Der ausmachende Betrag in einer Kaufabrechnung für nom. 15.000,00 € 6 % Kommunalobligationen, F/A, Kurs 102 %, beträgt 15.447,95 €.
Berechnen Sie den Schlusstag, wenn der Käufer den Zinsschein vom 01.08. und die folgenden mitgeliefert bekam.

10.2.5 Ein verheirateter Kunde hat Ihrem KI einen Freistellungsauftrag über 1.000,00 € erteilt. In seinem Depot befinden sich nom. 160.000,00 € einer 3 %-igen Anleihe, Kurs 101,25 %, M/S.
Berechnen Sie den Betrag der Abgeltungsteuer einschließlich SolZ und den Gutschriftsbetrag Wert 01.09., wenn er bis dahin schon 800,00 € seines Freistellungsauftrages „verbraucht“ hat und nicht kirchensteuerpflichtig ist.

10.3 Abrechnung von Kundenaufträgen

Maßgeblich für die Abwicklung von Kundenaufträgen im Effektenhandel sind die AGB der Kreditinstitute. Insbesondere gelten die Sonderbedingungen für Wertpapiergeschäfte, in denen geregelt ist, dass die KI Kundenaufträge entweder als Kommissionär ausführen oder mit dem Kunden Festpreisgeschäfte tätigen.

Sonderbedingungen für Wertpapiergeschäfte (Bankenverband)
1 Formen des Wertpapiergeschäfts
(1) Kommissions-/Festpreisgeschäfte
Bank und Kunde schließen Wertpapiergeschäfte in Form von Kommissionsgeschäften (2) oder Festpreisgeschäften (3) ab.
(2) Kommissionsgeschäfte
Führt die Bank Aufträge ihres Kunden zum Kauf oder Verkauf von Wertpapieren als Kommissionärin aus, schließt sie für Rechnung des Kunden mit einem anderen Marktteilnehmer oder einer zentralen Gegenpartei ein Kauf- oder Verkaufsgeschäft (Ausführungsgeschäft) ab, oder sie beauftragt einen anderen Kommissionär (Zwischenkommissionär), ein Ausführungsgeschäft abzuschließen. Im Rahmen des elektronischen Handels an einer Börse kann der Auftrag des Kunden auch gegen die Bank oder den Zwischenkommissionär unmittelbar ausgeführt werden, wenn die Bedingungen des Börsenhandels dies zulassen.
(3) Festpreisgeschäfte
Vereinbaren Bank und Kunde für das einzelne Geschäft einen festen oder bestimmbaren Preis (Festpreisgeschäft), so kommt ein Kaufvertrag zustande; dementsprechend übernimmt die Bank vom Kunden die Wertpapiere als Käuferin oder sie liefert die Papiere an ihn als Verkäuferin. ...

Diese Regelungen bedeuten, dass Kundenaufträge entweder als Kommissionsgeschäfte oder als Festpreisgeschäfte ausgeführt werden. Bestimmend für die Art der Ausführung ist, ob der Kunde ausdrücklich eine Weisung zur Ausführungsart gegeben hat. Ist dies nicht der Fall, greifen die Regelungen der Sonderbedingungen für Wertpapiergeschäfte.

(1) Kommissionsgeschäfte

Alle Aufträge zum Kauf oder Verkauf von Effekten, die amtlich notiert sind, werden als Kommissionsgeschäfte abgerechnet. Bei Kommissionsgeschäften kauft bzw. verkauft die Bank im eigenen Namen für fremde Rechnung. Hierfür erhält sie von den Kunden die Provision.
Je nachdem, ob die Kundenbank selbst an der vom Kunden als Ausführungsort gewünschten Börse als Händler tätig ist, oder ob sie sich zur Ausführung des Kundenauftrages einer Korrespondenzbank bedient, ist zwischen Hauptkommissions- und Zwischenkommissionsgeschäften zu unterscheiden.

Beim **Hauptkommissionsgeschäft** ist die Kundenbank (Hauptkommissionär) selbst als Händler an der Börse tätig. Sie benötigt zur Ausführung des Kundenauftrages eine andere Börsenbank, die ihr an der Börse vermittelt wird. Die Abrechnung der Börsenbanken untereinander ist das **Händlergeschäft**, die darauf aufgebaute Abrechnung an den Kunden das **Kundengeschäft**.

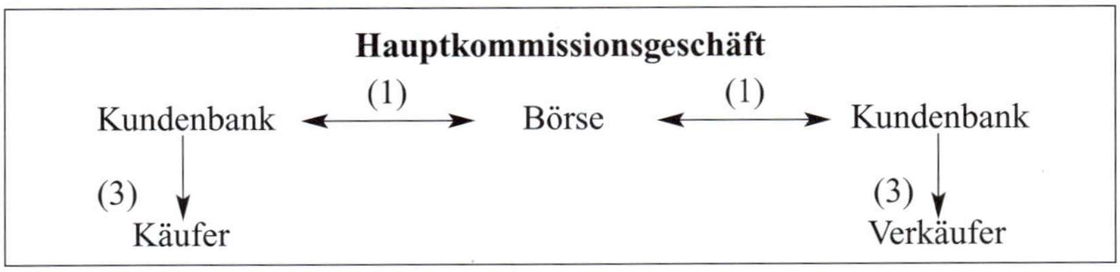

Beim **Zwischenkommissionsgeschäft** (Doppelkommission) ist die Kundenbank (Hauptkommissionär) nicht selbst als Händler an der Ausführungsbörse tätig; sie schaltet deshalb zur Abwicklung des Kundenauftrages eine Korrespondenzbank (Zwischenkommissionär) ein, die als Händler an der Ausführungsbörse zugelassen ist. Der Zwischenkommissionär wickelt den Auftrag mit einer anderen Börsenbank ab. Beim Zwischenkommissionsgeschäft fällt deshalb zusätzlich zum Händler- und dem Kundengeschäft das dazwischen liegende Zwischenhändlergeschäft als eigenständige Abrechnung an. Dies ist im Schema für die Käuferseite gegeben.

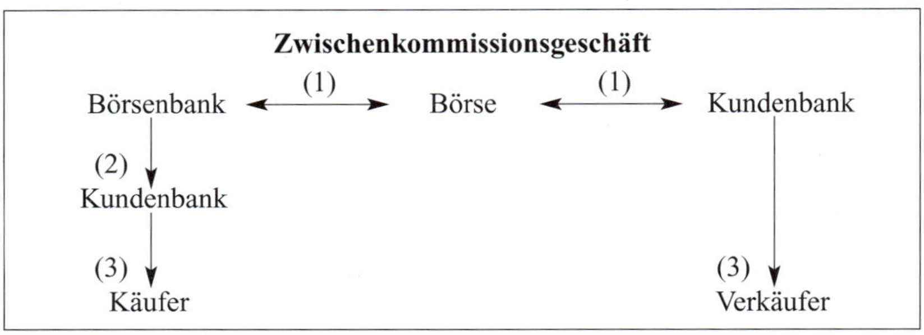

Erläuterung

(1) Ein Börsengeschäft kommt nur zustande, wenn zwei Börsenhändler zusammengeführt werden. Der Abschluss erfolgt meist elektronisch, sonst über den Skontroführer der jeweiligen Gattung.

(2) Wenn eine Kundenbank nicht selbst als Börsenbank handelt, schaltet sie einen Zwischenhändler, wie z.B. eine Korrespondenzbank ein; dem Händlergeschäft folgt in diesem Fall als weitere Abrechnung das Zwischenhändlergeschäft.

(3) In jedem Fall führt der ausgeführte Auftrag zu einer Kundenabrechnung, aus der inhaltlich nicht hervorgeht, ob er als Haupt- oder als Zwischenkommissionsgeschäft ausgeführt wurde.

Bei Kommissionsgeschäften kommen folgende **Gebührensätze** regelmäßig vor:

	Festverzinsliche Effekten	Aktien, Bezugsrechte
Provision	0,5 % v. Kurswert (KW), mindestens v. Nennwert	1 % v. Kurswert (KW)
⇒ Börsentransaktionsentgelt bzw. Courtage (Maklergebühr)	0,75 ‰ v. Nennwert (NW); bei höheren Nennwerten geringere Gebühr	0,8 ‰ v. Kurswert (KW); (bei DAX 30-Werten 0,4 ‰)
Clearinggebühr	je Auftrag z.B. 2,50 €	je Auftrag z.B. 2,50 €
Fremde Gebühren	abhängig von Xetra bzw. Börsenplatz (nur wenn genannt)	

Bei der **Provision** und dem **Börsentransaktionsentgelt** bzw. der **Courtage** (im Xetra-Handel **Xetragebühr**) werden in der Praxis üblicherweise Mindestgebühren berechnet, die aber von KI zu KI unterschiedlich sind, sodass sie hier nicht berücksichtigt werden sollen, wenn keine ausdrückliche Angabe dazu vorgegeben ist. Die Spanne der Mindestprovisionen bewegt sich zwischen 5,00 € und 25,00 €.

Die **Clearinggebühr** (auch: Abwicklungsgebühr) hat ihre Ursache in den gestiegenen Kosten für die elektronische Abwicklung der Börsengeschäfte; sie wird den KI insbesondere von der Clearstream Banking AG in Rechnung gestellt und in unterschiedlicher Höhe an die Kunden weiterverrechnet.

(a) Hauptkommissionsgeschäfte

Die Kundenabrechnung ist abhängig von dem Kurs, der an der Börse zustande kam. Daher ist in jeder Kundenabrechnung der ausmachende Betrag als Abrechnungsgrundlage enthalten, der gleichzeitig das **Händlergeschäft** darstellt. Während das Händlergeschäft **netto** abgerechnet wird (beide KI haben ein Interesse am Zustandekommen des Vertrages), werden in **Kundengeschäften** immer alle Gebühren in voller Höhe aufgeführt, d.h. es erfolgt eine **Brutto**abrechnung.

Beispiel 1:

Ein Kunde erteilt seiner Bank am Donnerstag, 13.03., den Auftrag, 400 Stück Bayer Aktien für ihn bestens zu verkaufen. Die Bank führt den Auftrag am gleichen Tag zu einem Kurs von 115,45 €/St. im Xetra-Handel aus. Die Gebühr beträgt 2,68 €.
Erstellen Sie die Abrechnung für das Händler- und das Kundengeschäft (Clearinggebühr 2,50 €).

Händlergeschäft				
400 St. Bayer Aktien zu 115,45 €/St.				
Gutschrift		**Wert 17.03.**	**46.180,00 €**	
Kundengeschäft				
400 St. Bayer Aktien zu 115,45 €/St.			46.180,00 €	
– 1 % Provision	461,80			
– Xetragebühr	2,68			(1)
– Clearinggebühr	2,50		466,98 €	
Gutschrift		**Wert 17.03.**	**45.713,02 €**	

Erläuterung

(1) Da der Umsatz über Xetra ausgeführt wird, entfällt die Maklergebühr; statt dessen wird eine Xetra-Gebühr erhoben. Die Höhe des verrechneten Entgelts ist von KI zu KI unterschiedlich.

Beispiel 2:

Eine Börsenbank wird am Mittwoch, 03.09., von einem Kunden beauftragt, 1,5 %-ige Bundesanleihen, 15.02. gzj., im Nennwert von 6.000,00 € billigst zu kaufen. Der Auftrag wird zu einem Kurs von 110,50 % ausgeführt.
Erstellen Sie die Abrechnung für das Händler- und das Kundengeschäft (ohne Clearinggebühr).

Händlergeschäft				
nom. 6.000,00 € zu 110,50 %			6.630,00 €	
+ 1,5 % Stückzinsen für 202 Tage (14.02. bis 04.09.)			49,81 €	(1)
Lastschrift		**Wert 05.09.**	**6.679,81 €**	(2)
Kundengeschäft				
nom. 6.000,00 € zu 110,50 %			6.630,00 €	
+ 1,5 % Stückzinsen für 202 Tage (14.02. bis 04.09.)			49,81 €	
Ausmachender Betrag			6.679,81 €	
+ 0,5 % Provision (KW)	33,15			(3)
+ 0,75 ‰ Courtage (NW)	4,50		37,65 €	(4)
Lastschrift		**Wert 05.09.**	**6.717,46 €**	

Erläuterung

(1) Da der Käufer immer den nächstfälligen Zinsschein mitgeliefert bekommt, muss er für den Zeitraum vom Ende der letzten Zinsperiode bis zum Tag der Zinsvaluta Stückzinsen an den Verkäufer bezahlen: 6.000,00 * 1,5 * 202 / 36500 = 49,81€.

(2) Händlergeschäfte sind Nettogeschäfte, es werden daher keine Gebühren gerechnet.

(3) Bei einer **Kauf**abrechnung muss der Käufer **zusätzlich** zum ausmachenden Betrag die **Gebühren** bezahlen.

(4) Der Kurs des gekauften Papieres ist „über pari", daher wird die Provision aus dem (höheren) Kurswert gerechnet.

⇒

- Bei Hauptkommissionsgeschäften gibt es zwei Abrechnungen:
  - Das Händlergeschäft enthält immer nur den ausmachenden Betrag.
  - Das Kundengeschäft enthält den ausmachenden Betrag und alle Gebühren.
- Im Kundengeschäft werden beim Kauf die Gebühren zum ausmachenden Betrag addiert, beim Verkauf von ihm subtrahiert. Beim Verkauf sind auch AbgSt, SolZ und evtl. KiSt zu berücksichtigen.
- Gebührenarten im Kundengeschäft: Provision, Börsentransaktionsentgelt bzw. Courtage (nicht bei Xetra), Clearing- und sonstige Gebühren nach Angabe in der Aufgabe.

Arbeitsaufträge:

Hinweis: „**Kauf**" und „**Verkauf**" sind immer aus **Sicht des Kunden** zu sehen.

10.3.1 Erstellen Sie für folgende Aktienumsätze nur die Abrechnungen des Kundengeschäfts; die Gebührensätze sind aus der vorigen Tabelle zu berücksichtigen; die Clearinggebühr beträgt jeweils 2,50 € je Auftrag.

1. Kauf am Do., 13.06.: 17.250 St. Heidelberger Druck zu 3,45 €/St.
2. Verkauf am Fr., 22.08.: 100 St. Leoni zu 55,20 €/St.. Fremde Gebühren 1,85 €.
3. Verkauf am Mi., 23.04.: 80 St. Merck zu 94,31 €/St. (DAX-Wert).
4. Verkauf am Mi., 30.04.: 120 St. Siemens zu 114,52 €/St. (DAX-Wert); Xetragebühr 2,96 €.
5. Kauf am Di., 16.09.: 160 St. Hugo Boss Namensaktien zu 55,15 €/St.

10.3.2 Ein Kunde erteilt seinem KI den Auftrag, 180 St. BASF Aktien billigst an der Stuttgarter Börse zu kaufen. Erstellen Sie die Kundenabrechnung, wenn der Kurs 88,40 €/St. beträgt.
Spesen: 1 % Provision, 0,4 ‰ Börsentransaktionsentgelt, sonstige Auslagen 2,50 €.

10.3.3 Erstellen Sie für folgende Umsätze von Rentenpapieren die Kundenabrechnungen (Spesen laut Tabelle S. 270, es liegen keine Freistellungsaufträge vor, Kirchensteuer fällt nicht an):

1. Kauf am Mo., 22.09.: nom. 15.000,00 €, 4,5 % Bundesobligationen, 17.05. gzj., zu 102,66 %.
2. Verkauf am Di., 14.10.: nom. 8.000,00 €, 5 % Pfandbriefe, M/N, zu 96,25 %.
3. Kauf am Do., 07.08.: nom. 20.000,00 €, 4 % Wandelanleihe, 01.10. gzj., zu 249,10 %.
4. Kauf am Mo., 14.04.: nom. 36.000,00 €, 5 % Industrieanleihe, M/N, zu 108,00 %.
5. Verkauf am Do., 28.08.: nom. 175.000,00 €, 1,5 % Bundesanleihe, 15.05. gzj., zu 112,17 %.
6. Verkauf am Mi., 03.12.: nom. 9.800,00 €, 3 % Kommunalanleihe, 01.02. gzj., zu 101,75 %.

10.3.4 Erstellen Sie alle vorkommenden Abrechnungen eines Hauptkommissionsgeschäftes (auch das Gegengeschäft der Korrespondenzbank für ihren Kunden) für den Verkauf von nom. 15.000,00 €, 7,5 % Industrieanleihe, A/O, am Mittwoch, 10.09., zum Kurs von 113,61 % (Gebühren laut Tabelle S. 270). Der Kunde ist laut KiStAM mit 8 % steuerpflichtig.

10.3.5 Ein Kapital von 50.000,00 € soll nach den Kundenwünschen am 04.06. folgendermaßen angelegt werden (Gebühren laut Tabelle, alle Werte sind DAX-Werte, keine Clearinggebühr):

125 St.	Deutsche Post	Kurs	42,92 €/St.
150 St.	Adidas	Kurs	155,30 €/St.
520 St.	E.ON	Kurs	8,04 €/St.

Der Rest soll in 2,375 % Daimler Anleihe, 08.03. gzj., angelegt werden (kleinste Stückelung 1.000,00 €). Erstellen Sie die erforderlichen Abrechnungen für den Kunden, wenn der vorgegebene Betrag nicht überschritten werden darf und der Kurs der Anleihe 112,60 % beträgt.

(b) Zwischenkommissionsgeschäfte

Aus Wettbewerbsgründen sollten die Kunden von Kreditinstituten, die nicht selbst Börsenbank sind, nicht schlechter gestellt werden, als die Kunden von Börsenbanken; daher ist es bei Zwischenkommissionsgeschäften üblich, dass sich die Kundenbank und die Börsenbank die Provision teilen. Dies ist umso sinnvoller, als der Kunde für die Ausführung seines Effektenauftrages den Börsenplatz vorschreiben kann. Für Kreditinstitute wäre es zu kostspielig, an allen acht deutschen Börsen selbst als Händler tätig zu sein. Sie nehmen daher für die Ausführung von Aufträgen an auswärtigen Börsen gerne eine Korrespondenzbank in Anspruch.

Die ausführende Börsenbank bezahlt die Courtage bzw. die Börsentransaktionsgebühr an „ihrer" Börse; diese Gebühr sowie die anteilige Provision (Händlerprovision) werden der Kundenbank in Rechnung gestellt. Die Kundenbank belastet ihren Kunden in gleicher Höhe wie bei der Abrechnung eines Hauptkommissionsgeschäftes.

Beispiel 3:

Ein Kunde erteilt seinem KI den Auftrag zum Kauf von 400 St. Sinner Aktien, die nur an einer auswärtigen Börse gehandelt werden. Eine Korrespondenzbank führt den Auftrag am 08.08. aus. Erstellen Sie jeweils die Abrechnung für das Händler-, das Zwischenhändler- und das Kundengeschäft bei einem Kurs von 14,55 €/St. Berücksichtigen Sie eine Clearinggebühr von 1,50 € im Zwischenhändler- und von 3,00 € im Kundengeschäft.

Händlergeschäft (zwischen den beiden beteiligten Börsenbanken)				
400 St. Sinner Aktien zu 14,55 €/St.				
Lastschrift		**Wert 10.08.**	**5.820,00 €**	
Zwischenkommissionsgeschäft (zwischen Börsen- und Kundenbank)				
400 St. Sinner Aktien zu 14,55 €/St.			5.820,00 €	
+ 0,5 % Provision	29,10			
+ 0,8 ‰ Courtage	4,66			
+ Clearinggebühr	1,50		35,26 €	(1)
Lastschrift		**Wert 10.08.**	**5.855,26 €**	
Kundengeschäft (zwischen Kundenbank und Kunden)				
400 St. Sinner Aktien zu 14,55 €/St.			5.820,00 €	
+ 1,0 % Provision	58,20			
+ 0,8 ‰ Courtage	4,66			
+ Clearinggebühr	3,00		65,86 €	(2)
Lastschrift		**Wert 10.08.**	**5.885,86 €**	

Erläuterung

(1) Die Börsenbank stellt der Kundenbank die Courtage und die halbe Provision (=Händlerprovision) sowie die angegebene Clearinggebühr in Rechnung.

(2) Die Kundenbank verrechnet neben der Courtage die volle Provision und zusätzlich noch die Clearinggebühr, wenn diese in Rechnung gestellt wurde.

Beispiel 4:

Der Kunde eines nicht an der Börse vertretenen KI erteilt diesem den Auftrag, nom. 40.000,00 €, 3,25 % Bundesanleihe, 04.01. gzj., zu verkaufen. Die Ausführung erfolgt am 12.03. zu 113,65 %. Erstellen Sie die Abrechnungen der Börsen- und der Kundenbank. Für den Kunden liegt kein Freistellungsauftrag vor, Kirchensteuer ist nicht zu berücksichtigen.

Zwischenkommissionsgeschäft				
Kurswert: 40.000,00 € zu 113,65 %			45.460,00 €	
+ 3,25 % Stückzinsen für 69 Tage (03.01. bis 13.03.)			245,75 €	
Ausmachender Betrag			45.705,75 €	
– 0,25 % Provision (NW)	100,00			(1)
– 0,75 ‰ Courtage (NW)	30,00		130,00 €	
Gutschrift		**Wert 14.03.**	**45.575,75 €**	(2)

Kundengeschäft

Kurswert: 40.000,00 € zu 113,65 %			45.460,00 €	
+ 3,25 % Stückzinsen für 69 Tage (03.01. bis 13.03.)			245,75 €	
Ausmachender Betrag			45.705,75 €	
– 0,5 % Provision (NW)	200,00 €			
– 0,75 ‰ Courtage (NW)	30,00 €		230,00 €	(3)
– 25 % AbgSt aus 245,75 €	61,44 €			
– 5,5 % SolZ aus 61,43 €	3,37 €		64,81 €	(4)
Gutschrift		**Wert 14.03.**	**45.410,94 €**	

Erläuterung

(1) Die Provision wird aus dem Nennwert gerechnet, da der Kurs unter pari liegt; sie beträgt die Hälfte der Kundenprovision.

(2) Da eine Verkaufsabrechnung vorliegt, erhält die Kundenbank den ausmachenden Betrag abzüglich der Gebühren gutgeschrieben.

(3) Die Kundenbank belastet den Kunden mit der vollen Provision und der Courtage, die ihr von der Börsenbank in Rechnung gestellt worden ist. Eine Clearinggebühr wurde hier nicht berücksichtigt.

(4) Wenn kein Freistellungsauftrag vorliegt, müssen KI den Stückzinsertrag der Kunden beim Verkauf mit AbgSt, SolZ (aus abgerundeter AbgSt) und evtl. Kirchensteuer belasten.

Bei Zwischenkommissionsgeschäften fallen immer drei Abrechnungen an:

- Das **Händlergeschäft** enthält immer den ausmachenden Betrag.
- ⇒ Das **Zwischenhändlergeschäft** enthält den ausmachenden Betrag, die Händlerprovision (halbe Kundenprovision) und das Börsentransaktionsentgelt bzw. die Maklergebühr.
- Das **Kundengeschäft** enthält den ausmachenden Betrag und alle Gebühren in voller Höhe.

Arbeitsaufträge:

10.3.6 Erstellen Sie die Abrechnung für das Zwischenhändler- und das Kundengeschäft für folgende Aktienumsätze, wenn die Kundenbank zur Abwicklung eine auswärtige Korrespondenzbank einschaltet (Gebühren laut Tabelle):

	Schlusstag	Umsatzart	Stückzahl	Effektengattung	Kurs (€/St.)
1.	Mi., 02.07.	Kauf	2.950	Porsche	82,95
2.	Mo., 25.08.	Verkauf	100	Ceconomy	11,16
3.	Fr., 07.03.	Verkauf	40	Aareal-Bank	34,60
4.	Do., 25.09.	Kauf	200	VW-Stammaktien	128,50

10.3.7 Erstellen Sie die Abrechnung für das Zwischenhändler- und das Kundengeschäft für folgende Umsätze in festverzinslichen Effekten, wenn die Kundenbank zu Abwicklung eine Korrespondenzbank einschaltet. Für erwirtschaftete Zinsen liegen keine Freistellungsaufträge vor, der Verlustverrechnungstopf ist leer. Gemäß KiStAM ist jeweils keine Kirchensteuer zu berücksichtigen.

1. Kauf am Di., 17.10.: nom. 21.000,00 €, 0,25 % Bundesobligationen, 16.10. gzj., zu 101,80 %.
2. Verkauf am Fr., 22.08.: nom. 15.000,00 €, 4,5 % Industrieanleihe, M/S, zu 98,75 %.
3. Kauf am Di., 08.04.: nom. 5.000,00 €, 5 % Pfandbriefe, F/A, zu 99,75 %.
4. Kauf am Fr., 28.02.: nom. 50.000,00 €, 2,5 % Bundesanleihe, 04.01. gzj., zu 113,15 %.
5. Verkauf am Mo., 07.01.: nom. 25.000,00 €, 7,25 % Auslandsanleihe, M/N zu 99,25 %.

10.3.8 Ein Kunde besitzt 400 St. VW Aktien, die er verkaufen lässt, um mit dem Gegenwert 6,75 % Fiat Chrysler Finance Anleihen, 14.10. gzj., erwerben zu können.
Ermitteln Sie den gekauften Nennwert (kleinste Stückelung 1.000,00 €), wenn sowohl Kauf wie auch Verkauf am 11.11. durch eine Korrespondenzbank der Kundenbank abgewickelt wurden.
Der Kurs der Aktien beträgt 130,00 €/St., der Kurs der Anleihe 112,60 %. Beim Kauf und beim Verkauf fällt jeweils eine Clearinggebühr von 3,00 € an. Kirchensteuer ist nicht zu berücksichtigen.

(2) Festpreisgeschäfte

Vereinbaren Bank und Kunde für das einzelne Geschäft einen festen Preis, schließen sie einen Kaufvertrag ab. Dabei ist die Effektengattung grundsätzlich unerheblich. Dennoch werden dies in der Hauptsache Werte sein, für die der Kunde die Auftragsausführung außerhalb der Börse vorgeschrieben hat, sowie Werte aus dem ungeregelten Freiverkehr (Telefonverkehr). Auch Tafelgeschäfte werden als Festpreisgeschäft abgerechnet.

Da die Kundenabrechnung zum vereinbarten Preis erfolgt, haben die Kreditinstitute keinen Anspruch auf die Zahlung von Provision und Auslagenersatz. Die Erträge in diesem Geschäft müssen deshalb aus der Differenz („Spannung“) zwischen Ankaufs- und Verkaufskursen bestehen, die im Börsenhandel mit nicht-amtlicher Notierung üblich sind. Festpreisgeschäfte werden am Tag des Vertragsabschlusses erfüllt.

Bei Händlergeschäften (Deckungsgeschäften), die dann notwendig sind, wenn nicht über den eigenen Bestand erfüllt werden kann, wird immer der ausmachende Betrag in Rechnung gestellt.

Beispiel 5:

Ein Kunde erteilt seinem Kreditinstitut den Auftrag, 20 St. ABC-Aktien zu kaufen (Telefonhandel). Die Nettopreise betragen 110,00 € /St. / 118,00 € /St.
Erstellen Sie die Abrechnungen für das Händler- und für das Kundengeschäft, Wert 10.04.

Händlergeschäft			
20 St. ABC zu 110,00 € /St.			
Lastschrift	**Wert 10.04.**	**2.200,00 €**	(1)
Kundengeschäft			
20 St. ABC zu 118,00 €/St.			
Lastschrift	**Wert 10.04.**	**2.360,00 €**	(2)

Erläuterung

(1) Das Händlergeschäft wird zum Ankaufskurs abgerechnet; aus der Sicht des kaufenden KI erfolgt eine Belastung durch das verkaufende KI.
(2) Das Kundengeschäft wird zum höheren Verkaufskurs abgerechnet und dem Käufer belastet.

- Festpreisgeschäfte sind durch Nettopreise gekennzeichnet.
- Ein Deckungsgeschäft ist immer dann erforderlich, wenn die Kundenbank nicht den eigenen Effektenbestand einsetzt. Diese Geschäfte enthalten nur den ausmachenden Betrag.
- Auch die Abrechnung des Kundengeschäftes enthält nur den ausmachenden Betrag. Da das KI aus bzw. für den eigenen Bestand kauft, darf es keine Gebühren berechnen.
- Festpreisgeschäfte werden taggleich erfüllt.

⇐

Arbeitsaufträge:

10.3.9 Erstellen Sie die Abrechnung für folgende Tafelgeschäfte:
1. Verkauf am 12.09.: nom. 15.000,00 €, 5 % Kommunalobligation, 27.04. gzj.; Kurse 102,60 / 103,80.
2. Kauf am 16.06.: nom. 40.000,00 €, 6,25 % Industrieanleihe, 30.10. gzj.; Kurse 99,50 / 101,50.
3. Kauf am 23.04.: nom. 6.000,00 €, 5 % Auslandsanleihe, 23. J/D; Kurse 81,20 / 84,90.

10.3.10 Ein Kunde beauftragt uns, 55 St. Karwendelbahn AG Aktien (Telefonhandel) zu verkaufen. Wir übernehmen die Aktien zu 68,00 €/St. netto und verkaufen sie am gleichen Tag für 72,40 €/St. netto an eine Korrespondenzbank. Erstellen Sie die Abrechnungen für das Kunden- und das Händlergeschäft.

(3) Abrechnung von Investmentanteilen

§ 71 KAGB

Ausgabe und Rücknahme von Anteilen oder Aktien eines inländischen OGAW
(1) Die Verwahrstelle hat die Anteile ... eines inländischen OGAW auszugeben und zurückzunehmen. ...
(2) Der Preis für die Ausgabe von Anteilen ... (Ausgabepreis) muss dem Nettoinventarwert des Anteils ... am inländischen OGAW zuzüglich eines in den Anlagebedingungen festzusetzenden Aufschlags ... entsprechen. ...
(3) Der Preis für die Rücknahme von Anteilen ... (Rücknahmepreis) muss dem Nettoinventarwert des Anteils ... am inländischen OGAW abzüglich eines in den Anlagebedingungen festzusetzenden Abschlags ... entsprechen. ...

Da Investmentanteile meist nicht an der Börse gehandelt werden, muss die Grundlage für die Abrechnung durch die Kapitalverwaltungsgesellschaft des OGAW (Organismus für gemeinsame Anlage in Wertpapieren) geschaffen werden, die die Anteile ausgegeben hat. Die Verwahrstelle berechnet meist börsentäglich den Ausgabe- und den Rücknahmepreis für die Anteile ihrer OGAW unter Einbeziehung des „Zwischengewinns“, dies sind die bis zum jeweiligen Börsentag erzielten anteiligen Erträge des Fonds. Die Nettogewinne unterliegen beim Veräußern der Investmentzertifikate der AbgSt.

In Kundenabrechnungen erscheinen nur Ausgabe- und Rücknahmepreis sowie ein möglicher Zwischengewinn; Gebühren werden von den ausgebenden Kreditinstituten nicht berechnet; bei der Rücknahme von Investmentanteilen (netz-)fremder Institute wird aber Provision in Rechnung gestellt, die entweder als fester Mindestsatz (z. B. wie bei Aktien 1 %) oder als Pauschalbetrag vom Rücknahmepreis abgezogen wird.

Beispiel 6:

Ein Kunde kauft am 16.04. 200 St. Concentra -A- EUR; Ausgabepreis 131,57 €/St.; ein anderer Kunde verkauft am gleichen Tag 200 St. Concentra -A- EUR, Rücknahmepreis 125,30 €/St..
Erstellen Sie die Kundenabrechnungen.

Kauf
200 St. Concentra -A- EUR zu 131,57 €/St.
Lastschrift **Wert 16.04.** **26.314,00 €** (1)

Verkauf
200 St. Concentra -A- EUR zu 125,30 €/St.
Gutschrift **Wert 16.04.** **25.060,00 €**

Erläuterung

(1) Bei der Wertstellung von Geschäften, die nicht über die Börse abgewickelt werden, gehen KI individuell vor. Hier werden die Belastung und die Gutschrift Wert Ausführungstag vorgenommen.

⟹ Kundenabrechnungen über Investmentzertifikate enthalten nur den Ausgabe- oder den Rücknahmepreis, multipliziert mit der gehandelten Stückzahl, wenn die Abrechnungen durch die an der Kapitalverwaltungsgesellschaft beteiligten KI durchgeführt werden. Bei fremdem KI wird Provision erhoben. Der beim Verkauf angefallene Zwischengewinn unterliegt den üblichen Regelungen der Abgeltungsteuer (25 % AbgSt, 5,5 % SolZ sowie ggf. noch KiSt).

Arbeitsaufträge:

10.3.11 Berechnen Sie den Gutschrifts- bzw. den Lastschriftsbetrag für folgende Geschäfte in Investmentanteilen:
(Aus Vereinfachungsgründen sind enthaltene Zwischengewinne hier nicht berücksichtigt.)

	Tag	Kundenauftrag	Stück	Effektengattung	Ausgabe (€/St.)	Rücknahme (€/St.)
1.	06.10.	Kauf	125	Dekafonds	120,18	114,46
2.	13.06.	Kauf	62	Akkumula	1.021,38	972,74
3.	28.07.	Verkauf	60	Fondirent	49,82	48,37
4.	07.02.	Verkauf	87	Top Dividende	119,25	113,57
5.	22.04.	Kauf	35	Global Growth	109,12	103,92

10.4 Rechnerischer Wert von Bezugsrechten

Eine Aktiengesellschaft, die ihr Grundkapital erhöhen möchte, macht dies durch die Ausgabe von neuen (im Bankalltag „junge“) Aktien. Zuvor muss die Kapitalerhöhung mit einer qualifizierten Mehrheit (3/4 des anwesenden vertretungsberechtigten Kapitals) beschlossen worden sein. Dabei hat jeder Altaktionär nach § 186 AktG einen Anspruch auf Bezug dieser Aktien, damit sein Anteil am Grundkapital auf der gleichen Höhe bleibt wie vor der Kapitalerhöhung (Verwässerungsschutz).

Voraussetzungen **§ 182 AktG**

(1) Eine Erhöhung des Grundkapitals gegen Einlagen kann nur mit einer Mehrheit beschlossen werden, die mindestens drei Viertel des bei der Beschlussfassung vertretenen Grundkapitals umfasst. ...

Bezugsrecht **§ 186 AktG**

(1) Jedem Aktionär muss auf sein Verlangen ein seinem Anteil an dem bisherigen Grundkapital entsprechender Teil der neuen Aktien zugeteilt werden. Für die Ausübung des Bezugsrechtes ist eine Frist von mindestens zwei Wochen zu bestimmen.

Das Bezugsrecht wird durch den laufenden Dividendenschein verkörpert, den der Vorstand der AG zu diesem Zweck umgewidmet hat. Da jede Aktie nur einen Dividendenschein mit der festgelegten Nummer hat, enthält **jede** Aktie auch nur **ein** Bezugsrecht. Ein Aktionär, der nicht alle vorhandenen Bezugsrechte benötigt, kann die überzähligen („Bezugsrechtsspitze“) leicht verkaufen, da für die Bezugsrechte von amtlich notierten Aktien an der Börse ein Handel mit einer Handelsfrist von meist 10 Tagen durchgeführt wird. Die beiden letzten Tage der Frist dienen der Erfüllung der getätigten Geschäfte.

Der Bezugsrechtshandel ermöglicht es aber auch Kunden, die bisher noch nicht Aktionäre waren, über den Kauf der erforderlichen Zahl von Bezugsrechten, neue Aktien der Unternehmung zu erwerben. Allerdings ist der Weg über den direkten Kauf der alten Aktien wegen der Spesen beim Kauf der Bezugsrechte meist preisgünstiger.

Der **rechnerische Wert** des Bezugsrechtes dient dem Ausgleich des Kursverlustes der alten Aktien, wenn diese ab dem Tag der Eröffnung des Bezugsrechtshandels an der Börse ohne den Wert des Bezugsrechtes („ex Bezugsrecht“) gehandelt werden.

Da der Wert des Bezugsrechtes vorher im Kurs der alten Aktie enthalten war, spricht man auch vom „inneren“ Wert des Bezugsrechtes. Dieser Wert ist abhängig von drei Größen: Bezugsverhältnis, Kurs der alten Aktie vor der Kapitalerhöhung und Ausgabepreis der neuen Aktien.

10.4.1 Ermitteln des Bezugsverhältnisses

Da die alten Aktionäre im gleichen Verhältnis Aktien beziehen können, wie sie bisher an der AG beteiligt waren, ist das Bezugsverhältnis immer das Verhältnis von bisherigem „gezeichneten Kapital" (Nennwert der bisher ausgegebenen Aktien) zur Kapitalerhöhung. Sollte auf Grund eines Beschlusses der Hauptversammlung ein Teil der Kapitalerhöhung nicht den Aktionären zufließen, kann er auch keinen Eingang in das Bezugsverhältnis finden.

Diese grundsätzliche Regelung gilt auch für nennwertlose Stückaktien, bei denen die Verwaltung einer AG bei einer Kapitalerhöhung festlegen muss, welcher Anteil des Verkaufspreises für neue Aktien in das gezeichnete Kapital und welcher Teil in die Kapitalrücklage einfliessen soll.

Beispiel 1:

Eine AG erhöht ihr gezeichnetes Kapital um 80 Mio. € auf 480 Mio. €. Ermitteln Sie das Bezugsverhältnis (BV).

Bisheriges Grundkapital = 480 – 80 = 400 Mio. (1)

BV = bisheriges Grundkapital : Kapitalerhöhung

= 400 : 80 = **5 : 1** (2)

Erläuterung

(1) Die Grundlage für die Berechnung des Bezugsverhältnisses ist das bisherige Grundkapital. Da hier nur das Kapital nach der Erhöhung und der Betrag der Erhöhung gegeben sind, muss zunächst das ursprüngliche Kapital gesondert berechnet werden.

(2) Das Verhältnis des alten Kapitals zur Kapitalerhöhung wird durch Kürzen bis auf die jeweils kleinste **ganze** Zahl herunterdividiert (Einsatz des Taschenrechners und evtl. Erweitern des Ergebnisses).

Beispiel 2:

Eine Aktiengesellschaft erhöht ihr gezeichnetes Kapital um 62 Mio. € auf 244 Mio. €. Von der Erhöhung gehen 10 Mio. € unter Ausschluss des gesetzlichen Bezugsrechtes vorab an die Hausbank der AG.
Ermitteln Sie das Bezugsverhältnis (BV).

Bisheriges Grundkapital	=	244 – 62	=	182 Mio. €	
Anteil der Erhöhung für Aktionäre:		62 – 10	=	52 Mio. €	(1)
BV	=	182 : 52	=	**7 : 2**	(2)

Erläuterung

(1) Für das Bezugsverhältnis ist nur der Teil der Kapitalerhöhung bedeutsam, der den Aktionären auch tatsächlich zufließt. Für den Restbetrag sind die Aktionäre nicht bezugsberechtigt.

(2) Bei der Ermittlung des BV mit dem Taschenrechner entsteht häufig ein endlicher oder unendlicher Dezimalbruch. Dieser ist so zu erweitern, dass sich eine ganze Zahl ergibt. Das Ergebnis wird durch den Erweiterungsfaktor dividiert.
Hier: 182 : 52 = 3,5; die Erweiterung mit **2** ergibt 7; dann ist das Bezugsverhältnis 7 : **2**.

⟹

- Das Bezugsverhältnis gibt an, wie viele **Bezugsrechte** erforderlich sind, um die festgelegte Anzahl neuer Aktien kaufen zu können.
- Bezugsverhältnis (BV) = Bisheriges Grundkapital : **wirksame** Kapitalerhöhung.
- Das Bezugsverhältnis enthält immer die jeweils kleinste **ganze** Zahl, da es keine Teilaktien gibt.

Arbeitsaufträge:

10.4.1 Ermitteln Sie das Bezugsverhältnis bei folgenden Kapitalerhöhungen:

	bisheriges Grundkapital (€)	Erhöhung (€)	neues Grundkapital (€)
1.	472 Mio.	177 Mio.	---
2.	---	92 Mio.	253 Mio.
3.	162 Mio.	---	270 Mio.
4.	671 Mio.	122 Mio.	---
5.	---	78 Mio.	208 Mio.
6.	423 Mio.	---	517 Mio.

10.4.2 Berechnen Sie das Bezugsverhältnis, wenn folgende Kapitalveränderungen beschlossen wurden:

	bisheriges Grundkapital (€)	neues Grundkapital (€)
1.	456 Mio.	755 Mio., davon 14 Mio. unter Ausschluss des gesetzl. Bezugsrechts an ein Bankenkonsortium.
2.	1.044 Mio.	1.500 Mio., davon 21 Mio. Belegschaftsaktien.
3.	403 Mio.	480 Mio., davon 15 Mio. unter Ausschluss des gesetzl. Bezugsrechts an den Großaktionär.
4.	448 Mio.	1.150 Mio., davon 30 Mio. für ein Übernahmeangebot.

10.4.2 Berechnen des rechnerischen Wertes von Bezugsrechten

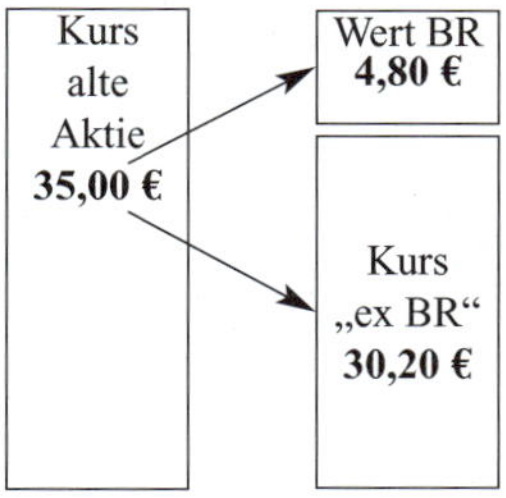

Da die neuen Aktien zu einem Preis verkauft werden, der unter dem Kurs der bisherigen Aktie liegt, bedeutet jede Kapitalerhöhung zunächst eine Verringerung des Wertes dieser Aktien. Eine Entschädigung für die Wertminderung erhält der Aktionär durch den rechnerischen Wert des Bezugsrechtes. Dieser Wert hat eine Ausgleichsfunktion für den Unterschied zwischen dem Kurs der bisherigen Aktie vor Beginn des Bezugsrechtshandels und dem niedrigeren Kurs nach der Eröffnung des Handels.

Der **rechnerische** Wert eines Bezugsrechtes (**BR**) ist die Differenz, die sich aus dem Kurs der bisherigen Aktie und einem Durchschnittskurs ergibt, der aus dem Kurswert der zum Bezug benötigten alten Aktien und dem Kaufpreis der zu erwerbenden neuen Aktien berechnet wird. Da dieser Betrag bisher schon im Kurs der bisherigen Aktie enthalten war, wird der rechnerische Wert auch **innerer** Wert des Bezugsrechtes genannt.

Beispiel 1:

Eine Aktiengesellschaft erhöht ihr gezeichnetes Kapital im Verhältnis 5 : 2. Der Kurs der bisherigen Aktie beträgt 35,00 €/St., der Ausgabepreis der neuen Aktien wurde auf 18,20 €/St. festgelegt.
Ermitteln Sie den rechnerischen Wert des Bezugsrechtes.

5 alte Aktien zu 35,00 €/St.	-	175,00 €	
+ 2 neue Aktien zu 18,20 €/St.	-	36,40 €	
= 7 Aktien	-	211,40 €	
Durchschnittswert einer Aktie:	211,40 : 7	= 30,20 €	(1)
Rechnerischer Wert eines Bezugsrechtes (BR):			
	BR = 35,00 – 30,20	= **4,80 €**	(2)

Erläuterung

(1) Wenn der Kunde vor Eröffnung des Bezugsrechtshandels 5 alte Aktien zum Kurswert kauft, erwirbt er gleichzeitig 5 Bezugsrechte, die es ihm ermöglichen, zwei neue Aktien für jeweils 18,20 € zu erwerben. Die dann insgesamt 7 Aktien haben ihn 211,40 € gekostet.
Sein durchschnittlicher Kaufpreis beträgt dann 30,20 €/St.

(2) Da die alten Aktien vorher 35,00 €/St. gekostet haben, erleidet er einen Verlust von 4,80 €/St., dies ist der rechnerische Wert des Bezugsrechtes. Der Verlust wird allerdings ausgeglichen durch einen Kursanstieg seiner zwei neuen Aktien von 18,20 €/St. auf dann 30,20 €/St.

Verlust der bisherigen Aktien: $5 * 4{,}80 = 24{,}00$ €
Gewinn der neuen Aktien: $(30{,}20 - 18{,}20) * 2 = 24{,}00$ €

Der rechnerische Wert des Bezugsrechtes kann auch mit Hilfe einer **Formel** ermittelt werden, die die Ansätze des „Durchschnittswertverfahrens“ übernimmt:

$$BR = \frac{K_a - K_n}{BV + 1}$$

Dabei gilt:
K_a = Kurs der alten Aktie vor Beginn des BR-Handels
K_n = Ausgabepreis der neuen Aktie

Mit den Daten des Beispiels ergibt sich dann:

$$BR = \frac{35 - 18{,}20}{\frac{5}{2} + 1} = \frac{35 - 18{,}20}{\frac{7}{2}} = \frac{(35 - 18{,}20)}{3{,}5} = \underline{\underline{4{,}80\ €}}$$

- Rechnerischer Wert eines Bezugsrechtes vor Eröffnung des Bezugsrechtshandels:
  BR = Kurs (alte Aktie) – Kurs (Durchschnitt)

⇒ • Formelmäßiger Lösungsansatz: $BR = \frac{K_a - K_n}{BV + 1}$

- Bei der Ausgabe von **Berichtigungsaktien** ist $K_n = 0$.

Arbeitsaufträge:

10.4.3 Ermitteln Sie den rechnerischen (inneren) Wert des Bezugsrechtes:

	K_a (€/St.)	K_j (€/St.)	BV
1.	42,00	16,00	7 : 2
2.	38,60	11,90	3 : 1
3.	79,25	21,50	5 : 1
4.	22,75	19,75	6 : 5
5.	103,20	69,00	11 : 2

10.4.4 Eine AG erhöht ihr Kapital von 560 Mio. € auf 640 Mio. € aus Gesellschaftsmitteln (Umwandlung von Rücklagen in gezeichnetes Kapital).
Ermitteln Sie den rechnerischen Wert des Berichtigungsabschlages für die alten Aktien, wenn diese vor der Berichtigung einen Kurs von 320,00 €/St. hatten.

10.4.5 Die Hauptversammlung einer AG hat eine Kapitalerhöhung von 861 Mio. € auf 999 Mio. € beschlossen. Dabei sollen 15 Mio. € vorab für Belegschaftsaktien verwendet werden. Die übrigen Aktien werden den Aktionären zum Preis von 270,00 €/St. angeboten.
Wie hoch ist der innere Wert der Bezugsrechte, wenn der Börsenkurs für die alten Aktien vor Beginn des Bezugsrechtshandels 410,00 €/St. betrug?

10.4.6 Nach Eröffnung des Bezugsrechtshandels werden Bezugsrechte zu ihrem rechnerischen Wert von 3,00 € notiert. Der Kurs der Altaktie beträgt "ex Bezugsrecht" 39,00 €/St.
Berechnen Sie den Betrag, um den die AG ihr Grundkapital von bisher 364 Mio € erhöht hat, wenn der Ausgabepreis der neuen Aktien bei 28,50 €/St. lag.

Auswirkung eines Dividendennachteiles

Kapitalerhöhungen können nur durch die Hauptversammlung genehmigt werden, da sie Veränderungen der Satzung der AG darstellen. Hauptversammlungen finden erst nach der Aufbereitung des Jahresabschlusses statt; eine dort beschlossene Kapitalerhöhung wird deshalb erst während des laufenden Geschäftsjahres durchgeführt. Da der Gewinnbeitrag der aus der Kapitalerhöhung geplanten Investitionen sich erst zu einem späteren Zeitpunkt auswirken wird, werden die neuen Aktien meist mit einem geringeren Dividendenanspruch ausgegeben als dem, der der Dividendenerwartung der alten Aktie entspricht.

Der Dividendennachteil (**dn**) der jungen Aktie wirkt sich rechnerisch wie eine Erhöhung des Bezugspreises für die Aktie aus, sodass der innere Wert des Bezugsrechtes in diesem Fall niedriger wird. Erst nach der nächsten Hauptversammlung sind die jungen Aktien den alten gleichgestellt.

Beispiel 2:

Eine AG erhöht ihr Kapital von 140 auf 196 Mio. €. Der Kurs der alten Aktien beläuft sich auf 26,00 €/St., der Ausgabepreis der jungen Aktie beträgt 20,00 €/St. Die alten Aktien haben eine Dividendenerwartung von 1,20 €/St., die jungen Aktien haben eine Dividendenberechtigung ab dem 01.08. des gleichen Jahres.
Das Geschäftsjahr dieser AG läuft vom 01.04.Vj. bis zum 31.03. (laufendes Jahr).
Ermitteln Sie den inneren Wert des Bezugsrechtes.

1.	Bezugsverhältnis:	**BV** = 140 : 56 = **5 : 2**	
2.	Dividendennachteil der jungen Aktie:		(1)
	Dividendenerwartung der alten Aktie	1,20 €	
	– Dividendenerwartung der jungen Aktie	0,80 €	
	= Dividenden**nachteil** der jungen Aktie	0,40 €	
3.	Rechnerischer Wert des BR **(Durchschnittswertverfahren)**		
	5 alte Aktien zu 26,00 €/St.	130,00 €	
	2 junge Aktien zu 20,00 €/St + 0,40 €/St. (**dn**)	40,80 €	(2)
	7 Aktien	170,80 €	
	Durchschnittswert einer Aktie: 170,80 € : 7	= 24,40 €	
	BR = 26,00 – 24,40	= **1,60 € / St.**	
4.	Rechnerischer Wert des BR (**Formel**)		

$$BR = \frac{K_a - K_n - dn}{BV + 1} \quad \text{oder:} \quad BR = \frac{K_a - (K_n + dn)}{BV + 1} \qquad (3)$$

$$BR = \frac{26 - (20 + 0{,}4)}{\frac{5}{2} + 1} = \frac{26 - (20 + 0{,}4)}{\frac{7}{2}} = \frac{5{,}60 * 2}{7} = \mathbf{1{,}60\ €\ /\ St.}$$

Erläuterung

(1) Der Dividendennachteil ist immer die Differenz zwischen der für die alte Aktie erwarteten und der für die junge Aktie festgesetzten zeitanteiligen Dividende. Im Beispiel erhält die junge Aktie nur für die Monate August - März (je einschließlich) Dividende.

(2) Beim Durchschnittswertverfahren wird der Dividendennachteil für **jede** junge Aktie zu ihrem Ausgabepreis hinzugezählt.

(3) Bei Anwendung der Formel kann der Dividendennachteil entweder vom Kurs der alten Aktie abgezogen, oder zum Bezugspreis der jungen Aktie hinzugezählt werden, da sich der Ausgabepreis der jungen Aktie bei einem Dividendennachteil rein rechnerisch erhöht.

- Berechnen Sie bei Kapitalerhöhungen mit Dividendennachteil zuerst die Höhe des Nachteils.
- Für die Ermittlung des rechnerischen Wertes des Bezugsrechtes muss entweder der Kurs der alten Aktie vermindert oder der Ausgabepreis erhöht werden, damit beide Kurse vergleichbar sind.
- Formel für die Berechnung des Bezugsrechtswertes bei Dividendennachteil:

$$BR = \frac{K_a - K_n - dn}{BV + 1}$$

⇐

Arbeitsaufträge:

10.4.7 Von einer Kapitalerhöhung liegen nicht mehr alle Daten vollständig vor. Berechnen Sie die fehlende Größe, wenn die folgenden Angaben vorliegen:
Kurs der alten Aktie vor Beginn des Bezugsrechtshandels 362,50 €/St.;
rechnerischer Wert des Bezugsrechtes 45,00 €/St.;
Kapitalerhöhung der emittierenden AG um 116 Mio. € auf 452 Mio. €; dabei werden vom Erhöhungsbetrag 20 Mio. € unter Ausschluss des gesetzlichen Bezugsrechtes für den Großaktionär bereitgestellt. Die neuen Aktien haben die gleiche Dividendenberechtigung wie die alten Aktien.

10.4.8 Ermitteln Sie den rechnerischen Wert des Bezugsrechtes, wenn für folgende Aktiengesellschaften das Geschäftsjahr dem Kalenderjahr entspricht (GK = gezeichnetes Kapital):

	GK_a (€)	GK_n (€)	K_a (€/St.)	K_j (€/St.)	Div.-Erw.(€/St.)	Div.-Berechtig. ab
1.	310 Mio.	496 Mio.	275,00	121,00	8,00	01.10.
2.	213 Mio.	355 Mio.	198,00	103,00	9,00	01.09.
3.	497 Mio.	639 Mio.	412,00	180,00	12,00	01.03.
4.	781 Mio.	994 Mio.	85,00	45,00	1,50	01.08.
5.	441 Mio.	756 Mio.	32,40	21,00	0,50	01.04.

jeweils gleiches Geschäftsjahr

10.4.9 Eine AG erhöht ihr Grundkapital um 60 Mio. € auf 300 Mio. €. Von dem Erhöhungsbetrag geht ein Teil von 20 Mio. € unter Ausschluss des gesetzlichen Bezugsrechtes an den Großaktionär. Die jungen Aktien werden zum Preis von 120,00 €/St. angeboten, der Kurs der alten Aktie beträgt 250,00 €/St.
Berechnen Sie den inneren Wert des Bezugsrechtes, wenn die alten Aktien eine Dividendenerwartung von 0,80 €/St. und die jungen Aktien eine Dividendenberechtigung ab dem 01.04. des Ausgabejahres haben. Der Beginn des Geschäftsjahres ist der 01.10.

10.4.10 Die Hauptversammlung einer AG hat beschlossen, das bisherige Grundkapital von 360 Mio. € in zwei Schritten auf 540 Mio. € zu erhöhen. Zunächst werden Berichtigungsaktien im Verhältnis 6:1 ausgegeben. Das berichtigte Kapital ist dann berechtigt, an einer weiteren Kapitalerhöhung teilzunehmen, bei der die jungen Aktien zu einem Preis von 180,00 €/St. angeboten werden.

Während die Berichtigungsaktien voll dividendenberechtigt sind, sind die jungen Aktien erst ab dem 01.12. dividendenberechtigt. Der Wechsel des Geschäftsjahres ist am 01.08., die erwartete Dividende beträgt 6,00 €/St. Der Kurs der alten Aktie beläuft sich vor Beginn der Kapitalberichtigung und des Bezugsrechtshandels auf 320,00 €/St.
Ermitteln Sie den Betrag des Berichtigungsabschlages und den rechnerischen Wert des Bezugsrechtes für die jungen Aktien.

10.4.11 Zur Verbreiterung der Eigenkapitalbasis führt eine vor kurzem gegründete AG eine Kapitalerhöhung durch, bei der 500.000 Aktien ohne Nennwert ausgegeben werden. Das gezeichnete Kapital wird dadurch von 17,5 Mio. € auf 18 Mio. € erhöht. Die erwartete Dividende für die alten Aktien beträgt 1,60 €/St., die jungen Aktien sind erst ab dem 01.04. dividendenberechtigt. Das Geschäftsjahr entspricht dem Kalenderjahr.

1. Wie hoch ist der rechnerische Wert des Bezugsrechtes, wenn der Kurs der alten Aktie bei 32,50 € /St. und der Ausgabepreis für die jungen Aktien bei 22,30 €/St. liegt?

2. Wie hoch ist der rechnerische Wert aller Bezugsrechte der AG (jede Altaktie verkörpert 1,00 €)?

3. Welchen Kurs hat die alte Aktie rechnerisch am Tag der Eröffnung des Bezugsrechtshandels, wenn der letzte Börsenkurs 32,50 €/St. war?

4. Um welchen Betrag sind die Rücklagen der AG gestiegen?

10.4.3 Abrechnungen im Bezugsrechtshandel

Der Handel mit Bezugsrechten ist aus zwei Gründen erforderlich:

- Manche Aktionäre möchten ihr Bezugsrecht nicht ausüben.
- Wenn ein Bezugsverhältnis nicht „aufgeht", hat ein Aktionär entweder zu viele oder zu wenige Bezugsrechte. Der Ausgleich für diese Unstimmigkeiten erfolgt über die Börse während der Dauer des Bezugsrechtshandels.

Kauf und Verkauf von Bezugsrechten

Die Abrechnungsbedingungen für Bezugsrechte, die an der Börse gehandelt werden, sind die gleichen wie beim Kauf oder Verkauf von Aktien, da Bezugsrechte das Recht auf Bezug dieser Aktien verkörpern. Auch die Notierung der Bezugsrechte erfolgt wie bei Aktien als Stücknotierung.

Anfallende Gebühren: 1,0 % Provision,
0,8 ‰ Börsentransaktionsentgelt (bei DAX 30-Werten 0,4 ‰),
sonstige Gebühren je nach Aufgabenstellung.

In der Praxis werden für die Provision und die Börsentransaktionsgebühr Mindestgebühren berechnet (hier nur dann, wenn sie ausdrücklich in der Aufgabe erwähnt werden).

Bei der Entscheidung des Aktionärs für Kauf oder Verkauf von Bezugsrechten, können recht unterschiedliche Überlegungen Entscheidungsgrundlage sein:

- Kauf oder Verkauf der Bezugsrechtsspitze (einzelne Bezugsrechte, die nicht in das Bezugsverhältnis „passen" bzw. die zur Abrundung fehlen).
- Kauf einer festgelegten Zahl von jungen Aktien unter Zukauf der benötigten bzw. Verkauf der überzähligen Bezugsrechte.
- Verwertung vorhandener Bezugsrechte zum Kauf von jungen Aktien ohne weiteren Kapitaleinsatz; dies ist allerdings nur bei großen Depots möglich (opération blanche).

Beispiel 1:

Eine AG erhöht ihr gezeichnetes Kapital im Verhältnis 7 : 2. Ein Kunde, der 30 Aktien dieser AG besitzt, möchte an der Kapitalerhöhung nur soweit teilnehmen, dass er keine zusätzlichen Bezugsrechte kaufen muss.

1. Wie viele Bezugsrechte kann er verkaufen?

2. Wie viele neue Aktien kann er beziehen?

1. Anzahl der ausnutzbaren Bezugsrechte:

30 BR : 7 = 4,... ; 4 ∗ 7 = 28 BR, Rest **2 BR** (1)

2. Anzahl der zu kaufenden Aktien:

$$\text{Zahl der Aktien} = \frac{\text{Zahl der Bezugsrechte}}{\text{Bezugsverhältnis}} \quad (2)$$

$$= \frac{28 * 2}{7} = \textbf{8 junge Aktien}$$

Erläuterung

(1) Da jede Aktie ein Bezugsrecht enthält, besitzt der Kunde 30 Bezugsrechte. Für den Bezug von jeweils zwei neuen Aktien sind sieben Bezugsrechte erforderlich. Um festzustellen, wieviel „Pakete" zu zwei Aktien gekauft werden können, wird die Zahl der vorhandenen Bezugsrechte durch die Zahl der pro „Paket" benötigten dividiert. Das Ergebnis ist immer abzurunden, da es keine Bruchteilsaktien gibt. Dadurch können nicht alle Bezugsrechte verwertet werden, es entsteht eine „**Spitze**" von 30 – (7 ∗ 4) Bezugsrechten, die verkauft werden kann.

(2) Die Zahl der ausnutzbaren Bezugsrechte wird durch das Bezugsverhältnis geteilt und das Ergebnis ist die Zahl der zu erwerbenden neuen Aktien.

Beispiel 2:

Ein Kunde besitzt 33 Aktien einer AG, die ihr Kapital im Verhältnis 5 : 3 erhöht hat. Er möchte 30 neue Aktien beziehen.

Wie viele Bezugsrechte muss er zu den vorhandenen hinzukaufen?

Anzahl der erforderlichen Bezugsrechte: (1)

3 neue Aktien - 5 BR

30 neue Aktien - x BR

$$x = \frac{30 * 5}{3} = 50 \text{ BR}$$

– Zahl der vorhandenen Bezugsrechte	33 BR
noch zukaufen	**17 BR**

Erläuterung

(1) Die Zahl der erforderlichen Bezugsrechte erhält man mit Hilfe des Dreisatzes oder über eine Formel (abgeleitet aus dem Dreisatz):

Zahl der erforderlichen Bezugsrechte = Zahl der jungen Aktien * BV

Beispiel 3:

Anlässlich der Kapitalerhöhung einer AG im Verhältnis 7 : 2 möchte ein Kunde, der bei dieser AG bisher noch nicht Aktionär ist, über den Kauf von Bezugsrechten 20 neue Aktien erwerben.
Erstellen Sie die Abrechnung für die benötigten Bezugsrechte, wenn deren Kurs an der Börse am 10.06. 40,00 €/St. beträgt und die üblichen Börsengebühren anfallen (kein DAX-Wert).

Anzahl der erforderlichen Bezugsrechte:

$$\text{Zahl der neuen Aktien} * \text{BV} = 20 * \frac{7}{2} = 70 \text{ BR}$$

Abrechnung:

70 BR zu 40,00 €/St.			2.800,00 €
+ 1 % Provision	28,00 €		
+ 0,8 ‰ Börsentransaktionsentgelt	2,24 €		30,24 €
Lastschrift		**Wert 12.06.**	**2.830,24 €**

Erläuterung

(1) Wie bei der Abrechnung von Aktiengeschäften, werden beim Kauf von Bezugsrechten die Gebühren zum Kurswert addiert und bei einem Verkauf vom Kurswert abgezogen.

⇒

- Bezugsrechtskäufe oder -verkäufe werden genauso abgerechnet wie Aktienumsätze.
- Zahl der beziehbaren jungen Aktien bei einer vorgegebenen Anzahl von Bezugsrechten:

$$\text{Zahl der neuen Aktien} = \frac{\text{Zahl der Bezugsrechte}}{\text{Bezugsverhältnis}}$$

Ablauf der Rechnung: Zahl der Bezugsrechte dividiert durch den Zähler des BV, das Ergebnis **ab**runden, mit dem Nenner des BV multiplizieren.

- Zahl der erforderlichen Bezugsrechte für eine bestimmte Anzahl von neuen Aktien:

$$\text{Erforderliche Bezugsrechte} = \text{Zahl der neuen Aktien} * \text{BV}$$

Arbeitsaufträge:

Hinweis: Die Gebührensätze für Börsenabrechnungen stehen auf Seite 282 unten.

10.4.12 Berechnen Sie, wieviele neue Aktien ein Altaktionär kaufen kann, und wieviele Bezugsrechte er bei optimaler Ausnutzung als Spitze verkaufen muss:

	BV	Zahl der Bezugsrechte		BV	Zahl der Bezugsrechte
1.	3 : 4	74	**2.**	7 : 2	46
3.	9 : 2	60	**4.**	5 : 3	104
5.	11 : 3	85	**6.**	9 : 4	80

10.4.13 Erstellen Sie die Abrechnungen für Bezugsrechtsumsätze, wenn die Kunden die Bezugsrechtsspitze verkaufen wollen (es sind keine DAX 30-Werte betroffen):

	BV	Zahl der Bezugsrechte	Kurs des Bezugsrechts
1.	5 : 2	34	27,80 €/St.
2.	7 : 3	45	35,10 €/St.
3.	11 : 4	105	72,00 €/St.
4.	6 : 1	41	47,50 €/St.

10.4.14 Ein Kunde besitzt 82 Aktien einer AG, die ihr Grundkapital im Verhältnis 9 : 2 erhöht hat. Da er auf Kurssteigerungen hofft, möchte er seinen Bestand um 20 Stück erhöhen.
Erstellen Sie unter Berücksichtigung der schon vorhandenen Bezugsrechte eine Abrechnung für die noch fehlenden Bezugsrechte bei einem Börsenkurs von 15,00 €/St.; zusätzliche Clearinggebühr 2,50 €.

10.4.15 Eine AG erhöht ihr Grundkapital von 232 auf 319 Mio. €.
Erstellen Sie die Abrechnung für die noch fehlenden Bezugsrechte, wenn ein Kunde sein Depot in Höhe von 150 St. dieser Aktien auf 210 St. aufstocken möchte. Börsenkurs des Bezugsrechtes 30,00 €/St.

10.4.16 Eine AG wird nach dem HV-Beschluss ihr Grundkapital im Verhältnis 7 : 3 erhöhen.
Erstellen Sie die Abrechnung für die zu kaufenden oder zu verkaufenden Bezugsrechte bei einem Kurs von 5,45 € /St., wenn ein Kunde seinen Aktienbestand von bisher 85 auf 100 St. erhöhen möchte.

10.5 Bezug neuer Aktien

Von den beiden üblichen Gebührenarten Provision und Börsentransaktionsgebühr entfällt bei der Bezugsabrechnung die Börsengebühr, wenn die neuen Aktien nicht über die Börse bezogen werden, sondern über das Emissionskonsortium und die Kundenbanken.

Die Provision wird berechnet, wenn die neuen Aktien nicht direkt bei den Konsortialbanken bezogen werden oder wenn der Emittent die Gebühren nicht für den Aktionär trägt. Dies ist in der Praxis inzwischen der Normalfall.

Beispiel:

Bei einer Kapitalerhöhung im Verhältnis 3 : 2 möchte ein Kunde seine 45 Bezugsrechte zum Bezug der neuen Aktien einsetzen.
Erstellen Sie die Abrechnung, wenn der Kauf provisionspflichtig ist und der Ausgabepreis 18,00 €/St. beträgt.

Zahl der zu beziehenden Aktien: $\frac{45 * 2}{3}$ = 30 St. (1)

Abrechnung:	30 neue Aktien zu 18,00 €	540,00 €
	+ 1 % Provision	5,40 €
	Lastschrift	**545,40 €**

Erläuterung

(1) Die Zahl der zu beziehenden neuen Aktien wird bestimmt durch die Zahl der vorhandenen Bezugsrechte und das BV.

- Die Bezugsabrechnung enthält den ausmachenden Betrag zuzüglich Gebühren.
- Für den Abrechnungsaufwand berechnen KI grundsätzlich Provision (Ausnahme: Ausgabe neuer Aktien, bei denen das KI selbst Emittent oder im Emissionskonsortium ist). ⇐

Arbeitsaufträge:

Hinweis: Die Kapitalerhöhungen betreffen ausschließlich Werte, die nicht im DAX gehandelt werden.

10.5.1 Eine AG erhöht ihr Kapital von 504 auf 693 Mio €. Die alte Aktie notiert zu 69,00 €/St., der Ausgabepreis der neuen Aktie beträgt 47,00 €/St.
Ein Kunde möchte seinen Bestand an Aktien dieser AG von 50 auf 80 Stück aufstocken.
Berechnen Sie den Gesamtaufwand des Kunden, wenn die fehlenden Bezugsrechte an der Börse zu ihrem inneren Wert gehandelt werden und der Erwerb der jungen Aktien provisionspflichtig ist.

10.5.2 Ein Aktionär mit einem Bestand von 25 Aktien, möchte 20 neue Aktien einer AG erwerben, die ihr Kapital von 45 Mio. € auf 75 Mio. € erhöht hat.
Welchen Betrag muss er bezahlen, wenn folgende Rahmenbedingungen bekannt sind:

Kurs der alten Aktien 34,80 €/St.; erwartete Dividende 2,00 €/St.; Ausgabepreis der neuen Aktien 12,00 €/St.; Dividendenberechtigung ab 01.10. (Geschäftsjahr = Kalenderjahr).
Der Kurs der benötigten Bezugsrechte entspricht ihrem inneren Wert, der Bezug der neuen Aktien ist provisionspflichtig.

10.5.3 Ein Kunde besitzt 105 Aktien einer AG, die ihr Kapital im Verhältnis 9 : 2 erhöht. Er möchte alle Bezugsrechte zum Bezug der neuen Aktien einsetzen, ohne weitere Bezugsrechte hinzukaufen zu müssen.
Wie hoch ist sein Liquiditätsbedarf, wenn der Kurs der Bezugsrechte 55,00 €/St. und der Ausgabepreis der neuen Aktien 120,00 €/St. beträgt? (Die Bankenprovision wird vom Emittenten getragen.)

10.5.4 Eine AG erhöhte ihr Kapital im Verhältnis 7 : 2 durch Ausgabe von neuen Aktien (Preis 21,00 €/St.).
Kurs der Bezugsrechte 2,50 €/St.; der Bezug der jungen Aktien ist provisionspflichtig.
Welchen Betrag muss ein Aktionär mit einem Bestand von 85 Aktien dieser AG bezahlen, wenn er alle Bezugsrechte ausnutzen und die zur Abrundung fehlenden hinzukaufen möchte?

10.5.5 Ein Kunde besitzt 340 Aktien einer AG, die ihr Grundkapital im Verhältnis 5 : 2 erhöht. Die neuen Aktien werden zu einem Preis von 160,00 €/St. angeboten, der Wert des Bezugsrechts beträgt 35,00 €/St. Der Aktionär möchte ohne weiteren Kapitaleinsatz an der Kapitalerhöhung teilnehmen, indem er einen Teil seiner Bezugsrechte verkauft, um die neuen Aktien bezahlen zu können.
Wie viele neue Aktien kann er beziehen und wie viele Bezugsrechte sind dafür zu verkaufen, wenn die Gebühren unberücksichtigt bleiben sollen?

10.5.6 Die Hauptversammlung einer AG hat eine Kapitalerhöhung von 364 Mio. € auf 520 Mio. € beschlossen.
Wie viele Aktien kann ein Kunde hinzukaufen, der bisher 200 Aktien besitzt, wenn er zusätzlich insgesamt 3.000,00 € investieren will?
Erstellen Sie die erforderlichen Abrechnungen bei folgenden Bedingungen:
Kurs der Bezugsrechte 45,00 €/St.; Kaufgebühren pauschal 1,08 %;
Ausgabepreis der neuen Aktien 210,00 €/St., Bezugsgebühren 1 %.

10.5.7 Eine AG mit einem Geschäftsjahreswechsel zum 01.07. erhöht ihr Kapital durch die Ausgabe von 174.000 Berichtigungsaktien ohne Nennwert. Dabei werden Rücklagen in Höhe von 8.700.000,00 € in gezeichnetes Kapital umgewandelt. Das neue Kapital beträgt nach der Erhöhung 31.900.000,00 €.
Der Kurs der alten Aktie belief sich unmittelbar vor der Berichtigung auf 43,40 €/St.; die Dividendenerwartung für diese Aktie beträgt 1,20 €/St.

Berechnen Sie die Dividendenerwartung der Berichtigungsaktie für das Ausgabejahr, wenn der Kurs der alten Aktie „ex Berichtigung" auf 31,70 €/St. gesunken war und die Berichtigungsaktie nur für einen Teil des Jahres dividendenberechtigt war.

10.6 Rendite von Effektenanlagen

Für die meisten Anleger ist die Überlegung, wie sich ein eingesetztes Kapital rentiert, die Grundlage für die Anlageentscheidung. Damit die unterschiedlichen Anlagemöglichkeiten vergleichbar sind, werden die erzielten oder auch nur erwarteten Jahreserträge in Prozent auf den Kapitaleinsatz bezogen.

Für die Ermittlung der Höhe der **Rendite** (**R**) und für die Genauigkeit dieser Angabe ist immer der Zeitpunkt der Berechnung maßgeblich: Die Rendite vor der Kaufentscheidung ist eine andere als die nach Abschluss der Anlage, da hier auch noch die tatsächlichen Kosten, aber auch erzielte Kursgewinne oder -verluste mit einfließen. Die in der Praxis angewendeten Renditeformeln berücksichtigen sogar Zinseszinseffekte, die etwa durch die Stückzinsabgrenzung, halbjährliche Zinszahlung oder Kursgewinn oder -verlust entstehen; diese Besonderheiten sollen hier unberücksichtigt bleiben, da die Ergebnisse der Renditeberechnung, insbesondere bei kurzfristiger Anlage, nahezu identisch sind.

Allgemein gültige Renditesätze können nur ohne Berücksichtigung der beim Anleger anfallenden Einkommensteuer angegeben werden, da die Steuerbelastung maximal 25 % Abgeltungsteuer zzgl. 5,5 % SolZ und gegebenenfalls zzgl. 8 % Kirchensteuer (in B.-W.) betragen kann. Kapitalerträge und Kursgewinne sind grundsätzlich steuerpflichtig, sie werden deshalb mit dem Betrag in die Renditerechnung einbezogen, der der Einkommensteuer unterliegt.

10.6.1 Rendite bei Aktien

Um die Aktienrendite berechnen zu können, muss man zunächst die unterschiedlichen Dividendenbegriffe voneinander abgrenzen:

Begriff	Bedeutung	Beispielsgrößen	Anteil
Bruttodividende	Gewinn vor Steuern	150.000,00 €	100,0000 %
– 15 %KSt	Einkommensteuer der AG	22.500,00 €	15,0000 %
– 5,5 % SolZ	Solidaritätszuschlag der AG	1.237,50 €	0,8250 %
Bardividende	**HV - Beschluss zur Gewinnausschüttung**	126.262,50 €	84,1750 %
– 25 % AbgSt	Quellensteuerabzug (Endgültige Steuerzahlung des Aktionärs über die AG)	31.565,62 €	21,0437 %
– 5,5 % SolZ	Solidaritätszuschlag auf AbgSt	1.736,08 €	1,1574 %
Nettodividende	**Auszahlung**sbetrag der AG	92.960,80 €	61,9739 %

Der gesamte Steuerabzug beträgt von der Brutto- zur Nettodividende 38,0261 % (ohne Berücksichtigung der Kirchensteuer).

Anmerkung: Aktionäre, die ihre Effekten bei einem KI im **offenen Depot** verwahren lassen **und** einen **Freistellungsauftrag oder** eine **Nichtveranlagungs-Bescheinigung** vorlegen, erhalten die **Dividende laut HV-Beschluss** gutgeschrieben.
Die KI stellen für diese Kunden beim Bundesamt für Finanzen einen Antrag auf Erstattung der von der AG abgeführten AbgSt und des SolZ.

Da bei der Beschlussfassung der HV über die Gewinnverwendung immer die Bardividende festgelegt wird, kann man die Beziehungen zwischen den Dividendenbegriffen auch anders darstellen:

Dividende lt. HV-Beschluss	=		**100,00 %**
– AbgSt	=	25,00 %	
– 5,5 % SolZ davon	=	1,375 %	26,375 %
Auszahlung der AG	=		**73,625 %**

Dividendenrendite vor Steuern

Bei der Dividendenrendite, die auch als laufende Verzinsung bezeichnet wird, wird die Dividende laut HV auf den Kurs bezogen, ohne Berücksichtigung der Kosten oder sonstiger zusätzlicher Erlöse.

$$\text{Dividendenrendite} = \frac{\text{Dividende lt. HV} * 100}{\text{Kurs}}$$

Die Dividendenrendite wird als Beurteilungsmaßstab für die Anlageentscheidung herangezogen.

Beispiel 1:

Der Kurs einer Aktie beträgt 24,00 €/St., die Dividende laut HV beläuft sich auf 0,80 €/St.
Berechnen Sie die Dividendenrendite.

$$\text{Dividendenrendite} = \frac{0{,}80\ € * 100}{24\ €} = \underline{\underline{\mathbf{3{,}33\ \%}}}$$

⇒
- Bei der Dividendenrendite wird die Dividende laut HV auf den aktuellen Kurs der Aktie bezogen.
- Die Rendite wird bis auf zwei Stellen nach dem Komma angegeben (kaufmännisch runden).

Arbeitsaufträge:

10.6.1 Berechnen Sie die Dividendenrendite für folgende Aktien, wenn die Bardividende angegeben ist:

	Dividende (€/St.)	Kurs (€/St.)		Dividende (€/St.)	Kurs (€/St.)
1.	1,45	91,30	**2.**	1,20	60,00
3.	9,00	217,00	**4.**	1,00	25,00
5.	10,00	329,00	**6.**	20,00	2.320,00
7.	9,00	1.230,00	**8.**	9,00	320,00

Aktienrendite mit Kursänderungen

Diese Art der Rendite lässt sich nur im Nachhinein berechnen; sie zeichnet sich dadurch aus, dass alle Kosten und Erlöse bekannt sind und daher bei der Renditeberechnung berücksichtigt werden können. Auf diese Weise lässt sich eine objektive Rendite einer Anlage in Aktien berechnen, bei der die individuelle steuerliche Belastung außer Betracht bleibt.
Die Berechnung lässt sich grundsätzlich für eine einzelne Aktie wie auch für alle gekauften Aktien durchführen.

Beispiel 2:

Ein verheirateter Privatkunde mit ausreichendem FSA kaufte Wert 10.06.16 200 Aktien zum Kurs von 145,72 €/St. Am 01.08.17 wurde die Aktie auf Stückaktien umgestellt und im Verhältnis 1:10 gesplittet. Der Kunde verkaufte am Mi., 05.09.18 seinen ganzen Bestand von nun insgesamt 2.000 Aktien für 15,47 €/St. Im Verkaufsjahr sind schon genügend Verluste im Aktien-Verlustverrechnungstopf angefallen, sodass der Kursgewinn steuerfrei bleiben kann.
Berechnen Sie die Rendite der Anlage, wenn folgende Kosten und Erlöse zu berücksichtigen sind:
An- und Verkaufsgebühren jeweils 1,08 % pauschal;
Dividenden laut HV-Beschluss für 2016 4,00 €/St. und für 2017 0,45 €/St.;
Depotgebühren einschließlich USt insgesamt 58,83 €.

1. Kapitaleinsatz:			(1)
200 Aktien zu 145,72 €/St.		29.144,00 €	
+ 1,08 % Kaufgebühren		314,76 €	
Kapitaleinsatz		29.458,76 €	
2. Durchschnittlicher Jahresertrag:			
• Dividenden:			
Dividende laut HV für '16 (200 * 4)	800,00 €		(2)
Dividende laut HV für '17 (2.000 * 0,45)	900,00 €		
Gesamtdividende		1.700,00 €	(3)

- Kursgewinn:
  Verkaufserlös

2.000 Aktien zu 15,47 €/St.	30.940,00 €		
– 1,08 % Verkaufsgebühren	334,15 €		
– Kapitaleinsatz	29.458,76 €		
		+ 1.147,09 €	(4)

- sonstige Kosten / Erlöse

Depotgebühren		– 58,83 €	
Gesamtertrag in 807 Tagen (10.06.16 bis 7.09.18)		2.788,26 €	(5)

Durchschnittlicher Jahresertrag: $\frac{2.788,26 * 360}{807} = \underline{\underline{1.243,83\ €}}$

3. **Rendite:** $R = \frac{1.243,83 * 100}{29.458,76} = \underline{\underline{\mathbf{4,22\ \%}}}$

Erläuterung

(1) Für die Ermittlung der Aktienrendite sind vorab die beiden Größen der Renditeformel zu berechnen:
- Kapitaleinsatz (Kurswert + Kaufgebühren)
- Durchschnittlicher Jahresertrag (Gesamtertrag in der Laufzeit, umgerechnet auf 360 Tage)

(2) Die Dividende wird immer nach dem Tag der HV gezahlt, daher bekommt der Aktionär die Dividende für 16 in 17 und die für 17 in 18. Die Dividende für das Jahr 15 kommt nicht mehr in Frage, da er die Aktien erst nach der HV gekauft hat, die meist bis Ende Mai stattgefunden hat, wenn das Geschäftsjahr dem Kalenderjahr entspricht.

(3) Da die Rendite vor Steuern gesucht wird, wird nicht der Auszahlungsbetrag der AG herangezogen, sondern der HV-Beschluss zur Gewinnausschüttung.

(4) Der Kursgewinn bleibt hier frei von AbgSt, da schon ausreichend Kursverluste zur Verrechnung angefallen sind.

(5) Der Gesamtertrag fällt an für die Zeit vom Wertstellungstag des Kaufes bis zum Wertstellungstag des Verkaufes; dieser muss auf den zeitanteiligen Ertrag für 360 Tage umgerechnet werden.

Für die Berechnung der Aktienrendite kann alternativ auch ein zusammenfassender Ansatz gewählt werden:

$$\text{Aktienrendite} = \frac{\text{Gesamtertrag in der Laufzeit} * 360 * 100}{\text{Kapitaleinsatz} * \text{Anlagedauer (Tage)}}$$

Mit den Zahlen der Aufgabe: $R = \frac{2.788,26 * 360 * 100}{29.458,76 * 809} = \underline{\underline{4,21\ \%}}$

- $\text{Aktienrendite (R)} = \frac{\text{Durchschnittlicher Jahresertrag} * 100}{\text{Kapitaleinsatz}}$
- Der durchschnittliche Jahresertrag ist der gesamte während der Anlagedauer erzielte Ertrag, bezogen auf 360 Tage. Die Bestandteile des Gesamtertrages sind:
  - Bardividenden
  - erzielte Kursgewinne / Kursverluste
  - sonstige Erlöse / Gebühren
- Der Kapitaleinsatz ist die Summe von
  - Kurswert und
  - Kaufgebühren

⇐

Arbeitsaufträge (Freistellungsaufträge liegen jeweils in ausreichender Höhe vor):

10.6.2 Berechnen Sie unter Einbeziehung von jeweils 1,08 % Kauf- und Verkaufsgebühren die Rendite für folgende Aktienanlagen:

	Stück	Kauf €/St.	Wert	Verkauf €/St.	Wert	Dividenden laut HV
1.	300	128,00	15.04.16	120,00	31.07.18	1,30; 1,40; 0,90
2.	50	25,00	06.09.16	41,00	18.06.18	1,00; 1,20
3.	200	50,00	15.05.15	42,50	30.05.18	0,50; 0,50; 0,30
4.	30	430,00	22.08.16	425,00	10.07.17	7,50
5.	90	28,00	09.03.15	32,00	24.01.17	0,80

10.6.3 Ein Kunde kaufte am 16.03.15 240 Aktien zu 29,00 €/St. und verkaufte sie am 17.01.18 zu 33,00 €/St. Berechnen Sie die Rendite der Anlage vor Steuern unter Einbeziehung von jeweils 1,08 % Kauf- und Verkaufsgebühren sowie insgesamt 100,00 € Depotgebühren;
Dividenden laut HV für 2014 0,60 €/St. und für die Jahre 2015 und 2016 jeweils 0,80 €/St.

10.6.4 Wert 06.05.15 kaufte ein Kunde 2.000 Aktien zum Kurs von 18,50 €/St. zuzüglich 1,08 % Kaufspesen.

1. Wie hoch ist die Rendite, wenn er 1.500 dieser Aktien Wert 25.07.17 zu einem Kurs von 18,00 € /St. verkaufte und zwischendurch zweimal je 1,00 €/St. Bardividende erhielt (Verkaufsgebühren 1,08 %)?

2. Die restlichen Aktien wurden am 24.06.18 zu 21,00 €/St. verkauft, nachdem für sie noch einmal 1,28 €/St. Dividende laut HV angefallen waren. Wie haben sich diese Aktien rentiert?

10.6.5 Am 07.09.15 kaufte ein Kunde 40 Aktien zum Kurs von 52,50 €/St. Im Jahr 2016 erhielten die Aktionäre Berichtigungsaktien im Verhältnis 5 : 2, die für dieses Jahr voll dividendenberechtigt waren.
Der Kunde verkaufte alle Aktien vor der HV am 27.02.2018, zu 34,00 €/St.
Der Emittent zahlte für 2015 1,00 €/St. und für 2016 0,80 €/St. Bardividende.
Wie hat sich die Anlage rentiert, wenn beim Kauf und beim Verkauf jeweils 1,08 % Gebühren anfielen?

10.6.6 Ein Kunde kaufte am 17.02.14 84 Aktien zu 140,00 €/St. Der Emittent erhöhte im Jahre 2015 sein Grundkapital aus Gesellschaftsmitteln im Verhältnis 7 : 2. Für dieses Jahr war die Berichtigungsaktie zum ersten Mal dividendenberechtigt, allerdings mit einem Dividendennachteil von 1/4 gegenüber der alten Aktie.
Die Kauf- und die Verkaufsgebühren betrugen jeweils 1,08 %; die Dividendenzahlungen erfolgen immer um den 15.06. und betrugen für das Geschäftsjahr 2013 2,00 €/St. und für die Jahre 2014 bis 2017 jeweils 2,50 €/St. Bardividende. Darüber hinaus verkaufte der Kunde Bezugsrechte aus einer weiteren Kapitalerhöhung, an der er nicht teilnahm, für 668,75 € netto. Die Depotgebühren betrugen insgesamt 45,00 €.
Ermitteln Sie die Rendite der Anlage vor Steuern, wenn der Anleger seine Aktien am 16.07.18 für 110,00 €/St. verkaufte.

10.6.7 Berechnen Sie die Rendite einer Aktienanlage, wenn folgende Daten bekannt sind:
Kauf von 40 Aktien, Wert 11.04.18, Kurs 23,00 €/St.; Gebühren 1,08 %;
Verkauf aller Aktien, Wert 16.07.18, Kurs 2,30 €/St.; Gebühren 1,08 %; Clearinggebühr bei Kauf wie beim Verkauf 2,50 €; ausgezahlte Dividende 378,72 €. Berücksichtigen Sie, dass die AG nach der HV einen Split im Verhältnis 1:10 durchführte.

10.6.8 Ein Kunde verkaufte Wert 06.08.18 2.500 Aktien zu 21,20 €, die er Wert 10.04.15 für 20,50 € gekauft hatte. In den Anlagezeitraum fiel eine Kapitalerhöhung, die er nicht ausnutzte. Seine Bezugsrechte wurden daher zu einem Kurs von 4,00 €/St. verkauft.
Darüber hinaus erhielt er zweimal 1,50 €/St. und zweimal 2,00 €/St. Dividende laut HV, musste aber auch dreimal 30,00 € Depotgebühren bezahlen.
Wie hat sich die Anlage rentiert, wenn für alle Käufe und Verkäufe jeweils 1,08 % Gebühren anfielen?

10.6.9 *Für historisch interessierte Tüftler:*
Eine mutige Anlegerin kaufte Wert 20.11.96 150 St. Aktien der Deutschen Telekom nach Zeichnung zu 28,00 DM/St.. Für die Abwicklung belastete ihre Bank sie mit 1 % Provision.
Wert 30.09.99 erhielt sie Berichtigungsaktien im Verhältnis 10:1, die für dieses Jahr zum ersten Mal dividendenberechtigt waren, allerdings mit einem Dividenden-Nachteil von 3/4 gegenüber der alten Aktie.
Ermitteln Sie die Rendite der Anlage, wenn die Kundin alle Aktien am 20.07.00 (nach der HV) zum Kurs von 21,00 €/St. verkaufen kann (seit 1999 wurden die Kurse an der Börse in € notiert; der feste Umrechnungskurs beträgt 1,95583 DM für 1 €).
Weitere Informationen zur Erfolgslage der Anlegerin:
Verkaufsgebühren 1,04 %; die Dividendenzahlungen erfolgen immer um den 15.06. und betrugen für das Geschäftsjahr 96 0,60 DM/St., für 97 1,20 DM/St. und für 98 und 99 jeweils 0,80 €/St.

10.6.2 Rendite bei festverzinslichen Effekten

Laufende Verzinsung

Wie bei der Dividendenrendite für Aktien, lässt sich auch für festverzinsliche Effekten eine Messgröße berechnen, die eine erste Vergleichsmöglichkeit für den Ertrag aus einer Anlage in festverzinsliche Effekten bietet:
Hierbei wird der Nominalzins auf den Kurswert von 100,00 EUR Nennwert bezogen und ergibt die „laufende Verzinsung".

Beispiel 1:

Berechnen Sie die laufende Verzinsung eines Pfandbriefes der Landesbank Baden-Württemberg mit einem Zinssatz von 4,0 %; der Kurs beträgt 115,55 %.

Kapitaleinsatz für 100,00 € Nennwert:	115,55 €
Jahresertrag:	4,00 €
Laufende Verzinsung:	$\frac{4,00 * 100}{115,55} = \underline{\underline{\mathbf{3,46\ \%}}}$

Während bei Aktien die tatsächliche Rendite einer Anlage unter Einbeziehung aller Kosten und sonstigen Erlöse erst nachträglich festgestellt werden kann, hat man bei Rentenwerten die Möglichkeit, schon zum Anlagezeitpunkt die künftige Rendite zu berechnen. Hierbei wird unterstellt, dass der Anleger die Effekten bis zur Endfälligkeit behält. Ein möglicher Kursgewinn oder -verlust, der durch einen Unterschied zwischen dem Kapitaleinsatz und dem Rückzahlungsbetrag entsteht, kann dann schon in die Renditeberechnung einbezogen werden.

Rendite bei Tilgung mit fester Endfälligkeit

Sind der Rückzahlungszeitpunkt und die Tilgungsbedingungen bekannt, lässt sich die Rendite von festverzinslichen Wertpapieren schon beim Kauf berechnen. Der Vorteil dieses Verfahrens ist, dass der Anleger Effekten unterschiedlicher Ausstattung unmittelbar miteinander vergleichen kann, sodass er weiß, welches Papier für ihn günstiger ist. Das Ergebnis wird allerdings auch im Nachhinein nur dann richtig sein, wenn er seine Effekten nicht zwischenzeitlich verkauft, da Verkaufsgebühren und Kursdifferenzen zum Rücknahmepreis (meist 100 %) die Rendite beeinflussen.

Beispiel 2:

Ein Kunde kaufte Wert 16.09.13 nom. 40.000,00 € 5 %-ige Bundesanleihe, 04.01. gzj., zu 105,19 %.
Wie hoch war seine Rendite, wenn beim Kauf 240,38 € Gebühren anfielen und die Anleihe zum 04.01.18 gebührenfrei zum Nennwert getilgt wurde?

1. Kapitaleinsatz:			
nom. 40.000,00 € zu 105,19 %		42.076,00 €	(1)
+ Kaufgebühren		240,38 €	
		42.316,38 €	
2. Durchschnittlicher Jahresertrag:			
• Zinsen p.a.		2.000,00 €	(2)
• Kursgewinn: Tilgungserlös	40.000,00 €		(3)
– Kapitaleinsatz	42.316,38 €		
Verlust in 1.548 Zinstagen	– 2.316,38 €		
(16.09.13 bis 04.01.18)			(4)

Verlust in 360 Tagen:		$\frac{2.316,38 * 360}{1.548}$	=	– 538,69 €
Durchschnittlicher Jahresertrag				1.461,31 €
3. Rendite:	R =	$\frac{1.461,31 * 100}{42.316,38}$	=	**3,45 %**

Erläuterung

(1) Der Kapitaleinsatz besteht, wie bei Aktien, aus dem Kurswert und den Kaufgebühren; er enthält in keinem Fall die Stückzinsen, da diese Ertragsbestandteil sind.

(2) Beim durchschnittlichen Jahresertrag sind die Zinsen schon als jahresbezogene Größe gegeben. Es ist daher überflüssig, sie für die gesamte Anlagedauer zu berechnen, um sie dann wieder als Jahresertrag auszuweisen.

(3) Die Renditeberechnung erfolgt hier im Zeitpunkt der Anlage. Es ist daher unerheblich, in welcher Recheneinheit getilgt wird, maßgeblich ist nur der Tilgungssatz (zu „pari").

(4) Der Anlagezeitraum beginnt mit der Valutierung der Kaufabrechnung und endet mit der Wertstellung des Tilgungstages; er ist im Verhältnis zum Zeitraum der Verzinsung um einen Tag verschoben.
Die im Anlagezeitraum anfallenden Kosten und sonstigen Erlöse sind auf 360 Tage umzurechnen und können erst dann den Jahreszinsen hinzugerechnet werden. Die Summe ist dann der durchschnittliche Jahresertrag.

Zinslauf:

15.09.13 — **1.548 Tage** — **03**.01.18

Anlagezeitraum:

16.09.13 — **1.548 Tage** — **04**.01.18

Rendite bei Verkauf vor dem Rückzahlungstermin

Kauft ein Anleger Schuldverschreibungen an der Börse oder direkt bei Kreditinstituten und verkauft sie wieder vor der Endfälligkeit, kann die Rendite erst nachträglich berechnet werden.

Beispiel 3:

Ein Kunde kaufte Wert 15.01.16 nom. 10.000,00 € 5 %-ige Industrieschuldverschreibung, M/S, zu 101,00 %; Kaufgebühren 58,00 €. Er verkaufte diese Papiere Wert 20.09.18 zu 99,50 %; Verkaufsgebühren 57,50 €. Wie rentierte sich die Anlage, wenn zusätzlich noch 59,50 € Depotgebühren anfielen? (Ein Freistellungsauftrag lag jeweils vor).

1. Kapitaleinsatz:				
nom. 10.000,00 € zu 101,00 %			10.100,00 €	
+ Kaufgebühren			58,00 €	
			10.158,00 €	
2. Durchschnittlicher Jahresertrag:				
• Zinsen p.a.			500,00 €	
• Kursgewinn:	Verkaufserlös	9.950,00 €		
	– Verkaufsgebühren	57,50 €		
	– Kapitaleinsatz	10.158,00 €		
Verlust		– 265,50 €		
Sonstige Kosten:				(1)
Depotgebühren		– 59,50 €		
Gesamtaufwand in 965 Zinstagen (15.01.16 bis 20.09.18)		– 325,00 €		

Verlust in 360 Tagen:		$= \frac{-325{,}00 * 360}{965}$	=	– 121,24 €
Durchschnittlicher Jahresertrag:				378,76 €
3. Rendite:	R	$= \frac{378{,}76 * 100}{10.158{,}00}$	=	**3, 73 %**

Erläuterung

(1) Der Kursverlust und die sonstigen Gebühren, die in der Anlagezeit angefallen sind, sind auf 360 Tage umzurechnen. Sie ergeben unter Einbeziehung der Jahreszinsen den durchschnittlichen Jahresertrag.

- Die Rendite bei Schuldverschreibungen wird genauso berechnet wie die Aktienrendite:

$$R = \frac{\text{Durchschnittlicher Jahresertrag} * 100}{\text{Kapitaleinsatz}}$$

- Als Zins ist immer der Nominalzins (Bruttozins) anzusetzen, da dieser ohne Rücksicht auf einbehaltene Abgeltungsteuer die Grundlage der Besteuerung darstellt. ⇐
- Liegt der Renditeberechnung eine Kaufabrechnung zu Grunde, müssen die Stückzinsen aus der Lastschrift herausgerechnet werden, da sie nicht Bestandteil des Kapitaleinsatzes sind.

Arbeitsaufträge:

Hinweis: Es liegen jeweils FSA bzw. ausreichende Verluste im „Allgemeinen Verlustverrechnungstopf" vor.

10.6.10 Berechnen Sie die Rendite für folgende Effektenkäufe bei spesenfreier Tilgung des Emittenten zu pari.

	Nennwert	Zinssatz	Wert	Kurs	Gebühren (€)	Tilgung
1.	20.000,00	7,25 %	15.03.12	98 %	165,00	01.02.17
2.	15.000,00	6,50 %	08.08.13	101 %	125,00	01.04.18
3.	9.000,00	6,00 %	22.04.14	95 %	70,00	02.06.17
4.	10.000,00	4,25 %	10.04.15	115 %	80,00	03.07.18
5.	45.000,00	6,50 %	19.09.13	97 %	360,00	01.09.19

10.6.11 Ein Kunde kaufte Wert 20.05.16 nom. 15.000,00 €, 4,5 % Wertrechtsanleihe zum Kurs von 110,70 %, endfällig am 01.07.22.
Ermitteln Sie die Rendite auf die Fälligkeit, wenn der Anleger beim Kauf 0,75 ‰ Börsengebühr (NW) und 0,5 % Provision (KW) zahlen musste. Die Kosten der Depotverwaltung betragen insgesamt 90,00 €, für die Einlösung bei Fälligkeit erhebt das KI eine Gebühr von 2 ‰ des Nennwertes.

10.6.12 Berechnen Sie die Rendite für folgende Anlage:
Kauf: Wert 08.08.16: nom. 18.000,00 €, 5 % Wertrechtsanleihe für 103 %;
Verkauf: Wert 12.02.18 zu 105 %;
Gebühren für Kauf und Verkauf: 0,5 % Provision (KW); 0,75 ‰ Börsentransaktionsgebühr (NW).

10.6.13 Wert 14.10.17 kaufte ein Anleger nom. 140.000,00 € einer 8 % Anleihe, 01.10. gzj., spesenfrei zu einem Kurs von 99,75 %.
1. Erstellen Sie die Kaufabrechnung.
2. Berechnen Sie die Rendite auf den festen Rückzahlungszeitpunkt 01.10.20 (spesenfreie Tilgung), wenn das verwahrende KI für den Kunden Depotgebühren für vier Jahre in Höhe von jeweils 1,25 ‰ vom Nennwert zuzüglich 19 % USt erhebt.

10.6.14 Beim Kauf von nom. 50.000,00 € einer 8 % Anleihe erzielte ein Kunde eine Rendite von 7,5 %. Die Tilgung wurde gebührenfrei zu pari vorgenommen, sein durchschnittlicher Jahresertrag betrug 3.850,00 €.
1. Zu welchem Kurs wurden die Papiere gekauft, wenn die Kaufgebühren 333,33 € betrugen?
2. Für welchen Zeitraum wurde das Kapital angelegt?

10.6.15 Berechnen Sie die Rendite für folgende Anlage:
Kauf am 09.05.17: nom. 35.500,00 €, 6 % Industrieschuldverschreibung zu 102 %;
Verkauf am 09.10.19 zu 100,50 %;
Gebühren für Kauf und Verkauf: jeweils 0,5 % Provision (KW);
0,75 ‰ Börsentransaktionsgebühr (NW).

10.6.16 Beim Kauf von Kommunalschuldverschreibungen im Nennwert von 50.000,00 €, der Wert 14.01.19 zum Kurs von 98,75 % abgerechnet wurde, fielen Gebühren in Höhe von 287,03 € an. Die Effekten wurden am Donnerstag, 27.06.19, zu 99,50 % verkauft, wobei 287,31 € Gebühren berechnet wurden.
Wie rentierte sich diese Anlage, wenn der Nominalzinssatz 4,25 % betrug und im allgemeinen Verlustverrechnungstopf ein Bestand von 783,29 € aufgelaufen war? Der Kunde ist konfessionslos.

10.6.17 Eine Effektenkaufabrechnung wurde durch den Hund eines Kunden teilweise unleserlich gemacht.
Ermitteln Sie die Wertstellung der Abrechnung, wenn Sie aus den Fragmenten noch folgende Daten ablesen können:
Nom. 144.000,00 €, 6,5 % Industrieschuldverschreibung, Kurs 96,5 %;
Zinstermin 15.12. gzj.; erster mitgelieferter Zinsschein: 15.12.18 ff.;
ausmachender Betrag: 140.936,00 €.

10.6.18 Wert 27.11.17 kauft ein Kunde nom. 100.000,00 €, Citigroup FRN 16(2021), 24. F/M/A/N, zu 102,16 %.
Verzinsung: 3-Monats-Euribor + 43 Basispunkte; der Euribor beträgt zu dieser Zeit – 0,329 %.
Kaufgebühren: 0,15 % Provision (KW), mindestens 30,00 € und 0,75 ‰ Börsentransaktionentgelt (NW).

1. Erstellen Sie die Kaufabrechnung.
2. Wert 24.02.18 ist der erste Zinsschein für den Anleger fällig.
   Ermitteln Sie den Auszahlungsbetrag, wenn der 3-Monats-Euribor nicht geändert wurde. Die Verrechnungstöpfe sind zu dieser Jahreszeit noch leer, Kirchensteuer fällt nicht an.
3. Da der Kunde mit dem Ertrag seiner Anlage nicht zufrieden ist, verkauft er diese Effekten Wert 05.04.18 zu 103,55 % an der Börse. Die Gebührensätze und Euribor sind die gleichen wie beim Kauf.
   Ermitteln Sie die Rendite dieser Anlage.

11 Abrechnen von Darlehenskonten

Kreditinstitute vergeben neben Kontokorrentkrediten, die durch die formale Kurzfristigkeit und das Wiederaufleben des Kredits innerhalb der Kreditlinie gekennzeichnet sind, auch Darlehen.

Darlehen sind von ihrer Natur her meist mittel- oder langfristig und unterscheiden sich dadurch von den Kontokorrentkrediten, dass getilgte Beträge nicht mehr neu beansprucht werden können. Die Form der Tilgung wird zwischen Kreditinstitut und Kunde vereinbart. Von der Verwendung beim Kreditnehmer her lassen sich Darlehen in Anschaffungsdarlehen (Verbraucherdarlehen) und in langfristige Darlehen unterscheiden, die üblicherweise gegen Eintragung einer Grundschuld begeben werden.

Eine der Hauptaufgaben bei der Abrechnung von Darlehenskonten ist die Aufstellung von Tilgungsplänen. Dabei muss mit dem Kunden gemeinsam ein Weg gefunden werden, wie bei den vorgegebenen Konditionen des Kreditinstitutes die Tilgung abgewickelt werden soll. Der Tilgungsplan hängt einerseits von der Darlehensart und andererseits von den finanziellen Möglichkeiten des Kunden ab; bei langfristigen Darlehen kommen noch steuerliche Überlegungen im Hinblick auf den Auszahlungskurs hinzu.

11.1 Tilgungspläne für Verbraucherdarlehen

Ein Verbraucherdarlehen, das in der Kreditwirtschaft unter zahlreichen individuellen Bezeichnungen angeboten wird - Persönlicher Kleinkredit, Persönliches Anschaffungsdarlehen, Sofortkredit, Anschaffungsdarlehen, Tilgungsdarlehen, Kreditrahmen - ist ein Darlehen, das folgende Kennzeichen hat:

- Auszahlung zu 100 % („**Nettodarlehensbetrag**“);
- Maximale Laufzeit z. Zt. 84 Monate (institutsabhängig);
- Die Zinsen werden meist mit Hilfe eines für die Laufzeit festen Zinssatzes **pro Jahr** (p.a.) gerechnet. Neben dem **Sollzinssatz** muss der **effektive Jahreszins** angegeben werden. Da dies nach § 6 (1) PAngV ein Vomhundertsatz ist, wird er hier „**effektiver Jahreszinssatz**“ genannt;
- Der Bearbeitungsaufwand des Kreditinstitutes muss in den Sollzinssatz eingerechnet werden, da das Erheben einer zusätzlichen Bearbeitungsgebühr nicht mehr zulässig ist;
- Die Rückzahlung erfolgt in monatlich gleichbleibenden Raten, die immer zwei Bestandteile enthalten:
  Jeweils **sinkende Anteile** für Sollzinsen und **steigende Anteile** zur Tilgung des Darlehens;
- Die Verbraucherdarlehen werden häufig blanko vergeben. Auf Kundenwunsch wird eine Restschuldversicherung (RSV) gegen die Risiken Arbeitslosigkeit, Arbeitsunfähigkeit und Todesfall vermittelt.

§ 492 BGB

Schriftform, Vertragsinhalt
(1) Verbraucherdarlehensverträge sind, soweit nicht eine strengere Form vorgeschrieben ist, schriftlich abzuschließen. ...
(2) Der Vertrag muss die für den Verbraucherdarlehensvertrag vorgeschriebenen Angaben nach Artikel 247 §§ 6 bis 13 des Einführungsgesetzes zum Bürgerlichen Gesetzbuche enthalten.
(3) ... Ist ein Zeitpunkt für die Rückzahlung des Darlehens bestimmt, kann der Darlehensnehmer vom Darlehensgeber jederzeit einen Tilgungsplan nach Artikel 247 § 14 des Einführungsgesetzes zum Bürgerlichen Gesetzbuche verlangen.

§ 494 BGB

Rechtsfolgen von Formmängeln
(1) Der Verbraucherdarlehensvertrag und die auf Abschluss ... erteilte Vollmacht sind nichtig, wenn die Schriftform insgesamt nicht eingehalten ist oder wenn eine der in Artikel 247 §§ 6 und 9 bis 13 des Einführungsgesetzes zum Bürgerlichen Gesetzbuche für den Verbraucherdarlehensvertrag vorgeschriebenen Angaben fehlt. ...
(3) Ist der effektive Jahreszins zu niedrig angegeben, so vermindert sich der dem Verbraucherdarlehensvertrag zugrunde gelegte Sollzinssatz um den Prozentsatz, um den der effektive Jahreszins zu niedrig angegeben ist. ...

§ 6 PAngV

Kredite
(1) Bei Krediten sind als Preis die Gesamtkosten als jährlicher Vomhundertsatz des Kredits anzugeben und als „effektiver Jahreszins“ zu bezeichnen. ...
(6) Wird die Gewährung eines Kredits allgemein von einer Mitgliedschaft oder vom Abschluss einer Versicherung abhängig gemacht, so ist dies anzugeben. ...

Art.247 BGBEG § 14

Tilgungsplan
(1) Verlangt der Darlehensnehmer nach § 492 Abs. 3 Satz 2 des Bürgerlichen Gesetzbuchs einen Tilgungsplan, muss aus diesem hervorgehen, welche Zahlungen in welchen Zeitabständen zu leisten sind und welche Bedingungen für diese Zahlungen gelten. Dabei ist aufzuschlüsseln, in welcher Höhe die Teilzahlungen auf das Darlehen, die nach dem Sollzinssatz berechneten Zinsen und die sonstigen Kosten angerechnet werden. ...
(3) Der Tilgungsplan ist dem Darlehensnehmer auf einem dauerhaften Datenträger zur Verfügung zu stellen. ...

Die Aufstellung eines Tilgungsplanes wird in der Praxis unter Zuhilfenahme von finanzmathematischen Methoden durchgeführt. Mit den vorhandenen Programmen lassen sich schnell die unterschiedlichen Kundenwünsche am Bildschirm darstellen. Insbesondere gilt dies für die Ermittlung der Höhe einer monatlichen Rate sowie für die Berechnung der möglichen Laufzeit.

Wie bei langfristigen Darlehen liegt auch in diesem Fall eine Form des Annuitätendarlehens vor, wobei die monatliche Rate hier charakteristisch ist. In der monatlichen Rate ist immer ein (wegen der abnehmenden Restschuld sinkender) Zinsanteil und ein (steigender) Tilgungsanteil enthalten. Da der Verwendungszweck der Verbraucherdarlehen in der Beschaffung kurz- und mittelfristig nutzbarer Wirtschaftsgüter liegt, muss auch die Darlehensrückführung an die entsprechenden Nutzungszeiten angepasst sein. Es gilt hierbei, dass die wirtschaftlichen Möglichkeiten des Darlehensnehmers zu berücksichtigen sind.
Allerdings sind die Zinskonditionen der Kreditinstitute dazu umgekehrt proportional:
Je besser die Bonität (wirtschaftliche Leistungsfähigkeit) des Darlehensnehmers ist, desto günstiger sind für ihn die Konditionen und umgekehrt.

Beispiel 1:

Unsere Kundin Verena Bräuchle hat in unserer Schaufensterwerbung eine Beispielrechnung für ein Verbraucherdarlehen gesehen:
Nettodarlehensbetrag 5.000,00 €; Laufzeit 24 Monate; Höhe einer Monatsrate 222,73 €;
Sollzinssatz 6,50 % (je nach Bonität); effektiver Jahreszinssatz 6,70 % (Methode des internen Zinfußes).
Sie wendet sich an den Kreditberater und überzeugt ihn davon, dass sie aufgrund ihrer Einkommenslage die Monatsrate gut verkraften kann und durch die Darlehensaufnahme rechtzeitig zum Frühling einen neuen Motorroller erwerben kann. Es kommt nach Überprüfung der Daten der Kundin zum Vertragsabschluss. Die Auszahlung erfolgt am 31.03.2018.
Erstellen Sie den von Frau Bräuchle gewünschten Tilgungsplan.

Nettodarlehensbetrag: 5.000,00 € **Zahl der Monatsraten:** 24 **Monatsrate:** 222,73 €
Sollzinssatz: 6,50 % **Effektiver Jahreszinssatz:** 6,70 %

Wertstellung	Restschuld	Tilgung	Zinsen	Monatsrate	Kontostand nach Ratenzahlung	
30.03.2018	5.000,00					
30.04.2018	5.000,00	195,65	27,08	222,73	4.804,35	(1)
30.05.2018	4.804,35	196,71	26,02	222,73	4.607,64	(2)
30.06.2018	4.607,64	197,77	24,96	222,73	4.409,87	
30.07.2018	4.409,87	198,84	23,89	222,73	4.211,03	
30.08.2018	4.211,03	199,92	22,81	222,73	4.011,11	
30.09.2018	4.011,11	201,00	21,73	222,73	3.810,11	
30.10.2018	3.810,11	202,09	20,64	222,73	3.608,02	
30.11.2018	3.608,02	203,19	19,54	222,73	3.404,83	
30.12.2018	3.404,83	204,29	18,44	222,73	3.200,54	
30.01.2019	3.200,54	205,39	17,34	222,73	2.995,15	
30.02.2019	2.995,15	206,51	16,22	222,73	2.788,64	
30.03.2019	2.788,64	207,62	15,11	222,73	2.581,02	
Summen 1. Jahr		**2.418,98**	**253,78**	**2.672,76**	**2.581,02**	**Restschuld**
30.04.2019	2.581,02	208,75	13,98	222,73	2.372,27	
30.05.2019	2.372,27	209,88	12,85	222,73	2.162,39	
30.06.2019	2.162,39	211,02	11,71	222,73	1.951,37	
30.07.2019	1.951,37	212,16	10,57	222,73	1.739,21	
30.08.2019	1.739,21	213,31	9,42	222,73	1.525,90	
30.09.2019	1.525,90	214,46	8,27	222,73	1.311,44	
30.10.2019	1.311,44	215,63	7,10	222,73	1.095,81	
30.11.2019	1.095,81	216,79	5,94	222,73	879,02	
30.12.2019	879,02	217,97	4,76	222,73	661,05	
30.01.2020	661,05	219,15	3,58	222,73	441,90	
30.02.2020	441,90	220,34	2,39	222,73	221,56	
30.03.2020	221,56	221,56	1,20	222,76	0,00	(3)
Summen 2. Jahr		**2.581,02**	**91,77**	**2.672,79**	**0,00**	**Restschuld**
Gesamtsummen		**5.000,00**	**345,55**	**5.345,55**		(4)

Erläuterung

(1) Die monatlichen Zinsen werden mit dem Nominalzinssatz aus der jeweiligen Restschuld am Monatsanfang gerechnet.

Hier: 5.000,00 ∗ 6,5 % / 12 = 27,08 €.

Die Tilgung ergibt sich aus der Differenz (Monatsrate – Zinsen).

(2) Nach Ablauf des ersten Monats ist schon ein Teil getilgt. Die Zinsen werden aus dem nun niedrigeren Restdarlehen gerechnet und ermöglichen so einen höheren Tilgungsanteil.

(3) Da die Höhe einer Rate meist keinen glatten Betrag ergibt, sondern gerundet werden muss, wird hier die letzte Rate als Ausgleichsrate verwendet. Ihr Betrag ergibt sich als Summe (Restschuld + anteiliger Zins).
(4) Aus der Höhe der Gesamtsummen ergeben sich die für den Verbraucher wichtigen Informationen über die Gesamtkosten des Darlehens und über deren Zusammensetzung.

Wenn ein Kreditinstitut den Abschluss einer Restschuldversicherung (RSV) verlangt, hat dies Einfluss auf die Höhe des effektiven Jahreszinssatzes. Dieser verändert sich - je nach Laufzeit des Darlehens - in starkem Ausmaß. Der Betrag der RSV wird meist im Zeitpunkt der Bereitstellung des Darlehens in einer Summe belastet.

Beispiel 2:

Unser Kunde Silvio Braun benötigt für kurzfristige Anschaffungen einen Kreditbetrag in Höhe von 5.000,00 € für eine Laufzeit von 24 Monaten. Unser Angebot für ihn lautet:
Höhe einer Monatsrate 222,73 €; Sollzinssatz 6,50 %;
effektiver Jahreszinssatz 17,20 % (Methode des internen Zinsfußes);
Restschuldversicherung 450,00 € (bei Abschluss des Vertrages zu bezahlen);
Nach Überprüfung der Daten des Kunden wird ein Vertrag abgeschlossen. Die Auszahlung erfolgt am 31.03.
Erstellen Sie den von Herrn Braun gewünschten Tilgungsplan für die ersten vier Monate.

Nettodarlehensbetrag: 5.000,00 € **Zahl der Monatsraten:** 24 **Monatsrate:** 222,73 €
Sollzinssatz: 6,50 % **Effektiver Jahreszinssatz:** 17,20 % **Restschuldversicherung:** 450,00 €

Wertstellung	**Restschuld**	**Tilgung**	**Zinsen**	**Monatsrate**	**Kontostand nach Ratenzahlung**	
30.03.	5.000,00				5.000,00	
30.03.	450,00	450,00		450,00	5.000,00	(1)
30.04.	5.000,00	195,65	27,08	222,73	4.804,35	
30.05.	4.804,35	196,71	26,02	222,73	4.607,64	
30.06.	4.607,64	197,77	24,96	222,73	4.409,87	
30.07.	4.409,87	198,84	23,89	222,73	4.211,03	
...						
Gesamtsummen		**5.450,00**	**345,55**	**5.795,55**		(2)

Erläuterung

(1) Der Betrag der Restschuldversicherung wird zu Beginn der Darlehenslaufzeit in einer Summe zurückgezahlt. Die Versicherungsbeiträge für die Dauer der gesamten Darlehenslaufzeit erhöhen den effektiven Jahreszins.
(2) Die Gesamtsummen sind dem Darlehensnehmer mitzuteilen. Sie sind Bestandteil des Tilgungsplanes und wurden im Beispiel aus einem Rechenprogramm übernommen.

- Der Tilgungsplan für ein Verbraucherdarlehen enthält die Vereinbarung, welchen Betrag der Kunde zu welchem Zeitpunkt an das KI zu zahlen hat. Daneben werden die einzelnen Bestandteile der Rate für Zins und Tilgung und die sonstigen Kosten ausgewiesen.
- Der Gesamtrückzahlungsbetrag (Summe der Monatsraten) ist die Summe aus ausgezahltem Darlehen (Nettodarlehensbetrag), Sollzinsen und sonstigen Gebühren für die Gesamtlaufzeit.

⇐

Anmerkung: Das Berechnen der unterjährlichen Annuität erfolgt mit folgender Formel, die durch Umwandlung auch die Frage nach der Laufzeit beantwortet:

$$a = S_0 * \left(1+\frac{i}{m}\right)^{m*n} * \frac{\left(1+\frac{i}{m}\right) - 1}{\left(1+\frac{i}{m}\right)^{m*n} - 1}$$

Darin bedeuten:
a = unterjährliche Annuität (z. B. für Monat)
S_0 = Anfangsdarlehen
i = p/100
m = Anzahl der Raten pro Jahr
n = Anzahl der Laufzeitjahre

Arbeitsaufträge:

11.1.1 Erstellen Sie die Tilgungspläne für die ersten vier Monate für die folgenden Verbraucherdarlehen:

1. Nettodarlehensbetrag: 8.000,00 € Zahl der Monatsraten: 24 Monatsrate: 360,00 €
Sollzinssatz: 7,50 % Effektiver Jahreszinssatz: 7,76 %
Auszahlungstag : 12.02.

2. Nettodarlehensbetrag: 8.000,00 € Zahl der Monatsraten: 24 Monatsrate: 360,00 €
Sollzinssatz: 7,50 % Effektiver Jahreszinssatz: 13,39 % Restschuldversicherung : 400,00 €
Auszahlungstag : 21.05.

3. Nettodarlehensbetrag: 12.500,00 € Zahl der Monatsraten: 18 Monatsrate: 740,68 €
Sollzinssatz: 8,25 % Effektiver Jahreszinssatz: 16,05 % Restschuldversicherung : 625,00 €
Auszahlungstag : 18.06.

4. Nettodarlehensbetrag: 60.000,00 € Zahl der Monatsraten: 72 Monatsrate: 987,31 €
Sollzinssatz: 5,75 % Effektiver Jahreszinssatz: 5,90 %
Auszahlungstag : 29.10.

11.1.2 Ein Kunde hat für ein Verbraucherdarlehen über 6.000,00 € (Auszahlungsbetrag) 5,75 % Sollzinssatz zu bezahlen. Dieses Darlehen will er in sechs Monaten mit einer monatlichen Rate von 1.016,84 € zurückzahlen. Da sein KI eine RSV in Höhe von 400,00 € berechnet, ergibt sich eine Effektivverzinsung in Höhe von 34,56 %. Die Gutschrift auf seinem laufenden Konto erfolgt Wert 15.04.
Erstellen Sie den Tilgungsplan und ermitteln Sie dabei, wie hoch sein finanzieller Gesamtaufwand ist.

11.1.3 Unser Kunde Juan Lopez möchte einen neuen Pkw kaufen. Das von ihm ausgewählte Fahrzeug hat einen Listenpreis von 20.833,33 €. Bei sofortiger Barzahlung erhält der Käufer darauf einen Rabatt von 20 %. Den ermäßigten Preis kann er mit 70 % aus eigenen Mitteln bezahlen, der Rest soll über ein Ratendarlehen finanziert werden, für das er monatlich 480,00 € aufbringen will.
Ermitteln Sie über den Tilgungsplan die Laufzeit des Darlehens, wenn wir ihm einen Sollzinssatz von 7,75 % p.a. in Rechnung stellen (Effektiver Jahreszinssatz 8,03 %). Berechnen Sie dabei auch die Höhe der letzten Rate, die zum Ausgleich des Darlehenskontos führt. Die Auszahlung erfolgt zum 14.05.

11.2 Tilgungspläne für Raten- und Annuitätendarlehen

Die Zinsbelastung erfolgt bei langfristigen Darlehen immer aus der jeweiligen Restschuld. Da diese durch die Tilgung des Darlehens sinkt, ist die Zinsbelastung in der Anfangsphase am höchsten, um dann mit zunehmender Tilgung immer weiter zu sinken.

Bei der Tilgung der langfristigen Darlehen gibt es zwei grundsätzlich verschiedene Möglichkeiten:

Der Kreditnehmer zahlt entweder mit
- **gleichbleibenden** oder mit
- **steigenden** Tilgungsraten zurück.

Im ersten Fall kommen zur konstanten Tilgung fallende Zinsbeträge hinzu, sodass der Kunde eine von Jahr zu Jahr weiter sinkende Belastung hat (**fallende Annuität**). Bei dieser Tilgungsform hat der Kreditnehmer in der Anfangsphase die höchste Belastung, ein Verfahren, das daher in der Praxis bei Krediten an Privatpersonen selten angewendet wird. Bei Baufinanzierungen ist vielmehr die Vereinbarung von gleichbleibenden jährlichen Leistungen (Annuitäten) üblich, die sich aus einer anfänglich niedrigen Tilgung und den Zinsen auf das jeweilige Restdarlehen zusammensetzen. Man spricht hier auch von einer **Tilgung zuzüglich ersparter Zinsen**, da sich der Tilgungsbetrag um den Anteil erhöht, der an Zinsminderung gegenüber dem Vorjahr anfällt.

In den folgenden Beispielen wird von einer jährlichen Gesamtleistung ausgegangen, wobei der Hinweis nicht fehlen soll, dass die Fälligkeiten von Zins und Tilgung von den Kreditinstituten sehr unterschiedlich geregelt werden. So ist eine Vereinbarung über monatliche Teilleistung der Annuität durchaus üblich. Diese „Raten"-Zahlung verändert auch die Effektivverzinsung, daher ist auch bei diesen Darlehen die Angabe des effektiven Jahreszinssatzes notwendig.

Darlehen mit gleichbleibender Tilgungsrate (Ratentilgung)

Bei der Ratentilgung zahlt der Kreditnehmer jährlich oder monatlich gleichbleibende Tilgungsbeträge sowie die Zinsen auf die jeweilige Restschuld (**fallende Annuität**).

Beispiel 1:

Ein Darlehen über 60.000,00 € netto soll in 5 gleichen jährlichen Raten getilgt werden. Erstellen Sie den Tilgungsplan bei einem Sollzinssatz von 8,5 % p.a.

$$\text{Höhe einer Jahresrate} = \frac{\text{Darlehensbetrag}}{\text{Ratenzahl}} = \frac{60.000}{5} = 12.000{,}00\ €$$

Jahr	Restdarlehen	Tilgung	Zinsen	Gesamtleistung	
1	60.000,00	12.000,00	5.100,00	17.100,00	(1)
2	48.000,00	12.000,00	4.080,00	16.080,00	(2)
3	36.000,00	12.000,00	3.060,00	15.060,00	
4	24.000,00	12.000,00	2.040,00	14.040,00	
5	12.000,00	12.000,00	1.020,00	13.020,00	
	0,00	60.000,00	15.300,00	75.300,00	

Erläuterung

(1) Die jährliche Gesamtleistung (fallende Annuität) setzt sich aus Tilgung und Zins zusammen.

(2) Da im 2. Jahr die Restschuld um die Tilgung im Vorjahr gesunken ist, ist die Zinsbelastung und damit auch die Jahreszahlung niedriger; es kommt zu fallenden Annuitäten.

Annuitätendarlehen

Bei den Annuitätendarlehen zahlt der Kreditnehmer jährlich gleichbleibende Beträge an das Kreditinstitut, die sich aus der Summe von sinkender Zinsbelastung und steigender Tilgung zusammensetzen.

Beispiel 2:

Ein Darlehen über 100.000,00 € soll durch gleichbleibende Annuitäten getilgt werden. Der Sollzinssatz wird 6,5 % p.a., die Tilgung 2 % zuzüglich ersparter Zinsen betragen.
Erstellen Sie den Tilgungsplan für die ersten 6 Jahre.

Jahr	Restdarlehen	Tilgung	Zinsen	Annuität	
1	100.000,00	2.000,00	6.500,00	8.500,00	(1)
2	98.000,00	2.130,00	6.370,00	8.500,00	(2)
3	95.870,00	2.268,45	6.231,55	8.500,00	
4	93.601,55	2.415,90	6.084,10	8.500,00	
5	91.185,65	2.572,93	5.927,07	8.500,00	
6	88.612,72	2.740,17	5.759,83	8.500,00	
7	85.872,55				

Erläuterung

(1) Die Annuität, die im ersten Jahr berechnet wird, bleibt für alle Folgejahre gleich hoch; sie setzt sich aus den Zinsen für das in Anspruch genommene Darlehen und dem Tilgungsbetrag, der im ersten Jahr 2 % beträgt, zusammen.

(2) Durch die Tilgung von 2.000,00 € im ersten Jahr sinkt das Darlehen auf 98.000,00 €. Die darauf anfallende Zinsbelastung ist um 130,00 € niedriger als im Vorjahr. Diese Zinsersparnis erhöht die Tilgung, da die Gesamtbelastung unverändert bleibt.

Anmerkung: Für die Erstellung eines Tilgungsplanes ist es zweckmäßig, von rechts nach links zu rechnen. Als erstes wird die Jahresleistung berechnet als Summe von (anfänglicher) Tilgung und Zins. Von der Annuität wird der jeweils neu zu berechnende Zins abgezogen und ergibt den Tilgungsbeitrag. Dieser wird von der bisherigen Restschuld abgezogen und ergibt so die neue Restschuld.

Beispiel 3:

Ein Darlehen über 100.000,00 € soll durch gleichbleibende Annuitäten monatlich zurückgezahlt werden. Der Sollzinssatz beläuft sich auf 6,5 % p.a., als Tilgung werden 2 % p.a. zuzüglich ersparter Zinsen vereinbart. Erstellen Sie den Tilgungsplan für die ersten 4 Monate.

Monat	Restdarlehen	Tilgung	Zinsen	Annuität (mtl.)	
1	100.000,00	166,67	541,67	708,34	(1)
2	99.833,33	167,58	540,76	708,34	
3	99.665,75	168,48	539,86	708,34	
4	99.497,27	169,40	538,94	708,34	
5	99.327,87				

Erläuterung

(1) Die monatliche Annuität ist die Summe von monatlicher Tilgung und Zinsbelastung; sie beträgt ein Zwölftel der Jahresannuität.

Da sich die Laufzeit eines langfristigen Darlehens nach diesem Verfahren nur berechnen lässt, wenn ein vollständiger Tilgungsplan aufgestellt wird, wird die Tilgungsdauer in der Praxis mit Hilfe von finanzmathematischen Verfahren ermittelt; diese führen in der Anwendung zu Tabellenwerken, in denen sogenannte Annuitätenfaktoren für jeden in Frage kommenden Zinssatz und jede sinnvolle Laufzeit aufgeführt werden. Die Annuität wird dann mit der Formel berechnet:

Annuität = ursprüngliches Darlehen * Annuitätenfaktor

Mit Hilfe eines EDV-Programmes lässt sich ein Tilgungsplan sehr viel schneller erstellen; Eingabefelder sind der Darlehensbetrag, der Jahressollzinssatz und der Satz der anfänglichen Tilgung.

Beispiel 4:

Tilgungsplan für Annuitätendarlehen
(Annuitäten werden nur einmal jährlich gezahlt, Zinsen am Jahresende belastet.)

Darlehen: 200.000,00 €
Sollzinssatz: 7,00 %
Tilgungssatz: 1,00 % Annuität: 8,00 %

Jahr	Restschuld	Tilgung	Zinsen	Annuität	Kumulierter Zins
1	200.000,00 €	2.000,00 €	14.000,00 €	16.000,00 €	14.000,00 €
2	198.000,00 €	2.140,00 €	13.860,00 €	16.000,00 €	41.570,20 €
3	193.570,20 €	2.450,09 €	13.549,91 €	16.000,00 €	55.120,11 €
4	191.120,11 €	2.621,59 €	13.378,41 €	16.000,00 €	81.693,42 €
5	185.693,42 €	3.001,46 €	12.998,54 €	16.000,00 €	94.691,96 €
6	182.691,96 €	3.211,56 €	12.788,44 €	16.000,00 €	107.480,39 €
7	179.480,39 €	3.436,37 €	12.563,63 €	16.000,00 €	120.044,02 €
8	176.044,02 €	3.676,92 €	12.323,08 €	16.000,00 €	132.367,10 €
9	172.367,10 €	3.934,30 €	12.065,70 €	16.000,00 €	144.432,80 €
10	168.432,80 €	4.209,70 €	11.790,30 €	16.000,00 €	156.223,10 €
11	164.223,10 €	4.504,38 €	11.495,62 €	16.000,00 €	167.718,71 €
12	159.718,71 €	4.819,69 €	11.180,31 €	16.000,00 €	178.899,02 €
13	154.899,02 €	5.157,07 €	10.842,93 €	16.000,00 €	189.741,96 €
14	149.741,96 €	5.518,06 €	10.481,94 €	16.000,00 €	200.223,89 €
15	144.223,89 €	5.904,33 €	10.095,67 €	16.000,00 €	210.319,57 €
16	138.319,57 €	6.317,63 €	9.682,37 €	16.000,00 €	220.001,93 €
17	132.001,93 €	6.759,86 €	9.240,14 €	16.000,00 €	229.242,07 €
18	125.242,07 €	7.233,06 €	8.766,94 €	16.000,00 €	238.009,02 €
....					
28	51.032,35 €	12.427,74 €	3.572,26 €	16.000,00 €	286.604,62 €
29	38.604,62 €	13.297,68 €	2.702,32 €	16.000,00 €	289.306,94 €
30	25.306,94 €	14.228,51 €	1.771,49 €	16.000,00 €	291.078,43 €
31	11.078,43 €	11.078,43 €	775,49 €	11.853,92 €	291.853,92 €
	0,00 €				

Arbeitsaufträge:

11.2.1 Stellen Sie für folgende Darlehen, die mit gleichbleibender Annuität zurückgezahlt werden, den Tilgungsplan für die ersten fünf Jahre auf, wenn pro Jahr nur eine Zahlung geleistet wird:

	Darlehen (€)	anfängliche Tilgung p.a.	Sollzinssatz p.a.
1.	180.000,00	2,0 %	5,75 %
2.	75.000,00	1,0 %	6,00 %

11.2.2 Folgende Darlehen sollen mit gleichbleibender Annuität in monatlichen Raten zurückgezahlt werden. Erstellen Sie den Tilgungsplan für die ersten 4 Monate:

	Darlehen (€)	anfängliche Tilgung p.a.	Sollzinssatz p.a.
1.	120.000,00	1,0 %	4,75 %
2.	200.000,00	2,0 %	3,50 %

11.2.3 Stellen Sie für folgende Darlehen, die mit fallenden Annuitäten zurückgezahlt werden, den Tilgungsplan für die ersten vier Jahre auf, wenn pro Jahr nur eine Zahlung geleistet wird:

	Darlehen (€)	Laufzeit in Jahren	Sollzinssatz p.a.
1.	50.000,00	4	7,50 %
2.	80.000,00	6	7,25 %

11.2.4 Für die Teilfinanzierung eines Wohnhauses wird ein grundschuldgesichertes Darlehen über 120.000,00 € zu 5,75 % p.a. aufgenommen. Erstellen Sie einen Tilgungsplan für folgende Alternativen der Tilgung:

1. Gleichbleibende Tilgungsraten innerhalb von 8 Jahren.
2. Gleichbleibende Annuität bei einer Tilgungsrate von 12,5 % zuzüglich ersparter Zinsen.
3. Begründen Sie, bei welcher Tilgungsart die Zinsbelastung höher ist (kein rechnerischer Nachweis).

Darlehen mit Disagio

Langfristige Darlehen können auch zu einem geringeren Betrag als dem Rückzahlungsbetrag ausgezahlt werden. Dieser Abschlag hat zwei Ursachen: Er soll den Verwaltungsaufwand des Kreditinstitutes decken, und er enthält einen Zinsanteil. Der Grund für diese Aufteilung des Zinssatzes ist, dass der Kreditnehmer das **Disagio** (Damnum) in manchen Fällen als Kapitalbeschaffungskosten steuerlich geltend machen kann und dass er einen niedrigeren Sollzinssatz für die Dauer der Zinsfestschreibung erhält.

Beispiel 5:

Für den Erwerb einer Immobilie benötigt ein Kunde 200.000,00 €.
Konditionen des KI: Sollzinssatz 5 % p.a., anfängliche Tilgung 2 % p.a., Disagio 4 %.
1. *Berechnen Sie die Kreditsumme, die für eine Auszahlung von 200.000,00 € erforderlich ist.*
2. *Erstellen Sie einen Tilgungsplan für die ersten drei Jahre bei jährlicher Annuitätenleistung.*

1. Berechnen der Kreditsumme:

96 % - 200.000,00 € (1)
100 % - x €

Kreditsumme = 200.000 * 100 / 96 = **208.333,33 €**

2. (2)

Jahr	Restdarlehen	Tilgung	Zinsen	Annuität
1	208.333,33	4.166,66	10.416,67	14.583,33
2	204.166,67	4.375,00	10.208,33	14.583,33
3	199.791,67	4.593,75	9.989,58	14.583,33
4	195.197,92			

Erläuterung

(1) Das KI hat mit seinem Kunden ein Disagio von 4 % vereinbart. Da der Kunde aber zur Bezahlung seiner Immobilie die vollen 200.000,00 € benötigt, entspricht dieser Betrag nur 96 % des Darlehensbetrages. Die volle Darlehenssumme muss daher erst noch berechnet werden.

(2) Der berechnete Darlehensbetrag von 208.333,33 € ist auch der zurückzuzahlende Betrag. Aus der jeweiligen Restschuld werden die Zinsen und damit aus der Differenz zur Annuität die jeweils steigende Tilgung gerechnet.

Darlehen mit Tilgungsstreckung

Damit der Kunde bei Darlehen mit einem Disagio dennoch über den vollen Kapitalbetrag verfügen kann, wird teilweise ein Zusatzdarlehen eingeräumt, das vor der Tilgung des Hauptdarlehens zurückzuführen ist. Da hierdurch die Gesamttilgungsdauer verlängert wird, nennt man diese Darlehen auch **Tilgungsstreckungsdarlehen**. Ein Vorteil dieses Verfahrens besteht darin, dass dadurch Schwierigkeiten bei den Beleihungsgrenzen umgangen werden können: Da Hauptdarlehen wird mit einer erstrangigen Grundschuld abgesichert, während für das Zusatzdarlehen eine nachrangige Grundschuld ausreichend ist.

Beispiel 6:

Ein Kunde plant eine Anlage in Sachwerte. Von seinem Kundenberater erfährt er, dass er mit seiner Bonität ein Darlehen über 200.000,00 € refinanzieren kann.

1. Welcher Kaufpreis ist bei einem Beleihungssatz von 60 % mit dem Darlehen finanzierbar?

2. Die Konditionen des KI für das Darlehen lauten: 5 % p.a. Sollzinsen, 2 % Tilgung bei gleichbleibender Annuität, Auszahlung 96 %.
Das Damnum wird als Tilgungsstreckungsdarlehen mit ausgezahlt und in zwei gleichen jährlichen Tilgungsraten vor Beginn der planmäßigen Tilgung zurückgezahlt; Sollzinssatz 6 %.
Erstellen Sie einen Tilgungsplan für die ersten vier Jahre.

1. Bei einem Beleihungssatz von 60 % ist im Beispiel ein Immobilienwert von 333.333,33 € finanzierbar, der erstrangig abgesichert werden könnte (200.000,00 € / 60 %).

2.

Jahr	Restdarlehen	Tilgung	Zinsen	Annuität	
1	200.000,00	0,00	10.000,00		
	8.000,00	4.000,00	480,00	14.480,00	(1)
2	200.000,00	0,00	10.000,00		
	4.000,00	4.000,00	240,00	14.240,00	(2)
3	200.000,00	4.000,00	10.000,00	14.000,00	(3)
4	196.000,00	4.200,00	9.800,00	14.000,00	

Erläuterung

(1) Die Tilgung des Hauptdarlehens ruht; lediglich die Zinsen sind zu leisten. Das Tilgungsstreckungsdarlehen (TSD) wird am Jahresende zur Hälfte getilgt und muss in voller Höhe verzinst werden. Die Jahreszahlung enthält daher drei Bestandteile: Zinsen für das Hauptdarlehen, sowie Zins und Tilgung für das TSD.

(2) Das Hauptdarlehen ist unverändert, das TSD ist auf die Hälfte gesunken. Zum Jahresende wird es vollständig getilgt.

(3) Das Hauptdarlehen wird am Ende des dritten Jahres zum ersten Mal mit einem Teilbetrag getilgt. Der Betrag von 14.000,00 € ist ab diesem Zeitpunkt eine gleichbleibende Annuität bis zur endgültigen Tilgung.

⇒

- Der Tilgungsplan bei langfristigen Darlehen zeigt, welchen Betrag der Kreditnehmer zu welchem Zeitpunkt insgesamt zu zahlen hat. Darüber hinaus lässt sich die Zusammensetzung der jeweiligen Zahlung aus Zins und Tilgung ablesen.
- Da sich jede Zahlung immer aus Zins und Tilgung zusammensetzt, muss aus der Aufgabenstellung heraus nur untersucht werden, ob die Tilgungsraten oder ob die Annuitäten gleich bleiben sollen.

- Bei gleichbleibenden Tilgungsraten entstehen sinkende Annuitäten, bei gleichbleibenden Annuitäten steigende Tilgungsraten.

Arbeitsaufträge:

11.2.5 Frau Janine Amel ist Eigentümerin eines Mietshauses. Nach Auszug eines Mieters ist dessen Wohnung sehr renovierungsbedürftig - gleichzeitig sollen Modernisierungsmaßnahmen durchgeführt werden. Der Voranschlag des beauftragten Unternehmers sieht einen Betrag von 40.000,00 € vor. Daher nimmt sie nach Beratung durch ihre Hausbank ein Annuitätendarlehen mit gleichbleibenden monatlichen Zahlungen zu folgenden Konditionen auf:
Nettodarlehensbetrag: 40.000,00 €; Sollzinssatz: 1,50 %; effektiver Jahreszinssatz: 1,51%;
Anfänglicher Tilgungssatz: 19,272 % (sehr hoch, um eine kurze Laufzeit zu bewirken).
1. Berechnen Sie die Höhe der monatlichen Rate.
2. Erstellen Sie den Tilgungsplan für die ersten vier Monate.

11.2.6 Unsere Kundin Andrea Werner hat sich entschlossen, für die spätere Eigennutzung ein Haus zu kaufen, das sie zunächst für fünf Jahre vermieten will. Der Kaufpreis beträgt 250.000,00 €. Bezahlt werden soll der Kaufpreis mit 20 % Eigenmitteln, einem zuteilungsreifen Bausparvertrag in Höhe von weiteren 20 % und der Rest über ein Bankdarlehen. Die Konditionen für diese Kundin lauten:
Sollzinssatz 4,25 % p.a., anfängliche Tilgung 2 %, Auszahlung 96 %.
1. Ermitteln Sie den erforderlichen Darlehensbetrag.
2. Erstellen Sie den Tilgungsplan für die ersten vier Monate, wenn das Darlehen in monatlichen Beträgen zurückzuzahlen ist.

11.2.7 Ein langfristiges Darlehen über 180.000,00 € wird mit einem variablen Sollzinssatz von 6 % p.a. und einem Tilgungssatz von 3 % zuzüglich ersparter Zinsen ausgegeben.
1. Erstellen Sie den Tilgungsplan für die ersten vier Jahre unter der Voraussetzung, dass sich der Sollzinssatz nicht ändert; es werden jährliche Zahlungen geleistet.
2. Zu Beginn des fünften Jahres wird der Sollzinssatz auf 6,5 % p.a. heraufgesetzt.
Erstellen Sie den Tilgungsplan für die Jahre 5 - 7 unter der Annahme, dass sich die Gesamtbelastung des Kreditnehmers nicht ändern soll.
3. Mit Beginn des achten Jahres steigt der Sollzinssatz auf 8 % p.a.. Da die Tilgung gegenüber dem Vorjahr nicht verringert werden soll, ist eine Anpassung der Annuität erforderlich.
Erstellen Sie den Tilgungsplan für das achte und neunte Jahr.

11.2.8 Für den Kauf einer Eigentumswohnung zum Preis von 180.000,00 € benötigt unser Kunde Axel Bauer ein Bankdarlehen in Höhe von 126.000,00 €, den Rest will er mit Eigenmitteln bezahlen. Herr Bauer möchte in Sachwerte investieren und plant, die Wohnung zu vermieten.
Unser Angebot für den Kunden lautet:
Sollzinssatz 3,75 % p.a., Tilgung 3 % zuzüglich ersparter Zinsen, Auszahlung 90 %.
1. Ermitteln Sie den erforderlichen Darlehensbetrag.
2. Erstellen Sie den Tilgungsplan für die ersten vier Monate, wenn das Darlehen in monatlichen Beträgen zurückzuzahlen ist.

11.2.9 Erstellen Sie für folgende Darlehen mit gleichbleibender Annuität einen Tilgungsplan für die ersten vier Jahre, wenn die Auszahlung mit Disagio erfolgt und der Differenzbetrag als Tilgungsstreckung bereitgestellt werden soll. Das TSD soll den gleichen Sollzinssatz wie das Hauptdarlehen haben und in zwei gleichen Tilgungsraten vorab zurückgezahlt werden.

	Darlehensbetrag (€)	Auszahlung	Sollzinssatz p.a.	anfängliche Tilgung p.a.
1.	130.000,00	95 %	4,50 %	1,0 %
2.	160.000,00	97 %	5,25 %	1,5 %
3.	200.000,00	95 %	5,00 %	2,0 %

11.2.10 Ein Spediteur kauft am 30.07. einen Lastkraftwagen. Da seine Hausbank sein Kreditengagement nicht erhöhen möchte, wendet er sich an zwei Kreditvermittler, die ihm im Rahmen des „Social Lending" folgende Angebote unterbreiten:
a) Am 31.03. des Folgejahres sind 124.072,50 € einschließlich 9 % Sollzinsen und 0,5 % Vermittlungsprovision aus dem Kaufpreis in einer Summe zurückzuzahlen.
b) Sollzinssatz 0,6 % pro Monat aus dem Kaufpreis, der dem Darlehensbetrag entspricht, Vermittlungsprovison 1,75 %, gleiche Fälligkeit.
1. Berechnen Sie den Kaufpreis des Lastkraftwagens.
2. Weisen Sie rechnerisch nach, welches der beiden Angebote um wie viel günstiger ist.

11.2.11 Am 15.01. erhielt die Kundin Andrea Fröhlich ein Darlehen über 64.000,00 €. Zur Absicherung dieses Betrages dienten Aktien mit einem Kurswert von 48,00 €/St., die zu 65 % beliehen wurden.
Die Kundin beantragt am 31.03. des gleichen Jahres eine Aufstockung des Darlehens auf 80.000,00 €, für die sie Pfandbriefe als zusätzliche Sicherheit anbieten konnte. Die Zusage des KI erfolgt unter der Voraussetzung, dass die Kundin auch den durch einen zwischenzeitlich erfolgten Kursverlust der Aktien von 25 % entstandenen Ausfall an Sicherheiten mit ihren Pfandbriefen abdeckt.

1. Wie viele Aktien mussten für das ursprüngliche Darlehen bereitgestellt werden?
2. Wie viele Pfandbriefe im Nennwert von 100,00 € müssen verpfändet werden, wenn sie einen aktuellen Kurs von 96 % haben und dieser Kurswert zu 80 % beliehen wird?

11.2.12 Der Kunde Alfred Trübsinn hat ein Darlehen über 30.000,00 € aufgenommen, das in einer Summe zu tilgen ist. Die Absicherung erfolgt durch Verpfändung von Aktien im Kurswert von 34,50 €/St., die zu 60 % beliehen werden.

1. Ermitteln Sie die erforderliche Stückzahl der zu verpfändenden Aktien.
2. Der Kunde zahlt das Darlehen nicht wie vereinbart zurück.
   Wieviel Aktien müssen verkauft werden, wenn der Tageskurs 39,00 €/St. beträgt und das KI folgende Ansprüche durchsetzt:
   - Darlehensbetrag zuzüglich 7 % Sollzinsen für 24 Monate (keine Zinseszinsen);
   - 10 % Verzugszinsen für 36 Tage;
   - Verkaufsspesen 1,04 % aus dem Kurswert der Aktien.

12 Devisenabrechnungen

Devisen im weitesten Sinne sind alle ausländischen Zahlungsmittel. Unter Devisen im engeren Sinn versteht man dagegen nur unbare ausländische Zahlungsmittel: Auszahlungen (fällige Währungsguthaben), Währungsschecks, Währungswechsel.

12.1 Devisenkurse

Bei den Devisenkursen sind Kassa- und Termingeschäfte zu unterscheiden: Für Geschäfte, die zum Kassakurs abgerechnet werden, muss der Währungsbetrag zwei Börsentage nach Schluss bereitgestellt werden. Geschäfte, deren Erfüllung zu einem späteren vereinbarten Termin erfolgen wird, werden zum Terminkurs abgerechnet. Amtliche Kassakurse für Währungen, die nicht an der EWWU teilnehmen, gibt es seit der Einführung des Euro nicht mehr. Stattdessen wurde der Handel nach außerhalb der Börse verlagert.
Je nach Bankengruppe gibt es dennoch weiterhin Ankaufs- und Verkaufskurse für Kassadevisen, die der Kundenorientierung dienen. Allgemeinverbindlich sind diese Kurse aber nicht.
Grundsätzlich erfolgt die Kursbildung der Devisenkurse durch Ausgleich von Angebot und Nachfrage, wobei sich dieser Prozess inzwischen weltweit abspielt.
Für Geschäfte zwischen Banken sind die gespannten Kurse üblich, die jeweils zwischen Geld- und Mittelkurs bzw. zwischen Mittel- und Briefkurs liegen. Die Notierungen beziehen sich immer auf telegrafische Auszahlungen, d. h. dass die Verrechnung an den Haupthandelsplätzen der betroffenen Währungen erfolgen muss.
Währungen, die nicht im Euro-Fixing ermittelt werden, werden im Freiverkehr gehandelt.

Für den Euro gibt es EZB-Referenzkurse (Mittelkurse), die arbeitstäglich ab 14 Uhr durch eine Telefonkonferenz mit den Zentralbanken der Euro-Teilnehmerländer festgestellt werden.
Die Kurse entsprechen der Mengennotierung, d. h. dass jeweils immer die Menge an Fremdwährungseinheiten für 1 Einheit EURO genannt wird.

⇒ Bei der Mengennotierung wird immer die Anzahl der Fremdwährungseinheiten für **1 Euro** angegeben.

Auszahlung	Einheit	Mittelkurs	Spanne	Verkauf Währung Ankauf EURO Geld - Bid	Ankauf Währung Verkauf EURO Brief - Ask	ISO-Code*)
New York	1 EUR = USD	1,1650	0,0030	1,1620	1,1680	USD
London	1 EUR = GBP	0,8897	0,0020	0,8877	0,8917	GBP
Montreal	1 EUR = CAD	1,4797	0,0060	1,4737	1,4857	CAD
Zürich	1 EUR = CHF	1,1594	0,0020	1,1574	1,1614	CHF
Kopenhagen	1 EUR = DKK	7,4419	0,0200	7,4219	7,4619	DKK
Oslo	1 EUR = NOK	9,4855	0,0240	9,4615	9,5095	NOK
Stockholm	1 EUR = SEK	9,7625	0,0240	9,7385	9,7865	SEK
Tokio	1 EUR = JPY	132,0500	0,2400	131,8100	132,2900	JPY

*) International Organization for Standardization: Die ersten zwei Buchstaben kennzeichnen das Land, der dritte Buchstabe die Währung dieses Landes.

Für die Abrechnung von Zahlungen zwischen den ursprünglich elf Teilnehmerländern an der Europäischen Währungunion (EWU) ist das jeweilige nationale Kursverhältnis zum Euro bestimmend, das zum 01.01.1999 unveränderbar festgelegt wurde. (Z. B. 1,00 € = 1,95583 DM)

Abrechnungen von einer Währung in eine andere erfolgen immer unter Einschaltung des Euro, das Zwischenergebnis wird zur Vermeidung von Rundungsdifferenzen 3-stellig nach dem Komma angegeben und weiterverrechnet.

Devisenkursgefüge für Auszahlungen (bei nicht EWWU-Währungen):

Geldkurs	**gespannter Geldkurs**	**Mittelkurs**	**gespannter Briefkurs**	**Briefkurs**
↓	↓	↓	↓	↓
Verkauf an Kunden	**Verkauf an Banken**	**Abrechnung von Geschäften mit Buba, Börse**	**Ankauf von Banken**	**Ankauf von Kunden**

Für den **Ankauf von Währungsschecks** wird der Sichtkurs, für den Ankauf von Währungswechseln der Wechselankaufskurs verwendet.

Devisenterminkurse

Devisenterminkurse werden nicht amtlich notiert. Sie werden unter Berücksichtigung der Zinsdifferenz für die entsprechende Anlagedauer eines Währungsbetrages im freien Handel errechnet:

- Ist das **Zinsniveau im Ausland höher als im Inland**, wird per Termin auf den Kassakurs ein Aufschlag vorgenommen (Report); dadurch wird ein rechnerischer Ausgleich für den im Ausland möglichen höheren Zinsertrag herbeigeführt.
- Ist das **Zinsniveau im Ausland niedriger als im Inland**, wird per Termin vom Kassakurs ein Abschlag vorgenommen (Deport); dies führt zu einem Ausgleich für den Zinsverlust bei angenommener Anlage im Ausland.

Beispiel 1:

Ein deutscher Importeur muss in drei Monaten eine Rechnung über 100.000,00 SEK bezahlen. Für seine Kalkulation beabsichtigt er ein Termingeschäft abzuschließen.
Devisenkurse: G 9,7361 B 9,7841; der Report (das Zinsniveau ist in Schweden höher) beträgt laut Reuters 0,0137.
Ermitteln Sie den Terminkurs.

9,7361 + 0,0137 = **9,7498 SEK/EUR**

12.2 Devisenabrechnungen für Kunden

Überweisungen innerhalb des Euro-Raumes (SEPA-Überweisungen) bis zu einem Betrag von 50.000,00 € werden nach den gleichen Bedingungen wie Inlandsüberweisungen behandelt. Daher werden hier nur die Fälle vorgestellt, bei denen entweder dieser Betrag überschritten wird oder Zahlungen in oder aus Fremdwährung abzurechnen sind.
Für alle vorkommenden Abrechnungen stellen Kreditinstitute Gebühren und Spesen in Rechnung, deren Höhe bei den einzelnen Kreditinstituten voneinander abweicht. Bei sogenannten SHARE-Überweisungen tragen der Zahler und der Zahlungsempfänger jeweils die von ihren Zahlungsdienstleistern erhobenen Entgelte. Dabei werden die abzurechnenden Beträge beim Devisenankauf vom Verkaufserlös des Kunden abgezogen und beim Devisenverkauf an den Kunden dem Abrechnungsbetrag hinzugeschlagen.

⇒

- Beispiele für Posten der Abrechnung:
  Abwicklungsprovision 1,5 ‰, unter Umständen Mindestgebühren;
  Konvertierungsentgelt (Courtage) 0,25 ‰, unter Umständen Mindestgebühren;
  das Entgelt fällt nur an, wenn in eine andere Währung umgerechnet werden muss;
  Porto, Telegrammspesen, SWIFT-Gebühren 1,50 €.
- **Tausch Fremdwährung in Euro:** $\frac{\text{Währungsbetrag}}{\text{Eurokurs}} = \text{Euro-Betrag}$
- **Tausch Euro in Fremdwährung:** Eurobetrag ∗ Kurs = Währungsbetrag
- Jede Umrechnung lässt sich auch über den Dreisatz vornehmen: 1,00 € = Kurs

Beispiel 2:

Ein deutscher Exporteur erhält zum Ausgleich seiner Forderung 25.000,00 GBP über eine Korrespondenzbank seines KI. Das KI weist folgende Konditionen aus:
Devisenkurse: G 0,8877 B 0,8917; 1,5 ‰ Abw.-Prov.; 0,25 ‰ Konvertierungsentgelt; Spesen 2,50 €.
Erstellen Sie die Abrechnung für den Ankauf in €.

25.000,00 GBP zu 0,8917		28.036,34 €	(1)
– 1,5 ‰ Abwicklungsprovision	42,05 €		(2)
– 0,25 ‰ Konvertierungsentgelt	7,01 €		
– Spesen	2,50 €	51,56 €	
Gutschrift in EUR:		**27.984,78 €**	

Erläuterung

(1) Beim Wechsel von Fremdwährung (GBP) in EUR muss der Währungsbetrag mit dem Kurs dividiert werden. Bei einem Devisenankauf (oder €-Verkauf durch das KI) ist der Devisen-Briefkurs anzuwenden.

(2) Bei einem Währungsankauf werden alle in Frage kommenden Spesen vom Euro-Gegenwert abgezogen.

Beispiel 3:

Ein deutscher Importeur muss 12.795,00 USD überweisen.
Die Zahlung wird durch sein KI ausgeführt, das folgende Konditionen berechnet:
Devisenkurse: G 1,1620 B 1,1680; 1,5 ‰ Abw.-Prov.; 0,25 ‰ Konvertierungsentgelt; SWIFT-Gebühr 1,50 €.
Erstellen Sie die Abrechnung für den Kunden.

12.795,00 USD zu 1,1620		11.011,19 €	(1)
+ 1,5 ‰ Abwicklungsprovision	16,52 €		(2)
+ 0,25 ‰ Konvertierungsentgelt	2,75 €		
+ SWIFT-Gebühr	1,50 €	20,77 €	
Lastschrift in EUR:		**11.031,96 €**	

Erläuterung

(1) Bei einem Devisenverkauf (oder €-Ankauf durch das KI) wird der Geldkurs angewendet.
(2) Der Kunde muss zusätzlich zum Euro-Gegenwert die vereinbarten Entgelte bezahlen.

Beispiel 4:

Ein deutscher Importeur lässt 28.000,00 EUR auf sein USD-Währungskonto überweisen, das er für besonders schnelle Zahlungen im Exportland benötigt. Dadurch kann er Preisvorteile ausnutzen.
Für die Zahlung gelten folgende Konditionen:
Devisenkurse: G 1,1593 B 1,1653; 1,5 ‰ Abw.-Prov.; 0,25 ‰ Konvertierungsentgelt; SWIFT-Gebühr 1,50 €.
Erstellen Sie die Abrechnung für den Kunden durch sein deutsches Kreditinstitut (Gebühren in EUR).

Gutschrift auf USD-Konto:			
28.000,00 EUR zu 1,1593		**24.152,51 USD**	(1)
Lastschrift auf EUR-Konto:			
Abgerechneter EUR-Betrag		28.000,00 €	
+ 1,5 ‰ Abwicklungsprovision	42,00 €		(2)
+ 0,25 ‰ Konvertierungsentgelt	7,00 €		
+ SWIFT-Gebühr	1,50 €	50,50 €	
Abrechnungsbetrag		**28.050,50 €**	

Erläuterung

(1) Bei einem Devisenverkauf (oder €-Ankauf durch das KI) wird der Geldkurs angewendet. Beim Tausch von EUR in Fremdwährung wird der EUR-Betrag mit dem Kurs multipliziert. Hier erfolgt eine Gutschrift in Fremdwährung.
(2) Der Kunde muss zusätzlich zum belasteten EUR-Betrag die Gebühren in EUR bezahlen, sodass er auf dem Währungskonto den vollen EUR-Gegenwert behält.

Arbeitsaufträge:

12.1 Berechnen Sie den Betrag in EUR für folgende Devisenan- und verkäufe von/an Kunden:

	Betrag		Vorgang	G	B	Abw.-Prov.
1.	220.000,00	GBP	Ankauf	0,8572	0,8612	1,5 ‰, mind. 5,00 €
2.	55.870,00	EUR	Ankauf	entfällt	entfällt	1,5 ‰
3.	5.930,00	USD	Verkauf	1,1673	1,1733	1,25 ‰, mind. 8,00 €
4.	3.589.000	JPY	Ankauf	127,4600	127,9400	1,5 ‰
5.	4.932,50	CHF	Verkauf	1,1590	1,1630	1,25 ‰, mind. 5,00 €

Berechnen Sie die Courtage, soweit erforderlich, mit 0,25 ‰.

12.2 Ein KI erhält als Gegenwert für ein Dokumenteninkasso eine Gutschrift über 725.000,00 JPY zugunsten des EUR-Kontos eines Kunden. Erstellen Sie die Abrechnung zu folgenden Konditionen:
Devisenkassakurse: G 131,8100 B 132,7900;
Kosten: 1,25 ‰ Abw.-Prov.; 0,25 ‰ Konvertierungsentgelt; 1 ‰ Inkassoprovision; 12,50 € Gebühren.

12.3 Ein deutscher Exporteur verkauft am 12.07. Sondermaschinen im Wert von 185.000,00 CHF. Die Rechnung ist drei Monate später fällig.
Berechnen Sie die Gutschrift seiner Bank in EUR zum 12.10., wenn ein Termingeschäft zu folgenden Bedingungen vereinbart wurde:
Devisenkassakurse: G 1,1579 B 1,1619; Report für drei Monate: 0,105.
Gebühren: 1,25 ‰ Abwicklungsprovision; 0,25 ‰ Konvertierungsentgelt.

12.4 Die Rechnung eines deutschen Exporteurs muss laut Kaufvertrag in GBP ausgestellt werden. Das Zahlungsziel soll drei Monate betragen und der Exporteur möchte zu diesem Zeitpunkt einen Betrag von 119.500,00 EUR netto erlösen.
Auf welchen Betrag lautet die Rechnung, wenn er neben den Kurssicherungskosten auch 1,25 ‰ Abwicklungsprovision und 0,25 ‰ Konvertierungsentgelt in seiner Kalkulation berücksichtigt?
Devisenkassakurse: G 0,8572 B 0,8612; Deport für 3 Monate: 0,0300

12.5 Zur Begleichung der vorgelegten Dokumente benötigt ein deutscher Importeur 18.750,00 USD.
Erstellen Sie die Abrechnung zu folgenden Konditionen:
Devisenkassakurse: G 1,1496 B 1,1556; 1,25 ‰ Abw.-Prov., 1/4 ‰ Courtage und 15,00 € Gebühren.

12.6 Ein KI überweist JPY im Gegenwert von 190.000,00 EUR nach Tokio, die ein deutscher Importeur zu zahlen hatte.
Ermitteln Sie Gutschriftsbetrag für den Empfänger, wenn die Gebühren (1,25 ‰ Abw.-Prov.; 0,25 ‰ Konvertierungsentgelt) zu seinen Lasten gehen und die Kassakurse 131,4600 / 132,9400 betragen.

Abrechnungen im Scheckverkehr

Für die Abrechnung von Währungsschecks sind verschiedene Möglichkeiten denkbar:

- **Verkauf** von Schecks,
- **Inkasso** von Schecks und Abrechnung (der Kunde erhält den Gegenwert erst, nachdem das KI darüber verfügen kann),
- **Ankauf von Schecks mit sofortiger Gutschrift** zum **Sichtkurs**.

An dieser Stelle soll nur der Ankauf von Währungsschecks behandelt werden. Die Ermittlung des Sichtkurses ist auf unterschiedliche Art möglich, wobei aber in jedem Fall ein Aufschlag auf das Kursverhältnis zum EUR vorgenommen wird. Die Begründung für den Aufschlag ist, dass das KI eine angemessene Frist benötigt, um den Gegenwert des Schecks zu beschaffen. Der in dieser Postlaufzeit entstehende Zinsverlust soll durch den Kursaufschlag ausgeglichen werden.

Beispiel 5:

Berechnen Sie den Sichtkurs für den USD (Kassageldkurs 1,1764; Kassabriefkurs 1,1824):

1. Mit 1 ‰ Aufschlag auf den Briefkurs;

2. Mit einem Aufschlag auf den Briefkurs in Höhe des halben Spread (halbe Spanne Geld - Brief).

1.	Kurs	1,1824	
	+ 1 ‰ Aufschlag	0,0012	
	Sichtkurs	**1,1836**	(1)
2.	Kurs	1,1824	
	+ Aufschlag:	0,0030	(2)
		1,1854	

Erläuterung

(1) Der rechnerisch schnellste Weg zur Berechnung des Sichtkurses besteht hier darin, den Kurs mit 1,001 zu multiplizieren; das Ergebnis ist kaufmännisch zu runden.
Die **Kursrelation zum EUR muss erhöht** werden, da der Währungsbetrag zur Umrechnung in EUR durch den Kurs dividiert wird; je höher der Nenner, desto niedriger ist das Ergebnis aus dem Quotienten.

(2) Der Spread für den USD beträgt immer 0,0060. Daher ist der Aufschlag mit 0,0030 anzusetzen.

Beispiel 6:

Ein KI kauft von einem Kunden einen Scheck über 32.486,00 USD an. Wie hoch ist der Gegenwert, wenn der Sichtkurs mit 1 ‰ Aufschlag berechnet wird?

Kassabriefkurs: USD 1,1820

1,5 ‰ Abwicklungsprovision; 0,25 ‰ Konvertierungsentgelt; 5,00 € Porto.

Berechnung des Sichtkurses:	1,1820 * 1,001 =	1,1832 USD/€	(1)
Abrechnung			
32.486,00 USD zu 1,1832 USD/€		24.456,05 €	
– 1,5 ‰ Abwicklungsprovision	41,18 €		
– 0,25 ‰ Konvertierungsentgelt	6,86 €		
– Porto	5,00 €	53,04 €	
Gutschrift in EUR		**27.403,01 €**	

Erläuterung

(1) Der Sichtkurs wird, wie jeder andere Kurs auch, auf sechs „maßgebliche" Stellen gerechnet und erst dann kaufmännisch gerundet.

- Der Sichtkurs für den Ankauf von Währungsschecks liegt immer über dem Preis für 1 EUR:
  - Aufschlag auf den Briefkurs mit z.B. 1 ‰.
  - Aufschlag auf den Briefkurs mit dem halben Spread.
- Wie beim Ankauf von Kontoguthaben sind zusätzlich noch Abwicklungsgebühren, Courtage (nicht bei EWWU-Währungen) und weitere Spesen je nach Aufgabenstellung zu berechnen.

⇐

Arbeitsaufträge:

12.7 Ein deutsches Kreditinstitut kauft 5 Traveller s Cheques über insgesamt 900,00 GBP an.
Erstellen Sie die Abrechnung unter den genannten Bedingungen:
Devisenkurse: G 0,88465; B 0,88865 Spesen: 1,50 € / Stück.
Der Sichtkurs wird berechnet mit Aufschlag des halben Spread.

12.8 Ein KI kauft einen Scheck über 325.000,00 JPY an. Der Sichtkurs wird mit 2 ‰ Aufschlag berechnet.
Devisenkassakurse: G 132,5800 B 133,0600;
Spesen, soweit zulässig: 1,5 ‰ Abwicklungsprovision, 0,25 ‰ Konvertierungsentgelt, Porto 5,00 €.

12.9 Ein deutscher Exporteur reicht seinem KI folgende Auslandsschecks ein, die nach Ankauf seinem Konto gutzuschreiben sind (einzeln abrechnen, da unterschiedliche Währungen):
Abrechnung zum Sichtkurs mit 1 ‰ Aufschlag; 1,25 ‰ Abwicklungsprovision, mind. 5,00 €; 1/4 ‰ Konvertierungsentgelt, mind. 1,00 € (soweit erforderlich); Porto jeweils 3,00 €.

Beträge	Devisenkassakurse: G	B
23.680,00 USD	1,1652	1,1712
8.760,00 CHF	1,1624	1,1764
350.000 JPY	132,5800	133,0600

12.10 Ein Kreditinstitut kauft einen Kundenscheck über 127.560,00 NOK an.
Devisenkassakurse: G 9,6390 B 9,6870; der Sichtkurs wird mit Aufschlag des halben Spread ermittelt.
Spesen: 1,25 ‰ Abwicklungsprovision, 0,25 ‰ Konvertierungsentgelt, Porto 4,00 €.
Erstellen Sie die Abrechnung für den Kunden.

12.11 Für die Einfuhr von kalifornischen Weinen hat ein deutscher Weinhändler einen Betrag von 44.970,00 USD zu bezahlen. Berechnen Sie den Betrag, der seinem EUR-Konto belastet wird, wenn folgende Gegebenheiten vorliegen:
Devisenkassakurse: G 1,1750 B 1,1810;
Spesen: 1,25 ‰ Abwicklungsprovision, 0,25 ‰ Konvertierungsentgelt, SWIFT-Auslagen 10,00 €.

12.12 Ein Heidelberger Hersteller von Druckmaschinen hat für die Lieferung einer Offset-Druckmaschine nach Zürich eine Rechnung über 556.287,00 CHF erstellt. Nach pünktlichem Zahlungseingang erteilt seine Bank die Gutschrift in EUR.
Erstellen Sie die Abrechnung unter Berücksichtigung folgender Konditionen:
Devisenkassakurse: G 1,1624 B 1,1664;
Spesen: 1,5 ‰ Abwicklungsprovision, 0,25 ‰ Konvertierungsentgelt.

12.13 Für die Einfuhr von argentinischem Rindfleisch hat ein deutscher Feinkosthändler einen Betrag in Höhe von 80.000,00 USD zu bezahlen.
Als Besonderheit wurde mit dem Exporteur vereinbart, dass 2 % Skonto bei einer Zahlung c.o.d. (cash on delivery) gewährt werden oder wahlweise ein Zahlungsziel von drei Monaten einzuhalten ist.
Rechnen Sie Ihrem Kunden vor, welche Alternative für ihn wirtschaftlich günstiger ist, wenn folgende Rahmenbedingungen zu berücksichtigen sind:
- Devisenkassakurse: G 1,1293 B 1,1353;
- Zur Kurssicherung bieten Sie dem Kunden einen Terminkurs mit einem Report von 0,002.
- Bei der Anlage der (vorhandenen) freien Mittel in Höhe des Gegenwertes der fälligen Rechnung als Festgeld für drei Monate erzielt der Kunde bei Ihnen 0,25 %.

Exkurs 6: Rentenrechnen

Unter einer **Rente** versteht man in der Finanzmathematik **gleichbleibende Zahlungen**, die in regelmäßigen Abständen geleistet werden. Damit liegt ein wesentlicher Unterschied zur Zinseszinsrechnung vor, bei der immer nur für einmalige Anlagen das End- oder das Anfangskapital zu berechnen ist.

Die Zahlungen können entweder am **Beginn des Jahres** (= **vorschüssig**) oder am **Ende eines Jahres** (= **nachschüssig**) geleistet werden. Monatliche Leistungen bleiben hier aus Vereinfachungsgründen unberücksichtigt.

Unter dem **Rentenendwert (R_n)** versteht man das Kapital, das nach „n" Jahren am Ende aller Zahlungen (Renten) unter Berücksichtigung von Zinsen und Zinseszinsen aufgelaufen ist. Die Ermittlung des Rentenendwertes ist üblicherweise gekoppelt mit einer **vorschüssigen Rentenleistung**.

Formeln zur Berechnung des Rentenendwertes:

⇒
- Rentenendwert bei vorschüssiger Rente: $R_n = \dfrac{r * q * (q^n - 1)}{q - 1}$
- Rentenendwert bei nachschüssiger Rente: $R_n = \dfrac{r * (q^n - 1)}{q - 1}$

Beispiel 1:

*Ein Sparer zahlt jährlich jeweils **zu Beginn** des Jahres 500,00 € auf ein Sparkonto mit Sonderzins ein. Wie hoch ist sein Guthaben nach 20 Jahren bei 5 % Zinsen und Zinseszinsen?*

Rentenendwert (vorschüssige) Rente: $R_n = \dfrac{r * q * (q^n - 1)}{q - 1} = \dfrac{500 * 1{,}05 * (1{,}05^{20} - 1)}{1{,}05 - 1} = \mathbf{17.359{,}63\ €}$ (1)

Beispiel 2:

*Ein Sparer zahlt jährlich jeweils **am Ende** des Jahres 500,00 € auf ein Sparkonto mit Sonderzins ein. Wie hoch ist sein Guthaben nach 20 Jahren bei 5 % Zinsen und Zinseszinsen?*

Rentenendwert (nachschüssige) Rente: $R_n = \dfrac{r * (q^n - 1)}{q - 1} = \dfrac{500 * (1{,}05^{20} - 1)}{1{,}05 - 1} = \mathbf{16.532{,}98\ €}$ (1)

Erläuterung

(1) Beide Beispiele unterscheiden sich lediglich durch den Zahlungszeitpunkt der jährlichen Rente; dies führt dazu, dass im zweiten Fall jede Einzahlung um ein Jahr weniger verzinst wird; der Unterschied zwischen den beiden Endwerten besteht daher im Faktor 1,05.
Rechnerischer Nachweis: 16.532,98 ∗ 1,05 = 17.359,63 €

Der **Rentenbarwert (R_0)** ist der Gesamtwert zu Beginn aller (jährlichen) Zahlungen. Darunter ist der Betrag zu verstehen, der eine bestimmte jährliche Entnahme für eine festgelegte Zeit bei gegebenem Zinssatz einschließlich Zinseszins ermöglicht. Bei der Ermittlung des Rentenbarwertes unterstellt man üblicherweise eine **nachschüssige Rentenleistung**.

Formeln zur Berechnung des Rentenbarwertes:

- Rentenbarwert bei vorschüssiger Rente: $R_0 = \frac{r * (q^n - 1)}{q^{n-1} * (q - 1)}$ ⇐
- Rentenbarwert bei nachschüssiger Rente: $R_0 = \frac{r * (q^n - 1)}{q^n * (q - 1)}$

Beispiel 3:

Welchen Einmalbeitrag muss ein Versicherungsnehmer leisten, damit er 10 Jahre lang eine jährlich nachschüssige Rente von 4.800,00 € erhalten kann?
Der Versicherer garantiert ihm 2,75 % Zins und Zinseszinsen auf den jeweiligen Restbetrag.

Rentenbarwert (nachschüssige) Rente: $R_0 = \frac{r * (q^n - 1)}{q^n * (q - 1)} = \frac{4.800 * (1{,}0275^{10} - 1)}{1{,}0275^{10} * (1{,}0275 - 1)} = \mathbf{41.472{,}37\ €}$

Beispiel 4:

Wie hoch ist der Einmalbeitrag für Beispiel 3, wenn der Versicherungsnehmer die gleiche Rente zu Beginn jedes Jahres, das heißt ab Versicherungsbeginn, erhalten möchte?

Rentenbarwert (vorschüssige) Rente: $R_0 = \frac{r * (q^n - 1)}{q^{n-1} * (q - 1)} = \frac{4.800 * (1{,}0275^{10} - 1)}{1{,}0275^{9} * (1{,}0275 - 1)} = \mathbf{42.612{,}71\ €}$

Arbeitsaufträge:

13.1 Berechnen Sie das Kapital, das die 20-jährige Auszubildende Petra Grüner erzielt, wenn sie 40 Jahre lang jeweils zum Jahresende einen Betrag von 1.200,00 € in einem Sparvertrag anlegen wird. Die Bank garantiert ihr für diesen Vertrag einen Zinssatz von 2,25 % mit Zinseszinsen.

13.2 Einem Unfallopfer wird eine jährlich zu zahlende vorschüssige Rente in Höhe von 4.320,00 € für die Dauer von 7 Jahren zugesprochen.
Mit welcher Einmalzahlung kann die Rente bei 4 % Verzinsung abgelöst werden?

13.3 Ein Versicherungsnehmer macht bei Fälligkeit einer Kapitallebensversicherung in Höhe von 98.284,68 € von seinem Rentenwahlrecht Gebrauch.
Welche Rente erhält er jeweils zu Beginn des Jahres, wenn der Versicherer bei einer Verzinsung von 2,75 % zuzüglich Zinseszinsen eine Laufzeit von 15 Jahren garantiert?

13.4 Wie hoch ist der Einmalbeitrag für eine Leibrentenversicherung, wenn der Versicherungsnehmer sich 22 Jahre lang eine Jahresrente von 6.600,00 € sichern will, die nachschüssig geleistet werden soll?
Der Versicherer kalkuliert mit 3,5 %.

13.5 Ein Familienvater schließt bei der Geburt seiner Tochter eine Ausbildungsversicherung über 16.000,00 € mit einer Laufzeit von 18 Jahren ab.
1. Wie hoch ist der jährliche Sparbeitrag, wenn der Versicherer mit einem Zinssatz von 3,5 % rechnet?
2. Wie hoch ist der jährliche Sparbeitrag, wenn der Versicherer mit einem Zinssatz von 1,75 % rechnet?

13.6 Hubert Pflanzer, selbständig, möchte ab seinem 60. Geburtstag 15 Jahre lang über eine Zusatzrente in Höhe von 7.800,00 € jährlich nachschüssig verfügen können.
1. Wie hoch ist der zum Geburtstag erforderliche Betrag, wenn der Anlageberater eines KI einen Zinssatz von 5 % zusagen kann?
2. Das benötigte Kapital soll durch jährliche vorschüssige Renten angespart werden, die in Form eines Sondersparvertrages ebenfalls 15 Jahre angelegt werden.
Berechnen Sie die Höhe einer Ansparrate, wenn das KI für die Anlagedauer einen Zinssatz von 4,5 % zuzüglich Zinseszinsen garantiert.

VERWENDETE KONTEN (Bankbuchführung)

1. Bestandskonten oder wie solche zu behandeln

(Abschluss über das Schlussbilanzkonto = SBK bzw. Kompensation über andere Bestandskonten)

Aktive Bestandskonten	Passive Bestandskonten
Kasse	
Sorten	
Buba	
Schecks	
KKK (Debitoren)	KKK (Kreditoren)
BKK (Debitoren)	BKK (Kreditoren)
Darlehen	Spareinlagen
Verbraucherdarlehen	Termineinlagen
	Sparbriefe
	SoVerb (AbgSt)
Grundstücke und Gebäude (GuG)	
Fuhrpark	
Betriebs- und Geschäftsausstattung (BGA)	
Geringwertige Wirtschaftsgüter (GWG)	
SoFo (Vorschüsse)	SoVerb (LSt)
SV-Verrechnung	SV-Verrechnung
	SoVerb (VL)
SoFo (Vorsteuer) + Steuersatz	SoVerb (USt) + Steuersatz
USt-Verrechnung	USt-Verrechnung
Kassenfehlbeträge (CpD-Konto)	Kassenüberschüsse (CpD-Konto)
Rückschecks	
Darlehen	Einzelwertberichtigungen a. F. (EWB)
Verbraucherdarlehen	Pauschalwertberichtigungen (PWB)
	Fonds für allgemeine Bankrisiken
Eigene Effekten (EE)	SoVerb (Börse)
SoFo (WSB)	
	Eigenkapital
	Rücklagen

Für die zeitliche Erfolgsabgrenzung (wie in der allgemeinen Buchführung)

ARA	PRA
SoFo (JA)	SoVerb (JA)
SoVerm	Rückstellungen

2. Ergebniskonten
(Abschluss über das GuV-Konto)

Aufwandskonten	Ertragskonten
Zinsaufwendungen (ZA)	Zinserträge (ZE)
Provisionsaufwendungen (PA)	Provisionserträge (PE)
Prov.- u. Geb.-Aufwendungen (PuG-A)	Prov.- u. Geb.-Erträge (PuG-E)
Abschreibungen auf Anlagen	
Abschreibungen auf Gebäude	
Abschreibungen auf GWG	
Personalaufwendungen	
Gesetzliche Sozialaufwendungen	
Freiwillige Sozialaufwendungen	
Sachaufwendungen	
Kommunikationsaufwendungen	
Raumaufwendungen	
Werbeaufwendungen	
Energieaufwendungen	
Mietaufwendungen	Mieterträge
Versicherungsaufwendungen	
Fuhrparkaufwendungen	
Abschreibungen auf Forderungen	Erträge aus Zuschreibungen
Einstellungen in den Fonds für allgemeine Bankrisiken	Erträge aus der Auslösung des Fonds für allgemeine Bankrisiken
Effektenaufwendungen	Effektenerträge
Abschreibungen auf Effekten	Erträge aus Bewertung
Kursverluste	Kursgewinne
Ertragsteuern	
Sonstige betriebliche Aufwendungen	Sonstige betriebliche Erträge

3. Eröffnungskonto und Abschlusskonten

Eröffnungsbilanzkonto (EBK)
Schlussbilanzkonto (SBK)
Gewinn- und Verlustkonto (GuV-Konto)

Aktivkonten mit Zuordnung	**AKTIVA** **(Externe) Bila**
	1. Barreserve
Kasse, Sorten	a) Kassenbestand
EZB, Buba	b) Guthaben bei Zentralnotenbanken
	c) Guthaben bei Postgiroämtern
	2. Schuldtitel öffentlicher Stellen und Wechsel, die zur Refinanzierung bei Zentralnotenbanken zugelassen sind
	a) Schatzwechsel
	b) Wechsel
	3. Forderungen an Kreditinstitute
BKK	a) täglich fällig
Termineinlagen bei anderen KI	b) andere Forderungen
KKK, Darlehen, Verbraucherdarlehen	4. Forderungen an Kunden
	5. Schuldverschreibungen und andere festverzinsliche Wertpapiere
	a) Geldmarktpapiere
Eigene Effekten	b) Anleihen
Eigene Effekten	6. Aktien
Eigene Effekten	6a. Handelsbestand
	7. Beteiligungen
	8. Anteile an verbundenen Unternehmen
	9. Treuhandvermögen
	10. Ausgleichsforderungen
	11. Immaterielle Anlagewerte
BGA, GuG, Fuhrpark, GWG	12. Sachanlagen
	13. Ausstehende Einlagen auf das gez. Kapital
Edelmetalle, SoFo, SoVerm, USt-Verrechnung, Inkassopapiere (Schecks, Lastschriften)	14. Sonstige Vermögensgegenstände
ARA	15. Rechnungsabgrenzungsposten
	16. Aktive latente Steuern

Konten, die CpD-Charakter haben oder nur Durchgangskonten sind:

Kassenüberschüsse, Kassenfehlbeträge

Rückschecks

SoFo (Vorsteuer), SoVerb (USt) (der Verrechnungsbetrag ist zu bilanzieren)

SV-Verrechnung

einer Bank-AG PASSIVA	*Passivkonten mit Zuordnung*
1. Verbindlichkeiten gegenüber Kreditinstituten	
a) täglich fällig	BKK
b) mit vereinbarter Laufzeit oder Kündigungsfrist	Termineinlagen v. Banken
2. Verbindlichkeiten gegenüber Kunden	
a) Spareinlagen	
aa) mit dreimonatiger Kündigungsfrist	Spareinlagen
ab) mit vereinb. Kdg.-Frist von mehr als drei Monaten	Spareinlagen mit vereinb. Kdg.-Frist
b) andere Verbindlichkeiten	
ba) täglich fällig	KKK
bb) mit vereinbarter Laufzeit oder Kdg.-Frist	Termineinlagen, Sparbriefe
3. Verbriefte Verbindlichkeiten	
a) begebene Schuldverschreibungen	
b) andere verbriefte Verbindlichkeiten	
4. Treuhandverbindlichkeiten	
5. Sonstige Verbindlichkeiten	alle „SoVerb ...“, USt-Verrechnung
6. Rechnungsabgrenzungsposten	PRA
7. Rückstellungen	Rückstellungen
a) Pensionsrückstellungen	
b) Steuerrückstellungen	
c) andere Rückstellungen	
8. Sonderposten mit Rücklageanteil	
9. Nachrangige Verbindlichkeiten	
10. Genussrechtskapital	
11. Fonds für allgemeine Bankrisiken	
12. Eigenkapital	Eigenkapital
a) Gezeichnetes Kapital	Grundkapital (AG)
b) Kapitalrücklage	Rücklagen
c) Gewinnrücklagen	Rücklagen
d) Bilanzgewinn / Bilanzverlust	
13. Passive latente Steuern	

1. Eventualverbindlichkeiten
   a) Verbindlichkeiten aus Bürgschaften und Gewährleistungsverträgen

Formblatt 1

Jahresbilanz zum ....
der ....

Aktivseite	Euro	Euro	Euro
1. Barreserve			
a) Kassenbestand		......	
b) Guthaben bei Zentralnotenbanken darunter: bei der Deutschen Bundesbank ...... Euro		......	
c) Guthaben bei Postgiroämtern		......	......
2. Schuldtitel öffentlicher Stellen und Wechsel, die zur Refinanzierung bei Zentralnotenbanken zugelassen sind			
a) Schatzwechsel und unverzinsliche Schatzanweisungen sowie ähnliche Schuldtitel öffentlicher Stellen		......	
darunter: bei der Deutschen Bundesbank refinanzierbar ...... Euro			
b) Wechsel		......	......
3. Forderungen an Kreditinstitute[1]			
a) täglich fällig		......	
b) andere Forderungen		......	......
4. Forderungen an Kunden[2] darunter: durch Grundpfandrechte gesichert ...... Euro Kommunalkredite ...... Euro			......
5. Schuldverschreibungen und andere festverzinsliche Wertpapiere			
a) Geldmarktpapiere			
aa) von öffentlichen Emittenten darunter: beleihbar bei der Deutschen Bundesbank ...... Euro	......		
ab) von anderen Emittenten darunter: beleihbar bei der Deutschen Bundesbank ...... Euro	......	......	
b) Anleihen und Schuldverschreibungen			
ba) von öffentlichen Emittenten darunter: beleihbar bei der Deutschen Bundesbank ...... Euro	......		
bb) von anderen Emittenten darunter: beleihbar bei der Deutschen Bundesbank ...... Euro	......	......	
c) eigene Schuldverschreibungen Nennbetrag ...... Euro		......	......
6. Aktien und andere nicht festverzinsliche Wertpapiere			......
3)			
6a. Handelsbestand			......
7. Beteiligungen[4] darunter: an Kreditinstituten ...... Euro an Finanzdienstleistungsinstituten .... Euro			......
8. Anteile an verbundenen Unternehmen darunter: an Kreditinstituten ...... Euro an Finanzdienstleistungsinstituten .... Euro			......

Passivseite	Euro	Euro	Euro
1. Verbindlichkeiten gegenüber Kreditinstituten[6]			
a) täglich fällig		......	
b) mit vereinbarter Laufzeit oder Kündigungsfrist		......	......
2. Verbindlichkeiten gegenüber Kunden[7]			
a) Spareinlagen			
aa) mit vereinbarter Kündigungsfrist von drei Monaten	......		
ab) mit vereinbarter Kündigungsfrist von mehr als drei Monaten	......	......	
b) andere Verbindlichkeiten			
ba) täglich fällig	......		
bb) mit vereinbarter Laufzeit oder Kündigungsfrist	......	......	......
8)			
3. Verbriefte Verbindlichkeiten[9]			
a) begebene Schuldverschreibungen		......	
b) andere verbriefte Verbindlichkeiten darunter: Geldmarktpapiere ...... Euro eigene Akzepte und Solawechsel im Umlauf ...... Euro		......	......
3a. Handelsbestand			......
4. Treuhandverbindlichkeiten darunter: Treuhandkredite ...... Euro			......
5. Sonstige Verbindlichkeiten			......
6. Rechnungsabgrenzungsposten[10]			......
6a. Passive latente Steuern			......
7. Rückstellungen			
a) Rückstellungen für Pensionen und ähnliche Verpflichtungen		......	
b) Steuerrückstellungen		......	
c) andere Rückstellungen		......	......
11)			
8. (weggefallen)			
9. Nachrangige Verbindlichkeiten			......
10. Genussrechtskapital darunter: vor Ablauf von zwei Jahren fällig ... Euro			......
11. Fonds für allgemeine Bankrisiken			......
12. Eigenkapital			
a) Eingefordertes Kapital			
Gezeichnetes Kapital[12]	......		
abzüglich nicht eingeforderter ausstehender Einlagen	......	......	
b) Kapitalrücklage		......	
c) Gewinnrücklagen[13]			
ca) gesetzliche Rücklage	......		
cb) Rücklage für Anteile an einem herrschenden oder mehrheitlich beteiligten Unternehmen	......		
cc) satzungsmäßige Rücklagen	......		

9. Treuhandvermögen ......
   darunter:
   Treuhandkredite ...... Euro

10. Ausgleichsforderungen gegen die öffentliche Hand einschließlich Schuldverschreibungen aus deren Umtausch ......

11. Immaterielle Anlagewerte:
    a) selbst geschaffene gewerbliche Schutzrechte und ähnliche Rechte und Werte ......
    b) entgeltlich erworbene Konzessionen, gewerbliche Schutzrechte und ähnliche Rechte und Werte sowie Lizenzen an solchen Rechten und Werten ......
    c) Geschäfts- oder Firmenwert ......
    d) geleistete Anzahlungen ....

12. Sachanlagen ......

13. Eingefordertes, noch nicht eingezahltes Kapital ......

14)

14. Sonstige Vermögensgegenstände ......

15. Rechnungsabgrenzungsposten[5] ......

16. Aktive latente Steuern ......

17. Aktiver Unterschiedsbetrag aus der Vermögensverrechnung ......

18. Nicht durch Eigenkapital gedeckter Fehlbetrag ......

Summe der Aktiva ......

cd) andere Gewinnrücklagen ....

d) Bilanzgewinn/ Bilanzverlust ....

Summe der Passiva ......

1. Eventualverbindlichkeiten
   a) Eventualverbindlichkeiten aus weitergegebenen abgerechneten Wechseln ......
   b) Verbindlichkeiten aus Bürgschaften und Gewährleistungsverträgen ......
   c) Haftung aus der Bestellung von Sicherheiten für fremde Verbindlichkeiten ....

2. Andere Verpflichtungen
   a) Rücknahmeverpflichtungen aus unechten Pensionsgeschäften ......
   b) Platzierungs- und Übernahmeverpflichtungen ......
   c) Unwiderrufliche Kreditzusagen ....

Formblatt 2 *(Kontoform)*

Gewinn- und Verlustrechnung

der ....

für die Zeit vom ....bis...

Aufwendungen	Euro	Euro	Euro
1. Zinsaufwendungen[1)]			......
2. Provisionsaufwendungen[4)]			......
3. Nettoaufwand des Handelsbestands [6), 7)]			......
4. Allgemeine Verwaltungsaufwendungen			
a) Personalaufwand		......	
aa) Löhne und Gehälter	......		
ab) Soziale Abgaben und Aufwendungen für Alterversorgung und für Unterstützung darunter: für Alterversorgung ...... Euro	......	......	
b) andere Verwaltungsaufwendungen		......	......
5. Abschreibungen und Wertberichtigungen auf immaterielle Anlagewerte und Sachanlagen			......
6. Sonstige betriebliche Aufwendungen			......
7. Abschreibungen und Wertberichtigungen auf Forderungen und bestimmte Wertpapiere sowie Zuführungen zu Rückstellungen im Kreditgeschäft			......
8. Abschreibungen und Wertberichtigungen auf Beteiligungen, Anteile an verbundenen Unternehmen und wie Anlagevermögen behandelte Wertpapiere			......
9. Aufwendungen aus Verlustübernahme			......
10. (weggefallen)			
11. Außerordentliche Aufwendungen			......
12. Steuern vom Einkommen und vom Ertrag			......
13. Sonstige Steuern, soweit nicht unter Posten 6 ausgewiesen			......
14. Auf Grund einer Gewinngemeinschaft, eines Gewinnabführungs- oder eines Teilgewinnabführungsvertrags abgeführte Gewinne			......
15. Jahresüberschuss			......
Summe der Aufwendungen			......

Erträge	Euro	Euro
1. Zinserträge aus[2)]		
a) Kredit- und Geldmarktgeschäften	......	
b) festverzinslichen Wertpapieren und Schuldbuchforderungen	......	......
2. Laufende Erträge aus		
a) Aktien und anderen nicht festverzinslichen Wertpapieren	......	
b) Beteiligungen [3)]	......	
c) Anteilen an verbundenen Unternehmen	......	......
3. Erträge aus Gewinngemeinschaften, Gewinnabführungs- oder Teilgewinnabführungsverträgen		......
4. Provisionserträge[5)]		......
5. Nettoertrag des Handelsbestands [6), 7)]		......
6. Erträge aus Zuschreibungen zu Forderungen und bestimmten Wertpapieren sowie aus der Auflösung von Rückstellungen im Kreditgeschäft		......
7. Erträge aus Zuschreibungen zu Beteiligungen, Anteilen an verbunden Unternehmen und wie Anlagevermögen behandelten Wertpapiere		......
8. Sonstige betriebliche Erträge		......
9. (weggefallen)		
10. Außerordentliche Erträge		......
11. Erträge aus Verlustübernahme		......
12. Jahresfehlbetrag		......
Summe der Erträge		......

noch Gewinn- und Verlustrechnung (Kontoform)

		Euro	Euro
1.	Jahresüberschuss / Jahresfehlbetrag		......
2.	Gewinnvortrag / Verlustvortrag aus dem Vorjahr		......
3.	Entnahmen aus der Kapitalrücklage		......
4.	Entnahmen aus Gewinnrücklagen		
	a) aus der gesetzlichen Rücklage	......	
	b) aus der Rücklage für Anteile an einem herrschenden oder mehrheitlich beteiligten Unternehmen	......	
	c) aus satzungsmäßigen Rücklagen	......	
	d) aus anderen Gewinnrücklagen	......	......
5.	Entnahmen aus Genussrechtskapital		......
6.	Einstellungen in Gewinnrücklagen		
	a) in die gesetzliche Rücklage	......	
	b) in die Rücklage für Anteile an einem herrschenden oder mehrheitlich beteiligten Unternehmen	......	
	c) in satzungsmäßige Rücklagen	......	
	d) in andere Gewinnrücklagen	......	......
7.	Wiederauffüllung des Genussrechtskapitals		......
8.	Bilanzgewinn / Bilanzverlust		......

Formblatt 3 *(Staffelform)*

Gewinn- und Verlustrechnung

der ....

für die Zeit vom ....bis...

	Euro	Euro	Euro
1. Zinserträge aus[1]			
a) Kredit- und Geldmarktgeschäften		......	
b) festverzinslichen Wertpapieren und Schuldbuchforderungen		......	......
2. Zinsaufwendungen[2]			......
3. Laufende Erträge aus			
a) Aktien und anderen nicht festverzinslichen Wertpapieren		......	
b) Beteiligungen[3]		......	
c) Anteilen an verbundenen Unternehmen		......	......
4. Erträge aus Gewinngemeinschaften, Gewinnabführungs- oder Teilgewinnabführungsverträgen			......
5. Provisionserträge[4]			......
6. Provisionsaufwendungen[5]			......
7. Nettoertrag oder Nettoaufwand des Handelsbestands[6), 7)]			......
8. Sonstige betriebliche Erträge			......
9. (weggefallen)			
10. Allgemeine Verwaltungsaufwendungen			
a) Personalaufwand			
aa) Löhne und Gehälter	......		
ab) Soziale Abgaben und Aufwendungen für Alterversorgung und für Unterstützung	......	......	
darunter:			
für Alterversorgung ...... Euro			
b) andere Verwaltungsaufwendungen		......	......
11. Abschreibungen und Wertberichtigungen auf immaterielle Anlagewerte und Sachanlagen			......
12. Sonstige betriebliche Aufwendungen			......
13. Abschreibungen und Wertberichtigungen auf Forderungen und bestimmte Wertpapiere sowie Zuführungen zu Rückstellungen im Kreditgeschäft			......
14. Erträge aus Zuschreibungen zu Forderungen und bestimmten Wertpapieren sowie aus der Auflösung von Rückstellungen im Kreditgeschäft			......
15. Abschreibungen und Wertberichtigungen auf Beteiligungen, Anteile an verbundenen Unternehmen und wie Anlagevermögen behandelte Wertpapiere			......
16. Erträge aus Zuschreibungen zu Beteiligungen, Anteilen an verbunden Unternehmen und wie Anlagevermögen behandelten Wertpapieren			......
17. Aufwendungen aus Verlustübernahme			......
18. (weggefallen)			
19. Ergebnis der normalen Geschäftstätigkeit			......
20. Außerordentliche Erträge		......	
21. Außerordentliche Aufwendungen		......	
22. Außerordentliches Ergebnis		......	......
23. Steuern vom Einkommen und vom Ertrag		......	
24. Sonstige Steuern, soweit nicht unter Posten 12 ausgewiesen		......	......
25. Erträge aus Verlustübernahme			......
26. Auf Grund einer Gewinngemeinschaft, eines Gewinnabführungs- oder eines Teilgewinnabführungsvertrags abgeführte Gewinne			......

noch Gewinn- und Verlustrechnung (Staffelform)

27. Jahresüberschuss / Jahresfehlbetrag		......
28. Gewinnvortrag / Verlustvortrag aus dem Vorjahr		......
		......
29. Entnahmen aus der Kapitalrücklage		......
		......
30. Entnahmen aus Gewinnrücklagen		
a) aus der gesetzlichen Rücklage	......	
b) aus der Rücklage für Anteile an einem herrschenden oder mehrheitlich beteiligten Unternehmen	......	
c) aus satzungsmäßigen Rücklagen	......	
d) aus anderen Gewinnrücklagen	......	......
		......
31. Entnahmen aus Genussrechtskapital		......
		......
32. Einstellungen in Gewinnrücklagen		
a) in die gesetzliche Rücklage	......	
b) in die Rücklage für Anteile an einem herrschenden oder mehrheitlich beteiligten Unternehmen	......	
c) in satzungsmäßige Rücklagen	......	
d) in andere Gewinnrücklagen	......	......
		......
33. Wiederauffüllung des Genussrechtskapitals		......
34. Bilanzgewinn / Bilanzverlust		......

Auszüge aus Gesetzestexten

Abkürzungsverzeichnis

AB	Anfangsbestand
AbgSt	Abgeltungsteuer
AfA	Absetzung für Abnutzung
Ag	Arbeitgeber
AG	Aktiengesellschaft
AGB	Allgemeine Geschäftsbedingungen
AktG	Aktiengesetz
An	Arbeitnehmer
AO	Abgabenordnung
ARA	Aktive Rechnungsabgrenzung
AV	Anlagevermögen
BAB	Betriebsabrechnungsbogen
BaFin	Bundesanstalt für Finanzdienstleistungsaufsicht
BGB	Bürgerliches Gesetzbuch
BGBEG	Einführungsgesetz zum Bürgerlichen Gesetzbuch
BGH	Bundesgerichtshof
BilMoG	Bilanzrechtsmodernisierungsgesetz
BKK	Bankenkontokorrentkonto
BV	Bezugsverhältnis
Buba	Bundesbankkonto
CBF	Clearstream Banking AG Frankfurt
EBK	Eröffnungsbilanzkonto
EE	Eigene Effekten
e.K.	eingetragener Kaufmann
e.Kfr.	eingetragene Kauffrau
EK	Eigenkapital
ELStAM	Elektronische Lohnsteuer-Abzugsmerkmale
EStG	Einkommensteuergesetz
EWB	Einzelwertberichtigung
EWU	Europäische Währungsunion
E.v.	Eingang vorbehalten
EZB	Europäische Zentralbank
FSA	Freistellungsauftrag
ff.	fortfolgende (Zinsscheine)
FK	Fremdkapital
GKM	Geld- und Kapitalmarkt
GKV	Gesetzliche Krankenversicherung
GmbH	Gesellschaft mit beschränkter Haftung
GoB	Grundsätze ordnungsmäßiger Buchführung
GWG	Geringwertiges Wirtschaftsgut
gzj.	ganzjährig (Jahreskupon)
GuV	Gewinn- und Verlustrechnung
GS	Girosammelverwahrung
HGB	Handelsgesetzbuch
HV	Hauptversammlung
IAS	International Accounting Standards
IFRS	International Financial Reporting Standards
KAGB	Kapitalanlagegesetzbuch
ISO	International Organization for Standardization
KER	Kosten- und Erlösrechnung
KESt	Kapitalertragsteuer
KG	Kommanditgesellschaft
KI	Kreditinstitut
KiSt	Kirchensteuer
KiStAM	Kirchensteuerabzugsmerkmal
KKK	Kundenkontokorrentkonto
KSt	Körperschaftsteuer
KW	Kurswert
KWG	Kreditwesengesetz
L. u. L.	Lieferung und Leistung
MG	Maklergebühr
Mio.	Millionen
MwSt	Mehrwertsteuer
nom.	nominal
NV	Nicht-Veranlagung (zur ESt)
NW	Nennwert
OGAW	Organismus für gemeinsame Anlagen in Wertpapieren
OHG	Offene Handelsgesellschaft
o.K.	ohne Kündigung
PRA	Passive Rechnungsabgrenzung
PWB	Pauschalwertberichtigung
RechKredV	Verordnung über die Rechnungslegung der Kreditinstitute
RSV	Restschuldversicherung
SB	Schlussbestand
SBK	Schlussbilanzkonto
SoFo	Sonstige Forderungen
SolZ	Solidaritätszuschlag
SoVerb	Sonstige Verbindlichkeiten
STR	Streifbandverwahrung
TEUR	Tausend Euro
US-GAAP	United States-Generally Accepted Accounting Principles
USt	Umsatzsteuer
UV	Umlaufvermögen
vL	vermögenswirksame Leistung
VSt	Vorsteuer
WSB	Wertpapiersammelbank
zvE	zu versteuerndes Einkommen
zzgl.	zuzüglich

Stichwortverzeichnis

L

M

N

O

P

R

S

T

U

V

W

Z